HTML5-Programmierung von Kopf bis Fuß

Webanwendungen mit HTML5 und JavaScript

Wäre es nicht wundervoll, wenn es ein HTML5-Buch gäbe, das nicht davon ausgeht, dass Sie schon auf Seite 3 wissen, was DOM, Events und APIs sind? Aber das ist wohl nur ein Wunschtraum ...

Eric Freeman

Elisabeth Robson

Deutsche Übersetzung von

Stefan Fröhlich

Beijing • Cambridge • Köln • Sebastopol • Tokyo

Die Informationen in diesem Buch wurden mit größter Sorgfalt erarbeitet. Dennoch können Fehler nicht vollständig ausgeschlossen werden. Verlag, Autoren und Übersetzer übernehmen keine juristische Verantwortung oder irgendeine Haftung für eventuell verbliebene Fehler und deren Folgen. D.h., wenn Sie beispielsweise ein Kernkraftwerk unter Verwendung dieses Buchs betreiben möchten, tun Sie dies auf eigene Gefahr.

Alle Warennamen werden ohne Gewährleistung der freien Verwendbarkeit benutzt und sind möglicherweise eingetragene Warenzeichen. Der Verlag richtet sich im Wesentlichen nach den Schreibweisen der Hersteller. Das Werk einschließlich aller seiner Teile ist urheberrechtlich geschützt. Alle Rechte vorbehalten einschließlich der Vervielfältigung, Übersetzung, Mikroverfilmung sowie Einspeicherung und Verarbeitung in elektronischen Systemen.

Kommentare und Fragen können Sie gerne an uns richten:

O'Reilly Verlag
Balthasarstr. 81
50670 Köln
E-Mail: kommentar@oreilly.de

Copyright der deutschen Ausgabe:
© 2012 by O'Reilly Verlag GmbH & Co. KG
1. Auflage 2012

Die Originalausgabe erschien 2011 unter dem Titel
Head First HTML5 Programming bei O'Reilly Media, Inc.

Bibliografische Information Der Deutschen Nationalbibliothek
Die Deutsche Nationalbibliothek verzeichnet diese Publikation in der Deutschen Nationalbibliografie; detaillierte bibliografische Daten sind im Internet über *http://dnb.d-nb.de* abrufbar.

Übersetzung und deutsche Bearbeitung: Stefan Fröhlich, Berlin
Lektorat: Imke Hirschmann, Köln
Korrektorat: Sibylle Feldmann, Düsseldorf
Satz: Ulrich Borstelmann, Dortmund
Umschlaggestaltung: Karen Montgomery, Sebastopol & Michael Oreal, Köln
Produktion: Karin Driesen, Köln
Belichtung, Druck und buchbinderische Verarbeitung: Media-Print, Paderborn

ISBN 978-3-86899-182-6

Dieses Buch ist auf 100% chlorfrei gebleichtem Papier gedruckt.

Für Steve Jobs, der HTML5 so vorwärtsgebracht hat, dass sich dieses Buch millionenfach verkaufen sollte …

Und für Steve Jobs, weil er unser Held ist.

Die Autoren

Die Autoren von »HTML5-Programmierung«

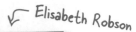

Eric ist laut Kathy Sierra (Mitbegründerin der amerikanischen »Head First«-Reihe) »einer der wenigen, die in Sprache, Praxis und Kultur gleich mehrerer Gebiete zu Hause ist – Hipster-Hacker, Vice President eines Unternehmens, Entwickler und Think Tank«.

Eric ist Informatiker und hat bei Branchenkoryphäe David Gelernter an der Yale University promoviert. Seine Doktorarbeit über Alternativen zur Desktopmetapher gilt als bahnbrechend und als erste Implementierung von »Activity Streams«, einem Konzept, das er und Dr. Gelernter entwickelt haben.

Eric widmet seine Zeit nun WickedlySmart, einem Online-Ausbildungssystem für Webtechnologien, das er mit Elisabeth gegründet hat. In seiner Freizeit beschäftigt er sich intensiv mit Musik. Sein aktuelles Projekt mit Ambient-Pionier Steve Roach finden Sie im iPhone-App Store unter »Immersion Station«.

Eric lebt mit seiner Frau und seiner jungen Tochter auf Bainbridge Island. Schreiben Sie ihm an eric@wickedlysmart.com oder besuchen Sie seine Webseite unter http://ericfreeman.com.

Elisabeth ist Softwareentwicklerin, Autorin und Trainerin. Ihre Leidenschaft für Technologie begleitet sie seit ihrer Studienzeit an der Yale University, wo sie einen Master of Science in Informatik gemacht und eine parallele visuelle Programmiersprache und Softwarearchitektur entwickelt hat.

Bereits von Beginn an setzt sich Elisabeth für die Entwicklung des Internets ein. Sie ist Mitbegründerin von The Ada Project (TAP), einer preisgekrönten Webseite für Frauen in der Informatik.

Als Mitbegründerin von WickedlySmart entwickelt sie Bücher, Artikel, Videos und vieles mehr. In ihrer Zeit bei O'Reilly Media hat Elisabeth Schulungen und Onlinekurse zu vielen technischen Themen gehalten sowie ihre Leidenschaft dafür entdeckt, Menschen beim Verstehen von Technologien zu unterstützen.

Wenn sie nicht gerade am Computer sitzt, ist Elisabeth zu Fuß, mit dem Rad oder Kajak in der Natur unterwegs oder kocht vegetarische Gerichte. Schreiben Sie ihr an beth@wickedlysmart.com oder besuchen Sie ihren Blog unter http://elisabethrobson.com.

Über den Übersetzer dieses Buchs

Stefan Fröhlich ist freier Übersetzer für IT-Fachliteratur und Software-Entwickler. Schon vor dem ersten Flaum im Gesicht sprach er fließend Assembler und bastelte und lötete an seinem Computer herum, was das Zeug hielt. Und das lange, bevor man etwas von grafischen Benutzeroberflächen gehört hatte.
Stefan hat bereits einige Bücher für O'Reilly übersetzt, darunter »HTML5 & CSS3«, »JavaScript von Kopf bis Fuß«, »JavaScript: Missing Manual« und »HTML mit CSS & XHTML von Kopf bis Fuß«. Wenn er nicht gerade am Rechner sitzt, geht er mit Begeisterung einer weiteren großen Leidenschaft nach: seinen musikalischen Projekten als Gitarrist.

Ergänzende Bücher von O'Reilly

HTML5 & CSS3

Durchstarten mit HTML5

HTML & XHTML – kurz & gut

Canvas – kurz & gut

JavaScript – Das umfassende Referenzwerk

HTML5 Cookbook

Weitere Bücher aus unserer Von-Kopf-bis-Fuß-Reihe

Mobiles Web von Kopf bis Fuß

Webdesign von Kopf bis Fuß

HTML mit CSS & XHTML von Kopf bis Fuß

JavaScript von Kopf bis Fuß

jQuery von Kopf bis Fuß

PHP & MySQL von Kopf bis Fuß

C# von Kopf bis Fuß

Datenanalyse von Kopf bis Fuß

Entwurfsmuster von Kopf bis Fuß

Java von Kopf bis Fuß

Netzwerke von Kopf bis Fuß

Objektorientierte Analyse und Design von Kopf bis Fuß

Programmieren von Kopf bis Fuß

Python von Kopf bis Fuß

Servlets & JSP von Kopf bis Fuß

Softwareentwicklung von Kopf bis Fuß

SQL von Kopf bis Fuß

Statistik von Kopf bis Fuß

Der Inhalt (im Überblick)

	Einführung	xix
1	HTML5 kennenlernen: *Willkommen in Webville*	1
2	Einführung in JavaScript und das DOM: *Ein bisschen Code*	35
3	Events, Handler und der ganze Rest: *Ein bisschen Interaktion*	85
4	JavaScript-Funktionen und Objekte: *Echtes JavaScript*	113
5	Standortsensitives HTML: *Geolocation*	165
6	Mit dem Web sprechen: *Extrovertierte Apps*	213
7	Entdecken Sie Ihren inneren Künstler: *Die Leinwand*	281
8	Nicht Vaters Fernseher: *Video ... mit dem Gaststar »Canvas«*	349
9	Lokal speichern: *Web Storage*	413
10	JavaScript zum Arbeiten bringen: *Web Workers*	473
	Anhang: Was übrig bleibt	531
	Index	549

Der Inhalt (jetzt ausführlich)

Einführung

Ihr Gehirn und HTML5-Programmierung.
Sie versuchen, etwas zu lernen, und Ihr Hirn tut sein Bestes, damit das Gelernte nicht hängen bleibt. Es denkt nämlich: »Wir sollten lieber Platz für wichtigere Dinge lassen, z. B. für das Wissen darüber, welche Tiere einem gefährlich werden könnten oder dass es eine ganz schlechte Idee ist, nackt Snowboard zu fahren.« Tja, wie schaffen wir es nun, Ihr Gehirn davon zu überzeugen, dass Ihr Leben davon abhängt, etwas über HTML5 und JavaScript zu wissen?

Für wen ist dieses Buch?	xx
Wir wissen, was Sie gerade denken	xxi
Und wir wissen, was Ihr *Gehirn* gerade denkt	xxi
Metakognition: Nachdenken übers Denken	xxiii
Lies mich!	xxvi
Softwareanforderungen	xxvii
Fachgutachter	xxviii
Danksagungen	xxix
Noch mehr Danksagungen!	xxx

Der Inhalt

1 HTML5 kennenlernen
Willkommen in Webville

HTML hat einen wilden Ritt hinter sich. Klar, HTML begann als einfache Markup-Sprache. Aber in der letzten Zeit hat es sich deutlich gemausert. HTML ist eine Sprache geworden, die auf die Entwicklung echter Webapplikationen abgestimmt ist – mit lokaler Speicherung, 2-D-Zeichnungen, Offlineunterstützung, Sockets und Threads und vielem mehr. Die Geschichte von HTML war nicht immer schön und ist sehr dramatisch (darauf kommen wir noch zu sprechen). Aber zuerst machen wir in diesem Kapitel eine Spritztour durch Webville, um ein Gefühl dafür zu entwickeln, was alles zu »HTML5« gehört. Steigen Sie ein, unser Ziel heißt Webville – und wir kommen von null auf HTML5 in nur 3,8 Seiten.

Steigen Sie noch heute auf HTML5 um!	2
Gestatten: **HTML5-o-Matic**. Aktualisieren Sie jetzt!	4
Sie sind näher an HTML5 dran, als Sie glauben!	7
HTML5 im Gespräch: Geständnisse der neuesten HTML-Version	11
ECHTES HTML5 bitte vortreten ...	12
Wie HTML5 wirklich funktioniert ...	14
Wer macht was?	16
Ihre Mission: Browsererkennung	17
Was kann JavaScript?	22
Richtiges JavaScript	25
Fortsetzung: Richtiges JavaScript ...	26
Punkt für Punkt	31
Lösungen	33

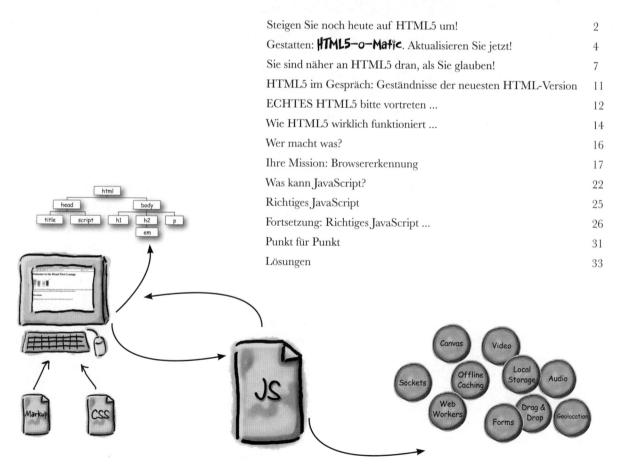

2 Einführung in JavaScript und das DOM
Ein bisschen Code

JavaScript zeigt Ihnen neue Orte. Sie wissen bereits alles über HTML-Markup (die *Struktur*) und über CSS-Stilregeln (die *Darstellung*). Was noch fehlt, ist JavaScript (das *Verhalten*). Klar, wenn Sie alles über die Struktur und die Darstellung wissen, können Sie schicke Seiten entwickeln. Aber es sind eben *nur Seiten*. Sobald Sie aber mit JavaScript ein entsprechendes Verhalten hinzuzaubern, bieten Sie den Benutzern ein interaktives Erlebnis – bis hin zu vollwertigen Webanwendungen. Machen Sie sich bereit, das interessanteste und vielseitigste Werkzeug in Ihren Werkzeugkasten zu legen: JavaScript und die Programmierung!

Die Art, wie JavaScript arbeitet	36
Was Sie mit JavaScript tun können	37
Variablen deklarieren	38
Namen für Variablen finden	40
Ausdrucksstärke	43
Dinge immer wieder tun ...	46
Entscheidungen treffen mit JavaScript	49
Viele Entscheidungen ... und ein Standardfall	50
Wie und wo Sie JavaScript in Ihre Seiten einfügen	53
Wie JavaScript mit Ihrer Seite interagiert	54
Ein eigenes DOM backen	55
Ein Vorgeschmack auf das DOM	56
HTML5 ist vom Mars, JavaScript ist von der Venus	58
Sie können nicht am DOM herummachen, bevor die Seite vollständig geladen wurde.	64
Wofür ist das DOM überhaupt gut?	66
Können wir nochmals über JavaScript sprechen? Oder darüber, wie man mehrere Werte speichert?	67
Der Phrasendrescher	71
Punkt für Punkt	75
Lösungen	77

3 Events, Handler und der ganze Rest
Ein bisschen Interaktion

Sie haben Ihre Benutzer bisher noch nicht berührt.
Sie haben die Grundlagen von JavaScript gelernt, aber können Sie auch mit den Benutzern interagieren? Wenn Seiten auf Benutzereingaben reagieren, sind sie keine bloßen Dokumente mehr, sondern lebendige, reaktionsfreudige Anwendungen. In diesem Kapitel erfahren Sie, wie Sie eine bestimmte Form von Benutzereingaben handhaben und das altmodische HTML-Element <form> mit echtem Code verknüpfen. Schnallen Sie sich an, hier kommt ein schnelles und zielstrebiges Kapitel, in dem wir von null auf eine interaktive App in 0 Sekunden durchstarten.

Machen Sie sich bereit für webvilleTunes	86
Los geht's ...	87
Es passiert nichts, wenn ich auf »Hinzufügen« klicke	88
Auf Events reagieren	89
Pläne schmieden ...	90
Zugriff auf die Schaltfläche »Hinzufügen«	90
click-Handler für die Schaltfläche	91
Was gerade passiert ist ...	92
Songtitel abrufen	94
Wie fügen wir einen Song in die Seite ein?	97
Neue Elemente erstellen	99
Elemente in das DOM einfügen	100
Schreiben Sie alles zusammen ...	101
... und machen Sie eine Probefahrt	101
Wiederholung: was wir getan haben	102
Wie das Code-Fertiggericht genutzt wird	105
Code-Fertiggericht integrieren	106
Punkt für Punkt	108
Lösungen	110

Der *Inhalt*

JavaScript-Funktionen und Objekte

4 Echtes JavaScript

Sind Sie schon ein echter Scripter? Wahrscheinlich – Sie kennen sich bereits gut aus mit JavaScript. Aber wer möchte schon ein Scripter sein, wenn man auch ein Programmierer sein kann? Es wird Zeit, einen Gang höher zu schalten – Zeit für **Funktionen** und **Objekte**. Denn sie sind der Schlüssel zu leistungsfähigerem, besser strukturiertem und pflegeleichterem Code. Außerdem kommt beides verstärkt in den HTML5-JavaScript-APIs zum Einsatz. Je mehr Sie darüber wissen, umso schneller können Sie sich auf eine neue API stürzen und damit loslegen. Schnallen Sie sich an, dieses Kapitel erfordert Ihre uneingeschränkte Aufmerksamkeit!

Erweitern Sie Ihren Wortschatz	114
Eigene Funktionen hinzufügen	115
Die Arbeitsweise einer Funktion	116
Anatomie einer Funktion	121
Lokale und globale Variablen:	123
Geltungsbereich lokaler und globaler Variablen	124
Haben wir erwähnt, dass Funktionen auch Werte sind?	128
Hat jemand »Objekte« gesagt?!	131
JavaScript-Objekte erstellen	132
Was Sie mit Objekten tun können	133
Objekte an Funktionen übergeben	136
Objekte können auch ein Verhalten haben	142
Zurück zum Webville Cinema ...	143
Das Schlüsselwort »this«	145
Einen Konstruktor erstellen	147
Wie funktioniert this eigentlich?	149
Probefahrt für Ihre Fabrik	153
Was ist überhaupt das Window-Objekt?	155
Ein genauerer Blick auf window.onload	156
Noch ein Blick auf das document-Objekt	157
Ein genauerer Blick auf document.getElementById	157
Noch ein Objekt: das Element-Objekt	158
Punkt für Punkt	160

5 Standortsensitives HTML

Geolocation

Wohin Sie auch gehen, da sind Sie. Und manchmal ist es wichtig, zu wissen, wo Sie sind (insbesondere für eine Web-App). In diesem Kapitel zeigen wir Ihnen, wie Sie **standortsensitive** Webseiten erstellen. Manchmal werden Sie in der Lage sein, genau die Ecke zu ermitteln, an der Ihre Benutzer stehen, in anderen Fällen können Sie nur das Stadtgebiet ermitteln (wissen aber immerhin die Stadt). Tja, und manchmal können Sie überhaupt nichts feststellen – entweder aus technischen Gründen oder weil die Benutzer nicht möchten, dass Sie so neugierig sind. Stellen Sie sich das mal vor! In diesem Kapitel erforschen wir eine JavaScript-API: Geolocation. Schnappen Sie sich Ihr bestes standortsensitives Gerät (selbst wenn es nur Ihr Desktop-PC ist), es geht los!

Standort, Standort, Standort	166
Länge und Breite ...	167
Wie die Geolocation-API Ihren Standort bestimmt	168
Wo sind Sie überhaupt?	172
Wie alles zusammenpasst	176
Unser geheimer Standort ...	179
Code zum Ermitteln der Entfernung	181
Karten in Seiten einfügen	183
Eine Nadel hineinstecken	186
Cooles Zeug mit der Google Maps-API	188
Wie ist es mit der Genauigkeit?	191
»Wohin Sie auch gehen, da sind Sie«	192
Weiter geht's mit der App	193
Den alten Code überarbeiten ...	194
Zeit, sich zu bewegen!	196
Sie haben Optionen ...	198
Zeitlimits maximales Alter	199
Machen Sie das ~~nicht~~ zu Hause	202
Vervollständigen wir die App!	204
Die neue Funktion integrieren	205
Punkt für Punkt	207
Lösungen	209

Der Inhalt

6
Mit dem Web sprechen
Extrovertierte Apps

Sie haben zu lange in Ihrer Seite herumgesessen. Es wird Zeit, dass Sie ein bisschen rauskommen, sich mit Webservices unterhalten, Daten sammeln und so bessere Anwendungen entwickeln. Das ist ein wichtiger Teil moderner HTML5-Applikationen. Aber dafür *müssen Sie wissen*, wie Sie mit Webservices Kontakt aufnehmen. In diesem Kapitel machen wir genau das und integrieren Daten von einem echten Webservice direkt in Ihre Seite. Sobald Sie gelernt haben, wie das geht, können Sie jeden beliebigen Webservice nutzen. Wir bringen Ihnen sogar die hippste neue Sprache für die Kommunikation mit einem Webservice bei. Kommen Sie, wir zeigen Ihnen ein paar neue APIs: die Kommunikations-APIs.

Nehmen Sie sich vor den Abenteuern in diesem Kapitel in Acht!

Die Kaukugel & Co. KG möchte eine Web-App	214
Hintergrundfakten zu Kaukugel & Co.	216
Wie nutzen wir einen Webservice?	219
Requests mit JavaScript	220
Zur Seite, XML, hier kommt JSON	226
An die Arbeit!	229
Kaugummi-Verkaufszahlen anzeigen	230
Einen eigenen Webserver einrichten	231
Code für JSON überarbeiten	236
Umzug auf den Live-Server	237
Cliffhanger!	239
Erinnern Sie sich an den Cliffhanger? Ein Bug.	242
Welche Browsersicherheitsrichtlinien?	244
Was sind unsere Optionen?	247
Darf ich vorstellen: JSONP	252
Wofür steht das »P«?	253
Neue Version der Kaukugel & Co.-App	256
Schritt 1: Das script-Element ...	264
Schritt 2: Zeit für den Timer	265
Schritt 3: JSONP neu implementieren	267
Fast vergessen: Vorsicht mit dem gefürchteten Browsercache	272
Doppelte Verkaufsberichte entfernen	273
JSON-URL mit lastreporttime	275
Punkt für Punkt	277

Der Inhalt

7
Entdecken Sie Ihren inneren Künstler
Die Leinwand

HTML hat sich emanzipiert und kann mehr als nur »Markup«.

Mit dem neuen Canvas-Element von HTML5 haben Sie die Macht, eigenhändig *Pixel* zu erstellen, zu bearbeiten und zu zerstören. Entdecken Sie mit dem Canvas-Element Ihren inneren Künstler – Schluss mit dem Gerede, HTML sei nur Semantik und keine Darstellung. Mit dem Canvas-Element werden wir in Farbe zeichnen und malen. Hier geht es *ausschließlich* um die Darstellung. Wir werden ein Canvas-Element in Ihre Seiten integrieren, Texte und Grafiken zeichnen (mit JavaScript) und uns um Browser kümmern, die dieses Element nicht unterstützen.

Ein neues HTML5-Start-up wartet auf Sie!

Unser neues Start-up: TweetShirt	282
Ein Blick auf den Entwurf	283
Canvas in Seiten einfügen	286
Canvas sichtbar machen	288
Zeichnen auf dem Canvas	290
Anmutiger Funktionsabbau	295
TweetShirt: das große Ganze	297
Zuerst das HTML	300
Und jetzt das <form>	301
Zeit zum Rechnen – mit JavaScript	302
Funktion zeichneQuadrat	304
Aufruf von hintergrundFarbeFuellen	307
In der Zwischenzeit bei TweetShirt.com …	309
Zeichnen für Geeks	311
Die arc-Methode im Einzelnen	314
Ein kleiner Vorgeschmack auf arc	316
Ich sage Grad, du sagst Radiant	317
Zurück zum TweetShirt-Kreiscode	318
Funktion zeichneKreis schreiben …	319
Holen Sie sich Ihre Tweets	323
Canvas-Text unter der Lupe	328
Probelauf mit zeichneText	330
Funktion zeichneText vervollständigen	331
Punkt für Punkt	338
Lösungen	341

Nicht Vaters Fernseher

8 Video ... mit dem Gaststar »Canvas«

Wir brauchen keine Plug-ins! Video ist mittlerweile ein vollwertiges Mitglied der HTML-Familie – Sie packen ein <video>-Element in Ihre Seite und können sofort Videos schauen – auf fast allen Geräten. Video ist *nicht nur ein Element*, sondern auch eine JavaScript-API, mit der wir Videos abspielen, eigene Benutzeroberflächen erstellen und Filme auf völlig neue Art in HTML integrieren können. Apropos *Integration* ... erinnern Sie sich an die *Verbindung zwischen Video und Canvas*, von der wir gesprochen haben? Sie werden erfahren, wie sich uns dadurch beeindruckende neue Möglichkeiten erschließen, Videos *in Echtzeit zu verarbeiten*. Wir beginnen damit, Videos in einer Seite abzuspielen, und prüfen anschließend die JavaScript-API auf Herz und Nieren. Sie werden überrascht sein, was Sie mit ein bisschen Markup, JavaScript, Video und Canvas alles machen können.

Schalten Sie Webville TV ein ...

Brandneu: Webville TV	350
Anschließen und testen ...	351
Wie funktioniert das Video-Element?	353
Genauer Blick auf die Videoattribute ...	354
Was Sie über Videoformate wissen müssen	356
Mit den Formaten jonglieren ...	358
Ich dachte, es gibt APIs?	363
»Programmplanung« für Webville TV	364
Der »Ende des Videos«-Handler	367
Wie canPlayType funktioniert	369
Packen wir das Demogerät aus!	375
Inspektion des werksseitigen Codes	376
waehleEffekt und waehleVideo	378
Videosteuerelemente implementieren	384
Testvideos umschalten	387
Zeit für Spezialeffekte	389
Videoverarbeitung	392
Videoverarbeitung mit Puffer	393
Canvas-Puffer implementieren	395
Effekte programmieren	399
Wie error-Events genutzt werden	406
Punkt für Punkt	408
Lösungen	410

Der Inhalt

Lokal speichern
Web Storage

9

Sind Sie es leid, Ihre clientseitigen Daten immer in diesen kleinen ~~Schrank~~ Cookie zu stopfen? In den 90ern war das nett, aber mit den heutigen Web-Apps haben wir deutlich höhere Ansprüche. Wie wäre es, wenn Sie im Browser jedes Benutzers 5 Megabyte hätten? Wahrscheinlich würden Sie uns ansehen, als versuchten wir, Ihnen einen Wolkenkratzer in Frankfurt zu verkaufen. Kein Grund, skeptisch zu sein – mit der Web Storage-API von HTML5 ist genau das möglich! In diesem Kapitel lernen Sie, wie Sie beliebige Objekte lokal auf dem Gerät eines Benutzers speichern und für Ihre Web-App nutzen können.

Der Browserspeicher (1995–2010)	414
Wie Web Storage funktioniert	417
Eigene Notizen	418
Local Storage und Array bei der Geburt getrennt?	424
Die Benutzeroberfläche	429
Und nun das JavaScript	430
Benutzeroberfläche	431
Planmäßige Wartungsarbeiten	434
Do-it-yourself-Wartung	435
Wir haben die Technologie ...	439
Neue Version mit Array	440
notizErstellen auf ein Array umstellen	441
Haftnotizen löschen	446
Die Funktion notizLoeschen	449
Auswahl der zu löschenden Haftnotiz	450
Zu löschende Notiz ermitteln	451
Notizen auch aus dem DOM löschen	452
Benutzeroberfläche in Farbe	453
JSON.stringify funktioniert nicht nur mit Arrays	454
Das neue notizObj	455
Machen Sie das nicht zu Hause (wie Sie Ihre 5 Megabyte platzen lassen)	458
Jetzt kennen Sie localStorage – was machen Sie damit?	462
Punkt für Punkt	464
Lösungen	466

Der *Inhalt*

10
JavaScript zum Arbeiten bringen
Web Workers

Langsames Skript – möchten Sie es weiter ausführen? Wenn Sie genug Zeit mit JavaScript verbracht haben und damit, im Internet zu surfen, haben Sie wahrscheinlich die Meldung »Langsames Skript« schon einmal gesehen. Aber wie kann ein Skript mit all diesen Multikernprozessoren in Ihrem neuen Rechner *zu langsam* sein? Das liegt daran, dass JavaScript immer nur eine Sache gleichzeitig tun kann. Mit HTML5 und Web Workers wird jetzt *alles anders*. Nun können Sie *zusätzliche* »JavaScript-Arbeiter« einspannen, um mehr zu schaffen. Ob Sie eine reaktionsfreudigere App entwickeln oder einfach nur die Grenzen Ihrer CPU ausreizen möchten – die Web Workers sind zur Stelle!

Das gefürchtete langsame Skript	474
Womit JavaScript seine Zeit verbringt	474
Wenn ein Thread nicht reicht	475
Noch ein Thread zu Hilfe!	476
Wie Web Workers arbeiten	478
Ihr erster Web Worker!	483
manager.js schreiben	484
Nachrichten vom Worker empfangen	485
Jetzt schreiben wir den Worker	486
Virtueller Landraub	494
Mandelbrot-Mengen berechnen	496
Verwendung mehrerer Workers	497
Wir schreiben die Fraktal Explorer-App	503
Code-Fertiggericht	504
Workers erstellen und einteilen ...	508
Den Code schreiben	509
Workers starten	510
Implementierung des Worker	511
Zurück zum Code: Worker-Ergebnisse verarbeiten	514
Canvas an das Browserfenster anpassen	517
Der ordnungsbedürftige ~~Koch~~ Programmierer	518
Im Labor	520
Punkt für Punkt	524
Lösungen	526

xvii

Der Inhalt

Anhang: Was übrig bleibt
Die Top Ten (der unbehandelten Themen)

Wir haben eine Menge geschafft und sind fast fertig. Bevor wir Sie ziehen lassen, möchten wir Ihnen noch einige Dinge mit auf den Weg geben. Wir können nicht alles, was Sie wissen müssen, in dieses relativ kurze Kapitel packen. In Wahrheit *hatten* wir ursprünglich alles in dieses Kapitel geschrieben, was Sie über HTML5 wissen müssen (und was nicht in den anderen Kapiteln steht), indem wir die Schriftgröße auf 0,00004 Punkt verkleinert hatten. Es passte alles rein, aber leider konnte es niemand lesen. Deswegen haben wir das meiste wieder gestrichen und nur die besten Teile für diesen Top Ten-Anhang behalten.

#1 Modernizr	532
#2 Audio	533
#3 jQuery	534
#4 XHTML ist tot, lang lebe XHTML	536
#5 SVG	537
#6 Offline-Web-Apps	538
#7 Web Sockets	539
#8 Mehr zur Canvas-API	540
#9 Selectors-API	542
#10 Es gibt noch mehr!	543
Der HTML5-Führer für neue Bauweisen	545
Webville-Führer für semantische HTML5-Elemente	546
Webville-Führer für CSS3-Eigenschaften	548

 **Index**   549

Einführung

Wie man dieses Buch benutzt

Einführung

Ich kann einfach nicht fassen, dass *so etwas* in einem HTML5-Buch steht!

In diesem Abschnitt beantworten wir die brennende Frage: »Und? Warum STEHT so was in einem HTML5-Buch?«

Sie sind hier ▶ **xix**

Wie man dieses Buch benutzt

Für wen ist dieses Buch?

Wenn Sie alle folgenden Fragen mit »Ja« beantworten können ...

(1) Haben Sie einen Computer mit einem **Webbrowser** und einem **Texteditor**?

(2) Möchten Sie **lernen, verstehen und behalten**, wie Sie Webanwendungen mit den besten Techniken und neuesten Standards **entwickeln**?

(3) Ziehen Sie eine **anregende Unterhaltung beim Abendessen** einer **trockenen, langweiligen Vorlesung** vor?

... dann ist dieses Buch etwas für Sie.

Wer sollte eher die Finger von diesem Buch lassen?

Wenn Sie eine der folgenden Fragen mit »Ja« beantworten können ...

(1) Ist die Entwicklung von Webseiten **völliges Neuland** für Sie?

Lesen Sie »HTML mit CSS und XHTML von Kopf bis Fuß« – eine großartige Einführung in die Webentwicklung – und machen Sie dann hier weiter!

(2) Entwickeln Sie bereits Web-Apps, und suchen Sie ein **Referenzbuch** für HTML5?

(3) Haben Sie **Angst, etwas Neues auszuprobieren**? Ist Ihnen eine Wurzelkanalbehandlung lieber, als Streifen kombiniert mit Karos zu tragen? Glauben Sie, dass ein Technikfachbuch mit 50er-Jahre-Unterrichtsfilmen, in dem JavaScript-APIs vermenschlicht werden, nicht seriös sein kann?

... dann ist dieses Buch nicht das richtige für Sie.

[Anmerkung der Marketing-Abteilung: Dieses Buch ist für jeden etwas, der eine Kreditkarte besitzt. Bargeld lacht ebenfalls]

Einführung

Wir wissen, was Sie gerade denken

»Kann *das* wirklich ein seriöses Buch über HTML5-Programmierung sein?«

»Was sollen all die Abbildungen?«

»Kann ich das auf diese Weise wirklich *lernen*?«

Und wir wissen, was Ihr *Gehirn* gerade denkt.

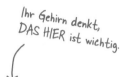
Ihr Gehirn denkt, DAS HIER ist wichtig.

Ihr Gehirn lechzt nach Neuem. Es ist ständig dabei, Ihre Umgebung abzusuchen, und es *wartet* auf etwas Ungewöhnliches. So ist es nun einmal gebaut, und es hilft Ihnen zu überleben.

Also, was macht Ihr Gehirn mit all den gewöhnlichen, normalen Routinesachen, denen Sie begegnen? Es tut alles in seiner Macht Stehende, damit es dadurch nicht bei seiner *eigentlichen* Arbeit gestört wird: Dinge zu erfassen, die wirklich *wichtig* sind. Es gibt sich nicht damit ab, die langweiligen Sachen zu speichern, sondern lässt diese gar nicht erst durch den »Dies-ist-offensichtlich-nicht-wichtig«-Filter.

Woher *weiß* Ihr Gehirn denn, was wichtig ist? Nehmen Sie an, Sie machen einen Tagesausflug und ein Tiger springt vor Ihnen aus dem Gebüsch: Was passiert dabei in Ihrem Kopf und Ihrem Körper?

Neuronen feuern. Gefühle werden angekurbelt. *Chemische Substanzen durchfluten Sie.*

Und so weiß Ihr Gehirn:

Dies muss wichtig sein! Vergiss es nicht!

Aber nun stellen Sie sich vor, Sie sind zu Hause oder in einer Bibliothek. In einer sicheren, warmen, tigerfreien Zone. Sie lernen. Bereiten sich auf eine Prüfung vor. Oder Sie versuchen, irgendein schwieriges Thema zu lernen, von dem Ihr Chef glaubt, Sie bräuchten dafür eine Woche oder höchstens zehn Tage.

Na toll. Nur noch 640 trockene, langweilige Seiten.

Ihr Gehirn denkt, DAS HIER zu speichern, lohnt sich nicht.

Da ist nur ein Problem: Ihr Gehirn versucht, Ihnen einen großen Gefallen zu tun. Es versucht, dafür zu sorgen, dass diese *offensichtlich* unwichtigen Inhalte nicht knappe Ressourcen verstopfen. Ressourcen, die besser dafür verwendet würden, die wirklich *wichtigen* Dinge zu speichern. Wie Tiger. Wie die Gefahren des Feuers. Wie die Notwendigkeit, schnell das Browserfenster mit dem YouTube-Video zu einer Alienentführung zu verbergen, wenn Ihr Chef die Nase ins Büro steckt.

Und es gibt keine einfache Möglichkeit, Ihrem Gehirn zu sagen: »Hey, Gehirn, vielen Dank, aber egal, wie langweilig dieses Buch auch ist und wie klein der Ausschlag auf meiner emotionalen Richterskala gerade ist, ich *will* wirklich, dass du diesen Kram behältst.«

Sie sind hier ▶

Wie man dieses Buch benutzt

Wir stellen uns unseren Leser als einen aktiv Lernenden vor.

Also, was ist nötig, damit Sie etwas lernen? Erst einmal müssen Sie es aufnehmen und dann dafür sorgen, dass Sie es nicht wieder vergessen. Es geht nicht darum, Fakten in Ihren Kopf zu schieben. Nach den neuesten Forschungsergebnissen der Kognitionswissenschaft, der Neurobiologie und der Lernpsychologie gehört zum *Lernen* viel mehr als nur Text auf einer Seite. Wir wissen, was Ihr Gehirn anmacht.

Einige der Lernprinzipien dieser Buchreihe:

Bilder einsetzen. An Bilder kann man sich viel besser erinnern als an Worte allein und lernt so viel effektiver (bis zu 89% Verbesserung bei Abrufbarkeits- und Lerntransferstudien). Außerdem werden die Dinge dadurch verständlicher. **Text in oder neben die Grafiken setzen,** auf die sie sich beziehen, anstatt darunter oder auf eine andere Seite. Die Leser werden auf den Bildinhalt bezogene Probleme dann mit *doppelt* so hoher Wahrscheinlichkeit lösen können.

Verwenden Sie einen gesprächsorientierten Stil mit persönlicher Ansprache. Nach neueren Untersuchungen haben Studenten nach dem Lernen bei Tests bis zu 40% besser abgeschnitten, wenn der Inhalt den Leser direkt in der ersten Person und im lockeren Stil angesprochen hat statt in einem formalen Ton. Halten Sie keinen Vortrag, sondern erzählen Sie Geschichten. Benutzen Sie eine zwanglose Sprache. Nehmen Sie sich selbst nicht zu ernst. Würden *Sie* einer anregenden Unterhaltung beim Abendessen mehr Aufmerksamkeit schenken oder einem Vortrag?

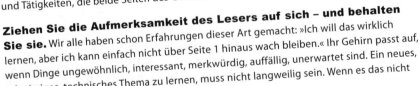

Bringen Sie den Lernenden dazu, intensiver nachzudenken. Mit anderen Worten: Falls Sie nicht aktiv Ihre Neuronen strapazieren, passiert in Ihrem Gehirn nicht viel. Ein Leser muss motiviert, begeistert und neugierig sein und angeregt werden, Probleme zu lösen, Schlüsse zu ziehen und sich neues Wissen anzueignen. Und dafür brauchen Sie Herausforderungen, Übungen, zum Nachdenken anregende Fragen und Tätigkeiten, die beide Seiten des Gehirns und mehrere Sinne einbeziehen.

Ziehen Sie die Aufmerksamkeit des Lesers auf sich – und behalten Sie sie. Wir alle haben schon Erfahrungen dieser Art gemacht: »Ich will das wirklich lernen, aber ich kann einfach nicht über Seite 1 hinaus wach bleiben.« Ihr Gehirn passt auf, wenn Dinge ungewöhnlich, interessant, merkwürdig, auffällig, unerwartet sind. Ein neues, schwieriges, technisches Thema zu lernen, muss nicht langweilig sein. Wenn es das nicht ist, lernt Ihr Gehirn viel schneller.

Sprechen Sie Gefühle an. Wir wissen, dass Ihre Fähigkeit, sich an etwas zu erinnern, wesentlich von dessen emotionalem Gehalt abhängt. Sie erinnern sich an das, was Sie *bewegt*. Sie erinnern sich, wenn Sie etwas *fühlen*. Nein, wir erzählen keine herzzerreißenden Geschichten über einen Jungen und seinen Hund. Was wir erzählen, ruft Überraschungs-, Neugier-, Spaß- und Was-soll-das?-Emotionen hervor und dieses Hochgefühl, das Sie beim Lösen eines Puzzles empfinden oder wenn Sie etwas lernen, was alle anderen schwierig finden. Oder wenn Sie merken, dass Sie etwas können, was dieser »Ich-bin-ein-besserer-Techniker-als-du«-Typ aus der Technikabteilung *nicht kann*.

Metakognition: Nachdenken übers Denken

Wenn Sie wirklich lernen möchten, und zwar schneller und nachhaltiger, dann schenken Sie Ihrer Aufmerksamkeit Aufmerksamkeit. Denken Sie darüber nach, wie Sie denken. Lernen Sie, wie Sie lernen.

Die meisten von uns haben in ihrer Jugend keine Kurse in Metakognition oder Lerntheorie gehabt. Es wurde von uns *erwartet*, dass wir lernen, aber nur selten wurde uns auch *beigebracht*, wie man lernt.

Wir nehmen aber an, dass Sie wirklich HTML5-Programmierung lernen möchten, wenn Sie dieses Buch in den Händen halten. Und wahrscheinlich möchten Sie nicht viel Zeit aufwenden. Und Sie wollen sich an das *erinnern*, was Sie lesen, und es anwenden können. Und deshalb müssen Sie es *verstehen*. Wenn Sie so viel wie möglich von diesem Buch profitieren wollen oder von irgendeinem anderen Buch oder einer anderen Lernerfahrung, übernehmen Sie Verantwortung für Ihr Gehirn. Ihr Gehirn im Zusammenhang mit *diesem* Lernstoff.

Der Trick besteht darin, Ihr Gehirn dazu zu bringen, neuen Lernstoff als etwas wirklich Wichtiges anzusehen. Als entscheidend für Ihr Wohlbefinden. So wichtig wie ein Tiger. Andernfalls stecken Sie in einem dauernden Kampf, in dem Ihr Gehirn sein Bestes gibt, um die neuen Inhalte davon abzuhalten, hängen zu bleiben.

Wie bringen SIE also Ihr Gehirn dazu, HTML5 (und JavaScript) für so wichtig zu halten wie einen Tiger?

Da gibt es den langsamen, ermüdenden Weg oder den schnelleren, effektiveren Weg. Der langsame Weg geht über bloße Wiederholung. Natürlich ist Ihnen klar, dass Sie lernen und sich sogar an die langweiligsten Themen erinnern *können*, wenn Sie sich die gleiche Sache immer wieder einhämmern. Wenn Sie nur oft genug wiederholen, sagt Ihr Gehirn: »Er hat zwar nicht das *Gefühl*, dass das wichtig ist, aber er sieht sich dieselbe Sache *immer und immer wieder* an – dann muss sie wohl wichtig sein.«

Der schnellere Weg besteht darin, **alles zu tun, was die Gehirnaktivität erhöht**, vor allem verschiedene *Arten* von Gehirnaktivität. Eine wichtige Rolle dabei spielen die auf der vorhergehenden Seite erwähnten Dinge – alles Dinge, die nachweislich helfen, dass Ihr Gehirn *für* Sie arbeitet. So hat sich z.B. in Untersuchungen gezeigt: Wenn Wörter *in* den Abbildungen stehen, die sie beschreiben (und nicht irgendwo anders auf der Seite, z.B. in einer Bildunterschrift oder im Text), versucht Ihr Gehirn, herauszufinden, wie die Wörter und das Bild zusammenhängen, und dadurch feuern mehr Neuronen. Und je mehr Neuronen feuern, umso größer ist die Chance, dass Ihr Gehirn mitbekommt: Bei dieser Sache lohnt es sich, aufzupassen, und vielleicht auch, sich daran zu erinnern.

Ein lockerer Sprachstil hilft, denn Menschen tendieren zu höherer Aufmerksamkeit, wenn ihnen bewusst ist, dass sie ein Gespräch führen – man erwartet dann ja von ihnen, dass sie dem Gespräch folgen und sich beteiligen. Das Erstaunliche daran ist: Es ist Ihrem Gehirn ziemlich *egal*, dass die »Unterhaltung« zwischen Ihnen und einem Buch stattfindet! Wenn der Schreibstil dagegen formal und trocken ist, hat Ihr Gehirn den gleichen Eindruck wie bei einem Vortrag, bei dem in einem Raum passive Zuhörer sitzen. Nicht nötig, wach zu bleiben.

Aber Abbildungen und ein lockerer Sprachstil sind erst der Anfang.

Wie man dieses Buch benutzt

Das haben WIR getan:

Wir haben **Bilder** verwendet, weil Ihr Gehirn auf visuelle Eindrücke eingestellt ist, nicht auf Text. Soweit es Ihr Gehirn betrifft, sagt ein Bild *wirklich* mehr als 1.024 Worte. Und dort, wo Text und Abbildungen zusammenwirken, haben wir den Text *in* die Bilder eingebettet, denn Ihr Gehirn arbeitet besser, wenn der Text *innerhalb* der Sache steht, auf die er sich bezieht, und nicht in einer Bildunterschrift oder irgendwo vergraben im Text.

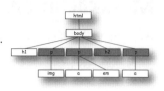

Wir haben **Redundanz** eingesetzt, d.h. dasselbe auf *unterschiedliche* Art und mit verschiedenen Medientypen ausgedrückt, damit Sie es über *mehrere Sinne* aufnehmen. Das erhöht die Chance, dass die Inhalte an mehr als nur einer Stelle in Ihrem Gehirn verankert werden.

Wir haben Konzepte und Bilder in **unerwarteter** Weise eingesetzt, weil Ihr Gehirn auf Neuigkeiten programmiert ist. Und wir haben Bilder und Ideen mit zumindest *etwas* ***emotionalem Charakter*** verwendet, weil Ihr Gehirn darauf eingestellt ist, auf die Biochemie von Gefühlen zu achten. An alles, was ein *Gefühl* in Ihnen auslöst, können Sie sich mit höherer Wahrscheinlichkeit erinnern, selbst wenn dieses Gefühl nicht mehr ist als ein bisschen **Belustigung, Überraschung oder Interesse.**

Wir haben einen **umgangssprachlichen Stil** mit direkter Anrede benutzt, denn Ihr Gehirn ist von Natur aus aufmerksamer, wenn es Sie in einer Unterhaltung wähnt, als wenn es davon ausgeht, dass Sie passiv einer Präsentation zuhören – sogar dann, wenn Sie *lesen*.

Wir haben mehr als 80 **Aktivitäten** für Sie vorgesehen, denn Ihr Gehirn lernt und behält von Natur aus besser, wenn Sie Dinge *tun,* als wenn Sie nur darüber *lesen*. Und wir haben die Übungen zwar anspruchsvoll, aber doch lösbar gemacht, denn so ist es den meisten Lesern am liebsten.

Wir haben **mehrere unterschiedliche Lernstile** eingesetzt, denn vielleicht bevorzugen *Sie* ein Schritt-für-Schritt-Vorgehen, während jemand anders erst einmal den groben Zusammenhang verstehen und ein Dritter einfach nur ein Codebeispiel sehen möchte. Aber ganz abgesehen von den jeweiligen Lernvorlieben profitiert *jeder* davon, wenn er die gleichen Inhalte in unterschiedlicher Form präsentiert bekommt.

Wir liefern Inhalte für **beide Seiten Ihres Gehirns,** denn je mehr Sie von Ihrem Gehirn einsetzen, umso wahrscheinlicher werden Sie lernen und behalten und umso länger bleiben Sie konzentriert. Wenn Sie mit einer Seite des Gehirns arbeiten, bedeutet das häufig, dass sich die andere Seite des Gehirns ausruhen kann; so können Sie über einen längeren Zeitraum produktiver lernen.

Und wir haben **Geschichten** und Übungen aufgenommen, die **mehr als einen Blickwinkel repräsentieren,** denn Ihr Gehirn lernt von Natur aus intensiver, wenn es gezwungen ist, selbst zu analysieren und zu beurteilen.

Wir haben **Herausforderungen** eingefügt: in Form von Übungen und indem wir **Fragen** stellen, auf die es nicht immer eine eindeutige Antwort gibt, denn Ihr Gehirn ist darauf eingestellt, zu lernen und sich zu erinnern, wenn es an etwas *arbeiten* muss. Überlegen Sie: Ihren *Körper* bekommen Sie ja auch nicht in Form, wenn Sie nur die Leute auf dem Sportplatz *beobachten*. Aber wir haben unser Bestes getan, um dafür zu sorgen, dass Sie – wenn Sie schon hart arbeiten – an den *richtigen* Dingen arbeiten. Dass Sie **nicht einen einzigen Dendriten darauf verschwenden,** ein schwer verständliches Beispiel zu verarbeiten oder einen schwierigen, mit Fachbegriffen gespickten oder übermäßig gedrängten Text zu analysieren.

Wir haben **Menschen** eingesetzt. In Geschichten, Beispielen, Bildern usw. – denn *Sie sind* ein Mensch. Und Ihr Gehirn schenkt *Menschen* mehr Aufmerksamkeit als *Dingen*.

Einführung

Und das können SIE tun, um sich Ihr Gehirn untertan zu machen

So, wir haben unseren Teil der Arbeit geleistet. Der Rest liegt bei Ihnen. Diese Tipps sind ein Anfang; hören Sie auf Ihr Gehirn und finden Sie heraus, was bei Ihnen funktioniert und was nicht. Probieren Sie neue Wege aus.

Schneiden Sie dies aus und heften Sie es an Ihren Kühlschrank

---

① **Immer langsam. Je mehr Sie verstehen, umso weniger müssen Sie auswendig lernen.**

Lesen Sie nicht nur. Halten Sie inne und denken Sie nach. Wenn das Buch Sie etwas fragt, springen Sie nicht einfach zur Antwort. Stellen Sie sich vor, dass Sie das wirklich jemand *fragt*. Je gründlicher Sie Ihr Gehirn zum Nachdenken zwingen, umso größer ist die Chance, dass Sie lernen und behalten.

② **Bearbeiten Sie die Übungen. Machen Sie selbst Notizen.**

Wir haben sie entworfen, aber wenn wir sie auch für Sie lösen würden, wäre dass, als würde jemand anderes Ihr Training für Sie absolvieren. Und sehen Sie sich die Übungen *nicht einfach nur an*. **Benutzen Sie einen Bleistift.** Es deutet vieles darauf hin, dass körperliche Aktivität *beim* Lernen den Lernerfolg erhöhen kann.

③ **Lesen Sie die Abschnitte »Es gibt keine dummen Fragen«.**

Und zwar alle. Das sind keine Zusatzanmerkungen – *sie gehören zum Kerninhalt!* Überspringen Sie sie nicht.

④ **Lesen Sie dies als Letztes vor dem Schlafengehen. Oder lesen Sie danach zumindest nichts *Anspruchsvolles* mehr.**

Ein Teil des Lernprozesses (vor allem die Übertragung in das Langzeitgedächtnis) findet erst statt, *nachdem* Sie das Buch zur Seite gelegt haben. Ihr Gehirn braucht Zeit für sich, um weitere Verarbeitung zu leisten. Wenn Sie in dieser Zeit etwas Neues aufnehmen, geht ein Teil dessen, was Sie gerade gelernt haben, verloren.

⑤ **Trinken Sie Wasser. Viel.**

Ihr Gehirn arbeitet am besten in einem schönen Flüssigkeitsbad. Austrocknung (zu der es schon kommen kann, bevor Sie überhaupt Durst verspüren) beeinträchtigt die kognitive Funktion.

⑥ **Reden Sie drüber. Laut.**

Sprechen aktiviert einen anderen Teil des Gehirns. Wenn Sie etwas verstehen wollen oder Ihre Chancen verbessern wollen, sich später daran zu erinnern, sagen Sie es laut. Noch besser: Versuchen Sie, es jemand anderem laut zu erklären. Sie lernen dann schneller und haben vielleicht Ideen, auf die Sie beim bloßen Lesen nie gekommen wären.

⑦ **Hören Sie auf Ihr Gehirn.**

Achten Sie darauf, Ihr Gehirn nicht zu überladen. Wenn Sie merken, dass Sie etwas nur noch überfliegen oder dass Sie das gerade erst Gelesene vergessen haben, ist es Zeit für eine Pause. Ab einem bestimmten Punkt lernen Sie nicht mehr schneller, indem Sie mehr hineinzustopfen versuchen; das kann sogar den Lernprozess stören.

⑧ **Aber bitte mit Gefühl!**

Ihr Gehirn muss wissen, dass es *um etwas Wichtiges geht*. Lassen Sie sich in die Geschichten hineinziehen. Erfinden Sie eigene Bildunterschriften für die Fotos. Über einen schlechten Scherz zu stöhnen, ist *immer noch* besser, als gar nichts zu fühlen.

⑨ **Gestalten Sie etwas**

Wenden Sie das Gelernte bei Ihrer täglichen Arbeit an und bei den Entscheidungen, die Sie bei Ihren Projekten treffen. Gehen Sie über das, was Sie in den Übungen dieses Buches gelernt haben, hinaus. Alles, was Sie brauchen, ist ein Stift und ein Problem, das es zu lösen gilt.

Sie sind hier ▶

Wie man dieses Buch benutzt

Lies mich!

Dies ist ein Lernerlebnis, kein Nachschlagewerk. Wir haben bewusst alles herausgestrichen, was an irgendeiner Stelle des Buchs hinderlich für den Lernprozess sein könnte. Und wenn Sie das Buch das erste Mal durcharbeiten, müssen Sie am Anfang beginnen, denn das Buch macht bestimmte Annahmen darüber, was Sie schon gesehen und gelernt haben.

Wir erwarten, dass Sie HTML und CSS kennen.

Wenn Sie HTML-Markup nicht kennen (HTML-Dokumente, Elemente, Attribute, Eigenschaftsstrukturen, Struktur und Darstellung), holen Sie sich ein Exemplar von »HTML mit CSS & XHTML von Kopf bis Fuß«, bevor Sie mit diesem Buch beginnen.

Erfahrung hilft, aber Sie müssen JavaScript noch nicht beherrschen.

Sollten Sie bereits Erfahrungen mit Programmierung oder Skripten gesammelt haben (auch wenn es kein JavaScript ist), hilft das. Wir setzen aber für dieses Buch nicht voraus, dass Sie JavaScript beherrschen. Dieses Buch soll an »HTML mit CSS & XHTML von Kopf bis Fuß« anschließen, in dem keinerlei Skripten vorkommen.

Wir möchten Sie ermuntern, mehr als einen Browser mit diesem Buch zu verwenden.

Wir empfehlen Ihnen, die Seiten und Webanwendungen aus diesem Buch mit mehreren Browsern zu testen. Dadurch lernen Sie, die Unterschiede zwischen den verschiedenen Browsern zu erkennen und Seiten zu erstellen, die in einer Vielzahl von Browsern gut funktionieren. Wir legen Ihnen vor allem Google Chrome und Apple Safari ans Herz, da sie im Allgemeinen mit den neuesten Standards konform sind. Wir empfehlen Ihnen aber auch, die neuesten Versionen anderer wichtiger Browser auszuprobieren, darunter Internet Explorer, Firefox und Opera, sowie neue mobile Browser auf Geräten mit iOS und Android.

Die Übungen sind NICHT optional.

Die Übungen und sonstigen Aktivitäten sind keine Zugaben, sondern Grundbestandteile des Buchs. Einige davon helfen beim Einprägen, andere beim Verständnis und wieder andere bei der Anwendung des Gelernten. *Überspringen Sie die Übungen nicht.* Sogar die Kreuzworträtsel sind wichtig – sie bringen Ihrem Gehirn die Konzepte näher. Vor allem aber geben Sie Ihrem Gehirn eine gute Möglichkeit, die Wörter einmal in einem anderen Zusammenhang zu sehen.

Die Redundanz ist beabsichtigt und wichtig.

Eine der Besonderheiten eines Buchs dieser Reihe ist: Wir wollen, dass Sie *wirklich* verstehen. Und wenn Sie mit dem Buch fertig sind, sollen Sie sich an das Gelernte erinnern. Bei den meisten Nachschlagewerken besteht das Ziel nicht im Behalten und Erinnern. Aber in diesem Buch geht es ums *Lernen*, und deshalb werden manche Ideen und Begriffe mehr als ein Mal besprochen.

Zu den Kopfnuss-Übungen gibt es keine Lösungen.

Für manche Übungen gibt es keine richtige Lösung, bei anderen wiederum ist es ein Teil der Lernerfahrung, dass Sie selbst entscheiden, ob und wann Ihre Antworten richtig sind. Bei einigen Kopfnuss-Übungen finden Sie Hinweise, die Ihnen die richtige Richtung zeigen.

Softwareanforderungen

Zum Schreiben von HTML5 und JavaScript-Code brauchen Sie einen Texteditor, einen Browser und manchmal einen Webserver (den Sie lokal auf Ihrem Rechner installieren können).

Als Texteditoren für Windows empfehlen wir PSPad, TextPad oder EditPlus (Sie können auch Notepad verwenden, wenn es sein muss). Für den Mac sind die Texteditoren TextWrangler, TextMate und TextEdit empfehlenswert. Auf einem Linux-System gibt es jede Menge integrierte Texteditoren, und wir sind uns sicher, dass Sie nicht uns brauchen, um etwas darüber zu erfahren.

Wir hoffen, dass Sie das mit den Browsern bereits erledigt und mindestens zwei Browser installiert haben (siehe vorherige Seite). Wenn nicht, machen Sie es bitte jetzt. Es lohnt sich auf jeden Fall, auch die Zeit zu investieren, die Entwicklertools der jeweiligen Browser kennenzulernen. Jeder namhafte Browser verfügt über integrierte Tools, mit denen Sie die JavaScript-Konsole anzeigen können (dort sehen Sie Fehler sowie Ausgaben, die Sie mit `console.log` schreiben – eine praktische Alternative zu `alert`), die Nutzung von Web Storage, DOM, CSS-Stilregeln der Elemente und vieles mehr. Manche Browser bieten sogar Plug-ins für zusätzliche Entwicklertools. Sie brauchen diese Tools zwar nicht, um dieses Buch durchzuarbeiten, wenn Sie sich aber ein bisschen Zeit dafür nehmen, sich diese Tools etwas genauer zu betrachten, wird Ihnen die Entwicklung leichter fallen.

Für manche HTML5-Funktionen und JavaScript-APIs ist es erforderlich, die Dateien über einen echten Webserver statt über das Dateisystem bereitzustellen (Ihre URL beginnt also mit `http://` und nicht mit `file://`). Wir haben im Buch an den entsprechenden Stellen gekennzeichnet, für welche Beispiele Sie einen Server brauchen. Sollten Sie die Motivation dafür aufbringen, empfehlen wir Ihnen aber, gleich jetzt einen Server auf Ihrem Computer zu installieren. Auf Mac und Linux ist Apache vorinstalliert. Unter Windows müssen Sie Apache oder IIS installieren. Haben Sie sich für Apache entschieden, stehen Ihnen eine Menge Open Source-Tools wie etwa WAMP und XAMPP zur Verfügung, die sich leicht installieren lassen.

Das war's, viel Spaß!

Das Gutachter-Team

Fachgutachter

Paul Barry

Paul ist nicht nur Gutachter, sondern auch ein erfahrener Von Kopf bis Fuß-Autor, der bereits »Python von Kopf bis Fuß« und »Programmieren von Kopf bis Fuß« geschrieben hat!

David Powers

Unser Meister-Fachgutachter.

Bert Bates

Nicht nur ein Fachgutachter, er ist auch der Schöpfer der Reihe! So viel zum Thema Druck ...

Lou Barr

Wir haben versucht, ihr zu sagen, dass sie uns nur bei der Grafik helfen soll. Sie ließ sich aber nicht davon abhalten, auch brillante Arbeit als Gutachterin zu leisten!

Rebeca Dunn-Kahn

Rebeca war unser zweites Paar Augen – sie hat uns bei Codedetails gerettet, die sonst niemand gesehen hat (uns eingeschlossen!).

Trevor Farlow

Unser 110%iger Gutachter, der sogar mitten in der Nacht im Pyjama herumgelaufen ist, um unseren Geo-Code zu testen.

Unsere Fachgutachter:

Wir sind unserem Fachgutachter-Team extrem dankbar, da es uns gezeigt hat, wie sehr wir auf seine technische Expertise und Liebe zum Detail angewiesen sind. **David Powers**, **Rebeca Dunn-Kahn**, **Trevor Farlow**, **Paul Barry**, **Louise Barr** und **Bert Bates** haben keinen Stein auf dem anderen gelassen und das Buch auf diese Weise viel besser gemacht. Ihr seid toll!

Einführung

Danksagungen

Noch mehr Fachgutachten:

Das wird zu einem wiederkehrenden Thema in unseren Büchern: Wir möchten nochmals **David Powers** danken, unserem geschätzten Fachgutachter und Autor vieler Bücher. Davids Kommentare führen immer zu deutlichen Verbesserungen des Texts. Und wir schlafen nachts besser – denn wenn David das Buch durchgegangen ist, wissen wir, dass wir technisch einen Volltreffer landen. Nochmals danke, David.

← Hinweis an die Redaktion: Können wir versuchen, diesen Mann für unsere nächsten drei Bücher unter Vertrag zu nehmen? Möglichst exklusiv!

Bei O'Reilly:

Courtney Nash hatte nicht nur die schwierige Aufgabe, das Buch »Programmieren von Kopf bis Fuß«, sondern auch *uns* zu managen. Courtney hat zwar sämtliche Wege für uns frei gemacht, aber auch jenen subtilen Druck ausgeübt, den jeder Lektor nutzt, um ein Buch abzuschließen. Vor allem aber war Courtneys Feedback zu diesem Buch und seinem Inhalt extrem wertvoll und resultierte in einigen wichtigen Überarbeitungen. Dank Courtneys Bemühungen ist dieses Buch wesentlich besser. Vielen Dank!

Courtney Nash ↗

Lou Barr war ebenfalls ein wesentlicher Bestandteil dieses Buchs und hat in vielerlei Hinsicht dazu beigetragen – als Gutachterin, Grafikdesignerin, Produktionsdesignerin, Webdesignerin und Photoshop-Bändigerin. Vielen Dank, Lou, ohne dich hätten wir es nicht geschafft!

↑ Lou Barr, nochmals! (Und Toby!).

Und vielen Dank noch weiteren, die dabei geholfen haben:

An dieser Stelle möchten wir dem Rest der O'Reilly-Crew für die vielfältige Unterstützung danken. Dazu gehören: **Mike Hendrickson**, **Mike Loukides**, **Laurel Ruma**, **Karen Shaner**, **Sanders Kleinfeld**, **Kristen Borg**, **Karen Montgomery**, **Rachel Monaghan**, **Julie Hawks** und **Nancy Reinhardt**.

Danksagungen

Noch mehr Danksagungen!*

Vielen Dank an eine Reihe weiterer Leute:

James Henstridge hat den ursprünglichen Code geschrieben, aus dem der Fraktal Explorer in Kapitel 10 entstanden ist. Wir haben ihn für unsere Zwecke in diesem Buch angepasst und entschuldigen uns für jegliche Änderung unsererseits, die vielleicht nicht so elegant wie seine ursprüngliche Version ist. Schauspieler und Künstler **Laurence Zankowski** – für immer auf die Rolle als Sternback-CEO festgelegt – ist großzügigerweise in diesem Buch wieder aufgetreten und hat uns dabei geholfen, die Videoanwendung in Kapitel 8 zu testen (müssen Sie gesehen haben). Die **Bainbridge Island Downtown Association** hat uns freundlicherweise erlaubt, ihr tolles Logo, das von Denise Harris entworfen wurde, für das WickedlySmart-Hauptquartier zu verwenden. Vielen Dank auch an **Anthony Vizzari** und A&A Studios, dass wir ein Foto ihrer genialen Fotokabine verwenden durften.

Unser TweetShirt-Beispiel verwendet einige schicke Symbole von **ChethStudios.Net**. Wir bedanken uns für die engagierte Arbeit des **Internet Archive** – Heimat der Filme, die wir für Webville TV verwendet haben. Und vielen Dank an **Daniel Steinberg**, der immer da war, um alles aufzufangen.

Er ist zurüüüüüück!

Zu guter Letzt: vielen Dank an Kathy und Bert

Kathy Sierra und **Bert Bates**, unsere Komplizen, GEHIRNE und Schöpfer dieser Reihe. Wir hoffen, der Reihe ein weiteres Mal gerecht zu werden!

Bert Bates

Kathy Sierra

Voller Einsatz bei der Recherche für »Hauspferd von Kopf bis Fuß«.

---

*Die Vielzahl von Danksagungen ist laut einer Theorie darauf zurückzuführen, dass jeder, der in den Danksagungen erwähnt wird, mindestens ein Exemplar kauft – mit Angehörigen und sonstigen Anhängseln wahrscheinlich sogar mehrere. Wenn Sie in den Danksagungen unseres *nächsten* Buchs auftauchen möchten und eine große Familie haben, schreiben Sie uns!

1 HTML5 kennenlernen

Willkommen in Webville

> Wir fahren nach Webville! Dort wird so viel Tolles mit HTML5 gebaut, dass wir verrückt sein müssten, irgendwo anders leben zu wollen. Folgen Sie uns – wir zeigen Ihnen alle Sehenswürdigkeiten.

HTML hat einen wilden Ritt hinter sich. Klar, HTML begann als einfache Markup-Sprache. Aber in der letzten Zeit hat es sich deutlich gemausert. HTML ist eine Sprache geworden, die auf die Entwicklung echter Webapplikationen abgestimmt ist – mit lokaler Speicherung, 2-D-Zeichnungen, Offlineunterstützung, Sockets und Threads und vielem mehr. Die Geschichte von HTML war nicht immer schön und ist sehr dramatisch (darauf kommen wir noch zu sprechen). Aber zuerst machen wir in diesem Kapitel eine Spritztour durch Webville, um ein Gefühl dafür zu entwickeln, was alles zu »HTML5« gehört. Steigen Sie ein, unser Ziel heißt Webville – und wir kommen von null auf HTML5 in nur 3,8 Seiten.

← Achtung: XHTML hat 2009 einen Abschiedsbrief bekommen!

> Steigen Sie noch HEUTE auf HTML5 um! Meine
> # HTML5-o-Matik
> schafft das in DREI EINFACHEN SCHRITTEN.

Treten Sie näher! Nur für begrenzte Zeit: Wir nehmen Ihre gammlige alte HTML-Seite und aktualisieren sie in nur **DREI EINFACHEN SCHRITTEN** auf HTML5.

Ist es wirklich so einfach? Worauf Sie sich verlassen können. Wir haben bereits eine Präsentation für Sie vorbereitet.

Sehen Sie sich dieses müde, ausgelutschte HTML an, dessen Tage längst gezählt sind. Wir machen daraus vor Ihren Augen HTML5:

```html
<!DOCTYPE html PUBLIC "-//W3C//DTD HTML 4.01//EN"
    "http://www.w3.org/TR/html4/strict.dtd">
<html>
  <head>
    <meta http-equiv="content-type" content="text/html; charset=UTF-8">
    <title>KopfüBar</title>
    <link type="text/css" rel="stylesheet" href="lounge.css">
    <script type="text/javascript" src="lounge.js"></script>
  </head>
  <body>
    <h1>Willkommen in der KopfüBar</h1>
    <p>
      <img src="drinks.gif" alt="Drinks">
    </p>
    <p>
      Kommen Sie einfach mal vorbei. Bei uns finden Sie jeden Abend erfrischende <a
href="elixire.html">Elixire</a> Unterhaltung, und vielleicht interessiert Sie auch die
eine oder andere Runde »Tap Tap Revolution«.
      Ein Wireless-Zugang ist jederzeit verfügbar, aber BSIEWSM (bringen Sie Ihren
eigenen Webserver mit).
    </p>
  </body>
</html>
```

← Das ist normales HTML 4.01 von der KopfüBar, an die Sie sich vielleicht noch aus »HTML Von Kopf bis Fuß« erinnern (falls nicht: keine Sorge, das ist nicht notwendig).

 **KOPF-NUSS**

So einfach ist es, HTML5 zu schreiben

Machen Sie sich Ihren Mund mit diesem HTML-Dokument wässrig, das in HTML 4.01 (der Vorgängerversion) geschrieben wurde, nicht in HTML5. Lesen Sie jede Zeile aufmerksam durch und versuchen Sie sich daran zu erinnern, welche Aufgabe die jeweiligen Teile haben. Tun Sie sich keinen Zwang an und machen Sie sich ruhig direkt auf der Seite Notizen. Auf den folgenden Seiten werden wir uns ansehen, wie Sie dieses Dokument in HTML5 überführen können.

HTML5 kennenlernen

✏️ Spitzen Sie Ihren Bleistift

Nachdem Sie nun einen sorgfältigen Blick auf das HTML auf Seite 2 geworfen haben: Ist Ihnen Markup aufgefallen, das sich mit HTML5 unter Umständen ändern könnte? Oder Code, den Sie ändern würden? Auf einen Punkt möchten wir Sie gern aufmerksam machen – die **doctype**-Definition:

Der Doctype für »html«, hier sind wir richtig!

Das bedeutet lediglich, dass dieser Standard öffentlich verfügbar ist.

Dieser Teil sagt, dass wir HTML in der Version 4.01 und in ENglisch schreiben.

```
<!DOCTYPE html PUBLIC "-//W3C//DTD HTML 4.01//EN"
    "http://www.w3.org/TR/html4/strict.dtd">
```

Das verweist auf die Datei, die diesen Standard beschreibt.

Denken Sie daran: Die **doctype**-Definition gehört in den oberen Teil Ihrer HTML-Datei und nennt dem Browser den Dokumenttyp – in diesem Fall HTML 4.01. Durch den Doctype kann der Browser Ihre Seiten genauer interpretieren und darstellen. Wir raten Ihnen dringend dazu.

Haben Sie nun, wenn Sie Ihre deduktiven Fähigkeiten aktivieren, eine Vermutung, wie die **doctype**-Definition für HTML5 aussehen könnte? Schreiben Sie sie auf (Sie können dann später einen Blick auf Ihre Antwort werfen, wenn wir diesen Teil behandeln):

....
....
....
....

Hier kommt Ihre Antwort hin.

Sie sind hier ▶ **3**

Aktualisieren Sie Ihr HTML

Gestatten: HTML5-o-Matik. Aktualisieren Sie jetzt!

Schritt 1 wird Sie überraschen – machen Sie mit. Wir beginnen ganz oben im HTML der KopfüBar und aktualisieren den Doctype, um der Seite jenen besonderen HTML5-Glanz zu verleihen.

So sieht die alte HTML-4.01-Version aus:

```
<!DOCTYPE html PUBLIC "-//W3C//DTD HTML 4.01//EN"
    "http://www.w3.org/TR/html4/strict.dtd">
```

Vermutlich erwarten Sie jetzt, dass wir jetzt jede »4« im Doctype gegen einen »5« ersetzen, oder? Aber nein. Das ist ja der erstaunliche Teil: Der neue Doctype für HTML5 lautet schlicht und ergreifend:

```
<!doctype html>
```

Unser herzliches Beileid an all diejenigen, die sich den 4.01-Doctype irgendwohin haben tätowieren lassen, um ihn sich zu merken.

Sie müssen nicht mehr googeln, um sich daran zu erinnern, wie der Doctype aussieht. Und ihn auch nicht aus einer anderen Datei kopieren und einfügen. Dieser Doctype ist so einfach, dass Sie ihn sich merken können.

Aber das ist noch nicht alles ...

Das ist nicht nur der Doctype für HTML5, sondern auch der Doctype für *alle künftigen HTML-Versionen*. Daran wird sich nie mehr etwas ändern. Außerdem funktioniert dieser Doctype auch in älteren Browsern.

Die HTML-Standard-Tüftler vom W3C haben uns versprochen, dass sie es diesmal wirklich ernst meinen.

Wenn Sie ein Fan von TV-Shows wie etwa *Extreme Makeovers* oder *The Biggest Loser* sind, wird Ihnen Schritt 2 gefallen. In diesem Schritt beschäftigen wir uns mit dem `content`-meta-Tag ... Vergleichen Sie und staunen Sie:

```
<meta http-equiv="content-type" content="text/html; charset=UTF-8">
```
Vorher (HTML 4).

```
<meta charset="utf-8">
```
Nachher (HTML5).

Richtig, das neue meta-Tag hat abgespeckt ist wesentlich einfacher. In HTML5 geben Sie mit dem Tag einfach nur die Zeichenkodierung an. Ob Sie's glauben oder nicht – alle Browser (alte und neue) verstehen diese Beschreibung bereits. Sie können sie also in jeder Seite einsetzen, und *es funktioniert einfach*.

SCHRITT 3

Im dritten Schritt findet alles seinen Abschluss. Auch hier konzentrieren wir uns wieder auf das <head>-Element und aktualisieren das link-Tag. So sieht er bisher aus, der Verweis vom Typ »text/css« auf ein Stylesheet:

```
<link type="text/css" rel="stylesheet" href="lounge.css">
```
← *Alte Schule.*

Für das Upgrade auf HTML5 müssen wir lediglich das type-Attribut entfernen. Warum? Weil CSS zum Stil-Standard für HTML5 erklärt wurde. Nachdem wir es also entfernt haben, sieht unser neues link-Element so aus:

```
<link rel="stylesheet" href="lounge.css">
```
← *HTML5.*

BONUS

Und weil Sie so schnell zu begeistern waren, haben wir zusätzlich einen besonderen Bonus für Sie: Wir machen Ihnen das Leben noch angenehmer und vereinfachen auch das script-Tag. In HTML5 ist JavaScript die standardmäßige Skriptsprache. Deshalb können Sie auch das type-Attribut aller script-Tags weglassen. So sieht das neue script-Tag aus:

```
<script src="lounge.js"></script>
```
← *Keine Sorge, falls Sie noch nicht allzu viel über das script-Tag wissen. Dazu kommen wir später ...*

Und mit Inline-Code können Sie Ihr Skript einfach so schreiben:

```
<script>
    var duBistToll = true;
</script>
```
← *Das gesamte JavaScript kommt hierhin.*
← *Mehr zu JavaScript in Kürze.*

> **Gratulation! Sie können jetzt beliebiges HTML auf HTML5 aktualisieren!**
>
> Als geschulter HTML5-o-Matik-Anwender haben Sie alles, was Sie brauchen, um jede valide HTML-Seite auf HTML5 zu aktualisieren. Es wird Zeit, Ihr Zertifikat praktisch anzuwenden!

Jenseits vom Markup

> Moment mal. Es wird doch so viel Wirbel um HTML5 gemacht. Das soll alles sein, was ich tun muss? Wovon handelt dann der Rest des Buchs?

Okay, okay, Sie haben uns erwischt. Bisher haben wir nur darüber gesprochen, wie Sie Ihre älteren HTML-Seiten so aktualisieren, dass Sie die Vorzüge von HTML5 nutzen können. Wenn Sie HTML 4.01 bereits kennen, sind Sie bestens vorbereitet, weil HTML5 eine Obermenge von HTML 4.01 ist. Das bedeutet, dass im Prinzip alles weiterhin auch in HTML5 unterstützt wird. Sie müssen lediglich wissen, wie Sie den `doctype` und die Tags im `<head>`-Element definieren, um auf HTML5 umzusteigen.

Aber Sie haben recht. Natürlich müssen Sie für HTML5 schon mehr tun, als lediglich ein paar Elemente zu aktualisieren. Der Grund für die allgemeine Begeisterung ist die Möglichkeit, reichhaltige, interaktive Seiten (oder sogar raffinierte Webanwendungen) zu entwickeln, sowie die Unterstützung für eine Vielzahl von Technologien, die mit HTML5 zusammenarbeiten.

Haben Sie ein bisschen Geduld. Bevor wir dazu kommen, haben wir noch etwas zu tun, damit wir auch wirklich mit unserem Markup fertig sind.

Spitzen Sie Ihren Bleistift

Sie sind näher an HTML5 dran, als Sie glauben!

Hier ist etwas altmodisches HTML, das aktualisiert werden muss. Gehen Sie die HTML5-o-Matik-Schritte durch und aktualisieren Sie dieses Dokument auf HTML5. Tun Sie sich keinen Zwang an. Kritzeln Sie im Buch herum, kratzen Sie den bisherigen Code heraus und fügen Sie jegliches neues Markup ein, das Sie brauchen. Wir haben Ihnen ein bisschen geholfen und die Bereiche hervorgehoben, die geändert werden müssen.

Wenn Sie damit fertig sind, tippen Sie den Code ab (oder schnappen sich die Übungsdateien und ändern sie). Laden Sie die Seite in Ihren Browser, lehnen Sie sich zurück und genießen Sie Ihr erstes HTML5. Ach ja – die Antworten finden Sie auf der nächsten Seite.

 Den gesamten Code und die Beispieldateien für dieses Buch können Sie unter http://examples.oreilly.de/german_examples/hfhtml5ger/ herunterladen.

```
<!DOCTYPE html PUBLIC "-//W3C//DTD HTML 4.01//EN"
   "http://www.w3.org/TR/html4/strict.dtd">
<html>
  <head>
    <title>KopfüBar</title>
    <meta http-equiv="content-type" content="text/html; charset=UTF-8">
    <link type="text/css" rel="stylesheet" href="lounge.css">
    <script type="text/javascript" src="lounge.js"></script>
  </head>
  <body>
    <h1>Willkommen in der KopfüBar</h1>
    <p>
      <img src="drinks.gif" alt="Drinks">
    </p>
    <p>
      Kommen Sie einfach mal vorbei. Bei uns finden Sie jeden Abend erfrischende
<a href="elixire.html">Elixire</a> Unterhaltung, und vielleicht interessiert Sie
auch die eine oder andere Runde »Tap Tap Revolution«.
      Ein Wireless-Zugang ist jederzeit verfügbar, aber BSIEWSM (bringen Sie Ihren
eigenen Webserver mit).
    </p>
    </p>
  </body>
</html>
```

Sie sind hier ▸

Lösung zur Übung

Sie sind näher an HTML5 dran, als Sie glauben!

Hier ist etwas altmodisches HTML, das aktualisiert werden muss. Gehen Sie die HTML5-o-Matik-Schritte durch und aktualisieren Sie dieses HTML auf HTML5. Tun Sie sich keinen Zwang an. Kritzeln Sie im Buch herum, kratzen Sie den bisherigen Code heraus und fügen Sie jegliches neues Markup ein, das Sie brauchen. Wir haben Ihnen ein bisschen geholfen und die Bereiche hervorgehoben, die geändert werden müssen.

Hier ist unsere Lösung.

So sieht der aktualisierte Code aus:

```
<!doctype html>      ← Der Doctype ...
<html>
  <head>
    <title>KopfüBar</title>
    <meta charset="utf-8">       ← ... das meta-Tag ...
    <link rel="stylesheet" href="lounge.css">   ← ... das link-Tag ...
    <script src="lounge.js"></script>   ← ... und das script-Tag.
  </head>
  <body>
    <h1>Willkommen in der KopfüBar</h1>
    <p>
      <img src="drinks.gif" alt="Drinks">
    </p>
    <p>
     Kommen Sie einfach mal vorbei. Bei uns finden Sie jeden Abend erfrischende
<a href="elixire.html">Elixire</a> Unterhaltung, und vielleicht interessiert Sie auch
die eine oder andere Runde "Tap Tap Revolution".
     Ein Wireless-Zugang ist jederzeit verfügbar, aber BSIEWSM (bringen Sie Ihren
eigenen Webserver mit).
    </p>
    </p>
  </body>
</html>
```

Das sind die vier Zeilen, die wir geändert haben, um die Webseite unserer KopfüBar in offizielles HTML5 umzuwandeln.

Sie glauben uns nicht? Probieren Sie es auf http://validator.w3.org/ aus! Sie werden sehen – die Seite wird als HTML5 validiert. Ganz ehrlich!

HTML5 kennenlernen

Es gibt keine Dummen Fragen

F: Wie funktioniert das auf älteren Browsern? Doctype, meta, usw. – funktionieren die älteren Browser mit dieser neuen Syntax?

A: Ja, mit Raffinesse und ein bisschen Glück. Nehmen wir z. B. das type-Attribut des link- und des script-Tags: Nachdem mit HTML5 nun CSS und JavaScript Standard sind (und definitiv die Standardtechnologien für Stilregeln und Skripten), ist es an der Zeit, dieses Attribut loszuwerden. In Wahrheit haben die Browser diese Standards ohnehin schon längst angenommen. Insofern hat es das Schicksal gut gemeint, und der neue Markup-Standard ist so, wie er schon seit Jahren von den Browsern unterstützt wird. Dasselbe gilt für den Doctype und das meta-Tag.

F: Wie ist das mit dem neuen Doctype? Er wirkt jetzt so einfach, zeigt nicht mal mehr eine Version oder DTD.

A: Nach all den Jahren mit komplizierten Doctypes wirkt es fast schon magisch, dass wir jetzt einfach sagen können: »Wir verwenden HTML.« Das kommt so: HTML hat früher auf einem Standard mit dem Namen SGML basiert, für den die komplizierte Form des Doctype und der DTD erforderlich war. Der neue Standard hat sich von SGML verabschiedet, um die Sprache zu vereinfachen und flexibler zu gestalten. Deshalb brauchen wir die komplizierte Form nicht mehr. Außerdem haben wir ja das Glück, dass beinahe alle Browser im Doctype lediglich nach »HTML« suchen, um sicherzugehen, dass sie auch HTML verarbeiten.

F: Haben Sie einen Witz gemacht, als Sie sagten, dass sich daran nichts mehr ändert? Ich dachte, die Version ist wichtig für den Browser. Warum verwenden wir nicht `<!doctype html5>`? Es ist ja nicht so, dass es nie HTML6 geben wird, oder?

A: Die Verwendung des Doctype hat sich weiterentwickelt, weil die Browserhersteller ihre Browser anweisen, alles in ihrem eigenen »Standardmodus« darzustellen. Nachdem wir jetzt einem echten Standard viel näher sind, sagt der HTML5-Doctype einfach jedem Browser, dass er standardkonformes HTML verarbeitet – ob nun Version 5, 6 oder was auch immer.

F: Ich gehe davon aus, dass verschiedene Browser unterschiedliche Funktionalitäten bieten. Wie gehe ich damit um?

A: Stimmt. Insbesondere, bis HTML5 hundertprozentig unterstützt wird. Auf diese Aspekte werden wir in diesem Kapitel sowie im Rest des Buchs eingehen.

F: Welche Rolle spielt das überhaupt? Ich habe gerade eine Seite ohne Doctype und ohne meta-Tag geschrieben, die wunderbar funktioniert. Warum soll ich mir überhaupt darüber Gedanken machen?

A: Browser sind sehr gut darin, kleine Fehler in HTML-Dateien zu übersehen. Aber durch den korrekten Doctype und das richtige meta-Tag können Sie sicherstellen, dass Browser genau wissen, was Sie möchten, statt es erraten zu müssen. Außerdem bedeutet dieser Doctype, dass ältere Browser den Standardmodus verwenden. Und das ist genau das, was Sie möchten. Sie erinnern sich bestimmt: Im Standardmodus geht der Browser davon aus, dass Sie standardkonformes HTML schreiben, und interpretiert Ihre Seite diesen Regeln entsprechend. Ohne Angabe eines Doctype kann es passieren, dass manche Browser in den »Quirks-Modus« wechseln und davon ausgehen, dass die Webseite für ältere Browser aus Zeiten geschrieben wurde, da der Standard noch nicht richtig entwickelt war, und stellen die Seite unter Umständen falsch dar (oder davon ausgehen, dass die Seite fehlerhaft ist).

F: Was ist mit XHTML geschehen? Vor einigen Jahren sah es so aus, als wäre das die Zukunft.

A: Ja, das war einmal. Und dann erhielt Flexibilität den Vorzug gegenüber strenger Syntax. XHTML (genau genommen XHTML2) ist gestorben. Und dann kam HTML5, das empfänglicher für die Art ist, wie Menschen Webseiten schreiben (und wie Browser sie anzeigen). Keine Sorge – mit XHTML-Kenntnissen sind Sie klar im Vorteil (und Sie werden HTML5 umso mehr lieben). Übrigens: Wenn Sie ein echter XML-Fan sind, gibt es nach wie vor eine Möglichkeit, HTML5 in der strengen Form zu schreiben. Dazu später mehr ...

F: Was ist UTF-8?

A: UTF-8 ist eine Zeichencodierung, die viele Alphabete unterstützt, nicht nur die westlichen. Wahrscheinlich haben Sie schon früher andere Zeichensätze gesehen, aber UTF-8 ist der neue Standard – und wesentlich kürzer und leichter zu merken als andere Zeichencodierungen.

Sie sind hier ▶ **9**

Was Sie wissen sollten

Entspannen Sie sich

Wir erwarten nicht, dass Sie HTML5 bereits beherrschen.

Wenn Sie noch nie mit HTML5 in Berührung gekommen sind, ist das in Ordnung. Aber Sie sollten Erfahrung mit HTML haben und Grundwissen über Elemente, Tags, Attribute, Verschachtelung, semantisches Markup und das Hinzufügen von Stilregeln usw. haben.

Wenn Sie damit nicht vertraut sind, machen wir einen Vorschlag (und schamlos Werbung). Es gibt einen Vorgänger zu diesem Buch: HTML mit CSS und XHTML von Kopf bis Fuß – das sollten Sie lesen. Und sollten Sie sich bereits ein bisschen mit Markup auskennen, können Sie es überfliegen oder während der Lektüre dieses Buchs als Referenz verwenden.

Im Anhang gibt es auch einen kleinen Führer zu HTML5 & CSS3. Wenn Sie nur einen kurzen Überblick über die Neuerungen wünschen, werfen Sie schnell am Ende des Buchs einen Blick darauf.

HTML5 kennenlernen

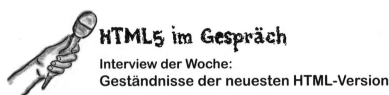

HTML5 im Gespräch

Interview der Woche:
Geständnisse der neuesten HTML-Version

Von Kopf bis Fuß: Willkommen, HTML5. Im Web herrscht helle Aufregung um Sie. Dabei sehen Sie HTML4 recht ähnlich. Warum also der ganze Trubel?

HTML5: Das kommt daher, dass mit mir eine ganze Generation neuer Webanwendungen und Erfahrungen für die Benutzer möglich wird.

Von Kopf bis Fuß: Klar. Aber warum konnten das HTML4 oder die Verheißungen von XHTML nicht leisten?

HTML5: XHTML2 war eine Sackgasse. Alle, die echte Webseiten damit geschrieben haben, hassen es. XHTML hat das Markup von Webseiten neu definiert, und deshalb hätten alle bereits vorhandenen Seiten technisch überarbeitet werden müssen. Mein Motto lautet dagegen: »Ich kann viele neue Dinge und bin für alles offen, was es bereits gibt.« Warum das Rad neu erfinden, wenn es sich bereits dreht? Das ist meine Philosophie.

Von Kopf bis Fuß: Diese Rechnung scheint aufzugehen. Aber einige von den Standard-Tüftlern sind immer noch der Meinung, dass das Internet mit ihren »sauberen« Standards besser dastehen würde.

HTML5: Das stört mich nicht. Ich höre auf diejenigen, die reale Webseiten schreiben – wie sie mich verwenden, wie ich helfen kann. An zweiter Stelle kommen die Browserhersteller. Und erst an letzter Stelle kommen die Standard-Fuzzis. Auch auf die höre ich, aber nicht, wenn es im Widerspruch zu dem steht, was die Anwender brauchen.

Von Kopf bis Fuß: Warum nicht?

HTML5: Wenn die Benutzer und Browserhersteller nicht derselben Meinung sind wie die Entwickler der Standards, ist das eine rein akademische Debatte. Glücklicherweise sind diejenigen, die an der HTML5-Spezifikation arbeiten, absolut meiner Meinung.

Von Kopf bis Fuß: Sie haben gesagt, dass Sie eine Obermenge von HTML 4.01 sind. Sind Sie abwärtskompatibel? Müssen Sie mit den schlechten Designs der Vergangenheit klarkommen?

HTML5: Ich tue mein Bestes. Das bedeutet aber nicht, dass man so mit mir umspringen sollte. Die Autoren von Webseiten müssen mit den neuesten Standards vertraut sein und mich auf bestmögliche Weise nutzen. So können sie mich zu Höchstleistungen bringen. Ich werde aber trotzdem nicht völlig versagen und auch alte Seiten bestmöglich darstellen, selbst wenn sie nicht aktualisiert wurden.

Von Kopf bis Fuß: Meine nächste Frage ...

HTML5: All diese Fragen über die Vergangenheit! Sprechen wir doch über das, worum es wirklich geht. Meine persönliche Markup-Mission besteht darin, offen für das Internet zu sein – so wie es ist –, mit neuen strukturellen Elementen das Leben der Autoren leichter zu machen und den Browserentwicklern dabei zu helfen, eine konsistente Semantik mit meinem Markup aufzubauen. Aber eigentlich bin ich hier, um Werbung für meine neue Berufung zu machen: Webanwend...

Von Kopf bis Fuß: ... Tut mir leid, HTML5, aber unsere Zeit ist um. Vielen Dank! In einem künftigen Interview werden wir über alles sprechen, was Sie möchten.

HTML5: Aaahh, ich hasse es, wenn das passiert!!!

Sie sind hier ▸

Die HTML5-Landschaft

ECHTES HTML5 bitte vortreten ...

Sie haben uns unseren Spaß gegönnt und die Darbietung zur »HTML5-o-Matik« tapfer mitgemacht. Sicher ahnen Sie bereits, dass HTML5 wesentlich mehr als das bietet. Es wird gemunkelt, dass HTML5 Plug-ins überflüssig macht und für alles Mögliche von einfachen Seiten bis hin zu Spielen im Stile von Quake eingesetzt werden kann – und gleichzeitig das Sahnehäubchen auf Desserts bildet. Anscheinend ist HTML5 für jeden etwas völlig anderes ...

HTML5 kennenlernen

Das Tolle an HTML5 ist die clientseitige Speicherung und Cachefunktionalität. Können Sie »Offlinezugriff auf das Internet« buchstabieren?

Ich bin begeistert, dass ich mit Web Workers mein JavaScript effizienter und meine Seiten reaktionsfreudiger gestalten kann.

Es gibt auch tonnenweise neues CSS, das wir mit HTML5 nutzen können: erweiterte Selektoren, Animationen und — ja — sogar Schlagschatten!

Denken Sie an die mobilen Geräte. Ich möchte Webseiten schreiben, die wissen, wo ich gerade bin.

Die gute Nachricht: HTML5 kann all das. Wenn die Leute HTML5 sagen, meinen sie eine ganze Familie von Technologien, die einen völlig neuen Werkzeugkasten für die Entwicklung von Webseiten und Anwendungen bieten.

Sie sind hier ▸ **13**

Wie HTML5 wirklich funktioniert ...

Wir haben gesagt, dass HTML5 aus einer ganzen Familie von Technologien besteht. Aber was bedeutet das? Wir wissen bereits, dass es das HTML-Markup selbst gibt, das um einige neue Elemente erweitert wurde. Mit CSS3 wurde auch CSS um einiges Neue ergänzt, das Ihnen noch mehr Möglichkeiten gibt, Ihre Seiten zu stylen. und dann ist da noch der Turbolader: *JavaScript* und eine ganze Reihe neuer JavaScript-APIs.

Werfen wir einen Blick hinter die Kulissen und sehen wir uns an, wie das alles zusammenpasst:

Im Anhang finden Sie einen netten kleinen Webville-Führer über HTML5-Markup und CSS3-Eigenschaften.

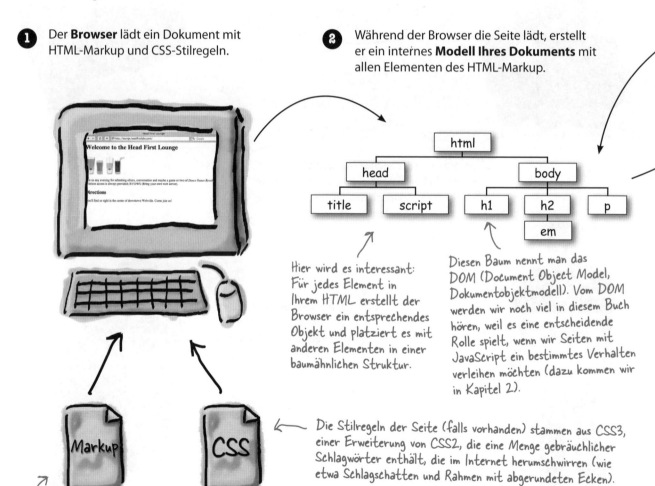

❶ Der **Browser** lädt ein Dokument mit HTML-Markup und CSS-Stilregeln.

❷ Während der Browser die Seite lädt, erstellt er ein internes **Modell Ihres Dokuments** mit allen Elementen des HTML-Markup.

Hier wird es interessant: Für jedes Element in Ihrem HTML erstellt der Browser ein entsprechendes Objekt und platziert es mit anderen Elementen in einer baumähnlichen Struktur.

Diesen Baum nennt man das DOM (Document Object Model, Dokumentobjektmodell). Vom DOM werden wir noch viel in diesem Buch hören, weil es eine entscheidende Rolle spielt, wenn wir Seiten mit JavaScript ein bestimmtes Verhalten verleihen möchten (dazu kommen wir in Kapitel 2).

Die Stilregeln der Seite (falls vorhanden) stammen aus CSS3, einer Erweiterung von CSS2, die eine Menge gebräuchlicher Schlagwörter enthält, die im Internet herumschwirren (wie etwa Schlagschatten und Rahmen mit abgerundeten Ecken).

Mit HTML5 gibt es einige Markup-Verbesserungen, wie Sie an den Tags im <head>-Element gesehen haben, sowie ein paar zusätzliche Elemente, die Sie verwenden können (einige davon sehen wir uns in diesem Buch an).

HTML5 kennenlernen

Hinter den Kulissen

3 Während der Browser Ihre Seite lädt, wird gleichzeitig auch der **JavaScript-Code** geladen, der üblicherweise nach dem Laden der Seite ausgeführt wird.

Mithilfe von JavaScript können Sie mit Ihrer Seite interagieren, indem Sie das DOM manipulieren, auf Benutzer- oder Browserevents reagieren oder eine der brandneuen APIs nutzen.

JavaScript interagiert über das DOM mit Ihrer Seite.

4 Mit den **APIs** erhalten Sie Zugriff auf Audio, Video, 2-D-Zeichnungen mit dem Canvas, lokale Speicherung und eine Reihe weiterer toller Technologien für die Entwicklung von Apps. Und um diese APIs zu nutzen, brauchen wir JavaScript.

APIs, auch als »Application Programming Interfaces« bekannt, stellen eine Reihe von Objekten, Methoden und Eigenschaften zur Verfügung, über die wir die gesamte Funktionalität der jeweiligen Technologie nutzen können. Viele dieser APIs behandeln wir in diesem Buch.

Treffen Sie die JavaScript-APIs

- Canvas
- Video
- Sockets
- Offline Caching
- Local Storage
- Audio
- Web Workers
- Forms
- Drag & Drop
- Geolocation

Sie sind hier ▶

HTML5-Familienmitglieder

WER MACHT WAS?

Wir haben bereits so oft von einer »Familie von Technologien« gesprochen, dass sie uns fast schon wie unsere eigene vorkommt. Andererseits haben wir sie noch nicht wirklich kennengelernt. Dafür wird es langsam Zeit, finden Sie nicht? Hier sehen Sie fast die ganze Familie. Mischen Sie sich unters Volk und finden Sie heraus, wer wer ist. Wir haben schon ein Familienmitglied für Sie identifiziert. *Und keine Sorge: Wir wissen, dass Sie die HTML5-Familienmitglieder zum ersten Mal treffen. Deshalb finden Sie die Antworten am Ende des Kapitels.*

CSS3

Web Workers

Forms

Offline-Webapps

Audio & Video

Neuer Markup

Local Storage

Canvas

Geolocation

Mit mir können Sie direkt auf Ihrer Webseite Text, Bilder, Linien, Kreise, Rechtecke, Muster und Verläufe zeichnen. Ich bringe Ihren inneren Künstler zum Vorschein.

Sie haben mich vielleicht schon in HTML4 für die Eingabe von Informationen verwendet. Aber in HTML5 bin ich noch besser. Ich kann das Ausfüllen von Feldern obligatorisch machen und einfach überprüfen, ob eine E-Mail-Adresse, eine URL oder eine Telefonnummer eingegeben wurde.

Für uns haben Sie früher Plug-ins gebraucht, aber jetzt sind wir vollwertige Mitglieder der HTML-Familie. Möchten Sie etwas ansehen oder anhören? Dann brauchen Sie uns.

Wir helfen Ihnen bei der Struktur und semantischen Bedeutung Ihrer Seite und bieten neue Möglichkeiten, Abschnitte, Kopfzeilen, Fußzeilen und Navigationen zu erstellen.

Ich bin das stilvollste Familienmitglied. Sie haben mich wahrscheinlich schon verwendet. Aber wussten Sie, dass ich jetzt auch Ihre Elemente animieren oder mit abgerundeten Ecken und einem Schlagschatten darstellen kann?

Mich können Sie als lokalen Speicher im Browser verwenden. Möchten Sie Einstellungen, Artikel im Einkaufswagen oder gar einen riesigen Cache ablegen? Dann bin ich Ihre API.

Sollen Ihre Anwendungen auch dann funktionieren, wenn Sie nicht mit dem Internet verbunden sind? Ich kann Ihnen helfen.

Ich bin die API, die Ihnen sagt, wo Sie sind, und auch gut mit Google Maps klarkommt.

Mich brauchen Sie immer, wenn mehrere Skripten gleichzeitig im Hintergrund ablaufen sollen, damit Ihre Benutzeroberfläche weiter reagieren kann.

HTML5 **kennenlernen**

AKTE: HTML5

IHRE MISSION ...

Sollten Sie diese übernehmen, führen Sie erkennungsdienstliche Ermittlungen für alle HTML-Browser durch. Wir sind uns sicher, dass Sie bereits wissen, dass einige Browser HTML5-tauglich sind und andere nicht. Sie müssen sich einschleusen, um die Wahrheit herauszufinden ...

IHRE ERSTE MISSION: BROWSERERKENNUNG

TOP SECRET

GEHEN SIE LOS UND ERMITTELN SIE ███████ DIE DERZEITIGE UNTERSTÜTZUNG IM JEWEILIGEN BROWSER ███████ (TIPP: HIER FINDEN SIE RESSOURCEN, DIE SICH DAMIT BESCHÄFTIGEN: HTTP://WWW.WICKEDLYSMART.COM/HFHTML5/BROWSERSUPPORT.HTML, ███████. GEHEN SIE VON DER JEWEILS NEUESTEN VERSION EINES BROWSERS AUS. MACHEN SIE BEIM JEWEILIGEN BROWSER EIN HÄKCHEN, WENN DIE FUNKTION UNTERSTÜTZT WIRD, UND GEBEN SIE JEDEM BROWSER IHRE PERSÖNLICHE NOTE FÜR DIE UNTERSTÜTZUNG VON HTML5. ███████ MELDEN SIE SICH BEI IHRER RÜCKKEHR FÜR DEN NÄCHSTEN AUFTRAG!

Browser \ Funktion	Video	Audio	Canvas	Web Storage	Geolocatoin	Web Workers	offline-Webapps
Firefox							
Safari							
Chrome							
Mobile WebKit							
Opera							
IE 6, 7							
IE 8							
IE 9							

iOS- und Android-Geräte (unter anderem).

IHRE ERSTE MISSION: BROWSERERKENNUNG, LÖSUNG

TOP SECRET

AKTE: HTML5

Wir haben bei unserer Lösung geschummelt und die Ergebnisse für 2015 eingetragen. Ihre Ergebnisse sollen natürlich dem Zeitpunkt entsprechen, zu dem Sie dieses Buch lesen. Aber wir dachten, dass Ihnen ein Blick in die Zukunft gefällt.

Browser \ Funktion	Video	Audio	Canvas	Web Storage	Geolocation	Web Workers	Offline-Webapps
Firefox	✓	✓	✓	✓	✓	✓	✓
Safari	✓	✓	✓	✓	✓	✓	✓
Chrome	✓	✓	✓	✓	✓	✓	✓
Mobile WebKit	✓	✓	✓	✓	✓	✓	✓
Opera	✓	✓	✓				
IE 6, 7					✓		
IE 8				✓	✓	✓	
IE 9	✓	✓	✓	✓			

Obwohl es noch einige Zeit dauern wird, bevor der Standard endgültig in trockenen Tüchern ist, werden Sie schon lange davor Browser verwenden, die HTML5 vollständig unterstützen. In modernen Browsern werden bereits viele Funktionen durchweg unterstützt. Deshalb ist es auch eine gute Idee, bereits jetzt HTML5 zu verwenden. Außerdem können Sie so Freunde und Kollegen mit Ihrem brandaktuellen Wissen beeindrucken.

Und bekommen Ihre Gehaltserhöhung früher!

HTML5 kennenlernen

Moment mal. Wenn ich jetzt schon HTML5 verwende, vergraule ich dann nicht die Benutzer älterer Browser? Oder muss ich zwei Versionen meiner Webseite schreiben — eine für Browser, die HTML5 unterstützen, und eine für ältere?

Entspannen Sie sich.

Zunächst einmal ist HTML5 eine Obermenge von HTML. Ihr Ziel sollte also darin bestehen, *nur eine* HTML-Seite zu schreiben. Sie haben recht, die vom jeweiligen Browser unterstützten Funktionen können variieren, je nachdem, wie aktuell der Browser ist und wie aktualisierungswütig die Benutzer sind. Insofern müssen wir bedenken, dass einige der neueren HTML5-Funktionen unter Umständen nicht unterstützt werden. Das führt uns wiederum zu Ihrer Frage zurück, wie Sie damit umgehen sollen.

Eines der Designprinzipien von HTML5 besteht in der »Graceful Degradation« – dem Prinzip, dass Sie eine vernünftige Alternative für den Fall bieten sollten, dass der Browser eines Benutzers eine neue Funktion nicht unterstützt. In diesem Buch zeigen wir Ihnen, wie Sie Ihre Seiten genau so schreiben.

Die gute Nachricht ist, dass sich alle Browser dem HTML5-Standard und den zugehörigen Technologien annähern (auch mobile Browser). Insofern wird die »Graceful Degradation« im Laufe der Zeit eher die Ausnahme als die Regel sein (Sie sollten den Benutzern aber immer unabhängig vom verwendeten Browser ein sinnvolles Ergebnis bieten).

Sie sind hier ▸

HTML5: **Häufig gestellte Fragen**

Es gibt keine Dummen Fragen

F: Ich habe gehört, dass der HTML5-Standard nicht vor 2022 endgültig sein soll. Stimmt das? Und falls ja, warum interessiert uns das überhaupt?

A: Das W3C ist das formelle Gremium für die Empfehlung des HTML5-Standards. Sie müssen wissen, dass das W3C eher konservativ ist – so konservativ, dass es am liebsten mehrere Generationen von HTML5-Browsern abwarten würde, bevor es sein Okay gibt. Das ist auch in Ordnung so. Der Standard sollte innerhalb der nächsten Jahre unter Dach und Fach sein und von den Browserherstellern implementiert werden. Insofern kann es noch eine ganze Weile dauern, bis HTML5 eine »endgültige Empfehlung« ist. Aber bis 2014 müsste es ein solider Standard sein, und aus praktischen Gründen sollten Sie jetzt auf HTML5 umsteigen.

F: Was kommt, wenn HTML5 endgültig ist?

A: HTML6? Wir haben keine Ahnung. Aber vielleicht gibt es dann auch fliegende Autos, Raketenanzüge und Abendessen in Tablettenform. Selbst wenn HTML6 irgendwann eingeführt wird, bleibt der Doctype jedoch gleich. Vorausgesetzt, das W3C hält sein Versprechen und künftige HTML-Versionen bleiben abwärtskompatibel, sind wir also in jedem Fall gut gerüstet.

F: Chrome, Safari, Firefox, Millionen von Browsern ... wird die Welt nicht immer schlechter? Wie sollen wir es jemals schaffen, dass unsere Seiten auf allen Browsern funktionieren?

A: Es gibt zwar ausreichend gesunde Konkurrenz auf dem Browsermarkt (Desktop und mobil), aber in Wahrheit basieren viele dieser Browser auf einigen wenigen HTML-Engines. Chrome, Safari und die mobilen Android- und iPhone-Browser basieren alle auf WebKit, einer Open Source-Engine. Zum größten Teil werden Ihre Seiten daher ohne große Mühe auf mehreren Browsern funktionieren.

F: Warum lösen wir die Probleme bei der Browserkompatibilität nicht einfach mit Flash?

A: Flash ist ein tolles Werkzeug und im Desktopbereich auch über Betriebssysteme und Browser hinweg weit verbreitet. HTML5 und seine Technologien versuchen jedoch, Ihnen dasselbe mit offenen Standards zu ermöglichen, was Flash Ihnen bietet. Dabei sollten Sie an die großen Investitionen in HTML5-Technologien seitens Google, Apple, Microsoft und anderer denken. Auf lange Sicht wird HTML5 eine riesige Rolle spielen – auf den mobilen Geräten ist das bereits der Fall. Sie haben die Wahl! Beide Technologien wird es noch eine ganze Weile geben, jedoch wird sich die Branche in Richtung offener Standards entwickeln.

HTML-Archäologie

Wir haben bei einer Ausgrabung etwas Code gefunden, der in eine HTML-Seite eingebettet war. Helfen Sie uns, den Code zu knacken und herauszufinden, was er bedeutet. Keine Sorge. Wir erwarten nicht, dass Sie diesen Code verstehen. Wir möchten lediglich Ihr Gehirn mit ein bisschen deduktiver Arbeit in Fahrt bringen ...

```
<script>
    var gehtWie = "Ente";
    var klingtWie = document.getElementById("klingtWie");
    if (gehtWie == "Hund") {
        klingtWie.innerHTML = "Wau! Wau!";
    } else if (gehtWie == "Ente") {
        klingtWie.innerHTML = "Quak, Quak";
    } else {
        klingtWie.innerHTML = "Grillen...";
    }
</script>
```

Tipp: document verweist auf die gesamte HTML-Seite, getElementById hat wahrscheinlich irgendetwas mit HTML-Elementen und IDs zu tun.

HTML5 kennenlernen

Ich kann dir nur sagen: Wenn du ernsthaft Web-Apps mit HTML5 schreiben möchtest, musst du fit in JavaScript sein.

Wir müssen reden.

Wenn Sie uns bereits seit *HTML & CSS von Kopf bis Fuß* begleiten (oder bis hierher gelesen haben, ohne mit dem Buch Ihren Ofen anzuheizen), wissen wir, dass Sie wahrscheinlich schon ziemlich gut verstehen, wie Sie mit Markup-Sprachen und Stylesheets toll aussehende Webseiten erstellen. Mit diesen beiden Technologien kommen Sie bereits recht weit ...

Aber mit HTML5 liegen die Dinge anders: Webseiten werden zu intensiven Erfahrungen (und vollwertigen Anwendungen), die direkt aktualisiert werden und mit den Benutzern interagieren. Die Entwicklung solcher Seiten erfordert eine gute Portion Programmierung. Und wenn Sie Code für den Browser schreiben möchten, gibt es nur eine Möglichkeit: *JavaScript*.

Wenn Sie bereits programmiert oder einfache Skripten geschrieben haben, sind Sie bestens gerüstet: JavaScript ist (entgegen einigen Gerüchten) eine fantastische Sprache. Wir werden Ihnen alles beibringen, was Sie brauchen, um die Anwendungen in diesem Buch zu schreiben. Wenn Sie noch nicht programmiert haben, werden wir alles tun, um Sie auf dieser Reise zu begleiten. Auf jeden Fall besteht einer der großen Vorzüge von JavaScript darin, dass es für Programmierneulinge so zugänglich ist.

Wir können uns keine bessere oder unterhaltsamere Möglichkeit vorstellen, programmieren zu lernen!

Was nun? Es folgt eine kurze Einführung in JavaScript, und in Kapitel 2 tauchen wir dann tiefer ein. Für den Moment ist es nicht so wichtig, dass Sie die folgenden Seiten in allen Einzelheiten verstehen – wir möchten lediglich, dass Sie ein *Gefühl für JavaScript* entwickeln.

Was JavaScript alles kann

Was kann JavaScript?

JavaScript eröffnet Ihnen ein ganzes Universum neuer Ausdrucksmöglichkeiten und Funktionen für Ihre Webseiten. Sehen wir uns einige Dinge an, die Sie mit JavaScript und HTML5 machen können ...

Neue Interaktionsmöglichkeiten, die sowohl auf Desktop- als auch auf mobilen Geräten funktionieren.

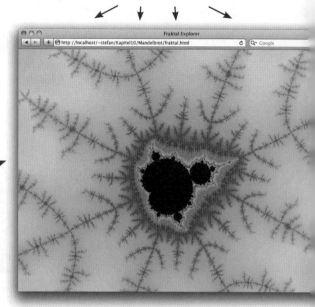

Mit HTML5 und JavaScript können Sie eine 2-D-Zeichenoberfläche ohne jegliche Plug-ins direkt in Ihre Seite einfügen.

Entwickeln Sie standortsensitive Seiten, die wissen, wo sich Benutzer aufhalten, ihnen zeigen, was sich in der Nähe befindet, sie durch eine Schnitzeljagd führen, Wegbeschreibungen geben oder Menschen mit ähnlichen Interessen im selben Gebiet zusammenbringen.

Web Workers sind der Turbolader für Ihren JavaScript-Code und können handfeste Berechnungen durchführen oder Ihre App reaktionsfreudiger machen. Damit können Sie sogar die Multikernprozessoren Ihrer Benutzer besser ausreizen.

Zugriff auf beliebige Webservices und Datenübermittlung an Ihre App – nahezu in Echtzeit.

Sie können Daten lokal im Browserspeicher zwischenspeichern, um mobile Apps schneller zu machen.

Keine zusätzlichen Plug-ins für die Wiedergabe von Video.

Integrieren Sie Google Maps in Ihre Seiten, damit Benutzer ihre Bewegung in Echtzeit mitverfolgen können.

Entwickeln Sie eigene Steuerelemente für die Wiedergabe von Video mit HTML und JavaScript.

HTML5 **kennenlernen**

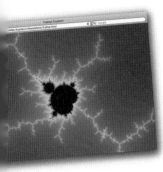

Sagen Sie »Auf Wiedersehen« zu Cookies und verwenden Sie den browserbasierten lokalen Speicher.

Mit JavaScript können Sie jede Menge Einstellungen und Daten für Ihre Benutzer lokal im Browser speichern und sogar offline darauf zugreifen.

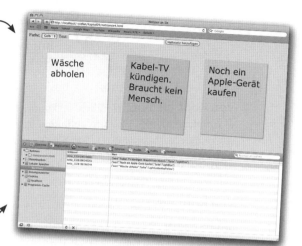

Der Browser ist nicht mehr nur für langweilige Dokumente zuständig. Mit JavaScript können Sie direkt im Browser Pixel zeichnen.

Peppen Sie Ihre Formulare mit JavaScript auf und bieten Sie echte Interaktivität.

Entwickeln Sie umfassende Videospektakel, die Videos auf völlig neue Art integrieren.

Mit der Power von JavaScript können Sie Videos im Browser bearbeiten: Sie können Spezialeffekte entwickeln und Videopixel direkt bearbeiten.

Sie glauben wahrscheinlich, dass wir das Internet von vorne bis hinten durchsucht haben und nur die ausgefallensten Beispiele ausgewählt haben. Nein. Das sind Bildschirmfotos von den Beispielen zu diesem Buch. Nachdem Sie nun in Webville gelandet sind, wird es Zeit, die hiesige Sprache zu lernen: JavaScript. Kommen Sie, es geht los!

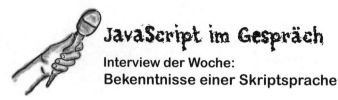

JavaScript im Gespräch
Interview der Woche:
Bekenntnisse einer Skriptsprache

Von Kopf bis Fuß: Herzlich willkommen, JavaScript. Wir freuen uns, dass Sie in Ihrem vollen Terminkalender Zeit für uns gefunden haben. Lassen Sie es mich direkt ansprechen: HTML5 wird ein ziemlicher Star – wie stehen Sie dazu?

JavaScript: Ich bin niemand, der das Rampenlicht sucht. Ich halte mich lieber hinter den Kulissen auf. Dadurch geht aber eine Menge Anerkennung an HTML5, die eigentlich mir gebührt.

Von Kopf bis Fuß: Warum sagen Sie das?

JavaScript: Es gibt eine ganze Reihe von Technologien, die »HTML5« ausmachen, wie etwa das 2D-Canvas, Local Storage, Web Workers usw. In Wahrheit funktioniert das alles nur mit mir, mit JavaScript. Klar, HTML5 bietet den Rahmen, um all das zusammenzuhalten und zu präsentieren. Ohne mich wäre das Ganze aber überhaupt nicht interessant. Das ist schon in Ordnung. Mehr Macht für HTML5. Ich mache einfach weiterhin meine Arbeit.

Von Kopf bis Fuß: Was empfehlen Sie angehenden HTML5-Autoren?

JavaScript: Das ist einfach: Wer es wirklich zur HTML5-Meisterschaft bringen will, sollte Zeit für JavaScript und all die Bibliotheken aufbringen, die mit HTML5 zusammenarbeiten.

Von Kopf bis Fuß: Sie hatten nicht immer den besten Ruf. Ich zitiere eine Rezension aus dem Jahr 1998: »JavaScript ist bestenfalls eine unausgegorene, erbärmliche Skriptsprache.«

JavaScript: Das tut weh. Ich habe nicht in den sauberen, akademischen Umgebungen vieler anderer Programmiersprachen begonnen. Aber ich habe mich zu einer der gebräuchlichsten Programmiersprachen dieser Zeit entwickelt. Deshalb möchte ich mich nicht so schnell abtun lassen. Außerdem wurden enorme Ressourcen investiert, um mich stabil und extrem schnell zu machen. Ich bin mindestens hundertmal schneller als noch vor zehn Jahren.

Von Kopf bis Fuß: Das ist beeindruckend.

JavaScript: Oh, und falls Sie es noch nicht gehört haben, die Standard-Tüftler haben mir gesagt, dass ich jetzt auch die Standard-Skriptsprache für HTML5 bin. Also werde ich bleiben. Sie müssen nicht einmal mehr in Ihrem `<script>`-Tag »JavaScript« sagen. Man mag mich 1998 als erbärmlich bezeichnet haben, aber wo sind JScript, VBScript, Java Applets und all die anderen gescheiterten Browsersprachen jetzt?

Von Kopf bis Fuß: Nun, es klingt ganz so, als wären Sie der Schlüssel zu spektakulären HTML5-Erfahrungen. Sie haben allerdings den Ruf, eine verwirrende Sprache zu sein.

JavaScript: Ich bin entgegen einigen Gerüchten eine sehr leistungsfähige Sprache, man sollte sich also Zeit nehmen, mich gut zu lernen. Andererseits bin ich so beliebt, weil man mich schnell zum Laufen bringt. Das Beste aus zwei Welten, finden Sie nicht?

Von Kopf bis Fuß: Genau so klingt es! Vielen Dank, JavaScript, dass Sie zu uns gekommen sind.

JavaScript: Mit Vergnügen – immer wieder gern.

Richtiges JavaScript

Nach all diesem Gerede über JavaScript sind Sie sicherlich bereit, sich darauf zu stürzen und herauszufinden, was es damit auf sich hat. Dieses Buch heißt nicht umsonst *Von Kopf bis Fuß* – wir haben eine superwichtige Businessanwendung, auf die wir Sie ansetzen. Beginnen Sie damit, den Code durchzugehen und ein Gefühl dafür zu entwickeln. Schreiben Sie auf, was jede Zeile Ihrer Meinung nach tut. Keine Sorge, Sie müssen noch nicht alles verstehen. Aber wir sind uns sicher, dass Sie bereits gut abschätzen können, was dieser Code macht. Wenn Sie fertig sind, können Sie umblättern und feststellen, wie nah dran Sie waren …

Ersetzen Sie das durch Ihr Lieblingsgetränk.

Schreiben Sie Ihre Antworten hierhin.

```
var drink = "Energy Drink";
var text = "";
var dosen = 99;

while (dosen > 0) {
    text = text + dosen + " Dosen "
           + drink + " im Regal <br>";
    text = text + dosen + " Dosen "
           + drink + "<br>";
    text = text + "Nehmen Sie eine, und bieten Sie sie an,<br>";

    if (dosen > 1) {
        text = text + (dosen-1) + " Dosen "
               + drink + " im Regal <br>";
    }

    else {
        text = text +  "Keine "
               + drink + "-Dosen mehr im Regal <br>";
    }
    dosen = dosen - 1;
}
document.write(text);
```

Fortsetzung: Richtiges JavaScript ...

Gehen Sie den Code nochmals durch und finden Sie heraus, ob Sie richtig lagen. Sie sollen nur ein Gefühl für den Code entwickeln. Wir gehen alles bald Schritt für Schritt durch.

`var drink = "Energy Drink";`	Variable deklarieren und den Wert »Energy Drink« zuweisen.
`var text = "";`	Noch eine Variable deklarieren und einen Leerstring als Wert zuweisen.
`var dosen = 99;`	Variable deklarieren und den Zahlenwert 99 zuweisen.
`while (dosen > 0) {`	Das ist eine while-Schleife. Sie bedeutet: »Führe alles zwischen den geschweiften Klammern aus, während die Anzahl der Dosen größer als 0 ist. Hör' auf wenn keine Dosen mehr vorhanden sind.«
`text = text + dosen + " Dosen "`	Nächste Zeile des Liedtexts zur Variablen text hinzufügen – mit dem String-Konkatenationsoperator »+«.
`+ drink + " im Regal  ";`	Zeile mit einem HTML-Zeilenumbruch beenden.
`text = text + dosen + " Dosen "`	Noch mal das Ganze, so geht das Lied schließlich.
`+ drink + " ";`	
`text = text + "Nehmen Sie eine, und bieten Sie sie an, ";`	Die nächste Strophe hinzufügen, auch wieder durch Konkatenation.
`if (dosen > 1) {`	Wenn noch eine Dose übrig ist (dosen größer als 1) ...
`text = text + (dosen-1) + " Dosen "`	... letzte Zeile hinzufügen.
`+ drink + " im Regal  ";`	
`}`	
`else {`	Ansonsten sind keine Dosen mehr da ...
`text = text + "Keine "`	... also »Keine Dosen mehr« als Textende hinzufügen.
`+ drink + "-Dosen mehr im Regal  ";`	
`}`	
`dosen = dosen - 1;`	Anzahl der verbleibenden Dosen um 1 verringern.
`}`	
`document.write(text);`	Wir haben die Strophen des Liedes der Variablen text hinzugefügt. Jetzt sagen wir der Webseite, dass sie sie schreiben soll, d.h. der String wird der Seite hinzugefügt und Sie können das Lied sehen.

HTML5 kennenlernen

Probefahrt

Sie haben nicht wirklich geglaubt, dass Sie sich die ganze Arbeit mit der Übung machen, ohne JavaScript wirklich auszuprobieren, oder? Tippen Sie den Code von der vorherigen Seite (zusammen mit dem nachfolgenden HTML) in eine Datei (z. B. index.html) und laden Sie sie in einem Browser. Weiter unten sehen Sie das Ergebnis:

Nicht vergessen: Den Code und die Beispieldateien für dieses Buch können Sie unter http://examples.oreilly.de/german_examples/hfhtml5ger/ herunterladen.

```
<!doctype html>        ← Tippen Sie
<html>                    das hier ab.
  <head>
    <meta charset="utf-8">
    <title>Mein erstes JavaScript</title>
  </head>
  <body>
    <script>
```

Die Tags <script> und </script> schließen den JavaScript-Code ein. Daran erkennt die Seite, dass dazwischen JavaScript steht und nicht HTML.

Den JavaScript-Code von der vorigen Seite geben Sie hier ein.

```
    </script>
  </body>
</html>
```

Hier sehen Sie unseren Testlauf für diesen Code. Das Programm erstellt den gesamten Text für 99 Flaschen Dosen Bier Energydrink im Regal und schreibt diesen Text in das Browserdokument.

Weitere HTML5-Feinheiten

Es gibt keine Dummen Fragen

F: Warum stand im HTML-Body nichts außer dem Skript?

A: Wir haben uns dafür entschieden, mit einem leeren Body zu beginnen, weil wir den gesamten Inhalt der Seite mit JavaScript-Code erstellen. Wir hätten natürlich auch den gesamten Text direkt in das body-Element eingeben können (das hätte eine Menge Tipperei bedeutet). So haben wir den Code die ganze Arbeit machen lassen und den Text einfach mit document.write in die Seite eingesetzt.

Bedenken Sie, dass Sie hier erst mal nur in das Thema hineinschnuppern. Wir werden uns in diesem Buch noch ausgiebig damit beschäftigen, wie wir eine Seite über Code dynamisch mit Inhalt füllen können.

F: Ich verstehe, dass wir den gesamten Liedtext zusammengesetzt haben. Aber was genau macht document.write, und wie kommt der Text in das Dokument?

A: Nun, document.write nimmt eine Zeichenfolge und setzt sie in das Dokument ein. Es gibt den String genau an der Stelle aus, an der sich das script-Tag befindet. In diesem Fall gibt document.write die Zeichenfolge direkt im Body der Seite aus.

Sie werden bald raffiniertere Möglichkeiten kennenlernen, den Text eines Onlinedokuments mit JavaScript zu verändern. Dieses Beispiel sollte Ihnen nur einen Vorgeschmack davon geben, wie Sie eine Seite mit Code dynamisch erstellen können.

F: Sie haben die Begriffe Webseite und Webanwendung benutzt. Sind das zweierlei Dinge? Was macht eine Webanwendung aus?

A: Das ist eine gute Frage, weil wir diese Begriffe willkürlich verwendet haben. Technisch gesehen, gibt es da keinen Unterschied. Sie müssen nichts Besonderes tun, um aus einer mit HTML, JavaScript und/oder CSS geschriebenen Seite eine Webanwendung zu machen. Der Unterschied ergibt sich mehr aus der Betrachtung.

Wenn sich eine Seite eher wie eine Anwendung verhält als wie ein statisches Dokument, werden wir sie eher als Webanwendung und weniger als Webseite bezeichnen. Eine Anwendung kann über eine Reihe von Qualitäten verfügen: Sie kann Zustände speichern, umfassend mit dem Benutzer interagieren, dynamische und aktualisierte Daten anzeigen, ohne die Seite neu zu laden, oder komplizierte Aufgaben oder Berechnungen durchführen.

F: Dieses ganze JavaScript ist toll, aber was ist mit CSS? Ich bin wirklich neugierig auf das neue CSS3-Zeug, von dem ich gehört habe.

A: Ja, CSS hat eine gigantische Entwicklung durchgemacht, und wir sind begeistert, dass es so gut mit HTML5 funktioniert. Dieses Buch handelt zwar nicht von CSS3, aber Sie können sich sicher sein, dass Sie auch einige dieser neuen Möglichkeiten voll ausschöpfen werden. Wie Sie sicher wissen, können viele der früheren Tricks für abgerundete Ecken und Schatten sowie einfache Animationen mit JavaScript mittlerweile ganz einfach mit CSS3 gemacht werden.

Insofern: Ja, wir werden auch CSS3 in diesem Buch nutzen und Sie darauf hinweisen, wenn wir das tun.

HTML5 kennenlernen

> Wir haben über eine Menge Dinge wie HTML-Markup, JavaScript-APIs, eine »Familie von Technologien« und CSS3 gesprochen. Was genau ist HTML5? Es kann nicht sein, dass alle nur vom Markup so begeistert sind ...

Wir geben Ihnen eine inoffizielle Antwort:

Markup + JavaScript-APIs + CSS = ~~Maxi-Menü~~ HTML5

Wenn die meisten Menschen über die Verheißungen von HTML5 sprechen, meinen sie die Kombination all dieser Technologien. Das bedeutet: Wir verwenden das Markup, um die Kernstruktur unserer Seiten aufzubauen, verwenden JavaScript zusammen mit den APIs, um unseren Seiten Leben und zusätzliche Funktionalität einzuhauchen, und stylen unsere Seiten mit CSS. Zusammen ergeben diese Technologien die Web-Apps von morgen.

Warum wir inoffiziell gesagt haben? Nun, es gibt Menschen, die ganz strikt zwischen diesen Technologien und den jeweiligen Standards unterscheiden. Das ist in Ordnung und hat auch seine Berechtigung. Aber uns geht es darum, welche Technologien im Browser verfügbar sind und ob wir sie für die Entwicklung unserer Seiten und Anwendungen verwenden können. Deshalb sagen wir: HTML5 ist Markup + JavaScript-APIs + CSS. Und wir gehen davon aus, dass dies das ist, was die meisten Menschen meinen, wenn sie von HTML5 als Technologie sprechen

> Wenn es Sie wirklich interessiert, wie diese Technologien als Standards zusammenpassen (und das sollte uns alle interessieren), ermuntern wir Sie, weitere Informationen auf w3.org nachzulesen.

Sie sind hier ▸

Was HTML5 wirklich ist

Gratulation, Sie haben Kapitel 1 abgeschlossen und Ihr erstes HTML5 geschrieben!

← *Und Ihren ersten JavaScript-Code!*

Bevor Sie ins nächste Kapitel entschwinden, haben wir zum Abschluss noch eine Aufgabe für Sie. Schreiben Sie mit den Kühlschrankmagneten die folgende Formel, die das Rätsel »Was ist HTML5?« löst. Vorsicht: Dazwischen befinden sich einige Täuschungsmanöver. Wenn Sie das Rätsel gelöst haben, können Sie eine Pause machen und eine Erfrischung zu sich nehmen, bevor Sie mit Kapitel 2 weitermachen.

.... + ... + ... = ...

```
        HTML5                    JavaScript-APIs
JavaScript
                     CSS              Canvas
  XML
              Markup        XHTML         Formulare
  CSS3                 Geolocation
                                <script>        Video
        document
                         Audio
      Web Workers                           Local Storage
                       Offline-Zugriff
                          Maxi-Menü
```

Punkt für Punkt

- HTML5 ist die neueste HTML-Version. Mit HTML5 werden vereinfachte Tags sowie neue semantische und Medienelemente eingeführt. Außerdem setzt HTML5 auf eine Reihe von JavaScript-Bibliotheken, die die Erstellung von Webanwendungen ermöglichen.

- XHTML ist nicht mehr der Standard für Webseiten. Entwickler und das W3C haben gleichermaßen entschieden, stattdessen HTML zu erweitern und zu verbessern.

- Der neue, einfachere HTML5-Doctype wird von älteren Browsern unterstützt – sie verwenden den Standardmodus, wenn sie diesen Doctype sehen.

- Das type-Attribut ist im <script>-Tag und in Links auf CSS-Stylesheets nicht mehr erforderlich. JavaScript und CSS sind jetzt Standard.

- Das <meta>-Tag für die Angabe des Zeichensatzes wurde vereinfacht und muss jetzt nur noch die Zeichenkodierung angeben.

- UTF-8 ist jetzt der Standardzeichensatz im Internet.

- Die Änderungen am Doctype und dem <meta>-Tag machen in älteren Browsern keine Probleme.

- Die neuen Elemente von HTML5 sind eine Obermenge der HTML4-Elemente. Das bedeutet, dass ältere Seiten auch weiterhin in modernen Browsern funktionieren.

- Der HTML5-Standard wird erst 2014 fertiggestellt. Aber die meisten modernen Browser werden ihn lange davor unterstützen (viele tun das bereits jetzt).

- Mit HTML5 werden Elemente eingeführt, die Ihren Seiten eine neue semantische Bedeutung verleihen und mehr Strukturoptionen bieten als HTML 4.01. Wir gehen in diesem Buch nicht auf diese Elemente ein, bieten Ihnen aber einen kleinen Leitfaden dazu im Anhang.

- Für viele der neuen Funktionen in HTML5 benötigen Sie JavaScript, um den größtmöglichen Nutzen daraus zu ziehen.

- Mithilfe von JavaScript können Sie mit dem DOM – Document Object Model – interagieren.

- Das DOM ist die interne Abbildung einer Webseite im Browser. Mit JavaScript können Sie auf Elemente zugreifen, diese ändern und neue Elemente in das DOM einfügen.

- Eine JavaScript-API ist ein »Application Programming Interface« (Schnittstelle für die Anwendungsprogrammierung). Mit APIs können Sie alle Aspekte von HTML5 steuern – wie etwa 2-D-Zeichnungen, Wiedergabe von Videos und vieles mehr.

- JavaScript ist eine der beliebtesten Sprachen der Welt. Die JavaScript-Implementierungen haben sich in den vergangenen Jahren drastisch verbessert.

- Sie können ermitteln, ob eine neue Funktion vom Browser unterstützt wird, und andernfalls eine Alternative bieten (Graceful Degradation).

- CSS ist der Stil-Standard für HTML5. Viele Menschen meinen auch CSS, wenn sie HTML5 sagen, um die verschiedenen Technologien für die Erstellung von Webanwendungen zu beschreiben.

Lösungen zu den Übungen

HTML5-Kreuzworträtsel

Zeit, Ihrer rechten Gehirnhälfte eine Pause zu gönnen und die linke arbeiten zu lassen. Die folgenden Wörter haben mit HTML zu tun und stammen aus diesem Kapitel.

Waagerecht

2. Das _____ ist die interne Abbildung einer Webseite.
3. Die HTML-Version vor HTML5.
4. Standard-Skriptsprache in HTML5.
8. Das <_____>-Tag sagt dem Browser, dass als Nächstes JavaScript kommt und nicht HTML.
10. Hat einen Abschiedsbrief bekommen.
11. Ihre Mission war Browser- _____.
12. Prinzip für ältere Browser: Graceful _____.
13. Dieses Attribut des link- und des script-Tags ist in HTML5 nicht mehr erforderlich.

Senkrecht

1. JavaScript ist _____-mal schneller als vor zehn Jahren.
2. Wesentlich einfacher als in HTML 4.01.
3. Produkt, das HTML in drei Schritten in HTML5 konvertiert.
5. Die Macht von HTML5 liegt in den JavaScript-____.
6. Neue _____ in HTML bieten mehr Semantik und Struktur.
7. Mit einer _____-Schleife schreiben Sie den Songtext.
9. Der offizielle Stil-Standard in HTML5.

32 Kapitel 1

HTML5 *kennenlernen*

WER MACHT WAS? LÖSUNG

Wir haben bereits so oft von einer »Familie von Technologien« gesprochen, dass sie uns fast schon wie unsere eigene vorkommt. Andererseits haben wir sie noch nicht wirklich kennengelernt. Dafür wird es langsam Zeit, finden Sie nicht? Hier sehen Sie fast die ganze Familie. Mischen Sie sich unters Volk und finden Sie heraus, wer wer ist. Wir haben schon ein Familienmitglied für Sie identifiziert. *Und keine Sorge: Wir wissen, dass Sie die HTML5-Familienmitglieder zum ersten Mal treffen. Hier finden Sie die Lösung.*

CSS3 — Ich bin das stilvollste Familienmitglied. Sie haben mich wahrscheinlich schon verwendet. Aber wussten Sie, dass ich jetzt auch Ihre Elemente animieren oder mit abgerundeten Ecken und einem Schlagschatten darstellen kann?

Web Workers — Mich brauchen Sie immer, wenn mehrere Skripten gleichzeitig im Hintergrund ablaufen sollen, damit Ihre Benutzeroberfläche weiter reagieren kann.

Formulare — Sie haben mich vielleicht schon in HTML4 für die Eingabe von Informationen verwendet. Aber in HTML5 bin ich noch besser. Ich kann das Ausfüllen von Feldern obligatorisch machen und einfach überprüfen, ob eine E-Mail-Adresse, eine URL oder eine Telefonnummer eingegeben wurde.

Offline-Webapps — Sollen Ihre Anwendungen auch dann funktionieren, wenn Sie nicht mit dem Internet verbunden sind? Ich kann Ihnen helfen.

Audio & Video — Für uns haben Sie früher Plug-ins gebraucht, aber jetzt sind wir vollwertige Mitglieder der HTML-Familie. Möchten Sie etwas ansehen oder anhören? Dann brauchen Sie uns.

Neues Markup — Wir helfen Ihnen bei der Struktur und semantischen Bedeutung Ihrer Seite und bieten neue Möglichkeiten, Abschnitte, Kopfzeilen, Fußzeilen und Navigationen zu erstellen.

Local Storage — Mich können Sie als lokalen Speicher im Browser verwenden. Möchten Sie Einstellungen, Artikel im Einkaufswagen oder gar einen riesigen Cache ablegen? Dann bin ich Ihre API.

Canvas — Mit mir können Sie direkt auf Ihrer Webseite Text, Bilder, Linien, Kreise, Rechtecke, Muster und Verläufe zeichnen. Ich bringe Ihren inneren Künstler zum Vorschein.

Geolocation — Ich bin die API, die Ihnen sagt, wo Sie sind, und auch gut mit Google Maps klarkommt.

Sie sind hier ▶ 33

Lösungen zu den *Übungen*

HTML5-Kreuzworträtsel, Lösung

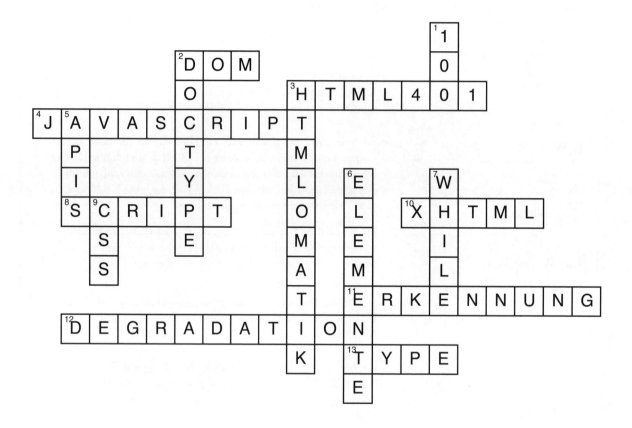

2 Einführung in JavaScript und das DOM

Ein bisschen Code

JavaScript zeigt Ihnen neue Orte. Sie wissen bereits alles über HTML-Markup (die *Struktur*) und über CSS-Stilregeln (die *Darstellung*). Was noch fehlt, ist JavaScript (das *Verhalten*). Klar, wenn Sie alles über die Struktur und die Darstellung wissen, können Sie schicke Seiten entwickeln. Aber es sind eben *nur Seiten*. Sobald Sie aber mit JavaScript ein entsprechendes Verhalten hinzuzaubern, bieten Sie den Benutzern ein interaktives Erlebnis – bis hin zu vollwertigen Webanwendungen. Machen Sie sich bereit, das interessanteste und vielseitigste Werkzeug in Ihren Werkzeugkasten zu legen: JavaScript und die Programmierung!

Und, falls Sie Motivation brauchen, das lukrativste!

Wie JavaScript funktioniert

Die Art, wie JavaScript arbeitet

Unser Ziel ist es, JavaScript-Code zu schreiben, der im Browser ausgeführt wird, wenn Ihre Webseite geladen wurde – dieser Code kann auf Benutzeraktionen reagieren, die Seite aktualisieren bzw. ändern oder mit einem Webservice kommunizieren, wodurch Ihre Seite eher wie eine Anwendung wirkt. Sehen wir uns an, wie das alles funktioniert:

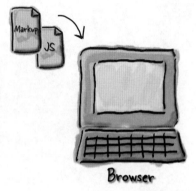
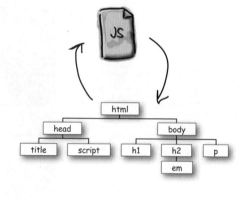

Schreiben

Sie erstellen Ihr HTML-Markup und den JavaScript-Code und legen ihn in Dateien ab, z. B. index.html und index.js (oder beides in der HTML-Datei).

Laden

Der Browser ruft die Seite ab, lädt sie und verarbeitet ihren Inhalt von oben bis unten.

Wenn der Browser auf JavaScript stößt, liest er den Code ein, überprüft ihn auf seine Richtigkeit und führt ihn aus.

Der Browser erstellt auch ein internes Modell der HTML-Seite: das DOM.

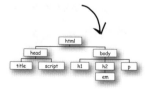

Ausführen

Das JavaScript wird weiter ausgeführt und nutzt das DOM, um die Seite zu untersuchen bzw. zu verändern, Events zu empfangen oder den Browser aufzufordern, weitere Daten vom Webserver abzurufen.

Was Sie mit JavaScript tun können

Sobald Sie eine Seite mit einem `<script>`-Element (oder einem Verweis auf eine gesonderte JavaScript-Datei) haben, können Sie mit dem Programmieren beginnen. JavaScript ist eine ausgewachsene Programmiersprache, mit der Sie so ziemlich alles machen können, was Sie mit anderen Programmiersprachen ebenfalls tun können – sogar mehr, weil Sie innerhalb einer Webseite programmieren!

Mit JavaScript können Sie:

❶ Anweisungen ausführen

Variablen erstellen, Werte zuweisen und addieren, Werte berechnen und integrierte Funktionen aus JavaScript-Bibliotheken verwenden.

```
var temp = 30.5;
var erbsenZaehler = 4;
var echtCool = true;
var motto = "Ich bin der Beste";
temp = (temp - 32) * 5 / 9;
motto = motto + " und du auch!!";
var pos = Math.random();
```

❷ Dinge mehr als ein- oder zweimal tun

Wiederholen Sie Anweisungen, sooft Sie möchten.

```
while (erbsenZaehler > 0) {
    verarbeiteErbsen();
    erbsenZaehler = erbsenZaehler - 1;
}
```

❸ Entscheidungen treffen

Schreiben Sie bedingten Code, der vom Zustand Ihrer Anwendung abhängt.

```
if (istEchtCool) {
    einladen = "Sie sind eingeladen!";
} else {
    einladen = "Wir sind leider voll.";
}
```

Sie sind hier ▶

Variablen deklarieren

Variablen können Dinge speichern. Mit JavaScript können Sie eine Menge verschiedener Dinge speichern. Lassen Sie uns einige Variablen deklarieren:

```
var gewinner = 2;              ← Ganzzahlige Werte.
var siedePkt = 212.0;          ← Oder Fließkommazahlenwerte.
var name = "Dr. Böse";         ← Oder Zeichenfolgen (Strings).
var istBerechtigt = false;     ← Oder einen Booleschen
                                 Wert, der »true« oder
                                 »false« sein kann.
```

Drei Schritte für die Erstellung einer Variablen

① Der erste Schritt besteht in der Deklaration Ihrer Variablen, in diesem Fall eisKugeln. Im Gegensatz zu manchen anderen Sprachen erwartet JavaScript keinen Typ für die Variable. Es erstellt einfach einen generischen Container, der verschiedene Dinge aufnehmen kann:

Ich bin eine Variable und bereit, etwas aufzunehmen.

eisKugeln

Variablen sind Container für Werte. JavaScript-Variablen haben keinen festen Typ. Daher kann Ihre Variable eine Zahl, einen String oder einen Booleschen Wert aufnehmen.

② Als Nächstes brauchen wir einen Wert, den wir in der Variablen ablegen. Es gibt mehrere Möglichkeiten, einen Wert anzugeben:

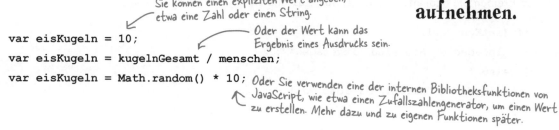

Sie können einen expliziten Wert angeben, etwa eine Zahl oder einen String.

```
var eisKugeln = 10;
```

Oder der Wert kann das Ergebnis eines Ausdrucks sein.

```
var eisKugeln = kugelnGesamt / menschen;
var eisKugeln = Math.random() * 10;
```

Oder Sie verwenden eine der internen Bibliotheksfunktionen von JavaScript, wie etwa einen Zufallszahlengenerator, um einen Wert zu erstellen. Mehr dazu und zu eigenen Funktionen später.

JavaScript und das DOM

 Schließlich haben wir eine Variable und einen Wert (einen expliziten, wie etwa 10, oder das Ergebnis eines Ausdrucks, z. B. `kugelnGesamt / menschen`). Nun müssen wir den Wert nur noch der Variablen zuweisen:

Syntax-Spaß

- Jede Anweisung endet mit einem Semikolon:
  `x = x + 1;`

- Ein einzeiliger Kommentar beginnt mit zwei Schrägstrichen. Kommentare sind Notizen für Sie oder andere Entwickler. Sie werden nicht ausgewertet.
  `// Ich bin ein Kommentar`

- Leerraum hat keine Bedeutung (fast nirgendwo):
  `x       =         2233;`

- Schließen Sie Zeichenfolgen (Strings) in doppelte Anführungszeichen ein:
  `"Sie sind toll!"`

- Variablen werden mit »var« und einem Namen deklariert. Ein Typ ist im Gegensatz zu einigen anderen Sprachen nicht erforderlich:
  `var breite;`

- Verwenden Sie keine Anführungszeichen für die Booleschen Werte true und false.
  `istToll = true;`

- Variablen müssen bei der Deklaration keinen Wert erhalten:
  `var breite;`

Ahh, endlich nicht mehr undefiniert. Ich habe einen eigenen Wert!

eisKugeln

Sobald Sie eine Variable erstellt haben, können Sie natürlich den Wert jederzeit ändern, sogar in einen Wert eines anderen Typs. Hier einige Beispiele:

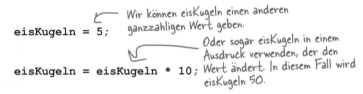

```
eisKugeln = 5;
```
Wir können eisKugeln einen anderen ganzzahligen Wert geben.

```
eisKugeln = eisKugeln * 10;
```
Oder sogar eisKugeln in einem Ausdruck verwenden, der den Wert ändert. In diesem Fall wird eisKugeln 50.

```
eisKugeln = "Keine Lust mehr auf Zahlen";
```

```
eisKugeln = null;
```
Oder wir können den Wert und den Typ von eisKugeln ändern, in diesem Fall in eine Zeichenfolge. Aber Vorsicht. Es könnte zu großen Problemen führen, wenn Sie sich an einer anderen Stelle im Code darauf verlassen, dass eisKugeln eine Zahl ist. Dazu später mehr.

Es gibt in JavaScript sogar einen Wert, der keinen Wert darstellt. Er heißt »null«.

Es gibt keine Dummen Fragen

F: Was ist der Wert meiner Variablen, wenn ich einfach nur schreibe: `var gewinner;`

A: Nach Ausführen dieser Anweisung erhält die Variable `gewinner` den Wert `undefined` – ein weiterer JavaScript-Wert und -Typ. Wir beschäftigen uns weiter unten in diesem Buch damit, wie und wo Sie ihn verwenden können.

F: Ich habe andere Programmiersprachen gesehen, in denen Variablen mit einem Typ deklariert werden, z. B. `int x` oder `String y`. Gibt es auch in JavaScript Typen?

A: JavaScript kennt zwar Typen, verwaltet diese Typen aber im Gegensatz zu anderen Sprachen dynamisch, d. h., Sie müssen keinen Typ angeben, weil der JavaScript-Interpreter bei der Ausführung Ihres Codes erkennt, welchen Typ er verwenden muss.

Sie sind hier ▶ **39**

Namen für Variablen finden

Vielleicht fragen Sie sich, welche Namen Sie für Ihre Variablen vergeben sollen. Wenn Sie damit vertraut sind, Namen für die IDs von HTML-Elementen zu finden, wird es Ihnen mit Variablen ähnlich leicht fallen. Es gibt nur einige wenige Regeln für die Namensgebung:

Regel 1: Beginnen Sie den Namen mit einem Buchstaben, einem _ oder einem $.

Zunächst mal sollten Sie Ihren Variablen nicht nur einen aussagekräftigen Namen geben, sondern diesen auch mit einem Buchstaben (groß oder klein), einem _ oder $ beginnen lassen. Hier einige Beispiele:

Richtig programmieren

Zahlen, Strings und Boolesche Werte sind in JavaScript als *primitive Typen* bekannt. Sie können eine weitere Sache in einer Variablen speichern: *Objekte*. Wir werden bald über Objekte sprechen, für den Moment können Sie sich ein Objekt als Sammlung von Dingen vorstellen. Ein primitiver Typ lässt sich dagegen nicht weiter zerlegen.

```
var dasIstKeinWitz;
var _meineVariable;
var $wichtigeVar;
```
Machen Sie's so ...

Nicht gut: Beginnt mit einer Zahl. → `var 3zip;`

Beginnt mit unzulässigen Symbolen (% und ~). → `var %satz;`
→ `var ~ungefaehr;`

... und nicht so.

Regel 2: Danach können Sie eine beliebige Anzahl von Buchstaben, Ziffern, Unterstrichen und Dollarzeichen verwenden.

Sie können weiterhin Buchstaben, Dollarzeichen und Unterstriche schreiben. Nach dem ersten Zeichen können Sie auch Zahlen verwenden:

```
var meine3Kinder;
var kosten$;
var vitaminB12;
```
Machen Sie's so...

Leerzeichen sind nicht erlaubt. → `var postleit zahl;`

– und + sind nicht erlaubt und bringen JavaScript so richtig durcheinander. → `var vor-name;`
→ `var to+do;`

... und nicht so.

Regel 3: Vermeiden Sie reservierte Wörter

JavaScript enthält eine Reihe von reservierten Wörtern, wie etwa »if«, »else«, »while« und »for« (um nur einige zu nennen). JavaScript reagiert nicht allzu gutmütig, wenn Sie diese Wörter für Ihre Variablennamen verwenden. Es folgt eine Liste mit den reservierten Wörtern in JavaScript. Sie müssen sie nicht auswendig lernen, sondern werden ein Gefühl dafür entwickeln, während Sie JavaScript lernen. Sollten Sie sich aber jemals wundern, warum sich JavaScript über Ihre Variablendeklarationen beschwert, müssen Sie sich fragen: »Hmm, verwende ich da etwa ein reserviertes Wort?«

abstract	delete	goto	null	throws
as	do	if	package	transient
boolean	double	implements	private	true
break	else	import	protected	try
byte	enum	in	public	typeof
case	export	instanceof	return	use
catch	extends	int	short	var
char	false	interface	static	void
class	final	is	super	volatile
continue	finally	long	switch	while
const	float	namespace	synchronized	with
debugger	for	native	this	
default	function	new	throw	

← Vermeiden Sie diese Variablennamen!

Es gibt keine Dummen Fragen

F: Was ist, wenn ich ein reserviertes Wort als Teil des Variablennamens verwende? Kann ich eine Variable nullWert nennen (die also das reservierte Wort »null« enthält)?

A: Natürlich können Sie das. Der Name darf nur nicht exakt mit dem reservierten Wort übereinstimmen. Außerdem empfiehlt es sich, Ihren Code klar zu formulieren. Der Name `elsa` wäre aufgrund der Verwechslungsgefahr mit `else` eher unglücklich gewählt.

F: Spielt die Groß-/Kleinschreibung in JavaScript eine Rolle? Sind meinevariable und MeineVariable identisch?

A: Vom HTML-Markup her sind Sie es vielleicht gewöhnt, dass die Groß-/Kleinschreibung keine Rolle spielt – für den Browser sind <head> und <HEAD> dasselbe. In JavaScript kommt es dagegen sehr wohl darauf an. Hier sind meinevariable und MeineVariable zwei verschiedene Variablen.

F: Ich verstehe, dass JavaScript einer Variablen jederzeit einen Wert zuweisen kann (Zahl, String usw.). Aber was passiert, wenn ich zwei Variablen addiere und die eine eine Zahl ist, während die andere eine Zeichenfolge enthält?

A: JavaScript versucht bei Bedarf, clever die Typen für Sie zu konvertieren. Wenn Sie z. B. einen String und eine Zahl addieren, wird die Zahl üblicherweise in einen String konvertiert, und die beiden werden konkateniert. Manchmal ist das toll, und in anderen Fällen ist es nicht das, was Sie brauchen. Merken Sie sich diese Frage, wir kommen bald darauf zurück.

Namen für Variablen

Der Webville-Namensführer

Wegen der großen Flexibilität bei der Wahl der Variablennamen möchten wir Ihnen einige Tipps geben, um es Ihnen so leicht wie möglich zu machen:

Wählen Sie aussagekräftige Namen.

Variablennamen wie _m, r und foo haben vielleicht für Sie eine Bedeutung, aber in Webville rümpft man darüber die Nase. Zum einen vergessen Sie solche Namen mit der Zeit, zum anderen ist Ihr Code mit Variablennamen wie »winkel«, »aktuellerDruck« oder »abgeschlossen« wesentlich besser lesbar.

Verwenden Sie »CamelCase« für Namen aus mehreren Wörtern.

Irgendwann müssen Sie sich entscheiden, wie Sie eine Variable nennen, die beispielsweise einen zweiköpfigen Drachen abbildet, der Feuer spuckt. Wie? Mit CamelCase. Dabei beginnen Sie ab dem zweiten Wort jedes Wort mit einem Großbuchstaben: zweikoepfigerDracheMitFeuer. CamelCase ist einfach zu schreiben, sehr gebräuchlich in Webville und gibt Ihnen flexible Möglichkeiten, einen Namen für Ihre Variablen zu finden. Es gibt auch andere Schemata, aber dieses ist am weitesten verbreitet (auch jenseits von JavaScript).

Nutzen Sie Variablennamen mit _ und $ nur aus gutem Grund.

Variablen, die mit $ beginnen, sind üblicherweise für JavaScript-Bibliotheken reserviert. Variablennamen mit einem _ werden von vielen Autoren für alle möglichen Konventionen herangezogen, sind aber nicht sehr gebräuchlich. Wir raten Ihnen davon ab, außer Sie haben einen triftigen Grund dafür (in diesem Fall werden Sie ihn kennen).

Bleiben Sie auf der sicheren Seite.

Weiter unten in diesem Buch geben wir Ihnen weitere Tipps dazu. Für den Moment sollten Sie einfach darauf achten, aussagekräftige Namen zu wählen, reservierte Wörter zu vermeiden und Variablen immer mit var zu deklarieren.

Ausdrucksstärke

Wir haben uns bereits einige JavaScript-Anweisungen wie die folgende angesehen:

Eine JavaScript-Anweisung:

```
eisKugeln = eisKugeln - 1;
```

Variable — Zuweisung — Ausdruck

Werfen wir einen genaueren Blick auf Ausdrücke, wie z. B. den in dieser Anweisung. Wie sich herausstellt, ist JavaScript voller solcher Ausdrücke. Daher ist es wichtig zu wissen, was Sie damit ausdrücken können ...

Sie können Ausdrücke schreiben, die Zahlen ergeben ...

Numerische Ausdrücke

```
(9 / 5) * tempC + 32
x - 1
Math.random() * 10
2.123 + 3.2
```

Sie können Ausdrücke schreiben, die die Booleschen Werte true oder false ergeben (die man logischerweise Boolesche Ausdrücke nennt).

Boolesche Ausdrücke

```
2 > 3                startZeit > jetzt
tempF < 75
tier == "Ente"       level == 4
```

... und Sie können Ausdrücke schreiben, die Strings zurückliefern.

String-Ausdrücke

```
"super" + "cali" + sieKennenDenRest
"21." + "März"              p.innerHTML
telefonNummer.substring(0, 3)
```

Es gibt auch andere Arten von Ausdrücken. Dazu kommen wir später.

Andere Ausdrücke

```
function () {...}
document.getElementById("pink")
new Array(10)
```

Halten Sie auf den nächsten Seiten Ausschau nach Ausdrücken (natürlich auch im Rest des Buchs). Dann werden Sie verstehen, wie damit Dinge berechnet, mehrmals ausgeführt und Entscheidungen in Ihrem Code getroffen werden.

Sie sind hier ▶

Variablen-Übungen

Drücken Sie sich aus!

Sie haben die verschiedenen Arten von Ausdrücken kennengelernt, die Sie in JavaScript verwenden können. Nun ist es an der Zeit, dass Sie dieses Wissen anwenden und selbst einige Ausdrücke auswerten. Die Antworten finden Sie am Ende des Kapitels.

```
(9 / 5) * tempC + 32
```

Wie lautet das Ergebnis, wenn tempC gleich 10 ist? _____

```
"Zahl" + " " + "2"
```

Wie lautet die Zeichenfolge? _____

```
level >= 5
```

Wie lautet das Ergebnis, wenn level gleich 10 ist? _____
Und wenn level gleich 5 ist? _____

```
farbe != "pink"
```

Tipp: ! bedeutet »nicht«..

Wie lautet das Ergebnis, wenn farbe gleich »blau« ist? _____

```
(2 * Math.PI) * r
```

Wie lautet das Ergebnis, wenn r gleich 3 ist? _____

Tipp: Math.PI liefert den Wert von Pi (Sie wissen schon: 3,14....).

Bitte keinen solchen Ausdruck!

Spitzen Sie Ihren Bleistift

Versuchen Sie, mit Ihrem bisherigen Wissen über Variablen, Ausdrücke und Anweisungen in JavaScript herauszufinden, welche der folgenden Zeilen korrekt sind und welche einen Fehler verursachen könnten.

Kreisen Sie in der folgenden Liste die *zulässigen* Anweisungen ein.

```
var x = 1138;
var y = 3/8;
var s = "3-8";
x = y;
var n = 3 - "eins";
var t = "eins" + "zwei";
var 3po = true;
var level_ = 11;
var mittags = false;
var $ = 21.30;
var z = 2000;
var istGross = y > z;
z = z + 1;
z--;
z y;
x = z * t;
while (mittags) {
    z--;
}
```

JavaScript und das DOM

Alles scheint gut zu funktionieren, wenn ich Zahlen zu Zahlen addiere oder Strings zu Strings. Was passiert, wenn ich eine Zahl und einen String addiere? Oder eine Ganzzahl und eine Fließkommazahl?

Erinnern Sie sich, dass wir gesagt haben, der Einstieg in JavaScript sei leicht? Einer der Gründe dafür liegt darin, dass sich JavaScript bei Bedarf um die Konvertierung der Typen in andere Typen kümmert, sodass die jeweiligen Ausdrücke Sinn ergeben.

Nehmen wir z. B. folgenden Ausdruck:

```
nachricht = 2 + " auf gleichem Weg";
```

Wir wissen, dass + der Operator für die Addition von Zahlen und gleichzeitig für die Konkatenation von Strings ist. Welcher ist es also in diesem Fall? JavaScript weiß, dass der String »auf gleichem Weg« niemals wie eine Zahl aussehen wird, und konvertiert die 2 daher in den String »2«. Die Variable hält daher den Wert »2 auf gleichem Weg«.

Noch ein Ausdruck:

```
wert = 2 * 3.1;
```

JavaScript konvertiert die Ganzzahl 2 in eine Fließkommazahl, und das Ergebnis lautet 6,2.

Wie Sie sich vielleicht vorstellen können, macht JavaScript allerdings nicht immer, was Sie möchten. Insofern ist in manchen Fällen bei der Konvertierung ein bisschen Hilfe erforderlich. Wir kommen später auf dieses Thema zurück.

Wie wertet JavaScript die folgenden Anweisungen aus?

```
zahlOderString1 = "3" + "4"

zahlOderString2 = "3" * "4"
```

Und warum?

Sie sind hier ▸   **45**

JavaScript-Iteration

```
while (jongliert) {
    behalteBaelleInLuft();
}
```

Dinge immer wieder tun ...

Wenn wir alles in einem JavaScript-Programm immer nur einmal tun würden, wäre es wahrscheinlich ein ziemlich langweiliges Programm. Sie müssen eine Menge Dinge mehrmals tun – immer wieder ausspülen, einschäumen, bis Ihr Haar sauber ist, weiterfahren, bis Sie Ihr Ziel erreichen, oder Ihre Eiscreme löffeln, bis sie weg ist. Und für solche Situationen bietet Ihnen JavaScript mehrere Möglichkeiten, Codeblöcke in einer Schleife zu durchlaufen.

Mit der `while`-Schleife können Sie z. B. etwas wiederholen, solange eine Bedingung erfüllt ist.

```
                              Wir haben eine Dose Eiscreme mit zehn Kugeln. Wir haben
                              eine Variable deklariert und mit dem Wert 10 initialisiert.

var eisKugeln = 10;
                              while verwendet einen Booleschen Ausdruck, der entweder true oder false
                              ergibt. Falls er true ergibt, wird der nachfolgende Code ausgeführt.

                              Solange mehr als 0 eisKugeln übrig sind,
                              wiederholen wir alles innerhalb dieses Codeblocks.
while (eisKugeln > 0) {
    alert("Es gibt noch Eiscreme!");
    eisKugeln = eisKugeln - 1;
                              Jedes Mal, wenn die Schleife durchlaufen wird, weisen wir den
}                             Benutzer darauf hin, dass es noch Eiscreme gibt, und ziehen
                              eine Kugel von der Gesamtzahl eisKugeln ab.

alert("Ein Leben ohne Eiscreme ist nicht dasselbe.");

              Wenn die Bedingung (eisKugeln > 0) den Wert false
              ergibt, endet die Schleife, und das Programm wird mit
              der nächsten Codezeile fortgesetzt.
```

JavaScript und das DOM

So viel also erst mal zur `while`-Schleife: Wir initialisieren einige Werte, wie etwa die Anzahl der Eiskugeln eisKugeln, die in der `while`-Schleife überprüft werden. Wenn der Ausdruck true ergibt, führen wir einen Codeblock aus. Dieser Codeblock wiederum erledigt einige Aufgaben und aktualisiert dabei an irgendeiner Stelle auch den in der Bedienung enthaltenen Wert, sodass die Bedingung irgendwann nicht mehr zutrifft und die Schleife endet.

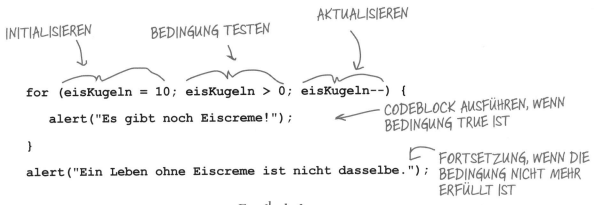

```
var eisKugeln = 10;          ← INITIALISIEREN

while (eisKugeln > 0) {      ← BEDINGUNG TESTEN
    alert("Es gibt noch Eiskrem!");    CODEBLOCK AUSFÜHREN, WENN
    eisKugeln = eisKugeln - 1;         BEDINGUNG TRUE IST
}                            ← AKTUALISIEREN
                             FORTSETZUNG, WENN DIE BEDINGUNG
                             NICHT MEHR ERFÜLLT IST
alert("Ein Leben ohne Eiscreme ist nicht dasselbe.");
```

JavaScript bietet auch eine `for`-Schleife, die diese Struktur etwas förmlicher gestaltet. Hier sehen Sie unseren Eiscreme-Code mit einer `for`-Schleife:

```
         INITIALISIEREN    BEDINGUNG TESTEN    AKTUALISIEREN
for (eisKugeln = 10; eisKugeln > 0; eisKugeln--) {
    alert("Es gibt noch Eiscreme!");   ← CODEBLOCK AUSFÜHREN, WENN
}                                         BEDINGUNG TRUE IST
alert("Ein Leben ohne Eiscreme ist nicht dasselbe.");
                                          FORTSETZUNG, WENN DIE
                                          BEDINGUNG NICHT MEHR
                                          ERFÜLLT IST
```

Es gibt keine Dummen Fragen

F: Die while- und die for-Schleife sehen für mich ziemlich gleich aus. Wann verwende ich welche?

A: Meistens können Sie mit for und while die gleichen Dinge tun. Wie Sie aber in unserem Eiscreme-Beispiel sehen, ist die for-Schleife etwas komplizierter, und Sie könnten argumentieren, dass die while-Schleife besser lesbar ist. Insofern kommt es darauf an, was am besten zur jeweiligen Situation passt. Üblicherweise werden for-Schleifen für das Durchlaufen einer festen Anzahl von Werten verwendet (z. B. Artikel in einem Einkaufswagen). while-Schleifen werden dagegen eher verwendet, um Code zu wiederholen, bis eine bestimmte Bedingung erfüllt ist (beispielsweise um einen Test mit dem Benutzer durchzuführen, bis er ihn richtig macht).

Sie sind hier ▸ **47**

Übung: Variablen und Iteration

SPIELEN Sie Browser

Alle JavaScript-Schnipsels auf dieser Seite sind eigenständige Codeschnipsel. Spielen Sie Browser, werten Sie jedes Schnipsel aus und beantworten Sie die Frage. Schreiben Sie Ihre Antwort unter den jeweiligen Code.

Überprüfen Sie Ihre Antworten am Ende des Kapitels.

Schnipsel 1

```
var zaehler = 0;
for (var i = 0; i < 5; i++) {
    zaehler = zaehler + i;
}
alert("zaehler ist " + zaehler);
```

Welchen Wert für zaehler zeigt alert an?
↳ _____

Schnipsel 2

```
var kreisel = 5;
while (kreisel > 0) {
    for (var drehung = 0; drehung < 3; drehung++) {
        alert("Kreisel dreht sich!");
    }
    kreisel = kreisel - 1;
}
```

_____

Wie oft sehen Sie die Meldung „Kreisel dreht sich!"?

Schnipsel 3

```
for (var beeren = 5; beeren > 0; beeren--) {
    alert("Iss' eine Beere");
}
```

Wie viele Beeren haben Sie gegessen? → _____

Schnipsel 4

```
for (eisKugeln = 0; eisKugeln < 10; eisKugeln++) {
    alert("Es gibt noch Eiscreme!");
}
alert("Ein Leben ohne Eiscreme ist nicht dasselbe.");
```

Wie viele eisKugeln haben Sie gegessen?

_____

```
if (geldImBeutel > 5) {
    bestellung = "Ich nehme einen Cheeseburger, Pommes und eine Cola";
} else {
    bestellung = "Ich nehme nur ein Glas Wasser";
}
```

Entscheidungen treffen mit JavaScript

Wir haben bereits Boolesche Werte in `for`- und `while`-Anweisungen als Bedingung dafür verwendet, dass die Schleife weiter ausgeführt wird. Sie können damit aber auch Entscheidungen in JavaScript treffen. Hier ein Beispiel:

Hier ist unser Boolescher Ausdruck, der überprüft, wie viele eisKugeln übrig sind.

Wenn weniger als 3 eisKugeln übrig sind, führen wir den Codeblock aus.

```
if (eisKugeln < 3) {
    alert("Eiscreme geht aus!");
}
```

Wir können auch mehr als eine Bedingung verknüpfen:

```
if (eisKugeln < 3) {
    alert("Eiscreme geht aus!");
} else if (eisKugeln > 9) {
    alert("Iss schneller, die Eiscreme schmilzt!");
}
```

Mit »else if« können Sie so viele Bedingungen hinzufügen, wie Sie möchten. Jeder erhält einen eigenen Codeblock, der ausgeführt wird, wenn die Bedingung true ergibt.

Viele Entscheidungen ... und ein Standardfall

Sie können auch einen Standardfall für Ihre `if`-Anweisungen angeben – ein abschließendes `else`, das ausgeführt wird, wenn alle anderen Bedingungen nicht zutreffen. Fügen wir noch einige else/if und einen Standardfall ein:

```javascript
if (eisKugeln == 3) {               // Wir haben das für den Fall geändert,
    alert("Eiscreme geht aus!");    // dass eisKugeln genau 3 ist.
} else if (eisKugeln > 9) {
    alert("Iss schneller, die Eiscreme schmilzt!");
} else if (eisKugeln == 2) {
    alert("Noch zwei!");            // Wir haben zusätzliche Bedingungen
} else if (eisKugeln == 1) {        // hinzugefügt, um auf 0 eisKugeln
    alert("Noch eine!");            // herunterzuzählen.
} else if (eisKugeln == 0) {
    alert("Aus!");
} else {
    alert("Immer noch jede Menge Eiscreme da. Komm und hol sie dir.");
}
```

Das ist unsere Auffangbedingung. Wenn keine andere Bedingung true ergibt, wird garantiert dieser Codeblock ausgeführt

Übung

Nehmen Sie den obigen Code und fügen Sie ihn in die folgende while-Schleife ein. Gehen Sie die Schleife durch und schreiben Sie die Meldungen in der entsprechenden Reihenfolge auf. Überprüfen Sie Ihre Antwort am Ende des Kapitels.

```javascript
var eisKugeln = 10;

while (eisKugeln >= 0) {

               // Fügen Sie den Code von
               // oben hier ein ...

    eisKugeln = eisKugeln - 1;
}

alert("Ein Leben ohne Eiscreme ist nicht dasselbe.");
```

Schreiben Sie die Ausgabe hierhin.

Code-Magneten

Der folgende Code gibt ein Palindrom in einer alert-Box aus. Leider steht ein Teil des Codes auf Kühlschrankmagneten, die heruntergefallen sind. Ihre Aufgabe ist es nun, den Code so zusammenzusetzen, dass das Palindrom wieder richtig geschrieben wird. Vorsicht: Es lagen schon einige Magneten auf dem Boden, die damit nichts zu tun haben. Ein paar der Magneten müssen Sie außerdem mehr als einmal verwenden! Überprüfen Sie Ihre Lösung am Ende des Buchs, bevor Sie weiterblättern.

```
var wort1 = "ehre ";
var wort2 = "Ego";
var wort3 = "Dein";
var wort4 = "der Herr ";
var wort5 = "O Genie, ";
var satz = "";

for (var i = 0; _____; ____) {
    if (i == 0) {
        satz = _____;
    }
    else if (i == 1) {
        satz = _____ + wort4;
    }
    _____ (i == 2) {
        _____ = satz + wort1 + wort3;
    }
    _____ (_____) {
        satz = satz + _____ + wort2 + "!";
    }
}
alert(satz);
```

Ein Palindrom ist ein Satz, der sich vorwärts und rückwärts gleich liest! Das ist das Palindrom, das Sie sehen sollten, wenn Sie die Magneten an die richtige Stelle setzen.

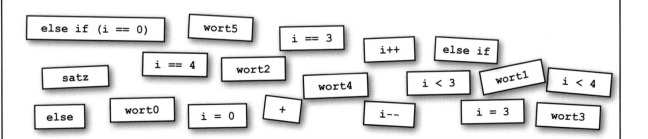

Wie Sie JavaScript in die Seite schreiben

Es hieß doch, dass wir JavaScript in unsere Webseiten schreiben. Wann fangen wir damit an? Oder spielen wir ewig nur herum?

Genau darum geht es. Aber zuerst müssen Sie ein paar Grundlagen kennen. Mittlerweile wissen Sie, wie Sie JavaScript-Variablen deklarieren und verwenden und einfache Anweisungen und Ausdrücke schreiben. Sie wissen auch, wie Sie mit `if/else`-Anweisungen bedingten Code schreiben und Dinge mit `while`- und `for`-Anweisungen wiederholen können.

Mit diesem Wissen im Gepäck sehen wir uns nun an, wie Sie JavaScript in Ihrer Seite platzieren und wie diese Skripten mit der Seite interagieren: Erfahren Sie, wie Sie ermitteln, was sich in Ihrer Seite befindet, wie Sie diese ändern und Code schreiben können, der auf die Geschehnisse in Ihren Seiten reagiert.

Wir sind zwar noch lange nicht mit JavaScript fertig, aber Ihr Warten hat ein Ende. Es ist Zeit, herauszufinden, wie sich Markup um ein entsprechendes Verhalten erweitern lässt ...

Wie und wo Sie JavaScript in Ihre Seiten einfügen

Um JavaScript nutzen zu können, müssen Sie es in eine Webseite einfügen. Aber wo und wie? Sie wissen bereits, dass es ein `<script>`-Element gibt. Sehen wir uns an, wo wir es verwenden können und wie sich das auf die Ausführung von JavaScript innerhalb Ihrer Seite auswirkt. Hier sehen Sie drei Möglichkeiten, Code in Ihre Seite einzufügen.

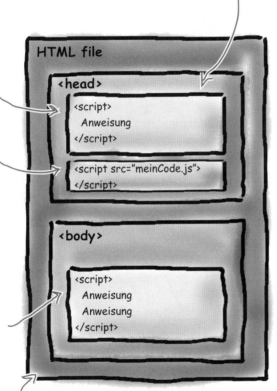

Platzieren Sie `<script>`-Elemente in den `<head>`, um sie auszuführen, bevor die Seite geladen wird.

Sie können den Code direkt in die Webseite eingeben oder mit dem src-Attribut des script-Tags auf eine separate JavaScript-Datei verweisen.

Oder Sie können Ihren Code (oder einen Verweis auf den Code) in den Body schreiben. Dieser Code wird ausgeführt, sobald die Seite geladen ist.

Meistens wird der Code in den Seitenkopf eingefügt. Hinsichtlich der Leistung bringt es gewisse Vorteile, wenn Sie den Code am Ende des Bodys einfügen, aber nur, wenn Sie die Leistung Ihrer Seite wirklich perfekt optimieren müssen.

Inline-Skripten im `<head>`-Element.

Am häufigsten wird Code mit einem `<script>`-Element im Seitenkopf untergebracht. Wenn Sie JavaScript im `<head>`-Element platzieren, wird es ausgeführt, sobald der Browser dieses Element einliest (das tut er als Erstes!) und bevor der Rest der Seite eingelesen wurde.

Verweis auf eine separate JavaScript-Datei.

Sie können auch auf eine separate Datei mit dem JavaScript-Code verweisen. Geben Sie im src-Attribut des öffnenden `<script>`-Tags die URL der Datei an und schließen Sie das script-Element unbedingt wieder mit `</script>`. Wenn Sie auf eine Datei im selben Verzeichnis verweisen, brauchen Sie nur den Dateinamen anzugeben.

Fügen Sie den Code entweder inline oder als Verweis im Body des Dokuments ein.

Oder Sie können den Code direkt im HTML-Body unterbringen. Auch hier schreiben Sie den JavaScript-Code in das `<script>`-Element (oder verweisen mit dem src-Attribut auf eine andere Datei). JavaScript im Body der Seite wird ausgeführt, wenn der Browser den Body einliest (üblicherweise von oben nach unten).

Interaktion mit Seiten

Wie JavaScript mit Ihrer Seite interagiert

JavaScript und HTML sind zwei Paar Schuhe. HTML ist Markup, und JavaScript ist Code. Wie bekommen Sie also JavaScript dazu, mit dem Markup in der Seite zu interagieren? Dazu brauchen wir das Document Object Model.

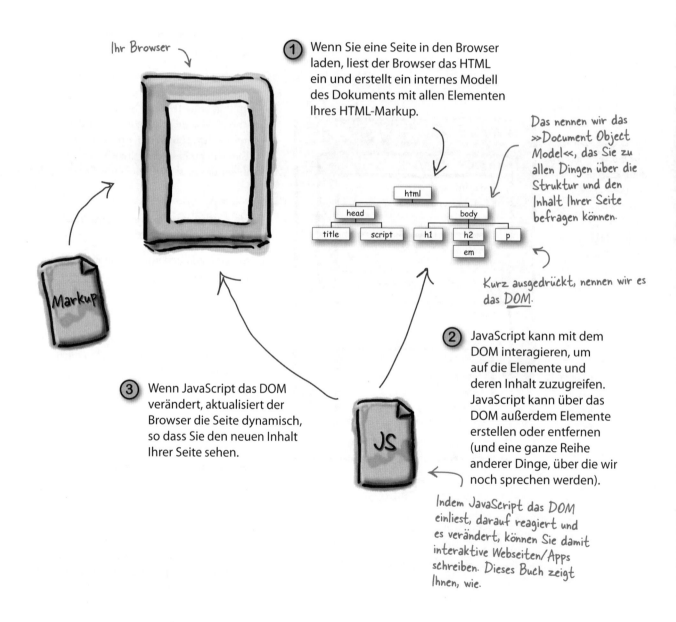

Ein eigenes DOM backen

Nehmen wir etwas Markup und erstellen wir ein DOM dazu. Hier ein einfaches Rezept dafür:

Zutaten

Eine wohlgeformte HTML5-Seite

Einen oder mehrere Webbrowser

```html
<!doctype html>
<html lang="de">
<head>
  <title>Mein Blog</title>
  <meta charset="utf-8">
  <script src="blog.js"></script>
</head>
<body>
  <h1>Mein Blog</h1>
  <div id="beitrag1">
    <h2>Tolle Vogelschau</h2>
    <p>
      Heute habe ich drei Enten gesehen!
      Ich nannte sie
      Trina, Tina und Ina.
    </p>
    <p>
      Ich habe ein paar Fotos gemacht ...
    </p>
  </div>
</body>
</html>
```

Zubereitung

1. Erstellen Sie ganz oben den Knoten »document«.

   document

2. Nehmen Sie das oberste Element Ihrer HTML-Seite, in unserem Fall <html>, bezeichnen Sie es als das aktuelle Element und fügen Sie es als Kind des Dokuments ein.

3. Fügen Sie jedes Element, das in das aktuelle Element verschachtelt ist, als Kind des aktuellen Elements in das DOM ein.

   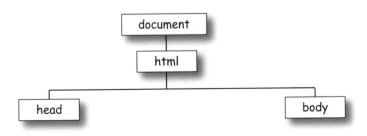

4. Wiederholen Sie den 3. Punkt für jedes soeben hinzugefügte Element, bis Ihnen die Elemente ausgehen.

Wir haben dieses DOM bereits für Sie fertig zubereitet. Sie finden es auf der nächsten Seite.

Sie sind hier ▸ **55**

Einführung in das Document Object Model

Ein Vorgeschmack auf das DOM

Das Schöne am Document Object Model besteht darin, dass es uns eine auf allen Browsern konsistente Möglichkeit bietet, vom Code aus auf die Struktur und die Inhalte einer HTML-Seite zuzugreifen Das ist fantastisch. Und in Kürze werden wir sehen, wie das alles funktioniert ...

Zurück zu unserem Beispiel. Wenn Sie dem Rezept für Ihr eigenes DOM folgen, erhalten Sie eine Struktur wie die folgende. Jedes DOM enthält ein Dokumentobjekt auf der obersten Ebene und einen Baum samt Zweigen und Blättern für die jeweiligen Elemente im HTML-Markup. Sehen wir uns das genauer an.

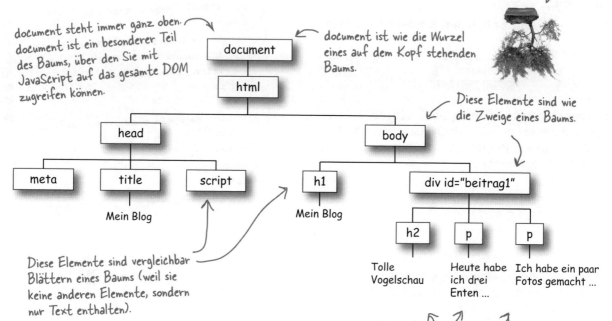

document steht immer ganz oben. document ist ein besonderer Teil des Baums, über den Sie mit JavaScript auf das gesamte DOM zugreifen können.

document ist wie die Wurzel eines auf dem Kopf stehenden Baums.

Wir vergleichen diese Struktur mit einem Baum, weil der »Baum« eine Datenstruktur aus der Informatik ist.

Diese Elemente sind wie die Zweige eines Baums.

Diese Elemente sind vergleichbar Blättern eines Baums (weil sie keine anderen Elemente, sondern nur Text enthalten).

Das DOM enthält den Inhalt der Seite sowie die Elemente (wir zeigen bei der Darstellung des DOM nicht immer den gesamten Textinhalt an, aber er ist trotzdem da).

Nachdem wir jetzt ein DOM haben, können wir es untersuchen und auf beliebige Weise verändern.

SPIELEN Sie Browser

Tun Sie so, als wären Sie der Browser. Lesen Sie das HTML ein und erstellen Sie Ihr eigenes DOM daraus. Parsen Sie das HTML auf der rechten Seite und zeichnen Sie darunter das DOM. Wir haben bereits für Sie damit angefangen.

Vergleichen Sie Ihre Antwort mit der Lösung am Ende des Kapitels, bevor Sie weitermachen.

```
<!doctype html>
<html lang="de">
  <head>
    <title>Filme</title>
  </head>
  <body>
    <h1>Spielzeiten</h1>
    <h2 id="film1" >Plan 9 aus dem Weltall</h2>
    <p>Jeweils um 15 und 19 Uhr.
      <span>
        Sondervorstellung heute um <em>Mitternacht</em>!
      </span>
    </p>
    <h2 id="film2">Alarm im Weltall</h2>
    <p>Jeweils um 17 und 21 Uhr.</p>
  </body>
</html>
```

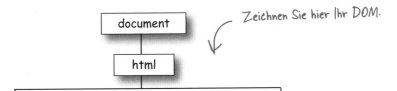

Zeichnen Sie hier Ihr DOM.

Beziehung zwischen JavaScript und dem DOM

Oder: Wie diese völlig unterschiedlichen Technologien zusammenhängen.

HTML und JavaScript stammen ganz bestimmt von zwei verschiedenen Planeten. Der Beweis? Die DNS von HTML ist aus deklarativem Markup aufgebaut, mit dem Sie verschachtelte Elemente beschreiben können, aus denen Ihre Seiten bestehen. JavaScript besteht dagegen aus reinem algorithmischen genetischen Material für die Beschreibung von Berechnungen.

Sind die beiden so weit voneinander entfernt, dass sie nicht miteinander kommunizieren können? Natürlich nicht, denn sie haben eines gemeinsam: das DOM. Über das DOM kann JavaScript mit Ihrer Seite kommunizieren und umgekehrt. Dafür gibt es mehrere Möglichkeiten, aber für den Moment konzentrieren wir uns auf eine bestimmte: Es gibt ein kleines Wurmloch, über das JavaScript auf alle Elemente Zugriff hat – es heißt getElementById.

Schauen wir mal, wie es funktioniert ...

Wir beginnen mit einem DOM. Das folgende DOM ist relativ simpel: ein paar HTML-Absätze, jeweils mit einer `id`, die sie als grünen, roten oder blauen Planeten identifiziert. Jeder Absatz enthält ein bisschen Text. Natürlich gibt es auch ein <head>-Element. Der Einfachheit halber haben wir aber die Details weggelassen.

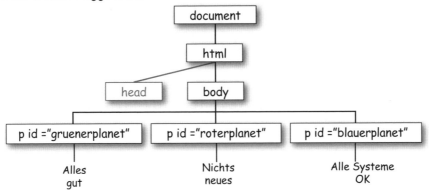

Jetzt peppen wir es mit JavaScript auf. Angenommen, wir möchten den Text für gruenerplanet von »Alles gut« in »Alarm: Unter Laser-Beschuss!« ändern. Natürlich möchten Sie so etwas später auf Grundlage von Benutzereingaben oder Daten aus einem Webservice machen. Dazu kommen wir noch. Für den Moment möchten wir lediglich den Text für gruenerplanet aktualisieren. Dafür brauchen wir das Element, dessen `id` »gruenerplanet« lautet. Der folgende Code greift darauf zu:

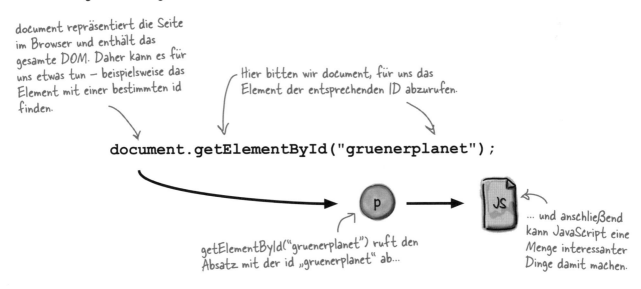

getElementById benutzen

Sobald Ihnen getElementById ein Element liefert, können Sie etwas damit machen (z. B. den Text in »Alarm: Unter Laser-Beschuss!« ändern). Hierzu weisen wir das Element üblicherweise einer Variablen zu, damit wir im gesamten Code darauf zugreifen können. Das machen wir als Nächstes und ändern dann den Text:

Wir weisen das Element einer Variablen mit dem Namen planet zu.

Hier der Aufruf von getElementById, der das Element »gruenerplanet« sucht und zurückliefert.

```
var planet = document.getElementById("gruenerplanet");
```

Im restlichen Code können wir nun über die Variable planet auf unser Element zugreifen.

```
planet.innerHTML = "Alarm: Unter Laser-Beschuss!";
```

Über die Eigenschaft innerHTML des Elements planet können wir den Inhalt des Elements ändern.

Wir ändern den Inhalt des Elements gruenerplanet in den neuen Text, wodurch das DOM und Ihre Seite mit dem neuen Text aktualisiert werden.

Über die Eigenschaften von Elementen erfahren Sie in Kürze mehr ...

```
document
  |
 html
 /  \
head  body
      / | \
  p id="gruenerplanet"   p id="roterplanet"   p id="blauerplanet"
  Alarm: Unter           Nichts               Alle Systeme
  Laser-Beschuss!        neues                OK
```

Alle Änderungen am DOM zeigen sich sofort in der Darstellung der Seite im Browser. Sie sehen also, wie sich der Inhalt des Absatzes ändert!

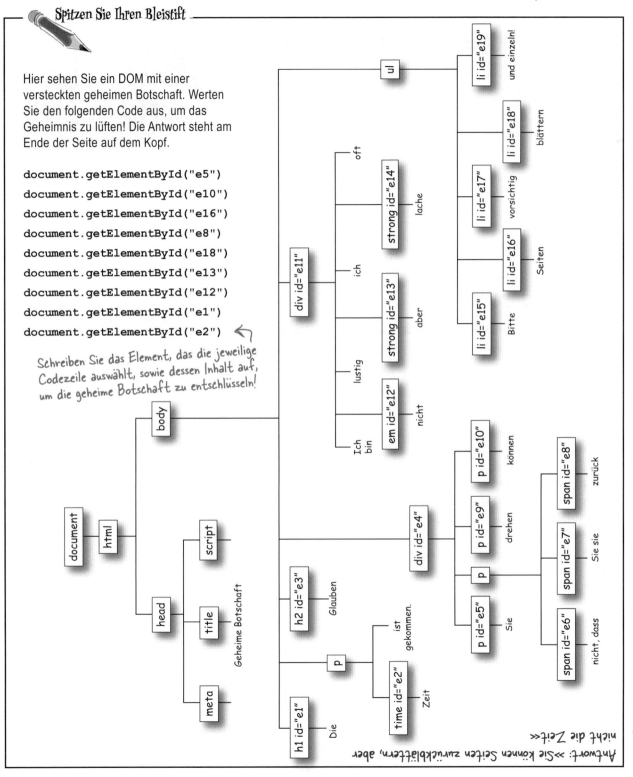

Test: **DOM-Code**

Probefahrt mit den Planeten

Sie haben erfahren, wie Sie mit `document.getElementById` auf ein Element zugreifen und mit `innerHTML` den Inhalt dieses Elements ändern können. Das wenden wir jetzt in der Praxis an.

Hier sehen Sie das HTML für die Planeten. Wir haben ein `<script>`-Element im Head, in das wir den Code schreiben, und drei Absätze für den grünen, den roten und den blauen Planeten. Legen Sie los und tippen Sie das HTML und das JavaScript für die Aktualisierung des DOM ab (falls Sie es noch nicht getan haben):

```
<!doctype html>
<html lang="de">
<head>
  <title>Planeten</title>
  <meta charset="utf-8">
  <script>
    var planet = document.getElementById("gruenerplanet");
    planet.innerHTML = "Alarm: Unter Laser-Beschuss!";
  </script>
</head>
<body>
  <h1>Grüner Planet</h1>
  <p id="gruenerplanet">Alles gut</p>
  <h1>Roter Planet</h1>
  <p id="roterplanet">Nichts neues</p>
  <h1>Blauer Planet</h1>
  <p id="blauerplanet">Alle Systeme OK</p>
</body>
</html>
```

> Wir haben das JavaScript in den Seitenkopf eingefügt.

> Wie Sie bereits gesehen haben, rufen wir das `<p>`-Element mit der ID »gruenerplanet« ab und ändern seinen Inhalt.

> Das ist das `<p>`-Element, das Sie mit JavaScript ändern werden.

Nachdem Sie den Code abgetippt haben, laden Sie die Seite in einem Browser und können bestaunen, wie die Magie des DOM auf den grünen Planeten wirkt.

> Oh-Oh! Houston, wir haben ein Problem. Der grüne Planet zeigt immer noch »Alles gut«. Was ist da schiefgelaufen?

JavaScript und das DOM

Ich habe mein Markup und den Code immer wieder überprüft. Es funktioniert einfach nicht. Ich sehe keine Änderung in der Seite.

Ach ja, wir haben vergessen, eine Sache zu erwähnen.

Meistens ist es sinnvoll, den JavaScript-Code erst auszuführen, *nachdem* die Seite vollständig geladen wurde. Warum? Nun, wenn Sie nicht bis zu diesem Zeitpunkt warten, wird der Code ausgeführt, bevor das DOM vollständig angelegt wurde. In unserem Beispiel wird das JavaScript ausgeführt, wenn der Browser den Kopf der Seite lädt und bevor der Rest der Seite geladen ist. Das DOM wurde zu diesem Zeitpunkt also noch nicht vollständig erstellt. Deshalb existiert das Element `<p id="gruenerplanet">` noch gar nicht!

Was geschieht also? Der Aufruf des Elements mit der ID `gruenerplanet` liefert nichts zurück, weil es kein entsprechendes Element gibt. Also macht der Browser einfach weiter und stellt die Seite nach Ausführung Ihres Codes wie gewohnt dar. Die Seite wird angezeigt, ohne dass der Text für den grünen Planeten durch den Code geändert wurde.

Wir brauchen also eine Möglichkeit, dem Browser mitzuteilen: »Führe meinen Code aus, nachdem die Seite vollständig geladen und das DOM angelegt wurde.« Das machen wir als Nächstes.

Sie sind hier ▸

Sie können nicht am DOM herummachen, bevor die Seite vollständig geladen wurde.

Aber wie weisen Sie den Browser an, den Code erst auszuführen, *nachdem* die Seite geladen wurde?

Dafür brauchen wir zwei Teile von JavaScript, von denen wir bisher noch nicht viel gesehen haben: das `window`-Objekt und eine Funktion. Die Details dazu besprechen wir später. Machen Sie für den Moment einfach nur mit, um den Code zum Laufen zu bringen.

Aktualisieren Sie Ihren JavaScript-Code folgendermaßen:

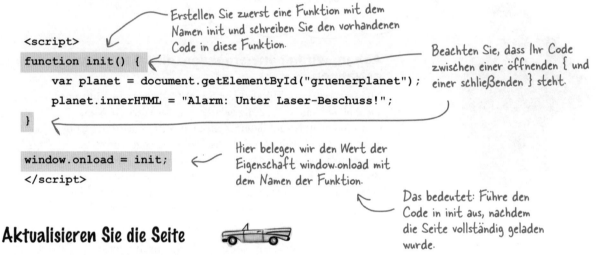

```
<script>
function init() {
    var planet = document.getElementById("gruenerplanet");
    planet.innerHTML = "Alarm: Unter Laser-Beschuss!";
}

window.onload = init;
</script>
```

Erstellen Sie zuerst eine Funktion mit dem Namen init und schreiben Sie den vorhandenen Code in diese Funktion.

Beachten Sie, dass Ihr Code zwischen einer öffnenden { und einer schließenden } steht.

Hier belegen wir den Wert der Eigenschaft window.onload mit dem Namen der Funktion.

Das bedeutet: Führe den Code in init aus, nachdem die Seite vollständig geladen wurde.

Aktualisieren Sie die Seite

Laden Sie die Seite erneut, um herauszufinden, ob Sie die Lösung gefunden haben:

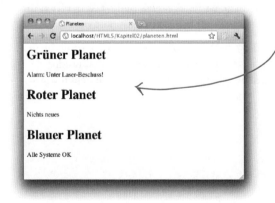

Jawoll! Jetzt sehen wir im <p>-Element für den grünen Planeten den neuen Inhalt. Ist das nicht toll?

Na ja, WIRKLICH toll ist daran, dass Sie jetzt wissen, wie Sie den Browser anweisen, mit der Ausführung Ihres Codes zu warten, bis das DOM vollständig geladen ist.

JavaScript und das DOM

Spitzen Sie Ihren Bleistift

Hier ist ein bisschen HTML für eine Wiedergabeliste mit Songs. Allerdings ist die Liste leer. Sie haben die Aufgabe, das folgende JavaScript fertigzustellen, um Songs der Wiedergabeliste hinzuzufügen. Schreiben Sie das entsprechende JavaScript in die Lücken und überprüfen Sie Ihre Lösung am Ende des Kapitels, bevor Sie weiterblättern.

```
<!doctype html>                    ← Das ist das HTML für die Seite.
<html lang="de">
<head>
  <title>Meine Wiedergabeliste</title>
  <meta charset="utf-8">
  <script>                         ← Das ist unser Skript. Dieser Code soll
                                     die Liste der Songs unten in das Element
                                     <ul> einfügen.
  _____ songsHinzufuegen() {
    var song1 = document._____("_____");       ← Schreiben Sie den fehlenden
    var ____ = _____("_____");           Code in die Lücken, um die
    var ____ = _____.getElementById("_____");        Wiedergabeliste zu füllen.

    _____.innerHTML = "Blue Suede Strings von Elvis Pagely";
    _____ = "Great Objects on Fire von Jerry JSON Lewis";
    song3._____ = "I Code the Line von Johnny JavaScript";
  }
  window._____ = _____;
  </script>
</head>
<body>
  <h1>Meine tolle Wiedergabeliste</h1>
  <ul id="wiedergabeliste">
    <li id="song1"></li>           ← Das ist die leere Liste. Der obige
    <li id="song2"></li>              Code soll jedes <li>-Element der
    <li id="song3"></li>              Wiedergabeliste mit Inhalt füllen.
  </ul>
</body>
</html>
```

Wenn das JavaScript funktioniert, sollte die Webseite nach dem Laden so aussehen.

Meine tolle Wiedergabeliste
- Blue Suede Strings von Elvis Pagely
- Great Objects on Fire von Jerry JSON Lewis
- I Code the Line von Johnny JavaScript

Sie sind hier ▶ **65**

Weitere DOM-Funktionen

Wofür ist das DOM überhaupt gut?

Das DOM kann eine Menge mehr als das, was wir bisher gesehen haben. Und wir werden viele dieser anderen Funktionen im weiteren Verlauf des Buchs verwenden. Zunächst verschaffen wir uns nur einen schnellen Überblick:

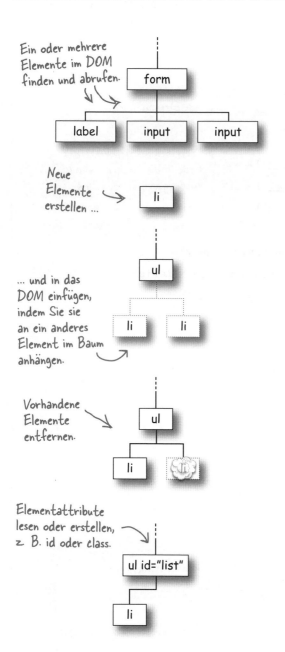

Elemente aus DOM abrufen.

Natürlich wissen wir das bereits, weil wir document.getElementById schon verwendet haben. Aber es gibt auch andere Möglichkeiten, auf Elemente zuzugreifen. Sie können über Tag-Namen, Klassennamen und Attribute nicht nur auf ein Element, sondern auf eine ganze Reihe von Elementen zugreifen (zum Beispiel alle Elemente mit der Klasse »im_angebot«). Und Sie können von Benutzern eingegebene Formularwerte abfragen, z. B. den Text eines input-Elements.

Elemente dem DOM hinzufügen.

Sie können auch neue Elemente erstellen und dem DOM hinzufügen. Natürlich sind jegliche Änderungen am DOM sofort sichtbar, weil das DOM vom Browser entsprechend dargestellt wird (eine tolle Sache!).

Elemente aus dem DOM entfernen.

Sie können auch Elemente aus dem DOM entfernen, indem Sie ein Elternelement abrufen und die entsprechenden Kinder entfernen. Auch dabei sehen Sie die Änderungen unmittelbar im Browserfenster: Das Element verschwindet, sobald Sie es aus dem DOM entfernen.

Attribute von Elementen lesen und festlegen.

Bisher haben Sie nur auf den Textinhalt von Elementen zugegriffen. Sie können aber auch auf die Attribute zugreifen. So können Sie zum Beispiel herausfinden, welche Klasse ein Element hat, und diese Klasse unmittelbar ändern.

Können wir nochmals über JavaScript sprechen? Oder darüber, wie man mehrere Werte speichert?

Sie haben sich bereits ganz schön auf JavaScript und das DOM eingelassen. Bevor wir Ihnen ein bisschen Pause und Entspannung gönnen, möchten wir Ihnen noch etwas über einen bestimmten JavaScript-Typ erzählen, den Sie immer wieder verwenden werden: das Array. Angenommen, Sie möchten die Namen von 32 verschiedenen Geschmacksrichtungen von Eiscreme oder die Artikelnummern aller Artikel im Einkaufswagen eines Benutzers oder die Außentemperatur stundenweise abspeichern. Mit normalen Variablen wird das ziemlich schnell hässlich, insbesondere wenn Sie zig, Hunderte oder gar Tausende von Werten speichern müssen. Glücklicherweise kann uns das Array dabei helfen.

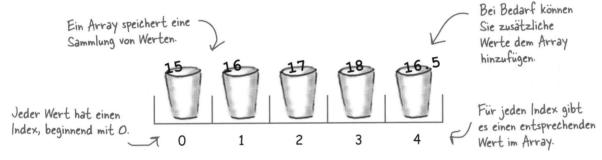

Ein Array speichert eine Sammlung von Werten.

Bei Bedarf können Sie zusätzliche Werte dem Array hinzufügen.

Jeder Wert hat einen Index, beginnend mit 0.

Für jeden Index gibt es einen entsprechenden Wert im Array.

Arrays erstellen

Bevor wir ein Array benutzen können, müssen wir es erstellen und einer Variablen zuweisen, um in unserem Code darauf zugreifen zu können. Erstellen wir ein Array für die Außentemperatur zu jeder vollen Stunde:

Das ist unsere Variable für das Array ...

... und so erstellen wir ein neues, leeres Array.

```
var tempNachStunde = new Array();
tempNachStunde[0] = 15;
tempNachStunde[1] = 16;
tempNachStunde[2] = 17;
tempNachStunde[3] = 18;
tempNachStunde[4] = 16.5;
```

In Kapitel 4 kommen wir auf diese Syntax zurück. Für den Moment müssen Sie nur wissen, dass Sie so ein neues Array erstellen.

Neue Werte können Sie einem Array hinzufügen, indem Sie einfach den Index und einen entsprechenden Wert angeben.

Der Index.

Wie jeder anderen JavaScript-Variablen können Sie jedem Array-Index einen beliebigen Wert (beliebigen Typs) zuweisen.

Und wenn Sie es wirklich eilig haben, gibt es auch eine Kurzschreibweise für JavaScript-Arrays. Dabei erstellen Sie das Array und initialisieren es in derselben Anweisung mit Werten (ein sogenanntes Array-Literal):

```
var tempNachStunde = [15, 16, 17, 18, 16.5];
```

So wird dasselbe Array erstellt, allerdings mit weniger Code.

Arrays verwenden

Weitere Elemente dem Array hinzufügen

Sie können jederzeit neue Elemente einem Array hinzufügen, indem Sie einfach den nächsten unbenutzten Index verwenden:

```
tempNachStunde[5] = 16.1;
```

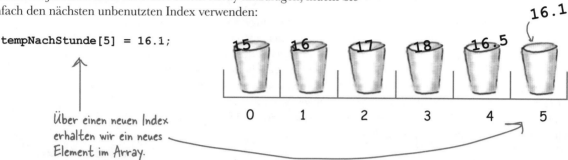

Über einen neuen Index erhalten wir ein neues Element im Array.

Array-Elemente abrufen

Den Wert eines Array-Elements können Sie abfragen, indem Sie die Variable mit dem entsprechenden Index abrufen:

```
var meldung = "Die Temperatur um 5 betrug " + tempNachStunde[5] + "°";
alert(meldung);
```

Auf den Wert der Temperatur mit dem Index 5 greifen wir zu, indem wir das Array-Element mit dem Index 5 abfragen.

Größe eines Arrays erfahren

Die Größe eines Arrays können Sie abfragen, indem Sie die Eigenschaft mit dem Namen length auslesen:

```
var anzahlElemente = tempNachStunde.length;
```

Im nächsten Kapitel sprechen wir ausführlicher über Eigenschaften. Im Moment müssen Sie lediglich verstehen, dass jedes Array die Eigenschaft length hat, die die Anzahl der Elemente im Array ausgibt.

Nachdem wir jetzt die Größe eines Arrays bestimmen können, versuchen wir, das, was Sie bereits über Schleifen wissen, mit Arrays zu verbinden ...

JavaScript und das *DOM*

Spitzen Sie Ihren Bleistift

Hier finden Sie eine Webseite mit einer Liste leerer Elemente, die Sie mithilfe von JavaScript mit Temperaturen füllen können. Wir haben bereits einen Großteil des Codes für Sie geschrieben. Sie sollen ihn nun so vervollständigen, dass der Inhalt des jeweiligen Listenelements mit der entsprechenden Temperatur aus dem Array gefüllt wird (das Listenelement mit id="temp0" erhält z. B. die Temperatur mit dem Index 0 im Array usw.). Das Listenelement mit id="temp3" erhält also den Inhalt »Die Temperatur um 3 betrug 18°«. Als Fleißaufgabe können Sie herausfinden, wie die Temperatur um 0 Uhr als »um Mitternacht« angegeben wird.

```
<!doctype html>
<html lang="de">
<head>
<title>Temperaturen</title>
<meta charset="utf-8">      ← So sieht das HTML aus.
<script>
function tempAnzeigen() {
    var tempNachStunde = new _____;
    tempNachStunde[0] = 15;
    tempNachStunde[1] = 16;
    tempNachStunde[2] = 17;
    tempNachStunde[3] = 18;
    tempNachStunde[4] = 16.5;
    for (var i = 0; i < _____; _____) {
        var aktTemp = _____[i];
        var id = "_____" + i;
        var li = document._____(id);
        if (i == ____) {
            li._____ = "Die Temperatur um Mitternacht betrug " + aktTemp + "°";
        } else {
            li.innerHTML = "Die Temperatur um " + _____ + " betrug " + _____ + "°";
        }
    }
}
window.onload = tempAnzeigen;
</script>
</head>
<body>
<h1>Temperaturen</h1>
<ul>
    <li id="temp0"></li>
    <li id="temp1"></li>      ← Der Code füllt jedes
    <li id="temp2"></li>        Listenelement mit dem
    <li id="temp3"></li>        entsprechenden Satz
    <li id="temp4"></li>
</ul>
</body>
</html>
```

Hier kombinieren wir Schleifen und Arrays. Verstehen Sie, wie wir über die Indexvariable auf die Elemente im Array zugreifen?

Sie sind hier ▶ **69**

Beispiel: *Phrasendrescher*

Sehen Sie sich den Code für diese heiße neue Phrasendrescher-App an und versuchen Sie, herauszufinden, wie er funktioniert ...

> Nutzen Sie meinen neuen Phrasendrescher, und Sie können genauso aalglatt reden wie Ihr Chef oder diese Marketing-Fuzzis.

Sie fanden unsere ernsthafte Businessanwendung aus Kapitel 1 nicht ernsthaft genug? Gut, versuchen Sie's mit dieser, wenn Sie Ihrem Chef imponieren möchten.

```html
<!doctype html>
<html lang="de">
<head>
    <title>Phrasendrescher</title>
<meta charset="utf-8">
<style>
body {
    font-family: Verdana, Helvetica, sans-serif;
}
</style>
<script>
function bauPhrasen() {
    var worte1 = ["Rund um die Uhr ", "Mehrstufige ", "10 km ", "B-to-B-", "Win-Win-"];
    var worte2 = ["effiziente ", "wertschöpfende ", "orientierte ", "gerichtete "];
    var worte3 = ["Entwicklung", "Lösung", "Trendwende", "Strategie", "Vision"];

    var zufall1 = Math.floor(Math.random() * worte1.length);
    var zufall2 = Math.floor(Math.random() * worte2.length);
    var zufall3 = Math.floor(Math.random() * worte3.length);

    var satz = worte1[zufall1] + worte2[zufall2] + worte3[zufall3];
    var phrasenElement = document.getElementById("satz");
    phrasenElement.innerHTML = satz;
}
window.onload = bauPhrasen;
</script>
</head>
<body>
    <h1>Der Phrasendrescher sagt:</h1>
    <p id="satz"></p>
</body>
</html>
```

Der Phrasendrescher

Sie haben hoffentlich mittlerweile herausgefunden, dass dieser Code das perfekte Tool für die Entwicklung Ihres nächsten Start-up-Marketingslogans ist. Er hat bereits Gewinnerphrasen wie etwa »B-to-B-effiziente Trendwende« oder »Win-Win-orientierte Vision« geprägt und verspricht große Hoffnung für die Zukunft. Sehen wir uns an, wie er funktioniert:

① Zuerst erstellen wir die Funktion bauPhrasen, die wir ausführen, nachdem die Seite vollständig geladen wurde, damit wir sicher auf das DOM zugreifen können:

```
function bauPhrasen() {

}
window.onload = bauPhrasen;
```

Wir definieren eine Funktion mit dem Namen bauPhrasen, die wir später aufrufen können.

Hierhin kommt der gesamte Code für bauPhrasen, dazu gleich mehr.

Wir führen bauPhrasen aus, sobald die Seite geladen wurde.

② Nun können wir den Code für die Funktion bauPhrasen schreiben. Zunächst erstellen wir drei Arrays. Jedes wird eine Reihe von Wörtern enthalten, mit denen wir die Phrasen aufbauen. Wir verwenden die Kurzschreibweise für die Erstellung dieser Arrays.

Hier erstellen wir eine Variable mit dem Namen worte1, über die wir das erste Array abrufen können.

```
var worte1 = ["Rund um die Uhr ", "Mehrstufige ", "10 km ", "B-to-B-", "Win-Win-"];
```

Wir schreiben fünf Strings in das Array. Sie können sie beliebig gegen die neuesten Modewörter austauschen.

```
var worte2 = ["effiziente ", "wertschöpfende ", "orientierte ", "gerichtete "];
var worte3 = ["Entwicklung", "Lösung", "Trendwende", "Strategie", "Vision"];
```

Hier haben wir zwei weitere Arrays mit Wörtern, die wir den Variablen worte2 und worte3 zuweisen.

Wie der Phrasendrescher *funktioniert*

(3) Gut. Nun haben wir drei neue Arrays mit schicken Modewörtern. Wir werden aus jedem einzelnen per Zufall ein Wort auswählen und daraus eine Phrase zusammenbauen.

So wählen wir die Wörter aus den Arrays aus:

Wir erstellen eine Zufallszahl für jedes Array und weisen sie einer neuen Variablen zu (zufall1, zufall2 und zufall3).

```
var zufall1 = Math.floor(Math.random() * worte1.length);
var zufall2 = Math.floor(Math.random() * worte2.length);
var zufall3 = Math.floor(Math.random() * worte3.length);
```

Dieser Code erzeugt eine Zufallszahl auf Grundlage der Anzahl der Elemente in jedem Array (in unserem Fall fünf, Sie können jedoch beliebig viele hinzufügen).

(4) Jetzt erstellen wir einen schicken Marketingsatz, indem wir die zufällig ausgewählten Wörter zusammensetzen:

Wir definieren eine weitere Variable für den Satz

Wir verwenden die Zufallszahlen als Index für die Arrays mit den Wörtern.

```
var satz = worte1[zufall1] + worte2[zufall2] + worte3[zufall3];
```

(5) Fast fertig: Wir haben den Satz und müssen ihn nur noch anzeigen. Diesen Trick kennen Sie bereits: Wir suchen das Absatzelement mit `getElementById` und setzen die Phrase mit `innerHTML` dort ein.

```
var phrasenElement = document.getElementById("satz");
phrasenElement.innerHTML = satz;
```

Wir nehmen das <p>-Element mit der ID »satz« ...

... und verwenden die Phrase als Inhalt des <p>-Elements.

(6) Gut, schreiben Sie die letzte Codezeile fertig. Werfen Sie noch einen Blick darauf, um das Erfolgserlebnis zu genießen, und laden Sie die Seite in Ihren Browser. Machen Sie einen Testlauf und freuen Sie sich über die Sprüche.

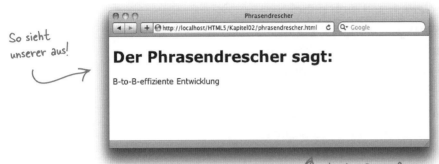

So sieht unserer aus!

Laden Sie einfach die Seite erneut, um unbegrenzt Start-up-Slogans aufzurufen. Aber bleiben Sie dran, wir werden versuchen, diesen einfachen Code NOCH aufregender zu gestalten!

Es gibt keine Dummen Fragen

F: Was genau ist Math, und was machen Math.random bzw. Math.floor?

A: Math ist eine in JavaScript integrierte Bibliothek mit einer Reihe von mathematischen Funktionen. Math.random erzeugt eine Zufallszahl zwischen 0 und 1. Wir multiplizieren diese Zahl mit der Anzahl der Elemente im Array (die wir über die Eigenschaft length des Arrays erfahren), um eine Zufallszahl zwischen 0 und der Anzahl der Elemente im Array zu erhalten. Das Ergebnis ist höchstwahrscheinlich eine Fließkommazahl, wie beispielsweise 3,2. Deshalb verwenden wir Math.floor, um eine Ganzzahl zu erhalten, die wir als Index für das Array verwenden und so ein Wort zufällig auswählen können. Math.floor schneidet lediglich die Ziffern nach dem Dezimalpunkt einer Fließkommazahl ab: Math.floor(3.7) ergibt beispielsweise 3.

F: Wo finde ich die Dokumentation für Bibliotheken wie Math?

A: Eine großartige JavaScript-Referenz ist *JavaScript – Das umfassende Referenzwerk* von David Flanagan (O'Reilly).

F: Sie haben vorhin erwähnt, dass man primitive Datentypen (wie Zahlen, Strings und Boolesche Werte) in Variablen oder Objekten speichern kann. Aber wir speichern Arrays in Variablen. Was ist also ein Array – ein primitiver Datentyp oder ein Objekt?

A: Gut aufgepasst! Ein Array ist eine besondere Art von Objekt, die in JavaScript integriert ist. Das Besondere daran ist, dass Sie mit numerischen Indizes auf die im Array gespeicherten Werte zugreifen können, was mit anderen Objekten nicht möglich ist. In Kapitel 4 erfahren Sie, wie Sie Ihre eigenen Objekte erstellen.

F: Was passiert, wenn ich versuche, auf einen Array-Index zuzugreifen, der nicht existiert? Wenn ich beispielsweise fünf Wörter in meineWoerter gespeichert habe und auf [myWords10] zugreife?

A: Sie erhalten den Wert »undefined«, den jede Variable enthält, der noch kein Wert zugewiesen wurde.

F: Kann ich ein Element aus einem Array entfernen? Falls ja, was passiert mit dem Index der anderen Elemente?

A: Sie können ein Element aus einem Array entfernen, dafür gibt es verschiedene Möglichkeiten. Sie können z. B. den Wert am entsprechenden Index auf null setzen: meinArray[2] = null. Dabei bleibt jedoch die Eigenschaft length des Arrays dieselbe. Sie können aber auch das Element vollständig entfernen (mit der Funktion splice). In diesem Fall verringert sich der Index der nachfolgenden Elemente jeweils um 1. Wenn also meinArray[2] = »Hund« und meinArray[3] = »Katze« ist und Sie »Hund« entfernen, ist meinArray[2] = »Katze« und length um 1 kleiner als zuvor.

> Eine Sprache zu lernen, ist harte Arbeit. Ihr Gehirn soll sich dabei nicht nur anstrengen, sondern auch <u>entspannen</u>. Nach diesem Kapitel können Sie sich eine Pause und ein Leckerli gönnen. Lesen Sie aber zuvor noch die Punkte auf der nächsten Seite und lösen Sie das Kreuzworträtsel, damit das alles auch wirklich hängen bleibt.

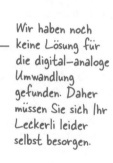

← Wir haben noch keine Lösung für die digital-analoge Umwandlung gefunden. Daher müssen Sie sich Ihr Leckerli leider selbst besorgen.

Punkt für Punkt

- JavaScript-Variablen deklarieren Sie mit var.
- Zahlen, Boolesche Werte und Strings sind primitive Datentypen.
- Boolesche Werte können true oder false sein.
- Numerische Variablen können ganze Zahlen oder Fließkommazahlen sein.
- Eine nicht initialisierte Variable hat den Wert »undefined«.
- »Undefined« und »null« sind zwei verschiedene Werte. Undefined bedeutet, dass einer Variablen kein Wert zugewiesen wurde. Null bedeutet, dass die Variable keinen Wert hat.
- Numerische, Boolesche bzw. String-Ausdrücke ergeben eine Zahl, einen Booleschen Wert bzw. einen String.
- Für die Wiederholung von Codeblöcken können Sie eine while-Schleife verwenden.
- for-Schleifen und while-Schleifen können dasselbe Resultat erzielen. Verwenden Sie das, was in der jeweiligen Situation am besten funktioniert.
- Eine while-Schleife endet, wenn die Bedingung an einem bestimmten Punkt false ergibt.
- Mit if/else-Anweisungen können Sie Entscheidungen anhand von Bedingungen treffen.
- Solche Bedingungen sind Boolesche Ausdrücke.
- Sie können JavaScript in den Head bzw. Body Ihrer Webseite schreiben oder in einer eigenen Datei ablegen und diese in Ihre Webseite einbinden.
- Schreiben Sie JavaScript (oder Verweise darauf) in ein <script>-Element.
- Wenn der Browser eine Webseite lädt, erstellt er ein Document Object Model (DOM), also eine interne Abbildung der Webseite.
- Webseiten werden interaktiv, wenn Sie mit JavaScript das DOM untersuchen und verändern.
- Mit document.getElementById können Sie auf Elemente in einer Webseite zugreifen.
- document.getElementById findet Elemente anhand ihrer ID im DOM.
- Über die innerHTML-Eigenschaft eines Elements können Sie dessen Inhalt ändern.
- Wenn Sie versuchen, auf Elemente zuzugreifen oder diese zu ändern, bevor die Webseite vollständig geladen wurde, erhalten Sie einen JavaScript-Fehler, und Ihr Code wird nicht ausgeführt.
- Der Eigenschaft window.onload können Sie eine Funktion zuweisen, um den Code dieser Funktion ausführen zu lassen, wenn der Browser die Webseite fertig geladen hat.
- In Arrays können Sie mehr als einen Wert speichern.
- Auf die Werte eines Arrays greifen Sie über den Index zu. Der Index ist eine ganze Zahl, die der Position des Elements im Array entspricht (beginnend mit 0).
- Die length-Eigenschaft sagt Ihnen, wie viele Elemente in einem Array enthalten sind.
- Durch die Kombination einer Schleife mit einem Array können Sie nacheinander auf die einzelnen Elemente des Arrays zugreifen.
- Math ist eine JavaScript-Bibliothek mit verschiedenen mathematischen Funktionen.
- Math.random liefert eine Fließkommazahl zwischen 0 und 1 (aber nie genau 1).
- Math.floor konvertiert Fließkommazahlen in eine Ganzzahl, indem die Stellen nach dem Komma verworfen werden.

Kreuzwort-Übung

HTML5-Kreuzworträtsel

Zeit, einen anderen Gehirnteil mit einem Kreuzworträtsel zu stimulieren. Viel Spaß!

Waagerecht

5. Wenn Sie 3 + »Stooges« schreiben, _____ JavaScript 3 in einen String.
7. Die ID des Planeten, der unter Laser-Beschuss stand.
12. Variablen beginnen mit einem _____, $ oder _.
13. Wählen Sie einen guten Namen und verwenden Sie _____-Case für lange Namen.
15. Mit einer _____-Schleife können Sie Dinge immer wieder tun.
17. while- und for-Schleifen nutzen einen _____ Wert als Bedingung.
18. Damit werden Webseiten interaktiv.
19. Der Browser erstellt beim Laden einer Seite das Document _____ _____.

Senkrecht

1. Auf Array-Werte greifen Sie über den _____ zu.
2. document._____ liefert in JavaScript ein Element aus dem DOM.
3. Alle Lieblingsgeschmacksrichtungen können Sie in einem _____ speichern.
4. Das DOM ist die interne Abbildung des _____.
6. Sie können JavaScript in den _____ oder den Body von HTML-Seiten schreiben.
8. Die Eigenschaft _____ nennt Ihnen die Anzahl der Elemente in einem Array.
9. 5 < 10 ist ein _____ Ausdruck.
10. _____ ist das Wurzelelement des DOM-Baums.
11. JavaScript schreiben Sie in HTML-Seiten in ein <_____>-Tag.
14. If (Sie fast fertig sind) {teeTrinken}, _____ {weiterArbeiten}!
16. Fummeln Sie nicht am _____ herum, bevor die Seite vollständig geladen wurde.

JavaScript und das DOM

LÖSUNG ZUR ÜBUNG

Drücken Sie sich aus!

Sie haben die verschiedenen Arten von Ausdrücken kennengelernt, die Sie in JavaScript verwenden können. Nun ist es an der Zeit, dass Sie dieses Wissen anwenden und selbst einige Ausdrücke auswerten. Hier ist die Lösung.

`(9 / 5) * tempC + 32`

Wie lautet das Ergebnis, wenn tempC gleich 10 ist? __50__

`"Zahl" + " " + "2"`

Wie lautet die Zeichenfolge? __Zahl 2__

`level >= 5`   >= steht für »größer gleich«.

Wie lautet das Ergebnis, wenn level gleich 10 ist? __true__
Und wenn level gleich 5 ist? __true__

`farbe != "pink"`   farbe »ist nicht gleich« pink.

Wie lautet das Ergebnis, wenn farbe gleich »blau« ist? __true__

`(2 * Math.PI) * r`   Ungefähr!

Wie lautet das Ergebnis, wenn r gleich 3 ist? __18.84__

Math.PI liefert den Wert Pi (Sie wissen schon: 3,14....).

Bitte keinen solchen Ausdruck!

Spitzen Sie Ihren Bleistift
Lösung

Versuchen Sie, mit Ihrem bisherigen Wissen über Variablen, Ausdrücke und Anweisungen in JavaScript herauszufinden, welche der folgenden Zeilen korrekt sind und welche einen Fehler verursachen könnten.

Kreisen Sie in der folgenden Liste die *zulässigen* Anweisungen ein.

- ⬭ `var x = 1138;`
- ⬭ `var y = 3/8;`
- ⬭ `var s = "3-8";`
- ⬭ `x = y;`
- ⬭ `var n = 3 - "eins";` ← Technisch ist das zwar zulässig, liefert aber einen unbrauchbaren Wert.
- ⬭ `var t = "eins" + "zwei";`
- `var 3po = true;` Nicht erlaubt!
- ⬭ `var level_ = 11;`
- ⬭ `var mittags = false;`
- ⬭ `var $ = 21.30;`
- ⬭ `var z = 2000;`
- ⬭ `var istGross = y > z;`
- ⬭ `z = z + 1;`
- ⬭ `z--;`
- `z y;` Nicht erlaubt!
- ⬭ `x = z * t;`
- ⬭ ```
   while (mittags) {
       z--;
   }
   ```
   ```

Lösungen zu den Übungen

SPIELEN Sie Browser, Lösung

Alle JavaScript-Schnipsel auf dieser Seite sind eigenständige Codeschnipsel. Spielen Sie Browser, werten Sie jedes Schnipsel aus und beantworten Sie die Frage. Schreiben Sie Ihre Antwort unter den jeweiligen Code.

Schnipsel 1

```
var zaehler = 0;
for (var i = 0; i < 5; i++) {
    zaehler = zaehler + i;
}
alert("zaehler ist " + zaehler);
```

Welchen Wert für zahler zeigt alert an?

↳ __10__

Bei jedem Schleifendurchlauf addieren wir den Wert von i zu zaehler. Dabei wird i erhöht, sodass wir zu zaehler jeweils 0, 1, 2, 3 und 4 addieren.

Schnipsel 2

```
var kreisel = 5;
while (kreisel > 0) {
    for (var drehung = 0; drehung < 3; drehung++)
    {
        alert("Kreisel dreht sich!");
    }
    kreisel = kreisel - 1;
}
```

__15__

Wie oft sehen Sie die Meldung »Kreisel dreht sich!«?

Die äußere while-Schleife wird fünfmal durchlaufen, die innere Schleife dabei je dreimal. Insgesamt macht das 5 × 3, also 15!

Schnipsel 3

```
for (var beeren = 5; beeren > 0; beeren--) {
    alert("Iss eine Beere");
}
```

Wie viele Beeren haben Sie gegessen?   → __5__

Hier beginnen wir mit 5 und durchlaufen die Schleife, bis beeren gleich 0 ist (zählen also abwärts statt aufwärts).

Schnipsel 4

```
for (eisKugeln = 0; eisKugeln < 10; scoop++) {
    alert("Es gibt noch Eiscreme!");
}
alert("Ein Leben ohne Eiscreme ist nicht dasselbe.");
```

__10__   ↙ Wie viele eisKugeln haben Sie gegessen?

Einfach! Die Schleife wird zehnmal durchlaufen, also essen wir 10 eisKugeln!

JavaScript und das DOM

LÖSUNG ZUR ÜBUNG

Nehmen Sie den obigen Code und fügen Sie ihn in die folgende while-Schleife ein. Gehen Sie die Schleife durch und schreiben Sie die Meldungen in der entsprechenden Reihenfolge auf. Hier die Lösung.

```
var eisKugeln = 10;
while (eisKugeln >= 0) {              ← Code eingefügt.
    if (eisKugeln == 3) {                          ← Das passiert einmal: wenn
        alert("Eiskrem geht aus!");                   eisKugeln gleich 3 ist.
    } else if (eisKugeln > 9) {
        alert("Iss' schneller, die Eiscreme schmilzt!");   ← Das passiert auch nur
    } else if (eisKugeln == 2) {                              einmal: wenn eisKugeln
        alert("Noch zwei!");                                  gleich 10 ist.
    } else if (eisKugeln == 1) {       ← Je einmal, wenn eisKugeln gleich
        alert("Noch eine!");              2, 1 oder 0 ist.
    } else if (eisKugeln == 0) {
        alert("Aus!");         ← Das kommt, wenn keine andere Bedingung zutrifft, also
    } else {                     eisKugeln gleich 9, 8, 7, 6, 5 oder 4 ist.
        alert("Immer noch jede Menge Eiscreme da. Komm und hol sie dir.");
    }
    eisKugeln = eisKugeln - 1;   ← Bei jedem Durchlauf ziehen wir eine Kugel ab.
}
alert("Ein Leben ohne Eiscreme ist nicht dasselbe.");   ← Das wird nach dem Ende der
                                                          Schleife ausgeführt.
```

Die Meldungen: →
```
Iss schneller, die Eiscreme schmilzt!
Immer noch jede Menge Eiscreme da. Komm und hol sie dir.
Immer noch jede Menge Eiscreme da. Komm und hol sie dir.
Immer noch jede Menge Eiscreme da. Komm und hol sie dir.
Immer noch jede Menge Eiscreme da. Komm und hol sie dir.
Immer noch jede Menge Eiscreme da. Komm und hol sie dir.
Immer noch jede Menge Eiscreme da. Komm und hol sie dir.
Eiscreme geht aus!
Noch zwei!
Noch eine!
Aus!
Ein Leben ohne Eiscreme ist nicht dasselbe.
```

Sie sind hier ▶

Lösung zu den Übungen

Code-Magneten, Lösung

Der folgende Code gibt ein Palindrom in einer alert-Box aus. Leider steht ein Teil des Codes auf Kühlschrankmagneten, die heruntergefallen sind. Ihre Aufgabe ist es nun, den Code so zusammenzusetzen, dass das Palindrom wieder richtig geschrieben wird. Vorsicht: Da lagen schon einige Magneten auf dem Boden, die damit nichts zu tun haben. Ein paar der Magneten müssen Sie außerdem mehr als einmal verwenden! Hier ist unsere Lösung.

```
var wort1 = "ehre ";
var wort2 = "Ego";
var wort3 = "Dein ";
var wort4 = "der Herr ";
var wort5 = "O Genie, ";

var satz = "";

for (var i = 0; i < 4 ; i++ ) {
    if (i == 0) {
        satz = wort5 ;
    }
    else if (i == 1) {
        satz = satz + wort4;
    }
    else if (i == 2) {
        satz = satz + wort1 + wort3;
    }
    else if ( i == 3 ) {
        satz = satz + wort2 + "!";
    }
}
alert(satz);
```

> http://localhost
> O Genie, der Herr ehre Dein Ego!
> OK

Ein Palindrom ist ein Satz, der sich vorwärts und rückwärts gleich liest! Das ist das Palindrom, das Sie sehen sollten, wenn Sie die Magneten an die richtige Stelle setzen.

Restliche Magneten

`else if (i == 0)` `i == 4` `wort2` `wort4` `i < 3` `else` `wort0` `i = 0` `+` `i--` `i = 3` `wort3`

Spielen Sie Browser, Lösung

Tun Sie so, als wären Sie der Browser. Lesen Sie das HTML ein und erstellen Sie Ihr eigenes DOM daraus. Parsen Sie das HTML auf der rechten Seite und zeichnen Sie darunter das DOM. Wir haben bereits für Sie damit angefangen.

```html
<!doctype html>
<html lang="de">
  <head>
    <title>Filme</title>
  </head>
  <body>
    <h1>Spielzeiten</h1>
    <h2 id="film1" >Plan 9 aus dem Weltall</h2>
    <p>Jeweils um 15 und 19 Uhr.
      <span>
        Sondervorstellung heute um <em>Mitternacht</em>!
      </span>
    </p>
    <h2 id="film2">Alarm im Weltall</h2>
    <p>Jeweils um 17 und 21 Uhr.</p>
  </body>
</html>
```

Hier ist unser DOM.

```
document
  └── html
       ├── head
       │    └── title
       └── body
            ├── h1
            ├── h2 id="film1"
            ├── p
            │    └── span
            │         └── em
            ├── h2 id="film2"
            └── p
```

Lösung zu den *Übungen*

Spitzen Sie Ihren Bleistift
Lösung

Hier ist ein bisschen HTML für eine Wiedergabeliste mit Songs. Allerdings ist die Liste leer. Sie haben die Aufgabe, das folgende JavaScript fertigzustellen, um Songs der Wiedergabeliste hinzuzufügen. Schreiben Sie das entsprechende JavaScript in die Lücken.

Wenn Sie das JavaScript zum Laufen bekommen, wird die Seite nach dem Laden so aussehen.

```
<!doctype html>
<html lang="de">
<head>
  <title>Meine Wiedergabeliste</title>
  <meta charset="utf-8">
  <script>
    function   songsHinzufuegen() {
    var song1 = document.getElementById("song1");
    var song2 = document.getElementById("song2");
    var song3 = document.getElementById("song3");

    song1.innerHTML = "Blauer Suede Strings von Elvis Pagely";
    song2.innerHTML = "Great Objects on Fire von Jerry JSON Lewis";
    song3.innerHTML = "I Code the Line von Johnny JavaScript";
    }
    window.onload = songsHinzufuegen
  </script>
</head>
<body>
  <h1>Meine tolle Wiedergabeliste</h1>
  <ul id="wiedergabeliste">
    <li id="song1"></li>
    <li id="song2"></li>
    <li id="song3"></li>
  </ul>
</body>
</html>
```

← Das ist der Code, der die Wiedergabeliste zum Leben erweckt.

Natürlich können Sie hier auch Ihre Lieblingssongs eingeben!

← Der obige Code legt den Inhalt dieser <li>-Elemente fest, indem er sie aus dem DOM abruft und mit innerHTML den Namen des Songs hineinschreibt.

JavaScript und das DOM

Spitzen Sie Ihren Bleistift — Lösung

Hier finden Sie eine Webseite mit einer Liste leerer Elemente, die Sie mithilfe von JavaScript mit Temperaturen füllen können. Wir haben bereits einen Großteil des Codes für Sie geschrieben. Sie sollen ihn so vervollständigen, dass der Inhalt des jeweiligen Listenelements mit der entsprechenden Temperatur aus dem Array gefüllt wird. Haben Sie die Fleißaufgabe gelöst? Hier die Antworten.

```
<!doctype html>
<html lang="de">
<head>
<title>Temperaturen</title>
<meta charset="utf-8">
<script>
function tempAnzeigen() {
    var tempNachStunde = new Array();       // Hier erstellen wir ein neues Array für die Temperaturen.
    tempNachStunde[0] = 15;
    tempNachStunde[1] = 16;
    tempNachStunde[2] = 17;
    tempNachStunde[3] = 18;
    tempNachStunde[4] = 16.5;
    for (var i = 0; i < tempNachStunde.length ; i++ ) {    // Hier kombinieren wir das Array mit einer Schleife. Beachten Sie, wie wir i als Index für das Array verwenden, um mit jedem Schleifendurchlauf auf ein anderes Element zuzugreifen.
        var aktTemp = tempNachStunde[i];
        var id = " temp " + i;
        var li = document. getElementById (id);
        if (i == 0 ) {
            li. innerHTML = "Die Temperatur um Mitternacht betrug " + aktTemp + "°";
        } else {
            li.innerHTML = "Die Temperatur um " + i + " betrug " + aktTemp + "°";
        }
    }
}
window.onload = tempAnzeigen;
</script>
</head>
<body>
<h1>Temperaturen</h1>
<ul>
    <li id="temp0"></li>
    <li id="temp1"></li>
    <li id="temp2"></li>
    <li id="temp3"></li>
    <li id="temp4"></li>
</ul>
</body>
</html>
```

Und hier erstellen wir den String mit den Variablen i und aktTemp.

Das Ergebnis!

Temperaturen
- Die Temperatur um Mitternacht betrug 15°
- Die Temperatur um 1 betrug 16°
- Die Temperatur um 2 betrug 17°
- Die Temperatur um 3 betrug 18°
- Die Temperatur um 4 betrug 16.5°

Lösung zu den Übungen

HTML5-Kreuzworträtsel, Lösung

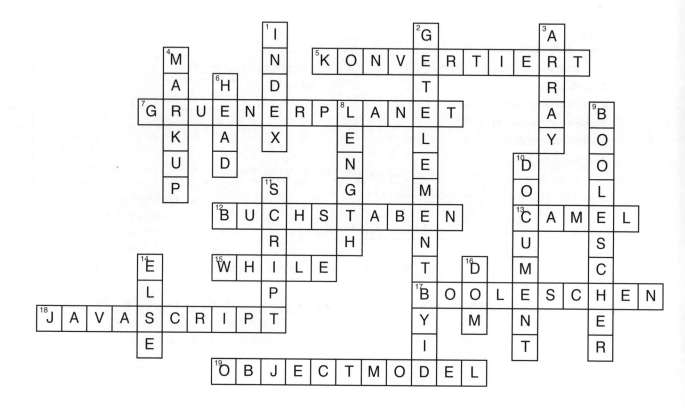

3 Events, Handler und der ganze Rest

✳ Ein bisschen Interaktion ✳

> Klar, er sieht toll aus. Aber diese Beziehung wäre so viel spannender, wenn er hin und wieder auch mal etwas **machen** würde.

Mann oder Mannequin? Sie entscheiden. →

Sie haben Ihre Benutzer bisher noch nicht berührt.

Sie haben die Grundlagen von JavaScript gelernt, aber können Sie auch mit den Benutzern interagieren? Wenn Seiten auf Benutzereingaben reagieren, sind sie keine bloßen Dokumente mehr, sondern lebendige, reaktionsfreudige Anwendungen. In diesem Kapitel erfahren Sie, wie Sie eine bestimmte Form von Benutzereingaben handhaben und das altmodische HTML-Element <form> mit echtem Code verknüpfen. Klingt gefährlich, ist aber mächtig! Schnallen Sie sich an, hier kommt ein schnelles und zielstrebiges Kapitel, in dem wir von null auf eine interaktive App in 0 Sekunden durchstarten.

Gestatten: webvilleTunes

Machen Sie sich bereit für webvilleTunes

Klar, bis jetzt haben wir Sie in diesem Buch durch eine Menge JavaScript-Grundlagen geführt, und wir haben eine Menge über die Entwicklung von Web-Apps geredet. Aber noch haben wir nicht allzu viel vorzuweisen. Jetzt wird es ernst (ehrlich, diesmal wirklich!) – wir schreiben etwas für die reale Welt!

Wie wär's mit einem Wiedergabelisten-Manager? Mit einem originellen Namen ... wie zum Beispiel webvilleTunes.

Sie können jederzeit neue Songs hinzufügen.

Das werden wir programmieren.

Zeigen Sie alle webvilleTunes-Favoriten direkt im Browser an.

Vollständig browserbasiert. Keinerlei serverseitiger Code erforderlich.

 **KOPF-NUSS**

Diesen Code kennen Sie bereits:

```
window.onload = init;
```

Können Sie erraten, was dieser Code macht?

```
button.onclick = buttonClickHandler;
```

Los geht's ...

Dafür brauchen wir keine große, komplizierte Webseite. Der Anfang ist sogar ziemlich einfach. Wir erstellen einfach ein HTML5-Dokument mit einem form- und einem list-Element für die Wiedergabeliste:

```html
<!doctype html>
<html lang="de">
<head>
  <title>webvilleTunes</title>
  <meta charset="utf-8">
  <script src="wiedergabeliste.js"></script>
  <link rel="stylesheet" href="wiedergabeliste.css">
</head>
<body>
  <form>
    <input type="text" id="songTextInput" size="40" placeholder="Songtitel">
    <input type="button" id="buttonHinzufuegen" value="Hinzufügen">
  </form>
  <ul id="wiedergabeliste">
  
  </ul>
</body>
</html>
```

Der Standard-HTML5-Head und -Body.

Wir packen das gesamte JavaScript in die Datei wiedergabeliste.js.

Außerdem verwenden wir ein Stylesheet, damit unsere Wiedergabeliste ein hübsches Look-and-feel bekommt.*

Wir brauchen lediglich ein einfaches Formular mit einem Textfeld für die Eingabe der Songtitel. Wir verwenden das HTML5-Attribut placeholder, um den Benutzern zu zeigen, welche Eingabe wir erwarten.

Und eine Schaltfläche mit der id »buttonHinzufuegen«, um neue Titel für die Wiedergabeliste zu speichern.

Wir verwenden eine Liste für die Songs. Im Moment ist sie leer, aber das werden wir in wenigen Augenblicken mit JavaScript ändern ...

Probefahrt

Tippen Sie den Code ein, laden Sie ihn in Ihrem Lieblingsbrowser und machen Sie einen Testlauf, bevor Sie weiterblättern.

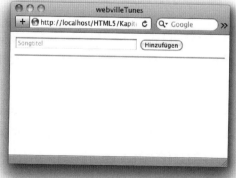

Das sollten Sie sehen.

---

* Nicht vergessen: Sie können das Stylesheet (und den gesamten Code) unter http://examples.oreilly.de/german_examples/hfhtml5ger/ herunterladen.

click-Events von Schaltflächen

Es passiert nichts, wenn ich auf »Hinzufügen« klicke

Jein. Es *scheint* nichts zu passieren. Aber der Browser weiß, dass Sie auf die Schaltfläche geklickt haben (je nach Browser sehen Sie unter Umständen auch, wie die Schaltfläche heruntergedrückt wird).

Die eigentliche Frage ist: Wie schaffen wir es, dass die Schaltfläche etwas macht, wenn Sie darauf klicken? Besser gesagt: Wie bekommen wir es hin, dass JavaScript-Code ausgeführt wird, wenn Sie auf eine Schaltfläche klicken?

Wir brauchen zwei Dinge:

① Wir brauchen JavaScript-Code, der ausgewertet wird, wenn der Benutzer auf die Schaltfläche »Hinzufügen« klickt. Wenn dieser Code einmal geschrieben ist, soll er Ihrer Wiedergabeliste einen Song hinzufügen.

② Wir brauchen eine Möglichkeit, diesen Code so zu verknüpfen, dass JavaScript weiß, dass es diesen Code ausführen soll, wenn auf die Schaltfläche geklickt wird.

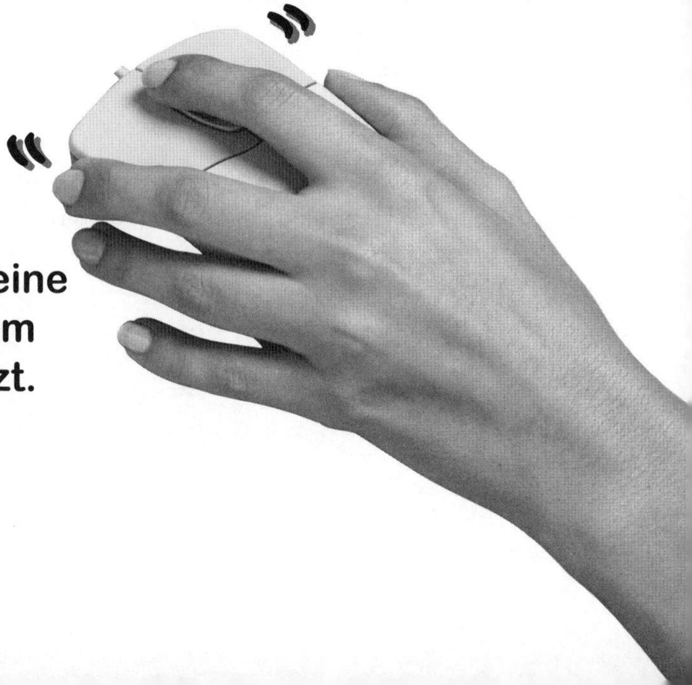

Wir möchten darüber Bescheid wissen, wenn der Benutzer auf eine Schaltfläche klickt oder auf einem mobilen Gerät eine Geste benutzt. Uns interessiert das Ereignis: »Schaltfläche wurde geklickt«.

Events und *Handler*

← Ihre Schaltfläche.

Auf Events reagieren

Sie werden feststellen, dass bei der Anzeige Ihrer Seite im Browser eine Menge Dinge passieren – Schaltflächen werden geklickt, eventuell kommen zusätzliche Daten an, die Ihr Code aus dem Netz anfordert (dazu kommen wir später). Bei solchen Ereignissen werden sogenannte *Events* ausgelöst – z. B. das Event, dass auf eine Schaltfläche geklickt wurde, das Event, dass Daten verfügbar sind, das Event, dass eine bestimmte Zeitspanne aufgelaufen ist (und es gibt noch viele weitere).

Für jedes Event haben Sie die Möglichkeit, Code zu schreiben, der darauf reagiert: einen sogenannten *Handler*. Das ist Code, der aufgerufen wird, wenn das jeweilige Ereignis eintritt. Natürlich müssen Sie auf keines dieser Ereignisse reagieren. Sie brauchen nur darauf zu reagieren, wenn Sie möchten, dass beim Eintreten eines bestimmten Ereignisses etwas Besonderes geschieht. Beispielsweise wenn Sie einen neuen Song der Wiedergabeliste hinzufügen möchten, wenn das click-Event der Schaltfläche auftritt. Wenn neue Daten ankommen, möchten Sie diese eventuell verarbeiten und auf Ihrer Seite anzeigen. Wenn ein Timer abgelaufen ist, möchten Sie dem Benutzer vielleicht mitteilen, dass die Tickets in der ersten Reihe bald verfallen usw.

Wir wissen also, dass wir einen Handler für das click-Event der Schaltfläche brauchen. Sehen wir uns an, wie das funktioniert.

Sie sind hier ▶

Handler für die Schaltfläche programmieren

Pläne schmieden ...

Halten wir noch mal für eine Sekunde inne, bevor wir uns in Handlern und Events verlieren. Unser Ziel ist es, dass bei einem Klick auf »Hinzufügen« ein Song der Wiedergabeliste auf der Seite hinzugefügt wird. Gehen wir die Aufgabe folgendermaßen an:

1. Handler für Klicks auf die Schaltfläche »Hinzufügen« einrichten.
2. Handler schreiben, der den vom Benutzer eingegebenen Songtitel einliest,
3. ein neues Element für den neuen Song erstellt und
4. dieses Element dem DOM der Seite hinzufügt.

Falls Ihnen diese Schritte noch nicht wirklich klar sind, machen Sie sich keine Sorgen. Wir erklären alles unterwegs genau ... Entwickeln Sie im Moment einfach nur ein Gefühl für diese Schritte und folgen Sie uns, während wir diesen Handler schreiben. Legen Sie eine neue Datei mit dem Namen `wiedergabeliste.js` für Ihren JavaScript-Code an.

Zugriff auf die Schaltfläche »Hinzufügen«

Damit wir die Schaltfläche bitten können, uns darüber zu informieren, wenn das click-Event auftritt, müssen wir zunächst auf die Schaltfläche zugreifen können. Zum Glück haben wir die Schaltfläche mit HTML-Markup erstellt, und das bedeutet – richtig, das bedeutet, dass die Schaltfläche im DOM abgebildet ist. Und Sie wissen bereits, wie Sie Elemente aus dem DOM abrufen. Wenn Sie einen Blick auf das HTML werfen, sehen Sie, dass die Schaltfläche die ID `buttonHinzufuegen` hat. Also erhalten wir mit `getElementById` einen Verweis auf die Schaltfläche:

```
var button = document.getElementById("buttonHinzufuegen");
```

Nun müssen wir lediglich ein bisschen Code mit der Schaltfläche verknüpfen, der ausgeführt wird, wenn darauf geklickt wird. Dazu erstellen wir eine Funktion mit dem Namen `buttonClickHandler`, die auf das Event reagiert. Mit Funktionen beschäftigen wir in Kürze genauer. Für den Moment schauen wir uns einfach nur diese an:

Die Funktion heißt buttonClickHandler. Mit den Details der Syntax beschäftigen wir uns in Kürze.

In einer Funktion können Sie Code in einem Paket zusammenfassen. Sie können ihr einen Namen geben und diesen Codeblock überall nach Wunsch erneut verwenden.

```
function buttonClickHandler() {
    alert("Schaltfläche wurde geklickt!");
}
```

Für den Moment möchten wir nur eine Meldung anzeigen lassen, wenn die Funktion aufgerufen wird.

Wir schreiben den ganzen Code, der beim Aufruf der Funktion ausgeführt werden soll, zwischen die geschweiften Klammern.

Events und **Handler**

click-Handler für die Schaltfläche

1. Handler für Klicks auf die Schaltfläche »Hinzufügen« einrichten.
2. Handler schreiben, der den eingegebenen Songtitel einliest,
3. ein neues Element für den neuen Song erstellt und
4. dieses Element dem DOM der Seite hinzufügt.

Wir haben eine Schaltfläche und eine Funktion, die als Handler fungiert, `buttonClickHandler`. Also verknüpfen wir die beiden. Dazu legen wir die `onclick`-Eigenschaft der Schaltfläche folgendermaßen fest:

```
var button = document.getElementById("buttonHinzufuegen");
button.onclick = buttonClickHandler;
```

Nach dem Aufruf von getElementById können wir auf die Schaltfläche zugreifen und belegen die onclick-Eigenschaft mit der Funktion, die aufgerufen werden soll, wenn ein click-Event auftritt.

Sie erinnern sich vielleicht, dass wir mit der `window.onload`-Eigenschaft etwas ganz Ähnliches gemacht haben, nachdem das Fenster geladen wurde. In diesem Fall wird die Funktion jedoch aufgerufen, wenn die Schaltfläche angeklickt wird. Nun setzen wir das Ganze zusammen:

Genau wie im vorherigen Kapitel verwenden wir eine Funktion mit dem Namen init, die erst aufgerufen wird, nachdem die Seite vollständig geladen wurde.

```
window.onload = init;
function init() {
    var button = document.getElementById("buttonHinzufuegen");
    button.onclick = buttonClickHandler;
}
function buttonClickHandler() {
    alert("Schaltfläche wurde geklickt!");
}
```

Ist die Seite geladen, schnappen wir uns die Schaltfläche und richten den onclick-Handler ein.

Und der click-Handler zeigt eine Meldung an, wenn wir auf die Schaltfläche klicken.

Ein Testlauf ...

Tippen Sie den Code von oben ab (in die Datei `wiedergabeliste.js`), laden Sie die Seite und klicken Sie, sooft Sie möchten, auf die Schaltfläche: Jedes Mal wird eine alert-Box angezeigt.

Wenn Sie mit dem Test des click-Handlers fertig sind, können Sie sich zurücklehnen, den Code studieren und darüber nachdenken, wie das alles funktioniert.

Haben Sie es verstanden? Dann blättern Sie um. Wir gehen anschließend die Details Schritt für Schritt durch, damit sie auch wirklich haften bleiben.

Sie sind hier ▶ **91**

Wie es *funktioniert*

Was gerade passiert ist ...

Auf den letzten paar Seiten haben wir eine Menge neuer Konzepte vorgestellt. Gehen wir den Code nochmals durch, um uns das alles klarzumachen:

① Als Erstes haben Sie eine Schaltfläche in Ihr HTML-Formular eingefügt. Anschließend brauchten Sie eine Möglichkeit, festzustellen, wenn Benutzer auf diese Schaltfläche klicken, um den entsprechenden Code auszuführen. Hierzu haben wir einen Handler erstellt und ihn der onclick-Eigenschaft der Schaltfläche zugewiesen.

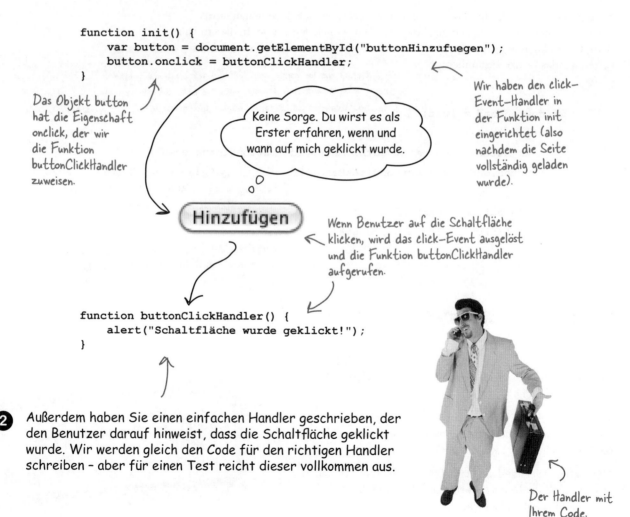

```
function init() {
    var button = document.getElementById("buttonHinzufuegen");
    button.onclick = buttonClickHandler;
}
```

Das Objekt button hat die Eigenschaft onclick, der wir die Funktion buttonClickHandler zuweisen.

Keine Sorge. Du wirst es als Erster erfahren, wenn und wann auf mich geklickt wurde.

Wir haben den click-Event-Handler in der Funktion init eingerichtet (also nachdem die Seite vollständig geladen wurde).

Wenn Benutzer auf die Schaltfläche klicken, wird das click-Event ausgelöst und die Funktion buttonClickHandler aufgerufen.

```
function buttonClickHandler() {
    alert("Schaltfläche wurde geklickt!");
}
```

② Außerdem haben Sie einen einfachen Handler geschrieben, der den Benutzer darauf hinweist, dass die Schaltfläche geklickt wurde. Wir werden gleich den Code für den richtigen Handler schreiben – aber für einen Test reicht dieser vollkommen aus.

Der Handler mit Ihrem Code.

Events und Handler

❸ Nachdem der Code geschrieben, die Seite geladen und vom Browser dargestellt sowie der Handler installiert wurde, hängt nun alles von den Benutzern ab ...

> Na komm ... Klick auf die Schaltfläche ... Mach schon ...

❹ Schließlich klickt der Benutzer auf Ihre Schaltfläche, die in Aktion tritt, feststellt, dass sie einen Handler hat, und ihn aufruft ...

> Aufwachen, ein Benutzer hat geklickt!

> Aha, ich habe einen Handler dafür. Ich sollte ihm besser Bescheid geben.

> Jawoll! Jemand hat auf die Schaltfläche geklickt. Endlich kann ich die Funktion buttonClickHandler ausführen.

```
function buttonClickHandler() {
    alert("Schaltfläche wurde geklickt!");
}
```

> Man hat mich gebeten, Sie darauf hinzuweisen, dass die Schaltfläche geklickt wurde ... Ein alert-Dialog ist nicht gerade berauschend, aber ich mache nur meine Arbeit.

Sie sind hier ▶

Titel aus dem DOM abrufen

Songtitel abrufen

1. Handler für Klicks auf die Schaltfläche »Hinzufügen« einrichten.
2. **Handler schreiben, der den eingegebenen Songtitel einliest.**
3. ein neues Element für den neuen Song erstellt und
4. dieses Element dem DOM der Seite hinzufügt.

Wir sind bereit, mit dem zweiten Schritt weiterzumachen: den Songtitel auszulesen, den der Benutzer eingegeben hat. Anschließend können wir uns Gedanken darüber machen, wie wir die Wiedergabeliste im Browser anzeigen.

Aber wie rufen wir den Songtitel ab? Das ist doch etwas, das der Benutzer eingegeben hat. Andererseits wird alles, was in der Webseite passiert, im DOM abgebildet ... Also muss dort auch der Text stehen, den der Benutzer eingegeben hat!

Um den Text des input-Elements eines Formulars abzufragen, müssen Sie zuerst das input-Element aus dem DOM abrufen. Sie wissen bereits, wie das geht: mit `getElementById`. Anschließend können Sie mit der `value`-Eigenschaft eines Texteingabeelements auf die Benutzereingaben im Formularfeld zugreifen:

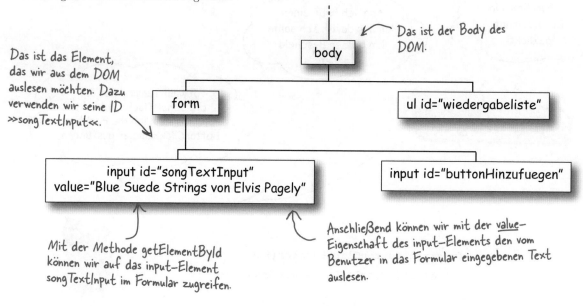

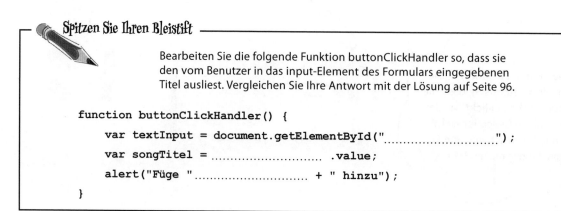

Bearbeiten Sie die folgende Funktion buttonClickHandler so, dass sie den vom Benutzer in das input-Element des Formulars eingegebenen Titel ausliest. Vergleichen Sie Ihre Antwort mit der Lösung auf Seite 96.

```
function buttonClickHandler() {
    var textInput = document.getElementById("..........................");
    var songTitel = ......................... .value;
    alert("Füge " ......................... + " hinzu");
}
```

Spitzen Sie Ihren Bleistift

BONUS

Was wäre, wenn Sie testen könnten, ob der Benutzer tatsächlich Text eingegeben hat, bevor er auf die Schaltfläche klickt? Wie könnten Sie das prüfen? (Auch dafür finden Sie die Lösung auf Seite 96.)

....

....

Es gibt keine Dummen Fragen

F: Welchen Wert hat die value-Eigenschaft des Texteingabeelements, wenn die Benutzer nichts eingeben? Ist der Wert null? Oder ruft die Schaltfläche »Hinzufügen« den Handler nicht auf, wenn die Benutzer nichts eingeben?

A: Die Schaltfläche »Hinzufügen« ist leider nicht so clever. Wenn Sie feststellen möchten, ob der Benutzer etwas eingetippt hat, ist das Aufgabe Ihres Codes. Um festzustellen, ob das Texteingabeelement leer ist (der Benutzer also nichts eingetippt hat), können Sie prüfen, ob der Wert gleich einem leeren String ist, der als "" geschrieben wird (zwei doppelte Anführungszeichen oben mit nichts dazwischen). Wir verstehen, warum Sie glauben könnten, dass der Wert null ist: weil wir gesagt haben, dass das der Wert einer Variablen ist, die keinen Wert hat. Aber das Texteingabefeld klammert sich stur an einen String, der noch nichts enthält. Stellen Sie sich das mal vor ;-)

F: Ich dachte, »value« ist ein Attribut des input-Elements vom Typ »text«. Warum nennen Sie es eine Eigenschaft?

A: Sie haben recht, value *ist* ein Attribut des input-Elements vom Typ »text«. Sie können den Wert eines solchen input-Elements auch mit dem value-Attribut initialisieren. Aber um in JavaScript auf den vom Benutzer eingegebenen Wert zuzugreifen, müssen Sie die value-*Eigenschaft* des input-Elements abfragen.

F: Auf welche anderen Arten von Events kann ich neben den Klicks auf Schaltflächen in JavaScript reagieren?

A: Es gibt eine ganze Menge anderer Maus-Events, auf die Sie reagieren können. Beispielsweise können Sie feststellen, wenn eine Taste gedrückt, der Mauszeiger über ein Element bewegt, ein Element mit der Maus gezogen oder eine Maustaste gedrückt gehalten wird (das ist wieder etwas anderes als ein Mausklick). Und es gibt noch viele andere Arten von Events, die wir nebenbei erwähnt haben: z. B. wenn neue Daten verfügbar sind, Timer ablaufen, Events, die mit dem Browserfenster zu tun haben usw. Sie werden noch etliche andere Event-Handler in diesem Buch kennenlernen. Wenn Sie einen schreiben können, können Sie so ziemlich alle schreiben!

F: Was macht JavaScript, während es auf Events wartet?

A: Solange Sie Ihr JavaScript nicht anders programmiert haben, sitzt es einfach entspannt da und wartet darauf, dass etwas passiert (die Benutzer mit der Oberfläche interagieren, Daten aus dem Internet ankommen, ein Timer ausgelöst wird usw.). Das ist auch gut so. Es bedeutet, dass die Rechenleistung Ihres Computers für andere Dinge frei ist, beispielsweise dass Ihr Browser weiter reagieren kann. Weiter unten in diesem Buch erfahren Sie, wie Sie Aufgaben erstellen, die im Hintergrund ausgeführt werden, sodass Ihr Browser gleichzeitig auf die Events reagieren kann.

Lösung zu den Übungen

Spitzen Sie Ihren Bleistift
Lösung

Bearbeiten Sie die folgende Funktion buttonClickHandler so, dass sie den vom Benutzer in das input-Element des Formulars eingegebenen Titel ausliest. Hier ist unsere Lösung:

Als Erstes brauchen wir einen Verweis auf das Texteingabeelement im Formular. Wir haben diesem Element die ID »songTextInput« gegeben, also können wir mit getElementById darauf verweisen.

```
function buttonClickHandler() {
    var textInput = document.getElementById("songTextInput");
    var songTitel = textInput.value;
    alert("Füge " + songTitel + " hinzu");
}
```

Die value-Eigenschaft des Texteingabeelements enthält das, was in das Eingabefeld eingegeben wurde – einen String. Hier weisen wir diesen Text der Variablen songTitel zu.

Und jetzt zeigen wir eine alert-Box mit dem Hinweis an, dass der Songtitel hinzugefügt wird.

Spitzen Sie Ihren Bleistift
Lösung

Was wäre, wenn Sie testen könnten, ob der Benutzer auch tatsächlich Text eingegeben hat, bevor er auf die Schaltfläche klickt? Wie könnten Sie das prüfen? Hier ist unsere Lösung:

```
function buttonClickHandler() {
    var textInput = document.getElementById("songTextInput");
    var songTitel = textInput.value;
    if (songTitel == "") {
        alert(" Bitte geben Sie einen Song ein");
    } else {
        alert("Füge " + songTitel + "hinzu");
    }
}
```

Mit einer if-Anweisung können wir den String songTitel mit einem leeren String vergleichen, um sicherzustellen, dass die Benutzer etwas eingetippt haben. Ansonsten bitten wir sie, etwas einzugeben.

Wie fügen wir einen Song in die Seite ein?

Es funktioniert schon eine Menge! Sie können einen Songtitel in ein Formular eintippen, auf »Hinzufügen« klicken und den eingegebenen Text auslesen – *alles mit Ihrem Code.* Jetzt werden wir die Wiedergabeliste auf der Seite anzeigen. So soll das Ganze aussehen:

1. Handler für Klicks auf die Schaltfläche »Hinzufügen« einrichten.
2. Handler schreiben, der den eingegebenen Songtitel einliest,
3. ein neues Element für den neuen Song erstellt und
4. dieses Element dem DOM der Seite hinzufügt.

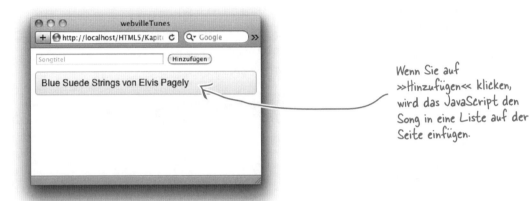

Wenn Sie auf »Hinzufügen« klicken, wird das JavaScript den Song in eine Liste auf der Seite einfügen.

Das müssen wir tun:

① Bestimmt ist Ihnen aufgefallen, dass sich im HTML-Markup bereits eine leere Liste befindet (ein leeres <ul>-Element, um genau zu sein). Entsprechend sieht das DOM im Moment so aus:

Das ist die Liste im DOM. Im Moment ist sie leer.

② Jedes Mal, wenn wir einen neuen Song eingeben, möchten wir ein neues Element dieser ungeordneten Liste hinzufügen. Dazu erstellen wir ein neues <li>-Element mit dem Songtitel. Dann fügen wir dieses <li>-Element in das <ul> im DOM ein. Sobald Sie das getan haben, sehen Sie, wie der Browser die Seite aktualisiert, ganz als wäre das <li> schon die ganze Zeit da gewesen. Natürlich machen wir das Ganze mit unserem Code. Werfen Sie nochmals einen Blick auf das DOM, damit Sie auch sicher verstehen, was wir tun müssen.

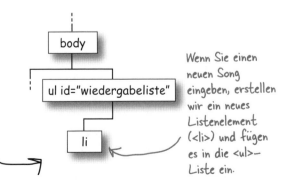

Wenn Sie einen neuen Song eingeben, erstellen wir ein neues Listenelement (<li>) und fügen es in die <ul>-Liste ein.

Neue Elemente *erstellen*

Übung

Zeichnen Sie das DOM so, wie es aussieht, nachdem Sie die hier abgebildeten Songs hinzugefügt haben. Beachten Sie die Reihenfolge, in der die Songs der Seite hinzugefügt werden, und sorgen Sie dafür, dass die Elemente im DOM an der entsprechenden Stelle stehen. Wir haben bereits ein Listenelement für Sie eingefügt. Überprüfen Sie Ihre Lösung am Ende des Kapitels, bevor Sie weitermachen.

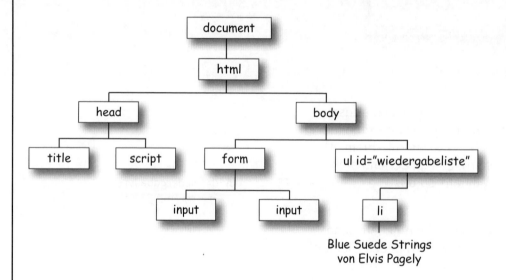

Zeichnen Sie hier das restliche DOM für die Wiedergabeliste.

Spielt es dabei eine Rolle, in welcher Reihenfolge die <li>-Elemente dem übergeordneten Element hinzugefügt werden?

Neue Elemente erstellen

Sie haben bereits gesehen, wie Sie über das DOM auf vorhandene Elemente zugreifen können. Aber Sie können mit dem DOM auch neue Elemente erstellen (und sie in einem zweiten Schritt dem DOM hinzufügen – dazu gleich mehr).

So erstellen wir ein `<li>`-Element:

Wir bauen besser diese neuen Elemente, Tina. Die aktualisieren das DOM schon wieder.

Mit document.createElement erstellen Sie ein neues Element. Dabei wird eine Referenz auf das neue Element zurückgegeben.

```
var li = document.createElement("li");
```

Hier weisen wir das neue Element der Variablen li zu.

Die Art des gewünschten Elements übergeben wir als String an createElement.

createElement erstellt ein brandneues Element. Beachten Sie, dass es nicht automatisch in das DOM eingefügt wird. Im Moment ist es noch ein unabhängiges Element, das erst seinen Platz im DOM finden muss.

Nun haben wir also ein neues `<li>`-Element ohne Inhalt. Sie kennen bereits eine Möglichkeit, Text in ein Element zu schreiben:

```
li.innerHTML = songTitel;
```

Unsere Variable li.

Dadurch erhält <li> den Songtitel als Inhalt.

Blue Suede Strings von Elvis Pagely

Unser neues li-Element ist zu allen Schandtaten bereit, aber noch nicht Teil des DOM!

Neue Elemente hinzufügen

Elemente in das DOM einfügen

Um ein neues Element in das DOM einzufügen, müssen Sie wissen, wo Sie es platzieren möchten. Nun, wir wissen, wohin wir es packen möchten: Wir stecken das `<li>`-Element in das `<ul>`-Element. Aber wie? Sehen wir uns das DOM noch einmal an. Wir haben gesagt, dass es einem Baum gleicht, richtig? Und zwar einem *Stammbaum*:

1. Handler für Klicks auf die Schaltfläche »Hinzufügen« einrichten.
2. Handler schreiben, der den eingegebenen Songtitel einliest,
3. ein neues Element für den neuen Song erstellt und
4. **dieses Element dem DOM der Seite hinzufügt.**

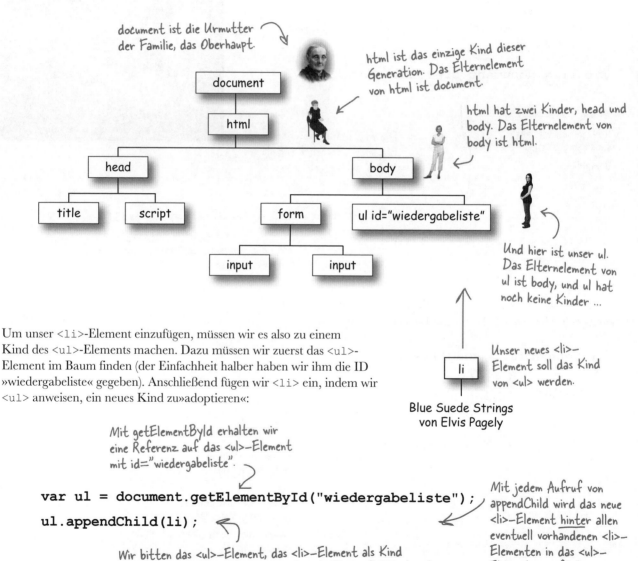

document ist die Urmutter der Familie, das Oberhaupt.

html ist das einzige Kind dieser Generation. Das Elternelement von html ist document.

html hat zwei Kinder, head und body. Das Elternelement von body ist html.

Und hier ist unser ul. Das Elternelement von ul ist body, und ul hat noch keine Kinder ...

Unser neues `<li>`-Element soll das Kind von `<ul>` werden.

Blue Suede Strings
von Elvis Pagely

Um unser `<li>`-Element einzufügen, müssen wir es also zu einem Kind des `<ul>`-Elements machen. Dazu müssen wir zuerst das `<ul>`-Element im Baum finden (der Einfachheit halber haben wir ihm die ID »wiedergabeliste« gegeben). Anschließend fügen wir `<li>` ein, indem wir `<ul>` anweisen, ein neues Kind zu»adoptieren«:

Mit getElementById erhalten wir eine Referenz auf das `<ul>`-Element mit id="wiedergabeliste".

```
var ul = document.getElementById("wiedergabeliste");
ul.appendChild(li);
```

Wir bitten das `<ul>`-Element, das `<li>`-Element als Kind einzufügen. Sobald das geschehen ist, enthält das DOM `<li>` als Kind von `<ul>`, und der Browser aktualisiert die Darstellung entsprechend.

Mit jedem Aufruf von appendChild wird das neue `<li>`-Element <u>hinter</u> allen eventuell vorhandenen `<li>`-Elementen in das `<ul>`-Element eingefügt.

Schreiben Sie alles zusammen ...

Nun setzen wir den Code zusammen und fügen ihn in die Funktion `buttonClickHandler` ein. Tippen Sie die Zeilen ab, damit Sie sie testen können.

```
function buttonClickHandler() {

    var textInput = document.getElementById("songTextInput");

    var songTitel = textInput.value;

    var li = document.createElement("li");

    li.innerHTML = songTitel;

    var ul = document.getElementById("wiedergabeliste");

    ul.appendChild(li);

}
```

Zuerst erstellen wir das neue <li>-Element für den Songtitel.

Dann verwenden wir den Songtitel als Inhalt dieses Elements.

Das <ul> mit der ID »wiedergabeliste« ist das Eltern-Element für unser neues <li>.

Anschließend fügen wir das li-Objekt mit appendChild in das ul-Element ein.

Beachten Sie, dass wir das Eltern-Element ul anweisen, li als neues Kind einzufügen.

... und machen Sie eine Probefahrt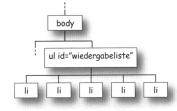

Lassen Sie webvilleTunes zeigen, was es kann, und fügen Sie einige Songs hinzu. Hier sehen Sie unser Ergebnis:

So sieht das DOM aus, nachdem wir die ganzen neuen <li>-Elemente eingefügt haben.

Wenn wir jetzt einen Songtitel eintippen und auf »Hinzufügen« klicken, wird der Song in das DOM eingefügt, und wir sehen, wie die Seite aktualisiert und der Song in der Liste angezeigt wird.

Wiederholung: Wiedergabelisten-App

Wiederholung: was wir getan haben

Sie haben eine Menge in diesem Kapitel geschafft (und das in recht kurzer Zeit!). Sie haben eine Wiedergabelisten-App geschrieben, mit der Sie einen Song eingeben, auf eine Schaltfläche klicken und so über JavaScript-Code den Song in eine Liste auf der Seite einfügen können.

1 Als Erstes haben Sie einen Event-Handler für Klicks auf die Schaltfläche »Hinzufügen« eingerichtet. Sie haben die Funktion buttonClickHandler erstellt und diese Funktion der onclick-Eigenschaft der Schaltfläche »Hinzufügen« zugewiesen.

Wenn Benutzer auf die Schaltfläche »Hinzufügen« klicken, wird Ihr Handler buttonClickHandler aufgerufen.

2 Als Nächstes haben Sie den Code für den click-Handler der Schaltfläche geschrieben, der den Songtitel aus dem Texteingabefeld ausliest. Über die Eigenschaft input.value haben Sie den Text ausgelesen und gleich noch überprüft, ob die Benutzer überhaupt etwas eingegeben haben. Falls nicht, haben Sie sie darauf hingewiesen.

In buttonClickHandler ermitteln Sie den eingegebenen Songtitel, indem Sie die Eigenschaft input.value abfragen, um den Text aus dem DOM auszulesen.

3 Um den Song der Wiedergabeliste hinzuzufügen, haben Sie anschließend mit document.createElement ein <li>-Element erstellt und es über innerHTML mit dem Songtitel gefüllt.

Sie erstellen ein neues <li>-Element und verwenden den Songtitel als dessen Inhalt.

4 Zu guter Letzt haben Sie das neue <li>-Element in das DOM eingefügt, indem Sie es als Kind des Eltern-Elements <ul> eingesetzt haben. Hierfür haben Sie das <ul>-Element angewiesen, das <li>-Element mit appendChild als Kind anzuhängen, wodurch es Teil des DOM wurde. Sobald das Element dem DOM hinzugefügt ist, aktualisiert der Browser die Seite, und die Wiedergabeliste zeigt den neuen Song.

Wenn Sie ein neues Kind dem DOM hinzufügen, wird die Seite aktualisiert.

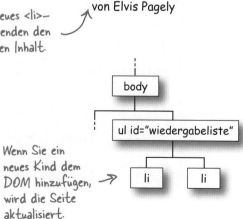

Events und **Handler**

Ich verstehe ja, dass wir mit dem DOM interagieren usw. Aber was hat das mit einer Web-App zu tun? Wenn ich meinen Browser schließe, sind alle Songs weg. Sollte meine Wiedergabeliste bei einer echten Anwendung nicht erhalten bleiben?

Stimmt, die Wiedergabeliste sollte gespeichert werden.

Welchen Sinn hätte es, alle Songs einzutippen, wenn sie wieder verloren gingen? Und natürlich gibt es noch eine Menge anderer Funktionen, die Sie integrieren könnten – zum Beispiel eine Oberfläche zum Abspielen der Titel mit der Audio-/Video-API, die Möglichkeit, Songs über einen Webservice (wie etwa Facebook oder Twitter) mit Freunden zu teilen, eine Suche nach anderen Fans der Band in Ihrer Gegend (mit der Geolocation-API). Wir sind sicher, dass Ihnen noch mehr einfällt.

Aber zurück zur Wiedergabeliste … Wir wollten Ihnen einen Einstieg bieten, indem wir eine kleine, interaktive App basteln – und unsere Wiedergabeliste war gut dafür geeignet. Zum Speichern der Songs brauchen wir die Web Storage-API von HTML5, die noch einige Kapitel in der Zukunft liegt.

Hmm, andererseits möchten wir Ihnen diese Funktionalität auch nicht vorenthalten …

Bitte umblättern! ⟶

Sie sind hier ▸

 Code-Fertiggericht

> Wir haben ein bisschen Code für Sie vorbereitet, damit Sie ihn nicht selbst schreiben müssen.

Wir haben schon mal angefangen und ein bisschen Code zum Speichern Ihrer Wiedergabeliste geschrieben. Sie brauchen ihn nur abzutippen und zwei winzige Änderungen an Ihrem vorhandenen Code vorzunehmen, um die Wiedergabeliste mithilfe von HTML5 zu speichern.

Die Details zur lokalen Speicherung im Browser erfahren Sie im Kapitel über Web Storage, aber die Wiedergabeliste funktioniert dafür jetzt schon vollständig.

Natürlich schadet es nicht, bereits jetzt einen Blick auf das Code-Fertiggericht zu werfen. Vielleicht sind Sie überrascht, wie viel Sie schon wissen und wie viel Sie sich dazu noch zusammenreimen können.

Aufgepasst

Das Code-Fertiggericht funktioniert nicht in IE 6 und 7.

IE 6 und 7 unterstützen localStorage nicht. Wenn Sie also den Internet Explorer verwenden, benutzen Sie unbedingt Version 8 oder darüber.

Aufgepasst

Das Code-Fertiggericht funktioniert in manchen Browsern nicht, wenn Sie über file:// auf Ihre Seiten zugreifen (statt online oder über localhost://).

Das trifft auf einige neue HTML5-Funktionen zu, deshalb gehen wir in den kommenden Kapiteln darauf ein. Wenn Sie keinen lokalen Webserver haben und die Dateien auch nicht auf einen Onlineserver hochladen möchten, verwenden Sie einfach Safari oder Chrome.

Wie das Code-Fertiggericht genutzt wird

Hier kommt das Code-Fertiggericht für Ihre webvilleTunes-App, mit dem Sie Ihre fantastische Wiedergabeliste speichern können. Sie müssen lediglich die neue Datei `wiedergabeliste_speichern.js` anlegen, den folgenden Code eintippen und einige Änderungen am vorhandenen Code vornehmen (siehe nächste Seite).

```javascript
function speichern(element) {
    var listenArray = speicherArrayAbrufen("wiedergabeliste");
    listenArray.push(element);
    localStorage.setItem("wiedergabeliste", JSON.stringify(listenArray));
}

function wiedergabelisteLaden() {
    var listenArray = gespeicherteSongsLaden();
    var ul = document.getElementById("wiedergabeliste");
    if (listenArray != null) {
        for (var i = 0; i < listenArray.length; i++) {
            var li = document.createElement("li");
            li.innerHTML = listenArray[i];
            ul.appendChild(li);
        }
    }
}

function gespeicherteSongsLaden() {
    return speicherArrayAbrufen("wiedergabeliste");
}

function speicherArrayAbrufen(schluessel) {
    var listenArray = localStorage.getItem(schluessel);
    if (listenArray == null || listenArray == "") {
        listenArray = new Array();
    }
    else {
        listenArray = JSON.parse(listenArray);
    }
    return listenArray;
}
```

Tippen Sie diesen Code in die wiedergabeliste_speichern.js.

Wiedergabeliste speichern

Code-Fertiggericht integrieren

Wir müssen ein paar Kniffe anwenden, um den Code zum Speichern einzubauen. Fügen Sie zuerst einen Verweis auf die Datei `wiedergabeliste_speichern.js` in das `<head>`-Element von `wiedergabeliste.html` ein:

Code-Fertiggericht

```
<script src="wiedergabeliste_speichern.js"></script>
<script src="wiedergabeliste.js"></script>
```

Fügen Sie das genau oberhalb der Verknüpfung mit wiedergabeliste.js ein. Dadurch wird das Code-Fertiggericht geladen.

Nun müssen Sie lediglich in `wiedergabeliste.js` zwei Zeilen Code zum Laden und Speichern der Wiedergabeliste einfügen:

```
function init() {
    var button = document.getElementById("buttonHinzufuegen");
    button.onclick = buttonClickHandler;
    wiedergabelisteLaden();
}
```

Dadurch werden beim Laden der Seite die gespeicherten Titel aus localStorage geladen.

```
function buttonClickHandler() {
    var textInput = document.getElementById("songTextInput");
    var songTitel = textInput.value;
    var li = document.createElement("li");
    li.innerHTML = songTitel;
    var ul = document.getElementById("wiedergabeliste");
    ul.appendChild(li);
    speichern(songTitel);
}
```

Und dadurch wird jeder hinzugefügte Song gespeichert.

Probefahrt mit den gespeicherten Titeln

Laden Sie die Seite erneut und tippen Sie einige Songs ein. Beenden Sie den Browser. Öffnen Sie ihn dann erneut und laden Sie die Seite noch mal. Sie sollten nun sehen, dass alle Titel sicher in Ihrer Wiedergabeliste gespeichert wurden!

Wir haben diese Songs eingegeben, den Browser geschlossen und erneut geöffnet, die Seite neu geladen ... und da sind sie!

Haben Sie die Nase voll von Ihrer Wiedergabeliste und möchten sie löschen? Dann müssen Sie das Kapitel über Web Storage lesen!

Events und **Handler**

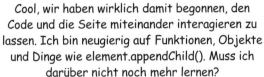

Cool, wir haben wirklich damit begonnen, den Code und die Seite miteinander interagieren zu lassen. Ich bin neugierig auf Funktionen, Objekte und Dinge wie element.appendChild(). Muss ich darüber nicht noch mehr lernen?

Perfektes Timing.

Wir wollten Sie unbedingt durch ein vollständiges interaktives Beispiel führen, in dem HTML-Markup und JavaScript zusammenarbeiten, um das Fundament einer Webanwendung zu bauen. Sie haben in diesem Kapitel eine Menge geschafft:

1) Code in Ihre Seite eingefügt.

2) Das click-Event für eine Schaltfläche eingerichtet und Code geschrieben, um die Klicks auf diese Schaltfläche abzufangen und darauf zu reagieren.

3) Informationen aus dem DOM abgefragt.

4) Neue Elemente erstellt und dem DOM hinzugefügt.

Gar nicht schlecht! Jetzt haben Sie auch ein Gefühl dafür entwickelt, wie das alles zusammenpasst. Machen Sie einen kleinen Abstecher mit uns in die JavaScript-Allee? Dann werden Sie herausfinden, wie Funktionen und Objekte *wirklich funktionieren*.

Das wird keine normale Tour. Wir werden einige Geheimnisse lüften und uns ansehen, wie Webville im Inneren funktioniert.

Sind Sie dabei? Weiter geht's mit Kapitel 4 ...

Sie sind hier ▸

Überblick über Event-Handler und das DOM

Punkt für Punkt

- In Ihrem Browser werden permanent jede Menge Events ausgelöst. Wenn Sie darauf reagieren möchten, brauchen Sie entsprechende Event-Handler.

- Das click-Event einer Schaltfläche wird ausgelöst, wenn Sie auf das Element klicken.

- Indem Sie eine Funktion als Handler für das click-Event einer Schaltfläche registrieren, können Sie auf dieses Event reagieren. Dazu schreiben Sie eine Funktion und geben in der onclick-Eigenschaft der Schaltfläche den Namen dieser Funktion an.

- Sobald ein Handler für das click-Event einer Schaltfläche registriert ist, wird diese Funktion bei jedem Klick auf die Schaltfläche aufgerufen.

- In der Handler-Funktion schreiben Sie Code, der auf das click-Event reagiert. Damit können Sie dem Benutzer etwas mitteilen, die Seite aktualisieren oder etwas anderes tun.

- Vom Benutzer in das Eingabefeld eines Formulars eingetippten Text können Sie abfragen, indem Sie die value-Eigenschaft des Eingabefelds auslesen.

- Wenn der Benutzer in das Eingabefeld eines Formulars nichts eingegeben hat, enthält die value-Eigenschaft des Felds einen Leerstring ("").

- Sie können eine Variable mit einem Leerstring vergleichen, indem Sie eine if-Bedingung mit dem Operator == verwenden.

- Um ein neues Element in das DOM einzufügen, müssen Sie das Element zuerst erstellen und dann als Kind eines anderen Elements hinzufügen.

- Mit document.createElement können Sie ein neues Element erstellen. Übergeben Sie dazu im Funktionsaufruf den Namen des Tags (z. B. »li«), um anzugeben, welches Element erstellt werden soll.

- Um ein Element als Kind eines anderen Elements im DOM einzufügen, nehmen Sie eine Referenz auf das Eltern-Element und rufen die Methode appendChild des Eltern-Elements auf. Dabei übergeben Sie das Kind-Element als Argument.

- Wenn Sie mit appendChild mehrere Kind-Elemente zu einem Eltern-Element hinzufügen, werden die Kind-Elemente der Reihe nach eingefügt. Entsprechend werden sie auf der Seite untereinander dargestellt (außer Sie ändern das Layout mit CSS).

- Mit der Web Storage-API (localStorage) können Sie Daten im Browser des Benutzers speichern.

- Wir haben localStorage in unserem Code-Fertiggericht verwendet, um die Songs der Wiedergabeliste zu speichern. Mehr dazu in Kapitel 9.

- Im nächsten Kapitel lernen Sie das DOM besser kennen und erfahren mehr über JavaScript-Merkmale wie Funktionen und Objekte.

Events und Handler

HTML5-Kreuzworträtsel

Gönnen Sie sich ein bisschen Zeit, um die Interaktion zwischen HTML und JavaScript zu verstehen. Denken Sie darüber nach, wie das alles zusammenpasst. Währenddessen können Sie das Kreuzworträtsel lösen. Alle Wörter stammen aus diesem Kapitel.

Waagerecht
3. Der Klick auf eine Schaltfläche ist ein _____.
4. Für die Speicherung im Code-Fertiggericht.
5. Die Urmutter des DOM-Baums.
6. DOM-Methode zum Einfügen neuer Elemente.
7. Interpret einer unserer Beispielsongs.
8. Code, der sich um Events kümmert.
9. Was kommt als Nächstes? Funktionen und _____.

Senkrecht
1. Wenn der Benutzer nichts eingibt, ist der Standardwert eines Formulareingabeelements ein _____-String.
2. DOM-Methode zum Erstellen neuer Elemente.
7. Entsteht beim Klick auf eine Schaltfläche.
10. Das DOM ist vergleichbar mit einem Stamm-_____.
11. Fügen Sie neue Elemente als _____ ein.

Sie sind hier ▸ **109**

Lösung zu den Übungen

LÖSUNG ZUR ÜBUNG

Zeichnen Sie das DOM so, wie es aussieht, nachdem Sie die hier abgebildeten Songs hinzugefügt haben. Beachten Sie die Reihenfolge, in der die Songs der Seite hinzugefügt werden, und sorgen Sie dafür, dass die Elemente im DOM an der entsprechenden Stelle stehen. Das ist unsere Lösung.

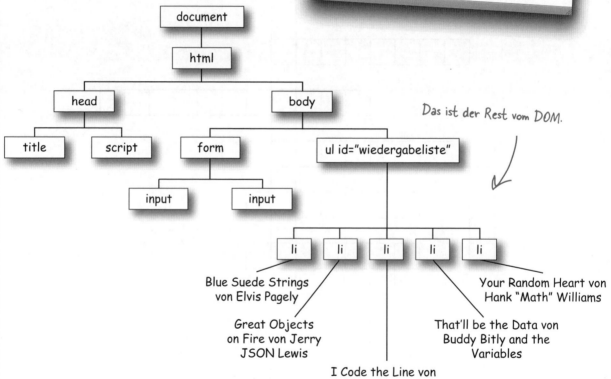

Spielt es dabei eine Rolle, in welcher Reihenfolge die <li>-Elemente dem übergeordneten Element hinzugefügt werden?

Ja, weil die Songs in dieser Reihenfolge auf der Seite angezeigt werden. appendChild fügt neue Elemente immer hinter den vorhandenen Kind-Elementen ein.

HTML5-Kreuzworträtsel, Lösung

Events und Handler

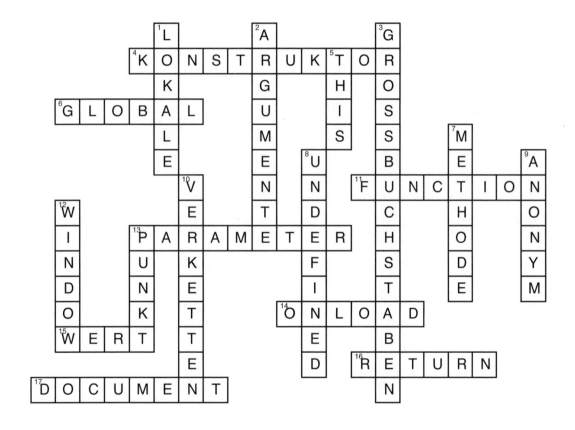

4 JavaScript-Funktionen und Objekte

Echtes JavaScript

Sind Sie schon ein echter Scripter? Wahrscheinlich – Sie kennen sich bereits gut aus mit JavaScript. Aber wer möchte schon ein Scripter sein, wenn man auch ein Programmierer sein kann? Es wird Zeit, einen Gang höher zu schalten – Zeit für **Funktionen** und **Objekte**. Denn sie sind der Schlüssel zu leistungsfähigerem, besser strukturiertem und pflegeleichterem Code. Außerdem kommt beides verstärkt in den HTML5-JavaScript-APIs zum Einsatz. Je mehr Sie darüber wissen, umso schneller können Sie sich auf eine neue API stürzen und damit loslegen. Schnallen Sie sich an, dieses Kapitel erfordert Ihre uneingeschränkte Aufmerksamkeit!

Eigene Funktionen definieren

Erweitern Sie Ihren Wortschatz

Sie können bereits eine Menge Dinge mit JavaScript machen. Sehen wir uns nochmals einige davon an:

Ein Element aus dem Dokumentobjektmodell schnappen.

```
<script>
  var tippFeld = document.getElementById("tipp");
  var tipp = tippFeld.value;
  var antwort = null;

  var antworten = [ "rot",
                    "grün",
                    "blau"];

  var index = Math.floor(Math.random() * antworten.length);

  if (tipp == antworten[index]) {
      antwort = "Richtig! Ich habe an " + antworten[index] + "gedacht.";
  } else {
      antwort = "Tut mir leid, ich habe an " + antworten[index] + "gedacht.";
  }
  alert(antwort);
</script>
```

Den Wert eines Eingabefelds in einem Formular abfragen.

Neues Array mit Strings erstellen.

Funktionsbibliothek verwenden.

Eigenschaften eines Arrays abfragen, z. B. length.

Entscheidungen auf Grundlage von Bedingungen treffen.

Array-Elemente verwenden.

Browserfunktionen wie z. B. alert verwenden.

Bisher ist Ihr Wissen allerdings noch nicht sonderlich fundiert. Klar, Sie können ein Element aus dem DOM abrufen und ihm neues HTML zuweisen. Aber wenn wir Sie bitten würden, zu erklären, was `document.getElementById` technisch gesehen ist, könnte das schon schwieriger werden. Aber keine Sorge. Wenn Sie mit diesem Kapitel fertig sind, haben Sie auch das verstanden.

Dazu beginnen wir nicht etwa mit einer tiefschürfenden technischen Analyse von `getElementById`. Nein, wir machen etwas viel Interessanteres: Wir erweitern den Wortschatz von JavaScript und lassen es neue Dinge tun.

Eigene Funktionen hinzufügen

Bisher haben Sie integrierte Funktionen wie z. B. `alert` oder `Math.random` verwendet. Was aber, wenn Sie eigene hinzufügen möchten? Angenommen, wir möchten Code wie den folgenden schreiben:

```
var tippFeld = document.getElementById("tipp");
var tipp = tippFeld.value;

var antwort = pruefeAntwort(tipp);
alert(antwort);
```

Wir fragen den Tipp des Benutzers ab, genau wie auf der vorherigen Seite ...

... aber statt den restlichen Code der vorherigen Seite im Hauptteil des Skripts stehen zu haben, verwenden wir einfach die hübsche Funktion »pruefeAntwort«, die dasselbe macht.

Funktion pruefeAntwort erstellen

① Zum Erstellen einer Funktion nehmen wir das Schlüsselwort function und schreiben dahinter einen Namen, z. B. »pruefeAntwort«.

② Sie können beliebig viele Parameter für Ihre Funktion definieren. Mit Parametern können Sie Werte an Ihre Funktion übergeben. Hier brauchen wir nur einen Parameter: den Tipp des Benutzers.

```
function pruefeAntwort(tipp) {
    var antworten = [ "rot",
                      "grün",
                      "blau"];

    var index = Math.floor(Math.random() * antworten.length);

    if (tipp == antworten[index]) {
        antwort = "Sie haben recht! Ich habe an " + antworten[index] + "gedacht.";
    } else {
        antwort = "Tut mir leid, ich habe an " + antworten[index] + "gedacht.";
    }
    return antwort;
}
```

③ Schreiben Sie einen Body für Ihre Funktion. Er kommt zwischen die geschweiften Klammern. Der Body enthält den gesamten Code, der die Arbeit der Funktion übernimmt. Hier verwenden wir einfach unseren Code von der vorherigen Seite.

④ Optional können Sie einen Wert als Ergebnis des Funktionsaufrufs zurückgeben. Hier geben wir einen String mit einer Meldung zurück.

Sie sind hier ▶

*Wie **Funktionen** funktionieren*

Die Arbeitsweise einer Funktion

Aber wie funktioniert das alles? Was passiert, wenn wir eine Funktion *tatsächlich aufrufen*? Hier die Vogelperspektive:

Zuerst brauchen wir eine Funktion.

Angenommen, Sie haben gerade die neue Funktion `bellen` geschrieben, die zwei Parameter erwartet: `nameHund` und `gewichtHund`. Außerdem enthält die Funktion einen beeindruckenden Code, der das Bellen eines Hundes auf Grundlage seines Gewichts zurückgibt.

```
function bellen(nameHund, gewichtHund) {
  if (gewichtHund <= 10) {
    return nameHund + " sagt Wau";
  } else {
    return nameHund + " sagt Wuff";
  }
}
```

Das ist unsere praktische Funktion »bellen«.

Jetzt rufen wir sie auf!

Sie wissen bereits, wie Sie eine Funktion aufrufen: mit dem Namen und den benötigten Argumenten. In diesem Fall haben wir zwei davon: einen String mit dem Namen des Hundes und das Gewicht des Hundes, eine Ganzzahl.

Machen wir den Aufruf, um festzustellen, wie das funktioniert:

Wenn wir bellen aufrufen, werden die Argumente den Parameternamen in der Funktion zugewiesen.

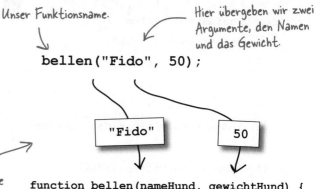

Überall, wo die Parameter in der Funktion auftauchen, werden die von uns übergebenen Werte verwendet.

116 Kapitel 4

Dann macht der Code in der Funktion seine Arbeit.

Nachdem die Werte aller Argumente den entsprechenden Parametern in der Funktion zugewiesen wurden – z. B. »Fido« für `nameHund` und die Ganzzahl 50 für `gewichtHund` –, können wir die Anweisungen der Funktion auswerten.

Die Anweisungen werden von oben nach unten verarbeitet, wie bei jedem Code, den Sie bisher geschrieben haben. Neu daran ist lediglich, dass den Parameternamen `nameHund` und `gewichtHund` die von Ihnen an die Funktion übergebenen Werte zugewiesen werden.

```
function bellen(nameHund, gewichtHund) {
    if (gewichtHund <= 10) {
        return nameHund + " sagt Wau";
    } else {
        return nameHund + " sagt Wuff";
    }
}
```

Der gesamte Code der Funktion wird ausgewertet.

Optional kann der Body return-Anweisungen enthalten ...

Funktionen müssen keinen Wert zurückliefern. Aber in diesem Fall gibt die Funktion bellen einen Wert zurück.

... an diesen Stellen geben wir einen Wert an den aufrufenden Code zurück. Mal sehen, wie das funktioniert:

Nachdem innerhalb der Funktion gewichtHund nicht kleiner oder gleich 10 ist, verwenden wir die else-Anweisung und geben den String »Fido sagt Wuff« zurück.

Der String »Fido sagt Wuff« wird an den aufrufenden Code zurückgegeben (das ist der Code, der die Funktion bellen aufgerufen hat).

Wenn der String zurückgegeben wird, weisen wir ihn der Variablen sound zu, die wiederum an alert übergeben wird, wodurch der folgende Dialog angezeigt wird.

```
function bellen(nameHund, gewichtHund)
{
    if (gewichtHund <= 10) {
        return nameHund + " sagt Wau";
    } else {
        return nameHund + " sagt Wuff";
    }
}
```

"Fido sagt Wuff"

```
var sound = bellen("Fido", 50);
alert(sound);
```

http://localhost
Fido sagt Wuff
OK

Sie sind hier ▶ **117**

Bedeutung von *Funktionen und Objekten*

Ich sage dir doch: Alle HTML5-APIs sind gerammelt voll mit Funktionen, Objekten und diesem ganzen fortschrittlichen JavaScript-Kram ...

Wenn wir noch einen Moment sprechen könnten ...

Wir wissen ja: Sie haben gedacht, dass Sie in Kapitel 4 bereits einen HTML5-Düsenrucksack auf dem Rücken haben. Das schaffen Sie auch noch. Aber zuvor müssen Sie wirklich *das Fundament* der JavaScript-APIs von HTML5 verstehen. Und dazu kommen wir in diesem Kapitel.

Was also sind diese Grundlagen? Sie können sich das so vorstellen, dass die JavaScript-APIs aus Objekten, Methoden (auch als Funktionen bekannt) und Eigenschaften bestehen. Um die APIs wirklich zu beherrschen, brauchen Sie also ein gutes Verständnis von diesen Dingen. Natürlich können Sie es auch ohne dieses Wissen versuchen. Solange Sie sich aber durch die APIs durchmogeln, werden Sie es nie schaffen, sie völlig auszureizen (und werden dabei eine Menge Fehler machen und schlechten Code schreiben).

Deswegen möchten wir Ihnen gleich am Anfang des Kapitels verraten, was wir vorhaben. Das Tolle daran ist: Gegen Ende des Kapitels werden Sie Objekte, Funktionen, Methoden und viele andere solcher Dinge besser als 98 % der »JavaScripter« verstehen, die sich da draußen herumtreiben. Ehrenwort!

JavaScript-Funktionen und Objekte

The Function Exposed

Interview der Woche:
Einige Dinge, die Sie noch nicht wissen ...

Von Kopf bis Fuß: Herzlich willkommen, Function! Wir freuen uns, Sie näher kennenzulernen.

Function: Ich freue mich, hier zu sein.

Von Kopf bis Fuß: Uns sind viele Menschen aufgefallen, die mit JavaScript gerade erst anfangen und Sie nicht allzu häufig verwenden. Diese Menschen schreiben ihren Code einfach Zeile für Zeile von oben nach unten.

Function: Ja, das ist ziemlich traurig, weil ich sehr mächtig bin. Ich biete die Möglichkeit, Code nur einmal zu schreiben, ihn aber immer und immer wieder zu verwenden.

Von Kopf bis Fuß: Entschuldigung – aber wenn Sie nur die Möglichkeit bieten, dieselbe Sache immer und immer wieder zu tun ... ist das nicht ein bisschen langweilig?

Function: Nein, nein. Funktionen sind parametrisiert. Jedes Mal, wenn Sie eine Funktion verwenden, können Sie Argumente übergeben und erhalten je nach den übergebenen Werten jedes Mal andere Ergebnisse.

Von Kopf bis Fuß: Ähh ... zum Beispiel?

Function: Angenommen, Sie möchten Ihren Benutzern sagen, wie viel die Artikel im Einkaufswagen kosten. Dann schreiben Sie die Funktion `gesamtSummeBerechnen`. Anschließend können Sie dieser Funktion verschiedene Einkaufswagen verschiedener Benutzer übergeben und erhalten jedes Mal den entsprechenden Gesamtpreis. Übrigens stimmt es nicht, dass Programmieranfänger keine Funktionen verwenden. Sie verwenden sie ständig: `alert`, `document.getElementById`, `Math.random`. Sie definieren lediglich *keine eigenen* Funktionen.

Von Kopf bis Fuß: Nun gut, `alert` klingt sinnvoll. Aber die anderen beiden sehen nicht wie Funktionen aus.

Function: Doch, auch das sind Funktionen. Moment bitte ...

... aha, ich höre gerade, dass die Leser noch nichts über solche Funktionen gelernt haben, das kommt erst auf den folgenden Seiten. Jedenfalls wimmelt es überall vor Funktionen.

Von Kopf bis Fuß: Eine Funktion muss auch einen Wert zurückliefern, richtig? Was ist, wenn ich keinen Wert zurückgeben möchte?

Function: Viele Funktionen liefern einen Wert zurück, aber das muss nicht sein. Diverse Funktionen erledigen einfach eine Aufgabe, aktualisieren z. B. das DOM und werden beendet, ohne einen Wert zurückzugeben. Auch das ist in Ordnung.

Von Kopf bis Fuß: In diesen Funktionen gibt es also keine return-Anweisung?

Function: So ist es.

Von Kopf bis Fuß: Wie ist das mit den Funktionsnamen? Ich habe gehört, man muss einer Funktion nicht mal einen Namen geben.

Function: Okay, machen wir die Zuhörer nicht völlig verrückt. Wie wäre es, wenn wir über dieses Thema sprechen, wenn sie mich ein bisschen besser kennen?

Von Kopf bis Fuß: Geben Sie mir ein Exklusivinterview?

Function: Darüber lässt sich reden ...

Sie sind hier ▶ **119**

Parameter und Argumente

> Ich bin mir nicht sicher, ob ich den Unterschied zwischen einem Parameter und einem Argument verstehe. Sind das einfach zwei Namen für dieselbe Sache?

Nein, das sind zwei verschiedene Dinge.
Wenn Sie eine Funktion *definieren*, können Sie sie mit einem oder mehreren *Parametern* definieren.

Hier definieren wir drei Parameter: grad, art und dauer.

```
function kochen(grad, art, dauer) {
    // Ihr Code
}
```

Wenn Sie eine Funktion *aufrufen*, übergeben Sie *Argumente*:

```
kochen(180.0, "backen", 45);
```

Das sind die Argumente. Es gibt drei Argumente: eine Fließkommazahl, einen String und eine Ganzzahl.

```
kochen(250.0, "grillen", 10);
```

Parameter werden nur einmal definiert. Sie werden Ihre Funktionen aber mit einer Reihe unterschiedlicher Argumente aufrufen.

Sie werden überrascht sein, wie viele Menschen das falsch verstehen – selbst in Büchern wird es falsch dargestellt. Sollten Sie also irgendwo etwas anderes lesen, wissen Sie es jetzt besser!

Funktionen werden mit Parametern definiert, aber mit Argumenten aufgerufen.

JavaScript-Funktionen und Objekte

Anatomie einer Funktion

Nachdem Sie jetzt wissen, wie Sie eine Funktion definieren und aufrufen, sollten wir sichergehen, dass Sie die Syntax auch perfekt beherrschen. Hier sehen Sie alle anatomischen Teile einer Funktion:

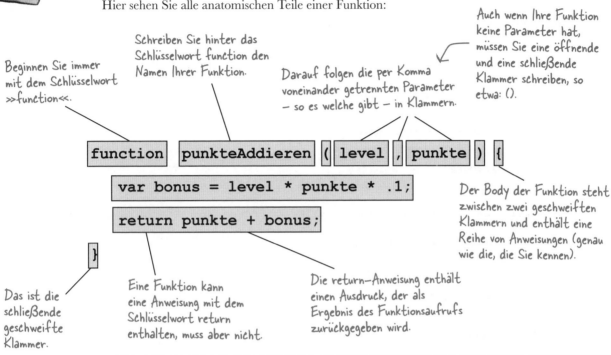

Es gibt keine Dummen Fragen

F: Warum steht vor den Parameternamen kein »var«? Ein Parameter ist doch eine neue Variable?

A: Unterm Strich ja. Aber die Funktion nimmt Ihnen die Arbeit ab, die Variable zu instantiieren. Deshalb brauchen Sie das Schlüsselwort var nicht anzugeben.

F: Welche Regeln gibt es für die Namen von Funktionen?

A: Es gelten dieselben Regeln wie für den Namen einer Variablen.

F: Wenn ich eine Variable an meine Funktion übergebe und innerhalb der Funktion den Wert des entsprechenden Parameters ändere, wirkt sich das auch auf meine ursprüngliche Variable aus?

A: Nein. Übergeben Sie einen primitiven Wert, wird er in den Parameter kopiert, also »als Wert übergeben«. Wenn Sie den Wert des Parameters im Body der Funktion ändern, hat das keinerlei Auswirkungen auf den Wert des ursprünglichen Arguments. Anders liegt der Fall bei der Übergabe eines Arrays oder Objekts. Dazu kommen wir in Kürze.

F: Wie kann ich Werte innerhalb einer Funktion ändern?

A: Sie können nur die Werte globaler Variablen (die außerhalb von Funktionen definiert werden) oder von Variablen ändern, die Sie explizit in Ihrer Funktion definieren. Darüber sprechen wir bald ausführlicher.

F: Was liefert eine Funktion zurück, die keine return-Anweisung enthält?

A: Eine Funktion ohne return-Anweisung gibt `undefined` zurück.

Sie sind hier ▸

Übung zu Parametern

Spitzen Sie Ihren Bleistift

Setzen Sie Ihr Wissen über Funktionen und die Übergabe von Argumenten und Parametern ein, um den folgenden Code auszuwerten. Gehen Sie den Code durch und schreiben Sie den Wert der Variablen darunter. Überprüfen Sie Ihre Antworten am Ende des Kapitels.

```
function hundeJahre(alter) {
    return alter * 7;
}

var meinHundeAlter = hundeJahre(4);

function rechteckFlaeche(breite, hoehe) {
    var flaeche = breite * hoehe;
    return flaeche;
}

var eckFlaeche = rechteckFlaeche(3, 4);

function addieren(zahlenArray) {
    var summe = 0;
    for (var i = 0; i < zahlenArray.length; i++) {
        summe += zahlenArray[i];
    }
    return summe;
}

var gesamtSumme = addieren([1, 5, 3, 9]);

function avatarAbrufen(punkte) {
    var avatar;
    if (punkte < 100) {
        avatar = "Maus";
    } else if (punkte > 100 && punkte < 1000) {
        avatar = "Katze";
    } else {
        avatar = "Affe";
    }
    return avatar;
}
var meinAvatar = avatarAbrufen(335);
```

Schreiben Sie die Werte der Variablen hierhin.

meinHundeAlter = ...
eckFlaeche = ...
gesamtSumme = ...
meinAvatar = ...

JavaScript-Funktionen *und* Objekte

> Wir müssen über die Nutzung unserer Variablen reden!

Lokale und globale Variablen:
Wissen oder Peinlichkeit

Sie wissen bereits, dass Sie an beliebiger Stelle in Ihrem Skript eine Variable deklarieren können, indem Sie das Schlüsselwort `var` und einen Namen verwenden:

```
var avatar;
var levelGrenze = 1000;
```

Das sind globale Variablen. Sie stehen überall in Ihrem JavaScript zur Verfügung.

Und Sie haben gesehen, wie Sie Variablen innerhalb einer Funktion definieren können:

```
function punkteStand(punkte) {
    var punktstand;

    for (var i = 0; i < levelGrenze; i++) {
        //Ihr Code
    }
    return punkte;
}
```

Die Variablen punkte, punktstand und i werden innerhalb einer Funktion deklariert.

Wir nennen sie lokale Variablen, weil sie nur lokal innerhalb der Funktion selbst bekannt sind.

Auch wenn wir levelGrenze innerhalb der Funktion verwenden, ist die Variable dennoch global, weil sie außerhalb der Funktion deklariert wird.

Aber was soll das? Variablen sind Variablen, oder? Nun, die Frage, *wo* Sie Ihre Variablen deklarieren, entscheidet darüber, ob sie in anderen Teilen Ihres Codes *sichtbar sind*. Außerdem wird es Ihnen, wenn Sie verstehen, wie diese beiden Arten von Variablen funktionieren, dabei helfen, besser pflegbaren Code zu schreiben (und den Code anderer besser zu verstehen).

Wenn eine Variable außerhalb einer Funktion deklariert wird, ist sie GLOBAL. Wenn sie innerhalb einer Funktion deklariert wird, ist sie LOKAL.

Sie sind hier ▸ **123**

Lokale und globale Gültigkeit

Geltungsbereich lokaler und globaler Variablen

Die Stelle, an der Sie Ihre Variablen definieren, entscheidet über den *Geltungsbereich*, also darüber, wo die Variablen für den Rest Ihres Codes sichtbar sind und wo nicht. Sehen wir uns ein Beispiel für sowohl lokal als auch global gültige Variablen an. Denken Sie daran: Außerhalb einer Funktion definierte Variablen haben globale Gültigkeit, Funktionsvariablen sind nur lokal gültig.

```javascript
var avatar = "allgemein";
var geschicklichkeit = 1.0;
var punkteProLevel = 1000;
var benutzerPunkte = 2008;

function avatarAbrufen(punkte) {
    var level = punkte / punkteProLevel;

    if (level == 0) {
        return "Teddy-Bär";
    } else if (level == 1) {
        return "Katze";
    } else if (level >= 2) {
        return "Gorilla";
    }
}

function aktualisierePunkte(bonus, neuePunkte) {
    for (var i = 0; i < bonus; i++) {
        neuePunkte += geschicklichkeit * bonus;
    }
    return neuePunkte + benutzerPunkte;
}

benutzerPunkte = aktualisierePunkte(2, 100);
avatar = avatarAbrufen(2112);
```

Diese vier Variablen gelten global. Das bedeutet, dass sie für den gesamten Code definiert und sichtbar sind.

Hinweis: Wenn Sie zusätzliche Skripten in Ihre Seite einbinden, sind die global definierten Variablen auch für diese Skripten sichtbar!

Die Variable level ist lokal und nur innerhalb der Funktion avatarAbrufen sichtbar. Daher kann nur diese Funktion auf die Variable zugreifen.

Vergessen wir auch nicht den Parameter punkte, der ebenfalls nur lokal in der Funktion avatarAbrufen gültig ist.

Beachten Sie, dass auch avatarAbrufen auf die globale Variable punkteProLevel zugreift.

In aktualisierePunkte verwenden wir die lokale Variable i, die für den gesamten Code der Funktion aktualisierePunkte sichtbar ist.

bonus und neuePunkte sind auch in aktualisierePunkte lokal, benutzerPunkte ist global.

In diesem Teil des Codes können wir nur auf globale Variablen zugreifen. Auf die innerhalb der Funktionen definierten Variablen haben wir keinen Zugriff, weil sie im globalen Geltungsbereich nicht sichtbar sind.

JavaScript-Funktionen und Objekte

> Ich hätte schwören können, dass die Variable genau hinter mir war. Aber als ich mich umgedrehte, war sie einfach ... weg ...

Das kurze Leben der Variablen

Wenn Sie eine Variable sind, arbeiten Sie hart, und Ihr Leben kann kurz sein. Außer Sie sind eine globale Variable. Aber selbst globale Variablen haben ein begrenztes Leben. Sie können sich das folgendermaßen vorstellen:

Globale Variablen leben so lange wie die Seite. Das Leben einer globalen Variablen beginnt, wenn das JavaScript in der Seite geladen wird. Sobald die Seite verlassen wird, endet das Leben der globalen Variablen. Selbst wenn Sie dieselbe Seite neu laden, werden alle globalen Variablen vernichtet und in der neu geladenen Seite neu angelegt.

Lokale Variablen verschwinden üblicherweise am Ende einer Funktion. Lokale Variablen werden erstellt, wenn die Funktion zum ersten Mal aufgerufen wird, und leben, bis die Funktion beendet wird (mit oder ohne Rückgabewert). Entsprechend können Sie die Werte Ihrer lokalen Variablen aus der Funktion übergeben, bevor sie ihrem digitalen Schöpfer gegenübertreten.

Wir sagen »üblicherweise«, weil es einige fortgeschrittene Möglichkeiten gibt, lokale Variablen ein bisschen länger zu erhalten. Aber darum kümmern wir uns jetzt nicht

Also gibt es wirklich KEIN Entkommen von der Seite? Wenn Sie eine lokale Variable sind, kommt und geht das Leben recht flott. Sollten Sie das Glück haben, eine globale Variable zu werden, geht es Ihnen gut, bis der Browser die Seite neu lädt.

Aber es *muss* doch einen Weg geben, der Seite zu entkommen! Wir finden einen! Nicht wahr?

Besuchen Sie uns im Web Storage-Kapitel, wo wir mit unseren Daten helfen, dem gefürchteten Neuladen der Seite zu entkommen!

Sie sind hier ▸ **125**

Schatten-Variablen

> Was passiert, wenn ich einer lokalen Variablen denselben Namen wie einer globalen gebe?

Es entsteht eine »Schatten-Variable«.

Das bedeutet Folgendes: Angenommen, es gibt die globale Variable **erbsenZaehler**, und Sie deklarieren folgende Funktion:

```
var erbsenZaehler = 10;

function holeAnzahlArtikel(bestellungsTyp) {
    var erbsenZaehler = 0;
    if (bestellungsTyp == "bestellung") {
        // Berechnungen mit erbsenZaehler ...
    }
    return erbsenZaehler;
}
```

← Globale UND lokale Variable!

In diesem Fall beziehen sich alle Verweise auf **erbsenZaehler** innerhalb der Funktion auf die lokale Variable und nicht auf die globale. Daher nennt man die globale Variable den Schatten der lokalen (wir können sie nicht sehen, weil sie von der lokalen Variablen verdeckt wird).

Beachten Sie, dass die lokale und die globale Variable gegenseitig keinerlei Auswirkungen haben. Wenn Sie eine verändern, wirkt sich das nicht auf die andere aus. Sie sind voneinander unabhängig.

JavaScript-Funktionen und Objekte

Es gibt keine Dummen Fragen

F: Es ist verwirrend, immer auf den Geltungsbereich von Variablen zu achten. Warum nehmen wir nicht nur globale Variablen?

A: Wenn Sie Code schreiben, der kompliziert ist oder über längere Zeit hinweg gepflegt werden soll, müssen Sie Ihre Variablen im Auge behalten. Wenn Sie übereifrig globale Variablen anlegen, wird es schwierig, zu überblicken, wo diese Variablen verwendet werden (und wo sich die Werte ändern). Das kann schnell zu fehlerhaftem Code führen. Noch entscheidender wird das, wenn Sie mit Kollegen zusammen programmieren oder Bibliotheken von anderen verwenden (solange solche Bibliotheken gut geschrieben sind, sollten sie entsprechend strukturiert sein, um solche Probleme zu vermeiden).

Verwenden Sie globale Variablen nur da, wo es Sinn ergibt. Setzen Sie sie gezielt ein und verwenden Sie soweit möglich lokale Variablen. Mit zunehmender JavaScript-Erfahrung werden Sie zusätzliche Techniken lernen, um Ihren Code so zu strukturieren dass Sie ihn besser pflegen können.

F: Ich verwende globale Variablen in meiner Seite, lade aber zusätzliche JavaScript-Dateien. Haben diese Dateien eigene globale Variablen?

A: Es gibt nur *einen* globalen Geltungsbereich, daher sehen alle Dateien, die Sie laden, dieselben Variablen und erstellen globale Variablen im selben Geltungsbereich. Deshalb müssen Sie sorgsam mit Variablen umgehen, um Konflikte zu vermeiden (und auf globale Variablen verzichten, wo es geht).

F: Ich habe Code gesehen, in dem nicht das Schlüsselwort var verwendet wird, um Variablen einen Wert zuzuweisen. Wie funktioniert das?

A: Wenn Sie einer Variablen einen Wert zuweisen, die nicht zuvor deklariert wurde, wird sie als neue globale Variable behandelt. Seien Sie also vorsichtig: Wenn Sie das innerhalb einer Funktion tun, erstellen Sie damit eine globale Variable. Wir raten von solchen Programmiertechniken ab. Das macht den Code zum einen ziemlich verwirrend, zum anderen ändert sich unter Umständen mit künftigen JavaScript-Implementierungen dieses Verhalten (und dann funktioniert Ihr Code nicht mehr).

F: Muss ich eine Funktion definieren, bevor ich sie verwende, oder kann sie irgendwo in meinem Code stehen?

A: Funktionsdeklarationen können an einer beliebigen Stelle in Ihrem Skript stehen. Sie können eine Funktion auch unterhalb der Codestelle deklarieren, an der Sie sie verwenden. Das funktioniert deshalb, weil der Browser beim ersten Laden Ihrer Seite das gesamte JavaScript einliest und die Funktionsdeklaration erkennt, bevor er mit der Ausführung des Codes beginnt. Sie können auch globale Variablen an beliebiger Stelle im Skript deklarieren. Wir empfehlen Ihnen jedoch, das immer ganz oben in der jeweiligen Datei zu tun, damit Sie sie leicht finden können.

Beachten Sie: Wenn Sie mehr als eine externe JavaScript-Datei verwenden und in unterschiedlichen Dateien zwei Funktionen mit dem gleichen Namen deklarieren, verwendet der Browser diejenige, die er zuletzt einliest.

F: Warum beschweren sich alle über die übermäßige Verwendung von globalen Variablen in JavaScript? Ist die Sprache schlecht konzipiert, oder wissen die Leute nicht, was sie tun? Wie gehen wir damit um?

A: Häufig werden globale Variablen in JavaScript übermäßig eingesetzt. Zum Teil liegt das daran, dass der Einstieg in die Sprache sehr einfach ist und man schnell mit dem Programmieren beginnen kann. Das ist gut, denn JavaScript zwingt Ihnen nicht viel strukturellen Overhead auf. Der Nachteil zeigt sich, wenn Sie auf diese Weise umfangreichen Code schreiben, der langfristig angepasst und gepflegt werden muss (und das trifft so ziemlich auf alle Webseiten zu). JavaScript ist eine leistungsfähige Sprache und bietet Möglichkeiten wie z. B. Objekte, um Ihren Code modular zu gestalten. Über dieses Thema wurden bereits viele Bücher geschrieben. Wir geben Ihnen einen Vorgeschmack davon in der zweiten Hälfte dieses Kapitels (von dem Sie nur noch wenige Seiten trennen).

Wenn sich dieses Buch mit den Tiefen der JavaScript-Programmierung beschäftigen würde, könnten wir tiefer in dieses Thema einsteigen. Allerdings lautet der Titel »HTML5-Programmierung von Kopf bis Fuß«. Sie sollten aber dieses Thema trotzdem genauer erforschen, um qualitativ besseren Code zu schreiben.

Sie sind hier ▶

Funktionen als Werte

Haben wir erwähnt, dass Funktionen auch Werte sind?

Okay, Sie haben Variablen verwendet, um Zahlen, Boolesche Werte, Strings, Arrays usw. zu speichern. Aber haben wir erwähnt, dass Sie einer Variablen auch eine Funktion zuweisen können? Schauen Sie mal:

```
function addierEins(num) {
    return num + 1;
}
```
← Definieren wir eine einfache Funktion, die zum übergebenen Argument 1 addiert.

```
var plusEins = addierEins;
```
← Jetzt machen wir etwas Neues: Wir nehmen den Namen der Funktion addierEins und weisen ihn einer neuen Variablen zu, plusEins.

← Beachten Sie, dass wir die Funktion nicht mit addierEins() aufrufen, wir verwenden nur den Funktionsnamen.

```
var ergebnis = plusEins(1);
```
← plusEins wurde eine Funktion zugewiesen. Daher können wir sie mit dem ganzzahligen Argument 1 aufrufen.

Nach diesem Aufruf ist ergebnis gleich 2.

Nicht nur haben wir vergessen, dieses kleine Detail über Funktionen zu erwähnen. Auch waren wir nicht ganz ehrlich, als wir Ihnen über die Anatomie einer Funktion gesagt haben, dass Sie einer Funktion keinen Namen zu geben brauchen. Das stimmt: Eine Funktion kann *anonym* sein. Was zum Teufel soll das heißen? Und warum sollte man so etwas tun? Sehen wir uns zunächst an, wie Sie eine Funktion ohne Namen erstellen:

```
function(num) {
    return num + 1;
}
```
← Hier erstellen wir eine Funktion ohne Namen ... hmm ... aber was sollen wir damit anfangen?

```
var f = function(num) {
    return num + 1;
}
var ergebnis = f(1);
alert(ergebnis);
```
← Wir machen das noch einmal und weisen sie diesmal einer Variablen zu.

← Anschließend können wir über diese Variable die Funktion aufrufen.

Nach diesem Aufruf ist ergebnis gleich 2.

JavaScript
2

OK

128 Kapitel 4

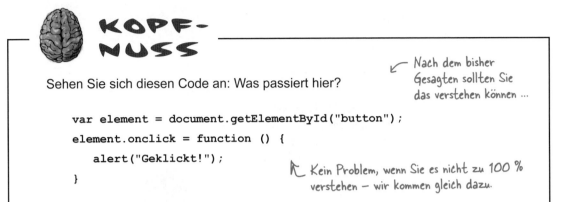

```
var element = document.getElementById("button");
element.onclick = function () {
    alert("Geklickt!");
}
```

Funktionen als Wert verwenden

Was so toll daran ist? Wozu das gut sein soll? Das Wichtige daran ist nicht so sehr, dass wir eine Funktion einer Variablen zuweisen können. Damit wollten wir Ihnen nur zeigen, dass eine Funktion *tatsächlich ein Wert ist*. Und wie Sie wissen, können Sie Werte in Variablen oder Arrays speichern, als Argumente an Funktionen übergeben oder – wie wir gleich sehen werden – den Eigenschaften von Objekten zuweisen. Aber statt Ihnen vorzubeten, wie nützlich anonyme Funktionen sind, sehen wir uns einfach eine der vielen interessanten Verwendungsmöglichkeiten von anonymen Funktionen an:

```
function init() {                    Eine einfache init-Funktion.
    alert("Du bist toll!");
}                                    Hier weisen wir die Funktion dem
window.onload = init;                onload-Handler zu.
                                     Hey, wir verwenden bereits
                                     Funktionen als Werte!
```

Es geht aber noch eleganter:

```
                                     Hier erstellen wir eine anonyme Funktion und
                                     weisen sie direkt als Wert der Eigenschaft
                                     window.onload zu.

window.onload = function() {         Kein Problem, falls Ihnen
    alert("Du bist toll!");          window.onload noch irgendwie
}                                    unklar ist. Auch dazu kommen
                                     wir noch.
        Wow, ist das nicht viel
        einfacher und besser
        lesbar?
```

Vielleicht beginnen Sie zu erkennen, dass Funktionen noch für andere Dingen gut sein können, als nur Code für die Wiederverwendung zu verpacken. Damit Sie eine bessere Vorstellung davon bekommen, wie Sie Funktionen nutzen können, werfen wir einen Blick auf Objekte und deren Rolle in JavaScript. Dann bringen wir alles zusammen.

*Aufmunternde Worte **vor der Einführung in** Objekte*

> Hallo Autor! Ich bin das Mädchen, das das HTML5-Buch gekauft hat, erinnerst du dich an mich? Was hat das alles mit HTML5 zu tun???

Wir dachten, wir hätten das bereits erklärt ... Aber wenn es jetzt so aussieht, als hätten wir Sie einsteigen lassen und mit laufendem Taxameter durch die halbe Stadt gefahren (statt direkt zum Ziel), denken Sie bitte daran: Wir möchten im *nächsten Kapitel* in die HTML5-APIs eintauchen. Und dafür ist es erforderlich, dass Sie Funktionen, Objekte und ein paar entsprechende Themen *wirklich verstehen*.

Bleiben Sie dran – wir sind schon fast da! Und vergessen Sie nicht: Das ist das Kapitel, in dem Sie den Sprung vom Scripter zum Programmierer schaffen, vom HTML/CSS-Jockey zu jemandem, der echte Apps schreibt.

Haben wir bereits erwähnt, dass Sie damit auch eine Menge mehr Geld verdienen können?

JavaScript-Funktionen und **Objekte**

Mit Objekten ist die Zukunft so brillant, dass wir eine Sonnenbrille brauchen!

Hat jemand »Objekte« gesagt?!

Ah, unser Lieblingsthema! Mit Objekten erklimmen Sie in Bezug auf Ihre JavaScript-Programmierfähigkeiten die nächste Stufe. Objekte sind der Schlüssel zur Verwaltung von kompliziertem Code, zum Verständnis des DOM, der Strukturierung Ihrer Daten und gleichzeitig die fundamentale Art und Weise, wie HTML5-JavaScript-APIs verpackt sind (und das ist nur die kurze Liste). Ha! Wir werden uns kopfüber darauf stürzen und sofort Objekte verwenden.

Das Geheimnis von JavaScript-Objekten: Sie sind lediglich eine Sammlung von Eigenschaften. Nehmen wir ein Beispiel, etwa einen Hund. Ein Hund hat Eigenschaften:

Die meisten Hunde haben Namen, wie z. B. unser Fido.

Alle Hunde haben ein Gewicht.

Alle Hunde haben bestimmte Aktivitäten, die ihnen Spaß machen, wie etwa spazieren gehen oder Bälle holen.

Und eine Rasse. Fido ist ein Mischling.

Hund

Sie sind hier ▶   **131**

Objekte und Eigenschaften

Über Eigenschaften ...

Natürlich würde Fido als Erster zum Ausdruck bringen wollen, dass er eine Menge mehr zu bieten hat als nur ein paar Eigenschaften. Aber für dieses Beispiel ist das alles, was wir in der Software erfassen müssen. Sehen wir uns diese Eigenschaften als JavaScript-Datentypen an:

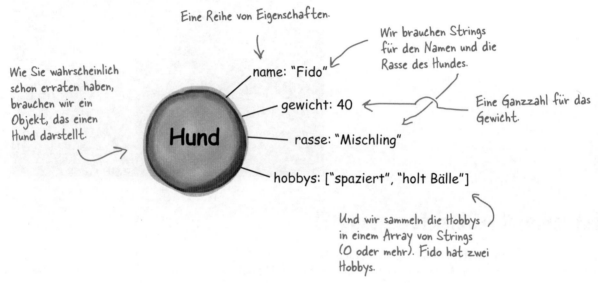

JavaScript-Objekte erstellen

Nun haben wir also ein Objekt mit einigen Eigenschaften. Aber wie erstellen wir das in JavaScript? Das geht so:

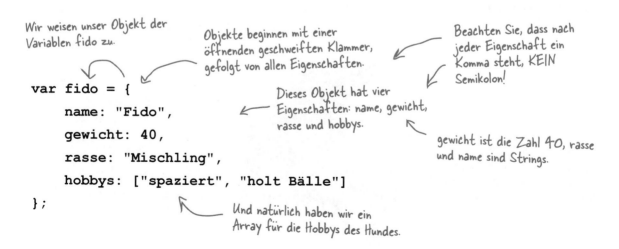

Was Sie mit Objekten tun können

1 Auf Eigenschaften mit der »Punktschreibweise« zugreifen:

```
if (fido.gewicht > 25) {
    alert("Wuff");
} else {
    alert("Wau");
}
```

Schreiben Sie das Objekt, gefolgt von einem Punkt und dem Namen der Eigenschaft, auf deren Wert Sie zugreifen möchten.

Schreiben Sie einen ».« ...

fido.gewicht

... das Objekt ...   ... und den Namen der Eigenschaft.

2 Auf Eigenschaften mit einem String und der []-Schreibweise zugreifen:

```
var rasse = fido["rasse"];
if (rasse == "Mischling") {
    alert("Der Beste!");
}
```

Schreiben Sie das Objekt, gefolgt vom Eigenschaftsnamen in Anführungszeichen und eckigen Klammern, um auf den Wert zuzugreifen.

Jetzt setzen wir den Eigenschaftsnamen in [ ].

fido["gewicht"]

Das Objekt ...   ... und der Name der Eigenschaft in Anführungszeichen.

Wir finden die Punktschreibweise besser lesbar.

3 Wert einer Eigenschaft ändern:

Wir ändern Fidos Gewicht sowie

```
fido.gewicht = 27;
fido.rasse = "Mischung Chawalla/Pudel";
fido.hobbys.push("Knochen kauen");
```

... seine Rasse ...

... und fügen ein neues Element dem Array mit seinen Hobbys hinzu.

push fügt am Ende eines Arrays ein neues Element hinzu.

4 Alle Eigenschaften eines Objekts enumerieren:

Enumerieren bedeutet, alle Eigenschaften des Objekts aufzuzählen.

Wir verwenden eine for-in-Schleife, um die Eigenschaften aufzulisten.

```
var prop;
for (prop in fido) {
    alert("Fido hat die Eigenschaft" + prop);
    if (prop == "name") {
        alert("Sie hat den Wert " + fido[prop]);
    }
}
```

Bei jedem Schleifendurchlauf erhält die Variable prop den Namen der nächsten Eigenschaft als String.

Und wir greifen mit der []-Schreibweise auf den Wert dieser Eigenschaft zu.

Beachten Sie, dass die Reihenfolge der Eigenschaften willkürlich ist.

Was Objekte tun können

❺ Spaß mit dem Array eines Objekts:

```
var vorlieben = fido.hobbys;
var hobbyString = "Fido mag";

for (var i = 0; i < vorlieben.length; i++)
{
    hobbyString += " " + vorlieben[i];
}
alert(hobbyString);
```

Hier weisen wir den Wert des Arrays mit Fidos Hobbys der Variablen vorlieben zu.

Wir können das Array vorlieben durchgehen und einen hobbyString mit allen Lieblingsbeschäftigungen von Fido erstellen.

Und können diesen String anzeigen.

❻ Objekte an Funktionen übergeben:

```
function bellen(hund) {
    if (hund.gewicht > 25) {
        alert("Wuff");
    } else {
        alert("Wau");
    }
}

bellen(fido);
```

Wir können ein Objekt wie jede andere Variable an eine Funktion übergeben.

Und können innerhalb der Funktion die Eigenschaften des Objekts verwenden, indem wir wie gewohnt über den Parameternamen auf das Objekt zugreifen.

Wir übergeben fido als Argument an die Funktion bellen, die ein Objekt vom Typ hund erwartet.

Der Punktoperator .

Der Punktoperator (.) bietet Ihnen Zugriff auf die Eigenschaft eines Objekts und ist leichter zu lesen als die [»string«]-Schreibweise:

- `fido.gewicht` ist Fidos Gewicht.
- `fido.rasse` ist Fidos Rasse.
- `fido.name` ist Fidos Name.
- `fido.hobbys` ist ein Array mit Fidos Hobbys.

JavaScript-Funktionen und Objekte

Können wir Eigenschaften Objekten hinzufügen, nachdem wir sie definiert haben?

Ja, Sie können jederzeit Eigenschaften hinzufügen oder löschen.

Um eine Eigenschaft einem Objekt hinzuzufügen, weisen Sie einfach einer neuen Eigenschaft einen Wert zu:

```
fido.alter = 5;
```

Sofort hat `fido` eine neue Eigenschaft: `alter`.

Sie können außerdem eine beliebige Eigenschaft mit dem Schlüsselwort `delete` löschen:

```
delete fido.alter;
```

Löschen Sie eine Eigenschaft auf diese Weise, entfernen Sie nicht nur den Wert der Eigenschaft, sondern die Eigenschaft insgesamt. Wenn Sie danach `fido.alter` abfragen, erhalten Sie `undefined`.

Der Ausdruck `delete` gibt `true` zurück, wenn die Eigenschaft erfolgreich entfernt wurde (oder Sie eine Eigenschaft entfernen, die nicht existiert oder das, was Sie zu löschen versuchen, nicht die Eigenschaft eines Objekts ist).

Sie sind hier ▸

Objekte als Argumente

Objekte an Funktionen übergeben

Wir haben bereits darüber gesprochen, wie Argumente an Funktionen übergeben werden – Argumente werden *als Wert* übergeben. Wenn wir also einen Integer übergeben, erhält der entsprechende Funktionsparameter eine *Kopie* des *Werts* dieser Ganzzahl. Dieselbe Regel gilt für Objekte. *Allerdings* müssen wir uns genauer ansehen, was eine Variable enthält, wenn wir ihr ein Objekt zuweisen.

Wird ein Objekt einer Variablen zugewiesen, enthält diese Variable eine *Referenz* auf dieses Objekt, nicht das Objekt selbst. Eine Referenz können Sie sich wie einen Verweis auf das Objekt vorstellen.

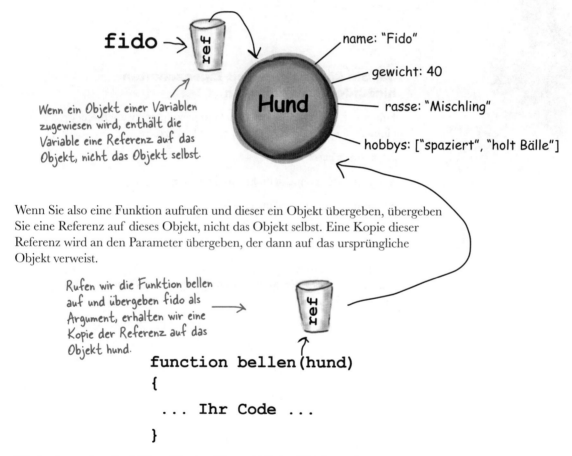

Wenn ein Objekt einer Variablen zugewiesen wird, enthält die Variable eine Referenz auf das Objekt, nicht das Objekt selbst.

Wenn Sie also eine Funktion aufrufen und dieser ein Objekt übergeben, übergeben Sie eine Referenz auf dieses Objekt, nicht das Objekt selbst. Eine Kopie dieser Referenz wird an den Parameter übergeben, der dann auf das ursprüngliche Objekt verweist.

Rufen wir die Funktion bellen auf und übergeben fido als Argument, erhalten wir eine Kopie der Referenz auf das Objekt hund.

```
function bellen(hund)
{
    ... Ihr Code ...
}
```

Was bedeutet das alles? Wenn Sie eine Eigenschaft des Objekts ändern, ändern Sie diese Eigenschaft im *ursprünglichen* Objekt und nicht in einer Kopie. Alle an einem Objekt vorgenommenen Änderungen sind daher sowohl innerhalb als auch außerhalb der Funktion sichtbar. Sehen wir uns ein Beispiel mit der Funktion abnehmen für Hunde einmal genauer an ...

JavaScript-Funktionen und Objekte

Fido auf Diät!

Schauen wir, was passiert, wenn wir fido an abnehmen übergeben und die Eigenschaft hund.gewicht ändern.

Hinter den Kulissen

(1) Wir haben das Objekt fido definiert und übergeben es an die Funktion abnehmen.

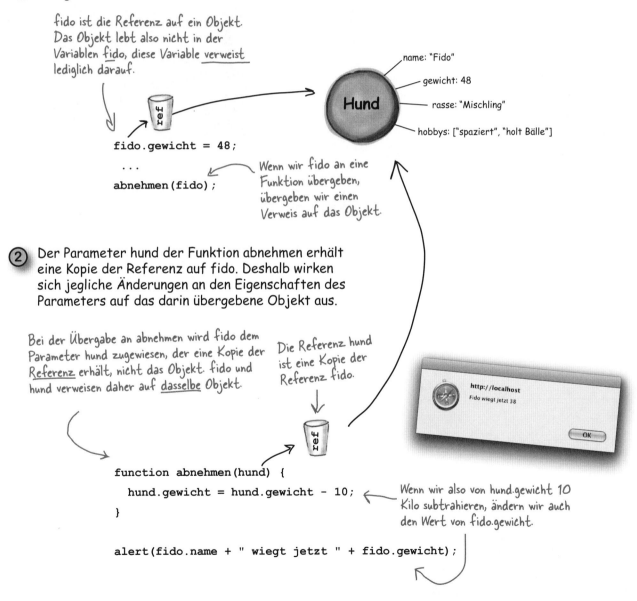

fido ist die Referenz auf ein Objekt. Das Objekt lebt also nicht in der Variablen fido, diese Variable verweist lediglich darauf.

```
fido.gewicht = 48;
...
abnehmen(fido);
```

Wenn wir fido an eine Funktion übergeben, übergeben wir einen Verweis auf das Objekt.

name: "Fido"
gewicht: 48
rasse: "Mischling"
hobbys: ["spaziert", "holt Bälle"]

(2) Der Parameter hund der Funktion abnehmen erhält eine Kopie der Referenz auf fido. Deshalb wirken sich jegliche Änderungen an den Eigenschaften des Parameters auf das darin übergebene Objekt aus.

Bei der Übergabe an abnehmen wird fido dem Parameter hund zugewiesen, der eine Kopie der Referenz erhält, nicht das Objekt. fido und hund verweisen daher auf dasselbe Objekt.

Die Referenz hund ist eine Kopie der Referenz fido.

http://localhost
Fido wiegt jetzt 38
OK

```
function abnehmen(hund) {
    hund.gewicht = hund.gewicht - 10;
}

alert(fido.name + " wiegt jetzt " + fido.gewicht);
```

Wenn wir also von hund.gewicht 10 Kilo subtrahieren, ändern wir auch den Wert von fido.gewicht.

Sie sind hier ▸ **137**

Die Webville-Cinema-App

JETZT IM WEBVILLE CINEMA

Das Webville Cinema hat wegen seiner JavaScript-API um Hilfe gebeten. Zunächst gestalten wir das Film-Objekt. Wir brauchen einige Film-Objekte, die jeweils einen Titel, ein Genre, eine Bewertung (1 bis 5 Sterne) und entsprechende Spielzeiten enthalten. Fangen Sie an und skizzieren Sie das Design für Ihr Film-Objekt (Sie können unser Hund-Objekt als Modell verwenden). Hier einige Beispieldaten für Ihre Objekte:

Plan 9 aus dem Weltall läuft um 15, 19 und 23 Uhr, gehört zum Genre »Kult-Klassiker« und hat 5 Sterne.

Alarm im Weltall läuft um 17 und 21 Uhr, gehört zum Genre »Sci-fi-Klassiker« und hat 5 Sterne.

Die Lösung steht gleich auf der nächsten Seite, aber sehen Sie nicht nach, bevor Sie mit der Übung fertig sind. Ehrlich. Wir meinen das ernst.

Sie können natürlich auch Ihre Lieblingsfilme einbauen.

Gestalten Sie hier Ihre Objekte.

JETZT IM WEBVILLE CINEMA
LÖSUNG

Wie ist es mit Ihrem Film-Objekt gelaufen?
So sieht unsere Lösung aus:

Wir haben zwei Objekte für die beiden Filme angelegt: film1 und film2.

film1 hat vier Eigenschaften: titel, genre, bewertung und vorstellungen.

titel und genre sind Strings.

bewertung ist eine Zahl.

```
var film1 = {
    titel: "Plan 9 aus dem Weltall",
    genre: "Kult-Klassiker",
    bewertung: 5,
    vorstellungen: ["15 Uhr", "19 Uhr", "23 Uhr"]
};
```

Und vorstellungen ist ein Array mit den Spielzeiten des Films als String.

film2 hat auch die vier Eigenschaften titel, genre, bewertung und vorstellungen.

```
var film2 = {
    titel: "Alarm im Weltall",
    genre: "Sci-fi-Klassiker",
    bewertung: 5,
    vorstellungen: ["17 Uhr", "21 Uhr"]
};
```

Denken Sie daran, die Eigenschaften mit Kommas voneinander zu trennen.

Wir verwenden dieselben Eigenschaftsnamen, aber andere Werte als für film1.

naechsteVorstellung implementieren

Nächste Vorstellung um ...

Wir hatten bereits einen kleinen Vorgeschmack auf das Mixen von Objekten und Funktionen. Nun gehen wir einen Schritt weiter und schreiben den Code, der uns die nächste Vorstellung eines Films ausgibt. Unsere Funktion erwartet einen Film als Argument und gibt der aktuellen Zeit entsprechend einen String mit der nächsten Vorstellung zurück.

Unsere neue Funktion, die ein Film-Objekt erwartet.

Wir fragen mit dem Date-Objekt von JavaScript die aktuelle Zeit ab – müssen uns aber nicht um die Details kümmern, sondern lediglich wissen, dass diese Funktion die aktuelle Zeit in Millisekunden zurückliefert.

```
function naechsteVorstellung(film) {
    var jetzt = new Date().getTime();

    for (var i = 0; i < film.vorstellungen.length; i++) {
        var vorstellung = extrahiereUhrzeit(film.vorstellungen[i]);
        if ((vorstellung - jetzt) > 0) {
            return "Nächste Vorstellung '" + film.titel + "': " + film.vorstellungen[i];
        }
    }
    return null;
}
```

Nun durchlaufen wir das Array vorstellungen und gehen die einzelnen Spielzeiten durch.

Für jede Spielzeit erhalten wir die Zeit in Millisekunden und vergleichen sie mit der aktuellen Zeit.

Wenn die Zeit noch nicht abgelaufen ist, handelt es sich um die nächste Vorstellung, und die zeigen wir an.

Wenn es keine Vorstellungen mehr gibt, liefern wir null zurück.

```
function extrahiereUhrzeit(zeitString) {
    var dieZeit = new Date();
    var stunde = parseInt(str);
    dieZeit.setHours(stunde);
    dieZeit.setMinutes(0);
    return dieZeit.getTime();
}
```

Code-Fertiggericht

Hier etwas frisch gebackener Code, der einen String im Format »15 Uhr« oder »23 Uhr« in eine Zeit in Millisekunden konvertiert.

```
var vorstellung = naechsteVorstellung(film1);
alert(vorstellung);
vorstellung = naechsteVorstellung(film2);
alert(vorstellung);
```

Hier rufen wir die Funktion naechsteVorstellung auf und verwenden den zurückgelieferten String mit alert.

Und dasselbe noch mal mit film2.

Wie »Verkettungen« funktionieren

Haben Sie das im bisherigen Code verstanden?

```
film.vorstellungen.length
```

Das sieht anders aus als alles, was wir bisher gesehen haben. Unterm Strich ist es aber nur die Kurzschreibweise für eine ganze Reihe von Schritten, über die wir die Größe des Arrays `vorstellungen` des Film-Objekts abrufen. Stattdessen hätten wir auch Folgendes schreiben können:

```
var vorstellungsArray = film.vorstellungen;   ← Zuerst schnappen wir uns
                                                das Array vorstellungen.
var anz = vorstellungsArray.length;            ← Dann greifen wir darüber auf die
                                                Eigenschaft length zu.
```

Aber wir können das alles auf einmal tun, indem wir die Ausdrücke miteinander verketten. Schritt für Schritt funktioniert das so:

film.vorstellungen.length

❶ Ergibt das Objekt film. ❷ Das hat die Eigenschaft vorstellungen – ein Array. ❸ Und die hat wiederum die Eigenschaft length.

Test am Drive-in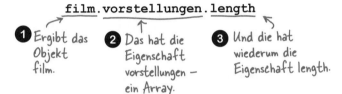

Tippen Sie den Code von der vorherigen Seite ab und machen Sie einen Probelauf. Wie Sie feststellen werden, ermittelt die Funktion `naechsteVorstellung` für jeden übergebenen Film die Uhrzeit der nächsten Vorstellung. Sie können gern auch neue Film-Objekte erstellen und damit ebenfalls einen Testlauf machen. Wir haben unseren um 12:30 Uhr gemacht.

```
var banzaiFilm = {
    titel: "Buckaroo Banzai",
    genre: "Kult-Klassiker",
    bewertung: 5,
    vorstellungen: ["13 Uhr", "17 Uhr", "19 Uhr"]
}

var vorstellung = naechsteVorstellung(banzaiFilm);
alert(vorstellung);
```

Hinweis: Unser Code ist noch nicht wirklich produktionstauglich. Wenn Sie ihn nach der Uhrzeit der letzten Vorstellung ausführen, erhalten Sie null. Versuchen Sie es am nächsten Tag noch mal. ☺

Objekte und Methoden

Objekte können auch ein Verhalten haben

Sie haben doch nicht erwartet, dass Objekte lediglich Zahlen, Strings und Arrays speichern können, oder? Objekte sind aktiv und können etwas tun. Hunde sitzen auch nicht nur herum: Sie bellen, laufen, spielen Fangen mit anderen Hunden usw. Und unser Hunde-Objekt sollte das auch tun! Mit dem, was Sie bisher in diesem Kapitel gelernt haben, sind Sie bereit, unserem Objekt Leben einzuhauchen:

```
var fido = {
    name: "Fido",
    gewicht: 40,
    rasse: "Mischling",
    hobbys: ["spaziert", "holt Bälle"]
    bellen: function() {
        alert("Wuff Wuff!");
    }
};
```

Wir können eine Funktion direkt unserem Objekt hinzufügen.

Wir nennen das nicht eine »Funktion im Objekt«, sondern eine Methode. Im Prinzip ist das dasselbe, aber jeder bezeichnet Funktionen von Objekten als Methoden.

Beachten Sie, dass wir eine anonyme Funktion erstellen und der Eigenschaft bellen des Objekts hinzufügen.

> Wenn ein Objekt eine Funktion enthält, nennt man sie eine <u>Methode.</u>

Die Methode eines Objekts rufen wir über den Objektnamen mit der Punktschreibweise auf, wobei wir die erforderlichen Argumente übergeben (falls vorhanden).

```
fido.bellen();
```

Wir können Objekte bitten, etwas zu tun, indem wir die entsprechende Methode aufrufen. In diesem Fall rufen wir die Methode bellen des Objekts fido auf.

142 Kapitel 4

Zurück zum Webville Cinema ...

Mit Ihrem neuen Wissen über Objekte können wir nun den Kino-Code verbessern. Wir haben bereits die Funktion `naechsteVorstellung` geschrieben, die einen Film als Argument erwartet. Wir könnten diese Funktion nun zu einer Methode des Film-Objekts machen:

```
var film1 = {
    titel: "Plan 9 aus dem Weltall",
    genre: "Kult-Klassiker",
    bewertung: 5,
    vorstellungen: ["15 Uhr", "19 Uhr", "23 Uhr"],
    naechsteVorstellung: function(film) {
        var jetzt = new Date().getTime();

        for (var i = 0; i < film.vorstellungen.length; i++) {
            var vorstellung = extrahiereUhrzeit(film.vorstellungen[i]);
            if ((vorstellung - jetzt) > 0) {
                return "Nächste Vorstellung '" + film.titel + "': " + film.vorstellungen[i];
            }
        }
        return null;
    }
};
```

Wir haben unseren Code in eine Methode des Objekts film1 mit dem Namen naechsteVorstellung geschrieben.

Aber das kann nicht stimmen!

Wir können die Funktion nicht einfach so in dieses Objekt schreiben, weil `naechsteVorstellung` einen Film als Argument erwartet. Wir möchten `naechsteVorstellung` so aufrufen:

```
var vorstellung = film1.naechsteVorstellung();
```

Es sollte kein Argument erforderlich sein, da klar ist, für welchen Film wir die nächste Vorstellung erfahren möchten: für film1.

Wie machen wir das? Wir müssen den Parameter aus der Definition der Methode `naechsteVorstellung` entfernen, brauchen aber eine Lösung für die Verweise auf `film.vorstellungen` im Code. Denn sobald wir den Parameter entfernen, existiert `film` nicht mehr als Variable. Mal sehen ...

Funktionen als Methoden

Weg mit dem Parameter film ...

Wir haben uns erlaubt, den Parameter `film` und alle Verweise darauf zu entfernen. Bleibt also nur noch:

```
var film1 = {
    titel: "Plan 9 aus dem Weltall",
    genre: "Kult-Klassiker",
    bewertung: 5,
    vorstellungen: ["15 Uhr", "19 Uhr", "23 Uhr"],

    naechsteVorstellung: function() {
        var jetzt = new Date().getTime();
        for (var i = 0; i < vorstellungen.length; i++) {
            var vorstellung = extrahiereUhrzeit(vorstellungen[i]);
            if ((vorstellung - jetzt) > 0) {
                return "Nächste Vorstellung '" + titel + "': " + vorstellungen[i];
            }
        }
        return null;
    }
};
```

Wir haben die Änderungen weiter unten hervorgehoben.

Das sieht alles ganz vernünftig aus. Aber wir müssen eine Möglichkeit finden, damit die Methode naechsteVorstellung auf die Eigenschaft vorstellungen zugreifen kann ...

... wir kennen bisher nur lokale Variablen (vorstellungen ist leider keine) und globale Variablen (vorstellungen ist auch keine globale Variable). Hmmmm ...

Oh, hier haben wir noch mal dasselbe Problem mit der Eigenschaft titel.

Und jetzt?

Jetzt kommt die Preisfrage: Wir haben die Verweise auf die Eigenschaften `vorstellungen` und `titel`. Normalerweise verweisen wir in einer Funktion auf eine lokale Variable, eine globale Variable oder einen Parameter der Funktion. Aber `vorstellungen` und `titel` sind *Eigenschaften* des Objekts `film1`. Vielleicht funktioniert das ja irgendwie ... ist JavaScript möglicherweise schlau genug, um das zu verstehen?

Nö. Es funktioniert nicht. Versuchen Sie es ruhig. JavaScript wird Ihnen sagen, dass die Variablen vorstellungen und titel nicht definiert sind. Wie kann das sein?

Das liegt daran: Diese Variablen sind Eigenschaften eines Objekts. Aber wir sagen JavaScript nicht, von welchem Objekt. Wahrscheinlich sagen Sie jetzt: »Natürlich meinen wir DIESES Objekt, genau DAS hier! Wie kann das unklar sein?« Sie haben recht, wir brauchen die Eigenschaften genau DIESES Objekts. Tatsächlich gibt es dafür in JavaScript ein Schlüsselwort: das Schlüsselwort `this`, mit dem Sie JavaScript mitteilen können, dass Sie genau *dieses Objekt* meinen, in dem wir uns gerade befinden.

Natürlich ist die Situation ein wenig komplizierter, aber darauf kommen wir gleich. Im Moment setzen wir einfach das Schlüsselwort `this` ein und bringen den Code zum Laufen.

Das Schlüsselwort »this«

Fügen wir an jeder Stelle, an der wir uns auf eine Eigenschaft beziehen, das Schlüsselwort this ein, um JavaScript mitzuteilen, dass wir *dieses* Objekt meinen:

```javascript
var film1 = {
    titel: "Plan 9 aus dem Weltall",
    genre: "Kult-Klassiker",
    bewertung: 5,
    vorstellungen: ["15 Uhr", "19 Uhr", "23 Uhr"],

    naechsteVorstellung: function() {
        var jetzt = new Date().getTime();

        for (var i = 0; i < this.vorstellungen.length; i++) {
            var vorstellung = extrahiereUhrzeit(this.vorstellungen[i]);
            if ((vorstellung - jetzt) > 0) {
                return "Nächste Vorstellung '" + this.titel + "': " + this.vorstellungen[i];
            }
        }
        return null;
    }
};
```

Wir haben vor jeder Eigenschaft das Schlüsselwort <u>this</u> eingefügt, um kenntlich zu machen, dass wir die Referenz auf das Objekt film1 meinen.

Probefahrt mit »this«

Tippen Sie den Code ab und fügen Sie die Funktion naechsteVorstellung auch in das Objekt film2 ein (einfach kopieren und einfügen). Machen Sie anschließend die folgenden Änderungen an Ihrem bisherigen Testcode. Versuchen Sie's! Hier ist unser Ergebnis:

```javascript
var vorstellung = film1.naechsteVorstellung();
alert(vorstellung);
vorstellung = film2.naechsteVorstellung();
alert(vorstellung);
```

> http://localhost
> Nächste Vorstellung 'Plan 9 aus dem Weltall': 15 Uhr
> [OK]

Beachten Sie, dass wir jetzt naechsteVorstellung direkt ÜBER das Objekt aufrufen. Klingt sinnvoll, oder?

Sie sind hier ▶ **145**

Code wiederverwenden und Methoden

> Wir verdoppeln den Code, indem wir die Methode naechsteVorstellung kopieren und einfügen. Gibt es keine bessere Möglichkeit?

Gut aufgepasst.

Sie haben den richtigen Instinkt, wenn Ihnen aufgefallen ist, dass wir den Code unnötig vervielfältigen, wenn wir `naechsteVorstellung` in mehr als ein Film-Objekt einfügen. Eines der Ziele der »objektorientierten« Programmierung besteht darin, Code möglichst oft wiederzuverwenden. In unserem Beispiel verwenden wir keinerlei Code mehrfach. Wir legen jedes Objekt einzeln an, und unsere Film-Objekte halten lediglich dieselbe Konvention ein (dank Copy-and-paste!). Das ist nicht nur Platzverschwendung, sondern auch eine mögliche Fehlerquelle.

Mit einem *Konstruktor* lässt sich das viel besser lösen. Was ein Konstruktor ist? Eine besondere Funktion, die wir gleich schreiben werden und die für uns absolut identische Objekte erstellt. Sie können sich das wie eine kleine Fabrik vorstellen, die die gewünschten Eigenschaftswerte entgegennimmt und Ihnen ein hübsches neues Objekt mit den richtigen Eigenschaften und Methoden liefert.

Erstellen wir also einen Konstruktor ...

Einen Konstruktor erstellen

Schreiben wir einen Konstruktor für Hunde. Wir wissen bereits, wie unser Hund-Objekt aussehen soll: Es hat Eigenschaften für Name, Rasse und Gewicht sowie eine Methode zum Bellen. Unser Konstruktor muss also die Eigenschaftswerte als Parameter entgegennehmen und uns dann ein Hund-Objekt zurückgeben, das gleich losbellen kann. Hier ist der Code:

> Eine Konstruktorfunktion sieht einer normalen Funktion ziemlich ähnlich. Es gibt jedoch die Konvention, den Namen einer solchen Funktion mit einem großen Buchstaben zu beginnen.

> Die Parameter des Konstruktors nehmen Werte für die gewünschten Eigenschaften unseres Objekts entgegen.

```javascript
function Hund(name, rasse, gewicht) {
    this.name = name;
    this.rasse = rasse;
    this.gewicht = gewicht;
    this.bellen = function() {
        if (this.gewicht > 25) {
            alert(this.name + " sagt Wuff!");
        } else {
            alert(this.name + " sagt Wau!");
        }
    };
}
```

> Die Namen der Eigenschaften und Parameter müssen nicht identisch sein, sind es aber häufig – ebenfalls einer Konvention folgend.

> Hier initialisieren wir die Eigenschaften des Objekts mit den an den Konstruktor übergebenen Werten.

> Wir können die Methode bellen in das neue Objekt einfügen, indem wir wie vorhin die Eigenschaft bellen mit einem Funktionswert initialisieren.

> Wie zuvor verweisen wir auf die Eigenschaften des Objekts mit »this.gewicht« und »this.name«.

> Beachten Sie, wie sich diese Syntax von der Objekt-Syntax unterscheidet. Das hier sind Anweisungen, daher müssen wir jede einzelne mit einem »;« abschließen – wie in jeder normalen Funktion.

Gehen wir nochmals die einzelnen Schritte durch, um es wirklich zu verstehen: Hund ist eine Konstruktorfunktion, die eine Reihe von Argumenten erwartet, die genau unseren Anfangswerten für die Eigenschaften entsprechen: name, rasse und gewicht. Sobald diese Werte festgelegt sind, weist die Funktion über das Schlüsselwort `this` die Eigenschaften zu. Außerdem definiert die Funktion auch unsere Methode bellen. Was dabei herauskommt? Der Konstruktor Hund gibt uns ein neues Hund-Objekt zurück. Sehen wir uns an, wie wir den Konstruktor verwenden.

Sie sind hier ▶ **147**

Konstruktoren *nutzen*

Sie müssen diese Objekte nicht alle selbst erstellen. Wir bauen sie für Sie.

Unser Konstruktor im Einsatz

Nachdem wir jetzt unsere Fabrik gebaut haben, können wir damit ein paar Hunde herstellen. Es gibt nur eine Sache, die wir Ihnen noch nicht gesagt haben: Sie müssen eine Konstruktorfunktion auf eine besondere Art aufrufen, indem Sie das Schlüsselwort new vor den Funktionsaufruf schreiben:

Um einen Hund zu erstellen, müssen wir den Konstruktor mit dem Schlüsselwort new verwenden ...

... und dann einfach wie eine Funktion aufrufen.

```
var fido = new Hund("Fido", "Mischling", 38);

var bella = new Hund("Bella", "Chawalla", 8);

var clifford = new Hund("Clifford", "Bluthund", 65);


fido.bellen();

bella.bellen();

clifford.bellen();
```

Wir erstellen drei verschiedene Hund-Objekte, indem wir unterschiedliche Argumente übergeben

Sobald wir die Objekte haben, können wir jeweils die Methode bellen aufrufen, um jeden Hund bellen zu lassen.

Sehen wir uns noch mal an, was hier geschieht: Wir erstellen drei verschiedene Hund-Objekte mit jeweils eigenen Eigenschaften, indem wir den Konstruktor zusammen mit dem Schlüsselwort new verwenden. Der Konstruktor gibt jeweils ein Hund-Objekt zurück, das an die von uns übergebenen Argumente angepasst ist.

Anschließend rufen wir jeweils die Methode bellen auf. Beachten Sie, dass wir für alle Hunde dieselbe Methode bellen verwenden, wobei this immer auf das Hund-Objekt verweist, das die Funktion aufruft. Wenn wir also die Methode bellen von fido aufrufen, bezieht sich innerhalb der Methode bellen this auf das Objekt fido. Sehen wir uns das noch einmal näher an.

JavaScript-Funktionen und Objekte

Wie funktioniert this eigentlich?

Hinter den Kulissen

Immer wenn wir this in den Code einer Methode schreiben, wird das Schlüsselwort als Referenz auf das Objekt interpretiert, dessen Methode aufgerufen wurde. Rufen wir also fido.bellen auf, verweist this auf fido. Und wenn wir das Hund-Objekt bella verwenden, bezieht sich this innerhalb des Methodenaufrufs auf bella. Woher weiß this, welches Objekt es repräsentiert?

① Angenommen, wir haben ein Hund-Objekt der Variablen fido zugewiesen:

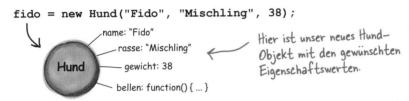

Hier ist unser neues Hund-Objekt mit den gewünschten Eigenschaftswerten.

② Wir rufen bellen() von fido auf:

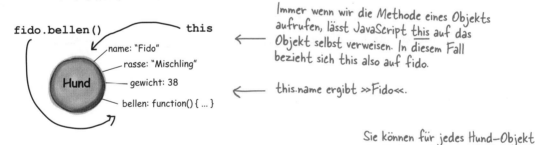

Immer wenn wir die Methode eines Objekts aufrufen, lässt JavaScript this auf das Objekt selbst verweisen. In diesem Fall bezieht sich this also auf fido.

this.name ergibt »Fido«.

③ »this« bezieht sich also immer auf das Objekt, dessen Methode aufgerufen wurde – ganz egal wie viele Hunde wir bellen lassen:

Sie können für jedes Hund-Objekt die Methode bellen aufrufen. Vor der Ausführung des Codes wird der entsprechende Hund dem Schlüsselwort this zugewiesen.

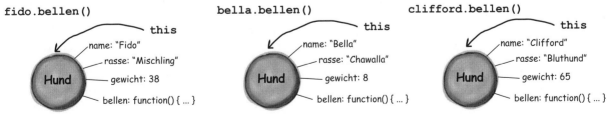

Sie sind hier ▸ **149**

Der Film-Konstruktor

Code-Magneten

Auf dem Kühlschrank hatten wir einen funktionierenden Film-Konstruktor, aber einige Magneten sind auf den Boden gefallen. Können Sie ihn für uns wieder zusammensetzen? Vorsicht: Eventuell lagen bereits einige Magneten auf dem Boden, die Sie in die Irre führen könnten.

```
function _____(_____, _____, bewertung, vorstellungen) {
    this.titel = _____;
    this.genre = genre;
    this._____ = bewertung;
    this.vorstellungen = _____;
    this.naechsteVorstellung = function() {
        var jetzt = new Date().getTime();
        for (var i = 0; i < _____.length; i++) {
            var vorstellung = extrahiereUhrzeit(this._____[i]);
            if ((vorstellung - jetzt) > 0) {
                return "Nächste Vorstellung '" + _____ + "': " + this.vorstellungen[i];
            }
        }
    } _____
}
```

→ Ergänzen Sie den Code mit diesen Magneten.

- titel
- function
- Film
- Wuff
- bewertung
- vorstellungen
- this.vorstellungen
- ;
- bellen()
- this.titel
- ,
- genre
- this

Es gibt keine Dummen Fragen

F: Was ist der tatsächliche Unterschied zwischen einer Funktion und einer Methode? Wenn sie unterm Strich dasselbe sind, wozu dann ein anderer Name?

A: Üblicherweise bezeichnet man die Funktionen eines Objekts als Methoden. Zwar funktionieren beide gleich, allerdings rufen Sie die Methode eines Objekts mit der Punktschreibweise auf. Außerdem kann eine Methode mit `this` auf das Objekt zugreifen, dessen Methode aufgerufen wurde. Eine Funktion können Sie sich als Code vorstellen, den Sie eigenständig aufrufen können. Eine Methode ist dagegen das mit einem bestimmten Objekt fest verknüpfte Verhalten.

F: Wenn ich Objekte mit einem Konstruktor aufrufe und diese Objekte eine Methode haben, nutzen dann alle Objekte denselben Code für diese Methode?

A: Genau, und das ist einer der Vorteile der objektorientierten Programmierung: Sie erstellen den Code für diese Klasse von Objekten (z. B. alle Hund-Objekte) nur an einer Stelle, er wird jedoch von allen Objekten gemeinsam genutzt. Der Code funktioniert dabei für jedes Objekt getrennt, da Sie ja mit `this` auf die jeweils unterschiedlichen Eigenschaftswerte zugreifen.

F: Kann ich `this` mit einem beliebigen Wert belegen? Falls ja – macht das alles kaputt?

A: Nein, Sie können `this` nichts zuweisen. `this` ist ein Schlüsselwort, keine Variable! Es sieht ein bisschen so aus und verhält sich auch ähnlich, ist aber keine.

F: Hat `this` außerhalb der Methode eines Objekts einen Wert?

A: Nein. Außerhalb der Methode eines Objekts ist `this` nicht definiert.

F: Also bekommt `this` beim Aufruf der Methode eines Objekts genau dieses Objekt zugewiesen und enthält während der Ausführung der Methode das Objekt?

A: Genau, innerhalb des Objekts steht `this` immer für das Objekt selbst. Es gibt einige besondere Fälle, in denen das unter Umständen nicht zutrifft. Das Ganze wird beispielsweise etwas komplizierter, wenn Sie Objekte innerhalb von Objekten verwenden. In diesem Fall müssen Sie eventuell noch mal genauer nachlesen.

F: Ich habe gehört, dass ich in der objektorientierten Programmierung Klassen von Objekten verwenden kann, die voneinander erben können. Zum Beispiel eine Klasse Säugetiere, von der sowohl die Klasse Hunde als auch die Klasse Katzen erben können. Geht das in JavaScript?

A: Ja. JavaScript nutzt »Vererbung über Prototypen«, ein sogar noch leistungsfähigeres Modell als rein klassenbasierte Modelle. Die Vererbung über Prototypen geht ein bisschen über den Umfang dieses Buchs hinaus. Aber wer weiß, vielleicht lassen wir uns überreden, noch mehr über JavaScript zu schreiben.

F: Wenn wir new Date() schreiben, verwenden wir also einen Konstruktor, richtig?

A: Gut erkannt! Date ist ein JavaScript-interner Konstruktor. Mit `new Date()` erhalten Sie ein Date-Objekt mit einer Reihe nützlicher Methoden, mit denen Sie das Datum bearbeiten können.

F: Was ist der Unterschied zwischen Objekten, die wir explizit schreiben, und denjenigen, die wir mit einem Konstruktor erstellen?

A: Der Hauptunterschied liegt darin, wie die Objekte erstellt werden. Objekte, die Sie direkt erstellen, schreiben Sie mit geschweiften Klammern und trennen die Eigenschaften mit Kommas voneinander. Das sind sogenannte »Objektliterale«. Sie schreiben sie direkt in den Code und müssen selbst dafür sorgen, dass Sie immer dieselben Eigenschaften verwenden. Mit einem Konstruktor erstellen Sie die Objekte mit `new` und der Konstruktorfunktion, die das Objekt zurückliefert. Auf diese Weise können Sie viele Objekte mit exakt denselben Eigenschaften, aber mit unterschiedlichen Eigenschaftswerten erstellen.

Lösung zu den Übungen

Code-Magneten

Auf dem Kühlschrank hatten wir einen funktionierenden Film-Konstruktor, aber einige Magneten sind auf den Boden gefallen. Können Sie ihn für uns wieder zusammensetzen? Vorsicht: Eventuell lagen bereits einige Magneten auf dem Boden, die Sie in die Irre führen könnten.

Hier geht es um einen Konstruktor, also schreiben wir den ersten Buchstaben groß.

```
function Film ( titel , genre , bewertung, vorstellungen) {
    this.titel = titel ;
    this.genre = genre;
    this. bewertung = bewertung;
    this.vorstellungen vorstellungen ;
    this.naechsteVorstellung = function() {
        var jetzt = new Date().getTime();
        for (var i = 0; i < this.vorstellungen .length; i++) {
            var vorstellung = extrahiereUhrzeit(this. vorstellungen [i]);
            if ((vorstellung - jetzt) > 0) {
                return "Nächste Vorstellung '" + this.titel + "': " + this.vorstellungen[i];
            }
        }
    } ;
}
```

Wir übergeben die gewünschten Werte für die Eigenschaften – titel, genre, bewertung und vorstellungen – ...

... und initialisieren die Eigenschaften.

Um auf die Eigenschaften im Objekt zuzugreifen, brauchen wir das Schlüsselwort this.

Vergessen Sie nicht, die Anweisung mit einem Semikolon zu beenden!

Überflüssige Magneten!

```
function    this.vorstellungen    Wuff
                    bellen()
              ,                         this
```

Probefahrt für Ihre Fabrik

Es wird nun Zeit, mit dem Film-Konstruktor einige Film-Objekte herzustellen! Tippen Sie die Film-Konstruktorfunktion ab, fügen Sie den folgenden Code hinzu und versuchen Sie's! Sie werden uns bestimmt Recht geben, dass das eine wesentlich komfortablere Möglichkeit ist, Objekte zu erstellen.

```
var banzaiFilm = new Film("Buckaroo Banzai",
                          "Kult-Klassiker",
                          5,
                          ["13 Uhr", "17 Uhr", "19 Uhr", "23 Uhr"]);
```

Als Erstes erstellen wir ein Film-Objekt für Buckaroo Banzai (einen unserer liebsten Kult-Klassiker). Wir übergeben die Werte für die Parameter.

Beachten Sie, dass wir die Array-Werte für vorstellungen direkt im Funktionsaufruf angeben.

```
var plan9Film = new Film("Plan 9 aus dem Weltall",
                         "Kult-Klassiker",
                         2,
                         ["15 Uhr", "19 Uhr", "23 Uhr"]);
```

← Als Nächstes kommt »Plan 9 aus dem Weltall« ...

```
var alarmFilm = new Film("Alarm im Weltall",
                         "Sci-fi-Klassiker",
                         5,
                         ["17 Uhr", "21 Uhr"]);
```

← Und natürlich »Alarm im Weltall«.

```
alert(banzaiFilm.naechsteVorstellung());
alert(plan9Film.naechsteVorstellung());
alert(alarmFilm.naechsteVorstellung());
```

Sobald wir alle Objekte erstellt haben, können wir die Methode naechsteVorstellung aufrufen und dem Benutzer die nächste Vorstellung anzeigen.

> http://localhost
> Nächste Vorstellung 'Alarm im Weltall': 17 Uhr
> OK

> http://localhost
> Nächste Vorstellung 'Plan 9 aus dem Weltall': 15 Uhr
> OK

> http://localhost
> Nächste Vorstellung 'Buckaroo Banzai': 13 Uhr
> OK

Tour der wichtigsten Objekte

> Gratuliere, Sie haben die Funktionen und Objekte gemeistert! Nachdem Sie jetzt alles darüber wissen, sollten wir uns vor dem Ende dieses Kapitels noch ein bisschen Zeit nehmen, um uns JavaScript-Objekte in freier Wildbahn anzusehen: in ihrem natürlichen Habitat, dem Browser!

Vielleicht ist Ihnen aufgefallen ...

... dass Objekte überall sind. Beispielsweise sind `document` und `window` Objekte, genauso wie die Elemente, die uns `document.getElementById` liefert. Und das sind nur einige wenige der vielen Objekte, die Ihnen begegnen werden – wenn wir uns mit den HTML5-APIs beschäftigen, werden wir eine Menge Objekte zu Gesicht bekommen!

Sehen wir uns nochmals ein paar der Objekte an, die Sie in diesem Buch bereits verwendet haben:

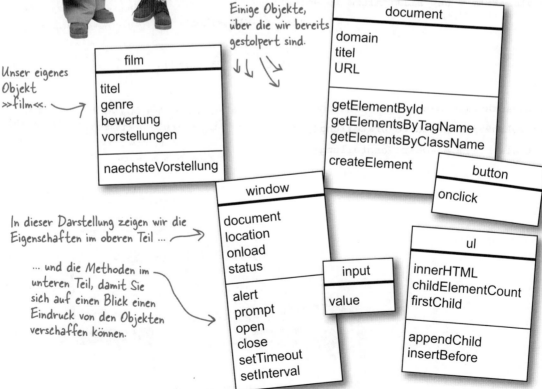

Einige Objekte, über die wir bereits gestolpert sind.

Unser eigenes Objekt »film«.

In dieser Darstellung zeigen wir die Eigenschaften im oberen Teil ...

... und die Methoden im unteren Teil, damit Sie sich auf einen Blick einen Eindruck von den Objekten verschaffen können.

JavaScript-Funktionen und Objekte

Was ist überhaupt das window-Objekt?

Wenn Sie Code für den Browser schreiben, wird Sie das window-Objekt immer begleiten. Das window-Objekt ist sowohl die globale Umgebung für Ihre JavaScript-Programme als auch das Hauptfenster Ihrer App. Insofern enthält es viele wichtige Eigenschaften und Methoden. Sehen wir es uns also genauer an:

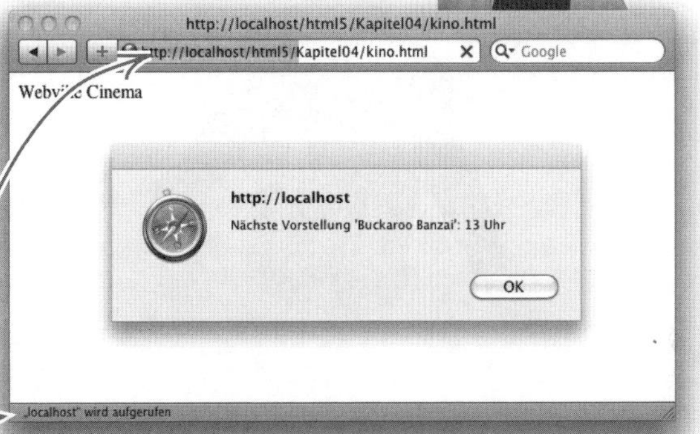

Das ist unser window-Objekt mit einigen wichtigen Eigenschaften und Methoden, die Sie kennen sollten. Es gibt noch viele andere …

window

- **location** — location enthält die URL der Seite. Wenn Sie sie ändern, ruft der Browser die neue URL ab!
- **status** — status enthält die Zeichenfolge, die in der Statusleiste Ihres Browsers angezeigt wird.
- **onload** — Diese Eigenschaft haben Sie schon gesehen: onload enthält die Funktion, die aufgerufen wird, wenn die Seite vollständig geladen wurde.
- **document** — Die document-Eigenschaft enthält das DOM!
- **alert** — Sie kennen die alert-Methode: Sie zeigt eine Meldung an.
- **prompt** — prompt ähnelt alert, fordert jedoch den Benutzer auf, Informationen einzugeben.
- **open** — Öffnet ein neues Browserfenster.
- **close** — Schließt das Fenster.
- **setTimeout** — Ruft nach Ablauf eines angegebenen Zeitintervalls einen Handler auf.
- **setInterval** — Ruft immer wieder nach Ablauf eines angegebenen Zeitintervalls einen Handler auf.

Sie sind hier ▶ **155**

*Wie **window.onload** funktioniert*

> Wir haben aber »alert« geschrieben und nicht »window.alert« ... Woher weiß der Browser, dass wir die Methode window.alert brauchen?

Window ist das globale Objekt.

Das mag vielleicht seltsam erscheinen, aber das window-Objekt ist Ihre globale Umgebung. Daher werden die Namen jeglicher Eigenschaften oder Methoden von window aufgelöst, selbst wenn Sie nicht `window` voranstellen.

Zusätzlich landen alle von Ihnen definierten globalen Variablen im Namespace window. Sie können deshalb darauf auch mit `window.meineVariable` verweisen.

Ein genauerer Blick auf window.onload

Eine Sache, die wir in diesem Buch bisher oft verwendet haben, ist der Event-Handler für `window.onload`. Indem wir der Eigenschaft `window.onload` eine Funktion zuweisen, können wir sicherstellen, dass unser Code erst ausgeführt wird, nachdem die Seite geladen und das DOM vollständig eingerichtet wurde. In der `window.onload`-Anweisung passiert eine Menge. Sehen wir sie uns noch einmal an, damit das alles für Sie einen Sinn ergibt:

Unser globales window-Objekt.

onload ist eine Eigenschaft des window-Objekts.

Eine anonyme Funktion, die wir der onload-Eigenschaft zuweisen.

```
window.onload = function() {
    // Ihr Code
};
```

Und natürlich wird der Body der Funktion ausgeführt, sobald window die Seite vollständig geladen hat und unsere anonyme Funktion aufruft!

JavaScript-Funktionen und Objekte

Noch ein Blick auf das document-Objekt

Das `document`-Objekt ist ein weiteres bekanntes Gesicht. Über dieses Dokument haben wir auf das DOM zugegriffen. Und wie Sie gerade gesehen haben, ist es eigentlich eine Eigenschaft des `window`-Objekts. Natürlich haben wir es nicht als `window.document` verwendet, weil wir das nicht zu tun brauchen. Werfen wir einen kurzen Blick unter die Haube, um die interessanteren Eigenschaften und Methoden zu sehen:

document

Eigenschaften:
- domain — Die domain-Eigenschaft enthält die Domain des Servers, der document bereitstellt, z. B. wickedlysmart.com.
- title — Mit der title-Eigenschaft können wir über document.title den Titel des Dokuments abrufen.
- URL — URL ist einfach die URL des Dokuments.

Methoden:
- getElementById — Wie Sie wissen, schnappt sich diese Methode ein Element anhand seiner id.
- getElementsByTagName
- getElementsByClassName — Diese beiden ähneln getElementById, rufen Elemente aber anhand von Tags oder Klassennamen ab.
- createElement — Mit dieser Methode haben wir in Kapitel 3 neue Elemente für die Wiedergabeliste erstellt. Wie Sie wissen, gibt diese Methode Elemente zurück, die in das DOM eingefügt werden können.

Ein genauerer Blick auf document.getElementById

Wir haben Ihnen am Anfang dieses Kapitels versprochen, dass Sie gegen Ende des Kapitels `document.getElementById` verstehen. Sie haben Funktionen, Objekte und Methoden gemeistert. Jetzt sind Sie bereit! Schauen Sie mal:

document ist das document-Objekt, ein JavaScript-internes Objekt, mit dem Sie auf das DOM zugreifen können.

```
var div = document.getElementById("meinDiv");
```

getElementById ist eine Methode, die ...

... ein Argument erwartet – die ID z. B. eines <div>-Elements – und ein Element-Objekt zurückgibt.

Was zuvor eine verwirrende Zeichenfolge war, ergibt plötzlich eine Menge mehr Sinn. Die Variable `div` ist übrigens auch ein Objekt: ein Element-Objekt. Sehen wir auch das uns einmal näher an.

Sie sind hier ▶ **157**

Noch ein Objekt: das Element-Objekt

Wir sollten nicht vergessen, dass die Elemente, die Methoden wie `getElementById` zurückliefern, ebenfalls Objekte sind! Das war Ihnen vielleicht nicht klar. Nachdem Sie das nun aber wissen, könnten Ihnen schwanen, dass alles in JavaScript ein Objekt ist. Und damit haben Sie ziemlich recht.

Sie haben bereits Beweise für einige Elementeigenschaften entdeckt, z. B. die `innerHTML`-Eigenschaft. Sehen wir uns ein paar wichtige Eigenschaften und Methoden an:

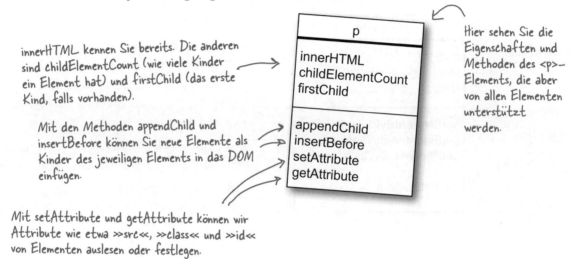

innerHTML kennen Sie bereits. Die anderen sind childElementCount (wie viele Kinder ein Element hat) und firstChild (das erste Kind, falls vorhanden).

Mit den Methoden appendChild und insertBefore können Sie neue Elemente als Kinder des jeweiligen Elements in das DOM einfügen.

Hier sehen Sie die Eigenschaften und Methoden des <p>-Elements, die aber von allen Elementen unterstützt werden.

Mit setAttribute und getAttribute können wir Attribute wie etwa »src«, »class« und »id« von Elementen auslesen oder festlegen.

Es gibt keine Dummen Fragen

F: Nachdem window das globale Objekt ist, kann ich seine Eigenschaften und Methoden also verwenden, ohne `window` davor zu schreiben?

A: Genau. Ob Sie vor die Eigenschaften und Methoden des window-Objekts tatsächlich `window` schreiben, bleibt Ihnen überlassen. Von Dingen wie alert weiß jeder, was es damit auf sich hat, und verwendet die Methode einfach so. Wenn Sie dagegen weniger bekannte Eigenschaften oder Methoden verwenden, können Sie Ihren Code leichter verständlich machen, wenn Sie `window` voranstellen.

F: Technisch gesehen, könnte ich also `onload = init` anstatt `window.onload = init` schreiben?

A: Ja. Aber in diesem speziellen Fall raten wir Ihnen davon ab, weil ziemlich viele Objekte eine onload-Eigenschaft haben. Insofern ist Ihr Code wesentlich übersichtlicher, wenn Sie `window.onload` verwenden.

F: Schreiben wir deshalb nicht `window.onload = init()`, weil wir dann die Funktion aufrufen statt ihren Wert verwenden würden?

A: Genau. Wenn Sie nach dem Funktionsnamen Klammern setzen, z. B. init(), sagen Sie damit, dass Sie die Funktion init *aufrufen* möchten. Ohne Klammern weisen Sie den Funktionswert der onload-Eigenschaft zu. Der Unterschied beim Tippen ist minimal, die Auswirkungen sind dagegen riesig. Passen Sie also genau auf.

JavaScript-Funktionen und Objekte

F: **Welche Methode ist besser, um einen window.onload-Handler anzulegen – die mit einem Funktionsnamen oder die mit einer anonymen Funktion?**

A: Keine ist besser als die andere. Beide Methoden führen zum gleichen Ergebnis und legen den Wert von `window.onload` mit einer Funktion fest, die ausgeführt wird, nachdem die Seite geladen wurde. Wenn Sie `init` auch von einer anderen Funktion aus in Ihrem Programm aufrufen möchten, müssen Sie auch eine `init`-Funktion definieren. Ansonsten spielt es keine Rolle, welche Methode Sie wählen.

F: **Was ist der Unterschied zwischen integrierten Objekten wie window und document und den von uns erstellten?**

A: Ein Unterschied besteht darin, dass die integrierten Objekte gewisse Richtlinien und Spezifikationen erfüllen. Sie können daher die W3C-Spezifikationen konsultieren, um alle Eigenschaften und Methoden zu verstehen. Außerdem haben viele der integrierten Objekte, z. B. String, unveränderbare Eigenschaften. Abgesehen davon sind Objekte einfach Objekte. Das Tolle an integrierten Objekten ist, dass es sie bereits gibt.

Ja, String ist ein Objekt! Lesen Sie in einer guten JavaScript-Referenz nach, um alle Einzelheiten zu den Eigenschaften und Methoden zu erfahren.

Gratuliere! Sie haben unsere Objekt-Tour abgeschlossen und etliche Kapitel JavaScript-Trainingscamp durchgehalten. Jetzt wird es Zeit, Ihr Wissen anzuwenden und mit den HTML5-JavaScript-APIs zu programmieren. Im nächsten Kapitel geht's los!

Sie verlassen dieses Kapitel und wissen dabei mehr über Objekte und Funktionen als viele andere Menschen da draußen. Natürlich gibt es noch viel mehr zu lernen, und wir möchten Sie ermutigen, weiter zu forschen (nachdem Sie mit diesem Buch fertig sind)!

Also gönnen Sie sich ein bisschen Entspannung nach diesem Kapitel. Lesen Sie aber zuvor noch die Punkt-für-Punkt-Seite und sehen Sie sich das Kreuzworträtsel an, damit auch alles hängen bleibt.

Sie sind hier ▶

Überblick über Funktionen und Objekte

Punkt für Punkt

- Eine Funktion erstellen Sie mit dem Schlüsselwort function, gefolgt von Klammern und Parametern (falls vorhanden).

- Funktionen können einen Namen haben oder anonym sein.

- Für Funktionen gelten dieselben Namensregeln wie für Variablen.

- Der Body einer Funktion steht zwischen geschweiften Klammern und enthält Anweisungen, die die einzelnen Arbeitsschritte der Funktion ausführen.

- Mit der return-Anweisung kann eine Funktion einen Wert zurückgeben.

- Um eine Funktion aufzurufen, verwenden Sie ihren Namen und übergeben die erforderlichen Argumente.

- JavaScript übergibt Parameter als Wert.

- Wenn Sie ein Objekt als Argument an eine Funktion übergeben, z. B. hund, erhält der Parameter eine Kopie der **Referenz** auf das Objekt.

- In Funktionen definierte Variablen – dazu gehören auch Parameter – sind lokale Variablen.

- Außerhalb von Funktionen definierte Variablen nennt man globale Variablen.

- Lokale Variablen sind außerhalb der Funktion, in der sie definiert werden, nicht sichtbar. Dieses Phänomen bezeichnet man als den Geltungsbereich einer Variablen.

- Wenn Sie eine lokale Variable mit demselben Namen wie eine globale Variable deklarieren, »überschattet« die lokale Variable die globale.

- Binden Sie mehrere JavaScript-Dateien in Ihre Seite ein, teilen sich alle globalen Variablen denselben Geltungsbereich.

- Wenn Sie eine neue Variable ohne das Schlüsselwort var zuweisen, ist diese Variable global – selbst wenn Sie sie innerhalb einer Funktion zuweisen.

- Funktionen sind Werte, die Sie Variablen oder Objekteigenschaften zuweisen, an andere Funktionen übergeben oder in Arrays speichern können.

- Objekte sind Sammlungen von Eigenschaften.

- Auf die Eigenschaft eines Objekts können Sie entweder mit der Punkt- oder der [ ]-Schreibweise zugreifen.

- Bei der [ ]-Schreibweise geben Sie den Namen der Eigenschaft als String an: z. B. meinObjekt["name"].

- Sie können den Wert einer Eigenschaft ändern, Eigenschaften entfernen sowie neue Eigenschaften einem Objekt hinzufügen.

- Mit einer for-in-Schleife können Sie die Eigenschaften eines Objekts enumerieren.

- Eine Funktion, die der Eigenschaft eines Objekts zugewiesen wird, bezeichnet man als Methode.

- In Methoden verweist das Schlüsselwort `this` auf das Objekt, dessen Methode aufgerufen wurde.

- Ein Konstruktor ist eine Funktion, die Objekte herstellt.

- Die Aufgabe eines Konstruktors besteht darin, ein neues Objekt zu erstellen und seine Eigenschaften zu initialisieren.

- Um mit einem Konstruktor ein neues Objekt zu erstellen, verwenden Sie das Schlüsselwort new, z. B. new Hund().

- Wir haben bereits mehrere Objekte in diesem Buch verwendet, darunter document, window und verschiedene Elementobjekte.

- Das window-Objekt ist ein globales Objekt.

- Das document-Objekt ist eine Eigenschaft von window.

- Die Methode document.getElementById liefert ein Element-Objekt zurück.

JavaScript-Funktionen und Objekte

HTML5-Kreuzworträtsel

Sie haben ein turbulentes Kapitel voller Funktionen, Objekte, Eigenschaften und Methoden hinter sich – es gibt also eine Menge Dinge, die sich setzen müssen. Lehnen Sie sich zurück, entspannen Sie sich und beschäftigen Sie Ihre übrigen Gehirnareale. Hier ist das Kreuzworträtsel für Kapitel 4.

Waagerecht

4. Eine solche Funktion stellt Objekte her.
6. Eine solche Variable ist überall sichtbar.
11. Mit diesem Schlüsselwort definieren Sie eine Funktion.
13. Das geben Sie in der Definition Ihrer Funktion an.
14. Eine Eigenschaft von window, der wir einen Handler zuweisen.
15. Argumente werden als _____ übergeben.
16. Funktionen können diese Anweisung enthalten.
17. Das _____-Objekt repräsentiert das DOM.

Senkrecht

1. _____ Variablen gibt es nur in Funktionen.
2. Das geben Sie in Ihrem Funktionsaufruf an.
3. Laut Konvention beginnen Konstruktoren mit einem _____.
5. Bezieht sich in der Methode eines Objekts auf das aktuelle Objekt.
7. Funktion in einem Objekt.
8. Das geben Funktionen ohne return-Anweisung zurück.
9. Funktion ohne Namen.
10. Aneinanderreihen von Eigenschaften und Funktionsaufrufen mit dem Punkt-Operator.
12. Das echte globale Objekt.
13. Mit dem _____-Operator können Sie auf die Eigenschaften und Methoden eines Objekts zugreifen.

Sie sind hier ▶

Lösungen zu den Übungen

Lösung

Setzen Sie Ihr Wissen über Funktionen und die Übergabe von Argumenten und Parametern ein, um den folgenden Code auszuwerten. Gehen Sie den Code durch und schreiben Sie den Wert der Variablen darunter. Hier ist unsere Lösung.

```
function hundeJahre(alter) {
    return alter * 7;
}

var meinHundeAlter = hundeJahre(4);

function rechteckFlaeche(breite, hoehe) {
    var flaeche = breite * hoehe;
    return flaeche;
}

var eckFlaeche = rechteckFlaeche(3, 4);

function addieren(zahlenArray) {
    var summe = 0;
    for (var i = 0; i < zahlenArray.length; i++)
    {
        summe += zahlenArray[i];
    }
    return summe;
}
var gesamtSumme = addieren([1, 5, 3, 9]);


function avatarAbrufen(punkte) {
    var avatar;
    if (punkte < 100) {
        avatar = "Maus";
    } else if (punkte > 100 && punkte < 1000) {
        avatar = "Katze";
    } else {
        avatar = "Affe";
    }
    return avatar;
}
var meinAvatar = avatarAbrufen(335);
```

Schreiben Sie die Variablenwerte hierhin.

meinHundeAlter = 28
eckFlaeche = 12
gesamtSumme = 18
meinAvatar = Katze

JavaScript-Funktionen und Objekte

HTML5-Kreuzworträtsel, Lösung

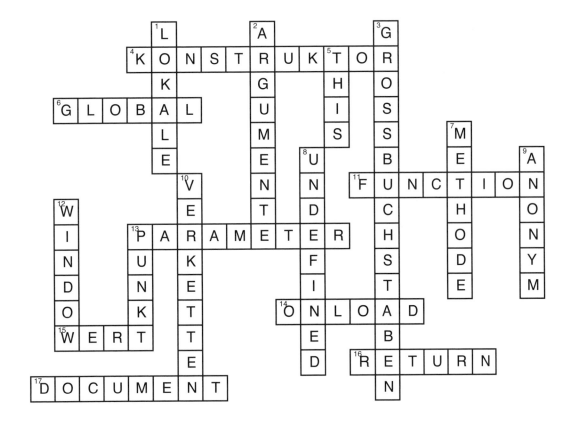

5 Standortsensitives HTML

Ist es nicht faszinierend, wie uns diese ganze neue Technologie einander näherbringt?

Wohin Sie auch gehen, da sind Sie. Und manchmal ist es wichtig, zu wissen, wo Sie sind (insbesondere für eine Web-App). In diesem Kapitel zeigen wir Ihnen, wie Sie **standortsensitive** Webseiten erstellen. Manchmal werden Sie in der Lage sein, genau die Ecke zu ermitteln, an der Ihre Benutzer stehen, in anderen Fällen können Sie nur das Stadtgebiet ermitteln (wissen aber immerhin die Stadt). Tja, und manchmal können Sie überhaupt nichts feststellen – entweder aus technischen Gründen oder weil die Benutzer nicht möchten, dass Sie so neugierig sind. Stellen Sie sich das mal vor! In diesem Kapitel erforschen wir eine JavaScript-API: Geolocation. Schnappen Sie sich Ihr bestes standortsensitives Gerät (selbst wenn es nur Ihr Desktop-PC ist), es geht los!

Die Geolocation-API

> Ihre Benutzer sind mit mobilen Geräten unterwegs, die standortsensitiv sind. Die besten Apps sind diejenigen, die die Bedienung für die Benutzer abhängig vom jeweiligen Standort optimieren.

Standort, Standort, Standort

Wenn Sie wissen, wo sich Ihre Benutzer aufhalten, können Sie ihnen eine Menge mehr bieten: Sie können Wegbeschreibungen geben oder Empfehlungen aussprechen, wohin sie als Nächstes gehen können. Sie wissen, ob es dort regnet, und können entsprechende Aktivitäten in geschlossenen Räumen vorschlagen oder Ihre Benutzer darüber informieren, wer sonst noch in der näheren Umgebung an derselben Aktivität interessiert sein könnte. Es gibt beinahe unbegrenzte Verwendungsmöglichkeiten für Standortinformationen.

Mit HTML5 (und der JavaScript-basierten Geolocation-API) können Sie ganz leicht in Ihren Seiten auf Standortinformationen zugreifen. Allerdings müssen Sie noch einige Dinge über Standorte wissen, bevor wir anfangen können …

Es gibt keine Dummen Fragen

F: Ich habe gehört, dass Geolocation keine echte API ist?

A: Geolocation gilt nicht als vollwertiges Mitglied des bestehenden HTML5-Standards, einem Standard des W3C. Allerdings wird Geolocation weitgehend unterstützt, und fast jeder zählt diese API zu den wichtigsten HTML5-APIs. Und ganz bestimmt ist sie eine **echte** JavaScript-API!

F: Ist die Geolocation-API dasselbe wie die Google Maps-API?

A: Nein, das sind zwei völlig unterschiedliche APIs. Die Geolocation-API konzentriert sich darauf, Ihnen Informationen zum aktuellen Standort auf der Erde zu liefern. Die Google Maps-API ist eine JavaScript-Bibliothek von Google, die Ihnen Zugriff auf die gesamte Google Maps-Funktionalität bietet. Wenn Sie also den Standort Ihrer Benutzer auf einer Karte anzeigen möchten, ist die Google-API eine bequeme Möglichkeit, diese Funktionalität zu implementieren.

F: Ist es kein Eingriff in die Privatsphäre, wenn mein Gerät meinen Standort verrät?

A: Die Geolocation-Spezifikation legt fest, dass jeder Browser die ausdrückliche Genehmigung des Benutzers braucht, um die Standortinformationen zu verwenden. Wenn Ihr Code die Geolocation-API nutzt, wird sich der Browser als Erstes die Zustimmung des Benutzers einholen.

F: Wie gut wird Geolocation unterstützt?

A: Die Unterstützung ist weit verbreitet, in beinahe jedem modernen Browser für Desktop- und mobile Geräte. Allerdings sollten Sie die jeweils neueste Version Ihres Browsers verwenden, dann dürfte es keine Schwierigkeiten geben.

Länge und Breite ...

Wenn Sie wissen möchten, wo Sie sind, brauchen Sie ein Koordinatensystem – und zwar auf der Erdoberfläche. Glücklicherweise gibt es so etwas. Dabei werden der Längen- und der Breitengrad gemeinsam als Koordinatensystem genutzt. Der Breitengrad gibt einen Punkt in Nord- oder Südrichtung auf der Erde an, der Längengrad einen Punkt in Ost- oder Westrichtung. Der Breitengrad wird vom Äquator aus gemessen, der Längengrad von Greenwich in England aus. Die Aufgabe der Geolocation-API besteht darin, uns jederzeit diese Koordinaten zu liefern:

← Genauer gesagt, das »Royal Observatory« in Greenwich.

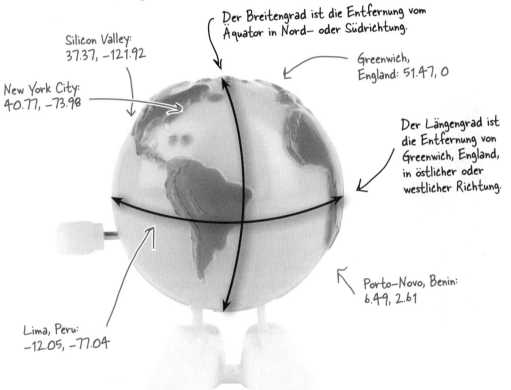

Der Breitengrad ist die Entfernung vom Äquator in Nord- oder Südrichtung.

Silicon Valley: 37.37, –121.92

New York City: 40.77, –73.98

Greenwich, England: 51.47, 0

Der Längengrad ist die Entfernung von Greenwich, England, in östlicher oder westlicher Richtung.

Porto-Novo, Benin: 6.49, 2.61

Lima, Peru: –12.05, –77.04

Breiten-/Längengrade unter der Lupe

Sie haben wahrscheinlich Werte für den Breiten- und Längengrad sowohl in Grad/Minuten/Sekunden gesehen (z. B. 47°38'34", 122°32'32") als auch als Dezimalwerte, (z. B. 47.64, –122.54). Die Geolocation-API verwendet Dezimalwerte. Mit der folgenden Funktion können Sie Angaben in Grad/Minuten/Sekunden in Dezimalwerte konvertieren:

```
function gradZuDezimal(grad, minuten, sekunden) {
    return grad + (minuten / 60.0) + (sekunden / 3600.0);
}
```

Beachten Sie, dass westliche Längengrade und südliche Breitengrade als negative Werte geschrieben werden.

Sie sind hier ▶ **167**

Den Standort bestimmen

Wie die Geolocation-API Ihren Standort bestimmt

Sie brauchen nicht das neueste Smartphone, um den Standort zu bestimmen. Selbst Desktopbrowser spielen mit. Sie fragen sich wahrscheinlich, wie ein Desktopbrowser ohne GPS oder andere schicke Technologien den Standort ermitteln kann. Nun, allen Browsern (in mobilen Geräten und Desktoprechnern) stehen mehrere Möglichkeiten zur Verfügung, um Ihren Standort zu bestimmen – mal mehr, mal weniger genau:

GPS

Das »Global Positioning System«, das von vielen neuen mobilen Geräten unterstützt wird, bietet satellitenbasiert extrem genaue Standortinformationen. Die Standortdaten können auch Höhe, Geschwindigkeit und Bewegungsrichtung umfassen. Dazu benötigt Ihr Gerät allerdings direkte Sicht auf den Himmel. Und es kann relativ lange dauern, den Standort zu ermitteln. GPS meint es unter Umständen auch nicht allzu gut mit Ihrem Akku.

IP-Adresse

Für Standortinformationen auf Grundlage der IP-Adresse wird diese anhand einer externen Datenbank einem physikalischen Standort zugeordnet. Der Vorteil dieser Methode liegt darin, dass sie überall funktioniert. Allerdings werden IP-Adressen häufig nach Standorten wie etwa der lokalen Niederlassung Ihres ISP aufgelöst. Sie können davon ausgehen, dass diese Methode zuverlässige Informationen über Ihre Stadt oder die Nachbarschaft liefern kann.

Standortsensitives HTML

Mein Telefon ist noch von der alten Schule. Kein GPS. Aber durch Triangulation der Funktürme weiß mein Telefon ziemlich genau, wo ich bin. Und der Browser kann darauf zurückgreifen.

Mobilfunk

Mobiltelefone können durch Triangulation Ihren Standort anhand des Abstands zu einem oder mehreren Funktürmen ermitteln (je mehr Türme, desto exakter). Diese Methode kann ziemlich genau arbeiten und funktioniert im Gegensatz zu GPS auch in geschlossenen Räumen – und teilweise auch schneller. Wenn Sie sich natürlich mitten im Niemandsland mit nur einem Funkturm befinden, leidet darunter auch die Genauigkeit.

Ich wandere mit meinem Laptop von Café zu Café. Durch Triangulation der Access Points wissen Sie immer, wo ich bin. Funktioniert anscheinend ziemlich gut.

WiFi

Bei der Positionsbestimmung über WiFi wird der Standort durch Triangulation über einen oder mehrere WiFi-Access-Points bestimmt. Diese Methode kann sehr genau sein, funktioniert in Innenbereichen und ist schnell. Natürlich müssen Sie dafür *ein bisschen* ortsfest sein (z. B. während Sie eine Latte macchiato in einem Café trinken).

Sie sind hier ▸

Methoden der *Standortbestimmung*

Es ist toll, dass es so viele Möglichkeiten zur Positionsbestimmung gibt. Woher weiß ich, welche Methode mein Gerät anwendet?

Sie wissen es nicht.

Das ist die kurze Antwort. Die Browserimplementierung entscheidet, wie der Standort ermittelt wird. Aber die gute Nachricht ist, dass der Browser *jede* dieser Methoden anwenden kann. Ein cleverer Browser wird es unter Umständen zuerst mit der Triangulation der Mobilfunkzellen versuchen. Wenn diese Methode zur Verfügung steht, erhalten Sie eine ungefähre Vorstellung vom Standort. Anschließend können Sie über WiFi oder GPS die Position genauer bestimmen.

Wie Sie feststellen werden, müssen Sie sich keine Gedanken darüber machen, wie die Position bestimmt wird. Stattdessen konzentrieren wir uns lieber auf die Genauigkeit der Positionsbestimmung. Anhand der Genauigkeit können Sie ermitteln, wie nützlich die Standortinformationen für Sie sind. Bleiben Sie dran – wir kommen in Kürze auf die Genauigkeit zu sprechen.

Spitzen Sie Ihren Bleistift

Denken Sie über Ihre vorhandenen HTML-Seiten und
Anwendungen (oder die, die Sie erstellen möchten) nach.
Inwieweit könnten Sie Standortinformationen darin integrieren?

- ☐ Benutzer können sich mit anderen in der Nähe austauschen.
- ☐ Benutzer können lokale Ressourcen oder Angebote einfacher finden.
- ☐ Benutzeraktionen können mitverfolgt werden.
- ☐ Benutzer erhalten Wegbeschreibungen.
- ☐ Über den Standort können demografische Informationen über Benutzer gesammelt werden.
- ☐ ....
- ☐ ....
- ☐ ....
- ☐ ....

↖ Platz für Ihre Ideen!

Geolocation-API *verwenden*

Wo sind Sie überhaupt?

Natürlich wissen *Sie*, wo Sie sind. Mal sehen, was Ihr *Browser* darüber denkt. Dafür brauchen wir ein bisschen HTML:

Im oberen Teil steht das Übliche, darunter sehen Sie einen Link auf die Datei für unser JavaScript, meinOrt.js, und auf das Stylesheet meinOrt.css, damit alles auch hübsch aussieht.

```
<!doctype html>
<html>
<head>
  <meta charset="utf-8">
  <title>Wo bin ich?</title>
  <script src="meinOrt.js"></script>
  <link rel="stylesheet" href="meinOrt.css">
</head>
<body>
  <div id="standort">
    Hier kommt Ihr Standort hin.
  </div>
</body>
</html>
```

Wir schreiben unseren Geolocation-Code in meinOrt.js.

Und Sie werden die Ausgabe in dieses <div> schreiben.

Tippen Sie das gesamte HTML in eine Datei mit dem Namen meinOrt.html ein.

Nun erstellen wir `meinOrt.js` und schreiben ein bisschen Code. Wir machen das relativ schnell und nehmen den Code anschließend auseinander. Fügen Sie Folgendes in Ihre Datei `meinOrt.js` ein:

Wir rufen die Funktion pruefeStandort auf, sobald der Browser die Seite geladen hat.

```
window.onload = pruefeStandort;

function pruefeStandort() {
    if (navigator.geolocation) {
        navigator.geolocation.getCurrentPosition(zeigeStandort);
    } else {
        alert("Keine Geolocation-Unterstützung");
    }
}
```

So überprüfen wir, ob der Browser die Geolocation-API unterstützt. Wenn das Objekt navigator.geolocation existiert, kann es losgehen!

Wenn ja, rufen wir die Methode getCurrentPosition auf und übergeben die Handler-Funktion zeigeStandort, die wir umgehend implementieren.

Die Funktion zeigeStandort ist der Handler, der sich um den Standort kümmert.

Wenn der Browser Geolocation NICHT unterstützt, geben wir das dem Benutzer in einer Meldung bekannt.

Standortsensitives HTML

Das ist unser Handler, der aufgerufen wird, wenn der Browser den Standort ermittelt hat.

Dem Handler für getCurrentPosition wird eine Position übergeben, die den Breiten- und Längengrad des Standorts enthält (zusammen mit Informationen zur Genauigkeit, auf die wir in Kürze zu sprechen kommen).

```
function zeigeStandort(position) {
    var breite = position.coords.latitude;
    var laenge = position.coords.longitude;

    var div = document.getElementById("standort");
    div.innerHTML = "Ihr Breitengrad: " + breite + ", Ihr Längengrad: " + laenge;
}
```

Wir rufen den Breitengrad und den Längengrad des Standorts aus dem Objekt position.coords ab.

Wir nehmen das <div> aus dem HTML ...

... und schreiben den Standort im innerHTML in das <div> für den Standort.

Probefahrt

Tippen Sie den Code ab und machen Sie einen Probelauf mit Ihrer neuen standortsensitiven Seite.

Wenn Sie eine Geolocation-Web-App zum ersten Mal ausführen, bittet Sie der Browser um Ihre Genehmigung, auf Ihren Standort zuzugreifen. Das ist eine Sicherheitsprüfung Ihres Browsers, und Sie dürfen dem Browser gern Nein antworten. Wenn Sie diese Web-App allerdings testen möchten, müssen Sie zustimmen. Sobald Sie das getan haben, sollte die App Ihren Standort anzeigen:

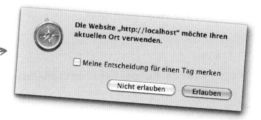

Die Frage nach der Zustimmung kann je nach Browser ein bisschen anders formuliert sein, wird aber ähnlich wie diese aussehen.

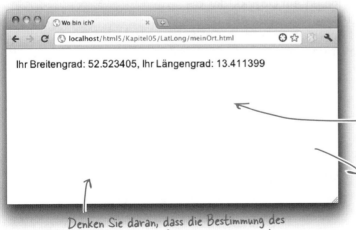

Das ist Ihr Standort! Natürlich unterscheidet er sich von unserem (falls nicht, gibt uns das wirklich zu denken!).

Denken Sie daran, dass die Bestimmung des Standorts nicht sofort abgeschlossen ist. Manchmal kann es etwas dauern ...

Wird Ihr Standort nicht angezeigt, obwohl Sie gründlich nach Tippfehlern und ähnlichen Problemen gesucht haben: Gedulden Sie sich noch ein paar Seiten, dann zeigen wir Ihnen Code, mit dem Sie den Fehler suchen können ...

Sie sind hier ▸ 173

Geolocation-Code prüfen

> Wenn Ihr Browser die Geolocation-API unterstützt, verfügt das navigator-Objekt über die Eigenschaft geolocation.

Was wir gerade getan haben ...

Nachdem wir nun ein bisschen Geolocation-Code ans Laufen gebracht haben (falls Ihrer nicht geht, kommen wir wie gesagt gleich zur Fehlersuche), sehen wir uns den Code etwas genauer an:

1 Wenn Sie Geolocation-Code schreiben, müssen Sie als Erstes wissen: »Unterstützt der Browser das?« Dabei machen wir uns den Umstand zunutze, dass das navigation-Objekt des Browsers nur dann die Eigenschaft geolocation besitzt, wenn die API unterstützt wird.

Deshalb können wir testen, ob die geolocation-Eigenschaft vorhanden ist. Wenn ja, nutzen wir sie. Ansonsten geben wir eine Meldung für den Benutzer aus:

```
if (navigator.geolocation) {
    ...
} else {
    alert("Keine Geolocation-Unterstützung");
}
```

Mit einem einfachen Test können wir feststellen, ob die Geolokalisierung unterstützt wird (wenn nicht, ergibt navigator.geolocation den Wert null, und die Bedingung ist nicht erfüllt).

Ist die Eigenschaft vorhanden, verwenden wir sie. Ansonsten zeigen wir eine Meldung für den Benutzer an.

2 Wenn die Eigenschaft navigator.geolocation existiert, verwenden wir sie. Die Eigenschaft navigator.geolocation ist ein Objekt, das die gesamte Geolocation-API enthält. Die Hauptmethode der API ist getCurrentPosition, die den Standort des Browsers ermittelt. Sehen wir uns diese Methode genauer an: Sie erwartet drei Parameter, von denen der zweite und dritte optional sind:

Denken Sie daran: APIs sind einfach Objekte mit Eigenschaften und Methoden! Jetzt sind Sie doch sicher froh, dass wir vorher das ganze JavaScript-Training gemacht haben, oder?

Der erfolgsHandler ist eine Funktion, die aufgerufen wird, wenn der Browser erfolgreich Ihren Standort bestimmt hat.

Der fehlerHandler ist eine weitere Funktion, die aufgerufen wird, wenn etwas schiefgeht und der Browser Ihren Standort nicht bestimmen kann.

getCurrentPosition(erfolgsHandler, fehlerHandler, optionen)

Diese beiden Parameter sind optional, deshalb haben wir sie vorher nicht verwendet.

Mit dem Parameter optionen können Sie anpassen, wie die Geolocation funktioniert.

3 Sehen wir uns nun den Aufruf der getCurrentPosition-Methode an. Für den Augenblick geben wir nur das Argument erfolgsHandler an, um auf die erfolgreiche Bestimmung des Browserstandorts zu reagieren. Den Fall, dass der Browser den Standort nicht bestimmen kann, besprechen wir in Kürze.

Erinnern Sie sich an die Verkettung aus Kapitel 4? Wir greifen über das navigator-Objekt auf das geolocation-Objekt zu, das eine Eigenschaft von navigator ist.

```
if (navigator.geolocation) {
    navigator.geolocation.getCurrentPosition(zeigeStandort);
}
```

Anschließend rufen wir die getCurrentPosition-Methode des geolocation-Objekts mit nur einem Argument auf, der Callback-Funktion für die erfolgreiche Standortbestimmung.

Hat die Geolocation-API erfolgreich Ihren Standort bestimmt, ruft sie zeigeStandort auf.

Ist Ihnen aufgefallen, dass wir hier eine Funktion an eine andere Funktion übergeben? Sie wissen ja aus Kapitel 4, dass Funktionen Werte sind. Deshalb können wir das problemlos tun.

4 Sehen wir uns nun den Handler zeigeStandort an. Beim Aufruf von zeigeStandort übergibt die Geolocation-API ein Positionsobjekt mit Informationen über den Standort des Browsers einschließlich eines Koordinatenobjekts, das den Breiten- und Längengrad enthält (sowie einige andere Werte, auf die wir noch zu sprechen kommen).

position ist ein Objekt, das von der Geolocation-API an unseren Handler übergeben wird.

```
function zeigeStandort(position) {
    var breite = position.coords.latitude;
    var laenge = position.coords.longitude;
    
    var div = document.getElementById("standort");
    div.innerHTML = "Ihr Breitengrad: " + breite + ", Ihr Längengrad: " + laenge;
}
```

Das Objekt position hat die Eigenschaft coords, die eine Referenz auf das Koordinatenobjekt enthält.

Und das Koordinatenobjekt enthält Ihren Breiten- und Längengrad.

Diesen Teil beherrschen Sie sicherlich schon im Schlaf: Wir zeigen die Koordinateninformationen in einem <div> auf der Seite an.

Wie alles zusammenpasst

Nachdem wir den Code jetzt durchgegangen sind, sehen wir uns an, wie er ausgeführt wird:

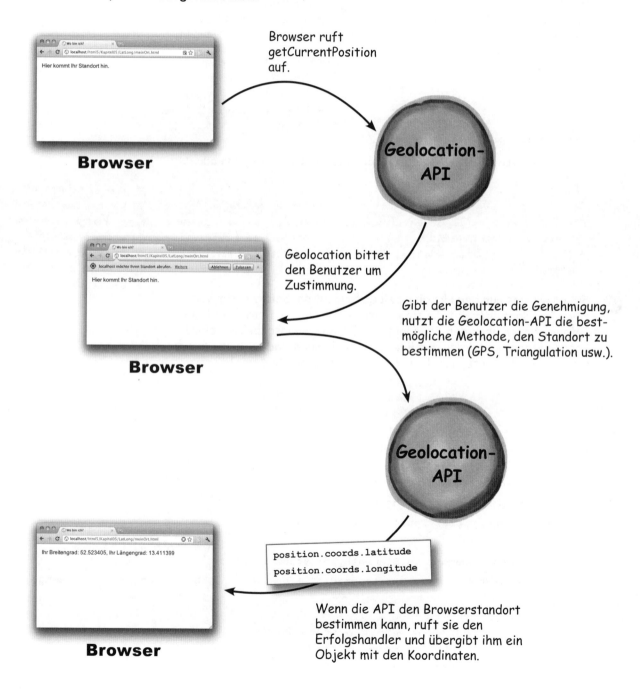

Diagnosefahrt

Mit Geolocation ist nicht jede Probefahrt erfolgreich. Und selbst wenn Ihr erster Test erfolgreich war, kann unterwegs immer noch etwas schiefgehen. Wir haben einen kleinen Diagnosetest für Sie entwickelt, den Sie direkt in Ihren Code einfügen können. Sollten Sie also in Schwierigkeiten geraten, haben Sie hier die Antwort. Und selbst wenn bei Ihnen alles funktioniert, aber einer Ihrer Benutzer Probleme hat, möchten Sie wissen, wie Sie damit in Ihrem Code umgehen. Fügen Sie also den folgenden Code ein. Und sollten Sie Schwierigkeiten haben, füllen Sie doch bitte das Diagnoseformular am Ende aus, sobald Sie das Problem erkannt haben:

Für die Fehlerdiagnose werden wir einen Fehler-Handler zum Aufruf der Methode getCurrentPosition hinzufügen. Dieser Handler wird jedes Mal aufgerufen, wenn die Geolocation-API bei der Bestimmung Ihres Standorts auf ein Problem stößt. So fügen wir ihn ein:

Fügen Sie ein zweites Argument zum Aufruf von getCurrentPosition mit dem Namen zeigeFehler hinzu. Diese Funktion wird aufgerufen, wenn Geolocation keinen Standort findet.

```
navigator.geolocation.getCurrentPosition(zeigeStandort, zeigeFehler);
```

Jetzt müssen wir den Fehler-Handler schreiben. Dazu müssen Sie wissen, dass Geolocation ein Fehlerobjekt an Ihren Handler übergibt. Dies enthält einen numerischen Code, der den Grund dafür angibt, dass der Browser den Standort nicht bestimmen konnte. Diesem Code können Sie auch eine Meldung mit weiteren Informationen zuordnen. So können wir das Fehlerobjekt im Handler verwenden:

Das ist unser neuer Handler, dem von der Geolocation-API ein Fehlerobjekt übergeben wird.

Das Fehlerobjekt hat die Eigenschaft code, die einen Wert zwischen 0 und 3 annehmen kann. Hier sehen Sie eine gute Möglichkeit, jedem Code in JavaScript eine entsprechende Fehlermeldung zuzuordnen.

```
function zeigeFehler(fehler) {
    var fehlerTypen = {
        0: "Unbekannter Fehler",
        1: "Keine Genehmigung von Benutzer",
        2: "Position nicht verfügbar",
        3: "Zeitüberschreitung der Anforderung"
    };
    var fehlerMeldung = fehlerTypen[fehler.code];
    if (fehler.code == 0 || fehler.code == 2) {
        fehlerMeldung = fehlerMeldung + " " + fehler.message;
    }
    var div = document.getElementById("standort");
    div.innerHTML = fehlerMeldung;
}
```

Wir erstellen ein Objekt mit vier Eigenschaften namens 0, 1, 2 und 3. Diese Eigenschaften sind Strings mit einer Fehlermeldung, die wir für den jeweiligen Code anzeigen möchten.

Mit der Eigenschaft fehler.code weisen wir einen dieser Strings der Variablen fehlerMeldung zu.

Für die Fehler 0 und 2 enthält die Eigenschaft fehler.message manchmal zusätzliche Informationen, die wir an unseren String fehlerMeldung anhängen.

Anschließend setzen wir die Meldung in die Seite ein, um den Benutzer darauf hinzuweisen.

Bevor wir den Test durchführen, sehen wir uns die möglichen Fehler genauer an.

```
var fehlerTypen = {
    0: "Unbekannter Fehler",
    1: "Keine Genehmigung von Benutzer",
    2: "Position nicht verfügbar",
    3: "Zeitüberschreitung der Anforderung"
};
```

Das ist der allgemeine Fehler für den Fall, dass die anderen nicht zutreffen. Die Eigenschaft fehler.message liefert weitere Informationen.

Das bedeutet, dass der Benutzer der Verwendung der Standortinformationen nicht zugestimmt hat.

In diesem Fall hat es der Browser versucht, konnte aber Ihren Standort nicht bestimmen. Weitere Informationen finden Sie in fehler.message.

Geolocation hat eine interne Einstellung für das Zeitlimit. Wird dieses überschritten, bevor der Standort bestimmt wurde, erscheint dieser Fehler.

Wir werden uns später ansehen, wie wir dieses Limit ändern können.

Sobald Sie den Diagnosetest eingetippt haben, können Sie ihn ausprobieren. Kann die Position bestimmt werden, sehen Sie natürlich keine Fehler. Sie können aber einen Fehler erzwingen, indem Sie die Genehmigung für die Standortbestimmung verweigern. Sie könnten aber auch kreativer sein und beispielsweise in einem geschlossenen Raum ein GPS-Telefon verwenden und davor Ihr Netzwerk deaktivieren. Im schlimmsten Fall warten Sie lange und erhalten keinen Standort und auch keine Fehlermeldung. Dann warten Sie darauf, dass ein langes Zeitlimit abläuft. Weiter unten in diesem Kapitel werden wir sehen, wie wir das Limit verkürzen.

Ihre Diagnoseergebnisse

- ☐ Ich habe die Zustimmung verweigert.
- ☐ Meine Position war nicht verfügbar.
- ☐ Nach einigen Sekunden erhielt ich eine Meldung, dass das Zeitlimit überschritten wurde.
- ☐ Es ist nichts passiert, kein Standort und keine Fehlermeldung.
- ☐ Sonstiges: _____

Standortsensitives HTML

Aufgepasst

Sie brauchen einen Server, um Ihren Geolocation-Code auf einem mobilen Gerät zu testen.

Wenn Sie keine Möglichkeit haben, Ihre HTML-, JavaScript- und CSS-Dateien direkt auf Ihr mobiles Gerät zu laden, besteht die einfachste Testmöglichkeit darin, sie auf einen Server hochzuladen und darüber darauf zuzugreifen. Steht Ihnen ein Server zur Verfügung, können Sie das gerne tun. Falls Ihnen das nicht möglich ist, steht der Code auf den WickedlySmart-Servern bereit, damit Sie ihn auf Ihren mobilen Geräten testen können. Wir empfehlen Ihnen, den Code auf Ihrem Desktoprechner mitzutippen und ihn anschließend auf einem mobilen Gerät auf dem eigenen Server zu testen (oder dem von WickedlySmart).

Eine erste Probefahrt (mit Fehlerdiagnose) können Sie unter http://examples.oreilly.de/german_examples/hfhtml5ger/ Kapitel05/LatLong/meinOrt.html machen.

Es gibt keine Dummen Fragen

F: Der Breiten- und Längengrad, den die App für meinen Standort zurückliefert, ist nicht ganz richtig.

A: Es gibt viele Möglichkeiten für Ihr Gerät und den Standortdienstanbieter, Ihre Position zu berechnen. Manche sind genauer als andere. GPS ist häufig die genaueste Methode. Wir werden uns eine Möglichkeit ansehen, die Genauigkeit zu schätzen, die der Standortdienst als Teil des Positionsobjekts zurückliefert. Dann erhalten Sie einen Eindruck davon, wie genau die Standortdaten sind.

Unser geheimer Standort ...

Nachdem Sie die Grundlagen jetzt beherrschen, machen wir etwas Interessanteres. Wie wäre es, wenn wir ermittelten, wie weit Sie von unserem geheimen WickedlySmart-Hauptquartier entfernt sind? Dazu brauchen wir lediglich die Koordinaten des Hauptquartiers und eine Formel für die Berechnung der Entfernung zwischen zwei Koordinaten. Fügen wir als Erstes ein weiteres `<div>` in unser HTML ein:

```
<body>
  <div id="standort">
    Hier kommt Ihr Standort hin.
  </div>
  <div id="entfernung">
    Hierhin kommt die Entfernung vom WickedlySmart-Hauptquartier.
  </div>
</body>
</html>
```

Fügen Sie dieses neue `<div>` in Ihr HTML ein.

Das WickedlySmart-Hauptquartier: 47.62485, -122.52099.

Sie sind hier ▸ **179**

Code-Fertiggericht, um die Entfernung zu berechnen

Code-Fertiggericht: Entfernung berechnen

Wollten Sie schon immer mal die Entfernung zweier Punkte auf einer Kugel berechnen? Die Details sind faszinierend, gehen aber ein bisschen über den Umfang dieses Kapitels hinaus. Deshalb servieren wir Ihnen ein **Code-Fertiggericht**, das genau das macht. Dafür verwendet fast jeder die Haversine-Formel. Die Implementierung sehen Sie im folgenden Code. Sie können sie überall dort verwenden, wo Sie die Entfernung zwischen zwei Koordinaten berechnen müssen:

Diese Funktion erwartet zwei Koordinaten — eine Start- und eine Zielkoordinate — und liefert die Entfernung dazwischen in Kilometern zurück.

```
function berechneEntfernung(startCoords, zielCoords) {
    var startLatRads = gradInRadiant(startCoords.latitude);
    var startLongRads = gradInRadiant(startCoords.longitude);
    var zielLatRads = gradInRadiant(zielCoords.latitude);
    var zielLongRads = gradInRadiant(zielCoords.longitude);

    var Radius = 6371; // Erdradius in km
    var entfernung = Math.acos(Math.sin(startLatRads) * Math.sin(zielLatRads) +
                     Math.cos(startLatRads) * Math.cos(zielLatRads) *
                     Math.cos(startLongRads - zielLongRads)) * Radius;

    return entfernung;
}


function gradInRadiant(grad) {
    radiant = (grad * Math.PI)/180;
    return radiant;
}
```

Im Canvas-Kapitel werden wir noch mehr von dieser Funktion sehen.

Fügen Sie das in die Datei meinOrt.js ein.

Code zum Ermitteln der Entfernung

Nachdem wir jetzt eine Funktion zum Berechnen der Entfernung haben, definieren wir unseren Standort (den des Autors) im WickedlySmart-Hauptquartier (tippen Sie auch diesen Code ab):

```
var unsereKoordinaten = {
     latitude: 47.624851,
     longitude: -122.52099
};
```

Hier definieren wir ein Objektliteral für die Koordinaten des WickedlySmart-Hauptquartiers. Fügen Sie es als globale Variable im oberen Teil von meinOrt.js ein.

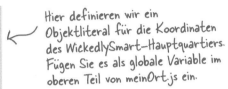

Wir möchten die Luftlinienentfernung von Ihnen zu uns berechnen.

Und jetzt schreiben wir den Code: Wir müssen lediglich die Koordinaten unseres und Ihres Standorts an die Funktion berechneEntfernung übergeben:

```
function zeigeStandort(position) {
    var breite = position.coords.latitude;
    var laenge = position.coords.longitude;

    var div = document.getElementById("standort");
    div.innerHTML = "Ihr Breitengrad: " + breite + ", Ihr Längengrad: " + laenge;

    var km = berechneEntfernung(position.coords, unsereKoordinaten);
    var entfernung = document.getElementById("entfernung");
    entfernung.innerHTML = "Entfernung zum WickedlySmart-Hauptquartier: " + km + " km";
}
```

Hier übergeben wir Ihre und unsere Koordinaten an berechneEntfernung.

Anschließend aktualisieren wir den Inhalt des <div> »entfernung« mit dem Ergebnis.

Standortsensitive Probefahrt

Machen wir eine Probefahrt mit dem neuen Code. Fügen Sie den gesamten Code in meinOrt.js ein und laden Sie meinOrt.html neu in Ihren Browser. Ihr Standort und die Entfernung zu unserem Standort sollten angezeigt werden.

Ihr Standort und Ihre Entfernung hängen natürlich davon ab, wo Sie sich gerade auf der Welt befinden.

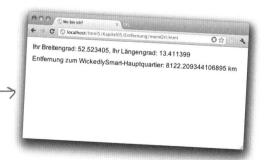

Online ausprobieren: http://examples.oreilly.de/german_examples/hfhtml5ger/Kapitel05/Entfernung/meinOrt.html

Google Maps

Es ist toll, zu wissen, dass meine Position 34.20472, -90.57528 ist, aber eine Karte wäre ehrlich gesagt praktischer.

Position auf der Karte darstellen

Wie wir bereits gesagt haben, ist die Geolocation-API ziemlich einfach – sie bietet Ihnen eine Möglichkeit, herauszufinden, wo Sie sich gerade befinden (und auch Ihren Standort mitzuverfolgen, wie Sie in Kürze herausfinden werden). Die API stellt Ihnen aber keine Möglichkeit zur Verfügung, Ihren Standort visuell darzustellen. Dafür brauchen Sie das Tool eines Drittanbieters. Und wie Sie sich wahrscheinlich bereits gedacht haben, ist Google Maps dafür mit Abstand das beliebteste Tool. Google Maps ist zwar nicht Bestandteil der HTML5-Spezifikation, arbeitet aber sehr gut mit HTML5 zusammen. Deshalb haben wir an dieser Stelle nichts gegen einen kleinen Exkurs und zeigen Ihnen, wie Sie Google Maps mit der Geolocation-API verbinden. Wenn Sie Lust auf unseren Exkurs haben, fügen Sie den folgenden Code in den Head Ihrer HTML-Seite ein, und wir integrieren eine Karte in Ihre Seite.

```
<script src="http://maps.google.com/maps/api/js?sensor=true"></script>
```

Das ist die URL der Google Maps-JavaScript-API.

Tippen Sie das ganz genau ab, einschließlich des Parameters sensor (sonst funktionieren die API nicht). Wir verwenden sensor=true, weil unser Code Ihren Standort verwendet. Wenn Sie einfach nur die Karte ohne Standortbestimmung verwenden möchten, würden Sie sensor=false schreiben.

Karten in Seiten einfügen

Nachdem Sie nun die Google Maps-API eingebunden haben, steht Ihnen die gesamte Google Maps-Funktionalität in JavaScript zur Verfügung. Allerdings brauchen wir einen Platz für unsere Karte, entsprechend müssen wir ein Element dafür definieren:

```
  :
<body>
  <div id="standort">
    Hier kommt Ihr Standort hin.
  </div>
  <div id="entfernung">
    Hierhin kommt die Entfernung vom WickedlySmart-Hauptquartier.
  </div>
  <div id="karte">
  </div>
</body>
</html>
```

Hier ist das <div>. In meinOrt.css haben wir eine Regel eingefügt, die es 400px × 400px groß und mit einem schwarzen Rahmen darstellt.

Bereit für die Karte ...

Für die Erstellung einer Karte brauchen wir zwei Dinge: einen Breitengrad und einen Längengrad (wir wissen, woher wir die bekommen). Außerdem brauchen wir einige Optionen, die beschreiben, wie wir die Karte erstellen möchten. Beginnen wir mit Breiten- und Längengrad. Wir wissen zwar, wie wir diese Daten mit der Geolocation-API abrufen, aber die Google-API erwartet sie in einem eigenen Objekt. Wir können einen Konstruktor von Google verwenden, um ein solches Objekt zu erstellen.

Denken Sie daran: Konstruktoren beginnen mit einem Großbuchstaben.

```
var googleBreiteLaenge = new google.maps.LatLng(breite, laenge);
```

Allen Methoden der Google Maps-API muss »google.maps« vorangestellt werden.

Das ist der Konstruktor, der einen Breiten- und Längengrad erwartet und ein Objekt mit diesen beiden Daten zurückgibt.

Google bietet uns einige Optionen, über die wir die Erstellung der Karte steuern können. So können wir beispielsweise die Vergrößerung der ersten Kartenansicht festlegen sowie den Mittelpunkt und den Typ der Karte, zum Beispiel Straßenkarte, Satellitenansicht oder beides. So legen wir die Optionen fest:

Die zoom-Option kann Werte von 0 bis 21 annehmen. Experimentieren Sie damit (je größer die Zahl, desto detailreicher der Ausschnitt). 10 entspricht einer Karte auf Städteebene.

```
var kartenOptionen = {
    zoom: 10,
    center: googleBreiteLaenge,
    mapTypeId: google.maps.MapTypeId.ROADMAP
};
```

Das ist das neue Objekt, das wir gerade erstellt haben. Dieser Standort soll das Zentrum der Karte sein.

Sie können auch die Optionen SATELLITE und HYBRID ausprobieren.

Code für die *Kartenanzeige*

Karte anzeigen

Nun fassen wir das alles in der neuen Funktion `zeigeKarte` zusammen, die Koordinaten entgegennimmt und eine Karte auf Ihrer Seite anzeigt:

```
var karte;
```
← Wir deklarieren eine globale Variable, die die Google Map enthalten wird, nachdem wir sie erstellt haben. Sie werden gleich sehen, wie wir sie verwenden.

```
function zeigeKarte(coords) {
    var googleBreiteLaenge =
            new google.maps.LatLng(coords.latitude,
                                   coords.longitude);

    var kartenOptionen = {
        zoom: 10,
        center: googleBreiteLaenge,
        mapTypeId: google.maps.MapTypeId.ROADMAP
    };
    var kartenDiv = document.getElementById("karte");
    karte = new google.maps.Map(kartenDiv, kartenOptionen);
}
```

— Wir nehmen den Breiten- und Längengrad aus dem coords-Objekt ...

... und erstellen damit ein google.maps.LatLng-Objekt.

Wir erstellen das Objekt kartenOptionen mit den gewünschten Optionen für unsere Karte.

Zum Schluss schnappen wir uns das <div> aus dem DOM und übergeben die kartenOptionen an den Map-Konstruktor, um das google.maps.Map-Objekt zu erstellen. Dadurch wird die Karte auf unserer Seite angezeigt.

Die neue Map weisen wir unserer globalen Variablen karte zu.

Noch ein Konstruktor aus der Google-API, der ein Element und unsere Optionen entgegennimmt und uns dafür ein Kartenobjekt zurückliefert.

Fügen Sie diesen Code in den unteren Teil Ihrer JavaScript-Datei ein. Dazu bearbeiten wir die Funktion `zeigeStandort`:

```
function zeigeStandort(position) {
    var breite = position.coords.latitude;
    var laenge = position.coords.longitude;

    var div = document.getElementById("standort");
    div.innerHTML = "Ihr Breitengrad: " + breite + ", Ihr Längengrad: " + laenge;

    var km = berechneEntfernung(position.coords, unsereKoordinaten);
    var div = document.getElementById("entfernung");
    entfernung.innerHTML = "Entfernung zum WickedlySmart-Hauptquartier: " + km + " km";

    zeigeKarte(position.coords);
}
```

Wir rufen zeigeKarte von zeigeStandort aus auf, nachdem wir die anderen <div>s auf der Seite aktualisiert haben.

Probefahrt mit dem neuen Head-up-Display

Überprüfen Sie, ob Sie den gesamten neuen Code von der vorherigen Seite sowie das neue Karten-<div> in Ihre HTML-Datei eingefügt haben. Laden Sie dann die Seite neu. Wenn der Browser Ihren Standort ermitteln konnte, sollten Sie eine Karte sehen.

Das ist unsere neue Google Map!

Das ist der Standort des Radfahrers: 34.20472, -90.57528. Natürlich befinden Sie sich mit ziemlicher Sicherheit woanders.

> Toll! Gibt es eine Möglichkeit, den genauen Standort auf der Karte zu sehen? Vielleicht eine von diesen Markierungsnadeln?

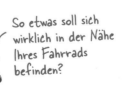

So etwas soll sich wirklich in der Nähe Ihres Fahrrads befinden?

Versuchen Sie's online: http://examples.oreilly.de/german_examples/hfhtml5ger/Kapitel05/Karte/meinOrt.html

Sie sind hier ▸

Google-Marker einfügen

Eine Nadel hineinstecken

Es *wäre wirklich* nützlich, wenn Sie auf der Karte genau sehen könnten, wo Sie sich befinden. Haben Sie Google Maps bereits verwendet, sind Sie mit den Markierungsnadeln vertraut, die die gesuchten Standorte markieren. Wenn Sie z. B. nach dem Fernsehturm in Berlin suchen, erhalten Sie eine Karte mit einer Markierungsnadel in der Nähe des Fernsehturms. Außerdem wird ein Informationsfenster mit weiteren Informationen zu diesem Ort angezeigt. Diese Markierungsnadeln nennt man Marker, und sie sind eines von vielen Dingen, die die Google Maps-API bietet.

Wenn Sie in Google Maps nach einem Ort suchen, wird dieser mit einer roten Nadel gekennzeichnet.

Für einen Marker mit einem Pop-up-Informationsfenster ist ein bisschen Code erforderlich, weil Sie den Marker erstellen müssen sowie das Informationsfenster und einen Handler für das click-Event des Markers (über das das Informationsfenster geöffnet wird). Da wir uns gerade auf einem Exkurs befinden, werden wir dieses Thema relativ schnell abhandeln. Aber Sie wissen bereits alles, um mitzukommen!

① Wir beginnen damit, die neue Funktion markerHinzufuegen zu schreiben und dann mit der Google-API einen Marker zu erstellen:

Die Funktion markerHinzufuegen erwartet eine Karte, den Breiten- und Längengrad im Google-Format, einen Titel für den Marker sowie den Inhalt für das Infofenster.

```
function markerHinzufuegen(karte, latlong, titel, inhalt) {

    var markerOptionen = {

        position: latlong,
        map: karte,
        title: titel,
        clickable: true
    };

    var marker = new google.maps.Marker(markerOptionen);
}
```

Wir erstellen ein Optionsobjekt mit dem Breitengrad, dem Längengrad, der Karte sowie dem Titel und legen darin fest, ob der Marker klickbar sein soll.

Hier wählen wir true, weil wir ein Informationsfenster anzeigen möchten, wenn darauf geklickt wird.

Anschließend erstellen wir das Marker-Objekt mit einem weiteren Konstruktor der Google-API und übergeben das gerade erstellte Objekt markerOptionen.

② Als Nächstes erstellen wir das Informationsfenster, indem wir einige Optionen dafür definieren und anschließend mit der Google-API ein neues InfoWindow-Objekt erstellen. Fügen Sie den folgenden Code unterhalb der Funktion markerHinzufuegen ein:

```
function markerHinzufuegen(karte, latlong, titel, inhalt) {
    ⋮   ← Der restliche Code steht hier. Wir möchten das Leben einiger Bäume verschonen …

    var infoFensterOptionen = {        ← Jetzt definieren wir die Optionen
                                          für das Informationsfenster.
        content: inhalt,    ← Wir brauchen den Inhalt …

        position: latlong   ← … sowie Breiten- und Längengrad.
    };
    var infoFenster = new google.maps.InfoWindow(infoFensterOptionen);
                                          ← Damit erstellen wir das Infofenster.
    google.maps.event.addListener(marker, "click", function() {
        infoFenster.open(karte);
    });
}
```

Bei einem Klick auf den Marker wird diese Funktion aufgerufen und das Infofenster auf der Karte geöffnet.

Wir übergeben dem Listener eine Funktion, die bei einem Klick auf den Marker aufgerufen wird.

Dann verwenden wir die Google Maps-Methode addListener, um einen »Listener« für das click-Event hinzuzufügen. Ein Listener ist vergleichbar mit einem Handler, z. B. für onload und onclick, die Sie bereits kennen.

③ Jetzt müssen wir nur noch von zeigeKarte aus die Funktion markerHinzufuegen aufrufen und die richtigen Argumente für die vier Parameter übergeben. Fügen Sie Folgendes unten in die Funktion zeigeKarte ein:

```
var titel = "Ihr Standort";
var inhalt = "Sie sind hier: " + coords.latitude + ", " + coords.longitude;
markerHinzufuegen(karte, googleBreiteLaenge, titel, inhalt);
```

Wir übergeben die Objekte karte und googleBreiteLaenge, die wir mit der Google Maps-API erstellt haben …

… sowie die Strings titel und inhalt für den Marker.

Sie sind hier ▸ **187**

Noch mehr Google Maps

Markertest

Fügen Sie den Code für `markerHinzufuegen` hinzu, aktualisieren Sie `zeigeKarte`, damit `markerHinzufuegen` aufgerufen wird, und laden Sie die Seite neu. Sie sehen eine Karte mit einem Marker auf Ihrem Standort.

Versuchen Sie, auf den Marker zu klicken. Sie sollten ein Pop-up-Fenster mit Ihrem Breiten- und Längengrad angezeigt bekommen.

Das ist toll, denn jetzt wissen Sie genau, wo Sie sind (nur für den Fall, dass Sie sich verlaufen haben oder so).

So sieht unsere Karte mit Marker und Infofenster aus.

Probieren Sie es online: http://examples.oreilly.de/german_examples/hfhtml5ger/Kapitel05/Marker/meinOrt.html

---

Cooles Zeug mit der Google Maps-API

Wir haben nur an der Oberfläche dessen gekratzt, was Sie alles mit der Google Maps-API machen können. Obwohl der Gebrauch der API weit über den Umfang dieses Buchs hinausgeht, sind Sie auf dem besten Weg, sie selbst zu erforschen. Hier finden Sie einige Dinge, für die Sie die API verwenden können, sowie einige Hinweise dazu, an welcher Stelle Sie damit anfangen können:

Steuerelemente: Standardmäßig enthält eine Google Map mehrere Steuerelemente, z. B. für den Zoom, zum Umschalten zwischen Karten- und Satellitenansicht und für die Street View-Steuerung (das kleine Männchen oberhalb der Zoom-Steuerung). Sie können auf diese Steuerelemente per JavaScript zugreifen, um sie in Ihren Anwendungen zu nutzen.

Services: Haben Sie sich schon mal Wegbeschreibungen mit Google Maps ausgeben lassen? Falls ja, haben Sie den Directions-Service genutzt. Über die Services-APIs von Google Maps haben Sie Zugriff auf Wegbeschreibungen, die Berechnung von Entfernungen und andere Dienste wie z. B. Street View.

Overlays: Overlays bieten eine zusätzliche Ansicht oberhalb einer Google Map, z. B. ein Heatmap-Overlay. Wenn Sie beispielsweise Pendler sind, können Sie Verkehrsstaus mit dem Verkehrs-Overlay sehen. Mit den Overlay-APIs von Google Maps können Sie auch benutzerdefinierte Overlays erstellen, wie etwa benutzerdefinierte Marker, Fotos und so ziemlich alles andere, was Ihnen einfällt.

Das alles stellt die JavaScript-API von Google Maps zur Verfügung. Sehen Sie sich die Dokumentation an, um weiter zu experimentieren:

`http://code.google.com/apis/maps/documentation/javascript/`

Standortsensitives HTML

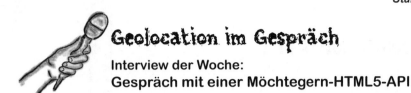

Geolocation im Gespräch

**Interview der Woche:
Gespräch mit einer Möchtegern-HTML5-API**

Von Kopf bis Fuß: Hallo, Geolocation. Ich muss zugeben: Ich bin etwas überrascht, Sie hier zu sehen.

Geolocation: Und warum?

Von Kopf bis Fuß: Sie sind nicht einmal »offiziell« Teil der HTML5-Spezifikation, und trotzdem sind Sie die erste API, die ein eigenes Kapitel erhält! Wie kommt das?

Geolocation: Nun, Sie haben recht, ich wurde in einer von der HTML5-Spezifikation getrennten Spezifikation definiert. Aber ich *bin* eine offizielle Spezifikation des W3C. Und jedes mobile Gerät, das etwas auf sich hält, hat mich bereits in seinen Browser implementiert. Welchen Sinn hat eine mobile Web-App ohne mich?

Von Kopf bis Fuß: Welche Arten von Web-Apps greifen auf Sie zurück?

Geolocation: Im Prinzip sind das die meisten Apps, die die Menschen unterwegs nutzen – von Apps, mit denen Sie Ihren Status aktualisieren und Standortdaten hinzufügen können, über Kamera-Apps, die aufzeichnen, wo die Bilder aufgenommen wurden, bis hin zu sozialen Apps, mit denen Sie Freunde vor Ort finden oder sich an verschiedenen Orten »anmelden« können. Die Leute nutzen mich sogar, um aufzuzeichnen, wo sie Fahrrad fahren, laufen, essen, oder um herauszufinden, wohin sie gehen.

Von Kopf bis Fuß: Ihre API erscheint relativ simpel. Unterm Strich haben Sie doch nur einige Methoden und Eigenschaften, oder?

Geolocation: Klein und einfach bedeutet leistungsstark. Gibt es da irgendwelche Beschwerden über mich? Nein. Ich habe alles, was Entwickler brauchen, und täglich werden Dutzende von standortsensitiven Apps herausgebracht. Außerdem bedeutet klein auch schnell und einfach zu lernen. Vielleicht bin ich deshalb die erste API mit einem eigenen Kapitel?

Von Kopf bis Fuß: Wie sieht es mit der Unterstützung aus?

Geolocation: Das ist ein kurzes Thema, weil ich in beinahe jedem Browser unterstützt werde – ob Desktop oder mobil.

Von Kopf bis Fuß: Okay, eine Sache wollte ich Sie schon immer fragen: Welchen Sinn haben Sie auf einem Gerät ohne GPS?

Geolocation: Es ist ein großer Irrtum, wenn man sagt, ich sei von GPS abhängig. Es gibt andere tolle Möglichkeiten, den Standort über Mobilfunk-Triangulation, IP-Adressen usw. zu bestimmen. Wenn Sie GPS haben – toll, dann kann ich Ihnen noch besser helfen. Und wenn nicht, gibt es eine Menge anderer Möglichkeiten.

Von Kopf bis Fuß: Noch besser helfen?

Geolocation: Mit einem entsprechenden mobilen Gerät kann ich Ihnen auch Höhe, Richtung, Geschwindigkeit und alles Mögliche andere sagen.

Von Kopf bis Fuß: Angenommen, keine Methode wie GPS, IP-Adresse oder Triangulation funktioniert – welchen Sinn haben Sie dann?

Geolocation: Ich kann natürlich nicht immer garantieren, dass sich der Standort ermitteln lässt. Aber das ist in Ordnung, weil ich Ihnen eine elegante Möglichkeit biete, mit Fehlern umzugehen. Sie müssen mir lediglich einen Fehler-Handler übergeben, und ich rufe ihn auf, wenn ich ein Problem habe.

Von Kopf bis Fuß: Das ist gut zu wissen. Unsere Zeit ist für dieses Mal um. Vielen Dank fürs Kommen, Geolocation. Und meine Gratulation zur Beförderung zum echten W3C-Standard!

Details zur Geolocation-API

Zurück zur Geolocation-API ...

Wir sind schon ganz schön weit gekommen mit der Geolocation-API: Wir haben unseren Standort bestimmt, Entfernungen zu anderen Standorten berechnet, den Fehlerstatus der API behandelt und eine Karte mit der Google Maps-API erstellt. Aber noch ist nicht Zeit für eine Pause. Wir sind gerade erst dabei, die interessanten Teile der API kennenzulernen. Schließlich sind wir noch keine Geolocation-Meister. Es geht weiter!

Dafür sollten wir einen näheren Blick auf die API selbst werfen. Wir haben darüber gesprochen, aber sie nie wirklich *angesehen*. Wie gesagt, die API ist einfach und besteht nur aus drei Methoden: getCurrentPosition (die Sie schon kennen), watchPosition (die Sie bald kennen werden), und stop (die, wie Sie sicher vermuten, etwas mit watchPosition zu tun hat). Bevor wir uns mit den neuen Methoden befassen, sehen wir uns noch mal getCurrentPosition und einige zugehörige Objekte an, z. B. Position und Coordinates. Sie werden dabei ein paar neue Dinge erfahren.

Geolocation

getCurrentPosition
watchPosition
stop

Methoden der Geolocation-API.

getCurrentPosition(erfolgsHandler, fehlerHandler, positionsOptionen)

Der Erfolgs-Handler (oder Callback) wird aufgerufen, wenn der Standort bestimmt wurde, und erhält ein Position-Objekt

Der Fehler-Handler wird aufgerufen, wenn der Browser den Standort nicht bestimmen kann. Wie wir gesehen haben, gibt es mehrere mögliche Gründe dafür.

Und es gibt einen weiteren Parameter, den wir noch nicht verwendet haben, der uns aber die Möglichkeit bietet, das Verhalten der Geolokalisierung anzupassen.

Position

coords
timestamp

Coordinates

latitude
longitude
accuracy
altitude
altitudeAccuracy
heading
speed

Die coords-Eigenschaft kennen wir bereits. Es gibt allerdings auch die Eigenschaft timestamp, die die Uhrzeit enthält, zu der das Position-Objekt erstellt wurde. Es kann nützlich sein, zu wissen, wie aktuell eine Position ist.

latitude und longitude kennen wir bereits, es gibt auch noch andere Eigenschaften im coordinates-Objekt.

Diese drei sind garantiert vorhanden: latitude, longitude und accuracy.

Der Rest hängt vom verwendeten Gerät ab.

190   Kapitel 5

Standortsensitives HTML

Wie ist es mit der Genauigkeit?

Die Standortbestimmung ist keine exakte Wissenschaft. Je nach der vom Browser verwendeten Methode erfahren Sie unter Umständen nur das Land, die Stadt oder das Stadtgebiet, in dem Sie sich befinden. Mit leistungsfähigeren Geräten können Sie sogar Ihre Position auf zehn Meter genau bestimmen – einschließlich Ihrer Geschwindigkeit, Bewegungsrichtung und Höhe.

Wie sollen wir unter diesen Umständen unseren Code schreiben? Die Designer der Geolocation-API haben uns einen netten Deal angeboten: Zu jedem Standort liefern sie uns auch die Genauigkeit der Position in Metern mit einer statistischen Sicherheit von 95 %. Wenn wir also unsere Position mit 500 Metern Genauigkeit bestimmen können, bedeutet das, dass wir uns innerhalb eines Radius von 500 Metern auf diesen Standort verlassen können. Mit dieser Genauigkeit sind also ohne Weiteres Empfehlungen für die Stadt oder das Stadtgebiet möglich. Von schrittweisen Wegbeschreibungen sollten wir lieber absehen. Natürlich bleibt es Ihrer App überlassen, wie sie mit den Genauigkeitsdaten umgeht.

Genug geredet. Sie haben gesehen, dass die Genauigkeit Ihrer aktuellen Position Teil des coordinates-Objekts ist. Verwenden wir sie also in der Funktion `zeigeStandort`:

```
function zeigeStandort(position) {
    var breite = position.coords.latitude;
    var laenge = position.coords.longitude;
    var div = document.getElementById("standort");

    div.innerHTML = "Ihr Breitengrad: " + breite + ", Ihr Längengrad: " + laenge;
    div.innerHTML += " (auf " + position.coords.accuracy + " m genau)";

    var km = berechneEntfernung(position.coords, unsereKoordinaten);
    var div = document.getElementById("entfernung");
    entfernung.innerHTML = "Entfernung zum WickedlySmart-Hauptquartier: " + km + " km";
    zeigeKarte(position.coords);
}
```

Hier verwenden wir die accuracy-Eigenschaft und häufen sie an das Ende von innerHTML des <div>.

Genauigkeitstestlauf

Fügen Sie den Einzeiler in Ihren Code ein und laden Sie die Seite neu. Jetzt sehen Sie, wie genau Ihre Position bestimmt wurde. Machen Sie den Test auf allen Geräten, die Sie haben.

Online ausprobieren: http://examples.oreilly.de/german_examples/hfhtml5ger/Kapitel05/Genauigkeit/meinOrt.html

Sie sind hier ▶

Bewegungen mitverfolgen

»Wohin Sie auch gehen, da sind Sie«

Der Ursprung dieses Satzes wurde heiß diskutiert. Manche behaupten, er wurde zuerst in dem Film *Buckaroo Banzai* erwähnt, andere führen seinen Ursprung auf einen Zen-buddhistischen Text zurück. Wieder andere zitieren verschiedene Bücher, Filme und beliebte Songs. Woher dieses Zitat auch stammen mag, es wird weiterexistieren. Nach diesem Kapitel umso mehr, weil wir eine kleine Web-App mit dem Namen »Wohin Sie auch gehen, da sind Sie« erstellen werden. Ja, dafür gibt es eine App! Aber wir brauchen Ihre Hilfe, weil Sie sich dazu von Ihren vier Buchstaben erheben und ein bisschen bewegen müssen.

Wie stehen Sie zu der Diskussion? Stammt der Spruch aus dem Banzai Institute oder aus der Zen-Literatur?

Wir werden unseren vorhandenen Code so erweitern, dass er Ihre Bewegungen in Echtzeit mitverfolgt. Dazu bringen wir alles zusammen, einschließlich der beiden neuen Methoden der Geolocation-API, und erstellen eine App, die Ihnen beinahe in Echtzeit folgt.

Bewegungen mitverfolgen

Sie haben bereits den Tipp erhalten, dass die Geolocation-API über die Methode `watchPosition` verfügt. Und sie macht, was sie sagt: Sie beobachtet Ihre Bewegungen und meldet die Änderungen Ihres Standorts. Die `watchPosition`-Methode sieht der `getCurrentPosition`-Methode ähnlich, verhält sich aber ein bisschen anders: Sie ruft jedes Mal den Erfolgs-Handler auf, wenn sich Ihre Position ändert. Sehen wir uns an, wie sie funktioniert.

Browser

① Ihre App ruft watchPosition auf und übergibt eine Funktion als Erfolgs-Handler.

② watchPosition hält sich im Hintergrund und überwacht kontinuierlich Ihre Position.

`position.coords.latitude`
`position.coords.longitude`

④ watchPosition überwacht weiterhin Ihre Position (und meldet sie dem Erfolgs-Handler), bis Sie die Überwachung mit stop beenden.

③ Wenn sich Ihre Position ändert, ruft watchPosition Ihren Erfolgs-Handler auf, um Ihre neue Position mitzuteilen.

Standortsensitives HTML

Weiter geht's mit der App

Wir nehmen unseren bisherigen Code als Ausgangspunkt. Als Erstes fügen wir zwei Schaltflächen in unser HTML ein, damit wir die Überwachung Ihres Standorts starten und stoppen können. Wozu wir Schaltflächen brauchen? Zum einen möchten die Benutzer nicht ständig überwacht werden und deshalb die Kontrolle darüber behalten. Es gibt aber auch noch einen weiteren Grund: Die kontinuierliche Überprüfung Ihrer Position ist auf mobilen Geräten energieintensiv, worunter die Akkulaufzeit leidet. Deshalb erweitern wir zunächst unser HTML um ein Formular und zwei Schaltflächen: eine zum Starten und eine zum Stoppen der Überwachung.

Die Beobachtung von Benutzern in Echtzeit kann wirklich den Akku leeren. Informieren Sie Ihre Benutzer über die Standortverfolgung und überlassen Sie ihnen die Kontrolle.

```
<!doctype html>
<html>
<head>
  <meta charset="utf-8">
  <title>Wohin Sie auch gehen, da sind Sie</title>
  <script src="meinOrt.js"></script>
  <link rel="stylesheet" href="meinOrt.css">
</head>
<body>
  <form>
    <input type="button" id="beobachten" value="Beobachten">
    <input type="button" id="stop" value="Stop">
  </form>
  <div id="standort">
    Hier kommt Ihr Standort hin.
  </div>
  <div id="entfernung">
    Hierhin kommt die Entfernung vom WickedlySmart-Hauptquartier.
  </div>
  <div id="karte">
  </div>
</body>
</html>
```

Wir fügen ein form-Element mit zwei Schaltflächen ein: eine mit der ID »beobachten« zum Starten der Verfolgung und eine zum Stoppen mit der ID »stop«.

Wir verwenden unsere bisherigen <div>s für die Anzeige der Echtzeitstandortinformationen.

Über die Google Map machen wir uns später Gedanken ...

Sie sind hier ▸ **193**

Den alten Code überarbeiten …

Nun müssen wir click-Handler für die beiden Schaltflächen hinzufügen. Das machen wir in der Funktion `pruefeStandort` – allerdings nur, wenn Geolocation unterstützt wird. Und nachdem wir das gesamte Geolocation-Tracking mit den beiden Schaltflächen steuern, entfernen wir den bisherigen Aufruf von `getCurrentPosition` aus `pruefeStandort`. Entfernen Sie also diesen Code und fügen Sie die beiden Handler ein: `beobachteStandort` und `stop`:

```
function pruefeStandort() {
    if (navigator.geolocation) {
        navigator.geolocation.getCurrentPosition(zeigeStandort,zeigeFehler);
        var beobachtenButton = document.getElementById("beobachten");
        beobachtenButton.onclick = beobachteStandort;
        var stopButton = document.getElementById("stop");
        stopButton.onclick = stop;
    }
    else {
        alert("Keine Geolocation-Unterstützung");
    }
}
```

Wenn der Browser Geolocation unterstützt, fügen wir unsere click-Handler hinzu. Sonst hat das keinen Sinn.

Wir rufen beobachteStandort auf, um die Beobachtung zu starten, und stop, um sie zu beenden.

Handler »beobachteStandort« schreiben

Wenn die Benutzer auf die Schaltfläche »Beobachten« klicken, möchten wir mit der Standortüberwachung beginnen. Dazu rufen wir die Methode `geolocation.watchPosition` auf. `geolocation.watchPosition` erwartet zwei Parameter: einen Erfolgs-Handler und einen Fehler-Handler. Dafür verwenden wir die bereits vorhandenen. Außerdem liefert die Methode eine `beobachtungsId` zurück, über die wir jederzeit die Beobachtung abbrechen können. Wir speichern die `beobachtungsId` in einer globalen Variablen, die wir für den click-Handler der Stoppschaltfläche verwenden. Das ist der Code für die Funktion `beobachteStandort` und die `beobachtungsId`. Fügen Sie ihn in `meinOrt.js` ein:

```
var beobachtungsId = null;

function beobachteStandort() {
    beobachtungsId = navigator.geolocation.watchPosition(zeigeStandort,
                                                         zeigeFehler);
}
```

Fügen Sie beobachtungsId im oberen Teil Ihrer Datei als globale Variable ein. Wir initialisieren sie mit dem Wert null und brauchen sie, um später die Beobachtung wieder abzubrechen.

Wir rufen die Methode watchPosition auf und übergeben unsere bereits vorhandenen Handler zeigeStandort und zeigeFehler.

Standortsensitives HTML

Den stop-Handler schreiben

Jetzt schreiben wir den Handler, um die Beobachtung zu beenden. Dafür müssen wir die `beobachtungsId` an die Methode `geolocation.clearWatch` übergeben.

```
function stop() {
    if (beobachtungsId) {
        navigator.geolocation.clearWatch(beobachtungsId);
        beobachtungsId = null;
    }
}
```

Wir prüfen, ob es die beobachtungsId gibt, und …

… rufen die Methode geolocation.clearWatch auf, wobei wir die beobachtungsId übergeben. Damit endet die Überwachung.

Eine kleine Änderung in zeigeStandort …

Es gibt noch eine kleine Änderung, die wir an dem bisherigen Google Maps-Code vornehmen müssen. Bisher riefen wir `zeigeKarte` auf, um die Google Map anzuzeigen. `zeigeKarte` erstellt eine neue Karte auf Ihrer Seite, und das möchten Sie nur einmal machen. Wenn Sie aber die Beobachtung des Standorts mit `watchPosition` starten, wird `zeigeStandort` jedes Mal aufgerufen, wenn sich die Position ändert.

Um sicherzustellen, dass wir `zeigeKarte` nur einmal aufrufen, testen wir zunächst, ob die Karte bereits existiert. Falls nicht, rufen wir `zeigeKarte` auf. Ansonsten wurde `zeigeKarte` bereits aufgerufen (und die Karte bereits erstellt) – also brauchen wir die Funktion nicht erneut aufzurufen.

```
function zeigeStandort(position) {
    var breite = position.coords.latitude;
    var laenge = position.coords.longitude;

    var div = document.getElementById("standort");
    div.innerHTML = "Ihr Breitengrad: " + breite + ", Ihr Längengrad: " + laenge;
    div.innerHTML += " (auf " + position.coords.accuracy + " m genau)";

    var km = berechneEntfernung(position.coords, unsereKoordinaten);
    var entfernung = document.getElementById("entfernung");
    entfernung.innerHTML = "Entfernung zum WickedlySmart-Hauptquartier: " + km + " km";

    if (karte == null) {
        zeigeKarte(position.coords);
    }
}
```

Wir rufen zeigeKarte nur auf, wenn wir das nicht bereits getan haben. Wir müssen diese Funktion nicht bei jedem Aufruf von zeigeStandort aufrufen.

Sie sind hier ▶   195

Benutzerbeobachtung testen

Zeit, sich zu bewegen!

Vergewissern Sie sich, dass Sie den gesamten Code abgetippt haben, und laden Sie die Seite `meinOrt.html` neu. Um diese Seite wirklich zu testen, müssen Sie sich bewegen, um Ihre Position zu ändern. Gehen Sie spazieren, springen Sie auf Ihr Fahrrad, steigen Sie ins Auto oder nehmen Sie irgendein anderes Lieblingstransportmittel.

Es versteht sich von selbst, dass diese App auf einem Desktop ziemlich langweilig ist (weil Sie ihn nicht mitnehmen können). Für diesen Test brauchen Sie also definitiv ein mobiles Gerät. Und wenn Sie Hilfe brauchen, einen Server mit diesem Code zu finden, versuchen Sie's unter:

`http://examples.oreilly.de/german_examples/hfhtml5ger/Kapitel05/Beobachten/meinOrt.html`

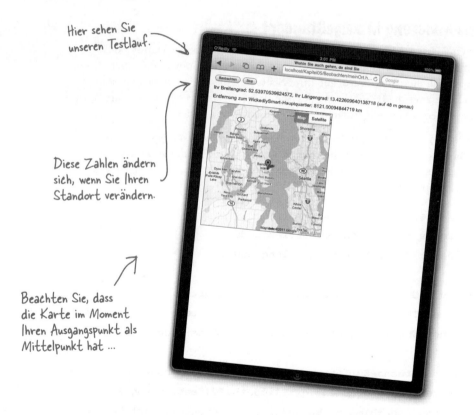

Hier sehen Sie unseren Testlauf.

Diese Zahlen ändern sich, wenn Sie Ihren Standort verändern.

Beachten Sie, dass die Karte im Moment Ihren Ausgangspunkt als Mittelpunkt hat ...

Online ausprobieren: http://examples.oreilly.de/german_examples/hfhtml5ger/Kapitel05/Beobachten/meinOrt.html

Standortsensitives HTML

Es gibt keine Dummen Fragen

F: Wie kann ich die Frequenz ändern, mit der der Browser bei der Verwendung von watchPosition den Standort aktualisiert?

A: Überhaupt nicht. Der Browser ermittelt die optimale Aktualisierungsrate und entscheidet, wann Sie Ihre Position verändert haben.

F: Warum verändert sich mein Standort einige Male, wenn ich die Seite zum ersten Mal lade – selbst wenn ich ruhig sitze?

A: Erinnern Sie sich, dass der Browser unter Umständen mehrere Methoden verwendet, um Ihren Standort zu ermitteln? Je nach der verwendeten Methode kann sich die Genauigkeit des Standorts im Laufe der Zeit ändern. Üblicherweise verbessert sich die Genauigkeit, aber manchmal (wenn Sie beispielsweise gerade durch eine ländliche Gegend mit nur einem Funkturm fahren) kann sie auch schlechter werden. Über die accuracy-Eigenschaft des position.coords-Objekts können Sie das im Auge behalten.

F: Kann ich die altitude- und die altitudeAccuracy-Eigenschaft des coordinates-Objekts verwenden?

A: Es ist nicht garantiert, dass diese Eigenschaften unterstützt werden (aus naheliegenden Gründen nur auf mobilen High-End-Geräten). Insofern müssen Sie in Ihrem Code auf den Fall reagieren, dass sie nicht unterstützt werden.

F: Was sind die Eigenschaften heading und speed?

A: heading ist die Richtung, in die Sie reisen, und speed gibt Ihre Geschwindigkeit an. Wenn Sie beispielsweise auf der A8 mit Ihrem Auto in nördlicher Richtung mit 125 km/h fahren, ist Ihr heading nördlich (0°) und Ihr speed 125 km/h. Wenn Sie auf dem Parkplatz von Sternback-Kaffee parken, ist speed gleich 0, und Sie haben kein heading (weil Sie nicht fahren).

F: Wenn ich eine Route von meinem Standort zu Ihrem Standort berechnen lasse, ist sie entscheidend länger, als die App angibt. Warum?

A: Unsere Funktion berechneEntfernung ermittelt die Entfernung als »Luftlinie«. Ihr Routenplaner zeigt Ihnen wahrscheinlich die Fahrstrecke an.

Spitzen Sie Ihren Bleistift

Hier sehen Sie eine Alternativimplementierung von zeigeStandort. Können Sie erraten, was sie macht? Werfen Sie einen Blick darauf und schreiben Sie Ihre Antwort darunter. Versuchen Sie's, wenn Sie Mumm haben!

```
entfernung.innerHTML = "Entfernung zum WickedlySmart-Hauptquartier: " + km + " km";
if (km < 0.1) {
  entfernung.innerHTML = "Jawoll!";
} else {
  if (vorhKM < km) {
    entfernung.innerHTML = "Heißer!";
  } else {
    entfernung.innerHTML = "Kälter ...";
  }
}
vorhKM = km;
```

Schreiben Sie hierhin, was der Code macht.

....

Überblick über Geolocation-Objekte

Sie haben Optionen ...

Bisher haben wir den dritten Parameter von `getCurrentPosition` (und `watchPosition`) gemieden: die `positionsOptionen`. Mit diesem Parameter können wir steuern, wie die Geolocation-API ihre Werte berechnet. Sehen wir uns die drei Parameter und ihre Standardwerte an:

```
var positionsOptionen = {
    enableHighAccuracy: false,
    timeout: Infinity,
    maximumAge: 0
}
```

Als Erstes kommt die Eigenschaft »HighAccuracy«. Wir sprechen gleich darüber, was es damit auf sich hat ...

Die timeout-Option gibt an, wie lange der Browser versucht, den Standort zu bestimmen. Standardmäßig hat diese Eigenschaft den Wert »Infinity«. Das bedeutet, der Browser nimmt sich alle Zeit, die er braucht.

Sie können hierfür einen Wert in Millisekunden angeben, z. B. 10000 – dann hat der Browser zehn Sekunden, um den Standort zu finden. Andernfalls wird der Fehler-Handler aufgerufen.

maximumAge legt das maximale Alter eines Standorts fest, ab dem der Browser den Standort erneut bestimmen muss. Der Standardwert hierfür ist 0. Das heißt, dass der Browser den Standort ständig neu ermitteln muss (jedes Mal, wenn getCurrentPosition aufgerufen wird).

Können wir noch mal über die Genauigkeit sprechen?

Wir haben bereits gesehen, dass jede von der Geolocation-API gelieferte Position die Eigenschaft accuracy hat. Wir können der Geolocation-API aber auch mitteilen, dass wir nur das genaueste Ergebnis erhalten möchten. Allerdings ist das lediglich ein Hinweis an den Browser, und die verschiedenen Implementierungen reagieren unter Umständen unterschiedlich auf diesen Hinweis. Diese Option klingt zwar nicht spektakulär, hat aber eine Menge Auswirkungen. Wenn Ihnen allzu genaue Ergebnisse beispielsweise nicht wichtig sind – vielleicht reicht es Ihnen, zu wissen, dass sich der Benutzer in Köln befindet –, kann die API Ihnen das eventuell sehr schnell und sehr günstig (in puncto Stromverbrauch) mitteilen. Wenn Sie andererseits wissen müssen, in welcher Straße sich der Benutzer befindet, muss die API unter Umständen GPS aktivieren und eine Menge Strom verbrauchen, um diese Information abzurufen. Mit der Option `enableHighAccuracy` sagen Sie der API, dass Sie ein möglichst genaues Ergebnis brauchen, selbst wenn es viel Akkuleistung braucht. Bedenken Sie auch, dass dadurch nicht *garantiert* ist, dass der Browser auch eine genauere Position bestimmen kann.

Zeitlimits maximales Alter

Sehen wir uns noch mal die Optionen `timeout` und `maximumAge` an:

timeout: Diese Option sagt dem Browser, wie **lange** er versuchen soll, den Standort des Benutzers zu ermitteln. Wenn der Benutzer aufgefordert wird, der Standortermittlung zuzustimmen, beginnt das Zeitlimit erst mit der Zustimmung des Benutzers abzulaufen. Wenn der Browser den aktuellen Standort nicht innerhalb der angegebenen Anzahl von Millisekunden bestimmen kann, wird der Fehler-Handler aufgerufen. *Standardmäßig hat diese Option den Wert »Infinity« (unendlich).*

maximumAge: Diese Option teilt dem Browser mit, wie **alt** die Standortinformationen maximal sein dürfen. Wenn der Browser den Standort also zuletzt vor 60 Sekunden ermittelt und maximumAge den Wert 90000 (90 Sekunden) hat, liefert der Aufruf von `getCurrentPosition` die vorhandene Position aus dem Cache (der Browser versucht, keine neue zu ermitteln). Ist maximumAge dagegen 30 Sekunden, ist der Browser gezwungen, den Standort neu zu ermitteln.

> Mit maximumAge kann ich also wirklich festlegen, wie oft der Browser meine Position neu kalkuliert oder ermittelt. Damit kann ich meine App energiesparender machen. Was ist mit timeout? Kann ich meine App damit auch verbessern?

Eine guter Gedanke. timeout können Sie sich ungefähr so vorstellen: Wenn Sie maximumAge so einsetzen, dass Sie ein altes Ergebnis (aus dem Cache) erhalten, solange dieses jünger als das angegebene maximumAge ist, können Sie damit die Leistung Ihrer App sehr gut optimieren. Was aber ist, wenn das Alter der Position maximumAge überschreitet? Dann versucht der Browser, eine neue Position zu bestimmen. Aber vielleicht ist Ihnen das *gar nicht so wichtig* – Sie nehmen eine neue Position, falls vorhanden. Ansonsten verzichten Sie einfach darauf. Für diesen Fall könnten Sie timeout gleich 0 setzen. Wenn ein Ergebnis vorliegt, das den maximumAge-Test besteht – wunderbar. Ansonsten schlägt der Aufruf sofort fehl, und Ihr Fehler-Handler wird aufgerufen (Fehlercode `TIMEOUT`). Das ist nur ein Beispiel für eine kreative Möglichkeit, das Verhalten Ihre Anwendung mit `timeout` und `maximumAge` zu steuern.

Übung zu Geolocation-Optionen

WER MACHT WAS?

Hier sehen Sie einige Optionen für die Geolocation-API.
Weisen Sie jeder Option das entsprechende Verhalten zu.

`{maximumAge:600000}`

Ich möchte nur Positionsdaten aus dem Cache, die weniger als zehn Minuten alt sind. Wenn keine vorhanden sind, fordere ich eine neue Position an, aber nur wenn es nicht länger als eine Sekunde dauert.

`{timeout:1000, maximumAge:600000}`

Ich verwende eine Position aus dem Cache, falls sie weniger als zehn Minuten alt ist. Ansonsten möchte ich eine aktuelle Position.

`{timeout:0, maximumAge:Infinity}`

Ich möchte nur aktuelle Positionen. Der Browser soll dafür so viel Zeit haben, wie er möchte.

`{timeout:Infinity, maximumAge:0}`

Ich möchte nur Positionen aus dem Cache, das Alter spielt keine Rolle. Wenn es keine Position im Cache gibt, rufe ich den Fehler-Handler auf. Keine aktuellen Positionen für mich! Ich werde offline verwendet.

Optionen angeben

Einer der Vorzüge von JavaScript ist, dass wir Optionen, die wir in einem Objekt angeben müssen, als Objektliteral direkt in unseren Methodenaufruf schreiben können. Angenommen, wir möchten die hohe Genauigkeit aktivieren und das maximale Alter für Standortdaten auf 60 Sekunden (oder 60.000 Millisekunden) festlegen. Dafür gibt es folgende Möglichkeiten:

```
var optionen = {enableHighAccuracy: true, maximumAge: 60000};
```

Sehen Sie jetzt auch, dass JavaScript richtig cool ist? Nun, wir sind zumindest dieser Meinung. ☺

Anschließend übergeben wir `optionen` einfach an `getCurrentPosition` oder `watchPosition`:

```
navigator.geolocation.getCurrentPosition(
            zeigeStandort,
            zeigeFehler,
            optionen);
```

Hier übergeben wir die Optionen über die Variable optionen.

Oder wir können das Optionen-Objekt einfach implizit übergeben:

```
navigator.geolocation.getCurrentPosition(
            zeigeStandort,
            zeigeFehler,
            {enableHighAccuracy: true, maximumAge: 60000});
```

Diese Technik werden Sie häufig in JavaScript-Code sehen.

Hier werden die Optionen direkt dem Funktionsaufruf als Objektliteral übergeben! Manche sind der Meinung, dass dieser Code einfacher und besser lesbar ist.

Nachdem Sie jetzt die Optionen kennen und wissen, was sie tun und wie Sie sie angeben, sollten wir sie auch verwenden. Genau das werden wir nun tun. Aber denken Sie daran: Die Optionen sollen *Ihre* Anwendungen verbessern, die ganz bestimmte Anforderungen haben. Die Optionen hängen auch vom verwendeten Gerät, der Browserimplementierung im Netz und dem Netzwerk ab. Sie müssen also damit experimentieren, um sie wirklich kennenzulernen.

Diagnosefahrt – Überprüfung

Hatten Sie bei der vorherigen Diagnose den Fall, dass Sie gewartet und gewartet haben, aber nichts passiert ist? Wahrscheinlich lag dies am unendlichen Zeitlimit. Das bedeutet, dass der Browser unendlich lange wartet, solange er keinen Fehler gemeldet bekommt. Jetzt wissen Sie, wie wir die Geolocation-API zwingen können, etwas sinnvoller mit dem timeout-Wert umzugehen:

```
function beobachteStandort() {
    beobachtungsId = navigator.geolocation.watchPosition(
                zeigeStandort,
                zeigeFehler,
                {timeout:5000});
}
```

Versuchen Sie's und experimentieren Sie mit den Optionswerten.

Indem wir timeout auf 5000 Millisekunden (5 Sekunden) festlegen, ist sichergestellt, dass der Browser nicht endlos versucht, den Standort zu ermitteln.

MACHEN SIE DAS ~~NICHT~~ ZU HAUSE (GEO AUF VOLLEN TOUREN)

Wäre es nicht toll, herauszufinden, wie schnell Ihr Browser den Standort bestimmen kann? Wir können es dem Browser so schwer wie möglich machen:

- Mit hoher Genauigkeit.
- Er darf nicht den Cache verwenden (maximumAge = 0).
- Wir setzen timeout auf 100. Jedes Mal, wenn der Browser es nicht schafft, erhöhen wir das Limit.

Warnung: Wir wissen nicht, ob alle Geräte und Akkus dafür geeignet sind – Versuch auf eigene Gefahr!

So sehen unsere Anfangsoptionen aus:

```
{enableHighAccuracy: true, timeout:100, maximumAge:0}
{enableHighAccuracy: true, timeout:200, maximumAge:0}
{enableHighAccuracy: true, timeout:300, maximumAge:0}
```

← Hier geht's los ...
← Bei einem Fehler versuchen wir's mit mehr Zeit ...
← usw.

Sehen Sie sich jetzt den Code auf der nächsten Seite an, er könnte Sie interessieren! Tippen Sie ihn ab – Sie können ihn einfach in `meinOrt.js` einfügen. Testen Sie den Code auf verschiedenen Geräten und schreiben Sie hier Ihre Ergebnisse auf:

Geräte ↘   ↙ Zeit

AUF _____ **GEFUNDEN IN** _____ **Millisekunden**

AUF _____ **GEFUNDEN IN** _____ **Millisekunden**

AUF _____ **GEFUNDEN IN** _____ **Millisekunden**

AUF _____ **GEFUNDEN IN** _____ **Millisekunden**

Online ausprobieren: http://examples.oreilly.de/german_examples/hfhtml5ger/Kapitel05/Geschwindigkeitstest/meinOrt.html

Standortsensitives HTML

```javascript
var optionen = { enableHighAccuracy: true, timeout:100, maximumAge: 0 };
window.onload = pruefeStandort;
function pruefeStandort() {
    if (navigator.geolocation) {
        navigator.geolocation.getCurrentPosition(
            zeigeStandort,
            zeigeFehler,
            optionen);
    } else {
        alert("Keine Geolocation-Unterstützung");
    }
}
function zeigeFehler(fehler) {
    var fehlerTypen = {
        0: "Unbekannter Fehler",
        1: "Keine Genehmigung",
        2: "Position nicht verfügbar",
        3: "Zeitüberschreitung der Anforderung"
    };
    var fehlerMeldung = fehlerTypen[fehler.code];
    if (fehler.code == 0 || fehler.code == 2) {
        fehlerMeldung = fehlerMeldung + " " + fehler.message;
    }
    var div = document.getElementById("standort");
    div.innerHTML = fehlerMeldung;
    optionen.timeout += 100;
    navigator.geolocation.getCurrentPosition(
        zeigeStandort,
        zeigeFehler,
        optionen);
    div.innerHTML += " ... neuer Versuch mit timeout=" + optionen.timeout;
}
function zeigeStandort(position) {
    var breite = position.coords.latitude;
    var laenge = position.coords.longitude;
    var div = document.getElementById("standort");
    div.innerHTML = "Ihr Breitengrad: " + breite +
                    ", Ihr Längengrad: " + laenge;
    div.innerHTML += " (gefunden in " + optionen.timeout + " Millisekunden)";
}
```

Wir beginnen mit einem timeout von 100 und maximumAge gleich 0.

Die üblichen Handler zeigeStandort und zeigeFehler. Die Optionen übergeben wir als dritten Parameter.

Zuerst kommt der Fehler-Handler.

Dieser Code ist der gleiche …

Bei einem Fehler erhöhen wir die timeout-Option um 100 ms und versuchen es erneut. Natürlich weisen wir den Benutzer darauf hin.

Wenn der Browser erfolgreich die Position ermittelt hat, sagen wir dem Benutzer, wie lange es gedauert hat.

Wege in die Karte zeichnen

Vervollständigen wir die App!

Wenn Sie sich zurücklehnen und darüber nachdenken, wird Ihnen klar werden, dass wir gerade mit ein bisschen HTML und JavaScript eine Web-App erstellt haben, die nicht nur Ihren Standort bestimmen, sondern auch *fast in Echtzeit* mitverfolgen und anzeigen kann. Wow, HTML hat definitiv Fortschritte gemacht (und Sie ebenfalls!).

Da wir gerade von dieser App sprechen – finden Sie nicht, dass wir sie zum Abschluss noch ein bisschen polieren sollten? Wir könnten z. B. Ihre Position auf der Karte anzeigen, während Sie sich bewegen, und sogar noch einen Schritt weitergehen und den von Ihnen zurückgelegten Weg auf der Karte abbilden.

Schreiben wir eine Funktion, die Ihren aktuellen Standort immer als Mittelpunkt hat und an ihrer neuen Position einen Marker angelegt:

Das machen wir, um die App abzurunden!

Okay, wir nennen diese Funktion scrollKarteZuPosition und übergeben ihr die Koordinaten der Position.

Die Koordinaten sind Ihre aktuelle Position, also zentrieren wir die Karte auf diesen Standort und setzen dort ebenfalls einen Marker ab.

```
function scrollKarteZuPosition(coords) {
    var breite = coords.latitude;
    var laenge = coords.longitude;
    var latlong = new google.maps.LatLng(breite, laenge);

    karte.panTo(latlong);

    markerHinzufuegen(karte, latlong, "Ihre neue Position", "Sie sind jetzt hier: "
                                    + breite + ", " + laenge);
}
```

Zunächst nehmen wir den neuen Breiten- und Längengrad und erstellen damit ein google.maps.LatLng-Objekt.

Die Methode panTo der Karte erwartet ein LatLng-Objekt und scrollt die Karte an den neuen Standort, sodass dieser in der Mitte liegt.

Zum Schluss fügen wir für den neuen Standort mit der Funktion markerHinzufuegen, die wir bereits geschrieben haben, einen neuen Marker hinzu, indem wir die Karte, das LatLng-Objekt, einen Titel und einen Inhalt für den neuen Marker übergeben.

Die neue Funktion integrieren

Nun müssen wir lediglich die Funktion zeigeStandort so aktualisieren, dass sie jedes Mal scrollKarteZuPosition aufruft, wenn sich Ihre Position ändert. Beim ersten Aufruf von zeigeStandort rufen wir zeigeKarte auf, um die Karte zu erstellen und einen Marker für die Startposition anzulegen. Danach müssen wir jedes Mal nur noch scrollKarteZuPosition aufrufen, um einen neuen Marker zu erstellen und den neuen Mittelpunkt für die Karte festzulegen. Das ist der geänderte Code:

```
function zeigeStandort(position) {
    var breite = position.coords.latitude;
    var laenge = position.coords.longitude;
    var div = document.getElementById("standort");
    div.innerHTML = "Ihr Breitengrad: " + breite
                    + ", Ihr Längengrad: " + laenge;
    div.innerHTML += " (auf " + position.coords.accuracy + " m genau)";
    var km = berechneEntfernung(position.coords, unsereKoordinaten);
    var entfernung = document.getElementById("entfernung");
    entfernung.innerHTML = "Entfernung zum WickedlySmart-Hauptquartier: " + km + " km";

    if (karte == null) {
        zeigeKarte(position.coords);
    } else {
        scrollKarteZuPosition(position.coords);
    }
}
```

Beim ersten Aufruf von zeigeStandort müssen wir die Karte zeichnen und den ersten Marker hinzufügen.

Danach müssen wir nur noch einen neuen Marker erstellen und den Mittelpunkt für die Karte festlegen.

Und noch mal!

Laden Sie Ihre Seite erneut und ändern Sie Ihren Standpunkt ... Folgt Ihnen die Karte? Sie sollten eine Spur von Marken auf der Karte hinter sich herziehen (außer, Sie sitzen an Ihrem Desktop!).

Wir liefern mit dieser App den Beweis für den Satz:

»Wohin Sie auch gehen, da sind Sie.«

Unsere Markerspur von unserem Trip vom WickedlySmart-Hauptquartier zu unserem geheimen unterirdischen Versteck ... Oh, das hätten wir nicht verraten dürfen!

Online ausprobieren: http://examples.oreilly.de/german_examples/hfhtml5ger/Kapitel05/Beobachten_panTo/meinOrt.html

Verwendung von Markern optimieren

Code-Magneten

Wir dachten, dass Sie vor dem Ende dieses Kapitels die App wirklich rund machen möchten. Wahrscheinlich ist Ihnen aufgefallen, dass beim Mitverfolgen der Position ein bisschen zu viele Marker der Karte hinzugefügt werden.

Das liegt daran, dass watchPosition die Bewegung häufig ermittelt und deshalb alle paar Schritte den Erfolgs-Handler zeigeStandort aufruft. Eine Möglichkeit, das zu ändern, wäre zusätzlicher Code, der nur dann einen neuen Marker erstellt, wenn wir eine nennenswerte Entfernung zurückgelegt haben – z. B. testhalber 20 Meter.

Wir haben bereits eine Funktion, die die Entfernung zwischen zwei Koordinaten berechnet (berechneEntfernung). Wir müssen also lediglich jedes Mal, wenn zeigeStandort aufgerufen wird, unsere momentane Position abspeichern und überprüfen, ob die Entfernung zwischen der vorherigen Position und der aktuellen Position größer als 20 Meter ist, bevor wir scrollKarteZuPosition aufrufen. Einen Teil dieses Codes finden Sie weiter unten. Ihre Aufgabe besteht darin, ihn zu vervollständigen. Vorsicht: Manche Magneten müssen Sie mehr als einmal verwenden!

Fast schon eine Marker-Explosion ...

```
var _____;
function zeigeStandort(position) {
    var breite = position.coords.latitude;
    var laenge = position.coords.longitude;
    var div = document.getElementById("standort");
    div.innerHTML = "Ihr Breitengrad: " + breite + ", Ihr Längengrad: " + laenge;
    div.innerHTML += " (auf " + position.coords.accuracy + " m genau)";
    var km = berechneEntfernung(position.coords, unsereKoordinaten);
    var entfernung = document.getElementById("entfernung");
    entfernung.innerHTML = "Entfernung zum WickedlySmart-Hauptquartier: " + km + " km";
    if (karte == null) {
        zeigeKarte(position.coords);
        vorherigeCoords = _____;
    } else {
        var meter = _____(position.coords, vorherigeCoords) * 1000;
        if (_____ > _____) {
            scrollKarteZuPosition(position.coords);
            _____ = _____;
        }
    }
}
```

Magnete: `berechneEntfernung`, `meter`, `vorherigeCoords = null;`, `position.coords`, `20`, `vorherigeCoords`

Punkt für Punkt

- Geolocation ist »offiziell« nicht Teil der HTML5-Spezifikation, zählt aber zur »Familie« der HTML5-Spezifikationen.

- Je nach verwendetem Gerät gibt es mehrere Möglichkeiten, den Standort zu bestimmen.

- GPS ist eine genauere Methode zur Standortbestimmung als die per Triangulation von Funktürmen oder per IP-Adresse.

- Mobile Geräte ohne GPS können den Standort über Triangulation von Funktionen bestimmen.

- Die Geolocation-API hat drei Methoden und einige wenige Eigenschaften.

- Die wichtigste Methode der Geolocation-API ist getCurrentPosition, eine Methode des Objekts navigator.geolocation.

- getCurrentPosition hat einen obligatorischen Parameter für den Erfolgs-Handler und zwei optionale Parameter für den Fehler-Handler und die Optionen.

- An den Erfolgs-Handler wird ein Positionsobjekt mit Informationen über Ihren Standort übergeben – einschließlich des Breiten- und Längengrads.

- Das Positionsobjekt hat die Eigenschaft coords, die ein Koordinatenobjekt enthält.

- Das Koordinatenobjekt hat unter anderem die Eigenschaften latitude, longitude und accuracy.

- Manche Geräte unterstützen unter Umständen auch die anderen Eigenschaften altitude, altitudeAccuracy, heading und speed.

- Mit der Eigenschaft accuracy können Sie die Genauigkeit der Position in Metern ermitteln.

- Beim Aufruf von getCurrentPosition muss Ihr Browser überprüfen, ob Sie der Verwendung Ihrer Standortdaten zugestimmt haben.

- watchPosition ist eine Methode des geolocation-Objekts, die Ihren Standort überwacht und einen Erfolgs-Handler aufruft, wenn Sie Ihre Position ändern.

- Genau wie getCurrentPosition erwartet auch watchPosition einen obligatorischen Parameter für den Erfolgs-Handler sowie zwei optionale Parameter für den Fehler-Handler und die Optionen.

- Mit clearWatch beenden Sie die Überwachung des Standorts.

- Durch die Verwendung von watchPosition verbraucht Ihr Gerät mehr Energie, wodurch sich die Akkulaufzeit verringert.

- Der dritte Parameter mit den Optionen für getCurrentPosition und watchPosition ist ein Objekt mit Eigenschaften zur Steuerung des Verhaltens der Geolocation-API.

- Die maximumAge-Eigenschaft legt fest, ob getCurrentPosition eine Position aus dem Cache verwendet und wie alt diese sein darf, bevor neue Koordinaten angefordert werden.

- Die timeout-Eigenschaft legt fest, wie viel Zeit getCurrentPosition für die Positionsbestimmung brauchen darf, bevor der Fehler-Handler aufgerufen wird.

- Die Eigenschaft enableHighAccuracy weist Geräte darauf hin, dass sie mehr Zeit für möglichst exakte Ergebnisse verwenden sollen.

- Durch die Kombination von Geolocation-API und Google Maps-API können Sie Ihren Standort auf einer Karte anzeigen.

Lösung zu den Übungen

HTML5-Kreuzworträtsel

Sie sind in diesem Kapitel weit gekommen mit Ihrer ersten JavaScript-API. Festigen Sie Ihr Wissen mit einem Kreuzworträtsel.

Waagerecht

3. Mit einer schlechten _____-Eigenschaft sollten Sie keine Fahranweisungen geben.
5. Sie erhalten keine Position aus dem Cache, wenn Sie _____ gleich 0 setzen.
6. »Wohin Sie auch gehen, da sind Sie« wurde in dem Film _____ erwähnt.
8. Mit der _____-Formel können Sie die Entfernung zwischen zwei Koordinaten berechnen.
9. Der geheime Standort des _____-HQ lautet 47.62485, –122.52099.
11. Der Längengrad wird von _____ aus angegeben.

Senkrecht

1. Wenn Sie der Standortbestimmung in Ihrem Browser nicht zustimmen, meldet sich der Fehler-Handler mit dem _____-Code 1.
2. Alte Geräte ohne GPS bestimmen die Position über die _____ von Funktürmen.
4. Den Mittelpunkt der Karte legen Sie mit der _____-Methode fest.
7. Die Position von _____ lautet 40.77, – 73.98.
10. Accuracy kann sich auf die _____-Laufzeit auswirken.

Standortsensitives HTML

Code-Magneten

Ihre Aufgabe bestand darin, den Code so fertigzustellen, dass wir nur einen neuen Marker anzeigen, wenn wir mindestens 20 Meter seit dem letzten Marker zurückgelegt haben. Sie sollten den Code mit den Kühlschrankmagneten vervollständigen. Vorsicht: Sie müssen manche Magneten mehr als einmal verwenden! Das ist unsere Lösung.

```
var vorherigeCoords = null;
function zeigeStandort(position) {
    var breite = position.coords.latitude;
    var laenge = position.coords.longitude;
    var div = document.getElementById("standort");
    div.innerHTML = "Ihr Breitengrad: " + breite + ", Ihr Längengrad: " + laenge;
    div.innerHTML += " (auf " + position.coords.accuracy + " m genau)";
    var km = berechneEntfernung(position.coords, unsereKoordinaten);
    var entfernung = document.getElementById("entfernung");
    entfernung.innerHTML = "Entfernung zum WickedlySmart-Hauptquartier: " + km + " km";
    if (karte == null) {
        zeigeKarte(position.coords);
        vorherigeCoords = position.coords ;
    }
    else {
        var meter = berechneEntfernung (position.coords, vorherigeCoords) * 1000;
        if ( meter > 20 ) {
            scrollKarteZuPosition(position.coords);
            vorherigeCoords = position.coords ;
        }
    }
}
```

Viel besser!

Online ausprobieren: http://examples.oreilly.de/german_examples/hfhtml5ger/Kapitel05/Final/meinOrt.html

Lösungen zu den *Übungen*

Spitzen Sie Ihren Bleistift
Lösung

Hier sehen Sie eine Alternativimplementierung von zeigeStandort. Können Sie erraten, was sie macht? Werfen Sie einen Blick darauf und schreiben Sie Ihre Antwort darunter. Versuchen Sie's, wenn Sie Mumm haben!

```
entfernung.innerHTML = "Entfernung zum WickedlySmart-Hauptquartier: " + km + " km";
if (km < 0.1) {
  entfernung.innerHTML = "Jawoll!";
} else {
  if (vorhKM < km) {
    entfernung.innerHTML = "Heißer!";
  } else {
    entfernung.innerHTML = "Kälter ...";
  }
}
vorhKM = km;
```

Schreiben Sie hierhin, was der Code macht.

Dieser Code macht aus unserer App ein »Heiß/Kalt-Spiel«. Er zeigt »Heißer!«, wenn Sie sich dem WickedlySmart-Hauptquartier nähern, oder »Kälter ...«, wenn Sie sich weiter entfernen. Sind Sie weniger als 0,1 km entfernt, lautet die Meldung »Jawoll!«.

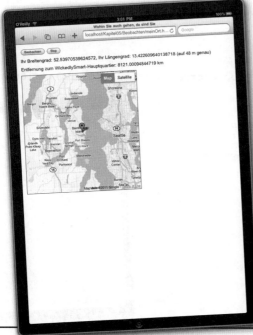

Wir haben es ausprobiert. Das ist unser Ergebnis!

Standortsensitives HTML

WER MACHT WAS? LÖSUNG

Hier sehen Sie einige Optionen für die Geolocation-API.
Weisen Sie jeder Option das entsprechende Verhalten zu.

`{maximumAge:600000}` — Ich möchte nur Positionsdaten aus dem Cache, die weniger als zehn Minuten alt sind. Wenn keine vorhanden sind, fordere ich eine neue Position an, aber nur wenn es nicht länger als eine Sekunde dauert.

`{timeout:1000, maximumAge:600000}` — Ich verwende eine Position aus dem Cache, falls sie weniger als zehn Minuten alt ist. Ansonsten möchte ich eine aktuelle Position.

`{timeout:0, maximumAge:Infinity}` — Ich möchte nur aktuelle Positionen. Der Browser soll dafür so viel Zeit haben, wie er möchte.

`{timeout:Infinity, maximumAge:0}` — Ich möchte nur Positionen aus dem Cache, das Alter spielt keine Rolle. Wenn es keine Position im Cache gibt, rufe ich den Fehler-Handler auf. Keine aktuellen Positionen für mich! Ich werde offline verwendet.

Lösung zu den Übungen

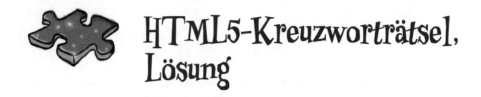

HTML5-Kreuzworträtsel, Lösung

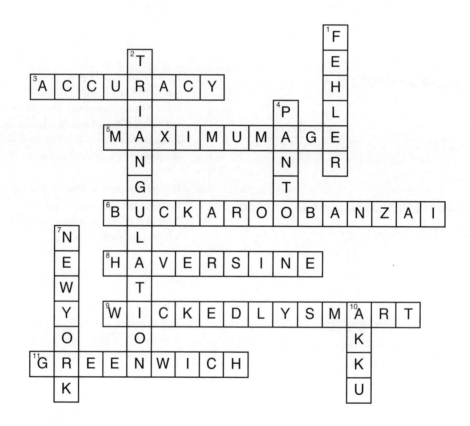

6 Mit dem Web sprechen

Wenn ich gewusst hätte, dass es so viel Spaß machen kann, mit einem Webservice Kontakt aufzunehmen!

Sie haben zu lange in Ihrer Seite herumgesessen.

Es wird Zeit, dass Sie ein bisschen rauskommen, sich mit Webservices unterhalten, Daten sammeln und so bessere Anwendungen entwickeln, in denen Sie diese ganzen tollen Daten mischen. Das ist ein wichtiger Teil moderner HTML5-Applikationen. Aber dafür *müssen Sie wissen*, wie Sie mit Webservices Kontakt aufnehmen. In diesem Kapitel machen wir genau das und integrieren Daten von einem echten Webservice direkt in Ihre Seite. Sobald Sie gelernt haben, wie das geht, können Sie jeden beliebigen Webservice nutzen. Wir bringen Ihnen sogar die hippste neue Sprache für die Kommunikation mit einem Webservice bei. Kommen Sie, wir zeigen Ihnen ein paar neue APIs: die Kommunikations-APIs.

Die App für Kaukugel & Co.

Die Kaukugel & Co. KG möchte eine Web-App

Das ist gerade reingekommen: Die Kaukugel & Co. KG, ein innovatives Unternehmen, das *echte Kaugummiautomaten* her- und aufstellt, hat uns um Hilfe gebeten. Falls Sie noch nie von der Firma gehört haben: Sie hat kürzlich ihre Kaugummiautomaten mit Netzwerkunterstützung aufgerüstet, um die Verkaufszahlen nahezu in Echtzeit mitzuverfolgen.

Es liegt auf der Hand, dass Kaukugel & Co. Kaugummiexperten sind und keine Softwareentwickler. Deshalb brauchen sie unsere Hilfe, um eine App für die Überwachung der Kaugummiverkäufe zu entwickeln.

Das haben sie uns geschickt:

> Der neue, internettaugliche Kaugummiautomat MG2200. Er wird die Branche revolutionieren.

Vielleicht erinnern Sie sich ja noch aus >>Entwurfsmuster von Kopf bis Fuß<< an diese Firma. Damals haben wir den serverseitigen Code für sie entwickelt.

CEO der Kaukugel & Co. KG

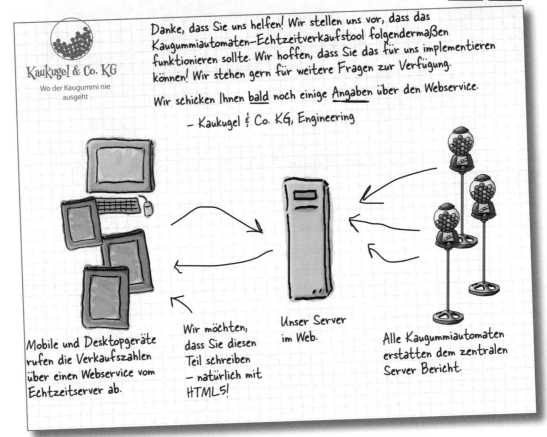

Kaukugel & Co. KG — Wo der Kaugummi nie ausgeht

Danke, dass Sie uns helfen! Wir stellen uns vor, dass das Kaugummiautomaten-Echtzeitverkaufstool folgendermaßen funktionieren sollte. Wir hoffen, dass Sie das für uns implementieren können! Wir stehen gern für weitere Fragen zur Verfügung.

Wir schicken Ihnen <u>bald</u> noch einige <u>Angaben</u> über den Webservice.

– Kaukugel & Co. KG, Engineering

Mobile und Desktopgeräte rufen die Verkaufszahlen über einen Webservice vom Echtzeitserver ab.

Wir möchten, dass Sie diesen Teil schreiben – natürlich mit HTML5!

Unser Server im Web.

Alle Kaugummiautomaten erstatten dem zentralen Server Bericht.

Mit dem Web sprechen

Bevor wir loslegen, sollten Sie sich ein bisschen Zeit nehmen, um sich Folgendes zu überlegen: Wie entwerfen Sie eine App, die Daten von einem Webservice abruft und dann anhand dieser Daten eine Webseite aktualisiert? Machen Sie sich keine Gedanken, wenn Sie nicht wissen, wie Sie die Daten abrufen können. Durchdenken Sie das Verfahren nur in groben Zügen. Zeichnen Sie eine Skizze, beschriften Sie sie und schreiben Sie den entsprechenden Pseudocode. Das ist nur eine Aufwärmübung, um Ihr Gehirn in Schwung zu bringen ...

Notizen

Kaukugel & Co. KG
Wo der Kaugummi nie ausgeht

Wie bekommen wir die Daten vom Webservice in unsere Seite?

Wie aktualisieren wir die Seite, sobald wir die Daten haben?

Welche Probleme können auftreten, wenn wir die Daten von einem entfernten Server abrufen?

Sie sind hier ▸

Ein Überblick über Kaukugel & Co.

Hintergrundfakten zu Kaukugel & Co.

Sie brauchen vermutlich ein bisschen Hintergrundwissen, das über die kurze Notiz von Kaukugel & Co. hinausgeht. Das Unternehmen besitzt weltweit Kaugummiautomaten, die ihre Verkaufsberichte an den Server von Kaukugel & Co. schicken sollen. Der Server fasst die Berichte zusammen und stellt sie über einen Webservice bereit. Die Firma möchte, dass wir die Verkaufszahlen für das Kaugummi-Vertriebsteam in einem Browser darstellen. Und wahrscheinlich erwartet sie auch, dass dieser Bericht regelmäßig aktualisiert wird, da sich die Verkaufszahlen ständig ändern. Hier das Ganze aus der Vogelperspektive:

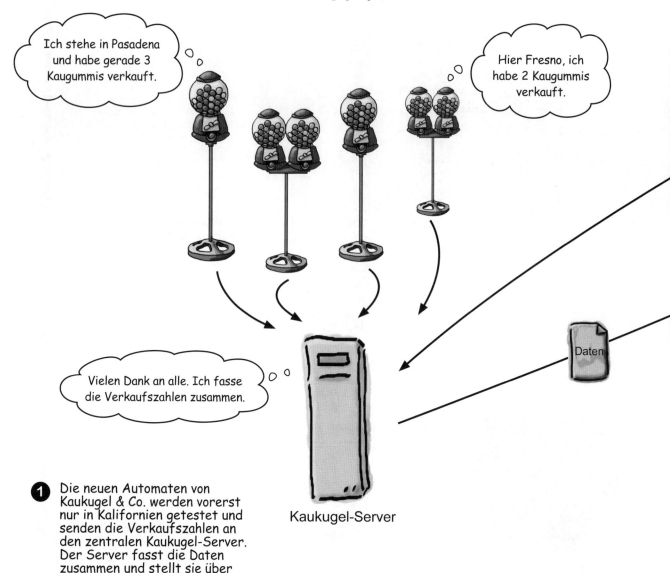

① Die neuen Automaten von Kaukugel & Co. werden vorerst nur in Kalifornien getestet und senden die Verkaufszahlen an den zentralen Kaukugel-Server. Der Server fasst die Daten zusammen und stellt sie über einen Webservice bereit.

Mit dem Web sprechen

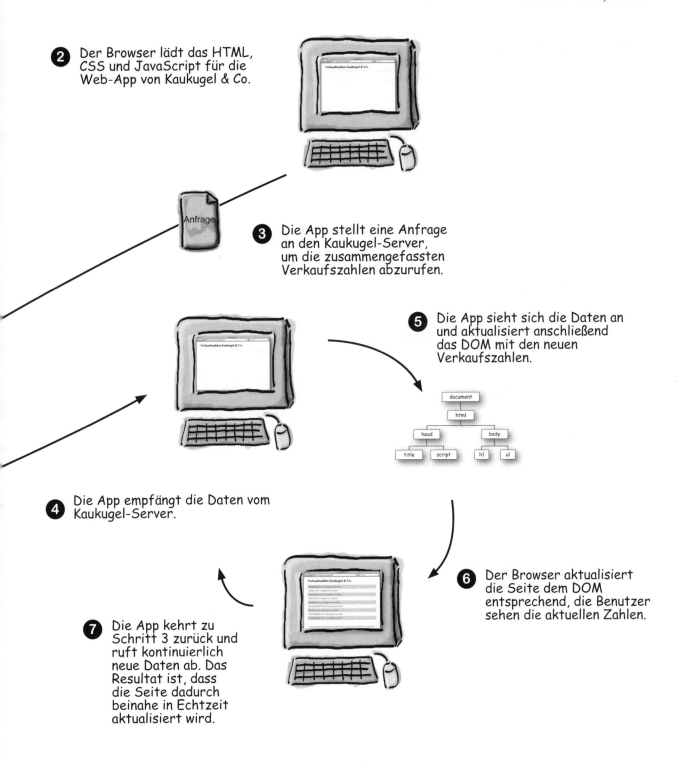

Vorbereitung *des Markup*

Schnelleinstieg ...

Während wir auf die Spezifikation von Kaukugel & Co. warten, können wir uns schon mal mit dem HTML beschäftigen.

Sie sind wahrscheinlich der Meinung, dass wir für eine solche Web-App nicht allzu viel HTML-Markup brauchen – und Sie haben recht. Wir brauchen lediglich Platz, um unsere Verkaufszahlen anzuzeigen, wenn sie ankommen. Den Rest überlassen wir JavaScript. Tippen Sie den Code schon mal ab, dann sehen wir uns an, wie wir Daten über das Web abrufen können.

```
<!doctype html>
<html lang="de">
<head>
<title>Kaukugel & Co. (JSON)</title>
<meta charset="utf-8">
<script src="kaukugel.js"></script>
<link rel="stylesheet" href="kaukugel.css">
</head>
<body>
<h1>Verkaufszahlen Kaukugel & Co.</h1>
<div id="verkauft">

</div>
</body>
</html>
```

Der standardmäßige HTML5-Head und -Body.

Wir haben schon mal eine JS-Datei eingebunden, weil wir wissen, dass wir bald JavaScript schreiben werden!

Und wir haben unser CSS für den Verkaufsbericht von Kaukugel & Co. vorbereitet, damit er für den CEO auch gut aussieht.

An dieser Stelle steht ein Platzhalter für die Verkaufsdaten. Jede Verkaufszahl wird hier als <div> eingefügt.

Drehen Sie um ...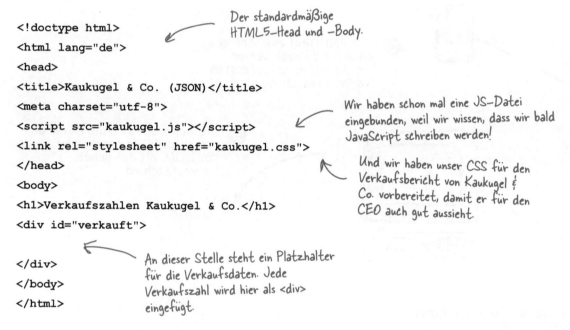

Tippen Sie den Code ab, laden Sie ihn in Ihrem Lieblingsbrowser und machen Sie einen Test, bevor Sie weiterblättern. Nicht vergessen: Sie können das CSS (und den ganzen anderen Code für dieses Kapitel) unter http://examples.oreilly.de/german_examples/hfhtml5ger/ herunterladen.

Wie nutzen wir einen Webservice?

Einen kurzen Moment noch … Sie wissen bereits, wie ein Browser Seiten von einem Webserver abruft: Er macht eine HTTP-Anfrage an den Server, der die Seite zusammen mit Metadaten zurückliefert, die (üblicherweise) nur der Browser sieht. Was Sie vielleicht nicht wissen, ist, dass der Browser über HTTP *auch Daten* von einem Webserver abrufen kann. Das geht so:

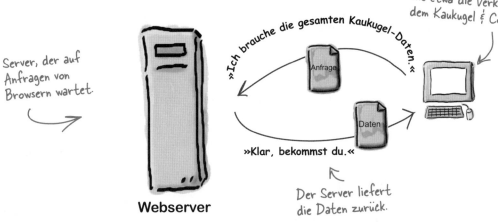

Es lohnt sich, einen genaueren Blick auf die Anforderung (Request) zu werfen, die wir an den Server schicken, sowie auf die Antwort (Response), die wir erhalten. Der Request sagt dem Server, was wir brauchen (manchmal auch »Ressource« genannt). Die Response enthält dagegen Metadaten und – falls alles gut geht – auch die gewünschten Daten.

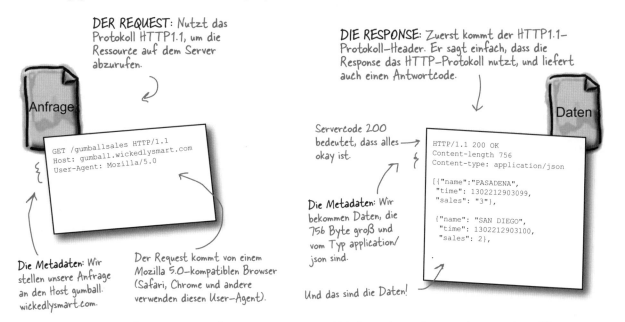

Hinweis: Dieses Muster für die Datenabfrage über einen XMLHttpRequest nennt man »Ajax« oder XHR.

XMLHttpRequest verwenden

Requests mit JavaScript

Okay, wir wissen, dass wir mit HTTP Daten abrufen können, aber wie? Wir schreiben ein bisschen Code, um einen echten HTTP-Request abzuschicken, und bitten dann den Browser, die Anfrage für uns loszuschicken. Nachdem der Browser die Daten angefordert hat, gibt er die empfangenen Daten an uns weiter. Gehen wir den HTTP-Request Schritt für Schritt durch:

❶ Wir fangen mit einer **URL** an. Schließlich müssen wir dem Browser sagen, **woher** die gewünschten Daten kommen:

»*.json*« steht für ein Datenaustauschformat. Mehr dazu in Kürze.

Unsere URL auf einserver.com.

```
var url = "http://einserver.com/daten.json";
```

Die URL speichern wir in der Variablen url, die wir gleich verwenden werden.

❷ Als Nächstes erstellen wir ein **Request-Objekt**:

```
var request = new XMLHttpRequest();
```

Wir weisen das Request-Objekt der Variablen request zu.

Wir verwenden den XMLHttpRequest-Konstruktor, um ein neues Request-Objekt zu erstellen. Über den »XML«-Teil sprechen wir gleich.

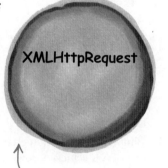

Ein nagelneues XMLHttpRequest-Objekt.

❸ Als Nächstes müssen wir dem Request-Objekt mitteilen, welche URL und welche Art von Anfrage wir verwenden möchten (wir werden einen standardmäßigen HTTP GET-Request wie auf der vorherigen Seite losschicken). Dazu nutzen wir die open-Methode des Request-Objekts. »open« klingt so, als würden dadurch nicht nur die Werte im Request-Objekt festgelegt, sondern auch die Verbindung geöffnet und die Daten abgerufen. Das stimmt aber nicht. Trotz des Namens richtet open tatsächlich nur den Request mit einer URL und der Art des Requests ein, damit XMLHttpRequest die Verbindung überprüfen kann. So rufen wir die open-Methode auf:

Der aktualisierte XMLHttpRequest weiß, wo es langgeht.

```
request.open("GET", url);
```

Dadurch wird ein Request mit »HTTP GET« eingerichtet, der Standardmethode, um über HTTP Daten abzurufen.

Hier wird die in unserer Variablen url gespeicherte URL für den Request festgelegt.

220 Kapitel 6

Mit dem Web *sprechen*

④ Okay, nun zum wichtigen Teil – dem Trick, wie XMLHttpRequest funktioniert: Wenn wir unser XMLHttpRequest-Objekt bitten, die Daten abzurufen, macht es sich eigenständig auf den Weg und holt die Daten. Das kann 90 Millisekunden dauern (in Computerzeit gerechnet ziemlich lang) oder an einem langsamen Tag vielleicht auch 10 Sekunden (in Computerzeit gemessen eine Ewigkeit). Anstatt also auf die Daten zu warten, übergeben wir einen Handler, der aufgerufen wird, wenn die Daten ankommen. Den Handler richten Sie folgendermaßen ein (das sollte Ihnen irgendwie bekannt vorkommen):

Unser Request-Objekt

```
request.onload = function() {
    if (request.status == 200) {
        alert("Daten empfangen!");
    }
};
```

Wenn der Browser eine Antwort vom Webservice erhält, ruft er diese Funktion auf.

Der Handler muss zuerst prüfen, ob der Rückgabecode 200, also »OK«, lautet, bevor er etwas mit den Daten machen kann. Für den Anfang zeigen wir nur eine alert-Box an. Natürlich ersetzen wir das bald durch sinnvolleren Code.

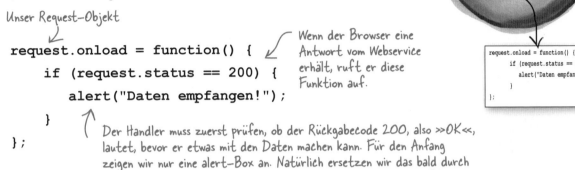

⑤ Noch ein letzter Schritt: Wir müssen den Request abschicken, um die Daten zu holen. Dazu verwenden wir die `send`-Methode:

`request.send(null);` Dadurch wird die Anfrage an den Server geschickt. Wenn wir keine Daten an den Server senden (was wir in diesem Fall nicht tun), übergeben wir null.

Noch mal zu Sicherheit: Wir erstellen ein XMLHttpRequest-Objekt, legen eine URL und den Typ der HTTP-Anfrage sowie einen Handler fest. Anschließend schicken wir den Request ab und warten, bis die Daten ankommen. Wenn es so weit ist, wird der Handler aufgerufen.

Sie sind hier ▸ **221**

Auf eine HTTP-Response zugreifen

Moment, mir ist nicht klar, wie wir die Daten aus dem HTTP-Aufruf auslesen. Ich sehe die onload-Funktion, aber keinen Code, der auf die Daten zugreift. Habe ich etwas übersehen?

So weit sind wir noch nicht gekommen. Die Daten aus dem HTTP-GET-Retrieval finden wir in der Eigenschaft `responseText` des `Request`-Objekts. Entsprechend können wir folgenden Code schreiben:

```
request.onload = function() {
    if (request.status == 200) {
        alert(request.responseText);
    }
};
```

Diese Funktion wird aufgerufen, wenn wir eine Antwort auf unsere Anfrage erhalten haben.

Die Antwort können wir über die Eigenschaft responseText des Request-Objekts abfragen.

Noch etwas Geduld. Wir werden gleich richtigen Code schreiben, der `request.responseText` verwendet.

Mit dem Web sprechen

Code-Magneten

Ein neuer Webservice unter *http://www.oreilly.de/glueckoderpech* liefert bei jedem Aufruf entweder »Glück« oder »Pech« zurück. Die entsprechende Logik basiert auf einem geheimen antiken Algorithmus, den wir nicht verraten dürfen. Aber er erweist den Benutzern einen großen Dienst, indem er ihnen sagt, ob sie an dem jeweiligen Tag Glück haben oder nicht.

Wir brauchen Ihre Hilfe, um eine Referenzimplementierung zu entwickeln, die anderen zeigt, wie sie den Service in ihre Webseite integrieren können. Im Folgenden sehen Sie das Codegerüst. Helfen Sie uns dabei, die Lücken mit den Magneten zu füllen. Vorsicht: Unter Umständen brauchen Sie nicht alle Magneten. Wir haben bereits einen für Sie platziert.

```
window.onload = function () {

    var url = "http://www.oreilly.de/glueckoderpech";

    var request = _____

    _____ {

        if (_____) {

            zeigeGlueck(_____);

        }
    };

    _____

    _____
}

function zeigeGlueck(glueck) {

    var p = document._____("glueck");

    p. innerHTML  = "Heute haben Sie " + glueck;
}
```

Hier kommen Ihre Magneten hin!

Haben Sie Glück? Möchten Sie es herausfinden? Nutzen Sie unseren Service!

```
new TextHttpRequest();        request.create("GET", url);
var i = 0;                    request.responseText
request.send(null);           request.open("GET", url);
request.onload = function()
habIchGlueck                  new XMLHttpRequest();
                              getElementById
request.status == 200
```

Lösung zur Übung

Code-Magneten, Lösung

Ein neuer Webservice unter http://www.oreilly.de/glueckoderpech liefert bei jedem Aufruf entweder »Glück« oder »Pech« zurück. Die entsprechende Logik basiert auf einem geheimen antiken Algorithmus, den wir nicht verraten dürfen. Aber er erweist den Benutzern einen großen Dienst, indem er ihnen sagt, ob sie an dem jeweiligen Tag Glück haben oder nicht.

Wir brauchen Ihre Hilfe, um eine Referenzimplementierung zu entwickeln, die anderen zeigt, wie sie den Service in ihre Webseite integrieren können. Im Folgenden sehen Sie das Codegerüst. Helfen Sie uns dabei, die Lücken mit den Magneten zu füllen. Vorsicht: Unter Umständen brauchen Sie nicht alle Magneten. Das ist unsere Lösung:

```
window.onload = function () {
    var url = "http://www.oreilly.de/glueckoderpech";
    var request = new XMLHttpRequest();
    request.onload = function() {
        if ( request.status == 200 ) {
            zeigeGlueck( request.responseText
        }
    };
    request.open("GET", url);
    request.send(null);
}

function zeigeGlueck(glueck) {
    var p = document.getElementByID("glueck");
    p.innerHTML = "Heute haben Sie " + glueck;
}
```

Haben Sie Glück? Möchten Sie es herausfinden? Nutzen Sie unseren Service!

Hier kommen Ihre Magneten hin!

Restliche Magneten.

```
var i = 0;
request.create("GET", url);
habIchGlueck      new TextHttpRequest();
```

Mit dem Web sprechen

XMLHttpRequest im Gespräch

**Interview der Woche:
Geständnisse eines HTTPRequest-Objekts**

Von Kopf bis Fuß: Herzlich willkommen, XMLHttpRequest. Schön, dass Sie in Ihrem vollen Terminkalender Zeit für uns gefunden haben. Wie passen Sie in die Entwicklung von Web-Apps?

XMLHttpRequest: Ich habe den Trend entwickelt, externe Daten in Webseiten einzubauen. Schon mal von Google Maps gehört? GMail? Das war alles ich. Ohne mich wäre das nicht möglich.

Von Kopf bis Fuß: Wie das?

XMLHttpRequest: In der Zeit vor mir haben die Menschen Webseiten vollständig serverseitig erstellt. Mit mir können Sie die Daten dagegen abrufen, *nachdem* die Seite zusammengesetzt wurde. Denken Sie z. B. an Google Maps: Der Inhalt der Seite wird aktualisiert, sobald Sie den Standort auf der Karte ändern – ohne die ganze Seite neu zu laden.

Von Kopf bis Fuß: Sie sind also sehr erfolgreich. Was ist Ihr Geheimnis?

XMLHttpRequest: Ich bin bescheiden und ... einfach! Sie geben mir eine URL, ich hole die Daten für Sie. Mehr ist nicht zu tun.

Von Kopf bis Fuß: Das ist alles?

XMLHttpRequest: Na ja, Sie müssen mir sagen, was ich mit den Daten machen soll, nachdem ich sie abgeholt habe. Sie können mir eine Handler-Funktion übergeben – eine Art Callback. Und wenn ich die Daten bekomme, übergebe ich sie dem Handler, der damit machen kann, was er will.

Von Kopf bis Fuß: Über was für Daten sprechen wir?

XMLHttpRequest: Das Web ist heutzutage voller Daten: Wetter, Karten, persönliche Informationen über Menschen und Freunde, Standortinformationen darüber, was sich in der Nähe befindet ... So ziemlich alle Daten, die Sie sich nur vorstellen können, gehen in der einen oder anderen Form durch meine Hände.

Von Kopf bis Fuß: Und das sind alles XML-Daten, oder? Ihr Vorname ist ja schließlich XML.

XMLHttpRequest: Ach wirklich? Sie machen Ihre Hausaufgaben, und alles, was Sie sagen können, ist: »Bei Ihnen geht es um XML, oder«? Das stimmt so nicht. Klar gab es Zeiten, in denen ich vor allem XML abgerufen habe, aber die Zeiten ändern sich. Mittlerweile hole ich unterschiedlichste Daten – viel XML, aber auch immer mehr JSON.

Von Kopf bis Fuß: Tatsächlich? Was hat es mit JSON auf sich, und warum ist es so beliebt?

XMLHttpRequest: JSON steht für »JavaScript Object Notation« (JavaScript-Objektschreibweise) und bietet eine Reihe von Vorteilen hinsichtlich Größe, Lesbarkeit und aufgrund der Tatsache, dass es in den meisten Programmiersprachen im Web nativ unterstützt wird – selbstverständlich auch von meinem Freund JavaScript.

Von Kopf bis Fuß: Aber warum hat das Format überhaupt eine Bedeutung für Sie? Benutzer sollten XML, JSON oder auch ein Telegramm über Sie anfordern können, oder?

XMLHttpRequest: <Schweigen>

Von Kopf bis Fuß: Oh, da habe ich wohl einen wunden Punkt getroffen! Wir müssen sowieso Pause machen... Also, XMLHttpRequest, ich hoffe, wir verbringen später noch mehr Zeit mit Ihnen in diesem Kapitel?

XMLHttpRequest: Ja, so steht es leider in meinem Terminkalender ...

Sie sind hier ▶ **225**

Lernen Sie JSON kennen

Zur Seite, XML, hier kommt JSON

Vielleicht erinnern Sie sich, dass XML uns alle retten sollte – ein Datenformat, das für Menschen verständlich und maschinenlesbar ist und alle Datenwünsche der Welt erfüllen sollte. Als XMLHttpRequest entwickelt wurde, haben wir alle tatsächlich Daten über XML ausgetauscht (daher der Name XMLHttpRequest).

Unterwegs ist XML allerdings auf einer Bananenschale ausgerutscht, die JSON hat liegen lassen. Wer JSON ist? Ach ... nur das neueste und tollste Datenformat, das aus JavaScript hervorgegangen ist und im gesamten Internet browser- und serverseitig freudig angenommen wurde. Und es ist – wie wir hinzufügen dürfen – schnell zum *beliebtesten Format* für HTML5-Apps geworden.

Was so toll an JSON ist? Na ja, es ist absolut lesbar für Menschen und kann schnell und einfach direkt in JavaScript-Werte und Objekte eingelesen werden. Im Gegensatz zu XML ist es so nett und anschmiegsam ... Sie merken schon, dass wir es ganz gut leiden mögen. Sie werden eine Menge JSON in diesem Buch sehen. Wir werden damit JavaScript-Daten über das Netz austauschen, Daten mit der Web Storage-API lokal speichern und es für eine andere Methode zum Datenzugriff über das Internet verwenden (dazu bald mehr).

Moment. Datenformate zum Austausch über das Netzwerk? Speicherformate? Das ist kompliziertes Zeug, oder? Keine Sorge, ~~auf den nächsten zehn Seiten machen wir einen Experten aus Ihnen~~ Sie wissen quasi bereits alles, was Sie über JSON wissen müssen. Für JSON brauchen Sie lediglich Ahnung von JavaScript-Objekten (und die haben Sie absolut) sowie zwei einfache Methodenaufrufe. So geht's:

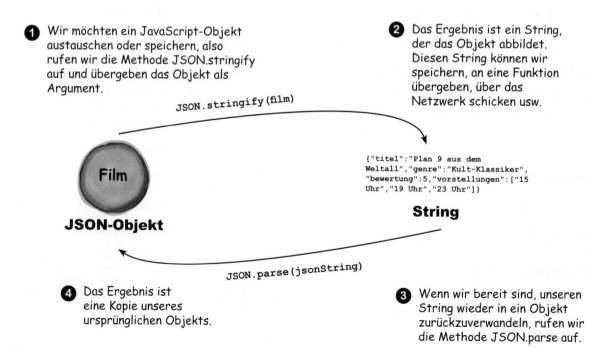

226 Kapitel 6

Ein kurzes JSON-Beispiel

① Schauen wir uns schnell ein Beispiel dafür an, in dem wir ein Objekt in das JSON-Stringformat konvertieren. Wir fangen mit einem Objekt an, das Sie bereits kennen: das Film-Objekt aus Kapitel 4. Nicht alles kann in einen JSON-String umgewandelt werden – z. B. Methoden nicht –, aber alle einfachen Typen wie Zahlen, Strings und Arrays werden unterstützt. Erstellen wir ein Objekt und wandeln wir es in einen String um:

Es gibt noch ein paar weitere Einschränkungen, aber darüber machen wir uns jetzt keine Gedanken.

```
var plan9Film = new Film("Plan 9 aus dem Weltall","Kult-Klassiker", 2,
                        ["15 Uhr", "19 Uhr", "23 Uhr"]);
```

Ein schickes Film-Objekt, komplett mit Strings, Zahlen und einem Array.

② Sobald Sie ein Objekt haben, können Sie es mit der Methode JSON.stringify in das JSON-Stringformat konvertieren. Mal sehen, wie das funktioniert (öffnen Sie dazu ruhig das Code-Backup aus Kapitel 4 und fügen Sie unten in Ihrem Skript den folgenden Code ein):

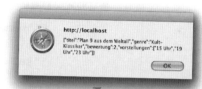

```
var jsonString = JSON.stringify(plan9Film);
alert(jsonString);
```

Das Ergebnis, eine String-Version des Objekts, die mit alert angezeigt wird.

③ Nun haben wir einen JSON-String, der unser Film-Objekt abbildet. Mit diesem String könnten wir eine Reihe von Dingen machen, z. B. ihn über HTTP an einen Server schicken. Angenommen, wir hätten diesen String von einem anderen Server empfangen. Wie könnten wir ihn wieder in ein Objekt zurückverwandeln, mit dem wir etwas anfangen können? Dazu verwenden wir einfach das Gegenstück von JSON.stringify – JSON.parse:

```
var jsonFilmObject = JSON.parse(jsonString);
alert("JSON-Film heißt " + jsonFilmObject.titel);
```

Ah, jetzt verwenden wir das echte Objekt und greifen auf seine Eigenschaften zu.

KOPF-NUSS

Testen Sie diese URL. Was sehen Sie?

`http://search.twitter.com/search.json?q=hfhtml5`

Hinweis: Sollte Ihr Browser Sie fragen, ob Sie die Datei öffnen oder speichern möchten, können Sie sie mit TextEdit, Notepad oder einem anderen Texteditor öffnen.

Hey! Die Spezifikation ist da. Blättern Sie um!

Die Kaukugel-*Spezifikation*

Die Spezifikation ist da!

Kaukugel-Server-Spez.

Kaukugel & Co. KG
Wo der Kaugummi nie ausgeht

Danke, dass Sie den Auftrag annehmen!!!

Alle Verkaufszahlen aller Kaugummiautomaten werden von unserem zentralen Server zusammengefasst und bereitgestellt unter:

`http://gumball.wickedlysmart.com`

Wir haben uns für JSON als Datenformat entschieden. Wenn Sie diese URL aufrufen, erhalten Sie ein Array von JSON-Objekten, die so aussehen:

```
[{"name":"PASADENA",
  "time": 1302212903099,
  "sales": 3},

 {"name": "SAN DIEGO",
  "time": 1302212903100,
  "sales": 2},

 . . .
]
```

← Der Name der Stadt. Wir testen zunächst nur in Kalifornien.

← Die Uhrzeit in Millisekunden, zu der der Bericht eingegangen ist.

← Zahl der seit dem letzten Bericht verkauften Kaugummis.

← Eine zweite Stadt: San Diego.

← Hier kommen weitere Städte hinein.

Machen Sie das unbedingt! →

Tippen Sie diese URL in Ihren Browser und sehen Sie sich die zurückgelieferten Werte an. Sie sollten eines oder mehrere solcher Objekte in einem Array sehen.

Sie können auch den Parameter **lastreporttime** ans Ende der URL anfügen und erhalten nur die Berichte ab diesem Zeitpunkt:

Geben Sie eine Zeit in Millisekunden an.

`http://gumball.wickedlysmart.com/?lastreporttime=1302212903099`

Wir erhalten derzeit Berichte von Hunderten von Kaugummiautomaten. Durchschnittlich sollten Sie alle fünf bis acht Sekunden neue Berichte erhalten. Das ist unser Produktionsserver. Testen Sie also Ihren Code zuerst lokal!

Nochmals danke für Ihre Hilfe!! Denken Sie daran: Uns geht der Kaugummi nie aus, wie unser CEO immer sagt.

— Kaukugel & Co. KG, Engineering

Mit dem Web *sprechen*

An die Arbeit!

Wir haben die Daten von Kaukugel & Co., und Sie haben Ihre Schulung zu XMLHttpRequest und JSON abgeschlossen. Sie sollten also in der Lage sein, den Code für den ersten Teil der Kaugummi-App zu schreiben.

Sie erinnern sich bestimmt, dass wir bereits das HTML als Grundlage haben, das eine Datei mit dem Name `kaukugel.js` einbindet. In dieser Datei schreiben wir unseren Code. Sie erinnern sich bestimmt ebenfalls, dass wir in unserem HTML bereits einen Platz für die Verkaufszahlen haben, das `<div>` mit der ID »verkauft«. Schreiben wir also den Code.

```html
<!doctype html>
<html lang="de">
  <head>
    <title>Kaukugel & Co. KG (JSON)</title>
    <meta charset="utf-8">
    <script src="kaukugel.js"></script>
    <link rel="stylesheet" href="kaukugel.css">
  </head>
  <body>
    <h1>Verkaufszahlen Kaukugel & Co. KG</h1>
    <div id="verkauft">

    </div>
  </body>
</html>
```

Noch ein onload-Handler

Wir sind uns sicher, dass das mittlerweile ein alter Hut für Sie ist. Aber wir schreiben einen onload-Handler, der aufgerufen wird, wenn das HTML vollständig geladen wurde. Außerdem schicken wir eine HTTP-Anfrage ab, um die Verkaufszahlen abzufragen. Wir bitten XMLHttpRequest, die Funktion aktualisiereZahlen aufzurufen (schreiben wir gleich), sobald die Daten angekommen sind:

```javascript
window.onload = function() {
    var url = "http://localhost/verkaufszahlen.json";
    var request = new XMLHttpRequest();
    request.open("GET", url);
    request.onload = function() {
        if (request.status == 200) {
            aktualisiereZahlen(request.responseText);
        }
    };
    request.send(null);
}
```

Wir testen zunächst mit einer lokalen Datei (wie die Techniker von Kaukugel & Co. geschrieben haben), damit auch alles funktioniert. Dazu gleich mehr ...

Wir richten den XMLHttpRequest ein, indem wir das Objekt erstellen, die open-Methode mit unserer URL aufrufen und dann die onload-Eigenschaft mit einer Funktion belegen,

Wir prüfen, ob alles okay ist ...

... und wenn die Daten vollständig geladen sind, wird die Funktion aufgerufen.

Dann schicken wir den Request ab.

Aufgepasst

Wenn Sie Opera bzw. IE8 oder älter verwenden, sollten Sie mit einem anderen Browser testen. Über die Unterstützung von Opera und älteren IE-Versionen sprechen wir später.

Wie Sie lokal testen

Kaugummi-Verkaufszahlen anzeigen

Jetzt müssen wir nur noch den Handler `aktualisiereZahlen` schreiben. Wir machen die Implementierung so einfach wie möglich, wir können sie später immer noch verbessern:

```
function aktualisiereZahlen(responseText) {
    var zahlenDiv = document.getElementById("verkauft");
    zahlenDiv.innerHTML = responseText;
}
```

> Wir schnappen uns das <div> aus dem HTML und verwenden es für unsere Daten.

> Wir belegen den Inhalt des div mit dem ganzen Datenblock. Wir nehmen ihn später auseinander. Jetzt testen wir erst mal.

Vorsicht, Umleitung!

Zeit für einen weiteren Testlauf. Allerdings müssen wir erst einen kleinen Umweg machen. Die Techniker von Kaukugel & Co. haben uns gebeten, lokal zu testen, bevor wir uns an ihrem Produktionsserver zu schaffen machen. Das ist ein guter Vorschlag. Aber dafür brauchen wir Daten auf einem Server, damit XMLHttpRequest über das HTTP-Protokoll darauf zugreifen kann.

In puncto Server gibt es mehrere Optionen:

- Wenn Ihre Firma Testserver besitzt, verwenden Sie diese.
- Oder Sie nutzen einen der vielen Hosting-Anbieter.
- Oder Sie richten einen Server auf Ihrem eigenen Rechner ein. In diesem Fall sehen die URLs ungefähr so aus:

```
http://localhost/kaukugel.html
```

> Sie können die Dateien natürlich auch in einem Unterverzeichnis ablegen, z. B. http://localhost/Kaugummi/kaukugel.html

Tipps und Hinweise finden Sie auf der nächsten Seite. Bedenken Sie, dass die Hosting-Umgebungen ziemlich unterschiedlich sein können. Daher können wir keinen allgemeinen Ratgeber dafür schreiben. Möge die Macht mit Ihnen sein! Wenn Sie keinen Zugang zu einem Server haben, ist die Einrichtung eines Servers auf Ihrem lokalen Rechner unter Umständen die beste Wahl.

Mit dem Web sprechen

Einen eigenen Webserver einrichten

Umleitung

Die Einrichtung Ihres lokalen Hostings hängt vom verwendeten Betriebssystem ab. Hier finden Sie Tipps für OS X (auch als Mac bekannt), PC und Linux. Weitere Optionen finden Sie auf der nächsten Seite.

Ich Mac

Die Einrichtung eines Webservers auf dem Mac ist einfach. Klicken Sie auf > Systemeinstellungen und dann auf Freigaben. Achten Sie darauf, dass im linken Teil »Webfreigabe« aktiviert ist:

☑ Webfreigabe

Sobald Sie »Webfreigabe« aktiviert haben (falls es nicht ohnehin aktiviert war), sehen Sie Informationen für den Zugriff auf Ihren lokalen Server. Sie sollten »localhost« statt Ihrer IP-Adresse verwenden können (die sich bei Verwendung eines DHCP-Routers ändern kann, deshalb ist localhost komfortabler). Standardmäßig liegen Ihre Dateien unter `http://localhost/~BENUTZER/`, wodurch die Dateien im Verzeichnis `BENUTZER_NAME/Sites/` bereitgestellt werden. Also sollten Sie dort ein Unterverzeichnis für Kaukugel & Co. anlegen.

Ich PC

Die Installation eines Webservers unter Windows ist dank des Microsoft Web Platform Installer (auch als Web PI bekannt) einfacher als früher. Die aktuelle Version ist für Windows 7, Windows Vista SP2, Windows XP SP3+, Windows Server 2003 SP2+, Windows Server 2008 und Windows Server 2008 R2 erhältlich unter: `http://www.microsoft.com/web/downloads/platform.aspx`.

Eine weitere Option ist die Installation der Open Source-Software WampServer, die Apache, PHP und MySQL für die Entwicklung von Webanwendungen umfasst. Das Paket ist einfach zu installieren und zu administrieren.

Hier können Sie WampServer herunterladen: `http://www.wampserver.com/en/`.

Es gibt auch noch einige anderen Open Source-Lösungen, also haben Sie eine Menge Optionen.

Ich ~~totaler Geek~~ Linux-Distribution

Seien wir ehrlich – Sie wissen sowieso, was Sie tun, oder? Apache ist üblicherweise standardmäßig installiert. Also brauchen Sie nur in der Dokumentation Ihrer Distribution nachzulesen.

Sie sind hier ▸ **231**

Eigenen Webserver einrichten – Fortsetzung

Ah, Sie möchten Ihre Seiten *richtig* hosten? Sehr gut, es gibt keinen Ersatz für das Hosting im realen Internet. Lesen Sie die folgenden Tipps und haben Sie Spaß!

Hosting bei Providern ...

Wenn Sie keinen eigenen Server einrichten möchten, können Sie immer einen Server im Netz nutzen. Allerdings müssen Sie Ihr HTML, JavaScript und CSS ebenso wie die JSON-Datei auf demselben Server unterbringen (wir sprechen bald darüber, warum das entscheidend ist), um das Beispiel mitzumachen.

Die meisten Hosting-Unternehmen ermöglichen Ihnen den FTP-Zugang auf ein Verzeichnis, in dem Sie diese Dateien ablegen können. Wenn Sie Zugriff auf einen solchen Server haben, laden Sie alle Dateien hoch und ersetzen auf den folgenden Seiten `localhost` durch den Namen Ihres Servers.

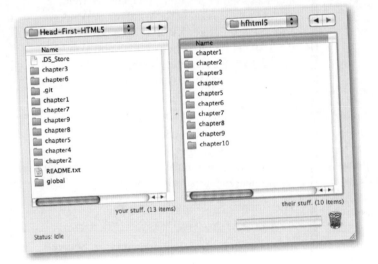

Wenn Sie FTP nicht auf der Kommandozeile nutzen möchten, können Sie Ihre Dateien auch mit einem FTP-Programm wie Transit, Cyberduck oder FileZilla hochladen.

Provider sind leicht zu bekommen, suchen Sie einfach nach »Hosting«, und Sie finden jede Menge Anbieter. Geben Sie uns Bescheid, wenn Sie eine HTML5-Webseite online stellen. Wir würden sie gerne sehen!

Mit dem Web sprechen

Zurück zum Code

Ab jetzt gehen wir davon aus, dass Sie einen eigenen Server zum Laufen bekommen haben – entweder lokal auf Ihrem Rechner (das machen wir hier) oder einen anderen Server, auf den Sie Zugriff haben. Laden Sie so oder so Ihre HTML- und JavaScript-Dateien auf den Server und navigieren Sie Ihren Browser zur HTML-Datei. Außerdem brauchen Sie eine Testdatendatei von Kaukugel & Co. KG. Deshalb geben wir Ihnen eine einfache Datei, die Sie auf Ihren Server stellen können. Für Ihre Anwendung sieht sie genau so aus, als wäre sie nahezu in Echtzeit vom Server von Kaukugel & Co. KG geliefert worden. So können Sie Ihren Code testen, ohne auf den Server von Kaukugel & Co. KG zuzugreifen. So sieht die Datei aus: Sie heißt `verkaufszahlen.json` und ist in den Codebeispielen enthalten (Sie können sie auch gern abtippen, wenn Ihnen das Spaß macht):

```
[{"name":"ARTESIA","time":1308774240669,"sales":8},
 {"name":"LOS ANGELES","time":1308774240669,"sales":2},
 {"name":"PASADENA","time":1308774240669,"sales":8},
 {"name":"STOCKTON","time":1308774240669,"sales":2},
 {"name":"FRESNO","time":1308774240669,"sales":2},
 {"name":"SPRING VALLEY","time":1308774240669,"sales":9},
 {"name":"ELVERTA","time":1308774240669,"sales":5},
 {"name":"SACRAMENTO","time":1308774240669,"sales":7},
 {"name":"SAN MATEO","time":1308774240669,"sales":1}]
```

Wir testen zuerst mit »verkaufszahlen.json«, bevor wir auf den echten Produktionsserver mit den realen Echtzeitdaten zugreifen.

Stellen Sie diese Datei auf Ihren Server und vergewissern Sie sich, dass Sie die URL für die Datei in Ihrem JavaScript anpassen. Unsere Datei liegt unter `http://localhost/Kapitel06/verkaufszahlen.json`:

Testen Sie die URL zuerst in Ihrem Browser, damit Sie wissen, ob sie funktioniert.

```javascript
window.onload = function() {
    var url = "http://localhost/kaugummi/verkaufszahlen.json";
    var request = new XMLHttpRequest();
    request.open("GET", url);
    request.onload = function() {
        if (request.status == 200) {
            aktualisiereZahlen(request.responseText);
        }
    };
    request.send(null);
}
```

Sehen Sie nach, ob hier die richtige URL steht.

Sie sind hier ▸ **233**

Test: Version 1 von **Kaukugel & Co.**

Testen wir schon mal!

Es war ein weiter Weg, aber endlich sind wir bereit, diesen Code zu testen!

Vergewissern Sie sich, dass Ihre HTML-, JavaScript-, JSON- und – nicht zu vergessen – Ihre CSS-Dateien auf dem Server liegen. Geben Sie die URL Ihrer HTML-Datei in den Browser ein (unsere lautet `http://localhost/Kapitel06/kaukugel.html`) und drücken Sie die Eingabetaste ...

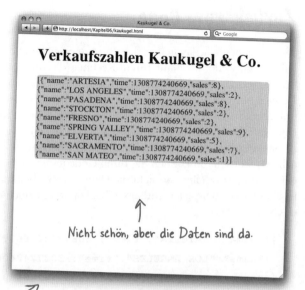

Nicht schön, aber die Daten sind da.

Wir senden einen HTTP-Request, um die Daten in verkaufszahlen.json abzufragen, die wir für den Moment einfach nur in das <div> schreiben. Sieht aus, als würde es funktionieren!

Sollten Sie Schwierigkeiten haben, prüfen Sie jede Datei einzeln mit Ihrem Browser, um sicherzustellen, dass Sie darauf zugreifen können. Überprüfen Sie anschließend die URLs.

> Toll! Es war eine Menge Arbeit. Wir mussten lernen, HTTP-Anfragen zu senden, und auch einen Server einrichten, aber es funktioniert! Mir fallen schon tolle Apps ein, mit denen ich vorhandene Webservices nutzen kann. Jetzt weiß ich ja, wie das geht!

Mit dem Web sprechen

Den Kunden beeindrucken ...

Wir haben Schwerstarbeit geleistet, damit diese App funktioniert. Und das ist toll. Aber wir können die Kaukugel & Co. KG wesentlich mehr beeindrucken, wenn es auch noch gut aussieht. Folgendes haben wir vor:

Was wir haben

Im Moment geben wir einfach ein JSON-Array direkt im Browser aus. Effizient, aber hässlich. Und was für eine Vergeudung: Eine ganze Datenstruktur wartet darauf, sinnvoller genutzt zu werden!

Was wir wollen

Hier haben wir das JSON-Array verwendet, um eine hübsche Anzeige zu erstellen. Genau diese 10 % machen den Unterschied zwischen einem Amateur und einem Profi. Finden Sie nicht?

Was wir benötigen:

① Als Erstes müssen wir die gelieferten Daten aus dem XMLHttpRequest-Objekt (einem JSON-String) in ein echtes JavaScript-Objekt konvertieren.

② Dann durchlaufen wir das so erhaltene Array und fügen neue Elemente in das DOM ein – für jedes Element im Array eines.

Sie sind hier ▸ **235**

JSON-Unterstützung

Code für JSON überarbeiten

Mit den folgenden zwei Schritten bringen wir den Code in Form:

① Als Erstes müssen wir die gelieferten Daten aus dem XMLHttpRequest-Objekt (einem JSON-String) in ein echtes JavaScript-Objekt konvertieren.

Dazu löschen wir in der Funktion aktualisiereZahlen zuerst die Zeile, in der der Inhalt des <div> mit dem String responseText belegt wird, und konvertieren responseText aus einem String mit JSON.parse in das entsprechende JavaScript:

```
function aktualisiereZahlen(responseText) {
    var zahlenDiv = document.getElementById("verkauft");
    zahlenDiv.innerHTML = responseText;        ← Diese Zeile brauchen
                                                  wir nicht mehr.
    var verkauft = JSON.parse(responseText);
}
```

Wir konvertieren die Response mit JSON.parse in ein JavaScript-Objekt (in diesem Fall ein Array) und weisen sie der Variablen verkauft zu.

② Nun durchlaufen wir das so erhaltene Array und fügen für jede Verkaufszahl im Array ein neues Element in das DOM ein. In diesem Fall erstellen wir für jede Zahl ein neues <div>:

```
function aktualisiereZahlen(responseText) {
    var zahlenDiv = document.getElementById("verkauft");
    var verkauft = JSON.parse(responseText);
    for (var i = 0; i < verkauft.length; i++) {    ← Wir durchlaufen alle Elemente des Arrays.
        var zahl = verkauft[i];
        var div = document.createElement("div");       Für jedes Element erstellen wir ein <div>
        div.setAttribute("class", "verkaufsZahl");  ← und fügen die Klasse »verkaufsZahl«
                                                      hinzu (die wir in CSS verwenden).
        div.innerHTML = zahl.name + ": " + zahl.sales + " Kaugummis verkauft";
        zahlenDiv.appendChild(div);
    }                        ← Wir legen den Inhalt des <div> mit
}                              innerHTML fest und fügen es als Kind
                               des <div> »verkauft« ein.
```

Auf der Zielgeraden ...

Sie wissen bereits, wie es aussehen soll. Also machen Sie die Änderungen. Werfen Sie noch einen letzten sorgfältigen Blick auf den Code der vorherigen Seite, um sicherzustellen, dass Sie alles haben. Laden Sie anschließend die Seite neu.

Wir haben Ihnen doch gesagt, dass es so aussehen wird!

Verkaufszahlen Kaukugel & Co.

- ARTESIA hat 8 Kaugummis verkauft
- LOS ANGELES hat 2 Kaugummis verkauft
- PASADENA hat 8 Kaugummis verkauft
- STOCKTON hat 2 Kaugummis verkauft
- FRESNO hat 2 Kaugummis verkauft
- SPRING VALLEY hat 9 Kaugummis verkauft
- ELVERTA hat 5 Kaugummis verkauft
- SACRAMENTO hat 7 Kaugummis verkauft
- SAN MATEO hat 1 Kaugummis verkauft

Ajay, der Typ aus der Qualitätssicherung.

Die Tests sind gut verlaufen. Jetzt könntet ihr die Live-Produktionsserver von Kaukugel & Co. KG verwenden. Viel Erfolg!

Umzug auf den Live-Server

Kaukugel & Co. hat uns gebeten, lokal zu testen, und wir haben lokal getestet. Jetzt können wir mit dem echten Server testen. Diesmal rufen wir keine statische JSON-Datei ab, sondern JSON-Daten, die dynamisch von den Kaukugel & Co-Servern generiert werden. Wir müssen die URL für den XMLHttpRequest ändern und auf die Server von Kaukugel & Co. zeigen lassen:

Das ist die Server-URL. Ändern Sie sie und vergessen Sie nicht zu speichern.

```
window.onload = function() {
    var url = "http://gumball.wickedlysmart.com";
    var request = new XMLHttpRequest();
    request.open("GET", url);
    request.onload = function() {
        if (request.status == 200) {
            aktualisiereZahlen(request.responseText);
        }
    };
    request.send(null);
}
```

Ein Problem mit Kaukugel & Co. KG

Live-Probefahrt ...

Vergewissern Sie sich, dass Sie die geänderte URL in der Datei `kaukugel.js` gespeichert haben – auf dem Server, wenn Sie das HTML weiter von dort abfragen möchten, oder auf Ihrer lokalen Festplatte, wenn Sie localhost verwenden. Von da ab wissen Sie, was zu tun ist: Lenken Sie Ihren Browser auf die HTML-Datei und beobachten Sie die hübschen, realen Echtzeitdaten von all den Leuten, die bei Kaukugel & Co. kaufen!

Was?! Wir sehen keine Daten!

> Houston, wir haben ein Problem! Kommen Sie schnell, wir sehen keine Verkaufszahlen, seit wir auf die Live-Server umgestellt haben!

Ajay, der aufgebrachte Qualitätssicherungstyp

Oje!

Und alles hat so gut ausgesehen. Wir dachten, wir könnten jetzt Perrier schlürfen und ein weiteres erfolgreiches Projekt mit Kaukugel & Co. feiern. Und plötzlich scheint alles in Flammen aufzugehen. Okay, das ist jetzt ein bisschen zu dramatisch. Aber was soll das? Es hätte funktionieren sollen!

Tief durchatmen. Es gibt eine logische Erklärung ...

Hinweis an den Lektor: Eigentlich dachten wir, dass wir einen fetten Vorschuss bekommen und dieses Buch ausliefern! Jetzt müssen wir uns erst aus dieser Misere herausschreiben ...

Mit dem Web sprechen

Cliffhanger!

Wir sehen keine Daten in unserer Seite. Alles hat gut funktioniert, bis wir auf die Live-Server umgestellt haben!

Werden wir das Problem *finden*?

Werden wir es *lösen*?

Bleiben Sie dran ... Wir werden diese Fragen und andere beantworten.

Sammeln Sie in der Zwischenzeit Ideen dazu, was schiefgelaufen ist und wie wir das Problem beheben können.

Punkt für Punkt

- Um HTML-Dateien oder Daten von einem Server abzufragen, sendet der Browser einen HTTP-Request.

- Eine HTTP-Response enthält einen Antwortcode, der angibt, ob bei der Anfrage ein Fehler aufgetreten ist.

- Der HTTP-Antwortcode 200 bedeutet, dass bei der Anfrage keine Fehler aufgetreten sind.

- Um eine HTTP-Anfrage mit JavaScript abzuschicken, verwenden Sie das XMLHttpRequest-Objekt.

- Der onload-Handler des XMLHttpRequest-Objekts kümmert sich um die Antwort des Servers.

- Die JSON-Response auf einen XMLHttpRequest befindet sich in der Eigenschaft responseText.

- Den String responseText können Sie mit der Methode JSON.parse in JSON konvertieren.

- XMLHttpRequest wird in Anwendungen eingesetzt, um Inhalte wie Karten oder E-Mails zu aktualisieren, ohne die Seite neu zu laden.

- XMLHttpRequest kann beliebige Arten von Textinhalten wie etwa XML, JSON und vieles mehr abrufen.

- XMLHttpRequest Level 2 ist die neueste Version von XMLHttpRequest, der Standard befindet sich aber noch in der Entwicklung.

- Um XMLHttpRequest zu nutzen, müssen Sie die Dateien auf einem Server bereitstellen und die Daten von einem Server anfragen. Zum Test können Sie einen Server auf Ihrem eigenen Rechner einrichten oder eine Hosting-Lösung nutzen.

- Die onload-Eigenschaft von XMLHttpRequest wird von älteren Browsern wie IE8 oder Opera 10 nicht unterstützt. Sie können in Ihrem Code die Browserversion überprüfen und für ältere Browser eine andere Lösung bieten.

Sie sind hier ▸ **239**

Interview mit XMLHttpRequest

XMLHttpRequest im Gespräch, Teil 2

Interview der Woche:
Internet Explorer und »Haben Sie JSON gesagt?«

Von Kopf bis Fuß Willkommen im zweiten Teil des Interviews, XMLHttpRequest. Ich wollte Sie zu Ihrer Browserunterstützung befragen – sind Sie nur in neueren Browsern verfügbar?

XMLHttpRequest: Man nennt mich nicht umsonst einen »alten Mann«. Ich werde seit 2004 von Browsern unterstützt. In Internetjahren bin ich bereits Rentner.

Von Kopf bis Fuß: Machen Sie sich keine Sorgen, dass Sie irgendwann zum alten Eisen gehören?

XMLHttpRequest: Ich erfinde mich ungefähr alle zehn Jahre selbst neu. Im Moment arbeiten wir gerade an der zweiten Version von XMLHttpRequest – »Level 2«. Die meisten modernen Browser unterstützen bereits Level 2.

Von Kopf bis Fuß: Beeindruckend. Was ist anders an Level 2?

XMLHttpRequest: Zum einen bietet es Unterstützung für mehr Event-Typen. Damit können Sie z. B. den Fortschritt einer Anfrage überwachen und eleganteren Code schreiben (zumindest meiner Meinung nach).

Von Kopf bis Fuß: Sprechen wir von Browserunterstützung ...

XMLHttpRequest: Okay, hier kommt sie ... Warten Sie ...

Von Kopf bis Fuß: Mir ist zu Ohren gekommen, dass Sie und IE sich nicht so recht vertragen?

XMLHttpRequest: ... und da ist sie ... Wenn Sie die Antwort darauf erfahren möchten, müssen Sie lediglich jedes Interview lesen, das ich gegeben habe. Aber offensichtlich haben Sie das nicht getan. Machen Sie Witze? Diese ganze XMLHttpRequest-Sache hat mit IE angefangen.

Von Kopf bis Fuß: Ja, aber was ist mit ActiveXObject und XDomainRequest? Kennen Sie diese Namen?

XMLHttpRequest: Das sind meine Spitznamen! So nennt man mich bei Microsoft! Zugegeben, es nervt, dass es verschiedene Namen für mich gibt. Aber sie machen alle dasselbe. Und mit etwas zusätzlichem Code lässt sich das alles regeln. Mit neuen Microsoft-Browsern ab Version 9 ist sowieso alles gut. Sollte das für Ihre Leser neu sein, kann ich gerne nach dem Interview noch bleiben und dafür sorgen, dass ihr Code auch mit älteren IE-Versionen funktioniert.

Von Kopf bis Fuß: Das ist sehr nett. Wir werden das auf jeden Fall in einem der Kapitel verwenden.

XMLHttpRequest: Hey, ich bin ein netter Typ. Ich würde Ihre Leser nicht damit hängen lassen.

Von Kopf bis Fuß: Dann nehmen wir Sie gerne beim Wort. Noch eine Frage: Sie haben davon gesprochen, dass Sie ein großer Fan von JSON sind. Machen Sie sich Sorgen wegen JSONP?

XMLHttpRequest: Was, ich? Sorgen?

Von Kopf bis Fuß: Es gibt Gerüchte, dass eine Menge Leute anstelle von Ihnen JSONP verwenden.

XMLHttpRequest: Okay, mit JSONP können Sie Daten abfragen. Aber das ist nur ein cleverer Hack. Denken Sie bloß an den verworrenen Code ... Und was ist mit der Sicherheit?

Von Kopf bis Fuß: Ich bin technisch nicht sonderlich versiert. Ich weiß nur, dass eine Menge Menschen behaupten, JSONP helfe ihnen bei einer Menge Probleme, die Sie nicht lösen können. Leider ist unsere Zeit um.

XMLHttpRequest: Hehe, wenigstens haben Sie den Teil mit »nicht sonderlich versiert« verstanden.

Mit dem Web sprechen

Die onload-Eigenschaft von XMLHttpRequest wird von älteren Browserversionen nicht unterstützt, aber es gibt einen einfachen Workaround.

Wir haben request.onload eingesetzt, um eine Funktion zu definieren, die aufgerufen wird, wenn die Anfrage die Daten vom Server abgeholt hat. Das ist eine Funktion von XMLHttpRequest Level 2 (sozusagen »Version 2«). XMLHttpRequest Level 2 ist immer noch ziemlich neu. Deshalb kann es sein, dass einige Benutzer Browser verwenden, die es noch nicht unterstützen. Insbesondere IE8 (und darunter) und Opera 10 (und darunter) unterstützen nur XMLHttpRequest Level 1. Die gute Nachricht ist, dass die neuen Funktionen von XMLHttpRequest Level 2 Verbesserungen sind. Sie können also auch weiterhin nur die Funktionen von Version 1 in allen Browsern verwenden. Das bedeutet lediglich, dass Ihr Code nicht ganz so elegant ist. Dies ist der Code für XMLHttpRequest Level 1:

```
function init() {
    var url = "http://localhost/verkaufszahlen.json";
    var request = new XMLHttpRequest();
    request.onreadystatechange = function() {
        if (request.readyState == 4 && request.status == 200) {
            aktualisiereZahlen(request.responseText);
        }
    };
    request.open("GET", url);
    request.send(null);
}
```

Der meiste Code für XMLHttpRequest Level 1 ist derselbe ...

... Aber es gibt keine onload-Eigenschaft in Level 2. Stattdessen müssen Sie die Eigenschaft onreadystatechange verwenden.

Dann prüfen Sie den readyState, um sicherzustellen, dass die Daten vollständig geladen wurden. Wenn readyState gleich 4, ist es so weit.

Sie können auch die anderen Werte von readyState und status auf Fehler hin überprüfen.

Alles andere ist quasi identisch.

Überprüfen, was schiefgegangen ist

Erinnern Sie sich an den Cliffhanger? Ein Bug.

Unser Code ist mit unserem lokalen Server wunderbar gelaufen. Aber sobald wir auf den Live-Server umgestellt haben, hat er versagt!

Was wir erwartet haben:

So sieht die Seite aus, wenn wir den Code mit unserem lokalen Server und den Daten von `http://localhost/Kapitel06/verkaufszahlen.json` ausführen.

Was wir bekommen haben:

So sieht die Seite aus, wenn wir den Code mit dem Live-Server von Kaukugel & Co. ausführen und die Daten von `http://gumball.wickedlysmart.com` abrufen.

Was machen wir jetzt?!

Was wir immer tun. Wir zitieren unsere Truppe zu einem schnellen Treffen in eine Wabe unseres Großraumbüros. Zusammen (einschließlich einiger fiktiver Personen) kriegen wir das bestimmt hin! Frank? Jan? Jo? Wo seid ihr? Ah… auf der nächsten Seite!

Ajay, der Qualitätssicherungstyp, regt sich ganz schön auf.

Mit dem Web *sprechen*

Ich weiß nicht, was mit diesem Code nicht stimmt, Jan. Aber er funktioniert nicht.

Jan: Hast du die richtige URL?

Frank: Ja. Ich habe sie sogar mit dem Browser geöffnet, um sicherzustellen, dass auch Daten ankommen. Ich versteh's nicht ...

Jo: Ich habe in Chrome einen Blick auf die JavaScript-Konsole geworfen und sehe etwas über Zugriffskontrolle und Ursprünge oder Domains.

Frank: Häh?

Jungs, wart ihr bei dem Sternback-Kaffee-Projekt dabei? Wir hatten da doch dasselbe Problem. Ich wette, ihr habt ein Cross-Domain-Problem, weil ihr Daten von einem anderen Server abruft als von dem, auf dem eure Seite liegt. Der Browser hält das für ein Sicherheitsproblem.

Hmmmm, könntest du vielleicht unserer Erinnerung zu diesem Sicherheitsproblem auf die Sprünge helfen?

Sie sind hier ▶ **243**

Überblick zur Browsersicherheit

Welche Browsersicherheitsrichtlinien?

Okay, es ist peinlich, in diese missliche Lage zu geraten – allein schon die Position, in die wir Sie als Leser bringen. Aber Judith hat recht. Der Browser setzt bestimmte Sicherheitsrichtlinien bezüglich des `XMLHttpRequest` durch, und das kann Schwierigkeiten machen.

Was diese Richtlinie besagt? Nun, es ist eine Browserrichtlinie, die besagt, dass Sie Daten nicht von einer Domain abrufen können, die sich von der Domain der Seite selbst unterscheidet. Angenommen, Sie betreiben die Webseite für DagobertDucksBank.com, und jemand hackt sich in Ihre Systeme und schleust JavaScript ein, das alle möglichen interessanten Dinge mit den persönlichen Daten der Benutzer anstellt, sie beispielsweise an den Server HackerBrauchenMehrGeld.com übermittelt. Klingt nicht so toll, oder? Und genau so etwas verhindern Browser, indem sie `XMLHttpRequests` an Domains unterbinden, die sich von der Domain der ursprünglichen Seite unterscheiden.

Sehen wir uns an, was funktioniert und was nicht:

Zulässiges Verhalten für JavaScript-Code:

① Zuerst fordert der Benutzer (oder der Browser) die HTML-Seite an (zusammen mit dem zugehörigen JavaScript und CSS):

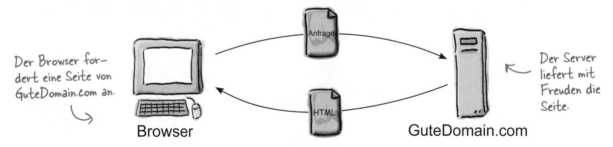

② Die Seite braucht Daten von GuteDomain.com und schickt einen XMLHttpRequest für die Daten:

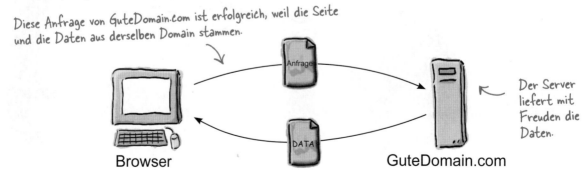

Nicht zulässiges Verhalten für JavaScript-Code:

Jetzt sehen wir uns an, was passiert, wenn Ihre Seite unter GuteDomain.com gehostet wird und mit XMLHttpRequest Daten von BöseDomain.com anfordert.

1 Wie zuvor fordert der Browser eine Seite von GuteDomain.com an. Dazu gehören unter Umständen auch JavaScript- und CSS-Dateien, die ebenfalls unter GuteDomain.com gehostet werden.

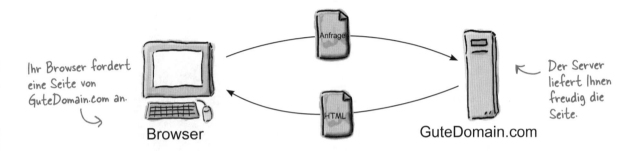

2 Nun haben wir aber Code, der Daten von einer anderen Quelle anfordert: BöseDomain.com. Sehen wir uns an, was passiert, wenn die Seite die Daten mit XMLHttpRequest anfordert:

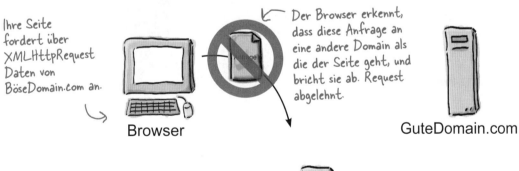

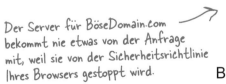

Unsere Optionen

> Na toll. All dieser Code – und dann funktioniert es nicht mal? Können wir unsere Dateien nicht einfach auf die Server von Kaukugel & Co. kopieren?

Üblicherweise ja.

Angenommen, Sie wären ein Entwickler, der an Code für Kaukugel & Co. arbeitet. Dann hätten Sie normalerweise Zugriff auf die Server (oder Menschen, die die Dateien für Sie auf die Server stellen könnten). Und dann würden alle Ihre Dateien dort liegen, und es gäbe keine Cross-Domain-Probleme. In diesem Fall (tut uns leid, Ihre Illusionen zunichte zu machen) arbeiten Sie aber *nicht* für Kaukugel & Co., sondern sind Leser dieses Buchs. Und uns fällt leider keine Möglichkeit ein, wie mehrere Hunderttausend Menschen ihre Dateien auf die Server von Kaukugel & Co. KG kopieren können.

Zumindest nicht mit dem Budget, das uns der Herausgeber gönnt.

Worauf läuft das also hinaus? Sind wir in einer Sackgasse gelandet? Nein, wir haben noch ein paar weitere Optionen. Sehen wir sie uns an …

Mit dem Web sprechen

Was sind unsere Optionen?

Ehrlich gesagt, wir wussten bereits, dass die Cross-Domain-XMLHttpRequest-Anfrage scheitern würde. Aber wie schon angedeutet, Sie haben bei der Entwicklung von Apps häufig Zugang zum Server, sodass das kein Problem ist (und wenn diese Apps in erster Linie auf eigene Daten zugreifen, ist XMLHttpRequest normalerweise die beste Möglichkeit).

Wahrscheinlich sagen Sie jetzt: »Schön und gut. Aber wie können wir diesen Code jetzt ans Laufen bringen?« Dafür gibt es mehrere Möglichkeiten:

① Plan 1: Verwenden Sie unsere gehosteten Dateien.

Wir haben bereits Dateien für Sie auf unseren Server gestellt:

```
http://gumball.wickedlysmart.com/gumball/gumball.html
```

Testen Sie diese URL mit Ihrem Browser. Damit können Sie den bereits getippten Code in Aktion erleben.

② Plan 2: Alternative Datenabfrage.

XMLHttpRequest ist eine gute Möglichkeit, Daten in Ihren Apps zu verwenden, wenn die Daten auf derselben Domain liegen wie die App. Was aber, wenn Sie Daten von einer anderen Domain benötigen, z. B. Google oder Twitter? In diesen Fällen müssen wir das Problem lösen und einen anderen Ansatz finden.

Wie sich herausstellt, gibt es eine andere JSON-basierte Möglichkeit mit dem Namen »JSONP« (steht für »JSON with Padding« – klingt komisch, wir werden Sie aber an die Hand nehmen und Sie hindurchbegleiten). Holen Sie Ihren Raketenrucksack – JSONP scheint tatsächlich von »einem anderen Planeten« zu kommen, falls Sie wissen, was wir meinen.

Sie sind hier ▸

Gestatten: *JSONP*

JSONP ist unsere Chance, Judith wenigstens einmal zuvorzukommen, Jungs!

Jo: Absolut! Aber was ist das?

Jan: Klingt wie eine zusätzliche Möglichkeit, Daten aus einem Webservice in unsere App zu holen.

Frank: Dafür bin ich nicht geeignet, ich bin der Kreative unter uns.

Jan: Frank, ich glaube, so schlimm ist es gar nicht. Ich habe JSONP gegoogelt. Im Prinzip ist es eine Methode, bei der das `<script>`-Tag die Daten abholt.

Jo: Huh, ist das zulässig?

Jan: Absolut. Eine Menge großer Services wie z. B. Twitter machen es so.

Frank: Klingt nach einem Hack.

Jo: Genau das meinte ich. Wie kann es koscher sein, mit dem `<script>`-Tag Daten abzufragen? Ich weiß gar nicht, wie das funktionieren soll.

Jan: Ich verstehe das auch nur ansatzweise. Aber wenn wir ein `<script>`-Element verwenden, ruft es doch Code für uns ab, oder?

Jo: Stimmt ...

Jan: Und was ist, wenn wir Daten in diesen Code schreiben?

Jo: Okay, das Rad beginnt, sich zu drehen!

Frank: Meinst du das Hamsterrad?

Mit dem Web sprechen

> Setz dich, Grashüpfer. Was ich lehre, weißt du oft schon von Natur aus ...

HTML5-Guru: ... und so ist es auch diesmal.
Grashüpfer, sieh dir diesen Code an:

```
alert("wuff");
```

Dieser Code befindet sich unter dieser URL.

Was macht er?

Webentwickler: Wenn der Code in einem Browser ausgewertet wird, zeigt er eine alert-Box mit »wuff« an.

Guru: Ah, genau. Nun erstellst du eine einfache HTML-Seite und schreibst folgendes <script>-Element in den Body:

```
<script src="http://examples.oreilly.de/german_examples/hfhtml5ger/
Kapitel06/Servercode/hund.js">
</script>
```

Guru: Was passiert?

Webentwickler: Es lädt die Seite, die wiederum das JavaScript aus hund.js von http://examples.oreilly.de/german_examples/hfhtml5ger/ lädt, das wiederum die alert-Funktion aufruft und die Meldung »wuff« im Browser anzeigt.

Guru: Also kann eine JavaScript-Datei von einer anderen Domain eine Funktion innerhalb deines Browsers aufrufen?

Webentwickler: Jetzt, da du es sagst, Guru: Ja, ich denke, genau das passiert. Die Datei hund.js von http://examples.oreilly.de/german_examples/hfhtml5ger/ kann, nachdem sie geladen wurde, in meinem Browser alert aufrufen.

Guru: Unter:
http://examples.oreilly.de/german_examples/hfhtml5ger/Kapitel06/Servercode/hund2.js findest du eine weitere Datei mit dem folgenden JavaScript:

```
tierSagt("hund", "wuff");
```

Guru: Was passiert?

Sie sind hier ▶

Webentwickler: Es ist ähnlich wie hund.js, ruft aber die Funktion tierSagt auf und übergibt zwei Argumente: das Tier und den Ruf des Tieres.

Guru: Schreibe die Funktion tierSagt und füge sie in ein <script>-Element im Head deiner HTML-Datei ein, oberhalb des <script>-Elements, das auf wickedlysmart verweist.

Webentwickler: So?

```
function tierSagt(art, stimme) {
    alert(art + " sagt " + stimme);
}
```

Guru: Sehr gut, du lernst schnell. Jetzt ändere den anderen <script>-Verweis auf hund.js, verweise damit auf hund2.js und lade die Seite neu.

Webentwickler: Ich bekomme ein alert mit der Meldung »hund sagt wuff«.

Guru: Sieh dir http://examples.oreilly.de/german_examples/hfhtml5ger/Kapitel06/Servercode/katze2.js an, lass deinen <script>-Verweis auf katze2.js verweisen und versuch's noch mal.

Webentwickler: Ich bekomme ein alert mit der Meldung »katze sagt miau«.

```
tierSagt("katze", "miau");
```

Guru: Also kann eine JavaScript-Datei von einer anderen Domain nicht nur eine beliebige Funktion in deinem Code aufrufen, sondern auch beliebige Daten an die Funktion übergeben?

Webentwickler: Ich sehe keine Daten, sondern nur zwei Argumente.

Guru: Sind Argumente keine Daten? Wir könnten die Argumente auch ändern, sodass sie folgendermaßen aussehen:

```
var tier = {"art": "katze", "stimme": "miau"};
tierSagt(tier);
```
← katze3.js

Webentwickler: Jetzt übergibt die Funktion tierSagt offensichtlich ein Objekt als Argument. Hmm, dieses Objekt beginnt tatsächlich, nach Daten auszusehen.

Guru: Kannst du tierSagt so umschreiben, dass das Objekt verwendet wird?

Webentwickler: Ich werd's versuchen ...

Webentwickler: Etwa so?

```
function tierSagt(tier) {
   alert(tier.art + " sagt " + tier.stimme);
}
```

Guru: Sehr gut. Ändere den Verweis auf http://examples.oreilly.de/german_examples/hfhtml5ger/Kapitel06/Servercode/hund3.js und versuch's ein weiteres Mal. Versuche es dann auch mit http://examples.oreilly.de/german_examples/hfhtml5ger/Kapitel06/Servercode/katze3.js.

Webentwickler: Ja, beide funktionieren wie erwartet auch mit meiner neuen Funktion.

Guru: Wie wäre es, wenn du tierSagt in aktualisiereZahlen umbenennst?

Webentwickler: Guru, was aber haben Tiere mit verkauften Kaugummis zu tun?

Guru: Arbeite bitte mit. Was passiert, wenn wir hund3.js in verkaufszahlen.js umbenennen und so umschreiben:

```
var verkauft = [{"name":"ARTESIA","time":1308774240669,"sales":8},
            {"name":"ALVISO","time":1308774240669,"sales":2}];
aktualisiereZahlen(zahlen);
```

Webentwickler: Ich glaube, ich verstehe. Wir übergeben die Zahlen über die JavaScript-Datei, auf die wir verweisen, anstatt die Daten mit XMLHttpRequest selbst abzurufen.

Guru: Genau, Grashüpfer. Aber übersieh den Wald nicht vor lauter Bäumen. Holen wir die Daten nicht auch von einer anderen Domain? Machen also das, was mit XMLHttpRequest verboten ist?

Webentwickler: Ja, so sieht es aus. Fast schon Zauberei.

Guru: Keine Zauberei, das <script>-Element hat immer schon so funktioniert. Du wusstest die Antwort bereits. Nun meditiere darüber, wie das funktioniert, damit es hängen bleibt.

Webentwickler: Ja, Meister. »Hängen bleiben« ... das kommt mir irgendwie vertraut vor, aber ich kann es nicht zuordnen ...

ZEN-MOMENTE

Sie sind damit vertraut, mit JavaScript Daten abzurufen. Schnappen Sie sich ein Blatt Papier oder die Innenseite des Buchcovers. Zeichnen Sie darauf einen Server, der HTML- und JavaScript-Dateien hostet. Zeichnen Sie einen Server einer anderen Domain, der die Dateien hund3.js und katze3.js bereitstellt. Gehen Sie die Schritte des Browsers durch, um das Objekt der jeweiligen Datei abzurufen und zu verwenden. Wenn Sie glauben, es verstanden zu haben, sehen wir uns die Schritte gemeinsam an.

Überblick über JSONP

Darf ich vorstellen: JSONP

Ihnen ist wahrscheinlich schon klar, dass JSONP eine Möglichkeit ist, JSON-Objekte über ein `<script>`-Tag abzurufen. Außerdem zeigt es einen Weg auf, Daten abzurufen (in Form von JSON-Objekten) und die Sicherheitsrichtlinie für XMLHttpRequest zu umgehen.

Sehen wir uns auf den folgenden Seite an, wie JSONP funktioniert:

↙ Der Browser

```
<!doctype html>
<html lang="de">
   ...
<body>
   <h1>Verkaufszahlen Kaukugel & Co. KG</h1>
   <div id="verkauft">
   </div>
   <script src="http://gumball.wickedlysmart.com/"></script>
</body>
</html>
```

① Wir fügen ein `<script>`-Element in unser HTML ein. Als Quelle geben wir die URL eines Webservice an, der uns die JSON-Daten liefert, wie z. B. die Verkaufszahlen von Kaukugel & Co.

② Wenn der Browser auf das `<script>`-Element stößt, sendet er eine HTTP-Anfrage an die URL.

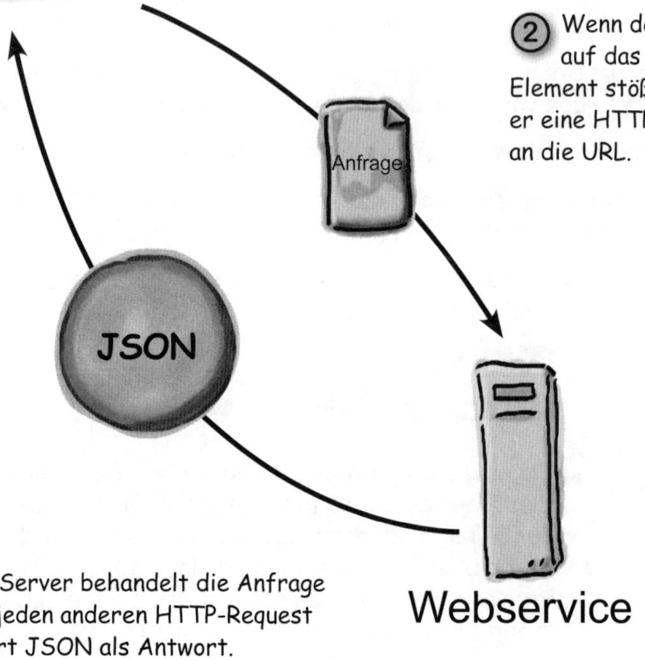

④ Die JSON-Response kommt in Form eines Strings, der vom Browser gelesen und interpretiert wird. Datentypen werden in echte JavaScript-Objekte und Werte konvertiert, jeglicher Code wird ausgeführt.

An dieser Stelle ist das nur die String-Repräsentation des Objekts!

③ Der Server behandelt die Anfrage wie jeden anderen HTTP-Request und liefert JSON als Antwort.

Webservice

ns
Wofür steht das »P«?

Okay, als Erstes müssen Sie wissen, dass JSONP einen dämlichen und schwer nachvollziehbaren Namen hat: »JSON with Padding«. Wenn wir es taufen dürften, würden wir es wahrscheinlich »JSON mit Callback« oder »Hol mir JSON und führ es aus, wenn du fertig bist« nennen – so ziemlich alles außer »JSON with Padding«.

Die »Hülle«, die hier gemeint ist, ist eine Funktion, in die das JSON verpackt wird, bevor es vom Request zurückgegeben wird. Das geht so:

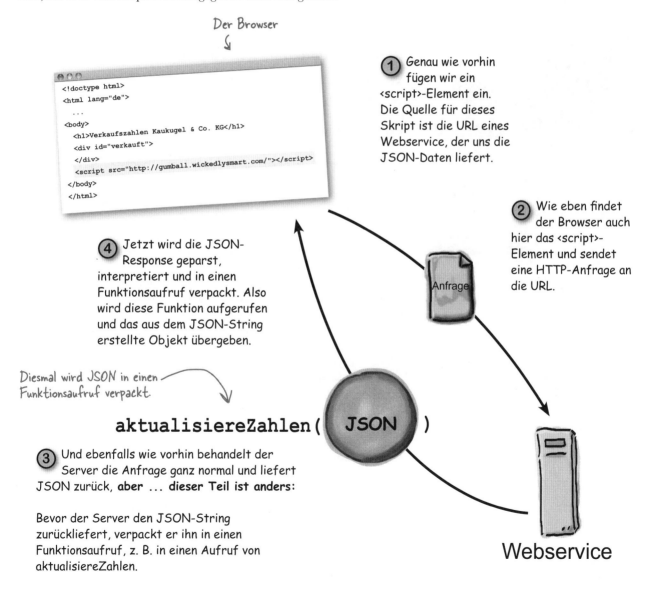

Umgang mit Callbacks

Ich verstehe, wie ich mit dem <script>-Tag den Browser JavaScript holen lasse und wie der Server seine Daten in dieses JavaScript schreiben kann. Aber was ist mit dem Funktionsnamen? Woher weiß der Webservice den richtigen Namen? Woher weiß der Kaukugel & Co.-Webservice, dass er aktualisiereZahlen aufrufen soll? Was ist, wenn ich einen anderen Service verwende und den Namen punkteStand, alert oder ganz was anderes nehmen möchte?

Geben Sie eine Callback-Funktion an.

Normalerweise können Sie dem Webservice den gewünschten Funktionsnamen übergeben. Wir haben es Ihnen zwar nicht gesagt, aber Kaukugel & Co. unterstützt das bereits. Sie können am Ende der URL einen Parameter angeben:

`http://gumball.wickedlysmart.com/?callback=aktualisiereZahlen`

↑
Hier die normale URL

Und hier verwenden wir den URL-Parameter callback, der besagt, dass beim Erzeugen des JavaScripts der Funktionsname aktualisiereZahlen verwendet werden soll.

Kaukugel & Co. verpackt dann das JSON-formatierte Objekt in der Funktion `aktualisiereZahlen`, bevor das Objekt zurückgeschickt wird. Üblicherweise heißt dieser Parameter `callback`, aber sehen Sie zur Sicherheit in der Dokumentation des jeweiligen Webservice nach.

 KOPF-
NUSS

Probieren Sie die folgenden URLs: Was erhalten Sie als Antwort?
`http://search.twitter.com/search.json?q=hfhtml5&callback=meinCallback`

`http://search.twitter.com/search.json?q=hfhtml5&callback=justDoIt`

`http://search.twitter.com/search.json?q=hfhtml5&callback=aktualisiereTweets`

Hinweis: Unter Umständen fragt Sie Ihr Browser, ob Sie die Datei öffnen oder speichern möchten. Sie können sie mit TextEdit, Notepad oder einem anderen Texteditor öffnen.

Mit dem Web sprechen

Jungs, das ist es. Zwar haben wir dabei unsere Hirne ein wenig mehr strapazieren müssen, um mit dem <script>-Element auf einen Webservice zuzugreifen, aber es ist fast einfacher als mit XMLHttpRequest.

Jan: Ja, beinahe.

Jo: Ich glaube, wir können sogar ein bisschen Code löschen.

Frank: Und wenn ihr fertig seid, sorge ich dafür, dass es gut aussieht.

Jan: Jo, an welchen Code-Teil denkst du?

Jo: Mit XMLHttpRequest haben wir einen String abgerufen. Mit JSONP parst das script-Tag den gelieferten Code und wertet ihn aus. Bis die Daten bei uns ankommen, liegen sie schon als JavaScript-Objekt vor.

Jan: Stimmt. Mit XMLHttpRequest mussten wir den String mit JSON.parse in ein Objekt konvertieren. Können wir das streichen?

Jo: Ja. Dabei bleibe ich.

Jan: Was noch?

Jo: Natürlich müssen wir das `<script>`-Element einfügen.

Jan: Das habe ich mich schon gefragt. Wo packen wir es hin?

Jo: Nun, der Browser entscheidet darüber, wann es geladen wird. Wir möchten, dass die Seite zuerst geladen wird, damit wir das DOM aktualisieren können, wenn `aktualisiereZahlen` aufgerufen wird. Das Einzige, was mir dazu einfällt, ist, das `<script>`-Element im unteren Teil der Seite in den Body zu schreiben.

Jan: Klingt nach einer guten Idee. Das sollten wir uns noch mal näher ansehen. Aber für den Moment versuchen wir es einfach so.

Jo: Okay, ich möchte, dass dieser Code endlich funktioniert! Fangen wir an!

Frank: Beeilt euch, Jungs. Judith arbeitet sicherlich schon wieder an einer eigenen Version.

Plan zur Re-Implementierung

Neue Version der Kaukugel & Co.-App

Zeit, unseren Code für Kaukugel & Co. mit JSONP zu aktualisieren. Wir löschen den Code für den XMLHttpRequest. Die übrigen Änderungen sind marginal. Los geht's:

Was zu tun ist:

① XMLHttpRequest-Code löschen.

② Dafür sorgen, dass aktualisiereZahlen statt eines Strings ein Objekt verarbeiten kann (anders als beim XMLHttpRequest).

③ <script>-Element für den Datenaufruf einfügen.

---

① Der gesamte Code unserer onload-Funktion kümmert sich um den XMLHttpRequest. Deshalb können wir ihn einfach löschen. Wir behalten die onload-Funktion, falls wir sie später noch brauchen. Im Moment muss sie nichts tun. Öffnen Sie die Datei kaukugel.js und machen Sie folgende Änderungen:

```
window.onload = function() {
    var url = "http://gumball.wickedlysmart.com";
    var request = new XMLHttpRequest();
    request.open("GET", url);
    request.onload = function() {
        if (request.status == 200) {
            aktualisiereZahlen(request.responseText);
        }
    };
    request.send(null);
}
```

Löschen Sie den gesamten Code aus dieser Funktion.

Mit dem Web sprechen

② Denken Sie daran: Wenn wir das <script>-Element verwenden, sagen wir dem Browser damit, dass er JavaScript abrufen soll. Entsprechend holt es der Browser, parst es und wertet es aus. Bis das JSON die Funktion aktualisiereZahlen erreicht, ist es also kein String mehr, sondern ein vollwertiges JavaScript-Objekt. Mit XMLHttpRequest erhalten wir die Daten als String. Deshalb erwartet aktualisiereZahlen momentan einen String. Nun ändern wir die Funktion so, dass sie ein Objekt verarbeiten kann:

```
function aktualisiereZahlen(responseText) {
function aktualisiereZahlen(verkauft) {
    var zahlenDiv = document.getElementById("verkauft");
    var verkauft = JSON.parse(responseText);
    for (var i = 0; i < verkauft.length; i++) {
        var zahl = verkauft[i];
        var div = document.createElement("div");
        div.setAttribute("class", "verkaufsZahl");
        div.innerHTML = zahl.name + ": " + zahl.sales + " Kaugummis verkauft";
        zahlenDiv.appendChild(div);
    }
}
```

Entfernen Sie responseText und schreiben Sie die Zeile mit dem Parameter »sales«.

Den Aufruf von JSON.parse können wir auch löschen.

Das war's. Jetzt haben wir eine Funktion, die unsere Daten verarbeiten kann.

③ Zum Schluss fügen wir das <script>-Element für die eigentliche Datenabfrage ein.

```
<!doctype html>
<html lang="de">
<head>
    <title>Kaukugel & Co. KG</title>
    <meta charset="utf-8">
    <script src="kaukugel.js"></script>
    <link rel="stylesheet" href="kaukugel.css">
</head>
<body>
    <h1>Verkaufszahlen Kaukugel & Co. KG</h1>
    <div id="verkauft">
    </div>
    <script src="http://gumball.wickedlysmart.com/?callback=aktualisiereZahlen"></script>
</body>
</html>
```

Das ist der Link auf den Webservice von Kaukugel & Co. Über den Parameter callback geben wir die Funktion aktualisiereZahlen an, damit der Webservice das JSON in einen Aufruf von aktualisiereZahlen packt.

Sie sind hier ▸ **257**

Test: JSONP

Probefahrt mit dem JSONP-Code

Wenn Sie die Änderungen durchgeführt haben, ist es Zeit für eine Probefahrt. Laden Sie `kaukugel.html` in Ihrem Browser. Jetzt laden Sie die Kaukugel & Co.-Daten über Ihre Web-App mit JSONP. Die Seite sollte genau so aussehen wie die mit den Daten aus der lokalen Datei – aber Sie wissen, dass die Daten mit einer anderen Methode geladen wurden.

Das erscheint, wenn wir die Kaukugel & Co.-Seite neu laden. Sie sehen wahrscheinlich andere Städte und Zahlen, weil wir jetzt reale Daten anzeigen lassen.

Ja! Der CEO von Kaukugel & Co. sollte damit zufrieden sein. Zeit zum Feiern!

Gute Arbeit, Jungs!

> JSONP scheint mir ein echtes Sicherheitsproblem zu sein!

Nicht sicherer oder unsicherer, als wenn Sie mit <script> JavaScript laden.

Es stimmt: Wenn Sie eine JSONP-Anfrage an einen bösartigen Webservice schicken, kann die Response JavaScript-Code enthalten, den Sie nicht erwarten, der aber dennoch vom Browser ausgeführt wird.

Aber das ist auch nichts anderes, als wenn Sie JavaScript aus Bibliotheken von anderen Servern verwenden. Jedes Mal, wenn Sie JavaScript einbinden – ob eine Bibliothek im <head> Ihres Dokuments oder über JSONP –, müssen Sie sicher sein, dass Sie diesem Service vertrauen können. Wenn Sie eine Web-App schreiben, an der sich die Benutzer anmelden müssen, um auf vertrauliche Daten zuzugreifen, sollten Sie am besten keine Bibliotheken von Dritten oder JSON-Daten von anderen Servern verwenden.

Wählen Sie also die Webservices sorgsam aus, auf die Sie zurückgreifen. Wenn Sie eine API von Google, Twitter, Facebook oder den vielen anderen bekannten Webservices nutzen, sollten Sie auf der sicheren Seite sein. Ansonsten ist Vorsicht geboten!

In unserem Fall kennen wir die Entwickler von Kaukugel & Co. persönlich und wissen, dass sie niemals etwas Bösartiges in ihre JSON-Daten schreiben würden, also können wir ohne Bedenken weitermachen.

Ein Gespräch mit XMLHttpRequest und JSONP

Kamingespräche

Heute Abend: **XMLHttpRequest und JSONP**

Heute begrüßen wir zwei beliebte Methoden für den Datenabruf im Browser.

XMLHttpRequest:

Ich möchte Sie nicht angreifen, aber sind Sie nicht in gewisser Weise ein Hack? Sie sind eigentlich für den Abruf von Code gedacht, und die Menschen verwenden Sie, um Daten anzufordern.

Aber Sie verpacken doch lediglich Daten in Code. Und Sie können keine Anfragen direkt aus dem JavaScript-Code machen. Sie brauchen ein HTML-<script>-Element. Das ist doch verwirrend für die Benutzer.

XML ist immer noch weit verbreitet, also hacken Sie nicht darauf herum. Und man kann auch JSON wunderbar mit mir abrufen.

Mit mir kann man wenigstens steuern, welche Daten in JavaScript eingelesen werden. Mit Ihnen passiert das einfach.

Nun, Sie können einen Hack verwenden, z. B. JSON-With-Padding – hihi, blöder Name –, oder die richtige Methode, XMLHttpRequest, und die Entwicklung abwarten. Schließlich arbeiten die Menschen ja daran, mich flexibler und gleichzeitig sicherer zu machen.

JSONP:

Hack? Ich nenne das Eleganz. Wir können doch Code und Daten auf dieselbe Weise abrufen. Warum zwei Methoden?

Hey, es funktioniert und bietet Menschen die Möglichkeit, Code zu schreiben, der JSON von Diensten wie Twitter und Google und einer Menge anderer abrufen kann. Wie soll das mit den Sicherheitsbeschränkungen von XMLHttpRequest funktionieren? He, Sie sind in den alten Zeiten hängen geblieben, »XML«.

Klar, wenn man das Ergebnis mit JSON.parse verarbeiten möchte.

Das ist ein Vorteil. Wenn die Benutzer ihre Daten bekommen, sind sie bereits hübsch aufbereitet. Ich respektiere Sie durchaus, mit Ihnen haben solche Apps ihren Anfang genommen. Aber Sie sind einfach zu restriktiv. In der heutigen Zeit müssen wir in der Lage sein, Anfragen an andere Domains zu schicken.

Klar wird daran gearbeitet, aber meine Benutzer brauchen die Lösung heute und können nicht warten, bis Sie Ihre Cross-Domain-Probleme gelöst haben.

Mit dem Web sprechen

XMLHttpRequest:

JSONP:

Und »Padding« ist nicht dämlich. Es bedeutet lediglich, dass das Ergebnis einer Anfrage an einen Webservice ein kleines Präfix erhält, z. B. »aktualisiereZahlen()«. Wie nennt man Sie noch mal? Ajax? Ist das nicht ein WC-Reiniger?

Ich hatte nichts mit dem Namen Ajax zu tun, also fragen Sie nicht mich! Sie haben übrigens nie erwähnt, was an Ihnen sicher ist.

Programmierer müssen immer vorsichtig sein. Wenn sie Code von einem anderen Server abrufen, müssen sie wissen, was sie tun. Das einfach abzulehnen, ist keine Lösung.

Da kann ich nur sagen: Wer keine fremden Daten von Twitter oder Google braucht und einen eigenen Webservice und Client schreibt, sollte bei mir bleiben. Ich biete mehr Sicherheit und bin einfacher zu handhaben.

Hallo? Niemand schreibt Dienste, die keine Daten von außen nutzen. Schon mal was von »Mashup« gehört?

Ja klar: Mischmasch.

Hey, wenigstens werde ich überall konsistent unterstützt. Es ist schrecklich, XMLHttpRequest-Code zu schreiben, der auf älteren Browsern läuft.

Kommen Sie, es braucht nicht viel Code, dann funktioniere ich sogar auf IE5.

Haha, ich brauche GAR KEINEN Code. Einfach nur ein HTML-Tag.

Genau. Haben Sie schon mal versucht, etwas immer wieder zu tun? Zum Beispiel diese Sache für Kaukugel & Co. Wie soll das funktionieren?

Das ist nicht so schlimm. Sie müssen nur ein neues `<script>`-Element in das DOM schreiben, um die nächste Anfrage zu stellen.

Ich höre buchstäblich die Reaktion der Leser auf Ihren letzten Satz: »Was bitte?«

VON KOPF BIS FUSS:

Ich danke Ihnen vielmals! Unsere Zeit ist leider um!

Gehirntraining mit JSONP

Das reicht mir nicht. Ich dachte, dass ich einen kontinuierlichen Datenstrom mit den Verkaufszahlen meiner Kaugummiautomaten sehe. Klar, ich könnte meinen Browser aktualisieren, aber dann sehe ich nur die neuesten Berichte – und auch nur, wenn ich manuell aktualisiere. Das ist nicht das, was ich will!

KOPFNUSS

Er hat recht, wir müssen unsere App so ändern, dass die Anzeige in regelmäßigen Abständen mit neuen Verkaufszahlen aktualisiert wird (z. B. alle zehn Sekunden). Im Moment fügen wir nur ein <script>-Element in die Seite ein, das die Anfrage an den Server einmalig initialisiert. Fällt Ihnen eine Möglichkeit ein, mit JSONP kontinuierlich Verkaufszahlen abzufragen?

Tipp: Mithilfe des DOM können wir ein neues <script>-Element in die Seite einfügen. Könnte das funktionieren?

Mit dem Web sprechen

> Jungs, ich habe gehört, der CEO ist nicht gerade glücklich mit eurer ersten Version?

Jan: Ja, er möchte, dass die Daten in der Anzeige kontinuierlich aktualisiert werden.

Judith: Das ist sinnvoll. Ein großer Vorteil einer Web-App besteht darin, dass man sie nicht wie eine Webseite aktualisieren muss.

Jo: Na gut. Wir wissen ja auch, wie wir alte Verkaufszahlen durch neue Verkaufszahlen mithilfe des DOM ersetzen können. Aber wir sind uns nicht sicher, wie wir den JSONP-Teil lösen.

Judith: Ihr könnt das DOM auch für das `<script>`-Element verwenden. Ihr könnt also jedes Mal ein neues `<script>`-Element im DOM erstellen, wenn ihr neue Daten abrufen möchtet.

Jan: Das ist mir zu hoch. Kannst du das bitte noch mal sagen?

Jo: Ich glaube, ich verstehe es. Im Moment haben wir das `<script>`-Element statisch in das HTML-Markup eingegeben. Wir könnten aber ein neues `<script>`-Element mit JavaScript-Code erstellen und in das DOM einfügen. Ich bin mir nur nicht sicher, ob der Browser auch nochmals Daten abholt, wenn wir das neue `<script>`-Element erstellen.

Judith: Klar, das macht er.

Jan: Verstehe. Wir erstellen also jedes Mal ein neues `<script>`-Element, wenn der Browser einen JSONP-Abruf für uns starten soll.

Judith: Genau! Ihr habt es verstanden. Und wisst ihr jetzt auch, wie ihr es immer und immer wieder tun könnt?

Jan: Na ja, nicht so ganz. Wir haben gerade noch über JSONP nachgedacht.

Judith: Ihr wisst alles über Handler-Funktionen, wie z. B. `onload` oder `onclick`. Ihr könnt einen Timer einrichten, der nach einem bestimmten Zeitintervall einen Funktions-Handler aufruft: mit der JavaScript-Methode `setInterval`.

Jo: Los, das richten wir ein und bringen das dynamische JSONP für den Kaukugel-CEO so schnell wie möglich ans Laufen.

Jan: Wenn das alles ist?! Dann los!

JSONP wird dynamisch

Kaukugel & Co. optimieren

Wie Sie sehen, gibt es noch etwas zu tun, aber es ist nicht allzu schlimm. Wir haben eine erste Version geschrieben, die die aktuellen Verkaufszahlen von Kaukugel & Co. abholt und sie *einmal* anzeigt. Das war ein Denkfehler, denn fast jede Web-App sollte heutzutage kontinuierlich Daten abrufen und die Anzeige nahezu in Echtzeit aktualisieren.

Das müssen wir tun:

① Das JSONP-<script>-Element aus dem HTML für Kaukugel & Co. entfernen, weil wir es nicht mehr brauchen.

② Einen Handler einrichten, der die JSONP-Anfrage alle paar Sekunden durchführt. Wir befolgen Judiths Rat und verwenden die JavaScript-Methode setInterval.

③ Unseren JSONP-Code im Handler implementieren, damit er bei jedem Aufruf die neuesten Verkaufszahlen von Kaukugel & Co. anfordert.

Schritt 1: Das script-Element ...

Wir haben einen neuen Ansatz, um unsere JSONP-Anfragen loszuschicken. Also entfernen wird das `<script>`-Element aus dem HTML.

```
<!doctype html>
<html lang="de">
<head>
  <title>Kaukugel & Co. KG</title>
  <meta charset="utf-8">
  <script src="kaukugel.js"></script>
  <link rel="stylesheet" href="kaukugel.css">
</head>
<body>
  <h1>Verkaufszahlen Kaukugel & Co. KG</h1>
  <div id="verkauft">
  </div>
  <script src="http://gumball.wickedlysmart.com/?callback=aktualisiereZahlen"></script>
</body>
</html>
```

Löschen Sie dieses Element aus Ihrer HTML-Datei.

Schritt 2: Zeit für den Timer

Wir möchten den Verkaufsbericht nicht nur einmal, sondern immer wieder, z. B. alle drei Sekunden, aktualisieren. Je nach Anwendung kann das zu oft oder zu selten sein. Für Kaukugel & Co. fangen wir aber mit drei Sekunden an.

Um etwas alle drei Sekunden zu wiederholen, brauchen wir eine Funktion, die wir immer wieder aufrufen können. Wie Judith gesagt hat, können wir diese Funktion über die `setInterval`-Methode des `window`-Objekts aufrufen lassen:

```
setInterval(datenHandler, 3000);
```

Die setInterval-Methode erwartet einen Handler und ein Zeitintervall.

Das ist unser Handler, den wir gleich definieren werden.

Und das ist unser Zeitintervall in Millisekunden: 3000 Millisekunden = 3 Sekunden.

Also ruft JavaScript alle 3.000 Millisekunden unseren Handler auf, in diesem Fall die Funktion `datenHandler`. Schreiben wir einen einfachen Handler und versuchen wir es:

```
function datenHandler() {
    alert("Hier bin ich");
}
```

Bei jedem Aufruf (alle drei Sekunden) wird die alert-Box »Hier bin ich« angezeigt.

Jetzt brauchen wir nur noch den Code, um `setInterval` aufzurufen. Den schreiben wir in die onload-Funktion, damit er ausgeführt wird, sobald die Seite vollständig geladen ist:

```
window.onload = function() {
    setInterval(datenHandler, 3000);
}
```

Das ist unsere alte onload-Funktion, die nichts mehr zu tun hat, seit wir den XMLHttpRequest-Code entfernt haben.

Wir müssen lediglich unseren Aufruf von setInterval einfügen, der bei Aufruf der Initialisierungsfunktion einen Timer einrichtet, der alle drei Sekunden ausgelöst wird und unsere Funktion datenHandler startet.

Versuchen wir's. Wenn wir sehen, dass es funktioniert – unser Handler also alle drei Sekunden aufgerufen wird –, implementieren wir unseren JSONP-Code.

Test: *Intervall-Timer*

Zeitgesteuerte Probefahrt

Das wird Spaß machen. Vergewissern Sie sich, dass Sie die Funktion `datenHandler` eingetippt und auch die Änderungen am `onload`-Handler vorgenommen haben. Speichern Sie alles und laden Sie die Seite in einem Browser. Sie werden eine Flut von Meldungen sehen und müssen das Browserfenster schließen, um sie zu beenden.

Das kommt bei uns heraus!

Spitzen Sie Ihren Bleistift

Jetzt kennen Sie setInterval (ganz zu schweigen von XMLHttpRequest und JSONP). Überlegen Sie sich, wofür Sie sie in anderen Webanwendungen nutzen können. Machen Sie eine Liste:

Fortschritt einer Aufgabe überprüfen und anzeigen.

Prüfen, ob neue Kommentare zu einem Thema geschrieben wurden.

Auf einer Karte anzeigen, ob sich Freunde in der Nähe befinden.

Mit dem Web sprechen

Schritt 3: JSONP neu implementieren

Wir möchten nach wie vor unsere Daten mit JSONP abrufen, brauchen aber eine Möglichkeit, das jedes Mal dann zu tun, wenn unser Handler aufgerufen wird, nicht nur wenn die Seite geladen wird. An dieser Stelle kommt das DOM ins Spiel – das Tolle daran ist, dass wir damit *jederzeit neue Elemente einfügen* können, sogar `<script>`-Elemente. Also sollten wir in der Lage sein, immer dann ein neues `<script>`-Element einzufügen, wenn wir einen JSONP-Aufruf machen möchten. Schreiben wir mit unserem gesammelten Wissen über DOM und JSONP den entsprechenden Code!

Zuerst die JSONP-URL

Das ist dieselbe URL, die wir auch für unser bisheriges script-Element verwendet haben. Jetzt weisen wir sie aber einer Variablen zu, damit wir sie immer wieder verwenden können. Löschen Sie die alert-Zeile aus Ihrem Handler und fügen Sie den folgenden Code ein:

Zurück zur Funktion datenHandler.

Wir weisen die JSONP-URL der Variablen url zu.

```
function datenHandler() {
    var url = "http://gumball.wickedlysmart.com?callback=aktualisiereZahlen";
}
```

Ein neues script-Element

Statt das <script>-Element in den HTML-Code zu schreiben, erstellen wir das Element mit JavaScript. Anschließend legen wir die Attribute src und id fest:

```
function aktualisiereZahlen() {
    var url = "http://gumball.wickedlysmart.com?callback=aktualisiereZahlen";

    var neuesSkript = document.createElement("script");
    neuesSkript.setAttribute("src", url);
    neuesSkript.setAttribute("id", "jsonp");
}
```

Zuerst erstellen wir ein script-Element ...

... und schreiben unsere JSONP-URL in das src-Attribut des Elements.

Wir geben diesem Skript eine ID, damit wir leichter darauf zugreifen können. (Und das müssen wir, wie Sie sehen werden.)

Die setAttribute-Methode mag Ihnen vielleicht neu erscheinen (wir haben sie bisher nur am Rande erwähnt), ihre Funktion ist aber einfach zu erkennen. Mit der setAttribute-Methode können Sie die Attribute eines HTML-Elements festlegen, wie z. B. src und id, sowie eine Reihe anderer, darunter class, href usw.

Sie sind hier ▶

Wie fügen wir das Skript in das DOM ein?

Wir haben es fast geschafft. Wir müssen lediglich unser neu erstelltes script-Element einfügen. Der Browser wird es erkennen und die JSONP-Anfrage ausführen. Um das Skript einzufügen, bedarf es einiger Planung und geistiger Vorarbeit. Sehen wir uns an, wie das funktionieren soll:

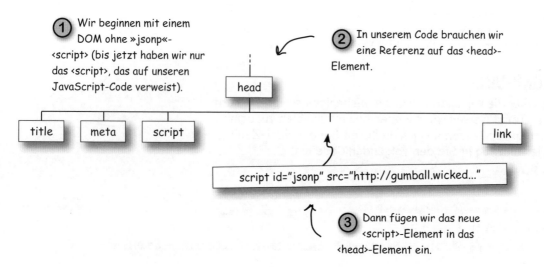

Sobald wir das neue Skript eingefügt haben, erkennt es der Browser im DOM und ruft das ab, was sich unter der URL im src-Attribut befindet. Es gibt auch noch einen zweiten Anwendungsfall. Werfen wir einen Blick darauf.

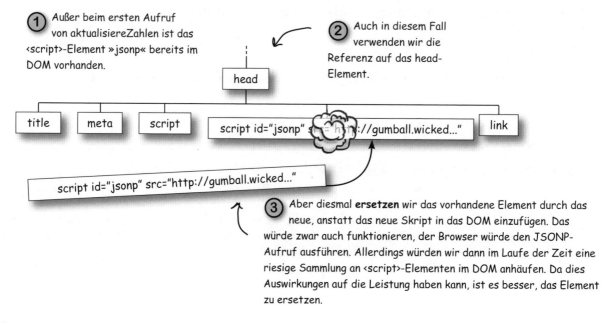

Code zum Einfügen des Skripts in das DOM

Nachdem wir jetzt die erforderlichen Schritte kennen, machen wir uns an den Code. Auch das tun wir in zwei Schritten: Zuerst zeigen wir Ihnen den Code zum Einfügen eines neuen Skripts, dann den Code zum Ersetzen eines Skripts:

```
function datenHandler() {
    var url = "http://gumball.wickedlysmart.com?callback=aktualisiereZahlen";

    var neuesSkript = document.createElement("script");
    neuesSkript.setAttribute("src", url);
    neuesSkript.setAttribute("id", "jsonp");

    var altesSkript = document.getElementById("jsonp");
    var head = document.getElementsByTagName("head")[0];
    if (altesSkript == null) {
        head.appendChild(neuesSkript);
    }
}
```

Zuerst rufen wir die Referenz auf das <script>-Element ab. Wenn es nicht vorhanden ist, erhalten wir den Wert null. Beachten Sie, dass wir von der ID »jsonp« ausgehen.

Als Nächstes holen wir uns eine Referenz auf das <head>-Element mit einer neuen Methode des document-Objekts. Wir sehen uns das noch genauer an. Für den Moment müssen Sie nur wissen, dass diese Methode eine Referenz auf das <head>-Element zurückliefert.

Nachdem wir jetzt eine Referenz auf das <head>-Element haben, prüfen wir, ob unser <script>-Element bereits vorhanden ist. Falls nicht (also die Referenz null ist), fügen wir das neue <script>-Element in den Head ein.

Sehen wir uns jetzt den Code an, der das script-Element ersetzt, falls es bereits vorhanden ist. Wir zeigen Ihnen nochmals die if-Anweisung, in die der neue Code kommt:

Das ist wieder unsere Bedingung, in der wir prüfen, ob das <script>-Element bereits im DOM existiert.

```
if (altesSkript == null) {
    head.appendChild(neuesSkript);
} else {
    head.replaceChild(neuesSkript, altesSkript);
}
```

Ist das <script>-Element bereits im Head vorhanden, ersetzen wir es einfach. Dazu wenden Sie die replaceChild-Methode auf das <head>-Element an und übergeben das alte sowie das neue Skript. Wir sehen uns diese Methode gleich noch näher an.

Weitere DOM-Methoden unter der Lupe

getElementsByTagName unter der Lupe

Sie sehen die Methode `getElementsByTagName` zum ersten Mal. Also nehmen wir sie schnell genauer unter die Lupe. Sie funktioniert ähnlich wie `getDocumentById`, liefert aber ein Array mit Elementen, die einem bestimmten Tag-Namen entsprechen.

getElementsByTagName gibt alle Elemente des DOM mit diesem Tag zurück ...

```
var headElementeArray = document.getElementsByTagName("head");
```

... in diesem Fall einem Array mit head-Elementen.

Das erste Element aus einem Array können Sie mit dem Index 0 abfragen:

```
var head = headElementeArray[0];
```

Liefert das erste head-Element des Arrays (es sollte auch nur eines geben, oder?).

Nun können wir diese beiden Zeilen kombinieren:

```
var head = document.getElementsByTagName("head")[0];
```

Wir rufen das Array ab und greifen im selben Schritt über den Index auf das erste Element zu.

In unserem Code-Beispiel verwenden wir immer das erste `<head>`-Element. Natürlich können Sie diese Methode auf jedes Tag anwenden, z. B. `<p>`, `<div>` usw. Und dann erhalten Sie normalerweise auch ein Array mit mehr als einem Element.

replaceChild unter der Lupe

Werfen wir gleich noch einen Blick auf die `replaceChild`-Methode, die Sie ebenfalls noch nicht kennen. Sie können die `replaceChild`-Methode für jedes Element aufrufen, für das Sie ein Kindelement ersetzen möchten. Dazu übergeben Sie je eine Referenz auf das neue und das alte Kindelement. Die Methode ersetzt dann das bisherige Element durch das neue.

Die replaceChild-Methode weist das `<head>`-Element an, sein Kind altesSkript durch ein neues Kind, neuesSkript, zu ersetzen.

Unser neues `<script>`-Element.

Das bereits vorhandene `<script>`.

```
head.replaceChild(neuesSkript, altesSkript);
```

Mit dem Web sprechen

Es gibt keine Dummen Fragen

F: Warum kann ich nicht einfach den Wert des src-Attributs ersetzen?

A: Wenn Sie nur das src-Attribut durch eine neue URL ersetzen, erkennt das der Browser nicht als neues Skript und macht daher auch keine JSONP-Anfrage. Um den Browser zu dieser Anfrage zu zwingen, müssen wir ein neues Skript erstellen. Diese Technik bezeichnet man übrigens als »Script Injection«.

F: Was passiert mit dem alten Kindelement, wenn ich es ersetze?

A: Es wird aus dem DOM entfernt. Von da an hängt das weitere Schicksal von Ihnen ab: Wenn Sie eine Referenz darauf in einer Variablen gespeichert haben, können Sie es weiter verwenden (sofern sinnvoll). Andernfalls wird die JavaScript-Runtime irgendwann den Speicher zurückfordern, den das Element in Ihrem Browser beansprucht.

F: Was ist, wenn mehr als ein <head>-Element existiert? Ihr Code setzt ja voraus, dass es nur einen Head gibt.

A: Definitionsgemäß hat eine HTML-Datei nur ein <head>-Element. Natürlich könnte jemand auch zwei in ein HTML-Dokument eintippen. In diesem Fall können die Ergebnisse variieren (das kommt davon, wenn man sein HTML nicht validiert!). Aber wie üblich wird der Browser sein Bestes geben, um das Richtige zu tun (was das ist, hängt aber vom Browser ab).

F: Kann ich den Intervall-Timer stoppen, nachdem ich ihn gestartet habe?

A: Klar können Sie das. Die Methode setInterval gibt eine ID zurück, die den Timer identifiziert. Wenn Sie diese ID in einer Variablen speichern, können Sie sie jederzeit an die Methode clearInterval übergeben, um den Timer zu stoppen. Ansonsten wird der Timer gestoppt, wenn Sie den Browser schließen.

F: Woher weiß ich, welche Parameter ein Webservice verwendet und ob er JSON und JSONP unterstützt?

A: Die meisten Webservices stellen eine öffentliche API mit Informationen darüber zur Verfügung, wie Sie darauf zugreifen und was Sie damit machen können. Wenn Sie eine kommerzielle API verwenden, müssen Sie diese Dokumentation unter Umständen direkt vom Anbieter beziehen. Für viele öffentliche APIs finden Sie die benötigten Informationen wahrscheinlich durch eine Suche im Internet oder im Entwicklerbereich der Webseite der jeweiligen Organisation. Sie können auch auf Webseiten wie z. B. programtheweb.com nachsehen, die eine ständig wachsende Liste von APIs dokumentiert.

F: XMLHttpRequest ist offensichtlich älter als HTML5, aber was ist mit JSON und JSONP? Sind sie ein Teil von HTML5? Brauche ich HTML5, um sie zu verwenden?

A: Wir sehen JSON und JSONP als Zeitgenossen von HTML5. Keins von beiden wurde in einer HTML5-Spezifikation definiert, beide werden jedoch häufig in HTML5-Anwendungen eingesetzt und sind ein wesentlicher Teil bei der Entwicklung von Web-Apps. Wenn wir also sagen: »HTML = Markup + JavaScript-APIs + CSS«, dann gehören JSON und JSONP auf jeden Fall auch dazu (genauso wie HTTP-Requests mit XMLHttpRequest).

F: Wird XML noch verwendet? Oder ist jetzt alles JSON?

A: Eine Binsenweisheit in der Computerbranche lautet, dass nichts jemals stirbt. Daher sind wir sicher, dass es XML noch lange Zeit geben wird. Wir würden aber auch sagen, dass JSON gerade voll in Fahrt ist und deshalb eine Menge neuer Services mit JSON entwickelt werden. Viele Webservices unterstützen eine Reihe von Datenformaten, darunter XML, JSON und viele andere (z. B. RSS). JSON hat den Vorteil, dass es direkt auf JavaScript basiert und JSONP die Cross-Domain-Probleme beseitigt.

Umgang mit dem Browsercache

Fast vergessen: Vorsicht mit dem gefürchteten Browsercache

Wir sind fast schon so weit. Aber es gibt noch ein kleines Detail, auf das wir achten müssen. Es ist eines von diesen Problemen nach dem Motto: »Wenn Sie es noch nie getan haben, wissen Sie nicht, wie Sie damit umgehen sollen.«

Die meisten Browser haben die Eigenart, dass sie URLs, die immer wieder abgerufen werden (wie unsere JSONP-Anfrage) für mehr Leistung im Cache speichern. Und so erhalten Sie immer wieder die Datei (oder Daten) aus dem Cache. Das ist nicht das, was wir wollen!

Glücklicherweise gibt es dafür ein einfaches und uraltes Heilmittel: Wir hängen einfach eine Zufallszahl an das Ende der URL an. Dann glaubt der Browser, diese URL noch nie gesehen zu haben. Ändern wir also die URL in unserem Code folgendermaßen:

Dieser Code steht oben in der Funktion datenHandler.

So ändern Sie die Deklaration der URL.

```
var url = "http://gumball.wickedlysmart.com/?callback=aktualisiereZahlen" +
          "&random=" + (new Date()).getTime();
```

Wir hängen einen neuen Dummy-Parameter an das Ende der URL. Der Webserver wird ihn einfach ignorieren, aber das reicht, um den Browser zu überlisten.

Wir erstellen ein neues Date-Objekt, lesen mit der getTime-Methode die Zeit in Millisekunden aus und fügen diese Zeit am Ende der URL ein.

Mit dem neuen Code wird die erzeugte URL ungefähr so aussehen:

Dieser Teil sollte Ihnen bekannt vorkommen ...

... und das ist der Zufallsparameter.

`http://gumball.wickedlysmart.com?callback=aktualisiereZahlen&random=1309217501707`

Dieser Teil wird jedes Mal geändert, um das Caching zu überlisten.

Ersetzen Sie die Deklaration der Variablen `url` in der Funktion `datenHandler`, dann sind wir bereit für eine Probefahrt!

Noch EINE Probefahrt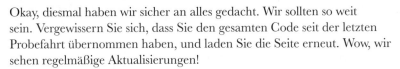

Okay, diesmal haben wir sicher an alles gedacht. Wir sollten so weit sein. Vergewissern Sie sich, dass Sie den gesamten Code seit der letzten Probefahrt übernommen haben, und laden Sie die Seite erneut. Wow, wir sehen regelmäßige Aktualisierungen!

Moment mal ... sehen Sie, was wir sehen? Woher kommen diese Duplikate? Das ist nicht gut. Hmmm. Vielleicht rufen wir die Daten zu schnell ab und erhalten Berichte, die wir bereits haben?

Duplikate!

Doppelte Verkaufsberichte entfernen

Wenn Sie schnell zu den Angaben auf Seite 228 zurückblättern, sehen Sie, dass Sie den Parameter »lastreporttime« in der URL angeben können:

Sie können den Parameter lastreporttime am Ende der URL angeben und erhalten so nur die Berichte ab diesem Zeitpunkt:

http://gumball.wickedlysmart.com/?lastreporttime=1302212903099

Geben Sie eine Zeit in Millisekunden an.

Toll, aber woher wissen wir die Zeit des letzten Berichts? Sehen wir uns noch mal das Format der Verkaufsberichte an:

```
[{"name":"LOS ANGELES","time":1308774240669,"sales":2},
 {"name":"ELVERTA","time":1308774240669,"sales":5},
 {"name":"SAN MATEO","time":1308774240669,"sales":1}
 ...]
```

Jeder Verkaufsbericht enthält die Zeit, zu der er erstellt wurde.

Webservice-Parameter *verwenden*

> Ich weiß, worauf Sie hinauswollen. Wir können die Zeit des letzten Berichts speichern und dann für die nächste Anfrage verwenden, damit uns der Server keine Daten schickt, die wir bereits empfangen haben.

Stimmt.

Und um den zuletzt empfangenen Verkaufsbericht im Auge zu behalten, müssen wir die Funktion `aktualisiere` erweitern, in der die Verkaufsdaten verarbeitet werden. Zuerst sollten wir aber eine Variable für den zuletzt erhaltenen Bericht deklarieren:

```
var letzteBerichtsZeit = 0;
```

← Die Zeit kann nicht kleiner als null sein, daher beginnen wir mit 0.

Schreiben Sie das ganz oben in Ihre JavaScript-Datei, <u>außerhalb</u> der Funktionen ..

Dann schnappen wir uns die Zeit der aktuellen Verkaufsdaten in `aktualisiereZahlen`:

```
function aktualisiereZahlen(verkauft) {
    var zahlenDiv = document.getElementById("verkauft");
    for (var i = 0; i < verkauft.length; i++) {
        var zahl = verkauft[i];
        var div = document.createElement("div");
        div.setAttribute("class", "verkaufsZahl");
        div.innerHTML = zahl.name + ": "
          + zahl.sales + " Kaugummis verkauft";
        zahlenDiv.appendChild(div);
    }
    if (verkauft.length > 0) {
        letzteBerichtsZeit = verkauft[verkauft.length-1].time;
    }
}
```

Wenn Sie sich das Array verkauft anschauen, sehen Sie, dass die neueste Zahl die letzte im Array ist. Also weisen wir diese unserer Variablen letzteBerichtsZeit zu.

Wir müssen uns vergewissern, ob es überhaupt ein Array GIBT. Wenn es keine neuen Zahlen gibt, erhalten wir ein leeres Array, und es würde einen Fehler in unserem Code geben.

JSON-URL mit lastreporttime

Nachdem wir jetzt den Zeitpunkt der letzten Verkaufsdaten mitverfolgen können, müssen wir dafür sorgen, dass wir ihn auch als Teil der JSON-Anfrage an Kaukugel & Co. mitschicken. Dazu überarbeiten wir die Funktion `datenHandler` und fügen den Abfrageparameter `lastreporttime` folgendermaßen hinzu:

```
function datenHandler() {
    var url = "http://gumball.wickedlysmart.com" +
              "?callback=aktualisiereZahlen" +
              "&lastreporttime=" + letzteBerichtsZeit +
              "&random=" + (new Date()).getTime();
    var neuesSkript = document.createElement("script");
    neuesSkript.setAttribute("src", url);
    neuesSkript.setAttribute("id", "jsonp");
    var altesSkript = document.getElementById("jsonp");
    var head = document.getElementsByTagName("head")[0];
    if (altesSkript == null) {
        head.appendChild(neuesSkript);
    }
    else {
        head.replaceChild(neuesSkript, altesSkript);
    }
}
```

Wir teilen die URL in mehrere Strings auf, die wir zusammensetzen ...

... und hierhin kommt der Parameter lastreporttime mit seinem neuen Wert.

Probefahrt mit letzteBerichtsZeit

Machen wir eine Probefahrt mit dem Abfrageparameter `lastreporttime`, um zu sehen, ob damit unser Duplikatsproblem gelöst ist. Tippen Sie den neuen Code ab und laden Sie die Seite neu.

Super! Jetzt erhalten wir nur neue Berichte, alle Duplikate sind weg!

Wir haben es geschafft! Die Kaukugel & Co. KG ist überglücklich mit ihrer neuen Web-App.

Punkt für Punkt

- Mit XMLHttpRequest können Sie keine Daten von einem anderen Server anfordern als dem, auf dem auch Ihr HTML und JavaScript liegen. Diese Sicherheitsrichtlinie des Browsers soll verhindern, dass bösartiges JavaScript Zugriff auf Ihre Webseiten und die Cookies der Benutzer erhält.

- Eine Alternative zu XMLHttpRequest besteht darin, Daten von Webservices mit JSONP abzurufen.

- Verwenden Sie XMLHttpRequest, wenn Ihr HTML und JavaScript auf demselben Server liegen wie die Daten.

- Verwenden Sie JSONP, wenn die Daten von einem Webservice oder einem anderen Server bereitgestellt werden (vorausgesetzt, der Webservice unterstützt JSONP). Ein Webservice ist eine API, auf die Sie über HTTP zugreifen können.

- JSONP ist eine Methode, bei der Sie Daten über ein <script>-Element abrufen.

- JSONP sind JSON-Daten, die in JavaScript verpackt sind, üblicherweise in einen Funktionsaufruf.

- Der Funktionsaufruf, in den die JSON-Daten bei JSONP verpackt werden, bezeichnet man als »Callback«.

- Geben Sie die Callback-Funktion als Abfrageparameter in der URL des JSONP-Requests an.

- JSONP ist nicht mehr (oder weniger) sicher als das Einbinden einer JavaScript-Bibliothek mit dem <script>-Element. Seien Sie vorsichtig bei der Verknüpfung von JavaScript aus dritter Hand.

- Das <script>-Element für die JSONP-Anfrage können Sie entweder direkt in das HTML schreiben oder mit JavaScript in das DOM einfügen.

- Wenn Sie die Anfrage mehrmals ausführen, sollten Sie eine Zufallszahl ans Ende der URL der JSONP-Abfrage anhängen, um das Caching des Browsers zu überlisten.

- Die Methode replaceChild ersetzt ein Element des DOM durch ein anderes Element.

- setInterval ist ein Timer, der eine Funktion nach Ablauf des angegebenen Zeitintervalls aufruft. Mit setInterval können Sie wiederholte JSONP-Anfragen an einen Server machen, um neue Daten anzufordern.

Training für Ihr Gehirn

HTML5-Kreuzworträtsel

Wow, Sie haben Ihre Apps in diesem Kapitel mit dem Internet sprechen lassen! Zeit, Ihre linke Gehirnhälfte anzukurbeln, damit sich alles einprägt.

Waagerecht

2. Der Guru lehrt Grashüpfer, dass Funktionsargumente ebenfalls _____ sind.
3. JSONP verwendet einen _____.
7. Es ist einfach, einen lokalen Server auf einem _____ einzurichten.
8. JSONP steht für »JSON with _____«.
11. JSONP nutzt _____-Objekte.
13. Format, das die Welt retten sollte.
14. Das neueste Modell der internetfähigen Kaugummiautomaten der Kaukugel & Co. KG.
15. In der Mitte dieses Kapitels gab es einen _____.
16. _____ hat einen JSONP-Webservice.

Senkrecht

1. Kaukugel & Co. KG testet den MG2200 in _____.
4. _____, der QS-Typ, war verärgert, als die Anfragen an den Kaukugel-Produktionsserver fehlgeschlagen sind.
5. Einer der Microsoft-Spitznamen von XMLHttpRequest.
6. XMLHttpRequest hat sich über das _____ von JSONP lustig gemacht.
9. Das Muster zum Abrufen von Serverdaten mit XMLHttpRequest wird manchmal _____ genannt.
10. Es war uns _____, dass wir 25 Seiten gebraucht haben, um die Sicherheitsrichtlinie des Browsers zu entdecken.
12. _____ hat Frank, Jan und Jo an die Cross-Domain-Probleme mit XMLHttpRequest erinnert.

Mit dem Web sprechen

Eilnachricht aus Kapitel 7 ...

> Während wir Sie über JSONP nachdenken lassen, hätten wir gern Ihre Hilfe im Canvas-Kapitel.

> Wir arbeiten mit der JSONP-API von Twitter und bauen einen Service, mit dem Sie beliebige Tweets auf ein T-Shirt drucken können.

> Unser Motto: »Was einen Tweet wert ist, ist es auch wert, auf ein T-Shirt gedruckt zu werden.«

Gründerin von TweetShirt.com

Sie sind hier ▶

Lösung zu den Übungen

HTML5-Kreuzworträtsel, Lösung

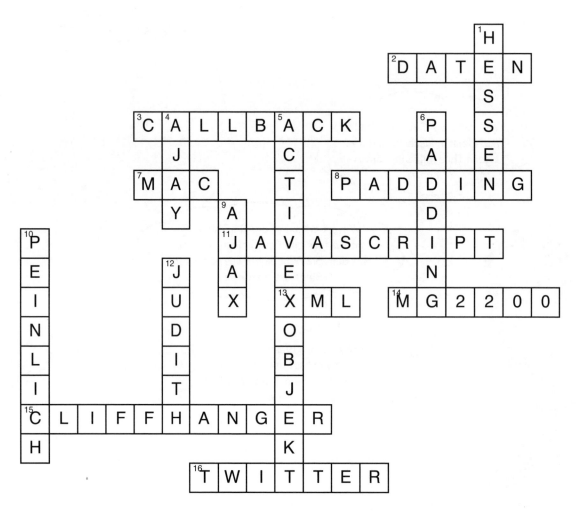

7 Entdecken Sie Ihren inneren Künstler

Die Leinwand

> Klar, Markup ist hübsch. Aber es gibt doch nichts Besseres, als mit den eigenen Händen frische, saubere Pixel zu malen.

HTML hat sich emanzipiert und kann mehr als nur »Markup«.

Mit dem neuen Canvas-Element von HTML5 (zu Deutsch: Leinwand) haben Sie die Macht, eigenhändig *Pixel* zu erstellen, zu bearbeiten und zu zerstören. In diesem Kapitel werden Sie mit dem Canvas-Element Ihren inneren Künstler entdecken – Schluss mit dem Gerede, HTML sei nur Semantik und keine Darstellung. Mit dem Canvas-Element werden wir in Farbe zeichnen und malen. Hier geht es *ausschließlich* um die Darstellung. Wir werden es schaffen, ein Canvas-Element in Ihre Seiten zu integrieren, Texte und Grafiken zu zeichnen (natürlich mit JavaScript) und uns sogar um Browser kümmern, die dieses Element nicht unterstützen. Und Canvas ist keine Eintagsfliege, Sie werden diesem Element auch in den anderen Kapiteln des Buchs begegnen.

Okay, »zerstören« klingt vielleicht ein bisschen zu dramatisch.

Wir haben gehört, dass <canvas> und <video> mehr als nur Webseiten gemeinsam haben ... später mehr zu den pikanten Details.

Neues Start-up: TweetShirt

Unser neues Start-up: TweetShirt

Unser Motto: »Was einen Tweet wert ist, ist es auch wert, auf ein T-Shirt gedruckt zu werden.«

Den halben Weg zum Journalisten haben Sie schließlich geschafft, wenn Sie bereit sind, Ihre Worte drucken zu lassen. Und was könnte schöner sein, als Ihre eigenen Worte auf die Brust eines anderen drucken zu lassen? Zumindest ist das unser Start-up-Pitch, und wir halten uns daran.

Uns fehlt nur noch eine Sache, um dieses Start-up an den Start zu bringen: Wir brauchen eine hübsche Web-App, mit der die Kunden eigene T-Shirt-Designs mit einem ihrer aktuellen Tweets erstellen können.

Sie denken jetzt wahrscheinlich: »Das ist gar keine schlechte Idee.« Na, dann los. Bringen wir dieses Start-up bis zum Ende dieses Kapitels auf Touren. Und sollten Sie das tatsächlich tun und damit Geld verdienen, beanspruchen wir auch kein geistiges Eigentum an dieser Idee – aber schicken Sie uns bitte ein kostenloses T-Shirt!

Wir sagen: »Was einen Tweet wert ist, ist es auch wert, auf ein T-Shirt gedruckt zu werden.«

Wir brauchen eine T-Shirt-Web-App, mit der unsere User ein schickes Design ihres Lieblings-Tweets gestalten können.

Außerdem muss das auf mobilen Geräten funktionieren. Genau so, wie unsere Kunden unterwegs twittern, so werden sie auch von unterwegs in Echtzeit bestellen!

Gründerin von TweetShirt.com

Entdecken Sie Ihren Inneren Künstler

Ein Blick auf den Entwurf

Nach ausgiebigem iterativen Design und intensiven Fokusgruppentests haben wir nun einen Prototyp:

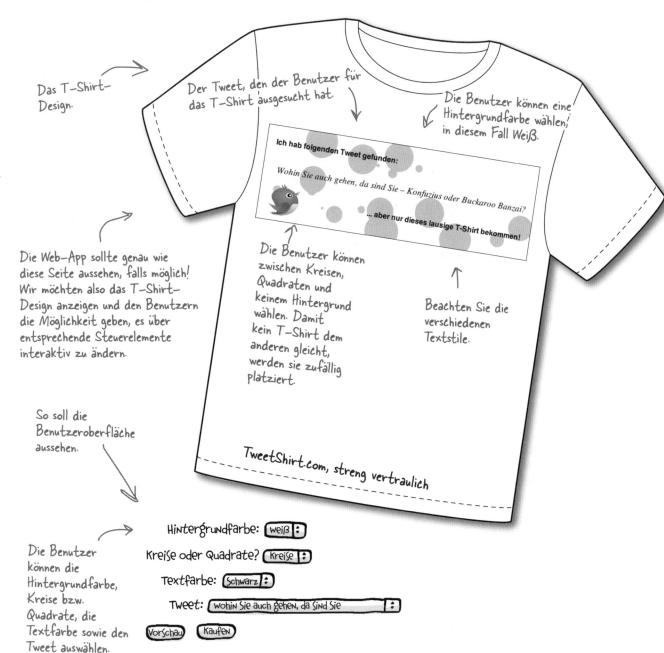

Überblick über die Anforderungen

KOPF-NUSS

Werfen Sie nochmals einen Blick auf die Anforderungen der vorherigen Seite. Wie können Sie sie am besten mit HTML5 umsetzen? Eine Anforderung besteht wie gesagt darin, dass die Webseite auf möglichst vielen Geräteformaten und Größen funktioniert.

Kreuzen Sie die entsprechenden Möglichkeiten an (und kreisen Sie die beste Antwort ein):

- ☐ Mit Flash, das funktioniert auf den meisten Browsern.

- ☐ Mit HTML5 – möglicherweise gibt es neue Technologien, die uns dabei helfen. (Tipp: Eine solche Technologie könnte Canvas sein.)

- ☐ Für jedes Gerät eine eigene Anwendung schreiben. Dann wissen wir genau, welches Ergebnis wir erhalten.

- ☐ Wir berechnen das Bild serverseitig und liefern es browserspezifisch.

Es gibt keine Dummen Fragen

F: Im Ernst: warum nicht Flash oder separate Anwendungen?

A: Flash ist eine tolle Technologie, die Sie sicherlich verwenden könnten. Allerdings entwickelt sich die Branche in Richtung HTML5. Und während Sie dies hier lesen, hätten Sie Schwierigkeiten, eine Flash-App auf allen Geräten auszuführen, darunter einige sehr beliebte.

Eine spezielle App ist eine gute Wahl, wenn Sie die Anwendung an ein bestimmtes Gerät anpassen möchten. Allerdings ist die Entwicklung spezieller Anwendungen für mehrere Geräte teuer.

HTML5 wird dagegen auf vielen mobilen und Desktopgeräten unterstützt, sodass Sie häufig eine Anwendung mit nur einer Technologie entwickeln können.

F: Mir gefällt die Idee, das Bild auf dem Server zu generieren. Dann schreibe ich zentralen Code, und die Bilder funktionieren auf allen Geräten. Ich kann ein bisschen PHP, das sollte klappen.

A: Auch das ist eine Möglichkeit, der Nachteil zeigt sich allerdings, wenn Sie Millionen von Benutzern haben: Dann müssen Sie sich um die Skalierung dieser Server kümmern, um die Nachfrage bedienen zu können (oder aber Sie überlassen die T-Shirt-Vorschau den Clients der jeweiligen Benutzer). Außerdem können Sie den Benutzern im Browser eine wesentlich interaktivere und nahtlosere Erfahrung bieten.

Wie? Schön, dass Sie fragen ...

In der Zwischenzeit bei der TweetShirt-Crew ...

Sie kennen die Anforderungen und haben ein grundlegendes Design für die Benutzeroberfläche. Jetzt müssen Sie sich an den schwierigen Teil begeben und dafür sorgen, dass es auch funktioniert. Spielen wir Mäuschen – mal sehen, wohin die Reise geht ...

Frank, Judith und Jo

Jo: Ich dachte, das wird einfach – aber dann habe ich die Kreise im Hintergrund gesehen.

Frank: Warum? Das ist doch nur ein Bild!

Judith: Nein, nein. Die Gründerin möchte, dass diese Kreise zufällig platziert werden. Damit mein T-Shirt anders aussieht als deins. Mit den Quadraten ist es dasselbe.

Frank: Das ist okay. Früher haben wir solche Bilder einfach serverseitig generiert.

Jo: Ja, ich weiß. Aber das hat nicht so toll funktioniert. Erinnerst du dich noch an die ganzen Servergebühren, die wir an Amazon bezahlt haben?

Frank: Äh ja. Vergiss es!

Jo: Außerdem sollen die Benutzer sofort belohnt werden – keine langwierige Kommunikation mit dem Server. Also sollten wir alles clientseitig machen, wenn möglich.

Judith: Jungs, ich glaube, das können wir auch. Ich habe mir dieses Canvas-Zeug in HTML5 angesehen.

Frank: Was, Canvas? Ich bin nur der Designtyp. Klär mich bitte auf!

Judith: Du musst doch von Canvas gehört haben, Frank – ein neues HTML5-Element, das eine Zeichenfläche für 2-D-Formen, Text und Bitmap-Bilder erstellt.

Frank: Klingt wie ein `<img>`-Element. Wir platzieren es einfach auf der Seite mit einer bestimmten Breite und Höhe, und der Browser macht den Rest.

Judith: Kein schlechter Vergleich. Wir definieren tatsächlich Breite und Höhe für das Canvas-Element. Allerdings müssen wir mit JavaScript-Code angeben, was auf dieser »Leinwand« gezeichnet werden soll.

Jo: Welche Rolle spielt das Markup dabei? Können wir dem Canvas sagen: »Stell dieses `<h1>`-Element hierhin!«?

Judith: Nein. Sobald du das Canvas-Element in die Seite gestellt hast, verlässt du die Markup-Welt. Punkte, Linien, Pfade, Bilder und Text werden mit JavaScript platziert. Das ist eine echte Low-Level-API.

Jo: Na ja, solange sie diese Zufallskreise zaubern kann, ist das okay für mich. Genug geredet, sehen wir uns das mal an!

Canvas in Seiten einfügen

Frank hat recht. In mancherlei Hinsicht ist Canvas wie ein `<img>`-Element. So fügen Sie das Element ein:

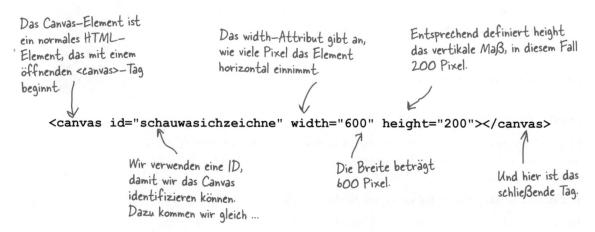

Der Browser reserviert einen Bereich der Seite mit der von Ihnen angegebenen Breite und Höhe für das Canvas.

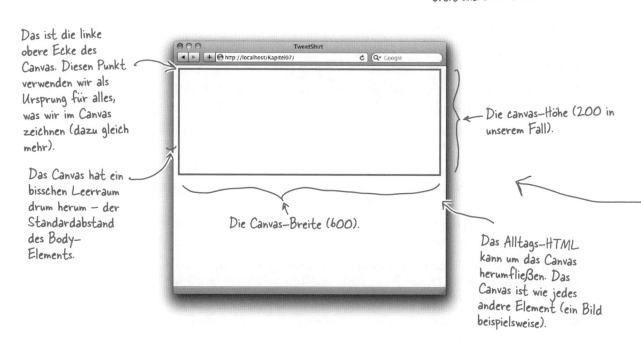

Probefahrt mit dem neuen Canvas

Es wird Zeit, das in Ihrer eigenen Webseite zum Laufen zu bringen. Tippen Sie den folgenden Code in eine neue Datei und laden Sie ihn in einem Browser:

```html
<!doctype html>
<html lang="de">
<head>
    <title>Schau was ich zeichne</title>
    <meta charset="utf-8">
</head>
<body>

<canvas id="schauwasichzeichne" width="600" height="200"></canvas>

</body>
</html>
```

Tippen Sie das ab und versuchen Sie's.

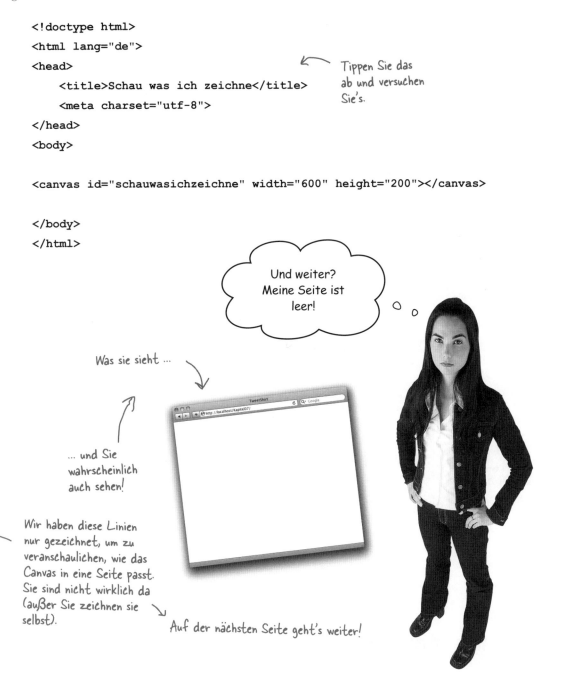

Und weiter? Meine Seite ist leer!

Was sie sieht ...

... und Sie wahrscheinlich auch sehen!

Wir haben diese Linien nur gezeichnet, um zu veranschaulichen, wie das Canvas in eine Seite passt. Sie sind nicht wirklich da (außer Sie zeichnen sie selbst).

Auf der nächsten Seite geht's weiter!

Canvas sichtbar machen

Solange Sie nichts auf das Canvas zeichnen, werden Sie auch nichts sehen. Das Element ist einfach eine Fläche im Browserfenster, auf der Sie zeichnen können. Wir werden bald damit anfangen. Aber für den Moment möchten wir vor allem einen Beweis dafür, dass sich das Canvas auch wirklich in unserer Seite befindet.

Es gibt noch eine andere Möglichkeit, das Canvas sichtbar zu machen: indem wir das <canvas>-Element über CSS mit einem Rahmen versehen. Fügen wir eine einfache Stilregel hinzu, die das Canvas mit einem ein Pixel breiten schwarzen Rahmen darstellt.

```html
<!doctype html>
<html lang="de">
<head>
    <title>Schau was ich zeichne</title>
    <meta charset="utf-8">
    <style>
      canvas {
        border: 1px solid black;
      }
    </style>
</head>
<body>
<canvas id="schauwasichzeichne" width="600" height="200"></canvas>
</body>
</html>
```

Diese Regel stellt das Canvas-Element mit einem schwarzen Rahmen von 1px Breite dar, damit wir es sehen können.

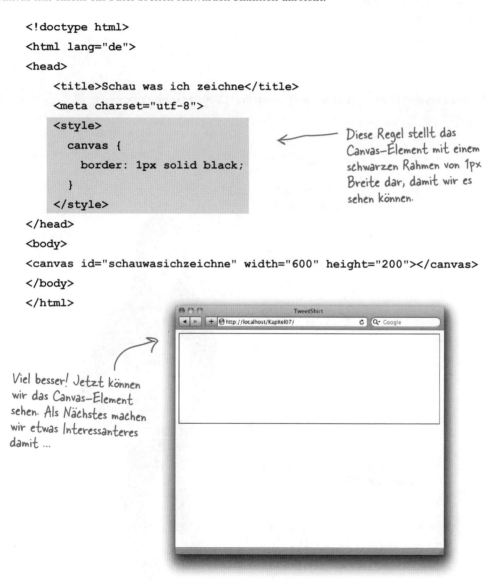

Viel besser! Jetzt können wir das Canvas-Element sehen. Als Nächstes machen wir etwas Interessanteres damit ...

Es gibt keine Dummen Fragen

F: Kann ich nur ein Canvas pro Seite verwenden?

A: Nein, Sie können so viele einfügen, wie Sie möchten – beziehungsweise wie Ihr Browser oder Ihre Benutzer ertragen können. Geben Sie einfach jedem Element eine eindeutige ID, und Sie können darauf getrennt voneinander zeichnen. Wie Sie diese ID verwenden, werden Sie in Kürze erfahren.

F: Ist das Canvas transparent?

A: Standardmäßig ja. Sie können darin zeichnen, um es mit farbigen Pixeln zu füllen. Das erfahren Sie etwas weiter hinten in diesem Kapitel.

F: Wenn es transparent ist, kann ich es doch über einem anderen Element platzieren und so auf ein Bild oder etwas anderes auf der Seite zeichnen, oder?

A: Stimmt! Das ist einer der Vorteile des Canvas-Elements. Damit können Sie an beliebiger Stelle Ihrer Seite Grafiken einfügen.

F: Kann ich Breite und Höhe des Canvas-Elements anstatt über die Attribute width und height auch mit CSS festlegen?

A: Das können Sie. Allerdings funktioniert es ein bisschen anders, als Sie wahrscheinlich vermuten. Standardmäßig ist ein Canvas-Element 300 px breit und 50 px hoch, wenn Sie die Attribute width und height nicht im Canvas-Tag angeben. Wenn Sie in CSS eine Größe angeben, z. B. 600 px mal 200 px, wird das 300 x 150 px große Canvas auf die gewünschte Größe *skaliert* – und alles, was Sie darin zeichnen. Das ist das Gleiche, als würden Sie ein Bild skalieren, indem Sie eine neue Breite und Höhe angeben, die nicht den ursprünglichen Maßen des Bilds entsprechen. Wenn Sie ein Bild größer skalieren, wird es pixelig, richtig?

Dasselbe passiert mit dem Canvas-Element. Wird ein 300 px breites Canvas auf 600 px skaliert, wird dieselbe Anzahl an Pixeln auf die doppelte Größe aufgeblasen, sodass sie eckig aussehen. Wenn Sie dagegen im Element direkt die Attribute width und height festlegen, können Sie andere Maße als 300 x 150 für das Canvas festlegen, und alles darin wird normal gezeichnet. Daher empfehlen wir Ihnen, die Maße über diese beiden Attribute direkt im Tag festzulegen und nicht über CSS – außer Sie möchten das Element wirklich skalieren.

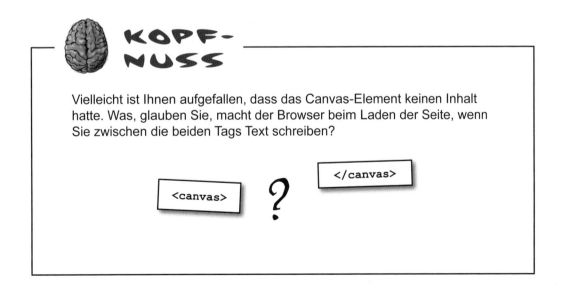

KOPF-NUSS

Vielleicht ist Ihnen aufgefallen, dass das Canvas-Element keinen Inhalt hatte. Was, glauben Sie, macht der Browser beim Laden der Seite, wenn Sie zwischen die beiden Tags Text schreiben?

Zeichnen auf einem Canvas

Zeichnen auf dem Canvas

Bis jetzt haben wir eine leere Leinwand vor uns. Statt mit einer JavaScript-Schreibblockade herumzusitzen, packen wir es an und platzieren ein hübsches, schwarz gefülltes Rechteck auf unserem Canvas. Dazu müssen wir entscheiden, wohin und wie groß es sein soll. Wie wäre es, wenn wir das Element an der Position x=10 Pixel und y=10 Pixel positionieren und es 100 Pixel hoch und breit machen? Für uns ist das in Ordnung.

Sehen wir uns den Code dafür an:

```
<!doctype html>
<html lang="de">
<head>
    <title>Schau was ich zeichne</title>
    <meta charset="utf-8" />
    <style>
        canvas { border: 1px solid black; }
    </style>
    <script>
        window.onload = function() {
            var canvas = document.getElementById("tshirtCanvas");

            var kontext = canvas.getContext("2d");

            kontext.fillRect(10, 10, 100, 100);
        };
    </script>
</head>
<body>
    <canvas width="600" height="200" id="tshirtCanvas"></canvas>
</body>
</html>
```

Wir fangen wieder mit unserem Standard-HTML5 an.

Wir beschränken das CSS für den Augenblick auf den Rahmen.

Das ist unser onload-Handler. Wir beginnen mit dem Zeichnen, nachdem die Seite vollständig geladen wurde.

Um auf dem Canvas zeichnen zu können, brauchen wir eine Referenz darauf. Wir bekommen sie mit getElementById aus dem DOM.

Hmm, das ist interessant. Anscheinend brauchen wir einen »2d«-Kontext, um im Canvas zeichnen zu können ...

Mit dem 2d-Kontext zeichnen wir ein gefülltes Rechteck auf dem Canvas.

Diese Zahlen geben die x-/y-Position des Rechtecks auf dem Canvas an.

Und wir haben die Breite und Höhe (in Pixel).

Interessant, dass die Methode für ein gefülltes Rechteck keine Füllfarbe braucht ... Mehr dazu in Kürze.

Ah, wir dürfen das Canvas-Element nicht vergessen. Wir definieren ein Canvas mit 600 Pixel Breite, 200 Pixel Höhe und der ID »tshirtCanvas«.

Kleine Canvas-Probefahrt ...

Tippen Sie den Code ab (oder holen Sie sich ihn unter http://examples.oreilly.de/german_examples/hfhtml5ger/) und laden Sie ihn im Browser. Vorausgesetzt, Sie verwenden einen modernen Browser, sollten Sie etwas Ähnliches sehen wie wir:

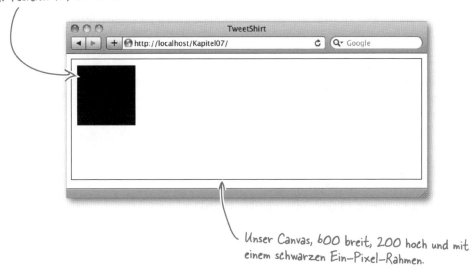

Hier ist unser Rechteck mit 100 x 100 an der Position 10, 10 im Canvas.

Unser Canvas, 600 breit, 200 hoch und mit einem schwarzen Ein-Pixel-Rahmen.

Ein genauer Blick auf den Code

Das war ein toller kleiner Testlauf, aber jetzt steigen wir etwas tiefer ein:

 In unserem Markup definieren wir mit dem `<canvas>`-Tag ein Canvas und geben ihm eine ID. Um in dem Element zeichnen zu können, brauchen Sie zunächst ein Handle auf das Canvas-Objekt im DOM. Wie üblich erhalten wir das mit der `getElementById`-Methode:

```
var canvas = document.getElementById("tshirtCanvas");
```

Wie der Canvas-Code funktioniert

② Nachdem wir eine Referenz auf das Canvas-Element der Variablen canvas zugewiesen haben, müssen wir noch ein gewisses »Protokoll« einhalten, bevor wir auf dem Canvas zeichnen können: Wir müssen das Canvas bitten, uns einen Kontext zum Zeichnen zu geben. In diesem Fall möchten wir explizit einen 2-D-Kontext. Der Kontext, den uns das Canvas-Element zurückliefert, weisen wir der Variablen kontext zu:

```
var kontext = canvas.getContext("2d");
```

Wir müssen ein gewisses Protokoll einhalten, bevor wir auf dem Canvas zeichnen können.

③ Mit dem Kontext ausgerüstet, können wir nun auf das Canvas zeichnen, indem wir die fillRect-Methode aufrufen. Diese Methode erstellt ein Rechteck an der x-/y-Position 10, 10, das 100 Pixel breit und hoch ist.

Beachten Sie, dass wir die fillRect-Methode auf dem Kontext aufrufen, nicht auf dem canvas-Element selbst.

```
kontext.fillRect(10, 10, 100, 100);
```

Versuchen Sie's. Sie sollten ein schwarzes Rechteck sehen. Ändern Sie die Werte für x, y, Breite und Höhe und schauen Sie, was passiert.

KOPF-NUSS

Fällt Ihnen eine Möglichkeit ein, das Canvas-Element zu verwenden, sofern der Browser es unterstützt, und ansonsten eine Nachricht nach dem Motto anzuzeigen: »Hallo Sie – ja Sie – aktualisieren Sie Ihren Browser!?«

Es gibt keine Dummen Fragen

F: Woher weiß das Canvas, dass das Rechteck schwarz sein soll?

A: Schwarz ist die standardmäßige Füllfarbe für ein Canvas. Natürlich können Sie das über die fillStyle-Eigenschaft ändern, die wir Ihnen in Kürze vorstellen werden.

F: Und wenn ich nur die Außenlinie des Rechtecks haben möchte, kein gefülltes Rechteck?

A: Dann verwenden Sie »strokeRect« statt »fillRect«. Auch darüber erfahren Sie mehr in diesem Kapitel.

F: Was ist ein 2-D-Kontext, und warum kann ich nicht einfach direkt auf das Canvas zeichnen?

A: Das Canvas ist der in der Webseite angezeigte Grafikbereich. Der Kontext ist ein Objekt, das mit dem Canvas verknüpft ist und eine Reihe von Eigenschaften und Methoden zum Zeichnen auf dem Canvas definiert. Sie können sogar den Zustand des Kontexts speichern und später wiederherstellen. Manchmal ist das praktisch. Sie werden noch viele Kontexteigenschaften und Methoden in diesem Kapitel kennenlernen.

Das Canvas wurde entworfen, um mehr als eine Schnittstelle zu unterstützen: 2-D, 3-D und andere, an die wir bisher noch nicht einmal gedacht haben. Über einen Kontext können wir mit verschiedenen Schnittstellen innerhalb desselben Canvas-Elements arbeiten. Sie können nicht direkt mit Canvas zeichnen, weil Sie durch die Wahl des Kontexts angeben müssen, welche Schnittstelle Sie nutzen möchten.

F: Bedeutet das, dass es auch einen »3d«-Kontext gibt?

A: Noch nicht. Es gibt einige konkurrierende neue Standards, aber bisher nichts, was einen Gewinner erkennen lässt. Bleiben Sie dran. In der Zwischenzeit können Sie einen Blick auf WebGL und die Bibliotheken werfen, die es verwenden, z. B. SpiderGL, SceneJS und three.js.

Richtig programmieren

Kann man eigentlich, werden Sie sich sicher fragen, im Code feststellen, ob der Browser Canvas unterstützt?

Natürlich können Sie das. Bisher sind wir einfach davon ausgegangen, dass unser Browser das tut. Aber in Produktionscode sollten Sie testen, ob das Element unterstützt wird.

Dazu müssen Sie nur prüfen, ob die getContext-Methode des Canvas-Objekts existiert (das Ihnen getElementById liefert):

Zuerst nehmen wir die Referenz auf ein Canvas-Element in der Seite.

```
var canvas =
    document.getElementById("tshirtCanvas");
if (canvas.getContext) {
    // Sie haben Canvas
} else {
    // Keine Canvas-API
}
```

Dann prüfen wir, ob die getContext-Methode existiert. Wir rufen sie nicht auf, sondern testen nur, ob sie einen Wert hat.

Wenn Sie die Canvas-Unterstützung ohne ein Canvas-Element in Ihrem Markup überprüfen möchten, können Sie ein Canvas-Element direkt mit den Ihnen bekannten Techniken erstellen:

```
var canvas =
    document.createElement("canvas");
```

Lesen Sie unbedingt im Anhang die Informationen über die Open Source-Bibliothek, mit der Sie die Unterstützung aller HTML5-Funktionen auf einheitliche Weise überprüfen können.

Canvas und *Internet Explorer*

> Wenn ich das im Internet Explorer versuche, sehe ich an der Stelle, an der das Canvas-Element sein sollte, gar nichts. Was ist los?

IE unterstützt Canvas erst ab Version 9. Also sollte Ihre Seite Benutzer zum Upgrade auffordern.

Folgendes: Wenn Sie derzeit die Canvas-Funktionalität im Internet Explorer (vor Version 9) brauchen, können Sie sich das »Explorer Canvas« und ähnliche Projekte ansehen, um diese Funktionalität über ein Plug-in nachzurüsten.

Für den Moment gehen wir einfach davon aus, dass Sie Ihre Benutzer lediglich darauf hinweisen möchten, dass ihnen Ihr großartiger Canvas-Content entgeht. Sehen wir uns an, wie das geht ...

Und vielleicht können Sie Ihren Benutzern empfehlen, auf IE9 zu aktualisieren!

Anmutiger Funktionsabbau

Die Wahrheit lautet: Irgendwo da draußen an einem anderen Ort zu einer anderen Zeit werden Benutzer Ihre Website besuchen und keine Unterstützung für das Canvas-Element haben. Würden Sie Ihnen gern eine kleine Nachricht zukommen lassen, dass sie doch bitte aktualisieren mögen? Das geht so:

Nur ein ganz normales Canvas-Element.

```
<canvas id="tollerinhalt">
    Hey! Ja, SIE! Aktualisieren Sie Ihren Browser!!
</canvas>
```

Schreiben Sie hierhin die Nachricht, die Benutzern angezeigt werden soll, deren Browser nicht canvas-fähig ist.

Wie das funktioniert? Jedes Mal, wenn ein Browser auf ein Element trifft, das er nicht erkennt, zeigt er standardmäßig den darin enthaltenen Text an. Sieht also ein unfähiger Browser unser `<canvas>`-Element, zeigt er einfach die Meldung »Hey! Ja, SIE! Aktualisieren Sie Ihren Browser!!« an. Aktuelle Browser ignorieren dagegen den Text im canvas-Tag und zeigen die Meldung nicht an.

Danke, HTML5-Standard-Jungs (und Mädchen), dass das so einfach ist!

Und wie Sie bereits wissen, können Sie außerdem mit JavaScript ermitteln, ob der Browser das Canvas-Element kennt. Das verschafft Ihnen mehr Möglichkeiten für den Fall, dass bei einem Benutzer der Browser das Element nicht unterstützt. Diese Benutzer könnten Sie beispielsweise auf eine andere Seite weiterleiten oder stattdessen ein Bild anzeigen.

Überblick über den Implementierungsplan

> Nachdem wir jetzt wissen, wie wir Rechtecke machen, können wir auch die Quadrate auf dem Canvas zeichnen, oder? Wir müssen allerdings herausfinden, wie wir sie auf dem T-Shirt zufällig positionieren und in der gewünschten Farbe zeichnen können.

Frank: Klar, aber wir brauchen auch die Oberfläche, in der die Benutzer das alles angeben können. Wir haben zwar das Mock-up, aber wir müssen es implementieren.

Judith: Du hast recht, Frank. Es hat keinen Sinn, ohne die Oberfläche weiterzumachen.

Jo: Das ist doch nur HTML, oder?

Frank: Ja, ich denke schon. Aber wie soll es funktionieren, wenn wir das alles clientseitig machen? Wohin wird z. B. das Formular übermittelt? Ich bin mir nicht sicher, ob ich verstehe, wie das alles zusammenpasst.

Jo: Wir rufen einfach eine JavaScript-Funktion auf, wenn die Benutzer auf die Vorschau-Schaltfläche klicken, und zeigen dann das T-Shirt-Design im Canvas an.

Frank: Das klingt plausibel. Aber wie greifen wir auf die Formularwerte zu, wenn wir nur clientseitig arbeiten?

Judith: Genau so, wie wir immer auf das DOM zugreifen. Wir schnappen uns mit `document.getElementById` die Formularwerte. Das haben wir doch schon gemacht.

Frank: Ich bin schon vor einer ganzen Weile nicht mehr mitgekommen.

Jo: Das ist in Ordnung. Gehen wir das zusammen einfach mal durch. Wir beginnen mit der Vogelperspektive.

TweetShirt: das große Ganze

Bevor wir uns in die Implementierung stürzen, halten wir kurz inne und sehen uns das Ganze mal an. Wir entwickeln diese Web-App mit einem *Canvas-Element* und einigen Formularelementen als Benutzeroberfläche. Hinter den Kulissen geschieht dann alles mit JavaScript und der *Canvas-API*.

So sieht es aus:

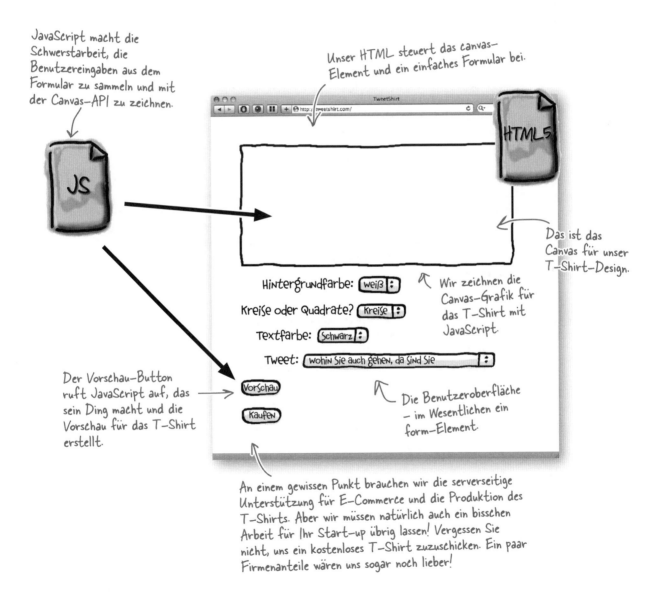

SPIELEN Sie Browser

Hier sehen Sie das Formular für die T-Shirt-Oberfläche. Spielen Sie Browser und zeichnen Sie die Benutzeroberfläche. Wenn Sie damit fertig sind, vergleichen Sie Ihr Werk mit der Oberfläche auf der vorherigen Seite, um festzustellen, ob Sie es richtig gerendert haben.

```html
<form>
<p>
    <label for="hintergrundFarbe">Hintergrundfarbe:</label>
    <select id="hintergrundFarbe">
        <option value="white" selected="selected">Weiß</option>
        <option value="black">Schwarz</option>
    </select>
</p>
<p>
    <label for="formen">Kreise oder Quadrate?</label>
    <select id="formen">
        <option value="keine" selected="selected">Keins von beiden</option>
        <option value="kreise">Kreise</option>
        <option value="quadrate">Quadrate</option>
    </select>
</p>
<p>
    <label for="textFarbe">Textfarbe:</label>
    <select id="textFarbe">
        <option value="black" selected="selected">Schwarz</option>
        <option value="white">Weiß</option>
    </select>
</p>
<p>
    <label for="tweets">Tweet:</label>
    <select id="tweets">
    </select>
</p>
<p>
    <input type="button" id="vorschauButton" value="Vorschau">
</p>
</form>
```

Rendern Sie hier die Benutzeroberfläche. Zeichnen Sie die Webseite, wie sie mit den Formularelementen auf der linken Seite aussehen wird.

SPIELEN Sie Browser 2

Nachdem Sie jetzt eine Oberfläche haben, führen Sie die folgenden JavaScript-Anweisungen aus und schreiben den Wert für jedes Oberflächenelement auf. Vergleichen Sie Ihre Antworten mit der Lösung am Ende des Kapitels.

Gehen Sie davon aus, dass Sie die Werte für Ihr T-Shirt mit der Benutzeroberfläche ausgewählt haben.

```
var selectObj = document.getElementById("hintergrundFarbe");
var index = selectObj.selectedIndex;
var hgFarbe = selectObj[index].value;            .........................................

var selectObj = document.getElementById("formen");
var index = selectObj.selectedIndex;
var formen = selectObj[index].value;             .........................................

var selectObj = document.getElementById("textFarbe");
var index = selectObj.selectedIndex;
var textFarbe = selectObj[index].value;          .........................................
```

Zuerst das HTML

Genug geredet! Bauen wir das Ding. Als Erstes brauchen wir eine einfache HTML-Seite. Ändern Sie `index.html` folgendermaßen:

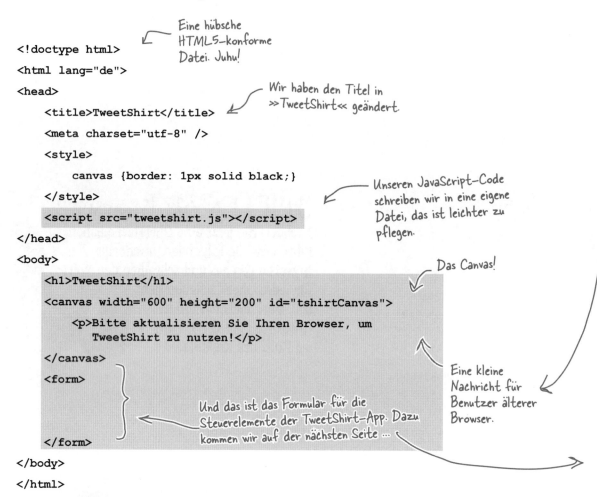

```html
<!doctype html>
<html lang="de">
<head>
    <title>TweetShirt</title>
    <meta charset="utf-8" />
    <style>
        canvas {border: 1px solid black;}
    </style>
    <script src="tweetshirt.js"></script>
</head>
<body>
    <h1>TweetShirt</h1>
    <canvas width="600" height="200" id="tshirtCanvas">
        <p>Bitte aktualisieren Sie Ihren Browser, um
            TweetShirt zu nutzen!</p>
    </canvas>
    <form>

    </form>
</body>
</html>
```

KOPF-NUSS

Was müssen Sie sonst noch wissen, um den CSS-Rahmen des Canvas-Elements durch einen Rahmen zu ersetzen, den Sie mit JavaScript auf das Canvas zeichnen? Und falls das geht: Welche Variante wäre Ihnen lieber (CSS oder JavaScript), und warum?

Und jetzt das <form>

Okay, bauen wir nun die Benutzeroberfläche ein, damit wir damit beginnen können, den T-Shirt-Code zu schreiben. Sie haben das HTML bereits gesehen, aber hier finden Sie noch einige Anmerkungen, die alles genau erklären. Lesen Sie beim Abtippen unbedingt unsere Anmerkungen:

Der gesamte Code kommt zwischen die <form>-Tags von der vorherigen Seite.

```html
<form>
<p>
    <label for="hintergrundFarbe">Hintergrundfarbe:</label>
    <select id="hintergrundFarbe">
        <option value="white" selected="selected">Weiß</option>
        <option value="black">Schwarz</option>
    </select>
</p>
<p>
    <label for="formen">Kreise oder Quadrate?</label>
    <select id="formen">
        <option value="keine" selected="selected">Keins von beiden</option>
        <option value="kreise">Kreise</option>
        <option value="quadrate">Quadrate</option>
    </select>
</p>
<p>
    <label for="textFarbe">Textfarbe:</label>
    <select id="textFarbe">
        <option value="black" selected="selected">Schwarz</option>
        <option value="white">Weiß</option>
    </select>
</p>
<p>
    <label for="tweets">Tweet:</label>
    <select id="tweets">
    </select>
</p>
<p>
    <input type="button" id="vorschauButton" value="Vorschau">
</p>
</form>
```

Hier wählen die Benutzer die Hintergrundfarbe für das TweetShirt-Design. Zur Wahl stehen Schwarz und Weiß. Natürlich können Sie auch eigene Farben hinzufügen.

Wir verwenden ein weiteres select-Steuerelement für die Wahl von Kreisen oder Quadraten. Die Benutzer können auch beide abwählen (und erhalten dann einen einfarbigen Hintergrund).

Eine weitere Auswahl für die Textfarbe – auch hier wieder Schwarz oder Weiß.

Hier kommen die Tweets hin. Warum das leer ist? Darum kümmern wir uns später. (Tipp: Wir müssen sie live von Twitter abholen. Schließlich ist das ja eine Web-App, oder?!)

Zu guter Letzt die Schaltfläche, um die Vorschau des T-Shirts anzuzeigen.

Wenn Sie mit Formularen vertraut sind, ist Ihnen vielleicht aufgefallen, dass dieses Formular kein action-Attribut hat. (Das bedeutet, dass nichts passiert, wenn auf die Schaltfläche geklickt wird.) Darum kümmern wir uns gleich ...

Jetzt das JavaScript

Zeit zum Rechnen – mit JavaScript

Markup ist toll, aber es ist JavaScript, das die TweetShirt-Web-App zum Leben erweckt. Wir schreiben etwas Code für `tweetshirt.js`. Zunächst kümmern wir uns darum, nach dem Zufallsprinzip Quadrate auf dem T-Shirt zu platzieren. Davor müssen wir aber unsere Vorschau-Schaltfläche so weit bringen, dass sie eine JavaScript-Funktion aufruft, wenn darauf geklickt wird.

Erstellen Sie die Datei tweetshirt.js und fügen Sie das hier ein.

```
window.onload = function() {
    var button = document.getElementById("vorschauButton");
    button.onclick = vorschauHandler;
};
```

Wir schnappen uns das Element vorschauButton.

Und fügen einen click-Handler der Schaltfläche hinzu, damit die Funktion vorschauHandler aufgerufen wird, wenn Benutzer darauf klicken (oder auf einem mobilen Gerät mit dem Finger darauf tippen).

Wenn jetzt also jemand auf die Vorschau-Schaltfläche klickt, wird die Funktion `vorschauHandler` aufgerufen – das ist unsere Chance, das Canvas dem T-Shirt-Design der Benutzer entsprechend zu aktualisieren. Schreiben wir den `vorschauHandler`:

```
function vorschauHandler() {
    var canvas = document.getElementById("tshirtCanvas");
    var kontext = canvas.getContext("2d");

    var selectObj = document.getElementById("formen");
    var index = selectObj.selectedIndex;
    var formen = selectObj[index].value;

    if (formen == "quadrate") {
        for (var quadrate = 0; quadrate < 20; quadrate++) {
            zeichneQuadrat(canvas, kontext);
        }
    }
}
```

Wir nehmen das Canvas-Element und bitten es um seinen 2d-Zeichenkontext.

Jetzt müssen wir nachsehen, welche Form in der Oberfläche ausgewählt wurde. Zunächst schnappen wir uns das Element mit der ID »formen«.

Dann finden wir heraus, welches Element ausgewählt wurde (Quadrate oder Kreise), indem wir den Index des ausgewählten Elements abrufen und dessen Wert der Variablen formen zuweisen.

Und wenn der Wert von formen »quadrate« ist, müssen wir ein paar Quadrate zeichnen. Wie wäre es mit 20 Stück?

Wir zeichnen jedes Quadrat mit der neuen Funktion zeichneQuadrat, die wir noch schreiben müssen. Beachten Sie, dass wir sowohl canvas als auch kontext an zeichneQuadrat übergeben. Sie werden gleich sehen, was wir damit machen.

Entdecken Sie Ihren Inneren Künstler

Es gibt keine Dummen Fragen

F: Wie funktioniert selectedIndex?

A: Die selectedIndex-Eigenschaft eines select-Elements liefert die Nummer der Option, die im Pull-down-Menü ausgewählt wurde. Jede Optionsliste wird in ein Array umgewandelt, das die Optionen der Reihenfolge nach enthält. Angenommen, Sie haben eine Auswahlliste mit den folgenden Optionen: »Pizza«, »Doughnut«, »Müsliriegel«. Wenn Sie »Doughnut« auswählen, ist selectedIndex gleich 1. (Ein JavaScript-Array fängt bei 0 an – erinnern Sie sich?)

Aber wahrscheinlich möchten Sie nicht nur den Index, sondern auch den Wert der Option an diesem Index (in unserem Fall »Doughnut«). Um den Wert der Option abzurufen, lesen Sie mit dem Index das Array-Element aus, wodurch Sie ein Options-*Objekt* erhalten. Um anschließend den *Wert* abzurufen, verwenden Sie die value-Eigenschaft, die den String aus dem value-Attribut der Option liefert.

Pseudocode-Magneten

Nutzen Sie Ihre magischen Pseudocode-Fähigkeiten, um den folgenden Pseudocode zu arrangieren. Wir müssen den Pseudocode für die Funktion zeichneQuadrat schreiben. Diese Funktion nimmt Canvas und Kontext entgegen und zeichnet Quadrate mit zufällig gewählter Größe auf dem Canvas. Überprüfen Sie Ihre Antwort am Ende des Kapitels, bevor Sie weiterblättern.

```
function zeichneQuadrat (        , kontext ) {
```

Das haben wir bereits für Sie gemacht.

Hier kommen Ihre Magneten hin!

```
}
```

- canvas
- Quadrat an Position x, y mit Breite B zeichnen
- Zufällige y-Position für das Quadrat innerhalb des Canvas berechnen
- fillStyle auf »lightblue« festlegen
- Zufällige Breite für das Quadrat berechnen
- Zufällige x-Position für das Quadrat innerhalb des Canvas berechnen

»lightblue« (Hellblau) ist die Farbe der Quadrate in Ihrem Design.

Sie sind hier ▶ **303**

Quadrate implementieren

Funktion zeichneQuadrat

Nachdem Sie sich die Arbeit gemacht haben, den Pseudocode zu basteln, wenden wir unser bisheriges Wissen an, um die Funktion `zeichneQuadrat` zu schreiben:

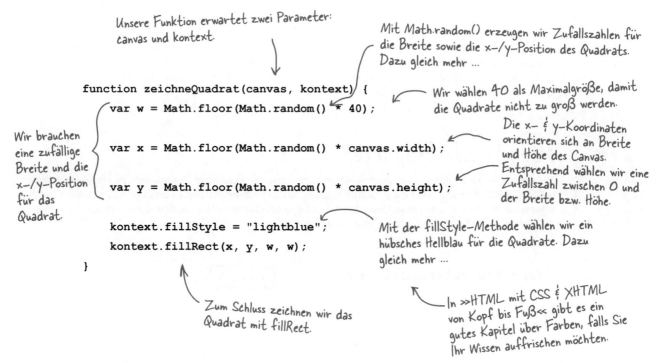

Wie wir die Zahlen gewählt haben, mit denen wir den Wert von `Math.random` multiplizieren, um Breite sowie x- und y-Position unseres Quadrats zu berechnen? Für die Breite haben wir 40 genommen, weil das im Verhältnis zur Canvas-Größe hübsch klein ist. Da wir Quadrate zeichnen, haben wir denselben Wert für die Höhe gewählt. Für die x- und y-Werte verwenden wir Breite und Höhe des Canvas als Grundlage, damit unser Quadrat innerhalb des Canvas bleibt.

Sie können gern auch einen anderen Wert als 40 wählen!

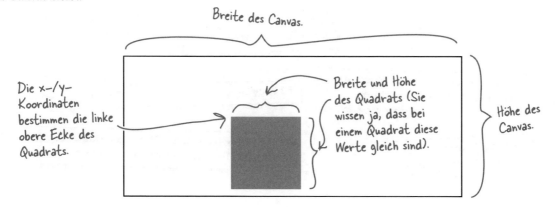

Entdecken Sie Ihren Inneren Künstler

Zeit für eine Probefahrt!

Okay, nach der ganzen Tipperei machen wir erst mal eine Probefahrt. Öffnen Sie die Datei `index.html` für TweetShirt in einem Browser. Klicken Sie auf »Vorschau«. Sie sollten hellblaue Zufallsquadrate sehen.

Das sehen wir:

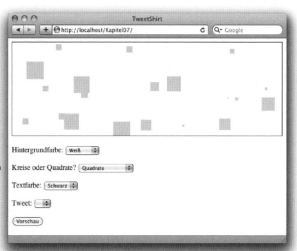

Hübsch! Das ist genau das, was wir wollten!

Uh, Moment mal. Wenn ich immer wieder auf die Vorschau-Schaltfläche klicke, bekomme ich eine MENGE Quadrate. Das ist nicht gut so!

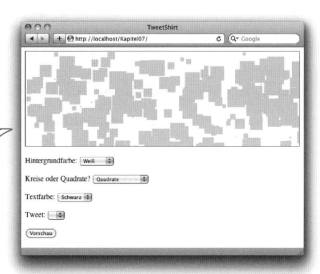

Er hat recht. Da haben wir ein Problem. Wenn Sie immer wieder auf die Schaltfläche klicken, sehen Sie ungefähr so etwas.

Sie sind hier ▸ **305**

Quadrat-Code korrigieren

Wir sehen alte und neue Quadrate

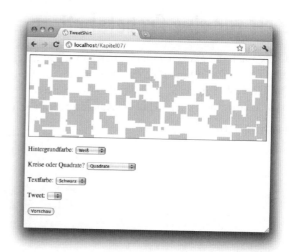

Das ist zwar ein cooler Effekt ... aber nicht das, was wir wollten. Wir möchten, dass bei jedem Klick auf »Vorschau« die alten Quadrate durch neue ersetzt werden (genau so, wie wir den alten Tweet durch einen neuen ersetzen möchten, wenn wir das hinbekommen).

Der Schlüssel liegt in der Tatsache, dass wir Pixel auf das Canvas-Element zeichnen. Alles, was sich bereits darauf befindet, wird einfach mit neuen Pixeln übermalt!

Aber keine Sorge. Sie wissen alles, was nötig ist, um das zu ändern. Wir machen Folgendes:

① Hintergrundfarbe des Select-Objekts »hintergrundFarbe« auslesen.

② Hintergrundfarbe des Canvas jedes Mal mit fillStyle und fillRect füllen, bevor wir mit dem Zeichnen der Quadrate beginnen.

Spitzen Sie Ihren Bleistift

Um sicherzustellen, dass wir nur neue Quadrate im Canvas sehen, wenn wir auf »Vorschau« klicken, müssen wir das Canvas mit der vom Benutzer im Auswahlmenü »hintergrundFarbe« gewählten Farbe füllen. Vervollständigen Sie den Code, indem Sie die leeren Felder ausfüllen. Überprüfen Sie Ihre Lösung am Ende des Kapitels, bevor Sie weiterblättern.

```
function hintergrundFarbeFuellen(canvas, kontext) {

    var selectObj = document.getElementById("_____");

    var index = selectObj.selectedIndex;

    var hgFarbe = selectObj.options[index].value;

    kontext.fillStyle = _____;

    kontext.fillRect(0, 0, _____, _____);
}
```

Tipp: Die ausgewählte Option liefert einen Farb-String, den Sie genau so wie »lightblue« für die Quadrate verwenden können.

Tipp: Wir möchten das GANZE Canvas mit der Farbe füllen!

Aufruf von hintergrundFarbeFuellen

Die Funktion `hintergrundFarbeFuellen` steht bereit. Jetzt müssen wir nur noch dafür sorgen, dass sie von `vorschauHandler` aus aufgerufen wird. Das erledigen wir als Erstes, damit wir einen hübschen, sauberen Hintergrund haben, bevor wir irgendetwas anderes in das Canvas einfügen.

```
function vorschauHandler() {
    var canvas = document.getElementById("tshirtCanvas");
    var kontext = canvas.getContext("2d");
    hintergrundFarbeFuellen(canvas, kontext);

    var selectObj = document.getElementById("formen");
    var index = selectObj.selectedIndex;
    var formen = selectObj[index].value;

    if (formen == "quadrate") {
        for (var quadrate = 0; quadrate < 20; quadrate++) {
            zeichneQuadrat(canvas, kontext);
        }
    }
}
```

Wir fügen unseren Aufruf von hintergrundFarbeFuellen ein, bevor wir die Quadrate zeichnen, damit die bisherige Zeichnung verdeckt wird und wir einen klaren Hintergrund für unsere neue Zeichnung haben.

Noch eine schnelle Probefahrt mit hintergrundFarbeFuellen ...

Fügen Sie den neuen Code in die Datei `tweetshirt.js` ein, aktualisieren Sie den Browser, wählen Sie eine Hintergrundfarbe sowie Quadrate und klicken Sie auf »Vorschau«. Diesmal sollten Sie immer nur neue Quadrate in der Vorschau sehen.

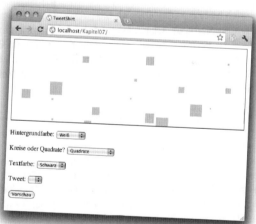

Jetzt werden immer nur die neuen Quadrate in der Vorschau angezeigt.

KOPF-NUSS

Zählen Sie die Quadrate in verschiedenen Voransichten. Sehen Sie möglicherweise weniger als 20 Quadrate? Vielleicht ja.

Aber warum? Wie könnten Sie das ändern? (Schließlich möchten Sie ja nicht, dass Ihre Kunden um eines ihrer 20 Quadrate gebracht werden, oder?)

Überblick über fillStyle

JavaScript unter der Lupe

Werfen wir einen genaueren Blick auf `fillStyle` – schließlich sehen Sie diese Eigenschaft zum ersten Mal. `fillStyle` ist eine Eigenschaft des Kontexts, die die Farbe der Zeichnung im Canvas-Element angibt.

Genau wie fillRect steuern wir auch fillStyle über den Kontext.

Im Gegensatz zu fillRect ist fillStyle jedoch eine Eigenschaft und keine Methode. Also legen wir sie fest, statt sie aufzurufen.

Und wir wählen eine Farbe dafür. Sie können die gleichen Farbformate wie in CSS verwenden: Farbnamen wie »lightblue« oder Werte wie #ccccff oder rgb(0, 173, 239). Versuchen Sie's!

```
kontext.fillStyle = "lightblue";
```

Anders als in CSS müssen Sie den Wert in Anführungszeichen setzen, wenn Sie keine Variable verwenden.

Es gibt keine Dummen Fragen

F: Ich hatte erwartet, dass wir die Hintergrundfarbe der Quadrate und des Canvas als Farbwert an fillRect übergeben. Ich verstehe immer noch nicht, wie fillStyle funktioniert. Inwiefern wirkt es sich auf fillRect aus?

A: Gute Frage. Das ist unter Umständen ein bisschen anders, als Sie es sich vorgestellt haben. Denken Sie daran: Der Kontext ist ein Objekt, das den Zugriff auf das Canvas-Element regelt. Mit fillStyle legen Sie zuerst eine Eigenschaft fest, die dem Canvas sagt: »Egal, was du als Nächstes zeichnest, es soll diese Farbe haben.« Also wird von da ab alles, was Sie mit Farbe füllen (wie etwa mit fillRect) mit dieser Farbe gefüllt – außer Sie legen zuvor mit fillStyle eine andere Farbe fest.

F: Warum muss ich die Farbe in Anführungszeichen schreiben, während das für die Eigenschaftswerte in CSS nicht nötig ist? Ich schreibe die Hintergrundfarbe für ein Element ja auch nicht in Anführungszeichen.

A: Nun, CSS ist eine andere Sprache als JavaScript, und CSS erwartet keine Anführungszeichen. Wenn Sie aber keine Anführungszeichen verwenden, geht JavaScript davon aus, dass der Farbname eine Variable ist, und versucht, den Wert dieser Variablen zu verwenden.

Angenommen, Sie haben die Variable `vgFarbe = "black"`. Dann könnten Sie `kontext.fillstyle = vgFarbe` schreiben. Das würde funktionieren, weil vgFarbe gleich »black« ist.

`kontext.fillStyle = black` funktioniert dagegen nicht, weil black keine Variable ist – außer Sie definieren das so, was ein bisschen verwirrend wäre. Sie werden diesen Fehler erkennen, weil Sie einen JavaScript-Fehler erhalten, der etwa so lautet: »Kann Variable nicht finden: black«. (Keine Sorge, wir machen alle mal diesen Fehler.)

F: Okay, ich gebe auf. Warum sehen wir manchmal weniger als 20 Quadrate?

A: Die x- und y-Position sowie die Breite der Quadrate sind Zufallswerte. Manche Quadrate könnten andere Quadrate verdecken. Oder ein Quadrat hat vielleicht die Position x=599/y=199, sodass Sie nur ein Pixel davon sehen können (der Rest befindet sich außerhalb des Canvas). Andere Quadrate sind möglicherweise nur 1 Pixel breit – oder haben vielleicht sogar eine Kantenlänge von 0 Pixel, weil die Methode Math.random auch 0 zurückliefern kann. Oder Sie erhalten zwei Quadrate mit exakt derselben Größe und Position.

Aber das passt alles zum Zufallscharakter dieser App. Also ist es in Ordnung. Bei einer anderen Anwendung sollte das eventuell besser nicht passieren.

In der Zwischenzeit bei TweetShirt.com ...

Nicht schlecht. Das sieht fast schon aus wie das Design vom Chef.

Jan: Ich weiß. Ich bin beeindruckt, wie wenig Code wir dafür gebraucht haben. Wenn wir das wie früher serverseitig gemacht hätten, müssten wir uns immer noch mit dem Server rumärgern.

Frank: Und es sieht so aus, als hätten wir gute Chancen, die Kreise im Design ebenfalls hinzubekommen. Schließlich ist das auch nichts anderes als die Quadrate.

Jan: Stimmt, wo ist Judith? Sie kennt bestimmt die API für die Kreise. Aber wahrscheinlich müssen wir dafür nur die Methode `fillCircle` aufrufen.

Frank: Klingt gut. Wer braucht schon Judith? Wir haben es schon!

Pfade und Bogen

Ein paar Stunden später ...

Frank: Ich weiß nicht, was los ist. Ich habe alles überprüft. Aber egal wie ich `fillCircle` aufrufe, ich sehe nichts auf dem Canvas.

Judith: Zeig mal deine `fillCircle`-Methode.

Frank: Was heißt da »meine Methode«? Ich hab keine, ich verwende direkt die Methode aus der Canvas-API.

Judith: Die Canvas-API hat gar keine `fillCircle`-Methode.

Frank: Äh, ich dachte, da wir ja eine `fillRect`-Methode haben ...

Judith: Na ja, jetzt weißt du ja, wohin uns solche Annahmen bringen. Schmeiß deinen Browser an – du findest die API unter: `http://dev.w3.org/html5/2dcontext/`.

Jedenfalls ist es ein bisschen komplizierter, einen Kreis zu zeichnen. Dafür gibt es keine einzelne Methode. Dazu musst du Pfade und Bogen beherrschen.

Jan kommt herein: Judith, hat dir Frank erzählt, wie wir den Kreis hingekriegt haben?

Frank: Äh ja, Jan, *enuggay onvay enday reisenkay!*

Wir empfehlen Ihnen den Übersetzungsservice von piglatin.bavetta.com.

Entdecken Sie Ihren Inneren Künstler

Zeichnen für Geeks

Bevor wir uns an die Kreise machen, müssen wir über Pfade und Bogen sprechen. Wir fangen mit den Pfaden an und zeichnen ein paar Dreiecke. Wenn wir ein Dreieck auf dem Canvas zeichnen möchten, gibt es zwar keine `fillTriangle`-Methode, aber wir können ein Dreieck zeichnen, indem wir einen Pfad in der Form eines Dreiecks erstellen und diesen auf dem Canvas nachzeichnen.

Was das bedeutet? Angenommen, Sie möchten mit größter Vorsicht auf dem Canvas zeichnen. Dann würden Sie wahrscheinlich die Form mit einem Bleistift vorsichtig vorzeichnen (einen Pfad). Das würden Sie so leicht machen, dass nur Sie die Form sehen könnten. Wenn Sie dann zufrieden mit Ihrem »Pfad« sind, nehmen Sie einen Stift (mit der gewünschten Dicke und Farbe) und zeichnen dann den Pfad nach, damit jeder Ihr Dreieck sehen kann (oder was Sie sonst mit dem Bleistift vorgezeichnet haben).

> Ich kann alle Pfade zeichnen, die ich möchte.

So können Sie auch beliebige Formen mit Linien auf dem Canvas zeichnen. Sehen wir uns das mit einem Dreieck an:

Mit der beginPath-Methode sagen wir dem Canvas, dass wir einen neuen Pfad beginnen.

```
kontext.beginPath();
kontext.moveTo(100, 150);
```

Mit der moveTo-Methode bewegen wir den »Bleistift« an einen bestimmten Punkt des Canvas. Sie können sich vorstellen, dass der Bleistift an dieser Stelle abgesetzt wird.

Hier positionieren wir den Bleistift bei x = 100 und y = 150. Das ist der erste Punkt unseres Pfads.

Der Bleistift für den Pfad.

Das Canvas.

Die lineTo-Methode skizziert einen Pfad von der aktuellen Position des Bleistifts zu einem anderen Punkt des Canvas.

```
kontext.lineTo(250, 75);
```

Der Bleistift befand sich bei 100, 150. Jetzt erweitern wir den Pfad von dort zum Punkt x = 250, y = 75.

Wir zeichnen eine Linie vom Anfangspunkt zum Punkt 250, 75.

Sie sind hier ▸ **311**

Mit Pfaden zeichnen

Die erste Seite des Dreiecks haben wir schon. Fehlen noch zwei. Nehmen wir lineTo für die zweite Seite:

```
kontext.lineTo(125, 30);
```

Hier skizzieren wir eine Linie von der aktuellen Bleistiftposition (250, 75) zur neuen Position x = 125, y = 30.

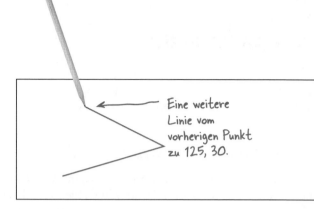

Eine weitere Linie vom vorherigen Punkt zu 125, 30.

Fast geschafft! Wir müssen nur noch eine Linie skizzieren, um das Dreieck fertigzustellen. Dazu müssen wir lediglich den Pfad mit der Methode closePath schließen.

```
kontext.closePath();
```

Die closePath-Methode verbindet den Anfangspunkt des Pfads (100, 150) mit dem letzten Punkt des aktuellen Pfads (125, 30).

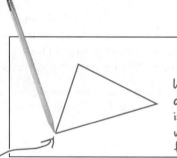

Unser Dreieck! Aber denken Sie daran: Es ist bisher nur ein Pfad und daher unsichtbar für die Benutzer.

Übung

Wir haben einen Pfad! Und jetzt?

Mit dem Pfad zeichnen Sie natürlich Linien und füllen Ihre Formen mit Farben! Erstellen Sie eine einfache HTML5-Seite mit einem Canvas-Element und tippen Sie den bisherigen Code ab. Machen Sie eine Probefahrt damit.

```
kontext.beginPath();
kontext.moveTo(100, 150);
kontext.lineTo(250, 75);
kontext.lineTo(125, 30);
kontext.closePath();

kontext.lineWidth = 5;

kontext.stroke();

kontext.fillStyle = "red";

kontext.fill();
```

Das ist der bisherige Code.

Und hier etwas neuer Code. Notieren Sie sich, was der Code Ihrer Meinung nach macht. Laden Sie die Seite. Hatten Sie recht? Überprüfen Sie Ihre Antworten am Ende des Kapitels.

Entdecken Sie Ihren Inneren Künstler

Nur fürs Protokoll: Ich dachte, wir zeichnen Kreise. Was haben diese ganzen Pfade damit zu tun?

Um einen Kreis zu zeichnen, brauchen wir erst einen Pfad.

Wir waren gerade dabei, Ihnen zu zeigen, wie Sie einen Kreis als Pfad skizzieren. Sobald Sie das wissen, können Sie beliebige Kreise ziehen.

Hier ein paar mehr Details. Sie wissen, wie Sie einen Pfad beginnen, richtig? Dafür verwenden Sie diesen Code, den Sie bereits kennen:

```
kontext.beginPath();
```

Was wir Ihnen bisher nicht gesagt haben: Es gibt noch eine andere Methode im Kontext-Objekt mit dem Namen `arc`:

```
kontext.arc(150, 150, 50, 0, 2 * Math.PI, true);
```

Erinnern Sie sich zufällig aus dem Geometrieunterricht daran, dass der Kreisumfang 2πr ist? Behalten Sie das einfach für den Moment im Hinterkopf ...

Was macht diese Methode wohl? Hmmm ... Wir nehmen uns auf den nächsten Seiten Zeit, das genau herauszufinden. Wie Sie sich wahrscheinlich vorstellen können, skizziert diese Methode den Pfad entlang einer Kreislinie.

Sie sind hier ▶

Blick auf die arc-Methode

Die arc-Methode im Einzelnen

Steigen wir direkt ein und sehen wir uns die Parameter der arc-Methode an.

`kontext.arc(x, y, radius, startWinkel, endWinkel, richtung)`

Über die arc-Methode können wir angeben, wie wir einen Pfad entlang eines Kreises skizzieren möchten. Schauen Sie sich die Wirkung der einzelnen Parameter einmal genauer an:

x, y Die Parameter x und y bestimmen den Mittelpunkt des Kreises innerhalb des Canvas.

Die x-/y-Position des Kreismittelpunkts.

Das Canvas.

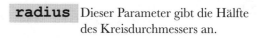

radius Dieser Parameter gibt die Hälfte des Kreisdurchmessers an.

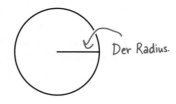

Der Radius.

Unter der Haube

richtung gibt an, ob wir den Bogenpfad im oder entgegen dem Uhrzeigersinn zeichnen. Wenn richtung true ist, geht es entgegen dem Uhrzeigersinn, sonst im Uhrzeigersinn.

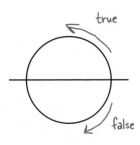

Wenn richtung gleich true, zeichnen wir den Bogen entgegen dem Uhrzeigersinn. Wenn richtung gleich false, zeichnen wir ihn im Uhrzeigersinn.

startWinkel, endWinkel, richtung)

startWinkel, endWinkel legen fest, wo auf dem Kreis Ihr arc-Pfad beginnt und endet.

Achtung, wichtig!

Winkel können eine negative Richtung haben (entgegen dem Uhrzeigersinn bezogen auf die x-Achse) oder eine positive Richtung (im Uhrzeigersinn bezogen auf die x-Achse). Das entspricht *nicht* dem Parameter richtung für den arc-Pfad! (Siehe nächste Seite.)

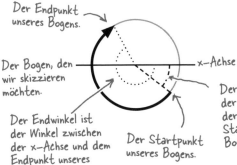

Ein Winkel entgegen dem Uhrzeigersinn bezogen auf die x-Achse hat einen negativen Wert: z. B. -35°.

Ein Winkel im Uhrzeigersinn bezogen auf die x-Achse hat einen positiven Wert: z. B. 45°.

Erfahrung *mit arc*

Ein kleiner Vorgeschmack auf arc

Jetzt brauchen wir ein gutes Beispiel. Angenommen, Sie möchten einen Bogen auf einem Kreis zeichnen, dessen Mittelpunkt bei x = 100, y = 100 liegt, und der Kreis soll 150 Pixel Durchmesser haben (Radius = 75). Und der Pfad, den Sie skizzieren möchten, entspricht einem Viertelkreis:

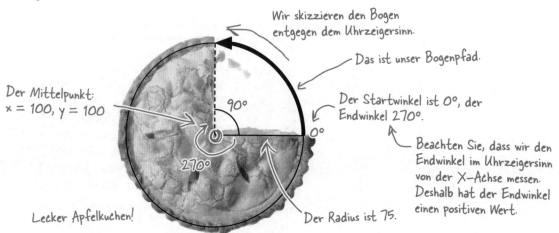

Jetzt schreiben wir den Aufruf der arc-Methode zum Zeichnen des Pfads:

1 Wir beginnen mit dem x-/y-Punkt des Kreismittelpunkts: 100, 100.

```
kontext.arc(100, 100, __, __, _____, ____);
```

2 Als Nächstes brauchen wir den Kreisradius 75.

```
kontext.arc(100, 100, 75, __, _____, ____);
```

3 Was ist mit unserem Start- bzw. Endwinkel? Nun, der Startwinkel ist 0, weil sich der Startpunkt 0° von der x-Achse entfernt befindet. Der Endwinkel ist der Winkel zwischen der x-Achse und dem Endpunkt unseres Bogens. Da der Bogen 90° hat, beträgt unser Endwinkel 270° (90 + 270 = 360). (Hinweis: Wenn wir entgegen dem Uhrzeigersinn in der negativen Richtung gemessen hätten, wäre unser Winkel –90°.)

```
kontext.arc(100, 100, 75, 0, gradInRadiant(270), ____);
```

Darauf kommen wir zurück. Das konvertiert Grad (das wir kennen) in Radiant (das dem Kontext lieber ist).

4 Da wir den Bogen entgegen dem Uhrzeigersinn skizzieren, geben wir zum Schluss true an:

```
kontext.arc(100, 100, 75, 0, gradInRadiant(270), true);
```

Entdecken Sie Ihren Inneren Künstler

Ich sage Grad, du sagst Radiant

Wir sprechen täglich über Winkel, beispielsweise »coole 360-Grad-Drehung!« oder »Ich bin diesen Pfad runter und habe eine 180-Grad-Wendung hingelegt« oder ... na ja, Sie verstehen schon. Das einzige Problem ist, dass wir in *Grad* denken, der Canvas-Kontext dagegen in *Radiant*.

> Radiant ist nur eine andere Maßeinheit für Winkel. Ein Radiant entspricht 180° / 3,14159265... (180° durch π).

Wir werden Ihnen Folgendes verraten:

```
360° = 2Pi Radiant
```

Damit können Sie jetzt im Kopf Grad in Radiant umrechnen. Sollte Ihnen das jedoch nicht wirklich behagen, gibt es eine praktische Funktion, die das für Sie erledigt:

> Coole 360 Grad! Oh, ich meine natürlich coole 2π Radiant!

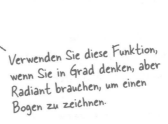

```
function gradInRadiant(grad) {
    return (grad * Math.PI)/180;
}
```

Vielleicht erinnern Sie sich daran aus dem Geolocation-Kapitel.

Um Grad in Radiant umzurechnen, multiplizieren Sie mit π und dividieren durch 180.

Verwenden Sie diese Funktion, wenn Sie in Grad denken, aber Radiant brauchen, um einen Bogen zu zeichnen.

Auf Seite 317 haben Sie gesehen, wie wir den Endwinkel eines Kreises mit 2*Math.PI angegeben haben. Sie können entweder das tun ... oder einfach gradInRadiant(360) schreiben.

SPIELEN Sie Browser

Interpretieren Sie den Aufruf der arc-Methode und zeichnen Sie alle Werte auf dem Kreis ein, einschließlich des Pfads, den die Methode erstellt.

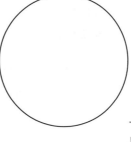

```
kontext.arc(100, 100, 75, gradInRadiant(270), 0, true);
```

Zeichnen Sie die Argumente auf dem Kreis ein und anschließend den erstellten Pfad.

Tipp: Was bleibt vom Kuchen übrig, wenn wir das hier essen?

Sie sind hier ▶

Kreise einfügen

Zurück zum TweetShirt-Kreiscode

Nachdem Sie jetzt wissen, wie Sie Kreise zeichnen, wird es Zeit, dass wir uns wieder um TweetShirt kümmern und eine neue Funktion schreiben: `zeichneKreis`. Wir möchten 20 Zufallskreise zeichnen, wie wir es zuvor mit den Quadraten gemacht haben. Dafür müssen wir zunächst ermitteln, ob die Benutzer Kreise aus dem Menü für die Form ausgewählt haben.

Fügen Sie folgenden Code in die Datei `tweetshirt.js` ein:

```
function vorschauHandler() {
    var canvas = document.getElementById("tshirtCanvas");
    var kontext = canvas.getContext("2d");
    hintergrundFarbeFuellen(canvas, kontext);

    var selectObj = document.getElementById("formen");
    var index = selectObj.selectedIndex;
    var formen = selectObj[index].value;

    if (formen == "quadrate") {
        for (var quadrate = 0; quadrate < 20; quadrate++) {
            zeichneQuadrat(canvas, kontext);
        }
    } else if (formen == "kreise") {
        for (var kreise = 0; kreise < 20; kreise++) {
            zeichneKreis(canvas, kontext);
        }
    }
}
```

Dieser Code ist fast identisch mit dem für die Quadrate. Wenn ein Benutzer Kreise ausgewählt hat, zeichnen wir mit der Funktion zeichneKreis (die wir jetzt schreiben müssen) 20 Kreise.

Wir übergeben canvas und kontext an die Funktion zeichneKreis – genau wie bei zeichneQuadrat.

KOPF-NUSS

Welchen Start- und Endwinkel brauchen Sie für einen vollständigen Kreis?

Welche Richtung wählen Sie: im/entgegen dem Uhrzeigersinn? Spielt das eine Rolle?

A: Einen Kreis zeichnen Sie mit einem Startwinkel von 0° und einem Endwinkel von 360°. Da Sie einen vollständigen Kreis zeichnen, kommt es auf die Richtung nicht an.

Funktion zeichneKreis schreiben ...

Jetzt schreiben wir die Funktion zeichneKreis. Nicht vergessen: Hier brauchen wir nur *einen* Zufallskreis zu zeichnen. Der andere Code ruft diese Funktion bereits 20-mal auf.

```
function zeichneKreis(canvas, kontext) {
    var radius = Math.floor(Math.random() * 40);
    var x = Math.floor(Math.random() * canvas.width);
    var y = Math.floor(Math.random() * canvas.height);

    kontext.beginPath();
    kontext.arc(x, y, radius, 0, gradInRadiant(360), true);

    kontext.fillStyle = "lightblue";
    kontext.fill();
}
```

Genau wie bei den Quadraten wählen wir 40 als maximale Größe, damit unsere Kreise nicht zu groß werden.

Und auch hier orientiert sich die Position, in diesem Fall die x-/y-Koordinaten des Kreismittelpunkts, an Breite und Höhe des Canvas. Wir wählen Zufallszahlen zwischen 0 und der Breite bzw. Höhe.

Wir wählen wieder »lightblue« als fillStyle und füllen den Pfad mit kontext.fill().

Wir verwenden einen Endwinkel von 360°, um einen vollständigen Kreis zu erhalten. Wir zeichnen entgegen dem Uhrzeigersinn. Aber bei einem ganzen Kreis spielt die Richtung ohnehin keine Rolle.

... und Probefahrt!

Tippen Sie das ab (und denken Sie daran, die Funktion gradInRadiant einzufügen). Speichern und laden Sie die Seite dann im Browser. Das sehen wir (natürlich sehen Ihre Kreise etwas anders aus, schließlich sind es ja Zufallskreise):

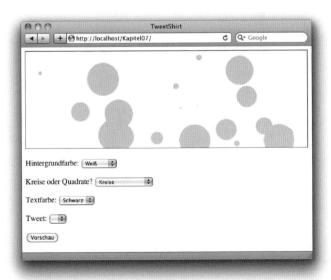

Kurze Pause

Eine kleine Cookie-Pause

Wow! Wir haben gerade einige spaßige Seiten hinter uns gebracht. Wir wissen nicht, wie es Ihnen geht, aber wir brauchen jetzt ein paar Kekse. Wie wäre es mit einer kurzen Kekspause? Aber glauben Sie ja nicht, dass wir Ihnen nicht auch etwas Unterhaltung bieten, während Sie sie essen (sehen Sie die Übung auf der rechten Seite?).

Lehnen Sie sich zurück, machen Sie eine kurze Pause und knabbern Sie daran, während Ihr Gehirn und Ihr Magen für kurze Zeit etwas anderes zu tun haben. Anschließend machen wir den TweetShirt-Code fertig!

Rechts sehen Sie ein Smiley (oder ein »Chocolate Chip«-Smiley, falls Ihnen das lieber ist). Der folgende Code zum Zeichnen des Smileys ist fast fertig. Nach der ganzen Arbeit, die Sie sich in diesem Kapitel gemacht haben, wissen Sie alles, was Sie dafür brauchen. Sie können Ihre Antwort am Ende des Kapitels überprüfen, wenn Sie fertig sind.

x,y = 200, 250 Radius = 25
x,y = 400, 250
x,y = 300, 300 Nasenlänge = 50
Winkel = 20°
x,y = 300, 350 Radius = 75

Hier steht alles, wonach Sie gesucht haben. Vielleicht möchten Sie ja bei der Gelegenheit auch gleich echte Chocolate Chip-Cookies backen ...

```
function zeichneSmiley() {
    var canvas = document.getElementById("smiley");
    var kontext = canvas.getContext("2d");

    kontext.beginPath();
    kontext.arc(300, 300, 200, 0, gradInRadiant(360), true);
    kontext.fillStyle = "#ffffcc";
    kontext.fill();
    kontext.stroke();
```

← Der Kreis für das Gesicht. Beachten Sie, dass wir ihn gelb gefüllt haben.

```
    kontext.beginPath();
    kontext.arc(____, ____, 25, ____, _____, true);
    kontext.stroke();
```
← Das ist das linke Auge.

```
    kontext.beginPath();
    kontext.arc(400, ____, ____, ____, _____, ____);
    kontext.stroke();
```
← Das ist das rechte Auge.

```
    kontext.beginPath();
    kontext._____(____, ____);
    kontext._____(____, ____);
    kontext._____();
```
← Die Nase.

← Und hier der Mund. Das ist der schwierige Teil!

```
    kontext.beginPath();
    kontext.____(300, 350, ____, gradInRadiant(____), gradInRadiant(____), ____);
    kontext.stroke();
}
```

Das *JSONP* für *Twitter*

Willkommen zurück!

Sie sind ausgeruht und erfrischt zurück. Wir befinden uns auf der Zielgeraden, dieses Start-up auf den Weg zu bringen. Nach allem, was wir bereits getan haben, bleibt nur noch, die Tweets und den übrigen Text in der Canvas-Vorschau anzeigen zu lassen.

Um einen Tweet auf dem Canvas anzuzeigen, müssen wir aktuelle Tweets abrufen, aus denen Sie auswählen können. Das machen wir mit JSONP. Wenn Sie sich an Kapitel 6 erinnern, wissen Sie noch, wie das geht. Ansonsten können Sie zu Kapitel 6 zurückblättern, um Ihr Gedächtnis aufzufrischen. Wir werden Folgendes tun:

> Apropos Süßigkeiten ... Erinnerst du dich an den JSONP-Code, den wir in Kapitel 6 gebacken haben? Es wird Zeit, ihn aus dem Ofen zu holen.

1. Ein <script> im unteren Teil der Datei tweetshirt.html einfügen, um die Twitter-JSONP-API aufzurufen. Wir fragen die neuesten Statusaktualisierungen eines bestimmten Benutzers ab.

2. Einen Callback implementieren, um die von Twitter erhaltenen Tweets in Empfang zu nehmen. Den Namen dieses Callbacks geben wir in der URL für das <script> aus Schritt 1 an.

Das ist unsere HTML-Datei für TweetShirt.

Stellen Sie sich hier das head-Element und das Formular vor (wir wollten ein paar Bäume verschonen).

Das ist unser JSONP-Aufruf. Er ruft das JSON von der Twitter-URL ab und übergibt es an unsere Callback-Funktion (die wir gleich definieren werden).

Der Aufruf der Twitter-API: Wir verwenden die »user_timeline«, die uns die aktuellen Statusmeldungen liefert.

Hier können Sie einen beliebigen Benutzernamen angeben.

```
<html>
...
<body>
    <form>
    ...
    </form>
    <script src="http://twitter.com/statuses/user_timeline/OReilly Verlag.json
?callback=aktualisiereTweets">
    </script>
</body>
</html>
```

Das ist die Callback-Funktion, an die das JSON übergeben wird.

Tippen Sie das alles in eine Zeile (auch wenn sie zu lang ist, um in diesem Buch in eine Zeile zu passen).

Hier passiert eine Menge. Wenn Ihnen das nur entfernt bekannt vorkommt, lesen Sie bitte in Kapitel 6 nach, wie JSONP funktioniert.

Holen Sie sich Ihre Tweets

Der schwierige Teil ist bereits getan: die Tweets von Twitter abzuholen. Nun müssen wir sie in das `<select>`-Element im `<form>` unserer Seite unterbringen. Noch mal zur Wiederholung: Wenn die Callback-Funktion aufgerufen wird (in unserem Fall die Funktion `aktualisiereTweets`), übergibt ihr Twitter eine Response mit JSON-formatierten Tweets.

Twitter antwortet mit einem Array von Tweets. Jeder Tweet enthält eine Tonne an Daten. Wir verwenden lediglich den Text.

Bearbeiten Sie `tweetshirt.js` und fügen Sie die Funktion `aktualisiereTweets` im unteren Teil ein. Das ist der Code:

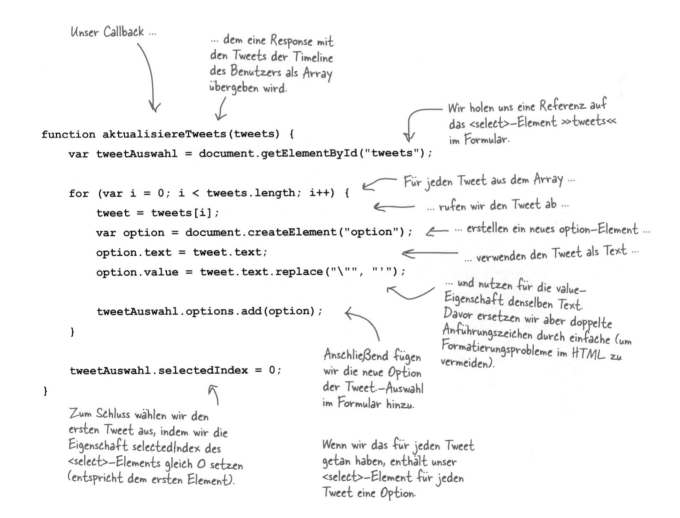

```
function aktualisiereTweets(tweets) {
    var tweetAuswahl = document.getElementById("tweets");

    for (var i = 0; i < tweets.length; i++) {
        tweet = tweets[i];
        var option = document.createElement("option");
        option.text = tweet.text;
        option.value = tweet.text.replace("\"", "'");

        tweetAuswahl.options.add(option);
    }

    tweetAuswahl.selectedIndex = 0;
}
```

Unser Callback ... dem eine Response mit den Tweets der Timeline des Benutzers als Array übergeben wird.

Wir holen uns eine Referenz auf das `<select>`-Element »tweets« im Formular.

Für jeden Tweet aus dem Array ...
... rufen wir den Tweet ab ...
... erstellen ein neues option-Element ...
... verwenden den Tweet als Text ...
... und nutzen für die value-Eigenschaft denselben Text. Davor ersetzen wir aber doppelte Anführungszeichen durch einfache (um Formatierungsprobleme im HTML zu vermeiden).

Anschließend fügen wir die neue Option der Tweet-Auswahl im Formular hinzu.

Zum Schluss wählen wir den ersten Tweet aus, indem wir die Eigenschaft selectedIndex des `<select>`-Elements gleich 0 setzen (entspricht dem ersten Element).

Wenn wir das für jeden Tweet getan haben, enthält unser `<select>`-Element für jeden Tweet eine Option.

TweetShirt *mit* **Twitter** *testen*

Probefahrt mit Tweets

Machen wir eine schnelle Probefahrt. Überprüfen Sie, ob Sie den gesamten Code in `tweetshirt.js` und `index.html` eingefügt sowie einen Twitter-Benutzernamen für die script-src-URL gewählt haben, für den es aktuelle Tweets gibt (damit Sie auch welche sehen können!). Laden Sie die Seite und klicken Sie auf die Tweet-Auswahl. Das wird bei uns angezeigt:

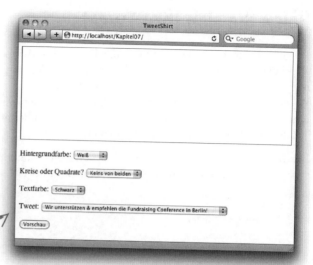

Das Tweets-Menü mit ECHTEN Tweets. Cool!

> Jungs, das ist toll. Wir haben Quadrate und Kreise – und Jan hat uns mit Twitter verbunden! Was jetzt?

Franks Tablet.

Jan: Wir sind fast fertig. Wir müssen nur noch den Text hinbekommen. Wir haben zwei Zeilen – »Ich hab folgenden Tweet gefunden:« und »… aber nur dieses lausige T-Shirt bekommen!« – und den vom Benutzer ausgewählten Tweet. Jetzt müssen wir herausfinden, wie wir das anzeigen und stylen können.

Frank: Ich gehe davon aus, dass wir einfach Text in das Canvas schreiben und CSS darauf anwenden können, oder?

Jo: Ich glaube nicht, dass das funktioniert. Canvas ist eine Zeichenebene. Ich denke nicht, dass wir einfach Text darauf schreiben und stylen können. Wir müssen ihn wahrscheinlich zeichnen.

Jan: Diesmal habe ich meine Hausaufgaben gemacht und bereits die API für Text angesehen.

Jo: Gut, ich noch nicht. Wie sieht sie aus?

Jan: Erinnert ihr euch an die arc-Methode? Wir müssen unseren gesamten Text damit zeichnen.

Frank: Du machst wohl Witze! Daran arbeite ich ja das ganze Wochenende!

Jan: Haha, reingefallen! Nein, es gibt eine Methode `fillText`, die den Text sowie die x-/y-Position dafür entgegennimmt.

Jo: Das klingt ziemlich einfach. Wie ist das mit Stilregeln? Wenn ich mich richtig an das Design erinnere, ist der Tweet-Text kursiv und der restliche Text fett.

Jan: Da müssen wir nachsehen. Es gibt verschiedene Methoden bezüglich Ausrichtung, Schriften und Füllstile. Ich bin mir aber nicht ganz sicher, wie sie verwendet werden.

Frank: Und ich habe gedacht, ich könnte helfen – kein CSS?

Jan: Leider nein. Wie Jo schon gesagt hat, ist das eine API zum Zeichnen auf dem Canvas, HTML oder CSS kommen da leider nicht infrage.

Jo: Zaubern wir also die API aus dem Hut und versuchen wir, den Text »Ich hab folgenden Tweet gefunden:« auf das Canvas zu schreiben. Das kann nicht so schlimm sein. Und Frank – wir können dein Wissen über Schriften, Stile usw. sicher brauchen!

Frank: Super, ich bin dabei!

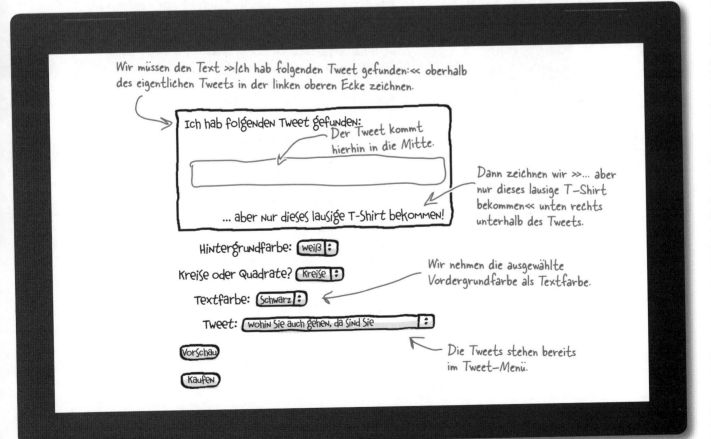

Inhalt und Darstellung

Es verwirrt mich, wenn wir Text im Canvas zeichnen. Schließlich haben wir immer betont, dass der Inhalt getrennt von der Darstellung sein soll. Mit dem Canvas-Element ist das aber anscheinend ein und dasselbe. Es gibt da überhaupt keinen Unterschied.

Da ist was dran.

Überlegen wir uns, warum das so ist. Erinnern Sie sich, dass Canvas dafür entwickelt wurde, Grafiken innerhalb des Browsers darzustellen? Alles im Canvas-Element wird als Darstellungselement verstanden, nicht als Inhalt. Während Sie Text – und insbesondere Tweets – normalerweise als Inhalt verstehen, handelt es sich in diesem Fall um Gestaltungselemente, die zum Design gehören. Genau so, wie manche Künstler Buchstabenformen in ihren Kunstwerken verwenden, verwenden Sie Tweets als Teil des T-Shirt-Designs.

Die Trennung von Darstellung und Inhalt soll vor allem dem Browser die Möglichkeit bieten, Inhalte intelligent der jeweiligen Darstellungssituation anzupassen: damit ein Artikel von einer News-Webseite auf einem großen Bildschirm anders angezeigt werden kann als auf Ihrem Telefon.

Für unser T-Shirt-Design soll dagegen alles im Canvas wie ein Bild angezeigt werden: Es soll immer gleich aussehen, egal wo es dargestellt wird.

Bringen wir also den Text auf das Canvas und das Start-up an den Start!

Code-Magneten

Zeit für Ihr erstes Experiment mit Canvas-Text. Wir haben mit dem Code für zeichneText bereits angefangen – der Methode, die wir aufrufen werden, um den Text in das Vorschau-Canvas zu zeichnen. Versuchen Sie, den Code zu vervollständigen, der die Textzeilen »Ich hab folgenden Tweet gefunden:« und »... aber nur dieses lausige T-Shirt bekommen!« auf das Canvas zeichnet. Den eigentlichen Tweet heben wir uns für später auf. Vergleichen Sie Ihre Antwort unbedingt mit der Lösung am Ende des Kapitels, bevor Sie weiterblättern.

```
function zeichneText(canvas, kontext) {

    var selectObj = document.getElementById("_____");

    var index = selectObj.selectedIndex;

    var vgFarbe = selectObj[index].value;

    kontext._____ = vgFarbe;

    kontext._____ = "bold 1em sans-serif";

    kontext._____ = "left";

    kontext._____(_"_____", 20, 40);


    // Ausgewählten Tweet aus dem Menü lesen
    // und zeichnen.

    kontext.font = "_____";

    kontext._____ = "_____";

    kontext._____("... aber nur dieses lausige T-Shirt bekommen!",
                      _____, _____);
}
```

Tipp: die x-/y-Position für »Ich hab folgenden Tweet gefunden:«.

Für den Moment schreiben wir nur einen Kommentar an die Stelle, an der später der Tweet-Text gezeichnet wird.

Tipp: Für den Tweet verwenden wir eine kursive Schrift mit Serifen, aber hierfür nehmen wir eine fette, serifenlose Schrift.

Tipp: Wir möchten den Text in der rechten unteren Ecke positionieren.

Wir möchten den Text 20 Pixel links von der rechten Seite und 40 Pixel vom unteren Rand des Canvas zeichnen, damit die obere Textlinie ausgewogen ist.

```
textFarbe
fillStyle        fillText         bold 1em sans-serif        fillText        font
textAlign        canvas.width-20        right        textAlign        canvas.height-40
                                                                          left
fillCircle              fillRect        "Ich hab folgenden Tweet gefunden:"
```

Sie sind hier ▸

Genauer Blick auf den *Text im Canvas*

Canvas-Text unter der Lupe

Nachdem Sie jetzt Ihren ersten Text im Canvas gezeichnet haben, sollten wir uns die Textmethoden und -eigenschaften der Canvas-API genauer ansehen. Wie Sie in der Übung herausgefunden haben, ist diese API sehr systemnah – Sie müssen dem Kontext mitteilen, welchen Text er zeichnen soll sowie an welcher Position und in welcher Schrift.

In dieser Folge von *Unter der Lupe* befassen wir uns ausführlich mit den Eigenschaften zu Ausrichtung, Schrift, Grundlinie und den Füll- und Zeichenmethoden. Bis Sie das nächste Mal umblättern, sind Sie ein Experte für Canvas-Text!

Ausrichtung

Die `textAlign`-Eigenschaft gibt an, wo der Ankerpunkt des Texts liegt: Der Standardwert ist »start«.

```
kontext.textAlign = "left";
```

Mögliche Werte sind: start, end, left, right und center. start und end haben in Sprachen, die von links nach rechts geschrieben werden (z. B. Deutsch), denselben Effekt wie left und right. In Sprachen, die von rechts nach links geschrieben werden, z. B. Hebräisch, ist es umgekehrt.

fillText und strokeText

Wie bei Rechtecken kann auch Text gefüllt oder nur als Kontur gezeichnet werden. Wir geben den Text, die x-/y-Position sowie den optionalen Parameter maxwidth an, durch den der Text skaliert wird, falls er breiter als maxwidth ist.

```
kontext.fillText("Hund", 100, 100, 200);

kontext.strokeText("Katze", 100, 150, 200);
```

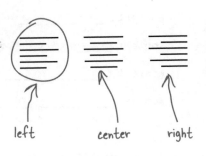

Wenn der Text breiter als 200 ist, wird er automatisch skaliert.

Schrift

Für die Schrifteigenschaften können Sie dasselbe Format wie in CSS verwenden – praktisch! Wenn Sie alle Eigenschaften verwenden, können Sie Schriftstil, -gewicht, -größe und -familie angeben – in genau dieser Reihenfolge:

```
kontext.font = "2em Lucida Grande";
kontext.fillText("Tee", 100, 100);
kontext.font = "italic bold 1.5em Times, serif";
kontext.fillText("Kaffee", 100, 150);
```

→ Tee
→ Kaffee

Die Spezifikation empfiehlt, nur Vektorschriften zu verwenden (Bitmap-Schriften werden vielleicht nicht sonderlich gut dargestellt).

Seht ihr? Ich WUSSTE, dass CSS eine Rolle spielt!!!

Grundlinie

Die Eigenschaft `textBaseline` legt die Ausrichtungspunkte der Schrift fest und bestimmt die Linie, auf der Ihre Buchstaben laufen. Um ihre Wirkung zu untersuchen, können Sie eine Linie an derselben x-/y-Position zeichnen, an der Sie den Text platzieren:

```
kontext.beginPath();
kontext.moveTo(100, 100);
kontext.lineTo(250, 100);
kontext.stroke();
kontext.textBaseline = "middle";
kontext.fillText("Alphabet", 100, 100);
```

Alphabet ← alphabetic
Alphabet ← bottom
Alphabet ← middle
Alphabet ← top

Mögliche Werte sind: top, hanging, middle, alphabetic, ideographic und bottom. »alphabetic« ist der Standardwert. Experimentieren Sie mit den verschiedenen Werten, bis Sie finden, was Sie brauchen (mehr dazu finden Sie in der Spezifikation).

Text *zeichnen*

Probelauf mit zeichneText

Nachdem Sie mittlerweile mehr von der API verinnerlicht haben, können Sie jetzt den Code aus der Code-Magneten-Übung eintippen. Hier ist er – wir haben brav die Magneten in Code übersetzt:

```
function zeichneText(canvas, kontext) {
    var selectObj = document.getElementById("textFarbe");
    var index = selectObj.selectedIndex;
    var vgFarbe = selectObj[index].value;

    kontext.fillStyle = vgFarbe;
    kontext.font = "bold 1em sans-serif";
    kontext.textAlign = "left";
    kontext.fillText("Ich hab folgenden Tweet gefunden:", 20, 40);




    kontext.font = "bold 1em sans-serif";
    kontext.textAlign = "right";
    kontext.fillText("... aber nur dieses lausige T-Shirt bekommen!",
        canvas.width-20, canvas.height-40);
}
```

Hier schreiben wir in Kürze den Code hin, der den Tweet-Text zeichnet ...

Wenn Sie mit dem Abtippen fertig sind, aktualisieren Sie die Funktion `vorschauHandler`, damit die Funktion `zeichneText` aufgerufen wird, und machen einen Testlauf im Browser. Sie sollten etwas Ähnliches sehen wie wir:

Das ist der Text. Wir haben serifenlosen Text in Fettschrift an der richtigen Stelle.

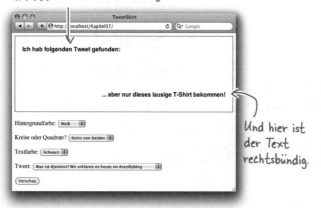

Und hier ist der Text rechtsbündig.

> **Spitzen Sie Ihren Bleistift**
>
> Versuchen Sie, die Funktion zeichneText zu vervollständigen. Sie müssen den ausgewählten Tweet auslesen, eine kursive Schrift mit Serifen wählen, die ein wenig größer ist (1.2em), den Text linksbündig ausrichten und an der Position x = 30, y = 100 platzieren. Das ist der letzte Schritt, bevor wir das TweetShirt sehen!
>
> *Schreiben Sie Ihren Code oben in die Lücke, ohne auf der nächsten Seite zu spicken! (Ja, wirklich!)*

Funktion zeichneText vervollständigen

Hier ist unsere Lösung. Wie sieht sie im Vergleich zu Ihrer aus? Wenn Sie Ihren Code noch nicht eingegeben haben, tippen Sie den folgenden ab (oder Ihren eigenen, wenn Ihnen das lieber ist) und laden `index.html` neu. Wir zeigen Ihnen unseren Testlauf auf der nächsten Seite.

```
function zeichneText(canvas, kontext) {
    var selectObj = document.getElementById("textFarbe");
    var index = selectObj.selectedIndex;
    var vgFarbe = selectObj[index].value;

    kontext.fillStyle = vgFarbe;
    kontext.font = "bold 1em sans-serif";
    kontext.textAlign = "left";
    kontext.fillText("Ich hab folgenden Tweet gefunden:", 20, 40);

    selectObj = document.getElementById("tweets");
    index = selectObj.selectedIndex;
    var tweet = selectObj[index].value;
    kontext.font = "italic 1.2em serif";
    kontext.fillText(tweet, 30, 100);

    kontext.font = "bold 1em sans-serif";
    kontext.textAlign = "right";
    kontext.fillText("... aber nur dieses lausige T-Shirt bekommen!",
        canvas.width-20, canvas.height-40);
}
```

Wir müssen den Tweet-Text nicht linksbündig ausrichten, weil die Ausrichtung bereits in dieser Zeile festgelegt wurde.

Wir lesen die ausgewählte Option aus dem Tweet-Menü aus ...

... wählen die Schrift kursiv – mit Serifen und ein klein bisschen größer – ...

... und zeichnen sie an der Position 30, 100.

> Beeil dich und klick auf Vorschau, Frank. Ich möchte dieses TweetShirt sehen!

TweetShirt-Launch

Schnelle Probefahrt und dann ~~LUNCH~~ LAUNCH!

Wir hoffen, Sie sehen, was wir sehen! Toll, oder? Unterziehen Sie die Oberfläche einer echten Qualitätssicherung: Probieren Sie alle Kombinationen aus Farben und Formen durch oder ersetzen Sie den Benutzernamen durch einen anderen.

Sind Sie bereit, das wirklich online zu stellen? Los geht's!

Der Tweet steht auf der T-Shirt-Vorschau. Genial!

Ja! Es funktioniert. Wir sind bereit für den Launch!!

Jungs, tut mir leid, eure Seifenblase platzen zu lassen. Aber ihr seid noch nicht fertig. Ihr solltet doch auch ein Bild vom Twitter-Vogel auf das T-Shirt zeichnen!

Erinnern Sie sich an die Gründerin von TweetShirt?

***Entdecken Sie Ihren** Inneren Künstler*

① Als Erstes brauchen wir ein Bild. Wir haben ein Bild mit dem Namen `twitterVogel.png` im TweetShirt-Verzeichnis abgelegt. Um es in das Canvas zu stellen, benötigen wir dann ein JavaScript-Bildobjekt. Das bekommen wir so:

```
var twitterVogel = new Image();
twitterVogel.src = "twitterVogel.png";
```

← Neues Bildobjekt erstellen.

← Und das Bild vom Twitter-Vogel als Quelle festlegen.

② Der nächste Teil sollte Ihnen mittlerweile selbstverständlich vorkommen. Wir müssen das Bild im Canvas mit einer Kontextmethode mit dem Namen – raten Sie mal – drawImage zeichnen.

```
kontext.drawImage(twitterVogel, 20, 120, 70, 70);
```

Wir verwenden die drawImage-Methode.

Unser Bildobjekt.

Und wir geben x-/y-Position, Breite und Höhe an.

③ Eines sollten Sie noch über Bilder wissen: Sie werden nicht immer sofort geladen, deshalb müssen Sie überprüfen, ob das Bild vollständig geladen wurde, bevor Sie es zeichnen. Und wie warten wir, bis etwas geladen ist? Richtig, wir implementieren einen onload-Handler:

```
twitterVogel.onload = function() {
    kontext.drawImage(twitterVogel, 20, 120, 70, 70);
};
```

Hier sagen wir: Wenn das Bild geladen ist, führe diese Funktion aus.

Wir zeichnen das Bild mithilfe der drawImage-Methode des Kontexts auf das Canvas.

Sie sind hier ▸ **333**

Bild einfügen

Versuchen Sie, die zeichneVogel-Funktion aus den Teilen zusammenzustellen, die uns Judith gegeben hat. Die Funktion zeichneVogel erwartet ein Canvas und einen Kontext und zeichnet den Vogel auf das Canvas-Element. Sie können davon ausgehen, dass wir »twitterVogel.png« an der Position x = 20, y = 120 mit einer Breite und Höhe von jeweils 70 platzieren. Wir haben die Deklaration der Methode und die erste Zeile für Sie geschrieben. Unsere Lösung finden Sie am Ende des Kapitels.

```
function zeichneVogel(canvas, kontext) {
    var twitterVogel = new Image();



}
```

Hier kommt Ihr →
Code hin.

Vergessen Sie nicht, den Aufruf von zeichneVogel in die Funktion vorschauHandler einfügen.

Und noch eine Probefahrt

Überprüfen Sie Ihren Code sorgfältig und machen Sie noch eine Probefahrt ... Wow, das sieht wirklich gut aus!

Machen Sie mehrere Versuche. Probieren Sie es mit Kreisen und Quadraten. Sie werden feststellen, dass wir ein PNG mit einem transparenten Hintergrund verwendet haben, sodass die Kreise und Quadrate auch hinter dem Vogel sichtbar sind.

Das ist super. Und wir sind auf dem besten Weg, eine coole Web-App zu entwickeln. Aber wie gesagt — wir überlassen es Ihnen, noch den E-Commerce- und den Produktionsteil usw. zu implementieren.

Es gibt keine Dummen Fragen

F: Das Image-Objekt haben wir bisher noch nicht gesehen, aber wir haben damit ein Bild in das Canvas eingefügt. Warum haben wir es nicht mit document.createElement("img") erstellt?

A: Gute Frage. Beide von Ihnen genannten Methoden erstellen Bildobjekte. Der JavaScript-Konstruktor ist wohl die direktere Möglichkeit, Bilder in JavaScript zu erstellen, und bietet mehr Kontrolle über den Ladevorgang (so können wir über den Handler erfahren, wann das Bild vollständig geladen ist).

Unser Ziel besteht darin, ein Bild zu erstellen und sicherzugehen, dass es vollständig geladen wurde, bevor wir es auf das Canvas zeichnen. Das Image-Objekt ist dafür die beste Möglichkeit.

F: Canvas ist cool ... aber auch ein bisschen nervig im Vergleich zu HTML. Alles, was über einfache Formen hinausgeht, scheint damit ziemlich kompliziert zu sein.

A: Kein Zweifel. Wenn Sie für das Canvas programmieren, müssen Sie Grafikcode schreiben. Anders als beim Browser, der sich um eine Menge Details für Sie kümmert – den Fluss von Elementen auf der Seite, damit Sie nicht alles selbst zeichnen müssen –, müssen Sie Canvas genau sagen, wo alles hingehört. Canvas bietet Ihnen eine mächtige Möglichkeit, beinahe alle Arten von Grafiken (momentan nur 2-D) zu zeichnen. Allerdings befinden wir uns in der Anfangszeit von Canvas. Es ist recht wahrscheinlich, dass künftige JavaScript-Bibliotheken das Schreiben von Canvas-Grafiken vereinfachen.

F: Bei langen Tweets wird der Text am Rand des Canvas einfach abgeschnitten. Wie kann ich das verhindern?

A: Eine Möglichkeit besteht darin, zu überprüfen, wie viele Zeichen der Tweet lang ist. Ist er länger als eine bestimmte Anzahl Zeichen, können Sie ihn auf mehrere Zeilen verteilen und jede Zeile einzeln auf das Canvas zeichnen. Genau dafür haben wir die Funktion »zeilenUmbrechen« im Code für Sie versteckt.

F: Mir ist auch aufgefallen, dass einige Tweets HTML-Entities wie z. B. " und & enthalten. Was hat es damit auf sich?

A: Die Twitter-API, mit der wir die Tweets als JSON abrufen, konvertiert Sonderzeichen in den Tweets in HTML-Entities. Das ist wichtig, weil dadurch einige Zeichen, die sonst unser JSON zerstören würden, als Entities abgebildet werden. Wenn Sie die Tweets als HTML anzeigen, werden diese Entities im Browser mit den entsprechenden Zeichen dargestellt – genauso wie die Entities in Ihren eigenen Seiten. Im Canvas machen sie sich dagegen nicht so gut. Leider enthält die Canvas-API derzeit keine Funktion, um diese Entities wieder zurück in die entsprechenden Zeichen zu konvertieren. Daher müssen Sie das selbst tun.

F: Kann man auch ausgefallene Dinge mit dem Canvas tun, z. B. Schlagschatten für Text oder Formen?

A: Ja, Sie können eine Menge toller Dinge mit Canvas machen – und Schlagschatten gehören definitiv dazu. Wie Sie sich sicher denken können, erstellen Sie einen Schatten, indem Sie entsprechende Kontexteigenschaft festlegen: Die Weichzeichnung des Schattens legen Sie mit kontext.shadowBlur, die Position mit kontext.shadowOffsetX und kontext.shadowOffsetY, die Farbe mit kontext.shadowColor fest.

Andere Dinge, die mit dem Canvas funktionieren und die Sie interessieren könnten, sind Verläufe, die Rotation von Formen sowie abgerundete Ecken für Rechtecke.

F: Welche anderen interessanten Dinge kann ich mit dem Canvas machen?

A: Eine Menge! Wir werden noch einige weitere Möglichkeiten in den folgenden Kapiteln behandeln, und Sie sollten unbedingt einen Blick auf die Canvas-API unter http://dev.w3.org/html5/2dcontext/ werfen.

F: Funktioniert dieses ganze Canvas-Zeug auch auf einem mobilen Gerät? Oder muss ich dafür alles umschreiben?

A: Wenn Ihr mobiles Gerät über einen modernen Browser verfügt (Geräte wie Android, iPhone und iPad), dann sollte es gut funktionieren (die Größe der Seite kann ein bisschen daneben sein, aber es klappt). Das Gute am Canvas ist, dass alles, was Sie damit zeichnen, überall (auf allen Browsern, die Canvas unterstützen) gleich aussieht – weil Sie die Pixel direkt zeichnen. Glücklicherweise verfügen alle modernen Smart-Geräte wie Android, iPhone und iPad über ausgeklügelte Browser, die einen Großteil der Funktionalität von Desktopbrowsern bieten.

Canvas-*Metadaten*

> Ich fände es toll, wenn wir ein T-Shirt zusammen mit den Positionen aller Quadrate speichern könnten. Gibt es eine Methode zum Speichern des Canvas?

Nein, dafür ist zusätzliche Arbeit nötig.

Das Canvas soll wirklich nur eine einfache Zeichenoberfläche bieten. Wenn Sie eine Form zeichnen, versteht sie das Canvas lediglich als eine Ansammlung von Pixeln. Das Canvas versteht nicht, was Sie zeichnen, und merkt sich auch keine Formen. Es zeichnet lediglich die von Ihnen gewünschten Pixel. (Wenn Sie mit den Begriffen »Bitmap« und »Vektorgrafik« vertraut sind, wird Ihnen klar sein, dass Canvas »Bitmaps« zeichnet.)

Möchten Sie die Rechtecke in Ihrem Canvas als eine Reihe von Objekten behandeln, die Sie speichern und vielleicht sogar verschieben oder verändern können, müssen Sie die Informationen über die Formen und Pfade erhalten, während Sie sie im Canvas erstellen. Sie können diese Daten in JavaScript-Objekten speichern. Wenn Sie beispielsweise die Kreise speichern möchten, die wir auf dem TweetShirt-Canvas gezeichnet haben, müssen Sie die x-/y-Position, den Radius und die Farbe speichern, um diese Kreise nachzubilden.

Das klingt nach einem guten Projekt für Sie! ;)

***Entdecken Sie Ihren** Inneren Künstler*

Gratulation ans Team. Sie haben es geschafft! Und es funktioniert sogar auf meinem iPhone, damit ist es perfekt für Kunden, die unterwegs sind. Ich bin begeistert. Wir machen eine TweetShirt-Launchparty, feiern Sie mit!

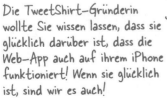

Die TweetShirt-Gründerin wollte Sie wissen lassen, dass sie glücklich darüber ist, dass die Web-App auch auf ihrem iPhone funktioniert! Wenn sie glücklich ist, sind wir es auch!

Punkt für Punkt

- Canvas ist ein Element, das Sie in Ihrer Seite als Zeichenfläche platzieren können.

- Das Canvas-Element hat keinen Standardstil oder Inhalt, außer Sie erstellen ihn (also sehen Sie nichts davon, bevor Sie etwas darin zeichnen oder mit CSS einen Rahmen erstellen).

- Sie können mehr als ein Canvas-Element pro Seite verwenden. Natürlich müssen Sie jedem eine eindeutige ID geben, um darauf mit JavaScript zugreifen zu können.

- Die Größe des Canvas-Elements geben Sie über die Elementattribute width und height an.

- Alles im Canvas-Element wird über JavaScript gezeichnet.

- Dafür müssen Sie zuerst einen Kontext erstellen. Momentan ist ein 2-D-Kontext die einzige Option, in Zukunft kann es aber auch andere Typen geben.

- Ein Kontext ist für das Zeichnen im Canvas erforderlich, weil er eine besondere Schnittstelle zur Verfügung stellt (z. B. 2-D). Irgendwann wird mehr als eine Schnittstelle zur Wahl stehen.

- Auf das Canvas greifen Sie über Eigenschaften und Methoden des Kontexts zu.

- Um ein Rechteck im Canvas zu zeichnen, verwenden Sie die Methode kontext.fillRect. Dadurch erstellen Sie ein mit einer bestimmten Farbe gefülltes Rechteck.

- Um nur die Kontur zu zeichnen, verwenden Sie strokeRect statt fillRect.

- Mit fillStyle und strokeStyle können Sie die Standardfüll- bzw. -konturfarbe festlegen (standardmäßig Schwarz).

- Farben können Sie im selben Format wie in CSS angeben (z. B. "black", "#000000", "rgb(0, 0, 0)"). Denken Sie daran, den Wert von fillStyle in Anführungszeichen zu setzen.

- Es gibt keine fillCircle-Methode. Kreise müssen Sie als Bogen zeichnen.

- Um beliebige Formen oder Bogen zu zeichnen, müssen Sie zuerst einen Pfad erstellen.

- Ein Pfad ist eine unsichtbare Linie bzw. Form, die eine Linie oder einen Bereich auf dem Canvas definiert. Sie können einen Pfad nicht sehen, bis Sie ihn zeichnen oder füllen.

- Ein Dreieck zeichnen Sie, indem Sie einen Pfad mit beginPath erstellen und anschließend mit moveTo und lineTo zeichnen. Mit closePath können Sie zwei Punkte des Pfads verbinden.

- Um einen Kreis zu zeichnen, erstellen Sie einen Bogen von 360°. Der Startwinkel ist 0°, Ihr Endwinkel beträgt 360°.

- Winkel im Canvas werden in Radiant angegeben, nicht in Grad. Daher müssen Sie für Ihren Start- und Endwinkel von Grad in Radiant umwandeln.

- 360 Grad = 2Pi Radiant.

- Zum Zeichnen von Text im Canvas verwenden Sie die fillText-Methode.

- Beim Zeichnen von Text im Canvas müssen Sie die Position, den Stil und andere Eigenschaften über entsprechende Kontexteigenschaften angeben.

- Wenn Sie eine Kontexteigenschaft festlegen, gilt diese für alle darauffolgenden Zeichenvorgänge, bis Sie die Eigenschaft wieder ändern. Änderungen an der fillStyle-Eigenschaft gelten für die Farbe von Formen und Text, bis Sie fillStyle erneut festlegen.

- Mit der drawImage-Methode können Sie Bilder in das Canvas einfügen.

- Um ein Bild einzufügen, müssen Sie zuerst ein Bildobjekt erstellen und sicherstellen, dass es vollständig geladen wurde.

- Zeichnungen auf dem Canvas sind vergleichbar mit »Bitmaps« in Grafikprogrammen.

Entdecken Sie Ihren Inneren Künstler

WEBVILLE KURIER

Sensationsnachricht: <canvas> und <video> sind ein und dasselbe!

Webville – hier lesen Sie es zuerst

Nach einem exklusiven Interview können wir berichten, dass <canvas> und <video> mehr als nur dieselben Webseiten geteilt haben. Sie haben richtig verstanden ... sagen wir einfach, dass sie ihre Inhalte vermischt haben.

von Troy Armstrong
FESTER AUTOR BEIM KURIER

<video> sagt: »Es stimmt, wir haben eine enge Beziehung zueinander entwickelt. Ich bin eher einfach gestrickt, weiß, wie ich Videos anzeige, und das mache ich recht gut. Aber das ist auch so ziemlich alles, was ich kann. Mit <canvas> hat sich alles verändert. Ich kleide mich in benutzerdefinierten Steuerelementen, filtere meine Videoinhalte und kann mehrere Videos gleichzeitig anzeigen.«

Wir haben <canvas> gebeten, dazu Stellung zu nehmen. Ist sie die Frau hinter dem <video>-Tag? <canvas> verriet uns: »Nun, <video> kommt sehr gut allein zurecht – mit den Video-Codecs. Er kümmert sich um die Frames pro Sekunde – und das ist eine große Aufgabe. Ich könnte das niemals tun. Aber mit mir kann er seiner normalen – ich würde fast sagen, »langweiligen« – Art entfliehen, Videos abzuspielen. Ich biete ihm die Mittel, verschiedenste kreative Möglichkeiten zu erforschen, um Video mit herkömmlichen Webinhalten zu mischen.«

Wer hätte das gedacht? Ich denke, durch die Partnerschaft von <canvas>+<video> stehen uns interessante Dinge bevor!

Die Auswirkungen dieser Offenbarung können ohne Weiteres bis weit unten im Video-Kapitel zu spüren sein, wo diese vielversprechende Beziehung den prüfenden Blicken der Öffentlichkeit unterzogen wird.

Anwohnerin Heidi Musgrove war schockiert, als sie die Wahrheit über die beiden Elemente herausfand.

Sie sind hier ▸

Spaß für Ihr Gehirn

HTML5-Kreuzworträtsel

Wir freuen uns darauf, im nächsten Kapitel mehr über die Sensationsnachricht zu <canvas> und <video> zu erfahren. In der Zwischenzeit können Sie Ihr neues Canvas-Wissen mit einem Kreuzworträtsel (und vielleicht einer Tasse Tee) zementieren.

Waagerecht

5. Methode, mit der wir einen Pfad sichtbar machen.
7. Canvas und _____ kommen gut miteinander aus.
8. Mit einem _____-Handler können Sie feststellen, wann etwas vollständig geladen wurde.
10. Ein Kreis hat 360 _____.
11. Die nicht existente Kontextmethode, mit der Jan Kreise zeichnen wollte.
12. Mit dieser Methode zeichnen Sie Text auf dem Canvas.
14. Eigenschaft, mit der wir die Füllfarbe wählen.
15. Diese Kontextmethode erstellt ein Rechteck.
16. Beste Stelle für einen guten Tweet.

Senkrecht

1. Um den Pfadbleistift zur Position 100, 100 zu bewegen, verwenden Sie _____ (100, 100); 10.
2. Einen Kreis zeichnen Sie mit einem _____ .
3. Wir denken in Grad, Canvas denkt in _____ .
4. Alles auf dem Canvas besteht aus _____ .
5. Möchten Sie wissen, welche Option ausgewählt wurde? Dann brauchen Sie vielleicht diese Eigenschaft.
6. Ein Objekt mit Methoden und Eigenschaften zum Zeichnen auf dem Canvas.
9. Unsichtbare Linie zum Zeichnen einer Form.
13. Wir haben den Text »... aber nur dieses lausige T-Shirt bekommen!« _____-bündig formatiert.

SPIELEN Sie Browser, Lösung

Nachdem Sie jetzt eine Oberfläche haben, führen Sie die folgenden JavaScript-Anweisungen aus. Schreiben Sie dann den Wert für jedes Oberflächenelement auf.

Gehen Sie davon aus, dass Sie die Werte für Ihr T-Shirt mit der Benutzeroberfläche ausgewählt haben.

```
var selectObj = document.getElementById("hintergrundFarbe");
var index = selectObj.selectedIndex;
var hgFarbe = selectObj[index].value;          white

var selectObj = document.getElementById("formen");
var index = selectObj.selectedIndex;
var formen = selectObj[index].value;           kreise

var selectObj = document.getElementById("textFarbe");
var index = selectObj.selectedIndex;
var vgFarbe = selectObj[index].value;          black
```

Beachten Sie, dass wir für jeden Menüoptionswert das entsprechende select-Element mit der Option abrufen, die ausgewählte Option über die Eigenschaft selectedIndex suchen und anschließend den Wert der ausgewählten Option auslesen.

Denken Sie daran, dass sich der Wert der Option vom Text, der im Steuerelement angezeigt wird, unterscheiden kann (wie in diesem Fall).

Sehen Sie sich nochmals das HTML mit den Optionswerten an, wenn Sie möchten.

Das sind die Werte, die wir in der TweetShirt-Oberfläche ausgewählt haben, um die obigen Antworten zu erzeugen.

Hintergrundfarbe: [Weiß]
Kreise oder Quadrate? [Quadrate]
Textfarbe: [Schwarz]
Tweet: [ ]

(Vorschau)

Lösungen zu den Übungen

Pseudocode-Magneten, Lösung

Nutzen Sie Ihre magischen Pseudocode-Fähigkeiten, um den folgenden Pseudocode zu arrangieren. Wir müssen den Pseudocode für die Funktion zeichneQuadrat schreiben. Diese Funktion nimmt Canvas und Kontext entgegen und zeichnet Quadrate mit zufällig gewählter Größe auf dem Canvas. Das ist unsere Lösung.

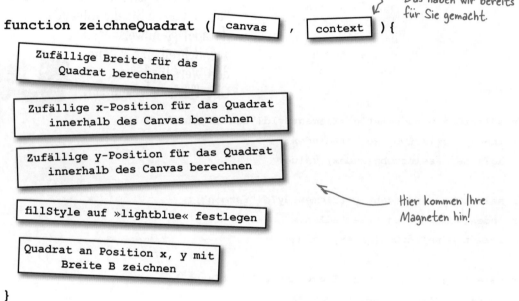

Das haben wir bereits für Sie gemacht.

```
function zeichneQuadrat ( canvas , context ) {

    Zufällige Breite für das
    Quadrat berechnen

    Zufällige x-Position für das Quadrat
    innerhalb des Canvas berechnen

    Zufällige y-Position für das Quadrat
    innerhalb des Canvas berechnen

    fillStyle auf »lightblue« festlegen

    Quadrat an Position x, y mit
    Breite B zeichnen

}
```

Hier kommen Ihre Magneten hin!

Spitzen Sie Ihren Bleistift — Lösung

Um sicherzustellen, dass wir nur neue Quadrate im Canvas sehen, wenn wir auf »Vorschau« klicken, müssen wir das Canvas mit der vom Benutzer im Auswahlmenü »hintergrundFarbe« gewählten Farbe füllen. Vervollständigen Sie den Code, indem Sie die leeren Felder ausfüllen. Das ist unsere Lösung.

```
function hintergrundFarbeFuellen(canvas, kontext) {

    var selectObj = document.getElementById("hintergrundFarbe");

    var index = selectObj.selectedIndex;

    var hgFarbe = selectObj.options[index].value;

    kontext.fillStyle = hgFarbe;

    kontext.fillRect(0, 0, canvas.width, canvas.height);

}
```

Für die Hintergrundfarbe zeichnen wir lediglich ein Rechteck, das das gesamte Canvas mit einer Farbe füllt.

Entdecken Sie Ihren Inneren Künstler

SPIELEN Sie Browser, Lösung

Interpretieren Sie den Aufruf der arc-Methode und zeichnen Sie alle Werte auf dem Kreis ein, einschließlich des Pfads, den die Methode erstellt.

```
kontext.arc(100, 100, 75, gradInRadiant(270), 0, true);
```

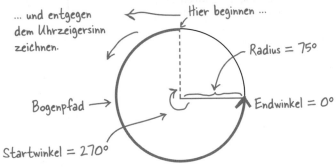

... und entgegen dem Uhrzeigersinn zeichnen.

Hier beginnen ...

Radius = 75°

Bogenpfad →

Endwinkel = 0°

Startwinkel = 270°

Wir haben einen Pfad! Und jetzt?

LÖSUNG ZUR ÜBUNG

Mit dem Pfad zeichnen Sie natürlich Linien und füllen Ihre Formen mit Farben! Erstellen Sie eine einfache HTML5-Seite mit einem Canvas-Element und tippen Sie den bisherigen Code ab. Machen Sie eine Probefahrt damit.

```
kontext.beginPath();
kontext.moveTo(100, 150);
kontext.lineTo(250, 75);
kontext.lineTo(125, 30);
kontext.closePath();
```
⎬ Das ist der bisherige Code.

```
kontext.lineWidth = 5;
```
Stärke der Linie, die über den Pfad gezeichnet wird.

```
kontext.stroke();
```
Pfad mit der Linie überzeichnen.

```
kontext.fillStyle = "red";
```
Rot als Füllfarbe für das Dreieck wählen.

```
kontext.fill();
```
Dreieck mit roter Farbe füllen.

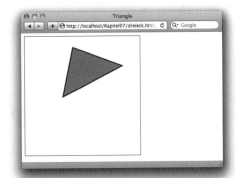

Das erhalten wir, wenn wir unsere Dreiecksseite laden (mit einem 300 x 300 großen Canvas).

Sie sind hier ▶ **343**

Lösungen zu den Übungen

Kurze Pause, Lösung

Zeit, Ihre neuen Fertigkeiten mit Pfad und Bogen zu üben und ein Smiley zu zeichnen. Ergänzen Sie die Lücken mit dem erforderlichen Code, um das Smiley zu zeichnen. Wir haben Ihnen Tipps gegeben, wohin Augen, Nase und Mund kommen.

Das ist unsere Lösung:

```
function zeichneSmiley() {
    var canvas = document.getElementById("smiley");
    var kontext = canvas.getContext("2d");

    kontext.beginPath();
    kontext.arc(300, 300, 200, 0, gradInRadiant(360), true);
    kontext.fillStyle = "#ffffcc";
    kontext.fill();
    kontext.stroke();

    kontext.beginPath();
    kontext.arc(200, 250, 25, 0, gradInRadiant(360), true);
    kontext.stroke();

    kontext.beginPath();
    kontext.arc(400, 250, 25, 0, gradInRadiant(360), true);
    kontext.stroke();

    kontext.beginPath();
    kontext.moveTo(300, 300);
    kontext.lineTo(300, 350);
    kontext.stroke();

    kontext.beginPath();
    kontext.arc(300, 350, 75, gradInRadiant(20), gradInRadiant(160), false);
    kontext.stroke();
}
```

Der Gesichtskreis. Den haben wir bereits für Sie geschrieben und gelb gefüllt.

Das ist das linke Auge. Der Mittelpunkt des Kreises befindet sich an der Position x = 200, y = 250, der Radius ist 25, der Startwinkel 0 und der Endwinkel Math.PI * 2 Radiant (360°). Wir zeichnen den Pfad mit »stroke«, damit wir nur die Kontur des Kreises erhalten (aber keine Füllung).

Das rechte Auge ist genauso wie das linke, mit Ausnahme der Position x = 400. Wir zeichnen entgegen dem Uhrzeigersinn (true), auch wenn das für einen vollständigen Kreis keine Rolle spielt.

Das ist die Nase. Wir bewegen den Stift mit moveTo(300,300) zur Position x = 300, y = 300, um dort mit der Linie zu beginnen. Anschließend verwenden wir die Methode lineTo(300,350), weil die Nase 50 Pixel lang sein soll. Anschließend zeichnen wir den Pfad.

Damit das Lächeln realistischer aussieht, wählen wir den Anfang bzw. das Ende des Mundes jeweils 20° unterhalb der x-Achse. Der Startwinkel beträgt also 20°, der Endwinkel 160°.

Wir zeichnen im Uhrzeigersinn (false), weil der Mund lächeln soll. (Der Anfangspunkt befindet sich rechts vom Zentrum des Mundes.)

Entdecken Sie Ihren Inneren Künstler

Code-Magneten, Lösung

Zeit für Ihr erstes Experiment mit Canvas-Text. Wir haben mit dem Code für zeichneText bereits begonnen – der Methode, die wir aufrufen werden, um den Text in das Vorschau-Canvas zu zeichnen. Versuchen Sie, den Code zu vervollständigen, der die Textzeilen »Ich hab folgenden Tweet gefunden:« und »... aber nur dieses lausige T-Shirt bekommen!« auf das Canvas zeichnet. Den eigentlichen Tweet heben wir uns für später auf. Das ist unsere Lösung.

```
function zeichneText(canvas, kontext) {
    var selectObj = document.getElementById(" textFarbe ");
    var index = selectObj.selectedIndex;
    var vgFarbe = selectObj[index].value;
    kontext. fillStyle  = vgFarbe;
    kontext. font  = "bold 1em sans-serif";
    kontext. textAlign  = "left";
    kontext. fillText ( "Ich hab folgenden Tweet gefunden:" , 20, 40);
```

Tipp: die x-/y-Position für »Ich hab folgenden Tweet gefunden:«.

Für den Moment schreiben wir nur einen Kommentar an die Stelle, an der später der Tweet-Text gezeichnet wird.

```
    // Ausgewählten Tweet aus dem Menü abrufen und
    // den Text zeichnen.

    kontext.font = " bold 1em sans-serif ";
    kontext. textAlign  = " right ";
    kontext. fillText ("... aber nur dieses lausige T-Shirt bekommen!",
         canvas.width-20 ,  canvas.height-40 );
}
```

Tipp: Für den Tweet verwenden wir eine kursive Schrift mit Serifen, aber hierfür nehmen wir eine fette, serifenlose Schrift.

Tipp: Wir möchten den Text in der rechten unteren Ecke positionieren.

Wir möchten den Text 20 Pixel links von der rechten Seite und 40 Pixel vom unteren Rand des Canvas zeichnen, damit die obere Textlinie ausgewogen ist.

Restliche Magneten.

`fillCircle`   `fillRect`   `left`

Sie sind hier ▶ **345**

Lösungen zu den Übungen

LÖSUNG ZUR ÜBUNG

Versuchen Sie, die zeichneVogel-Funktion aus den Teilen zusammenzustellen, die uns Judith gegeben hat. Die Funktion zeichneVogel erwartet ein Canvas und einen Kontext und zeichnet den Vogel auf das Canvas-Element. Sie können davon ausgehen, dass wir »twitterVogel.png« an der Position x = 20, y = 120 mit einer Breite und Höhe von jeweils 70 platzieren. Wir haben die Deklaration der Methode und die erste Zeile für Sie geschrieben. Hier ist unsere Lösung.

```
function zeichneVogel(canvas, kontext) {
    var twitterVogel = new Image();
    twitterVogel.src = "twitterVogel.png";
    twitterVogel.onload = function() {
        kontext.drawImage(twitterVogel, 20, 120, 70, 70);
    };
}
```

Hier kommt Ihr Code hin.

Vergessen Sie nicht, den Aufruf von zeichneVogel in die Funktion vorschauHandler einzufügen.

HTML5-Kreuzworträtsel, Lösung

346 Kapitel 7

TweetShirt-Osterei

Nun haben Sie die perfekte TweetShirt-Vorschau geschrieben – was nun? Wenn Sie wirklich ein T-Shirt aus Ihrem Design machen möchten, können Sie das tun! Wie? Wir geben Ihnen einen kleinen Bonuscode – ein TweetShirt-»Osterei« sozusagen –, der aus Ihrem Design ein Bild erzeugt, das Sie auf eine Webseite hochladen können, die Bilder auf T-Shirts druckt. (Davon gibt es eine Menge im Internet.)

Wie wir das machen? Das ist einfach! Wir verwenden die `toDataURL`-Methode des **Canvas**-Objekts:

Für diese Funktionalität haben wir die neue Funktion erzeugeBild geschrieben.

```
function erzeugeBild() {
    var canvas = document.getElementById("tshirtCanvas");
    canvas.onclick = function () {
        window.location = canvas.toDataURL("image/png");
    };
}
```

Wir nehmen das Canvas-Objekt ...

... und fügen einen Event-Handler hinzu, damit bei einem Klick das Bild erzeugt wird.

Wir setzen die Browsereigenschaft window.location auf das erzeugte Bild, damit Sie eine Seite mit dem Bild sehen.

Wir bitten Canvas, ein PNG-Bild mit den auf dem Canvas gezeichneten Pixeln zu erstellen.

Beachten Sie, dass PNG das einzige Format ist, das von Browsern unterstützt werden muss. Daher empfehlen wir Ihnen dieses Format.

Fügen Sie nun einen Aufruf von `erzeugeBild` in die window.onload-Funktion ein, und Ihr Canvas kann ab sofort ein Bild erzeugen, wenn Sie darauf klicken. Versuchen Sie's. Und geben Sie uns Bescheid, wenn Sie ein T-Shirt gemacht haben!

```
window.onload = function() {
    var button = document.getElementById("vorschauButton");
    button.onclick = vorschauHandler;
    erzeugeBild();
}
```

erzeugeBild wird aufgerufen, um den click-Handler zum Canvas hinzuzufügen. Fertig ist das Osterei!

> **Manche Browser lassen kein Bild vom Canvas schießen, wenn Sie den Code über file:// ausführen.**
>
> *Führen Sie den Code über localhost:// oder einen gehosteten Server aus, wenn er auf allen Browsern laufen soll.*

8 Nicht Vaters Fernseher

Video
... mit dem Gaststar »Canvas«

Wir brauchen keine Plug-ins! Video ist mittlerweile ein vollwertiges Mitglied der HTML-Familie – Sie packen ein <video>-Element in Ihre Seite und können sofort Videos schauen – auf fast allen Geräten. Video ist *nicht nur ein Element*, sondern auch eine JavaScript-API, mit der wir Videos abspielen, eigene Benutzeroberflächen erstellen und Filme auf völlig neue Art in HTML integrieren können. Apropos *Integration* ... erinnern Sie sich an die *Verbindung zwischen Video und Canvas*, von der wir gesprochen haben? Sie werden erfahren, wie sich uns dadurch beeindruckende neue Möglichkeiten erschließen, Videos *in Echtzeit zu verarbeiten*. Wir beginnen damit, Videos in einer Seite abzuspielen, und prüfen anschließend die JavaScript-API auf Herz und Nieren. Sie werden überrascht sein, was Sie mit ein bisschen Markup, JavaScript, Video und Canvas alles machen können.

Jetzt neu: Webville TV

Brandneu: Webville TV

Webville TV – alles, worauf Sie gewartet haben: »*Destination Earth*«, »*The Attack of the 50' Woman*«, »*The Thing*«, »*Der Blob*« – wir könnten auch noch ein paar Unterrichtsfilme aus den Fünfzigerjahren dazupacken. In Webville würden Sie schließlich nichts anderes erwarten. Aber das gilt nur für die Inhalte – in technischer Hinsicht geben wir uns natürlich mit weniger als HTML5 nicht zufrieden!

Klar, das ist nur ein Traum. Wir müssen Webville TV schon selbst programmieren, wenn es Realität werden soll. Und genau das machen wir: Auf den nächsten Seiten werden wir Webville TV von Grund auf mit HTML5-Markup, dem Video-Element und ein klein bisschen JavaScript schreiben.

Webville TV – 100% HTML5.

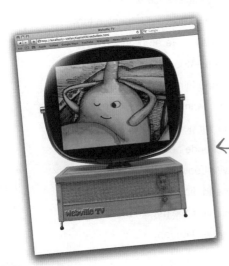

Demnächst in einem Browser in Ihrer Nähe!

Nicht Vaters Fernseher

Bringen wir das HTML hinter uns!

Hey, das ist Kapitel 8, hier wird nicht lange gefackelt! Wir schreiben auf der Stelle das HTML!

```html
<!doctype html>                    Ziemlich normales HTML5.
<html lang="de">
<head>
  <title>Webville TV</title>
  <meta charset="utf-8">           Denken Sie an die CSS-
  <link rel="stylesheet" href="webvilletv.css">    Datei, damit alles hübsch
                                                    anzusehen ist.
</head>
<body>
<div id="tv">
                                   Ein kleines Bild, damit
  <div id="tvConsole">             es auch nach Fernseher
    <div id="schlaglicht">         ausschaut.
        <img src="bilder/schlaglicht.png" alt="Schlaglicht für TV">
    </div>
    <div id="videoDiv">
        <video controls autoplay src="video/video.mp4" width="480" height="360"
              poster="bilder/poster.jpg" id="video">
        </video>
    </div>                         Hier ist unser <video>-Element.
  </div>                           Das sehen wir uns gleich genauer
</div>                             an.
</body>
</html>
```

Anschließen und testen ...

Wir müssen einige Dinge voraussetzen: Vergewissern Sie sich zunächst, dass Sie den obigen Code in eine Datei mit dem Namen `webvilletv.html` eingetippt haben. Zweitens müssen Sie die CSS-Datei herunterladen und drittens die ebenfalls heruntergeladenen Videodateien in ein Verzeichnis mit dem Namen `video` speichern. Laden Sie anschließend die Seite, lehnen Sie sich zurück und genießen Sie.

Download unter http://examples.oreilly.de/german_examples/hfhtml5ger/

Das sehen wir: Wenn Sie die Maus über den Bildschirm bewegen, sehen Sie eine Reihe von Steuerelementen, mit denen Sie das Video abspielen oder anhalten, darin vor- und zurückspulen und die Lautstärke ändern können.

Blättern Sie um, falls Sie Schwierigkeiten haben!

Sie sind hier ▸ **351**

Videoformate *können Probleme machen*

> Ich sehe kein Video. Ich habe den Code immer und immer wieder überprüft, und das Video liegt im richtigen Verzeichnis. Irgendwelche Ideen?

Liegt wahrscheinlich am Videoformat.

Obwohl sich die Browserhersteller darauf geeinigt haben, wie das `<video>`-Element und die API in HTML5 aussehen sollen, können sie sich nicht auf ein *einheitliches Format* für die Videodateien festlegen. Safari bevorzugt beispielsweise das Format H.264, Chrome ist WebM lieber usw.

In dem Code, den wir gerade geschrieben haben, gehen wir vom Format H.264 aus, das in Safari, Mobile Safari and IE9+ funktioniert. Sollten Sie einen anderen Browser verwenden, werfen Sie einen Blick in das Verzeichnis `video`: Dort sehen Sie verschiedene Videoformate mit den Dateiendungen ».mp4«, ».ogv« und ».webm« (dazu später mehr).

Für Safari sollten Sie bereits .mp4 verwenden können (enthält H.264).

Für ältere Versionen von Google Chrome nehmen Sie das Format .webm, indem Sie das src-Attribut folgendermaßen ändern (die neueste Version kann alle drei Formate wiedergeben):

```
src="video/video.webm"
```

Für ältere Firefox- und Opera-Versionen schreiben Sie dieses src-Attribut:

```
src="video/video.ogv"
```

Sollten Sie IE8 oder älter verwenden, haben Sie Pech – Moment mal, das ist Kapitel 8! Warum arbeiten Sie überhaupt noch mit IE8 oder älter? Aktualisieren Sie! Wenn Sie wissen müssen, wie Sie eine Alternative für IE8-Benutzer bieten können, bitten wir Sie um ein wenig Geduld – dazu kommen wir noch.

Während Sie das hier lesen, könnten diese Formate bereits von einem Großteil aller Browser unterstützt werden. Wenn das Video bei Ihnen also funktioniert – toll! Informieren Sie sich im Internet über den aktuellen Stand zu diesem schnelllebigen Thema. Wir kommen in Kürze noch mal ausführlicher darauf zu sprechen.

Versuchen Sie es noch einmal. Wir kommen in Kürze wieder darauf zu sprechen.

Wie funktioniert das Video-Element?

Auf Ihrer Seite läuft bereits ein Video. Aber bevor wir weitermachen, sehen wir uns noch das Video-Element an, das wir in unserem Markup verwendet haben:

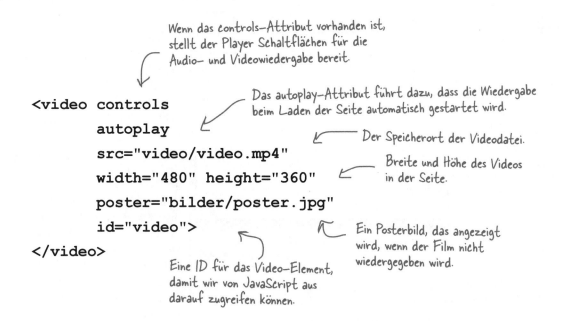

Wenn das controls-Attribut vorhanden ist, stellt der Player Schaltflächen für die Audio- und Videowiedergabe bereit.

```
<video controls
       autoplay
       src="video/video.mp4"
       width="480" height="360"
       poster="bilder/poster.jpg"
       id="video">
</video>
```

Das autoplay-Attribut führt dazu, dass die Wiedergabe beim Laden der Seite automatisch gestartet wird.

Der Speicherort der Videodatei.

Breite und Höhe des Videos in der Seite.

Ein Posterbild, das angezeigt wird, wenn der Film nicht wiedergegeben wird.

Eine ID für das Video-Element, damit wir von JavaScript aus darauf zugreifen können.

Ein weiterer praktischer Tipp aus dem HTML5-Führer der Stadt Webville.

Video-Etikette: die autoplay-Eigenschaft

Zwar mag autoplay für Webseiten wie YouTube und Vimeo (oder Webville TV) das Richtige sein. Aber Sie sollten lieber zweimal überlegen, bevor Sie dieses Attribut für ein <video>-Tag angeben. Häufig möchten die Benutzer ein Wörtchen bei der Entscheidung mitreden, ob das Video gleich beim Laden der Seite gestartet werden soll.

Überblick über die Videoattribute

Genauer Blick auf die Videoattribute ...

Sehen wir uns einige wichtige Videoattribute näher an:

controls

Das controls-Attribut ist ein **Boolescher Wert**. Es ist entweder da oder nicht. Ist es vorhanden, zeigt der Browser seine integrierten Steuerelemente für die Videowiedergabe. Je nach Browser sehen diese Steuerelemente unterschiedlich aus. In Safari sehen sie so aus:

src gibt die verwendete Videodatei an.

src

Das src-Attribut ist vergleichbar mit dem src-Attribut eines `<img>`-Elements – eine URL, die dem Video-Element mitteilt, wo sich die Quelldatei befindet. In unserem Fall lautet die Quelle video/video.mp4. (Wenn Sie den Code für dieses Kapitel heruntergeladen haben, finden Sie dieses Video und zwei weitere im Verzeichnis video).

height

← width →

Der Videoplayer

preload

Das Boolesche Attribut preload dient üblicherweise der Feinabstimmung dahin gehend, wie das Video optimalerweise geladen wird. Meistens entscheidet der Browser, wie viel Video geladen wird – das hängt davon ab, ob autoplay aktiviert ist, von der Bandbreite des Benutzers usw. Sie können diese Einstellung mit dem Wert »none« überschreiben (das Video wird erst heruntergeladen, wenn der Benutzer auf Play drückt), mit »metadata« (die Videometadaten werden heruntergeladen, aber nicht das Video selbst) und mit »auto« (der Browser entscheidet).

autoplay

Das Boolesche Attribut autoplay weist den Browser an, mit der Wiedergabe des Videos zu beginnen, sobald er genügend Daten hat. Die Wiedergabe unserer Demovideos beginnt wahrscheinlich fast sofort.

poster

Üblicherweise zeigt der Browser einen Frame des Videos als »Posterbild«. Wenn Sie das autoplay-Attribut weglassen, wird dieses Bild angezeigt, bis Sie auf Play klicken. Es bleibt dem Browser überlassen, welchen Frame er auswählt. Häufig ist das der erste Frame des Videos ... der oft aber einfach nur schwarz ist. Wenn Sie ein bestimmtes Bild anzeigen möchten, können Sie dieses Bild selbst erstellen und mit dem poster-Attribut festlegen.

width, height

Die Attribute width und height legen Breite und Höhe der Videoanzeige (auch als »Viewport« bekannt) fest. Wenn Sie ein Posterbild angeben, wird es auf diese Größe skaliert. Das Video wird ebenfalls skaliert, behält aber das Seitenverhältnis bei (z. B. 4:3 oder 16:9). Wenn dadurch Platz an den Seiten bzw. oben/unten frei bleibt, wird das Video im Letterbox- oder Pillarbox-Verfahren angezeigt, um den Videobereich auszufüllen. Für optimale Leistung sollten Sie die nativen Maße des Videos verwenden (damit der Browser nicht in Echtzeit skalieren muss).

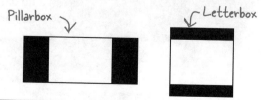

loop

Ein weiteres Boolesches Attribut, das die Wiedergabe automatisch neu startet, wenn das Video endet.

Nicht Vaters Fernseher

> Der Player sieht auf jedem Browser anders aus. Mit Lösungen wie Flash war das Erscheinungsbild wenigstens einheitlich.

Ja, die Steuerelemente für HTML-Video sehen in jedem Browser anders aus.

Der Look-and-feel wird von denjenigen vorgegeben, die die Browser implementieren. Je nach Browser und Betriebssystem sehen die Steuerelemente anders aus. Auf einem Tablet müssen sie beispielsweise auch anders aussehen und funktionieren, weil das Gerät anders ausgestattet ist (gut, dass Sie sich nicht darum kümmern müssen). Insofern verstehen wir das. Allerdings wäre es schön, wenn wenigstens Desktopbrowser ähnliche Steuerelemente hätten. Aber das ist kein formeller Bestandteil der HTML5-Spezifikation. Und eine Methode, die auf einem bestimmten Betriebssystem funktioniert, kann gegen die Designvorgaben eines anderen Betriebssystems verstoßen. Sie sollten also wissen, dass die Steuerung anders aussehen kann – und sofern Sie motiviert sind, können Sie benutzerdefinierte Steuerelemente für Ihre Apps implementieren.

Das machen wir später ...

Sie sind hier ▸ **355**

Überblick über die Videoformate

Was Sie über Videoformate wissen müssen

Es wäre schön, wenn alles so aufgeräumt und sauber wäre wie das Video-Element und seine Attribute. Aber wie sich herausstellt, sind die Videoformate im Internet etwas chaotisch. Was ist ein Videoformat? Eine Videodatei enthält zwei Teile – einen Video- und einen Audioteil. Jeder dieser Teile wird auf eine bestimmte Weise codiert (für eine geringere Größe und eine effizientere Wiedergabe). Und über diese Codierung besteht keine Einigkeit. Manche Browserhersteller sind regelrecht verliebt in H.264, andere mögen VP8 und wieder andere die Open Source-Alternative Theora. Und um das alles *noch komplizierter* zu machen, hat die Datei, die das codierte Video und Audio enthält (der »Container«), ein eigenes Format mit einem eigenen Namen. Es geht hier also um eine regelrechte Modewörtersuppe.

Jedenfalls würden wir in einer wunderbaren, glücklichen Welt leben, wenn sich alle Browserhersteller auf ein einziges Format für das Internet einigen könnten. Aufgrund einer Reihe technischer, politischer und philosophischer Gründe scheint das aber nicht möglich zu sein. Statt auf die Diskussion zu diesem Thema einzugehen, machen wir Sie mit den wichtigsten Punkten vertraut, damit Sie Ihre eigenen Entscheidungen für Ihr Publikum treffen können.

Sehen wir uns die beliebtesten Codierungen an. Momentan gibt es drei Anwärter auf die (Internet-)Weltherrschaft ...

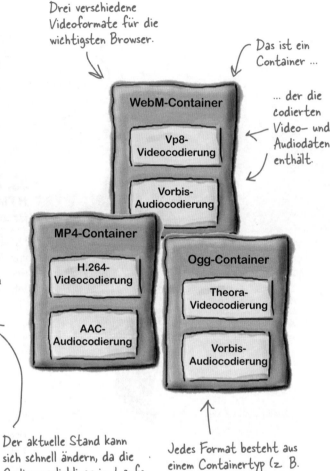

Drei verschiedene Videoformate für die wichtigsten Browser.

Das ist ein Container ...

... der die codierten Video- und Audiodaten enthält.

Der aktuelle Stand kann sich schnell ändern, da die Codierungslieblinge im Laufe der Zeit wechseln ...

Jedes Format besteht aus einem Containertyp (z. B. WebM, MP4 oder Ogg) sowie einer Video- und Audiocodierung (z. B. VP8 und Vorbis).

Die HTML5-Spezifikation erlaubt beliebige Videoformate. Die Browserimplementierung entscheidet darüber, welche Formate tatsächlich unterstützt werden.

Die Kontrahenten

In der Realität werden Sie mehr als ein Format unterstützen müssen, wenn Sie Inhalte für ein breites Spektrum an Benutzern bereitstellen möchten. Geht es Ihnen aber beispielsweise nur um Apples iPad, können Sie auch mit einem einzigen Format auskommen. Derzeit gibt es drei Anwärter:

MP4-Container mit H.264-Video und AAC-Audio

H.264 ist von der MPEG-LA-Gruppe lizenziert.

Es gibt mehrere Arten von H.264, von denen jede als Profil bezeichnet wird.

MP4/H.264 wird von Safari und IE9+ sowie einigen Chrome-Versionen unterstützt.

WebM-Container mit VP8-Video und Vorbis-Audio

WebM wurde von Google für die Verwendung mit VP8-codierten Videos entwickelt.

WebM/VP8 wird von Firefox, Chrome und Opera unterstützt.

WebM-Videos haben die Dateiendung .webm.

Ogg-Container mit Theora-Video und Vorbis-Audio

Theora ist ein Open Source-Codec.

Mit Theora encodiertes Video ist üblicherweise in einer Ogg-Datei mit der Erweiterung .ogv enthalten.

Ogg/Theora wird von Firefox, Chrome und Opera unterstützt.

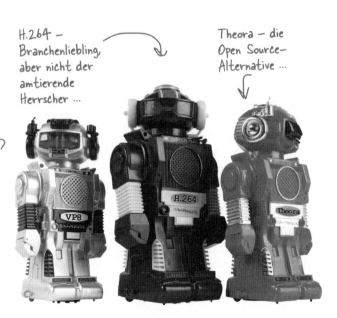

VP8 von Google und anderen gefördert, stark im Kommen ...

H.264 – Branchenliebling, aber nicht der amtierende Herrscher ...

Theora – die Open Source-Alternative ...

Mit Videoformaten jonglieren

Mit den Formaten jonglieren ...

Wir wissen, dass diese Welt hinsichtlich der Videoformate chaotisch ist. Da kann man nichts machen. Je nach Zielgruppe werden Sie sich eventuell entscheiden, nur ein Videoformat bereitzustellen oder auch mehrere. So oder so können Sie innerhalb des `<video>`-Elements ein `<source>`-Element (nicht zu verwechseln mit dem `src`-A*ttribut*) pro Format angeben, damit sich der Browser das erstbeste aussuchen kann, das er unterstützt:

Beachten Sie, dass wir das src-Attribut aus dem <video>-Tag streichen ...

... und dafür drei source-Tags mit einem eigenen src-Attribut hinzufügen, jede Version mit einem anderen Videoformat.

```
<video src="video/video.mp4" id="video"
       poster="video/poster.jpg" controls
       width="480" height="360">
    <source src="video/video.mp4">
    <source src="video/video.webm">
    <source src="video/video.ogv">
    <p>Ihr Browser unterstützt leider das video-Element nicht!</p>
</video>
```

Das zeigt der Browser an, wenn er das video-Element nicht unterstützt.

Der Browser fängt oben an und arbeitet sich nach unten durch, bis er ein Format findet, das er wiedergeben kann.

Für jede Quelle lädt der Browser die Metadaten der Videodatei, um festzustellen, ob er sie wiedergeben kann (das kann ein langwieriger Vorgang sein, aber wir können es dem Browser leichter machen ... siehe nächste Seite).

Punkt für Punkt

- Der **Container** ist das Dateiformat, in das die Video-, Audio- und Metadaten verpackt werden. Zu den verbreiteten Containerformaten gehören MP4, WebM, Ogg und Flash Video.

- Der **Codec** ist die Software, mit der eine bestimmte Video- oder Audiocodierung codiert und decodiert werden kann. Beliebte Codecs für das Internet sind H.264, VP8, Theora, AAC und Vorbis.

- Der Browser entscheidet, was er decodieren kann. Solange sich die Browserhersteller nicht einigen können, müssen Sie mehrere Codierungen anbieten, um alle Benutzer zu unterstützen.

Nicht Vaters Fernseher

Genauere Angaben zum Videoformat

Wenn Sie dem Browser den Speicherort Ihrer Quelldateien nennen, kann er aus einer Reihe verschiedener Versionen auswählen. Allerdings hat der Browser Detektivarbeit zu leisten, bevor er endgültig feststellen kann, ob eine Datei spielbar ist. Sie können Ihren Browser unterstützen, indem Sie mehr Informationen über den MIME-Type und (optional) Informationen zu den Codecs angeben:

Die Datei, die Sie mit src angeben, ist nur der Container für das eigentliche Video (sowie das Audio und die Metadaten).

Der Parameter codecs gibt an, welche Codecs für die Video- und Audiocodierung verwendet wurden.

Videocodec

Audiocodec

```
<source src="video/video.ogv" type='video/ogg; codecs="theora, vorbis"'>
```

Type ist ein optionales Attribut, das dem Browser dabei hilft, festzustellen, ob er diese Datei abspielen kann.

Das ist der MIME-Type der Videodatei. Er gibt das Containerformat an.

Beachten Sie die doppelten Anführungszeichen für den Parameter codecs. Das bedeutet, dass wir einfache Anführungszeichen für das type-Attribut verwenden müssen.

Wir können unsere `<source>`-Elemente folgendermaßen aktualisieren, um die Typinformationen für alle drei Videos anzugeben:

```
<video id="video" poster="video/poster.jpg" controls width="480" height="360">
    <source src="video/video.mp4" type='video/mp4; codecs="avc1.42E01E, mp4a.40.2"'>
    <source src="video/video.webm" type='video/webm; codecs="vp8, vorbis"'>
    <source src="video/video.ogv" type='video/ogg; codecs="theora, vorbis"'>
    <p>Ihr Browser unterstützt leider das video-Element nicht!</p>
</video>
```

Wenn Sie die codecs-Parameter nicht kennen, können Sie sie auch weglassen und nur den MIME-Type angeben. Das ist ein bisschen weniger effizient, aber meistens auch in Ordnung.

Die Codecs für MP4 sind komplizierter als die anderen beiden, weil H.264 verschiedene Profile unterscheidet – jeweils unterschiedliche Codierungen für verschiedene Einsatzzwecke (z. B. für verschiedene Bandbreiten). Um diese Werte korrekt anzugeben, müssen Sie genau wissen, wie Ihr Video codiert wurde.

Falls Sie Ihre Videos selbst codieren, müssen Sie mehr über die verschiedenen Optionen für die type-Parameter in Ihrem source-Element wissen. Weitere Informationen zu diesen Parametern finden Sie unter http://wiki.whatwg.org/wiki/Video_type_parameters (in englischer Sprache).

Sie sind hier ▶ 359

Fragen zu Videocodierung und Wiedergabe

Es gibt keine Dummen Fragen

F: Besteht Hoffnung, dass es in den nächsten Jahren ein einheitliches Containerformat bzw. einen Codec-Typ gibt? Ist das nicht der Sinn von Standards?

A: Wahrscheinlich wird es in naher Zukunft keine Codierung für alle Fälle geben – wie gesagt, es geht dabei um eine ganze Reihe von Themen. Dazu gehören auch Unternehmen, die sich über ein kompliziertes Flechtwerk zum geistigen Eigentum ihren Platz auf dem Videomarkt sichern möchten. Das HTML5-Standardgremium hat das erkannt und sich entschieden, das Videoformat nicht in der HTML5-Spezifikation zu bestimmen. Während HTML5 im Prinzip alle diese Formate unterstützt (oder sich zumindest unparteiisch verhält), bleibt es den Browserherstellern überlassen, was sie unterstützen und was nicht.

Wenn Video für Sie wichtig ist, sollten Sie dieses Thema im Auge behalten. Während der nächsten drei Jahre ist es sicherlich ein spannendes Thema, bis alle Punkte geklärt sind. Achten Sie wie immer darauf, was Ihre Zielgruppe braucht!

F: Wie codiere ich meine Videos selbst?

A: Es gibt eine Reihe von Video-Capture- und Codierungsprogrammen. Für welches Sie sich entscheiden, hängt davon ab, welche Art von Videos Sie verarbeiten und welches Endergebnis Sie anstreben. Zu diesem Thema wurden ganze Bücher geschrieben. Stellen Sie sich also auf eine Welt völlig neuer Abkürzungen und Technologien ein. Sie können mit einfachen Programmen wie z. B. iMovie oder Adobe Premiere Elements anfangen, die die Möglichkeit bieten, Ihre Videos für das Internet zu codieren. Wenn Sie ernsthaft in die Videoverarbeitung mit Final Cut Pro oder Adobe Premiere einsteigen möchten: Diese Programme bieten eigene Produktionstools. Sollten Sie Ihre Videos über ein Content Delivery Network (CDN) bereitstellen: Viele CDN bieten auch einen Codierungsservice. Je nach Ihren Bedürfnissen haben Sie also eine Vielzahl von Möglichkeiten.

F: Kann ich meine Videos auch im Vollbildmodus wiedergeben? Ich bin überrascht, dass es in der API keine Eigenschaft dafür gibt.

A: Diese Funktionalität wurde noch nicht standardisiert, wobei Sie im Internet für manche Browser Lösungen finden können. Einige Browser unterstützen ein Fullscreen-Steuerelement (z. B. Tablets), das das Video-Element um diese Funktion erweitert. Sollten Sie eine Möglichkeit finden, in den Vollbildmodus zu wechseln, kann es aber sein, dass sich aus Sicherheitsgründen die verfügbare Funktionalität auf die bloße Wiedergabe beschränkt (wie auch bei den heutigen Videolösungen über Plug-ins).

F: Kann ich die Lautstärke meines Videos über die API regeln?

A: Selbstverständlich. Die volume-Eigenschaft kann einen beliebigen Fließkommawert zwischen 0.0 (stumm) und 1.0 (volle Lautstärke) annehmen. Sie können die Lautstärke jederzeit über das Video-Objekt festlegen:

```
video.volume = 0.9;
```

Nicht Vaters Fernseher

NÄCHSTE MISSION: VIDEOERKENNUNG

TOP SECRET

ZIEHEN SIE LOS UND ERMITTELN SIE ▇▇▇▇▇▇▇▇ DERZEITIGE VIDEOUNTERSTÜTZUNG DER ▇▇▇▇▇▇▇▇ FOLGENDEN BROWSER (TIPP: EINIGE WEBSEITEN BIETEN HIERZU INFORMATIONEN: HTTP://EN.WIKIPEDIA.ORG/WIKI/HTML5_VIDEO, ▇▇▇▇▇▇▇▇ HTTP://CANIUSE.COM/#SEARCH=VIDEO). GEHEN SIE JEWEILS VON DER NEUESTEN BROWSERVERSION AUS. ▇▇▇▇▇▇▇▇ MACHEN SIE FÜR JEDEN UNTERSTÜTZTEN BROWSER/JEDE UNTERSTÜTZTE FUNKTION EIN HÄKCHEN. MELDEN SIE SICH BEI IHRER RÜCKKEHR FÜR DIE NÄCHSTE MISSION!

iOS- und Android-Geräte (und andere) ↓

Video \ Browser	Safari	Chrome	Firefox	Mobile Webkit	Opera	IE9+	IE8	IE7 oder <
H.264								
WebM								
Ogg Theora								

Unterstützung von *Flash-Video*

Ich denke, Flash-Video ist immer noch wichtig. Ich möchte eine Ausweichlösung, falls der Browser meiner Benutzer HTML5-Video nicht unterstützt.

Kein Problem.

Es gibt Techniken, einen anderen Player als Ausweichlösung zu bieten, wenn Ihr Lieblingsplayer (ob nun HTML5 oder Flash) nicht unterstützt wird.

Unten sehen Sie ein Beispiel dafür, wie Sie ein Flash-Video als Ausweichlösung für den Fall einbetten können, dass ein Browser kein HTML5-Video abspielen kann. Selbstverständlich ist dieser Bereich sehr schnelllebig, also sollten Sie einen Blick ins Internet werfen (das wesentlich häufiger aktualisiert wird als ein Buch), um sicherzugehen, dass Sie die neueste und bestmögliche Technik nutzen. Es gibt auch Wege, HTML5 als Ausweichlösung zu nutzen, falls Ihnen Flash lieber ist.

```
<video poster="video.jpg" controls>
        <source src="video.mp4">
        <source src="video.webm">
        <source src="video.ogv">
        <object>...</object>
</video>
```

Fügen Sie ein <object>-Element innerhalb des <video>-Elements ein. Wenn der Browser das <video>-Element nicht kennt, verwendet er <object>.

Ich dachte, es gibt APIs?

Wie Sie sehen, können wir bereits im Markup eine Menge mit dem `<video>`-Element machen. Aber das `<video>`-Element bietet auch eine leistungsfähige API, mit der Sie alle möglichen interessanten Videofunktionen umsetzen können. Hier finden Sie eine schnelle Zusammenfassung einiger Methoden, Eigenschaften und Events des `<video>`-Elements, die Sie interessieren könnten (eine umfassende Liste finden Sie in der Spezifikation):

Methoden

play ← Wiedergabe.
pause ← Pause.
load ← Lädt ein Video.
canPlayType ← Hilft Ihnen, zu ermitteln, welche Videotypen wiedergegeben werden können.

Eigenschaften

videoWidth   loop
videoHeight   muted
currentTime   paused
duration   readyState
ended   seeking
error   volume

Das alles sind Eigenschaften des `<video>`-Elements. Manche können Sie festlegen (z. B. loop und muted), andere nur lesen (z. B. currentTime und error).

Events

play   abort
pause   waiting
progress   loadeddata
error   loadedmetadata
timeupdate   volumechange
ended

Und diese Events können Sie bei Bedarf behandeln, indem Sie Event-Handler hinzufügen, die aufgerufen werden, wenn die entsprechenden Events ausgelöst werden.

Wie Wiedergabelisten funktionieren

»Programmplanung« für Webville TV

Bisher gibt es nur ein Video auf Webville TV. Wir hätten aber gern einen Sendeplan mit einer ganzen Wiedergabeliste von Videos. Angenommen, wir möchten Folgendes auf Webville TV anbieten:

1 Eine kleine Vorschau für das Publikum, Werbung für Cola und Popcorn, Benimmregeln für die Zuschauer usw.

2 Unseren ersten Titel *Are you Popular?* – er wird Ihnen gefallen, versprochen!

3 Und dann unsere exklusive Sendung *Destination Earth* in Technicolor. Produziert vom »American Petroleum Institute« – wie wird die Botschaft wohl lauten? Schalten Sie ein und finden Sie es heraus!

Spitzen Sie Ihren Bleistift

Vielleicht brennen Sie darauf, in der Markup-Spezifikation für <video> nachzublättern, wie Sie eine Wiedergabeliste definieren können. Aber dafür müssen Sie Code schreiben, weil Sie im <video>-Element immer nur ein Video angeben können. Angenommen, Sie befinden sich auf einer einsamen Insel und müssen eine Wiedergabeliste nur mit dem Browser, dem <video>-Element, der src-Eigenschaft, den Methoden load und play und dem ended-Event implementieren. Wie könnten Sie das tun? (Sie dürfen beliebige JavaScript-Datentypen verwenden.)

Kleiner Tipp: Das ended-Event wird ausgelöst, wenn ein Video das Ende erreicht und die Wiedergabe stoppt. Wie für jedes Event können Sie auch dafür einen Handler aufrufen lassen.

Nicht spicken!!

364   Kapitel 8

Spitzen Sie Ihren Bleistift
Lösung

Wenn die Seite geladen wird, richten wir ein Array für die Wiedergabeliste ein, starten die Wiedergabe des ersten Videos und richten einen Event-Handler ein, der aufgerufen wird, wenn die Wiedergabe stoppt.

Vielleicht brennen Sie darauf, in der Markup-Spezifikation für <video> nachzublättern, wie Sie eine Playlist definieren können. Aber dafür müssen Sie Code schreiben, weil Sie im <video>-Element immer nur ein Video angeben können. Angenommen, Sie befinden sich auf einer einsamen Insel und müssen eine Wiedergabeliste nur mit dem Browser, dem <video>-Element, der src-Eigenschaft, den Methoden load und play und dem ended-Event implementieren. Wie könnten Sie das tun? (Sie dürfen beliebige JavaScript-Datentypen verwenden.) Das ist unsere Lösung:

Pseudocode für Playlist

Array mit Videos erstellen

video-Element aus dem DOM abrufen

Event-Handler für ended-Event des video-Elements einrichten

Variable position = 0 erstellen

Videoquelle: position 0 der Playlist

Video abspielen

So speichern wir eine Wiedergabeliste als Array: Jedes Element ist ein Video.

"video.mp4"   "areyoupopular.mp4"   "destinationearth.mp4"

Playlist-Array

ended-Event

Jedes Mal, wenn die Wiedergabe eines Videos stoppt, wird das ended-Event ausgelöst ...

... und der ended-Event-Handler aufgerufen.

Hier ist unser Handler für das Ende der Wiedergabe.

Pseudocode ended-Event-Handler

position um 1 erhöhen

nächste Position der Playlist als Video festlegen

Video abspielen

Wenn wir das Ende unserer Wiedergabeliste erreichen, können wir entweder die Wiedergabe stoppen oder mit dem ersten Video erneut beginnen.

Playlist implementieren

Playlist für Webville TV

Jetzt werden wir mit JavaScript und der Video-API die Webville TV-Playlist implementieren. Wir beginnen damit, eine JavaScript-Datei in webvilletv.html einzubinden. Fügen Sie folgende Zeile in das `<head>`-Element ein:

```html
<script src="webvilletv.js"></script>
```

Und löschen Sie Folgendes aus Ihrem vorhandenen `<video>`-Element:

```html
<video controls autoplay src="video/video.mp4" width="480" height="360"
       poster="bilder/poster.jpg" id="video">
</video>
```
← Wir entfernen die Attribute autoplay und src aus dem `<video>`-Tag.

Entfernen Sie auch alle `<source>`-Elemente, mit denen Sie experimentiert haben.

Erstellen Sie jetzt die neue Datei webvilletv.js. Wir definieren einige globale Variablen sowie eine Funktion, die aufgerufen wird, wenn die Seite vollständig geladen ist:

```javascript
var position = 0;
var playlist;
var video;

window.onload = function() {
    playlist = ["video/video.mp4",
                "video/areyoupopular.mp4",
                "video/destinationearth.mp4"];
    video = document.getElementById("video");
    video.addEventListener("ended", naechstesVideo, false);

    video.src = playlist[position];
    video.load();
    video.play();
}
```

← Zuerst definieren wir eine Variable für das aktuell laufende Video. Wir nennen sie position.

← Und wir brauchen eine Variable für das Array mit der Wiedergabeliste.

← Und auch eine Variable für eine Referenz auf das Video-Element

← Wir richten eine Playlist mit drei Videos ein.

← Das Video-Element.

← Ein Handler für das ended-Event. Ja, das sieht anders als sonst aus – kleinen Augenblick, wir sprechen auf der nächsten Seite darüber.

← Jetzt legen wir die src für das erste Video fest.

← Video laden und wiedergeben!

Was ist mit dem Event-Handler los?

Bisher haben wir unsere Handler-Funktionen einer Eigenschaft (z. B. `onload` oder `onclick`) zugewiesen:

```
video.onended = naechstesVideo;
```

Aber diesmal machen wir alles ein bisschen anders. Warum? Weil die Unterstützung der Event-Eigenschaften des Video-Objekts noch etwas unzuverlässig war, als wir das hier geschrieben haben. Das ist kein Problem. Durch diese Unzulänglichkeit haben wir die Gelegenheit, Ihnen eine weitere Möglichkeit zu zeigen, wie Sie Events registrieren können: `addEventListener` ist eine allgemeine Methode, die viele Objekte unterstützen, um Events zu registrieren. Sie funktioniert so:

> Mit der Methode addEventListener können Sie einen Event-Handler hinzufügen.
>
> Das ist die Funktion, die aufgerufen wird, wenn das Event ausgelöst wurde.

```
video.addEventListener("ended", naechstesVideo, false);
```

> Das ist das Objekt, auf dessen Event wir warten.
>
> Das ist der Name des Events. Beachten Sie, dass wir kein »on« vor den Namen setzen, wie wir das bei Handlern tun, die wir Eigenschaften zuweisen (wie z. B. onload).
>
> Der dritte Parameter steuert einige fortgeschrittene Methoden für die Behandlung von Events, wenn wir den Wert true angeben. Geben Sie hier immer false an, es sei denn, Sie schreiben einen besonderen Handler, der dies erfordert.

Abgesehen davon, dass die `addEventListener`-Methode ein bisschen komplizierter ist, funktioniert sie im Prinzip genau so, wie wenn wir einer Handler-Eigenschaft eine Funktion zuweisen. Zurück zu unserem Code!

Der »Ende des Videos«-Handler

Nun müssen wir den Handler für das ended-Event des Video-Elements schreiben. Der Handler wird aufgerufen, wenn der Player das Ende der aktuellen Videodatei erreicht. So schreiben wir die Funktion `naechstesVideo` (und fügen sie in `webvilletv.js` ein):

> Beachten Sie, dass der Handler nicht aufgerufen wird, wenn der Benutzer auf Pause klickt oder das Video wiederholt wird (also die Eigenschaft loop festgelegt wurde).

```
function naechstesVideo() {
    position++;
    if (position >= playlist.length) {
        position = 0;
    }
    video.src = playlist[position];
    video.load();
    video.play();
}
```

> Position im Array playlist um 1 erhöhen.
>
> Wenn wir das Ende der Liste erreichen, springen wir wieder an den Anfang, indem wir position gleich 0 setzen.
>
> Jetzt legen wir das nächste Video als Quelle für den Player fest.
>
> Zum Schluss laden und starten wir das neue Video.

Playlist-Test

Eine Probefahrt ...

Können Sie es fassen, dass wir schon für eine Probefahrt bereit sind? Wir haben lediglich mit der API ein Video für die Wiedergabe festgelegt und sichergestellt, dass wir einen Event-Listener haben, der sich darum kümmert, wenn das Video endet und das nächste Video in der Wiedergabeliste startet. Überprüfen Sie, ob Sie die Änderungen an Ihrer HTML-Datei gemacht haben, tippen Sie den neuen JavaScript-Code ein, und los geht's mit der Testfahrt.

Das sehen wir. Natürlich können Sie in den Videos vorspulen, um den Wechsel zu sehen, ohne die ganze Show anschauen zu müssen.

> Es funktioniert! Aber wie wählen wir das Videoformat, wenn wir die Quelldatei im Code laden?

Gute Frage.

Als wir mehrere `source`-Tags verwendet hatten, konnten wir uns darauf verlassen, dass der Browser die verschiedenen Videoformate durchgeht und entscheidet, ob er eines davon abspielen kann. Mit unserem Code geben wir dem Video-Element nur eine einzige Option. Wie können wir also testen, was der Browser unterstützt, um das optimale Format bereitzustellen?

Das machen wir mit der Methode `canPlayType` des Videoobjekts. `canPlayType` erwartet ein Videoformat und liefert einen String zurück, der angibt, wie zuversichtlich der Browser ist, dass er diesen Videotyp wiedergeben kann. Es gibt drei Zuversichtlichkeitsstufen: »probably«, »maybe« oder keine Unterstützung. Wir sehen uns das genauer an und überarbeiten den Wiedergabelistencode entsprechend.

Kratzen Sie sich jetzt am Kopf und fragen sich: »Wahrscheinlich? Vielleicht? Warum nicht true oder false?« Das fragen wir uns auch und kommen gleich darauf zu sprechen.

Wie canPlayType funktioniert

Das Video-Objekt stellt die Methode `canPlayType` zur Verfügung, mit der Sie feststellen können, mit welcher Wahrscheinlichkeit Sie ein bestimmtes Videoformat abspielen können. `canPlayType` erwartet die gleiche Formatbeschreibung wie das `<source>`-Tag und liefert einen von drei Werten: Leerstring, »maybe« oder »probably«. So können Sie `canPlayType` aufrufen:

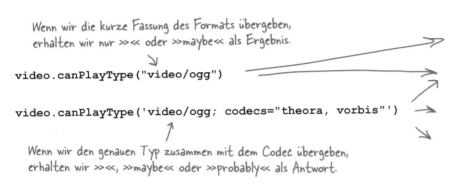

Wenn wir die kurze Fassung des Formats übergeben, erhalten wir nur »« oder »maybe« als Ergebnis.

```
video.canPlayType("video/ogg")
```

```
video.canPlayType('video/ogg; codecs="theora, vorbis"')
```

Wenn wir den genauen Typ zusammen mit dem Codec übergeben, erhalten wir »«, »maybe« oder »probably« als Antwort.

Leerstring: wenn der Browser weiß, dass er das Video nicht abspielen kann.

maybe: wenn der Browser glaubt, dass er das Video möglicherweise abspielen kann.

probably: wenn der Browser zuversichtlich ist, dass er das Video abspielen kann.

Beachten Sie, dass sich der Browser nur zu mehr als einem »maybe« hinreißen lässt, wenn Sie den codecs-Parameter mit angeben. Es gibt keinen Rückgabewert, der so viel bedeutet wie »Ich bin mir absolut sicher«. Selbst wenn der Browser weiß, dass er Videos dieses *Typs* abspielen kann, gibt es keine Garantie, dass er *dieses bestimmte* Video wiedergeben kann. Wenn z. B. die Bitrate des Videos zu hoch ist, kann es der Browser nicht decodieren.

> Die Bitrate ist die Anzahl der Bits, die der Browser pro Zeiteinheit verarbeiten muss, um das Video zu decodieren und korrekt darzustellen.

canPlayType im Einsatz

Wir verwenden `canPlayType`, um festzustellen, welches Videoformat wir für die Webville TV-Videos verwenden. Sie wissen bereits, dass wir jede Datei in drei Formaten haben: MP4, WebM und Ogg. Je nach verwendetem Browser werden manche funktionieren und andere nicht. Wir schreiben eine neue Funktion, die die für den verwendeten Browser funktionierende Dateiendung (.mp4, .webm oder .ogv) zurückgibt. Wir verwenden nur den MIME-Type (`video/mp4`, `video/webm` und `video/ogg`), nicht die Codecs. Mögliche Rückgabewerte sind daher nur »maybe« und der Leerstring. So sieht der Code aus:

```
function dateiEndung() {
    if (video.canPlayType("video/mp4") != "") {
        return ".mp4";
    } else if (video.canPlayType("video/webm") != "") {
        return ".webm";
    } else if (video.canPlayType("video/ogg") != "") {
        return ".ogv";
    }
}
```

Wir wissen, dass wir nur »maybe« oder einen Leerstring erhalten. Also fragen wir nur den Leerstring ab.

Wir probieren jeden Typ aus und geben die entsprechende Dateiendung zurück, wenn uns der Browser ein »Vielleicht« liefert.

In den meisten Fällen reicht ein »maybe« aus, wenn Sie die Codecs nicht kennen.

Noch mal: *Umgang mit Formaten*

Funktion dateiEndung integrieren

Nun müssen wir die Funktionen `window.onload` und `naechstesVideo` so ändern, dass `dateiEndung` zum Einsatz kommt. Zuerst entfernen wir die Dateiendungen aus den Dateinamen in der Wiedergabeliste (weil wir sie ja mit `dateiEndung` bestimmen). Anschließend rufen wir beim Festlegen der Eigenschaft `video.src` unsere Funktion `dateiEndung` auf:

```
window.onload = function() {
    playlist = ["video/video",
                "video/areyoupopular",
                "video/destinationearth"];
    video = document.getElementById("video");
    video.addEventListener("ended", naechstesVideo, false);
    video.src = playlist[position] + dateiEndung();
    video.load();
    video.play();
}
```

Entfernen Sie die Dateiendungen. Wir legen diese jetzt programmgesteuert fest.

Hier hängen wir das Ergebnis von dateiEndung an den Dateinamen für die neue Videoquelle an.

Dasselbe machen wir in `naechstesVideo`:

```
function naechstesVideo() {
    position++;
    if (position >= playlist.length) {
        position = 0;
    }
    video.src = playlist[position] + dateiEndung();
    video.load();
    video.play();
}
```

Auch hier hängen wir das Ergebnis von dateiEndung an die Videoquelle an.

Und Probefahrt ...

Fügen Sie die Funktion `canPlayType` ein, machen Sie die Änderungen und laden Sie `webvilletv.html` neu. Funktioniert es? Jetzt ermittelt Ihr Code das beste Format. Wenn Sie wissen möchten, welches Video der Browser wählt, fügen Sie einen alert-Aufruf in `window.onload` und `naechstesVideo` unterhalb der Zeile `video.play()` ein:

```
alert("Spiele " + video.src);
```

Welche Datei hat der Browser abgespielt?

Nicht Vaters Fernseher

Es gibt keine Dummen Fragen

F: Was mache ich, wenn ich die Videoquelle über JavaScript festlege und canPlayType »maybe« sagt, aber die Wiedergabe nicht funktioniert?

A: Es gibt mehrere Möglichkeiten. Eine besteht darin, den Fehler abzufangen und dem Video-Objekt eine andere Quelle zuzuweisen (über Fehlerbehandlung sprechen wir am Ende dieses Kapitels). Die andere Möglichkeit ist, mit dem DOM mehrere source-Tags auf einmal in das Video-Objekt zu schreiben (so als hätten Sie sie in Ihr Markup eingetippt). Auf diese Weise hat Ihr Video-Objekt die Wahl, und Sie müssen keinen komplizierten Code für die Fehlerbehandlung schreiben. Das machen wir zwar in diesem Kapitel nicht, aber damit haben Sie auf jeden Fall die Möglichkeit, Ihrem Video-Objekt bei Bedarf auch im Code mehr Optionen zu bieten.

Aufgepasst

Eventuell müssen Sie QuickTime installieren, um MP4 in Safari abzuspielen.

QuickTime ist häufig vorinstalliert. Falls nicht, können Sie es unter http://www.apple.com/quicktime/download/ herunterladen.

Aufgepasst

Google Chrome hat zusätzliche Sicherheitsbeschränkungen.

Diese Sicherheitsbeschränkungen unterbinden ein paar der Operationen mit video+canvas, die wir im Rest dieses Kapitels vorhaben, wenn Sie die Website über das Dateisystem geöffnet haben (URL file:// statt http://). In diesem Fall funktioniert die App nicht und gibt leider auch nicht zu erkennen, warum.

Für dieses Kapitel empfehlen wir daher einen anderen Browser oder einen eigenen Server unter http://localhost.

Aufgepasst

Achten Sie darauf, dass Ihr Server Videodateien mit dem korrekten MIME-Type liefert.

Wenn Sie einen lokalen Server verwenden oder eine App mit einem Video von einem gehosteten Server ausführen, müssen Sie sicherstellen, dass die Videos korrekt bereitgestellt werden. Andernfalls funktionieren sie eventuell nicht.

Auf einem lokalen Mac- oder Linux-Server verwenden Sie wahrscheinlich Apache. Ändern Sie die Datei httpd.conf (falls Sie Administratorrechte haben) oder erstellen Sie eine .htaccess-Datei im Videoverzeichnis und fügen Sie die folgenden Zeilen ein:

```
AddType video/ogg   .ogv
AddType video/mp4   .mp4
AddType video/webm  .webm
```

Dadurch weiß der Server, wie er mit diesen Dateiendungen umgehen soll.

Sie können Apache auch auf Windows installieren und dasselbe tun. Für IIS-Server empfehlen wir Ihnen, in der Microsoft-Onlinedokumentation unter »Konfigurieren von MIME-Typen in IIS« nachzulesen.

Sie sind hier ▸ **371**

Unsere Botschaft an Sie

> Ich sage dir doch, es geht nicht nur um JavaScript – du musst das Ganze sehen. Bei Web-Apps geht es um Markup, CSS, JavaScript und die APIs.

Ab einem gewissen Punkt müssen wir Sie wie einen echten Entwickler behandeln.

In diesem Buch haben wir Sie (hoffentlich) bei jedem einzelnen Schritt unterstützt – wir haben Sie aufgefangen, bevor Sie fallen, und dafür gesorgt, dass jedes i in Ihrem Code einen Punkt und jedes t einen Querstrich bekommt. Aber ein echter Entwickler muss auch ins kalte Wasser springen, den Code anderer Leute lesen, den Wald vor lauter Bäumen erkennen und sich durch komplizierte Dinge durchbeißen, um zu verstehen, wie alles zusammenpasst.

Im Rest dieses Kapitels beginnen wir damit, Sie das auch machen zu lassen. Unser nächstes Beispiel kommt einer echten Web-App bisher am nächsten. Es besteht aus einer Menge Einzelteile, diversen API-Aufrufen und Code, der sich um viele echte Details kümmert. Wir können leider nicht wie sonst jeden einzelnen Schritt mit Ihnen durchgehen und jede Nuance erklären (sonst hätte dieses Buch 1.200 Seiten). Außerdem möchten wir das auch nicht, weil Sie die Fähigkeit entwickeln müssen, auch *ohne uns* die Puzzleteile zusammenzufügen.

Keine Panik! Wir werden da sein und Ihnen erklären, was wie funktioniert. Aber Sie sollen lernen, wie Sie Code lesen, verstehen, erweitern und ändern, damit er das macht, *was Sie wollen*. Wir möchten, dass Sie sich in die nächsten drei Kapitel vertiefen, sie studieren und den Code verinnerlichen. Ehrlich – Sie sind bereit dafür!

Nicht *Vaters* **Fernseher**

Wir brauchen Ihre Hilfe!

Das kam gerade rein ... Wir haben soeben den Vertrag bekommen, die Software **Starring You Video** für die neuen Videokabinen zu entwickeln. Was zur Hölle ist das? Oh, nur die neueste HTML5-taugliche Videomessaging-Kabine. Die Kunden betreten eine abgeschlossene Videokabine und nehmen eine eigene Videonachricht auf. Anschließend können sie ihre Videos mit Filmeffekten optimieren. Es gibt einen alten Western-Sepiafilter, den Schwarz-Weiß-Filter »Film Noir« und sogar einen außerirdischen Sci-Fi-Alien-Filter. Anschließend können die Kunden ihre Nachricht an Freunde verschicken. Wir haben schon mal zugesagt, die Video-Oberfläche und die Effekte zu entwickeln.

Es gibt allerdings ein Problem: Die Videokabinen sind frühestens in sechs Wochen erhältlich. Wenn sie auf den Markt kommen, muss der Code fertig sein. Bis dahin bekommen wir ein teilweise funktionierendes Demogerät und einige Testvideos. Damit schreiben wir den gesamten Code. Wenn wir fertig sind, können die Leute von Starring You unseren Code dann auf das jeweils aufgezeichnete Video anwenden. Und natürlich muss das alles mit HTML5 gemacht werden.

Wir hoffen, Sie sind dabei – wir haben den Vertrag schon unterschrieben!

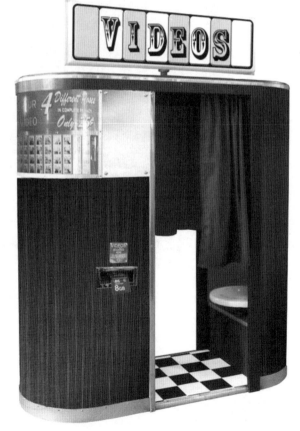

Kommen Sie rein, nehmen Sie ein Video auf, verpassen Sie ihm den nötigen Stil und schicken Sie es an einen Freund!

Sie sind hier ▶

Die neue »*Starring You*«*-Videokabine*

Kommen Sie in die Kabine ...

Hier sehen Sie unser Demogerät samt Benutzeroberfläche. Wir haben einen Bildschirm, auf dem die Benutzer ihr Video wiedergeben können. Außerdem können sie Filter wie »Western« oder »Sci-Fi« ausprobieren. Wenn ihnen das fertige Video gefällt, können sie es an einen Freund schicken. Wir haben bisher keine Möglichkeit, Aufnahmen zu machen. Also haben wir vorerst nur die Testvideos. Unsere erste Aufgabe besteht darin, alles anzuschließen, damit die Tasten funktionieren, und anschließend die Videofilter zu programmieren. Doch erst mal sehen wir uns die Oberfläche genauer an:

Das ist die Oberfläche des Demogeräts. Genau in der Mitte gibt es einen Videoplayer, um die Videos anzuzeigen.

Probieren Sie Ihren Lieblingseffekt aus: Western (Sepia), Film Noir (extradunkel) oder Sci-Fi (invertiertes Bild).:

Play, Pause, Loop und Mute.

Wählen Sie ein Testvideo. Unser Demogerät bietet zwei zur Auswahl.

Nicht Vaters Fernseher

Packen wir das Demogerät aus!

Das Demogerät ist gerade per Eilkurier eingetroffen und wartet darauf, ausgepackt zu werden. Es sieht so aus, als hätten wir eine funktionierende Einheit mit einfachem HTML und JavaScript. Sehen wir uns zuerst das HTML an (videokabine.html). Lehnen Sie sich ruhig zurück. Wir müssen einige Seiten werksseitigen Code durchschauen, bevor wir uns an den *richtigen* Code machen.

```html
<!doctype html>
<html lang="de">
<head>
   <title>Starring YOU Videokabine</title>
   <meta charset="utf-8">
   <link rel="stylesheet" href="videokabine.css">
   <script src="videokabine.js"></script>
</head>
<body>
<div id="kabine">
   <div id="konsole">
      <div id="videoDiv">
         <video id="video" width="720" height="480"></video>
      </div>
      <div id="bedienfeld">
         <div id="effekte">
            <a class="effekt" id="normal"></a>
            <a class="effekt" id="western"></a>
            <a class="effekt" id="noir"></a>
            <a class="effekt" id="scifi"></a>
         </div>
         <div id="steuerelemente">
            <a class="steuerung" id="play"></a>
            <a class="steuerung" id="pause"></a>
            <a class="steuerung" id="loop"></a>
            <a class="steuerung" id="mute"></a>
         </div>
         <div id="videoAuswahl">
            <a class="videoAuswahl" id="video1"></a>
            <a class="videoAuswahl" id="video2"></a>
         </div>
      </div>
   </div>
</div>
</body>
</html>
```

- HTML5, versteht sich.
- Und die ganzen Stilregeln sind schon fertig! Das ist die CSS-Datei.
- Und das ist die JavaScript-Datei. Den größten Teil davon werden wir selbst schreiben. Wir sehen uns das gleich genauer an, aber anscheinend wurde bisher nur der Code für die Steuerung der Schaltflächen der Benutzeroberfläche geschrieben.
- Das ist der Hauptteil der Benutzeroberfläche. Wir haben die Konsole, die in die Videoanzeige und ein Bedienfeld unterteilt ist, das wiederum drei Gruppen von Schaltflächen umfasst: »effekte«, »steuerelemente« und »videoAuswahl«.
- Der Videoplayer ist bereits installiert ... Perfekt, den werden wir brauchen.
- Hier sind alle Effekte.
- Das sind alles nur HTML-Anker. Wir werden uns gleich ansehen, wie wir sie verknüpfen können ...
- Und die Steuerelemente für den Player.
- Zwei Demovideos zum Testen.

Sie sind hier ▸

Ein Blick auf den vorhandenen Code

Inspektion des werksseitigen Codes

Sehen wir uns nun den JavaScript-Code an, der werksseitig ausgeliefert wurde. Dazu gehört auch der Code, der die Schaltflächen einrichtet (die wir gerade im HTML gesehen haben), und der Handler-Code für die Schaltflächen (der bisher nur dafür sorgt, dass die richtigen Knöpfe gedrückt werden). Wir sehen uns alles ganz genau an, bevor wir unseren eigenen Code einfügen.

Zum JavaScript ...

Knacken wir nun das JavaScript (`videokabine.js`). Anscheinend funktionieren alle Schaltflächen, sie tun allerdings noch nichts sonderlich Interessantes. Aber es ist wichtig, zu verstehen, wie sie aufgebaut sind, denn diese Knöpfe werden den Code aufrufen, den wir schreiben müssen (um beispielsweise ein Video abzuspielen oder einen Effektfilter darauf anzuwenden).

Im Folgenden sehen Sie die Funktion, die aufgerufen wird, nachdem die Seite geladen wurde. Für jede Gruppe von Schaltflächen (effekte, steuerelemente und videoAuswahl) durchläuft der Code jede einzelne und weist den Ankerlinks entsprechende Handler zu:

```javascript
window.onload = function() {
    var steuerungsLinks = document.querySelectorAll("a.steuerung");
    for (var i = 0; i < steuerungsLinks.length; i++) {
        steuerungsLinks[i].onclick = steuerungsHandler;
    }

    var effektLinks = document.querySelectorAll("a.effekt");
    for (var i = 0; i < effektLinks.length; i++) {
        effektLinks[i].onclick = waehleEffekt;
    }

    var videoLinks = document.querySelectorAll("a.videoAuswahl");
    for (var i = 0; i < videoLinks.length; i++) {
        videoLinks[i].onclick = waehleVideo;
    }

    buttonsAnAus("video1", []);
    buttonsAnAus("normal", []);
}
```

Diese Funktion wird aufgerufen, nachdem die Seite vollständig geladen wurde.

Jede for-Anweisung durchläuft eine Gruppe von Schaltflächen.

Als onclick-Handler für die Schaltflächen der Player-Steuerung wird die Funktion steuerungsHandler festgelegt.

Und der Handler für die Effekte heißt waehleEffekt.

Der Handler für die Videoauswahl lautet waehleVideo.

Nachdem wir das Fundament gelegt haben, rufen wir eine Hilfsfunktion auf, die die Schaltflächen >>video1<< und >>normal<< (kein Filter) in der Benutzeroberfläche gedrückt darstellt.

`document.querySelectorAll` kennen Sie bisher noch nicht. Diese Methode ähnelt `document.getElementsByTagName`, wählt im Gegensatz dazu aber Elemente aus, die dem angegebenen CSS-Selektor entsprechen. Als Ergebnis erhalten wir ein Array von Elementobjekten, die dem CSS-Selektor entsprechen.

```javascript
var elementArray = document.querySelectorAll("selektor");
```

Handler für die Schaltflächen

Bisher kümmert sich der JavaScript-Code nur darum, dass der entsprechende Handler aufgerufen wird, wenn die Schaltflächen angeklickt werden. Als Nächstes sehen wir uns die eigentlichen Handler an – zuerst den für die Player-Steuerung (Play/Pause/Loop/Mute).

Als Erstes sehen wir in diesem Handler nach, wer uns aufgerufen hat. Dazu lesen wir die ID des Elements aus, das den Handler aufgerufen hat.

```
function steuerungsHandler(e) {
    var id = e.target.getAttribute("id");

    if (id == "play") {
        buttonsAnAus("play", ["pause"]);

    } else if (id == "pause") {
        buttonsAnAus("pause", ["play"]);

    } else if (id == "loop") {
        if (istGedrueckt("loop")) {
            buttonsAnAus("", ["loop"]);
        } else {
            buttonsAnAus("loop", []);
        }
    } else if (id == "mute") {
        if (istGedrueckt("mute")) {
            buttonsAnAus("", ["mute"]);
        } else {
            buttonsAnAus("mute", []);
        }
    }
}
```

Wenn wir die ID haben, wissen wir, ob auf Play, Pause, Loop oder Mute geklickt wurde.

Jetzt passen wir die Benutzeroberfläche der gedrückten Schaltfläche entsprechend an. Wenn beispielsweise auf Pause geklickt wurde, soll Play nicht gedrückt dargestellt werden.

Wir verwenden die Hilfsfunktion buttonsAnAus, um dafür zu sorgen, dass die Schaltflächen auf dem Bildschirm entsprechend angezeigt werden. Die Funktion erwartet eine gedrückte Taste sowie ein Array mit Tasten, die nicht gedrückt sein sollen, und aktualisiert die Benutzeroberfläche entsprechend.

Andere Schaltflächen, andere Logik: Play und Pause verhalten sich wie echte Radiotasten (wenn eine gedrückt wird, springt die andere hoch). Mute und Loop reagieren dagegen wie voneinander getrennte An-/Ausschalter.

Dieser ganze Code ist rein kosmetisch. Er verändert lediglich die Darstellung der Tasten in gedrückt/nicht gedrückt. Hier passiert nicht wirklich etwas, wie beispielsweise die Wiedergabe eines Videos. Das müssen wir erst programmieren.

Alles schön und gut. Aber wo kommt *unser Code* ins Spiel? Gehen wir das Ganze nochmals durch: Wenn eine Schaltfläche, z. B. Play, gedrückt wird, aktualisieren wir nicht nur die Benutzeroberfläche (das macht der Code bereits), sondern führen auch Code aus, der wirklich *etwas macht*, z. B. das Video startet. Sehen wir uns noch die anderen beiden Handler an (für die Videoeffekte und die Auswahl des Testvideos), spätestens dann sollte es ziemlich offensichtlich sein, wohin unser Code kommt.

Handler für die Tasten einrichten

waehleEffekt und waehleVideo

Sehen wir uns die anderen beiden Handler an: `waehleEffekt` kümmert sich um die Auswahl des Effekts: kein Effekt (normal), Western, Film Noir oder Sci-Fi. Entsprechend übernimmt `waehleVideo` die Auswahl von Video 1 bzw. Video 2:

Das funktioniert genau so wie der steuerungsHandler: Wir lesen die ID des aufrufenden Elements aus (die Schaltfläche, auf die geklickt wurde) und aktualisieren die Benutzeroberfläche entsprechend.

```
function waehleEffekt(e) {
    var id = e.target.getAttribute("id");

    if (id == "normal") {
        buttonsAnAus("normal", ["western", "noir", "scifi"]);

    } else if (id == "western") {
        buttonsAnAus("western", ["normal", "noir", "scifi"]);

    } else if (id == "noir") {
        buttonsAnAus("noir", ["normal", "western", "scifi"]);

    } else if (id == "scifi") {
        buttonsAnAus("scifi", ["normal", "western", "noir"]);

    }
}
```

Und hier kommt unser Code hin.

Für jeden Fall fügen wir Code ein, der sich um den entsprechenden Spezialeffekt kümmert.

Dasselbe trifft auf waehleVideo zu: Wir prüfen, auf welche Schaltfläche geklickt wurde, und aktualisieren die Benutzeroberfläche.

```
function waehleVideo(e) {
    var id = e.target.getAttribute("id");
    if (id == "video1") {
        buttonsAnAus("video1", ["video2"]);
    } else if (id == "video2") {
        buttonsAnAus("video2", ["video1"]);
    }
}
```

Außerdem werden wir hier den Code einfügen, um zwischen den Videos zu wechseln.

Nicht Vaters Fernseher

Hier kommen die Hilfsfunktionen

Der Vollständigkeit halber (oder falls Sie einen elfstündigen Flug in die Karibik ohne Internet vor sich haben und das alles abtippen möchten):

Nicht vergessen: Wenn Sie das nicht alles abtippen möchten, können Sie es unter http://examples.oreilly.de/german_examples/hfhtml5ger/ herunterladen.

buttonsAnAus erwartet die ID einer Taste, die als gedrückt, sowie ein Array der Tasten, die als nicht gedrückt dargestellt werden sollen.

```
function buttonsAnAus(idAn, idArrayAus) {
    if (idAn != "") {
        var anker = document.getElementById(idAn);
        var klasse = anker.getAttribute("class");
        if (!klasse.indexOf("gedrueckt") >= 0) {
            klasse = klasse + " gedrueckt";
            anker.setAttribute("class", klasse);
            var neuesBild = "url(bilder/" + idAn + "gedrueckt.png)";
            anker.style.backgroundImage = neuesBild;
        }
    }

    for (var i = 0; i < idArrayAus.length; i++) {
        anker = document.getElementById(idArrayAus[i]);
        klasse = anker.getAttribute("class");
        if (klasse.indexOf("gedrueckt") >= 0) {
            klasse = klasse.replace("gedrueckt", "");
            anker.setAttribute("class", klasse);
            anker.style.backgroundImage = "";
        }
    }
}
```

Zuerst überprüfen wir, ob die ID der zu drückenden Taste leer ist.

Ankerelement anhand der ID abrufen ...

... sowie das class-Attribut.

Wir »drücken« die Taste, indem wir die Klasse »gedrueckt« zum Anker hinzufügen, und ...

... aktualisieren das Hintergrundbild des Ankerelements, damit es die Schaltfläche mit dem Bild einer gedrückten Taste bedeckt. Für »Pause« verwenden wir das Bild »pausegedrueckt.png«.

Um die anderen Tasten als nicht gedrückt darzustellen, durchlaufen wir das Array mit den entsprechenden IDs und schnappen uns jeden Anker.

Wir überprüfen, ob die Taste wirklich gedrückt ist (falls ja, hat sie die Klasse »gedrueckt«).

Wir entfernen »gedrueckt« aus »class« ...

... und entfernen das Hintergrundbild, damit wir die nicht gedrückte Taste sehen.

istGedrueckt prüft einfach, ob eine Taste gedrückt ist. Die Funktion nimmt die ID eines Ankers ...

```
function istGedrueckt(id) {
    var anker = document.getElementById(id);
    var klasse = anker.getAttribute("class");
    return (klasse.indexOf("gedrueckt") >= 0);
}
```

... ruft ihn ab ...

... liest das class-Attribut aus ...

... und gibt true zurück, wenn der Anker die Klasse »gedrueckt« hat.

Sie sind hier ▸ **379**

Ein erster Test

Der Duft des neuen Demogeräts ... Probefahrt!

Wir haben nicht viel Code geschrieben, aber viel gelesen und verstanden – das kann genauso gut sein. Laden Sie also die Datei `videokabine.html` in Ihren Browser und testen Sie die Knöpfe. Machen Sie einen genauen Test. Als Fleißaufgabe können Sie ein paar alert-Meldungen in die Handler-Funktionen einfügen. Entwickeln Sie ein Gefühl dafür, wie sie funktionieren. Wenn Sie damit fertig sind, schreiben wir den Code, damit die Schaltflächen wirklich etwas machen.

Probieren Sie die Tasten aus – manche verhalten sich wie Radiotasten, andere wie Schalter.

Spitzen Sie Ihren Bleistift

Beschriften Sie die folgenden Tasten dahin gehend, ob sie sich wie Schalter verhalten (voneinander unabhängig) oder wie Radiotasten (wenn Sie eine Taste drücken, springt die andere heraus). Notieren Sie auch den entsprechenden click-Handler für die jeweilige Taste.

Sie finden die Lösung einige Seiten weiter ...

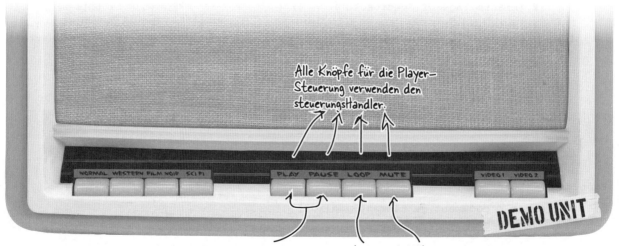

Alle Knöpfe für die Player-Steuerung verwenden den steuerungsHandler.

Radiotasten: Play und Pause können nicht gleichzeitig gedrückt werden.

Loop und Mute sind Schalter, sie können unabhängig von den anderen Tasten betätigt werden.

Nicht Vaters Fernseher

> Ich hab da was verpasst ...
> Wie haben Sie aus <div>s mit
> Anker-Tags Knöpfe in der
> Benutzeroberfläche gemacht?

Die Magie von CSS.

Es ist eine Schande, dass dieses Buch nicht *HTML5-Programmierung mit JavaScript & CSS* heißt, aber dann hätte es wahrscheinlich 1.400 Seiten. Natürlich würden wir uns überreden lassen, ein ausführliches Buch über CSS zu schreiben ...

Aber Spaß beiseite: Darin liegt die Stärke der Aufteilung in Markup für die Struktur und CSS für die Darstellung (sollte dieses Thema neu für Sie sein, lesen Sie *HTML mit CSS & XHTML von Kopf bis Fuß*). Wir machen ja nichts Kompliziertes. Hier in Kürze für die Neugierigen unter Ihnen:

Wir legen für das <div> »konsole« ein Hintergrundbild von der Konsole fest (ohne Knöpfe).

Das <video>-Element befindet sich in einem <div>, das relativ zur Konsole positioniert wird. Anschließend wird das <video>-Element absolut positioniert, sodass es in der Mitte der Konsole liegt.

Wir positionieren das <div> bedienfeld relativ zur Konsole und die <div>s für die Tastengruppen relativ zu bedienfeld.

Jedes <div> für die Tastengruppen erhält ein Hintergrundbild mit den nicht gedrückten Tasten.

Jeder »Knopf«-Anker wird innerhalb des <div> der jeweiligen Gruppe positioniert und erhält eine der jeweiligen Taste entsprechende Breite und Höhe. Wenn Sie auf einen Knopf klicken, erhält der jeweilige Anker ein Hintergrundbild in gedrücktem Zustand, das den nicht gedrückten Knopf verdeckt.

Wenn Sie Lust haben, sehen Sie sich das CSS genauer an: videokabine.css.

Sie sind hier ▸

Lösung zur Übung

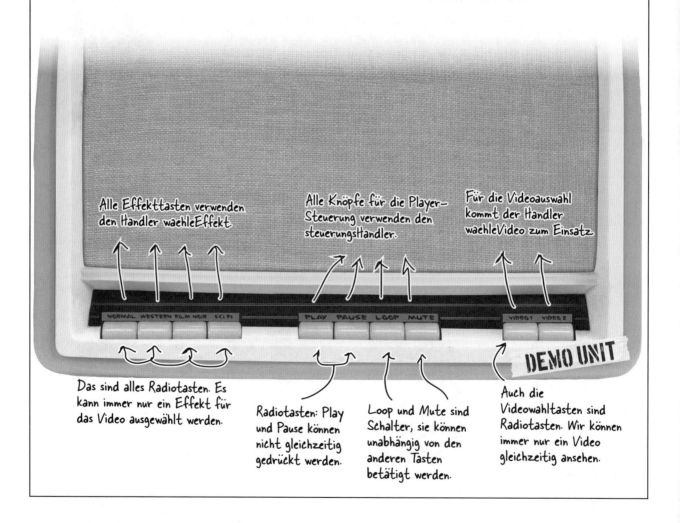

Demovideos an den Start ...

Bevor wir die Steuerelemente implementieren, brauchen wir Videos, um sie zu testen. Wie Sie bereits an den Tasten erkennen, hat uns »Starring You Video« zwei Demovideos geschickt. Wir erstellen ein Objekt für die beiden Videos und schreiben den Code für den onload-Handler, um die Quelle für unser Video-Objekt festzulegen (genau wie bei Webville TV).

Wir erstellen dieses Objekt für die beiden Demovideos. Dazu gleich mehr.

```javascript
var videos = {video1: "video/demovideo1", video2: "video/demovideo2"};

window.onload = function() {

    var video = document.getElementById("video");
    video.src = videos.video1 + dateiEndung();
    video.load();

    var steuerungsLinks = document.querySelectorAll("a.steuerung");
    for (var i = 0; i < steuerungsLinks.length; i++) {
        steuerungsLinks[i].onclick = steuerungsHandler;
    }
    var effektLinks = document.querySelectorAll("a.effekt");
    for (var i = 0; i < effektLinks.length; i++) {
        effektLinks[i].onclick = waehleEffekt;
    }
    var videoLinks = document.querySelectorAll("a.videoAuswahl");
    for (var i = 0; i < videoLinks.length; i++) {
        videoLinks[i].onclick = waehleVideo;
    }
    buttonsAnAus("video1", []);
    buttonsAnAus("normal", []);
}
```

Hier rufen wir das Video-Element ab und legen das erste Video des Arrays mit einer spielbaren Dateiendung als Quelle fest.

Dann laden wir das Video, damit wir es abspielen können, sobald ein Benutzer auf Play klickt.

✓ SORGFÄLTIG LESEN!

Bevor wir schludrig werden: Die Funktion `dateiEndung` steht in Webville TV, nicht in diesem Code! Öffnen Sie also `webvilletv.js`, kopieren Sie die Funktion und fügen Sie sie in den Code für die Videokabine ein. Und noch etwas: Im Code für die Videokabine gibt es kein globales Video-Objekt. Fügen Sie daher die folgende Zeile oben in die Funktion `dateiEndung` ein:

```javascript
var video = document.getElementById("video");
```

Fügen Sie diese Zeile oben in die Funktion dateiEndung ein.

Benutzerdefinierte *Videosteuerelemente*

Videosteuerelemente implementieren

Jetzt implementieren wir diese Tasten.

Zeit für die Tasten! Für dieses Projekt werden wir *unsere eigenen* Steuerungstasten implementieren. Wenn die Benutzer ein Video abspielen, anhalten oder stumm schalten, verwenden wir dafür unsere eigenen Schaltflächen, nicht die in den Browser integrierten. Das bedeutet, dass wir alles *programmgesteuert* über die API selbst machen müssen. Wir implementieren natürlich nicht alle Funktionen – also keinen Schieberegler zum Spulen und auch keine Vor-/Zurücktaste, weil wir das in diesem Fall nicht brauchen. *Aber wir könnten, wenn wir wollten.* Durch die Implementierung unserer kleinen Steuerung verstehen Sie, wie es funktioniert, und sind bestens in der Lage, bei Bedarf auch einen Schritt weiterzugehen.

Wie wäre es, wenn wir mit der Play-Taste anfingen und uns dann nach rechts vorarbeiten (über Pause und Loop hin zu Mute)? Suchen Sie den `steuerungsHandler` und fügen Sie den folgenden Code ein:

```
function steuerungsHandler(e) {
    var id = e.target.getAttribute("id");
    var video = document.getElementById("video");

    if (id == "play") {
        buttonsAnAus("play", ["pause"]);
        if (video.ended) {
            video.load();
        }
        video.play();
    } else if (id == "pause") {
        buttonsAnAus("pause", ["play"]);
    } else if (id == "loop") {
        if (istGedrueckt("loop")) {
            buttonsAnAus("", ["loop"]);
        } else {
            buttonsAnAus("loop", []);
        }
    } else if (id == "mute") {
        if (istGedrueckt("mute")) {
            buttonsAnAus("", ["mute"]);
        } else {
            buttonsAnAus("mute", []);
        }
    }
}
```

Wir brauchen eine Referenz auf das Video-Objekt.

Das ist ziemlich einfach: Wenn der Benutzer auf Play gedrückt hat, wird die play-Methode des Video-Objekts aufgerufen.

Seien Sie gewarnt: Es gibt einen Sonderfall, um den wir uns kümmern müssen. Wenn wir ein Video abgespielt haben und das Video bis zum Ende durchgelaufen ist, müssen wir es zuerst laden, bevor wir es nochmals wiedergeben können. Also prüfen wir, ob das Video bis zum Ende durchgelaufen ist (und nicht nur angehalten wurde), und laden es in diesem Fall erneut. Wenn es nur angehalten wurde, können wir es einfach abspielen, ohne es vorher zu laden.

Die restlichen Steuerelemente implementieren

Machen wir die restlichen Steuerelemente fertig – das ist so einfach, dass sie sich fast schon von selbst schreiben:

```
function steuerungsHandler(e) {
    var id = e.target.getAttribute("id");
    var video = document.getElementById("video");

    if (id == "play") {
        buttonsAnAus("play", ["pause"]);
        if (video.ended) {
            video.load();
        }
        video.play();
    } else if (id == "pause") {
        buttonsAnAus("pause", ["play"]);
        video.pause();

    } else if (id == "loop") {
        if (istGedrueckt("loop")) {
            buttonsAnAus("", ["loop"]);
        } else {
            buttonsAnAus("loop", []);
        }
        video.loop = !video.loop;

    } else if (id == "mute") {
        if (istGedrueckt("mute")) {
            buttonsAnAus("", ["mute"]);
        } else {
            buttonsAnAus("mute", []);
        }
        video.muted = !video.muted;
    }
}
```

Wenn ein Benutzer das Video anhält, verwenden wir die pause-Methode des Video-Objekts.

Für die Wiederholung hat das Video-Objekt eine Boolesche Eigenschaft namens loop. Wir legen sie einfach entsprechend fest ...

Dazu müssen Sie weiterhin aktiv bleiben und den Booleschen !-Operator (Negationsoperator) verwenden, der einfach den Booleschen Wert für uns umkehrt.

Bei Mute machen wir es genauso: Wenn die Taste gedrückt wird, kehren wir einfach den aktuellen Wert der mute-Eigenschaft um.

Nächste Probefahrt!

Überprüfen Sie, ob Sie den gesamten Code abgetippt haben. Laden Sie videokabine.html in Ihrem Browser und testen Sie die Videosteuerung. Sie sollten das Video abspielen, anhalten, stumm schalten und wiederholen lassen können. Natürlich können Sie noch nicht das andere Demovideo oder einen Effekt auswählen, aber dazu kommen wir noch!

Umgang mit dem ended-Event

Das lose Ende ...

Es gibt noch ein loses Ende, um das wir uns kümmern müssen, damit diese Tasten wirklich so funktionieren, wie sie sollen: Angenommen, Sie spielen ein Video vollständig ab und haben die Wiederholung nicht aktiviert. Dann endet das Video, und die Play-Taste bleibt gedrückt. Wäre es nicht besser, wenn die Taste wieder herausspringt, damit Sie sie erneut drücken können?

Mithilfe von Events können wir das ganz einfach tun. Dazu richten wir einen Listener für das ended-Event ein. Schreiben Sie am unteren Ende Ihres onload-Händlers folgenden Code:

Unsere Play-Taste ist noch nicht 100 % richtig ...

```
video.addEventListener("ended", endedHandler, false);
```

Wir legen einen Handler für das ended-Event fest, der aufgerufen wird, wenn die Wiedergabe endet (NICHT wenn Pause gedrückt wird).

Nun schreiben wir den Handler, der jedes Mal aufgerufen wird, wenn das Video bis zum Ende wiedergegeben wird:

```
function endedHandler() {
    buttonsAnAus("", ["play"]);
}
```

Wir müssen lediglich die Play-Taste wieder herausspringen lassen. Das war's!

Und noch eine ...

Okay, ändern und speichern Sie den Code und laden Sie die Seite neu. Spielen Sie ein Video bis zum Ende durch, ohne die Loop-Taste zu drücken. Am Ende der Wiedergabe sollte die Play-Taste von selbst wieder herausspringen.

Die Play-Taste sollte am Ende des Videos wieder herausspringen.

Nicht Vaters Fernseher

Testvideos umschalten

Wir haben bereits ein Objekt für unsere beiden Testvideos und auch schon zwei Tasten, um zwischen ihnen umzuschalten. Jeder der beiden Schaltflächen haben wir den Handler `waehleVideo` zugewiesen. Jetzt kommt der Code, damit wir zwischen den beiden Videos wechseln können:

Unser Objekt mit den beiden Videos. Wir zeigen es Ihnen zur Erinnerung noch mal, damit Sie sehen können, wie wir es verwenden ...

```
var videos = {video1: "video/demovideo1", video2: "video/demovideo2"};

function waehleVideo(e) {                    ← Das ist der Handler.
    var id = e.target.getAttribute("id");
    var video = document.getElementById("video");   ← Wir brauchen wieder eine
                                                      Referenz auf das Video-Objekt.

    if (id == "video1") {
        buttonsAnAus("video1", ["video2"]);
    } else if (id == "video2") {
        buttonsAnAus("video2", ["video1"]);
    }
    video.src = videos[id] + dateiEndung();
    video.load();
    video.play();

    buttonsAnAus("play", ["pause"]);
}
```

Wir aktualisieren die Tasten wie bisher, daran hat sich nichts geändert.

Dann ermitteln wir den richtigen Namen für die Videodatei anhand der id der Schaltfläche (das id-Attribut des Ankers) und hängen unsere browserspezifische Dateiendung an. Beachten Sie, dass wir die [ ]-Schreibweise für unser Video-Objekt und den id-String als Eigenschaftsnamen verwenden.

Sobald wir den richtigen Pfad und den Dateinamen des Videos haben, laden wir es und starten die Wiedergabe.

Und wir sorgen dafür, dass die Play-Taste gedrückt dargestellt wird, weil wir die Wiedergabe starten, wenn der Benutzer ein anderes Video auswählt.

Fahrerwechsel und Probefahrt!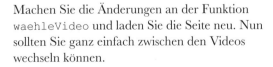

Machen Sie die Änderungen an der Funktion `waehleVideo` und laden Sie die Seite neu. Nun sollten Sie ganz einfach zwischen den Videos wechseln können.

Interview mit dem *Video-Element*

HTML5 im Gespräch

**Interview der Woche:
Bekenntnisse des Video-Elements**

Von Kopf bis Fuß: Herzlich willkommen, Video. Ich komme direkt zu dem Thema, das uns alle beschäftigt: SIE und das Canvas-Element.

Video: Wie meinen Sie das?

Von Kopf bis Fuß: Sie ziehen nächtelang durch die Stadt, frühstücken gemeinsam am frühen Morgen ...

Video: Was soll ich dazu sagen? Canvas und ich haben eine tolle Beziehung. Sie zeigt ihren Inhalt in einer sehr – sagen wir mal – optisch ansprechenden Art, und ich bin ein Video-Arbeitspferd. Ich beiße mich durch Codecs und bringe die Videoinhalte in den Browser.

Von Kopf bis Fuß: Nun ja, darauf wollte ich eigentlich nicht hinaus. Aber okay. Sie ist gut in der 2-D-Anzeige, Sie in der Wiedergabe von Videos. Worin besteht die tatsächliche Verbindung?

Video: Das ist wie bei jeder Beziehung: Wenn zwei Dinge zusammenkommen und insgesamt mehr ergeben als nur die Summe dieser beiden Teile, dann ist etwas Besonderes entstanden.

Von Kopf bis Fuß: Okay, können Sie sich etwas konkreter ausdrücken?

Video: Es ist ein einfaches Konzept. Wenn Sie mehr wollen, als nur einfach Videos abzuspielen – Videos verarbeiten, eigene Overlays erstellen oder mehrere Videos gleichartig anzeigen –, brauchen Sie Canvas.

Von Kopf bis Fuß: Schön und gut. Aber für Video ist Schwerstarbeit bei der Verarbeitung erforderlich – da kommen schließlich eine Menge Daten durch. Wie kann JavaScript als Skriptsprache da etwas Vernünftiges leisten? JavaScript-Code ist nicht gerade nativer Maschinencode.

Video: Oh, Sie würden sich wundern ... Haben Sie sich die aktuellen Benchmarks von JavaScript angesehen? Es ist bereits schnell und wird jeden Tag noch schneller. Die schlauesten Virtuellen-Maschinen-Gurus der Szene basteln daran herum und geben ganz schön Gas.

Von Kopf bis Fuß: Na ja, aber Video? Wirklich?

Video: Wirklich.

Von Kopf bis Fuß: Können Sie uns einige Beispiele dafür geben, was man mit JavaScript, Canvas und Video machen kann?

Video: Klar. Sie können Videos in Echtzeit bearbeiten, die Merkmale des Videos inspizieren, Daten aus den Videoframes auslesen und die Videodaten verändern ... rotieren, skalieren oder die Pixel bearbeiten.

Von Kopf bis Fuß: Können Sie uns zeigen, wie das im Code geht?

Video: Äh, das müssen wir auf später verschieben. Ich habe gerade einen Anruf von Canvas bekommen ... muss mich beeilen ...

Zeit für Spezialeffekte

Es wird Zeit, Filmeffekte zu programmieren, finden Sie nicht? Wir möchten Spezialeffekte auf die Originalvideos anwenden – z. B. Film Noir, Western und einen galaktischen Sci-Fi-Effekt. Aber wenn Sie einen Blick auf die Video-API werfen, finden Sie keine Effektmethoden oder andere Möglichkeiten, Effekte direkt zu verwenden. Was machen wir da?

Nehmen Sie sich ein bisschen Zeit, um darüber nachzudenken, wie wir Effekte auf unser Video anwenden könnten. Es macht nichts, dass Sie noch nicht wissen, wie Sie Videos bearbeiten können. Denken Sie nur in groben Zügen darüber nach.

Wir möchten auf unser Originalvideo Effekte wie Film Noir, Western, und Sci-Fi anwenden.

Starring You Video
Technische Notiz

Nutzen Sie diese technische Notiz, um ein Bild zu skizzieren, es zu beschriften oder Pseudocode für die Videoeffekte zu schreiben. Das ist eine Aufwärmübung – bringen Sie einfach Ihr Gehirn in Schwung!

Wie kommen Sie an die Pixel, aus denen der Videoframe aufgebaut ist?

Wenn Sie die Pixel haben, wie verarbeiten Sie sie, um den Effekt darauf anzuwenden?

Angenommen, Sie schreiben eine Funktion, um den jeweiligen Effekt zu implementieren. Wie würde sie aussehen?

Wie können Sie das Video anzeigen, nachdem Sie alle Pixel verarbeitet haben, um den Effekt anzuzeigen?

Hier kommen Ihre Ideen hin.

Implementierungsplan für die Videoeffekte

Der FX-Plan

Wir wissen noch nicht genau, wie wir die Effekte implementieren, haben aber einen groben Schlachtplan:

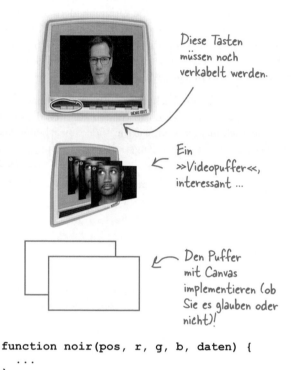

❶ Wir wissen, dass wir noch die Schaltflächen verkabeln müssen, die die Effekte steuern. Das machen wir als Erstes.

Diese Tasten müssen noch verkabelt werden.

❷ Wir lernen ein bisschen über Videoverarbeitung und verwenden einen Videopuffer, um unsere Effekte umzusetzen.

Ein »Videopuffer«, interessant …

❸ Wir implementieren den Puffer, wodurch wir die Gelegenheit haben, Video und Canvas zusammen in Aktion zu erleben.

Den Puffer mit Canvas implementieren (ob Sie es glauben oder nicht)!

❹ Wir schreiben für jeden Effekt eine Funktion: Western, Film Noir und Sci-Fi.

```
function noir(pos, r, g, b, daten) {
  ...
}
```

❺ Zum Schluss setzen wir alles zusammen und machen einen Test!

Die veränderten Pixel zeigen wir – Sie haben es bereits erraten – in einem Canvas.

 **KOPF-NUSS**

Jetzt wissen Sie, dass wir für jeden Effekt eine Funktion implementieren. Nehmen wir als Beispiel »Film Noir«: Wie nehmen Sie ein farbiges Pixel aus dem Video und machen es schwarz-weiß? Tipp: Jedes Pixel hat drei Komponenten – rot, grün und blau. Was könnten wir tun, wenn wir diese drei Komponenten in die Finger bekämen?

Zeit für die Effekttasten

Machen wir den einfachen Teil zuerst: Wir schließen die Effekttasten an. Als Erstes erstellen wir eine globale Variable mit dem Namen `effektFunktion`. Diese Variable wird eine Funktion enthalten, die Daten aus dem Video entgegennimmt und einen Filter darauf anwendet. Je nachdem, welchen Effekt wir verwenden möchten, enthält die Variable `effektFunktion` eine Funktion, die weiß, wie sie die Videodaten bearbeitet und diese entweder schwarz-weiß, sepiafarben oder für den Sci-Fi-Effekt invertiert darstellt. Fügen Sie diese globale Variable oben in Ihrer Datei ein:

```
var effektFunktion = null;
```

Diese Variable legen wir jedes Mal fest, wenn auf eine Effekttaste geklickt wird. Für den Moment verwenden wir nur die Funktionsnamen: `western`, `noir` und `scifi`. Die Funktionen schreiben wir in Kürze.

Hier ist wieder unser Handler waehleEffekt. Er wird jedes Mal aufgerufen, wenn Benutzer auf eine Effekttaste klicken.

Für jede Taste weisen wir der Variablen effektFunktion die entsprechende Funktion zu (die wir noch schreiben müssen).

```
function waehleEffekt(e) {
    var id = e.target.getAttribute("id");

    if (id == "normal") {
        buttonsAnAus("normal", ["western", "noir", "scifi"]);
        effektFunktion = null;
    } else if (id == "western") {
        buttonsAnAus("western", ["normal", "noir", "scifi"]);
        effektFunktion = western;
    } else if (id == "noir") {
        buttonsAnAus("noir", ["normal", "western", "scifi"]);
        effektFunktion = noir;
    } else if (id == "scifi") {
        buttonsAnAus("scifi", ["normal", "western", "noir"]);
        effektFunktion = scifi;
    }
}
```

Wenn kein Effekt gewünscht ist (»normal«), verwenden wir den Wert null.

Ansonsten weisen wir effektFunktion eine Funktion mit dem entsprechenden Namen zu, die sich um den Effekt kümmert.

Die Effektfunktionen müssen wir noch schreiben. Mal sehen, wie wir Videos bearbeiten und Effekte darauf anwenden können!

Okay, nachdem wir das abgehakt haben, sehen wir uns den »Puffer« an. Anschließend überlegen wir uns, wie diese Funktionen ins Bild passen und – wie wir sie schreiben!

Überblick über die *Videoverarbeitung*

Videoverarbeitung

Bisher weisen wir nur der globalen Variablen `effectsFunction` bei einem Click auf die Effekttasten in der Benutzeroberfläche eine entsprechende Funktion zu. Jetzt müssen wir uns damit beschäftigen, wie wir Videos in Echtzeit verarbeiten können, um einen Effekt darauf anzuwenden. Dazu müssen wir die Pixel des Videos in die Finger bekommen, diese Pixel unserem Effekt entsprechend ändern und anschließend wieder auf den Bildschirm bringen.

Bietet die Video-API eine besondere Möglichkeit, Videos vor der Anzeige zu bearbeiten? Nein. Aber sie bietet uns Zugriff auf die Pixel. Also brauchen wir nur eine Möglichkeit, sie zu verändern und wieder anzuzeigen. Moment mal … Pixel? Anzeigen? Erinnern Sie sich an Kapitel 7? **Canvas**! Genau! Wir haben doch etwas von der »besonderen Beziehung« zwischen dem Video- und dem Canvas-Element erwähnt. Sehen wir uns Schritt für Schritt an, wie diese beiden Elemente zusammenarbeiten könnten:

← Die Details zur Sensationsmeldung – endlich enthüllt!

① Der Videoplayer decodiert und spielt das Video hinter den Kulissen ab.

② Das Video wird Frame für Frame in ein (verstecktes) Puffer-Canvas kopiert und verarbeitet.

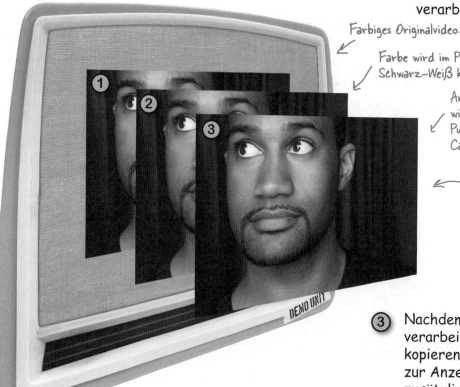

Farbiges Originalvideo.

Farbe wird im Puffer-Canvas in Schwarz-Weiß konvertiert.

Anschließend kopieren wir den Frame aus dem Puffer in das Anzeige-Canvas.

← So ändern wir jeden Frame des Videos von Farbe in Schwarz-Weiß und zeigen ihn an.

③ Nachdem der Frame verarbeitet wurde, kopieren wir ihn zur Anzeige in ein zusätzliches Canvas.

Nicht Vaters Fernseher

Videoverarbeitung mit Puffer

Sie fragen sich jetzt vielleicht, warum wir zwei Canvas-Elemente verwenden, um das Video zu verarbeiten und anzuzeigen. Warum verarbeiten wir das Video nicht gleich bei der Decodierung?

Die hier beschriebene Methode hat sich als Technik bewährt, um optische Artefakte durch rechenintensive Video- und Bildverarbeitung zu minimieren. Indem wir jeden Videoframe zunächst in einem Puffer verarbeiten und anschließend alle auf einen Schlag in das Anzeige-Canvas kopieren, minimieren wir optische Störungen.

Gehen wir die Implementierung des Puffers Schritt für Schritt durch:

① Der Browser decodiert das Video in einer Reihe von Frames. Jeder Frame ist ein Pixelschnappschuss des Videos zum jeweiligen Zeitpunkt.

Ein Videoframe.

② Bei der Decodierung kopieren wir jeden Frame in das Canvas, das wir als Puffer verwenden.

Wir kopieren den gesamten Frame in das Canvas.

Das ist der Puffer.

Sie sind hier ▶

Puffer verwenden

③ Wir gehen den Puffer pixelweise durch und übergeben jedes einzelne Pixel zur Verarbeitung an unsere Effektfunktion.

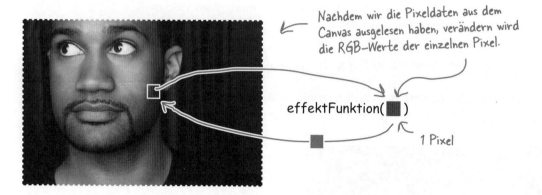

Nachdem wir die Pixeldaten aus dem Canvas ausgelesen haben, verändern wir die RGB-Werte der einzelnen Pixel.

effektFunktion(▇)

1 Pixel

④ Nachdem wir alle Pixel im Puffer verarbeitet haben, kopieren wir den Puffer in das Anzeige-Canvas.

Sobald die Daten im Puffer verarbeitet sind ...

... nehmen wir das Bild aus dem Puffer-Canvas und kopieren das Ganze in das Anzeige-Canvas.

Und das ist natürlich das Canvas, das Sie sehen!

⑤ Anschließend wiederholen wir diesen Vorgang für jeden Frame, sobald er vom Video-Objekt decodiert wird.

394   Kapitel 8

Canvas-Puffer implementieren

Sie wissen bereits, dass wir zwei Canvas-Elemente brauchen, um einen Puffer zu implementieren: eines für die Berechnungen und eines für die Anzeige des Ergebnisses. Zurück zu unserer HTML-Datei videokabine.html. Öffnen Sie die Datei, suchen Sie das `<div>` mit der ID "videoDiv" und fügen Sie unterhalb von `<video>` zwei Canvas-Elemente ein:

```html
<div id="videoDiv">
    <video id="video" width="720" height="480"></video>
    <canvas id="puffer" width="720" height="480"></canvas>
    <canvas id="anzeige" width="720" height="480"></canvas>
</div>
```

Wir fügen zwei Canvas-Elemente ein – eines für den Puffer und eines für die Anzeige.

Beachten Sie, dass beide dieselbe Größe wie das Video-Element haben.

Video- und Canvas-Elemente positionieren

Sie fragen sich jetzt wahrscheinlich, wie wir diese Elemente positionieren. Wir legen sie genau übereinander. Ganz unten liegt das Video-Element, darüber der Puffer und ganz oben die Anzeige. Das Ganze machen wir mit CSS. Wir sprechen in diesem Buch zwar nicht sonderlich viel über CSS – aber in videokabine.css können Sie sehen, wie wir drei Elemente positionieren:

```css
div#videoDiv {
    position: relative;
    width: 720px;
    height: 480px;
    top: 180px;
    left: 190px;
}
video {
    background-color: black;
}
div#videoDiv canvas {
    position: absolute;
    top: 0px;
    left: 0px;
}
```

Das `<div>` videoDiv wird relativ zu dem Element positioniert, in dem es sich befindet (das `<div>` konsole): 180px von oben und 190px von links. Dadurch befindet sich das Element genau in der Mitte der Konsole. Breite und Höhe sind identisch mit der von `<video>` und den beiden `<canvas>`-Elementen.

`<video>` ist das erste Element im `<div>` videoDiv, daher wird es automatisch an der linken oberen Ecke des `<div>` positioniert. Wir wählen einen schwarzen Hintergrund, damit im Fall einer Letterbox oder Pillarbox die Fläche schwarz ist.

Die beiden `<canvas>`-Elemente im `<div>` videoDiv werden absolut zum videoDiv positioniert (ihrem Elternelement). Weil wir die `<canvas>`-Elemente 0px von der linken oberen Ecke positionieren, befinden sie sich an exakt derselben Position wie `<video>` und das videoDiv.

Frameverarbeitung *implementieren*

Code für die Videoverarbeitung schreiben

Wir haben ein Video-Element, ein Canvas als Puffer und eines, in dem wir die fertigen Videoframes anzeigen. Außerdem haben wir sie übereinandergestapelt, sodass wir nur das oberste Canvas für die Anzeige mit dem Effekt sehen. Für die Videoverarbeitung werden wir das `play`-Event des Video-Elements nutzen, das ausgelöst wird, sobald das Video abgespielt wird. Fügen Sie Folgendes am Ende des `onload`-Handlers ein:

```
video.addEventListener("play", verarbeiteFrame, false);
```
Wenn die Wiedergabe des Videos beginnt, wird die Funktion verarbeiteFrame aufgerufen.

Innerhalb der Funktion `verarbeiteFrame` bearbeiten wir die Videopixel und zeigen sie im Canvas an. Zu Beginn verschaffen wir uns Zugang zu allen wichtigen DOM-Objekten:

```
function verarbeiteFrame() {
    var video = document.getElementById("video");
    if (video.paused || video.ended) {
        return;
    }
    var pufferCanvas = document.getElementById("puffer");
    var anzeigeCanvas = document.getElementById("anzeige");
    var puffer = pufferCanvas.getContext("2d");
    var anzeige = anzeigeCanvas.getContext("2d");
}
```

Zuerst das Video-Objekt …

Dann wir überprüfen wir, ob das Video noch abgespielt wird. Falls nicht, haben wir nichts zu tun und verlassen die Funktion.

Dann schnappen wir uns eine Referenz auf die beiden Canvas-Elemente und ihren jeweiligen Kontext – den brauchen wir.

Den Puffer erstellen

Um den Puffer zu erstellen, müssen wir den aktuellen Videoframe in das Puffer-Canvas kopieren. Und schon können wir die Daten des Frames bearbeiten. Den Puffer erstellen wir folgendermaßen (bitte in `verarbeiteFrame` einfügen):

Erinnern Sie sich an die Kontextmethode drawImage aus Kapitel 7?

Sie erwartet ein Bild und zeichnet dieses Bild an der angegebenen x-/y-Position mit der angegebenen Breite und Höhe auf das Canvas.

Diesmal verwenden wir ein Bild aus dem Video. Dadurch, dass wir das Video-Element als Quelle angeben, ruft drawImage die Bilddaten eines Frames aus dem Video ab.

```
puffer.drawImage(video, 0, 0, pufferCanvas.width, pufferCanvas.height);
var frame = puffer.getImageData(0, 0, pufferCanvas.width, pufferCanvas.height);
```

Dann nehmen wir die Bilddaten aus dem Canvas-Kontext und speichern sie in der Variablen frame, damit wir Sie verarbeiten können.

Hiermit sagen wir, dass wir die gesamten Bilddaten im Canvas haben möchten.

Kapitel 8

Den Puffer verarbeiten

Nun halten wir ein Videoframe in Händen, also machen wir uns an die Arbeit! Dazu müssen wir jedes einzelne Pixel in den Framedaten durchlaufen und die darin gespeicherten RGB-Farbwerte extrahieren. In Wahrheit hat jedes Pixel vier Werte: RGB und Alpha (die Transparenz), aber den Alphawert werden wir nicht verändern. Sobald wir die RGB-Werte haben, rufen wir die `effektFunktion` mit den RGB-Daten und dem Frame auf (das ist die Funktion, die wir auf Seite 392 eingerichtet haben):

```
puffer.drawImage(video, 0, 0, pufferCanvas.width, anzeigeCanvas.height);
var frame = puffer.getImageData(0, 0, pufferCanvas.width, anzeigeCanvas.height);
var length = frame.data.length / 4;

for (var i = 0; i < length; i++) {
    var r = frame.data[i * 4 + 0];
    var g = frame.data[i * 4 + 1];
    var b = frame.data[i * 4 + 2];
    if (effektFunktion) {
        effektFunktion(i, r, g, b, frame.data);
    }
}
anzeige.putImageData(frame, 0, 0);
```

Zuerst bringen wir die Größe der Framedaten in Erfahrung. Beachten Sie, dass sich die Daten in einer Eigenschaft des Frames befinden (frame.data) und length wiederum eine Eigenschaft von frame.data ist. length ist genau viermal so groß wie das Canvas, weil es für jedes Pixel vier Werte gibt: RGBA.

Nun durchlaufen wir die Daten in einer Schleife und fragen für jedes Pixel die RGB-Werte ab. Jedes Pixel belegt vier Elemente im Array. Daher fragen wir r an der ersten Position ab, g an der zweiten und b an der dritten..

Dann rufen wir die effektFunktion auf (wenn sie null ist, ist die Taste »Normal« gedrückt) und übergeben die Position des Pixels, die RGB-Werte und das Array frame.data. Die Effektfunktion aktualisiert das Array frame.data mit den neuen Pixelwerten, die zuvor der Filterfunktion entsprechend verarbeitet werden.

An dieser Stelle wurden die Framedaten verarbeitet. Deshalb schreiben wir die Daten mit der Kontextmethode putImageData in das Canvas für die Anzeige. Die Methode schreibt die Daten in frame an der angegebenen x-/y-Position in das Canvas.

Wir haben einen Frame verarbeitet. Was nun?

Nun haben wir genau einen einzelnen Frame verarbeitet. Wir müssen aber alle verarbeiten, während das Video weiter abgespielt wird. Dazu verwenden wir `setTimeout` und übergeben einen Wert von 0 Millisekunden, damit JavaScript `verarbeiteFrame` so schnell wie möglich wieder ausführt. Natürlich wird die Funktion nicht *0* Millisekunden später ausgeführt. Aber wir erhalten dadurch die nächstmögliche Zeiteinheit. Fügen Sie Folgendes am Ende von `verarbeiteFrame` ein:

setTimeout ist wie setInterval, wird aber nur einmal nach der angegebenen Zeit ausgeführt.

```
setTimeout(verarbeiteFrame, 0);
```

Weist JavaScript an, verarbeiteFrame so schnell wie möglich wieder auszuführen!

Framerates und Timer

Interessant, dass Sie setTimeout mit einer Zeit von null Millisekunden verwenden. Was passiert da? Sollten wir das nicht irgendwie mit der Framerate des Videos verknüpfen?

Wenn wir nur könnten!

Sie haben absolut recht: Wir wünschten, wir könnten unseren Handler für jeden Frame einmal aufrufen lassen. Aber die Video-API bietet dafür keine Möglichkeit. Es gibt ein Event mit dem Namen `timeupdate`, mit dessen Hilfe wir die Zeitanzeige des Videoplayers aktualisieren können. Aber dieses Event wird nicht granular genug aufgerufen, als dass wir damit Frames verarbeiten könnten (das Event hat eine geringere Frequenz als das Video).

Deshalb verwenden wir stattdessen `setTimeout`. Wenn Sie an `setTimeout` die Zahl 0 übergeben, bitten Sie JavaScript dadurch, Ihren Timeout-Handler so schnell es geht aufzurufen – dadurch wird Ihr Handler so oft wie möglich ausgeführt.

Könnte das vielleicht schneller als die Framerate sein? Wäre es nicht besser, ein Intervall zu berechnen, das der Framerate nahekommt? Das könnten Sie versuchen, aber es ist unwahrscheinlich, dass der Handler im Gleichschritt mit den Frames Ihres Videos aufgerufen wird. 0 Millisekunden sind daher eine gute Annäherung. Wenn Sie nach einer Möglichkeit suchen, die Leistung Ihrer App zu optimieren, können Sie natürlich ein bisschen Profiling betreiben und die optimalen Werte herausfinden. Bis es eine ausgeklügeltere API gibt, wird dies jedoch unsere Lösung bleiben.

Effekte programmieren

Nun haben wir alles, was wir brauchen, um die Videoeffekte zu schreiben: Wir rufen jeden Frame ab, greifen Pixel für Pixel auf die Daten zu und schicken die Pixel an unsere Effektfilterfunktion. Sehen wir uns zunächst den *Film Noir*-Filter an (in unserer Version einfach nur ein schicker Name für einen Schwarz-Weiß-Filter):

Die Filterfunktion erhält die Position des Pixels ...

... die Rot-, Grün- und Blauwerte des Pixels ...

... und eine Referenz auf das Frame-Datenarray im Canvas.

```
function noir(pos, r, g, b, daten) {
    var helligkeit = (3*r + 4*g + b) >>> 3;
    if (helligkeit < 0) helligkeit = 0;
    daten[pos * 4 + 0] = helligkeit;
    daten[pos * 4 + 1] = helligkeit;
    daten[pos * 4 + 2] = helligkeit;
}
```

Als Erstes berechnen wir die Helligkeit dieses Pixels, basierend auf den einzelnen Komponenten (r, b und g).

>>> ist ein Bit-Operator, der die Bits im Zahlenwert verschiebt, um die Zahl zu verändern. Mehr darüber erfahren Sie in einem JavaScript-Referenzbuch.

Anschließend weisen wir jeder Komponente im Canvas-Bild diese Helligkeit zu.

Diese Funktion wird für jedes Pixel im Videoframe aufgerufen!

Hierdurch erhält das Pixel einen Graustufenwert, der der Helligkeit des Pixels insgesamt entspricht.

Film Noir-Probefahrt

Fügen Sie diese Funktion in `videokabine.js` ein und laden Sie die Seite neu. Drücken Sie die Film Noir-Taste, sobald das Video läuft, und Sie sehen einen melancholischen Schwarz-Weiß-Look. Schalten Sie wieder zurück auf »Normal«. Nicht schlecht, oder? Und das alles in Echtzeit mit JavaScript!

Irgendwie erstaunlich, wenn Sie drüber nachdenken.

Übung zur Implementierung von Videoeffekten

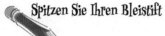
Spitzen Sie Ihren Bleistift

In diesem Buch geht es nicht wirklich um Videoverarbeitung und Effekte, auch wenn es ganz schön Spaß macht. Hier sehen Sie die beiden Effekte »Western« und »Sci-Fi«. Studieren Sie den Code und notieren Sie, wie die Effekte funktionieren. Oh, und wir haben noch einen weiteren dazugeschrieben – was macht dieser Effekt?

```
function western(pos, r, g, b, daten) {
    var helligkeit = (3*r + 4*g + b) >>> 3;
    daten[pos * 4 + 0] = helligkeit+40;
    daten[pos * 4 + 1] = helligkeit+20;
    daten[pos * 4 + 2] = helligkeit-20;
}

function scifi(pos, r, g, b, daten) {
    var offset =  pos * 4;
    daten[offset]   = Math.round(255 - r) ;
    daten[offset+1] = Math.round(255 - g) ;
    daten[offset+2] = Math.round(255 - b) ;
}

function swcartoon(pos, r, g, b, ausgabeDaten) {
    var offset =  pos * 4;
    if( ausgabeDaten[offset] < 120 ) {
        ausgabeDaten[offset] = 80;
        ausgabeDaten[++offset] = 80;
        ausgabeDaten[++offset] = 80;
    } else {
        ausgabeDaten[offset] = 255;
        ausgabeDaten[++offset] = 255;
        ausgabeDaten[++offset] = 255;
    }
    ausgabeDaten[++offset] = 255;
    ++offset;
}
```

400   Kapitel 8

Nicht Vaters Fernseher

Große Probefahrt

Das war's! Wir haben den Code fertiggeschnürt, um ihn an **Starring You Video** zu liefern. Prüfen Sie nochmals genau, ob Sie den ganzen Code abgetippt haben. Speichern und laden Sie `videokabine.html`. Viel Spaß mit Ihrer neuen App!

Sci-Fi

Western

Film Noir

Normal

Sie sind hier ▸

IM LABOR

Natürlich haben wir in puncto Videoverarbeitung nur an der Oberfläche gekratzt. Wir sind uns sicher, Ihnen fallen noch weitere kreative Effekte ein. Denken Sie sich ein paar aus, implementieren Sie diese und dokumentieren Sie sie hier.

Haben Sie etwas wirklich Cooles erfunden und implementiert? Erzählen Sie uns davon unter wickedlysmart.com, und wir präsentieren es unseren Lesern!

_____

_____

_____

_____

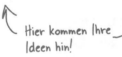

Hier kommen Ihre Ideen hin!

S/W-Cartoon ist nur einer von vielen lustigen möglichen Effekten.

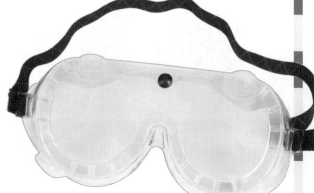

Nicht Vaters Fernseher

> Ich weiß, dass wir fast am Ende des Kapitels sind, aber ich wollte das die ganze Zeit schon fragen: Wir haben die Videos aus lokalen Dateien geladen. Was ändert sich, wenn das Video im Internet gehostet wird?

Verwenden Sie einfach eine Web-URL.

Sie können jede der Quellen, die wir lokal definiert haben, durch eine URL im Web ersetzen, z. B.:

```
<video src="http://wickedlysmart.com/meinvideo.mp4">
```

Denken Sie daran, dass es mehr Komplikationen geben kann, wenn Sie etwas über das Internet bereitstellen (wir sprechen in Kürze darüber, wie Sie damit umgehen können). Auch die Bitrate Ihres Videos spielt eine wesentlich größere Rolle, wenn Sie es über das Internet an einen Browser oder ein mobiles Gerät senden. Wenn Sie sich für diesen Weg entscheiden, sollten Sie, wie bei der Wahl der Videoformate, Experten um Rat fragen und sich ausreichend informieren.

> Noch eine Frage: Gibt es einen Unterschied zwischen Video-Streaming und dem, was wir tun?

Ja, einen großen.

Der Begriff Streaming wird oft wie die Produktnamen »Uhu« oder »Tempo« als Oberbegriff verwendet – als allgemeiner Begriff für den Vorgang, ein Video mit einem Browser über das Internet abzurufen. Technisch gesehen, muss aber zwischen einem »progressiven« Download und dem Streaming unterschieden werden. In diesem Buch laden wir die Videos progressiv herunter, d. h., wir rufen das Video als Datei über HTTP ab (entweder lokal oder über das Netz), genau so wie eine HTML-Datei oder ein Bild. Während des Downloads versuchen wir, das Video zu decodieren und abzuspielen. Video-Streaming erfolgt dagegen über ein spezielles Protokoll, das in hohem Maße darauf abgestimmt ist, Videos optimal bereitzustellen (wobei unter Umständen sogar die Bitrate des Videos angepasst wird, wenn sich die Bandbreite ändert).

Streaming klingt wahrscheinlich so, als würde den Benutzern eine bessere Bildqualität geboten (richtig) und als wäre es hinsichtlich der Internetverbindung und der Übertragungskosten effizienter (auch das stimmt). Darüber hinaus lässt sich beim Streaming auch der Inhalt Ihres Videos einfacher schützen, falls Sie diese Sicherheit brauchen.

Video-*Streaming*

Gibt es einen HTML5-Standard für Streaming?

Nein.

Es gibt keinen Standard für Video-Streaming in HTML5. Das liegt aber nicht an HTML5, sondern daran, dass es überhaupt keinen Standard für Video-Streaming gibt. Es gibt viele proprietäre Formate. Warum? Die Gründe sind vielfältig und reichen vom Geld, das mit Video-Streaming verdient wird, bis hin zu der Tatsache, dass viele Open Source-Leute nicht an einem Protokoll arbeiten möchten, das zusammen mit DRM oder anderen Schutztechnologien verwendet werden kann. Wie bei den Videoformaten betreten wir auch beim Video-Streaming ein kompliziertes Gebiet.

Und was mache ich, wenn ich etwas streamen muss?

Es existieren Lösungen.

Es gibt eine Menge Fälle, in denen die Anwendung von Video-Streaming-Technologien gerechtfertigt ist. Wenn Sie ein großes Publikum haben oder der Meinung sind, dass Ihre Inhalte geschützt werden müssen, sollten Sie einen Blick riskieren: Apple HTTP Live Streaming, Microsoft Smooth Streaming und Adobe HTTP Dynamic Streaming sind ein guter Start.

Und es gibt auch einen Silberstreif am Horizont: Die Standardgremien beginnen damit, sich mit HTTP-basiertem Video-Streaming auseinanderzusetzen. Also halten Sie die Augen offen für neue Entwicklungen!

Nicht Vaters Fernseher

Wenn die Welt perfekt wäre ...

Ist sie aber nicht: Es gibt all diese widerlichen Netzwerkprobleme, inkompatible Geräte und Betriebssysteme sowie ein wachsendes Risiko, dass Asteroiden auf der Erde aufschlagen. Bei Letzterem können wir nicht helfen. Aber bei den ersten beiden haben wir schon halb gewonnen, wenn wir wissen, dass ein Fehler aufgetreten ist. Dann können wir wenigstens etwas dagegen unternehmen.

Das Video-Objekt hat das error-Event, das aus einer Reihe von Gründen ausgelöst werden kann, die sich hinter der Eigenschaft `video.error` oder, genauer gesagt, hinter der Eigenschaft `video.error.code` verbergen. Sehen wir uns an, welche Arten von Fehlern wir ermitteln können:

Fehler

MEDIA_ERR_ABORTED=1

Tritt jederzeit auf, wenn der Abruf des Videos über das Netz vom Browser abgebrochen wird (auch auf Wunsch des Benutzers).

MEDIA_ERR_NETWORK=2

Tritt auf, wenn der Abruf des Videos durch einen Netzwerkfehler abgebrochen wird.

MEDIA_ERR_DECODE=3

Tritt auf, wenn die Decodierung des Videos fehlschlägt. Das kann daran liegen, dass die Codierung Funktionen nutzt, die der Browser nicht unterstützt, oder dass die Datei fehlerhaft ist.

MEDIA_ERR_SRC_NOT_SUPPORTED=4

Tritt auf, wenn die angegebene Videoquelle aufgrund einer fehlerhaften URL nicht unterstützt oder der Quelltyp vom Browser nicht decodiert werden kann.

Für jeden Fehlertyp gibt es eine entsprechende Nummer, die das error-Event als Fehlercode weitergibt. Darauf kommen wir gleich ...

Sie sind hier ▶ **405**

Umgang mit *Videofehlern*

Wie error-Events genutzt werden

Der Umgang mit Fehlern ist eine komplizierte Angelegenheit und hängt in hohem Maße von Ihrer Anwendung ab – und davon, was für Ihre App und die Benutzer das Richtige ist. Entsprechend können wir Ihnen nur einen Einstieg bieten und Ihnen die richtige Richtung weisen. Erweitern wir Webville TV so, dass es erkennen kann, wenn ein Fehler aufgetreten ist, und den Zuschauern eine entsprechende Meldung anzeigt.

Wir möchten benachrichtigt werden, wenn es eine Fehlermeldung gibt. Dazu müssen wir einen Listener für das error-Event hinzufügen. Das geht so (fügen Sie Folgendes in den onload-Handler in `webville.js` ein):

```
video.addEventListener("error", fehlerHandler, false);
```

Sobald ein Fehler auftritt, wird die Funktion fehlerHandler aufgerufen.

Nun müssen wir die Funktion `fehlerHandler` schreiben, die prüft, ob ein Fehler aufgetreten ist, und gegebenenfalls unser »Bitte warten«-Bild als Posterbild anzeigt:

Wenn der Handler aufgerufen wird, überprüfen wir video.error daraufhin, ob ein Fehler aufgetreten ist. Falls ja, zeigen wir das Posterbild auf der Videoanzeige an.

```
function fehlerHandler() {
    var video = document.getElementById("video");
    if (video.error) {
        video.poster = "bilder/technische_schwierigkeiten.jpg";
        alert(video.error.code);
    }
}
```

Optional können Sie diese Zeile einfügen, um den Fehlercode anzuzeigen (die in der code-Eigenschaft gespeicherte Ganzzahl finden Sie auf der vorigen Seite).

Crashtest!

Es gibt viele Fehlerquellen für die Videowiedergabe. Um unseren Code zu testen, müssen Sie dafür sorgen, dass etwas schiefgeht. Hier einige Vorschläge:

- Trennen Sie die Netzwerkverbindung während der Wiedergabe.
- Übergeben Sie dem Player eine falsche URL.
- Bieten Sie dem Player ein Video an, von dem Sie wissen, dass er es nicht decodieren kann.
- Übergeben Sie dem Player eine URL, die gar kein Video enthält.
- Verringern Sie softwareseitig Ihre Bandbreite (so etwas gibt es).

Tippen Sie den Code ab und testen Sie. Denken Sie daran, dass Sie den Fehlercode im alert-Dialog auch einer richtigen Meldung zuordnen können (siehe Seite 405).

Nicht Vaters Fernseher

Wie es weitergeht?

Ab hier wird es spannend. Denken Sie nur, was Sie jetzt alles mit HTML-Markup, dem Video-Element und dem Canvas machen können ... ganz zu schweigen von Webservices, Geolocation ... Wow! Klar, wir haben einige coole Videoeffekte mit dem Canvas-Element gemacht, aber Sie können jetzt alles, was Sie über Canvas wissen, auf das Video-Element anwenden. Hier einige Ideen von uns. Schreiben Sie Ihre eigenen dazu! Und klopfen Sie sich in unserem Namen auf Ihre Schulter – Sie haben es sich verdient!

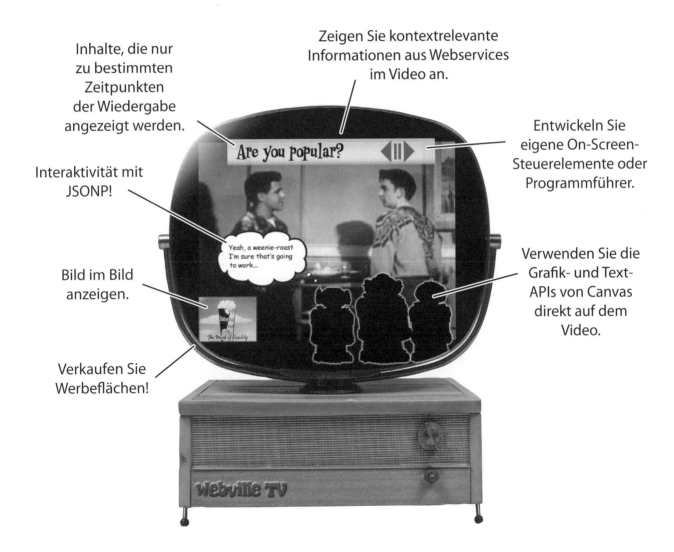

Inhalte, die nur zu bestimmten Zeitpunkten der Wiedergabe angezeigt werden.

Zeigen Sie kontextrelevante Informationen aus Webservices im Video an.

Interaktivität mit JSONP!

Entwickeln Sie eigene On-Screen-Steuerelemente oder Programmführer.

Bild im Bild anzeigen.

Verwenden Sie die Grafik- und Text-APIs von Canvas direkt auf dem Video.

Verkaufen Sie Werbeflächen!

Sie sind hier ▸ **407**

Überblick über die Video-API

Punkt für Punkt

- Mit dem <video>-Element und einigen einfachen Attributen können Sie Videos abspielen.

- Durch das autoplay-Attribut wird die Wiedergabe beim Laden der Seite gestartet. Setzen Sie dieses Attribut sehr sorgsam ein.

- Das controls-Attribut veranlasst den Browser, seine Videosteuerelemente anzuzeigen.

- Aussehen und Verhalten dieser Steuerelemente sind von Browser zu Browser unterschiedlich.

- Mit dem poster-Attribut können Sie ein eigenes Posterbild anzeigen.

- Das src-Attribut enthält die URL des abgespielten Videos.

- Es gibt viele »Standards« für Video- und Audioformate.

- Es gibt drei gebräuchliche Formate: WebM, MP4/H.264 und Ogg/Theora.

- Sie müssen Ihr Publikum kennen, um zu wissen, welche Formate Sie bereitstellen müssen.

- Mit dem <source>-Tag können Sie alternative Videoformate anbieten.

- Wenn Sie den korrekten Typ im <source>-Tag vollständig angeben, ersparen Sie Ihrem Browser Arbeit und Zeit.

- Sie können weiterhin andere Video-Frameworks wie Flash unterstützen, indem Sie ein <object>-Tag als Ausweichlösung in das Video-Element einfügen.

- Das Video-Objekt stellt eine umfassende Reihe von Eigenschaften, Methoden und Events zur Verfügung.

- Mit den Methoden bzw. Eigenschaften play, pause, load, loop und mute des Video-Elements können Sie die Wiedergabe des Videos steuern.

- Über das ended-Event können Sie ermitteln, wann die Wiedergabe des Videos stoppt (z. B. um eine Playlist zu implementieren).

- Mit canPlayType können Sie das Video-Objekt fragen, ob es ein bestimmtes Format abspielen kann.

- Die canPlayType-Methode liefert einen Leerstring (Format wird nicht unterstützt), »maybe« (Format kann unter Umständen abgespielt werden) oder »probably« (die Methode ist zuversichtlich, dass das Format wiedergegeben werden kann).

- Canvas kann als Anzeige für Videos verwendet werden, um benutzerdefinierte Steuerelemente oder Videoeffekte zu realisieren.

- In einem Puffer können Sie Videos bearbeiten, bevor Sie sie in die Anzeige kopieren.

- Mit einem setTimeout-Handler können Sie Videoframes bearbeiten. Dadurch erhalten Sie zwar keine Verknüpfung zu den einzelnen Frames des Videos, aber derzeit gibt es keine bessere Lösung.

- Sie können eine URL als Videoquelle nutzen, um Videos über das Netz abzuspielen.

- Manche Browser haben eine Sicherheitsrichtlinie, nach der das Video denselben Ursprung wie die Seite haben muss.

- Fehler mit Videos sind immer möglich, wenn nicht sogar wahrscheinlich – insbesondere wenn sie über das Internet wiedergegeben werden.

- Mit dem error-Event können Sie einen Handler für Fehler beim Abrufen, Decodieren oder Abspielen eines Videos einrichten.

- Videos für das Video-Element werden progressiv heruntergeladen. Es gibt derzeit keinen HTML5-Standard für Streaming. Allerdings befassen sich die Standardgremien mit HTTP-basierten Streaming-Lösungen.

- Es gibt momentan keine standardisierte Möglichkeit, mit dem Video-Element bereitgestellte Videos zu schützen.

Nicht Vaters Fernseher

HTML5-Kreuzworträtsel

Bevor Sie sich zurücklehnen und ein bisschen Webville TV schauen, machen Sie schnell noch ein Kreuzworträtsel zur Verdauung. Hier kommt das Kreuzworträtsel für Kapitel 8.

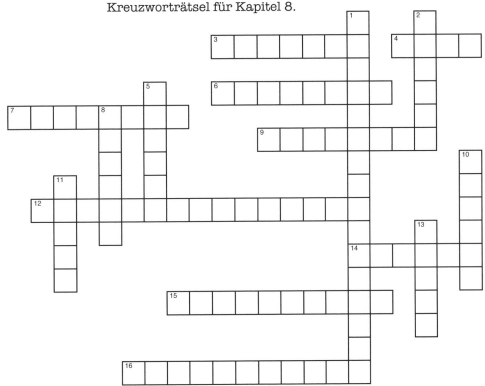

Waagerecht

3. Clint Eastwood würde dieser Effekt gefallen.
4. Eigenschaft, um ein Video immer und immer wieder abzuspielen.
6. Was tun Sie, wenn ein Asteroid auf die Erde trifft?
7. Startet ein Video so früh wie möglich.
9. Dieses Attribut nehmen Sie, wenn Sie die integrierten Steuerelemente verwenden möchten.
12. Aussehen und Verhalten der Browsersteuerelemente sind _____.
14. Mehrere Videoformate bieten Sie über mehrere _____-Elemente an.
15. Der Download für das Video-Element erfolgt _____.
16. Kannst du diesen Typ abspielen?

Senkrecht

1. Wir zeigen _____ aus den 50ern.
2. Open Source-Audio-Codec.
5. Für die Anzeige des verarbeiteten Videos.
8. Bei der Videoverarbeitung haben wir ein Canvas als _____ eingesetzt.
10. Der Sternback-CEO verschüttet seinen _____.
11. Wenn die Show vorbei ist, wird dieses Event ausgelöst.
13. Bei jedem Aufruf von setTimeout verarbeiten wir einen _____.

Lösungen zu den Übungen

Spitzen Sie Ihren Bleistift — Lösung

In diesem Buch geht es nicht wirklich um Videoverarbeitung und Effekte, auch wenn es ganz schön Spaß macht. Hier sehen Sie die beiden Effekte »Western« und »Sci-Fi«. Studieren Sie den Code und notieren Sie, wie die Effekte funktionieren. Oh, und wir haben noch einen weiteren dazugeschrieben – was macht dieser Effekt? Hier kommt unsere Lösung.

```
function western(pos, r, g, b, data) {
    var helligkeit = (3*r + 4*g + b) >>> 3;
    data[pos * 4 + 0] = helligkeit+40;
    data[pos * 4 + 1] = helligkeit+20;
    data[pos * 4 + 2] = helligkeit-20;
}
```

Der Western-Filter verstärkt den Rot- und Grünanteil der Pixel und nimmt den Blauanteil etwas zurück, um dem Video einen Braunstich zu verpassen.

```
function scifi(pos, r, g, b, data) {
    var offset =  pos * 4;
    data[offset] = Math.round(255 - r) ;
    data[offset+1] = Math.round(255 - g) ;
    data[offset+2] = Math.round(255 - b) ;
}
```

Der Sci-Fi-Filter kehrt die Menge der RGB-Komponenten um: Wenn ein Pixel vorher viel Rot hatte, hat es danach wenig. Wenn ein Pixel wenig Grün hatte, bekommt es nun viel usw.

```
function swcartoon(pos, r, g, b, ausgabeDaten) {
    var offset =  pos * 4;
    if( ausgabeDaten[offset] < 120 ) {
        ausgabeDaten[offset] = 80;
        ausgabeDaten[++offset] = 80;
        ausgabeDaten[++offset] = 80;
    } else {
        ausgabeDaten[offset] = 255;
        ausgabeDaten[++offset] = 255;
        ausgabeDaten[++offset] = 255;
    }
    ausgabeDaten[++offset] = 255;
    ++offset;
}
```

Der Filter swcartoon macht jedes Pixel mit einem Rotwert von weniger als 120 (aus 255) schwarz und alle anderen Pixel weiß. Dadurch bekommt das Video einen merkwürdigen, Cartoon-artigen Schwarz-Weiß-Look.

Nicht Vaters Fernseher

Videoerkennung, Lösung

HTML5-Kreuzworträtsel, Lösung

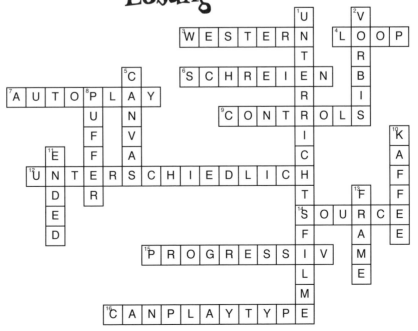

9 Lokal speichern

Web Storage

> Ich habe die Nase voll von diesem kleinen Schrank und davon, denselben Hosenanzug immer und immer wieder zu tragen. Mit HTML5 habe ich genug Platz, jeden Tag einen neuen Anzug anzuziehen!

Sind Sie es leid, Ihre clientseitigen Daten immer in diesen kleinen ~~Schrank~~ Cookie zu stopfen?

In den 90ern war das nett, aber mit den heutigen Web-Apps haben wir deutlich höhere Ansprüche. Wie wäre es, wenn Sie im Browser jedes Benutzers 5 Megabyte hätten? Wahrscheinlich würden Sie uns ansehen, als versuchten wir, Ihnen einen Wolkenkratzer in Frankfurt zu verkaufen. Kein Grund, skeptisch zu sein – mit der Web Storage-API von HTML5 ist genau das möglich! In diesem Kapitel lernen Sie, wie Sie beliebige Objekte lokal auf dem Gerät eines Benutzers speichern und für Ihre Web-App nutzen können.

Geschichte des *Browserspeichers*

Der Browserspeicher (1995–2010)

Programmieren Sie einen Einkaufswagen? Müssen Sie Benutzereinstellungen für Ihre Webseite speichern? Oder möchten Sie einfach Daten für einen bestimmten Benutzer ablegen? An dieser Stelle kommt der Browserspeicher ins Spiel. Damit können Sie Daten dauerhaft speichern, um Ihren Benutzern einen maßgeschneiderten Besuch zu ermöglichen.

Bis jetzt gab es nur eine Möglichkeit, Daten lokal zu speichern – Cookies. Sehen wir uns an, wie Cookies funktionieren:

1 Wenn Ihr Browser eine Webseite abruft, z. B. von »pets-r-us.com«, kann der Server zusammen mit der Antwort ein Cookie senden. Cookies enthalten einen oder mehrere Schlüssel/Wert-Paare:

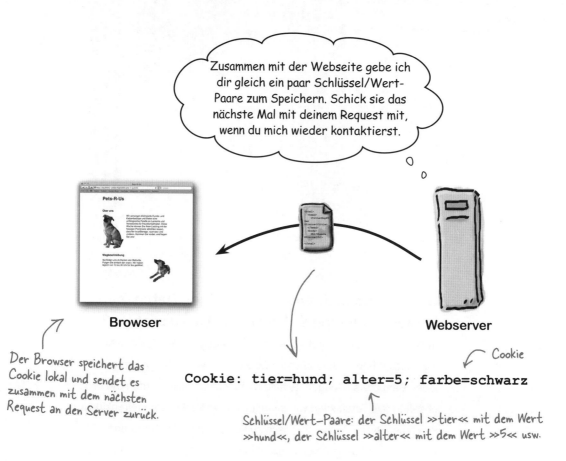

Zusammen mit der Webseite gebe ich dir gleich ein paar Schlüssel/Wert-Paare zum Speichern. Schick sie das nächste Mal mit deinem Request mit, wenn du mich wieder kontaktierst.

Browser — Webserver

Der Browser speichert das Cookie lokal und sendet es zusammen mit dem nächsten Request an den Server zurück.

`Cookie: tier=hund; alter=5; farbe=schwarz`

Schlüssel/Wert-Paare: der Schlüssel »tier« mit dem Wert »hund«, der Schlüssel »alter« mit dem Wert »5« usw.

Lokal speichern

② Das nächste Mal, wenn der Browser einen Request an »pets-R-us.com« sendet, schickt er die zuvor erhaltenen Cookies zurück:

③ Der Server kann anschließend anhand des Cookies die Webseite an den Benutzer anpassen, z. B. relevante Angebote besonders hervorheben. Natürlich gibt es noch viele weitere Verwendungsmöglichkeiten für Cookies.

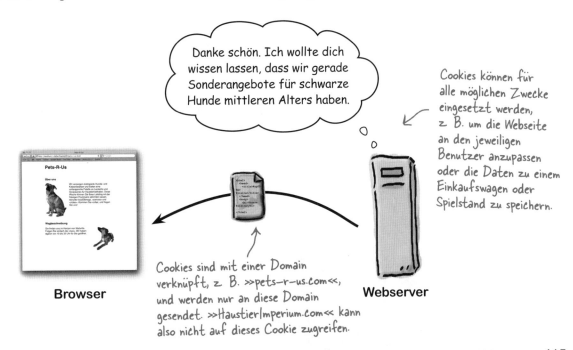

Wie Web Storage funktioniert

KOPF-NUSS

Cookies begleiten uns bereits seit einiger Zeit, aber vielleicht fallen Ihnen Verbesserungsvorschläge ein.

Machen Sie bei allen Punkten, die Ihrer Meinung nach an Cookies problematisch sind, ein Häkchen:

☐ Ich kann nur 4K nutzen. Meine App braucht aber mehr Speicher.

☐ Es ist nicht effizient, das Cookie jedes Mal hin- und herzuschicken – insbesondere auf mobilen Geräten mit geringen Bandbreiten.

☐ Cookies klingen nach einer guten Möglichkeit, Viren und andere Malware an meinen Browser zu übertragen.

☐ Ich habe gehört, dass es nervig ist, mit den Schlüssel/Wert-Paaren als Teil des HTTP-Requests im Code zu hantieren.

☐ Schicken wir nicht mit jedem Request potenziell persönliche Daten hin und her?

☐ Sie scheinen nicht gut zu unserem clientseitigen Entwicklungsansatz zu passen. Alles passiert auf dem Server.

Fürs Protokoll: Entgegen vielen Meldungen sind Cookies ziemlich sicher und keine Spielwiese für Entwickler von Viren.

Ich hoffe, dass HTML5 eine einfache clientseitige API bietet, um Daten dauerhaft im Browser zu speichern, die mehr Kapazität bietet und nur bei Bedarf an den Browser übermittelt wird.

Lokal speichern

Wie Web Storage funktioniert

HTML5 bietet uns eine hübsche, einfache JavaScript-API zum dauerhaften Speichern von Schlüssel/Wert-Paaren. Sie sind nicht auf diese mickrigen 4 Kilobyte beschränkt, alle heutigen Browser bieten Ihnen von sich aus 5 bis 10 Megabyte Speicher. Außerdem wurde HTML5 Local Storage mit Blick auf Web-Apps (und mobile Apps!) entwickelt. Lokale Speicherung bedeutet, dass Ihre Apps Daten im Browser speichern können, um den Kommunikationsbedarf mit dem Server zu reduzieren. Sehen wir uns an, wie das funktioniert (bevor wir uns kopfüber in die API stürzen):

Hinter den Kulissen

① Eine Seite kann ein oder mehrere Schlüssel/Wert-Paare im lokalen Speicher des Browsers ablegen.

② Und später können wir anhand eines Schlüssels den entsprechenden Wert abrufen.

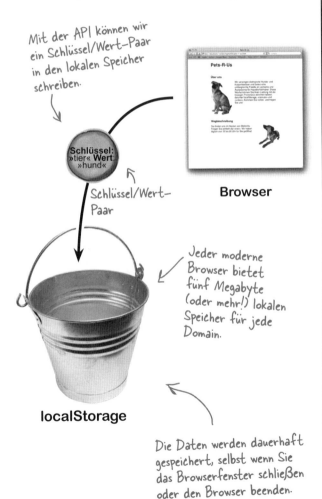

Sie sind hier ▸ 417

Web Storage *verwenden*

Eigene Notizen

Brauchen Sie ein System, um Dinge erledigt zu bekommen? Es ist schwierig, das gute alte Haftnotizsystem weiter zu verbessern (auch als Post-it bekannt). Sie wissen, wie es funktioniert: Sie notieren, was Sie zu erledigen haben, und kleben die Notiz irgendwohin. Sobald Sie die Aufgabe erledigt haben, werfen Sie die Haftnotiz weg (oder recyceln sie).

Wie wäre es, wenn wir das mit HTML nachbauten? Mal sehen ... Wir brauchen eine Möglichkeit, die Haftnotizen zu speichern, also brauchen wir einen Server, einige Cookies ... Moment! Kommando zurück! Wir können das ja mit der Web Storag-API von HTML5 machen!

Hightech-Produktivitäts-werkzeug.

Die Web Storage-API ist einfach, macht Spaß und zahlt sich sofort aus ... versprochen!

ÜBUNG

Hier wird nicht lange herumgeblödelt – wir legen gleich los und arbeiten mit dem lokalen Speicher. Erstellen Sie dazu eine einfache HTML-Seite mit dem üblichen Grundgerüst: Head, Body und ein Skript (oder verwenden Sie `notizansie.html` aus den Codebeispielen). Machen Sie mit und tippen Sie den Code in Ihr <script>-Element ein (durch das Tippen prägt sich das Ganze ein):

1 Für eine Haftnotiz brauchen wir eigentlich nur den Text, den Sie darauf schreiben, oder? Fangen wir also damit an, eine Haftnotiz mit dem Inhalt »Wäsche abholen« zu speichern:

Wir fangen einfach an. Ehe Sie sich versehen, haben Sie eine vollwertige Notiz-App.

Auf die Web Storage-API können Sie über das localStorage-Objekt zugreifen. Es wird für Sie durch den Browser definiert. Wenn Sie darauf zugreifen, nutzen Sie das zugrunde liegende lokale Speichersystem.

Die setItem-Methode erwartet zwei Strings als Argumente, die ein Schlüssel/Wert-Paar definieren.

Sie können nur Elemente vom Typ String speichern. Zahlen oder Objekte können Sie nicht direkt abspeichern (aber wir werden bald eine Möglichkeit finden, diese Einschränkung zu umgehen).

```
localStorage.setItem("notiz_0", "Wäsche abholen");
```

Wenn wir etwas speichern möchten, verwenden wir die setItem-Methode.

Das erste String-Argument ist der Schlüssel, unter dem das Element gespeichert wird. Sie können einen beliebigen String als Namen wählen.

Der zweite String ist der Wert, den Sie im lokalen Speicher speichern möchten.

Lokal speichern

② Das war einfach. Legen wir ein zweites Objekt im lokalen Speicher ab:

```
localStorage.setItem("notiz_1", "Kabel-TV kündigen. Braucht kein Mensch.");
```

Noch ein Schlüssel. Wie gesagt, Sie können jeden beliebigen String als Schlüssel verwenden, Sie können aber immer nur einen Wert pro Schlüssel speichern.

Ein Wert für unseren neuen Schlüssel.

③ Nun haben wir zwei Werte sicher im lokalen Speicher unseres Browsers abgelegt. Jetzt können Sie mit einem dieser Schlüssel den entsprechenden Wert aus localStorage abrufen:

Wir rufen den Wert für »notiz_0« aus dem lokalen Speicher ab ...

... und weisen ihn der Variablen notiz zu.

```
var notiz = localStorage.getItem("notiz_0");

alert(notiz);
```

Und um das Ganze ein bisschen spannender zu machen, zeigen wir den Wert der Notiz mit der alert-Funktion auf dem Bildschirm an.

Zeit für eine Probefahrt!

Vergewissern Sie sich, dass Sie den Code in Ihr script-Element eingetippt haben, und laden Sie die Seite in Ihrem Browser.

Das ist unser Ergebnis:

Unser JavaScript-alert mit dem Wert von »notiz_0«.

Das Tolle daran ist, dass dieser Wert im localStorage gespeichert und daraus ausgelesen wurde! Sie können Ihren Browser beenden und einen Monat auf den Fidschi-Inseln verbringen. Wenn Sie zurückkommen, wartet die Notiz immer noch auf Sie.

Okay, okay. Das Beispiel hätte ein bisschen spannender sein können. Aber bleiben Sie dran, wir machen weiter ...

Sie sind hier ▸ **419**

Wie die Local Storage-API funktioniert

Das war cool, aber können wir das noch mal durchgehen? Ich bin nicht 100%ig sicher, was da passiert.

Klar. Hier noch mal kurz und bündig: Ihr Browser stellt einen lokalen Speicher auf Ihrem eigenen Computer zur Verfügung, den eine Seite nutzen kann, um Schlüssel/Wert-Paare zu speichern. Sie haben einige solcher Paare angelegt, mit der Local Storage-API gespeichert und anschließend eines dieser Paare wieder ausgelesen. Das mag zwar vielleicht nicht das spannendste Beispiel sein, es gibt aber eine Menge interessanter Dinge, die Sie mit ein bisschen Speicherplatz im Browser machen können (wir sind uns sicher, dass Ihnen einige einfallen).

Nachdem Sie nun eine klare Antwort haben, gehen wir nochmals die Details durch:

① Zunächst müssen Sie wissen, dass jeder moderne Browser über einen lokalen Speicher verfügt, in dem Sie Schlüssel/Wert-Paare speichern können.

Browser

localStorage

Jeder moderne Browser verfügt hinter den Kulissen über einen lokalen Speicher, in dem Sie jederzeit Schlüssel/Wert-Paare speichern können.

420   Kapitel 9

Lokal speichern

2 In diesem lokalen Speicher können Sie eine Kombination aus einem Schlüssel und einem Wert (beide in Form eines Strings) speichern.

```
localStorage.setItem("notiz_0", "Wäsche abholen");
```

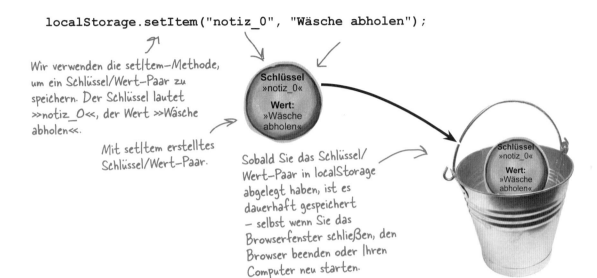

Wir verwenden die setItem-Methode, um ein Schlüssel/Wert-Paar zu speichern. Der Schlüssel lautet »notiz_0«, der Wert »Wäsche abholen«.

Mit setItem erstelltes Schlüssel/Wert-Paar.

Sobald Sie das Schlüssel/Wert-Paar in localStorage abgelegt haben, ist es dauerhaft gespeichert – selbst wenn Sie das Browserfenster schließen, den Browser beenden oder Ihren Computer neu starten.

localStorage

3 Anschließend haben wir setItem erneut aufgerufen und ein zweites Schlüssel/Wert-Paar gespeichert, diesmal mit dem Schlüssel »notiz_1« und dem Wert »Kabel-TV kündigen. Braucht kein Mensch.«

```
localStorage.setItem("notiz_1", "Kabel-TV kündigen. Braucht kein Mensch.");
```

Nun sind zwei Werte mit einem jeweils eindeutigen Schlüssel gespeichert.

4 Und wenn wir getItem mit dem Schlüssel »notiz_0« aufrufen, erhalten wir den Wert des entsprechenden Schlüssel/Wert-Paars.

```
localStorage.getItem("notiz_0");
```

liefert
↓
»Wäsche abholen«

getItem sucht hier ein Element mit dem Schlüssel »notiz_0« und liefert falls vorhanden den entsprechenden Wert.

localStorage

Beachten Sie, dass ein Element nicht entfernt wird, indem wir es abfragen. Es bleibt im Speicher, wir rufen lediglich den Wert für den angegebenen Schlüssel ab.

Sie sind hier ▶

Fragen zum lokalen Speicher

Es gibt keine Dummen Fragen

F: Zuerst haben Sie von »Web Storage« gesprochen, dann von »Local Storage«. Ist das dasselbe?

A: Der Webstandard heißt »Web Storage«, aber die meisten Menschen nennen es einfach nur »Local Storage« (die Browser stellen die API über ein Objekt mit dem Namen localStorage bereit). Web Storage ist außerdem auch nicht der beste Name für den Standard (weil die Elemente nicht im Internet, sondern im Browser gespeichert werden). Wir verwenden lieber den Namen »Local Storage« bzw. »lokaler Speicher« als »Web Storage«.

F: Inwieweit wird die Web Storage-API unterstützt? Kann ich damit rechnen?

A: Ja, es ist eine der besser unterstützten APIs – sogar bis hin zu IE8 sowie von den meisten modernen mobilen Browsern. Es gibt einige Einschränkungen hier und da, aber wir werden Sie an geeigneter Stelle darauf hinweisen. Bevor Sie sich auf Web Storage verlassen, sollten Sie wie bei der Verwendung aller APIs aber einen Test durchführen. So testen Sie auf das Vorhandensein von localStorage:

```
if (window["localStorage"]) {
    // localStorage-Code hierher ...
}
```

Wir prüfen, ob das globale Window-Objekt über die Eigenschaft »localStorage« verfügt. Wenn ja, wissen wir, dass der Browser localStorage unterstützt.

F: Am Anfang des Kapitels haben Sie von 5 Megabyte Speicher in jedem Browser gesprochen. Sind das 5 Megabyte für alle Apps?

A: Nein, das sind 5 Megabytes pro Domain.

F: Sie haben gesagt, dass der Server nicht daran beteiligt ist. Aber jetzt sprechen Sie von Domains.

A: Richtig, der gesamte Speicher wird innerhalb des Clients verwaltet. Die Domain kommt insofern ins Spiel, als die 5 Megabyte allen Seiten einer Domain zugewiesen werden. Pets-R-Us.com bekommt 5 Megabyte, HaustierImperium.com bekommt 5 Megabyte usw.

F: Wo sind die Unterschiede zu Google Gears oder [fügen Sie hier den Namen Ihrer Lieblingstechnologie ein]?

A: Es ist nichts verkehrt an den anderen Browserspeichertechnologien, aber der lokale Speicher von HTML5 ist nun der Standard (und Google, Apple, Microsoft und andere erkennen mittlerweile Web Storage als Standardmethode an, um Inhalte lokal im Browser zu speichern).

F: Was passiert, wenn ich `setItem` mit demselben Schlüssel mehrmals aufrufe? Angenommen, ich rufe setItem zweimal mit dem Schlüssel `"notiz_1"` auf. Wird `notiz_1` zweimal im lokalen Speicher abgelegt?

A: Nein. Die Schlüssel in localStorage sind eindeutig. Daher überschreibt setItem den ersten Wert mit dem zweiten. Hier ein Beispiel. Wenn Sie diesen Code ausführen:

```
localStorage.setItem("notiz_1", "Milch kaufen");
localStorage.setItem("notiz_1", "Sojamilch kaufen");
var notiz = localStorage.getItem("notiz_1");
```

... hat notiz den Wert »Sojamilch kaufen«.

F: Wer kann die Daten in meinem lokalen Speicher sehen?

A: Local Storage wird nach dem Datenursprung verwaltet (stellen Sie sich den Ursprung einfach als die Domain vor). So kann beispielsweise jede Seite unter wickedlysmart.com alle Daten anderer Seiten dieser Webseite sehen. Aber Code von anderen Webseiten, z. B. google.com, kann darauf nicht zugreifen (sondern nur auf die eigenen Elemente des lokalen Speichers).

F: Wie lautet mein Ursprung, wenn ich wie in unserem Beispiel eine Seite von meinem lokalen Computer lade?

A: Gute Frage. In diesem Fall lautet Ihr Ursprung »Local Files«. Das ist ausgezeichnet zum Testen. Wenn Sie Zugang zu einem Server haben, können Sie Ihre Dateien auch darüber testen und verwenden dann Ihre Domain als Ursprung.

> **Local Storage funktioniert eventuell nicht mit allen Browsern über file://.**
>
> Dies ist ein weiterer Fall, in dem manche Browser voraussetzen, dass Sie die Seite von localhost:// oder einem gehosteten Server laden. Sollten Ihre Haftnotizen nicht funktionieren, versuchen Sie es also mit einem anderen Server oder einem anderen Browser.

Lokal speichern

> Gut, ich kann also Strings in localStorage speichern. Aber was ist, wenn ich eine Zahl speichern will? Ich dachte, ich kann vielleicht auch ganze Zahlen für die Anzahl und Fließkommazahlen für die Preise von Artikeln für eine Einkaufswagen-App mit localStorage speichern. Oder ist das dafür die falsche Technologie?

Josef

Die Technologie ist richtig.

Es stimmt, dass Sie mit `localStorage` nur Strings als Schlüssel und Werte verwenden können. Aber das ist keine so große Einschränkung, wie es scheint. Nehmen wir an, Sie möchten die Ganzzahl 5 speichern. Stattdessen speichern Sie den String »5« und konvertieren ihn anschließend wieder in eine Ganzzahl, wenn Sie ihn aus dem lokalen Speicher abrufen. Sehen wir uns an, wie das mit Ganzzahlen und Fließkommazahlen funktioniert.

Angenommen, Sie möchten einen Integer mit dem Schlüssel »anzahl« speichern:

```
localStorage.setItem("anzahl", 1);
```

Was? Haben wir nicht gerade gesagt, wir können keine Integer speichern?

Es mag vielleicht so aussehen, als würden Sie hier einen Integer speichern. Aber JavaScript weiß, dass es einen String braucht, und konvertiert den Integer daher für Sie in einen String. `setItem` sieht tatsächlich den String »1«, keinen Integer. Bei der Abfrage eines Werts mit `getItem` ist JavaScript allerdings nicht so clever:

```
var anzArtikel = localStorage.getItem("anzahl");
```

In diesem Code wird `anzArtikel` der String »1« und nicht die gewünschte Ganzzahl zugewiesen. Um sicherzugehen, dass `anzArtikel` eine Zahl ist, müssen Sie mit der JavaScript-Funktion `parseInt` den String in einen Integer konvertieren:

Wir verpacken den Wert in einen parseInt-Aufruf, der den String in einen Integer konvertiert.

```
var anzArtikel = parseInt(localStorage.getItem("anzahl"));
anzArtikel = anzArtikel + 1;
localStorage.setItem("anzahl", anzArtikel);
```

Wir können 1 hinzuaddieren, weil es eine Zahl ist.

Anschließend speichern wir den Wert erneut, wobei sich JavaScript wieder um die Konvertierung kümmert.

Wenn Sie Fließkommazahlen speichern, brauchen Sie die Funktion `parseFloat`, wenn Sie z. B. Preise aus dem localStorage abrufen:

Hier haben wir einen Fließkommawert, der in einen String gepackt wird.

```
localStorage.setItem("preis", 9.99);
var preis = parseFloat(localStorage.getItem("preis"));
```

Und wir konvertieren ihn mit parseFloat in eine Fließkommazahl.

Sie sind hier ▶

Inwiefern **localStorage** wie ein **Array** ist

Local Storage und Array bei der Geburt getrennt?

Local Storage hat noch eine andere Seite, die Sie bisher nicht kennen. `localStorage` verfügt nicht nur über die Methoden `getItem` und `setItem`, Sie können das localStorage-Objekt auch wie ein assoziatives Array behandeln. Was das bedeutet? Anstatt die Methode `setItem` zu verwenden, können Sie einem Wert im Speicher auch folgendermaßen einen Schlüssel zuweisen:

```
localStorage["notiz_0"] = "Wäsche abholen";
```

Der Schlüssel sieht aus wie der Index für ein Array.

Und hier steht unser Wert auf der rechten Seite der Anweisung.

Mit folgender Syntax können wir den so gespeicherten nun Wert abrufen:

```
var notiz = localStorage["notiz_0"];
```

Das funktioniert genau so wie die getItem-Methode.

Hier weisen wir unserer Variablen notiz ...

... den Wert für den Schlüssel »notiz_0« aus dem lokalen Speicher zu.

Nicht schlecht, oder? Beide Syntaxvarianten sind gleichermaßen gültig. Aber wenn Sie an die Verwendung assoziativer Arrays in JavaScript gewöhnt sind, ist diese Syntax eventuell eindeutiger und besser lesbar für Sie.

Es gibt noch mehr!

Die localStorage-API hat noch zwei weitere interessante Merkmale: die Eigenschaft `length` und die Methode `key`. Die `length`-Eigenschaft enthält die Anzahl der Elemente im lokalen Speicher. Und hier sehen Sie, was die `key`-Methode macht:

Wir durchlaufen jedes einzelne Element.

Die length-Eigenschaft verrät uns die Anzahl der Elemente in localStorage.

Überblick: Mit length durchlaufen wir den Inhalt von localStorage (wie ein Array) und greifen dabei auf jeden Schlüssel (z. B. »notiz_0«) zu. Dann können wir mit diesem Schlüssel den zugehörigen Wert extrahieren.

```
for (var i = 0; i < localStorage.length; i++) {
    var schluessel = localStorage.key(i);
    var wert = localStorage[schluessel];
    alert(wert);
}
```

Für jedes Element im localStorage liefert uns die key-Methode den Schlüssel (»notiz_0«, »notiz_1« usw.).

Versuchen Sie es. Erhalten Sie für jedes Element ein alert?

Mit dem Namen des Schlüssels können wir den Wert abfragen.

Lokal speichern

Es gibt keine Dummen Fragen

F: In welcher Reihenfolge befinden sich die Elemente, wenn wir localStorage mit localStorage.length und localStorage.key durchlaufen? In derselben Reihenfolge, in der ich die Elemente gespeichert habe?

A: Die Reihenfolge der Elemente ist nicht vorgegeben. Was das bedeutet? Das bedeutet, dass Sie alle Schlüssel/Wert-Paare im Speicher durchlaufen, sich aber auf keine bestimmte Reihenfolge verlassen können. Die Reihenfolge kann mit demselben Code und denselben Elementen in verschiedenen Browsern unterschiedlich sein.

Das Hütchenspiel

Bereit, Ihr Glück zu versuchen? Oder, besser gesagt, Ihre Fähigkeiten zu testen? Wir haben ein Spiel, mit dem Sie herausfinden können, inwieweit Sie localStorage beherrschen. Seien Sie auf der Hut! Nutzen Sie Ihr Wissen über das Lesen und Schreiben von Schlüssel/Wert-Paaren in localStorage, um die Erbse im Auge zu behalten, während sie von Hütchen zu Hütchen wandert.

Sie können gern diesen Leerraum nutzen, um den Zustand von localStorage mitzuverfolgen.

```
function huetchenSpiel() {
    localStorage.setItem("huetchen1", "erbse");
    localStorage.setItem("huetchen2", "leer");
    localStorage.setItem("huetchen3", "leer");
    localStorage["huetchen1"] = "leer";
    localStorage["huetchen2"] = "erbse";
    localStorage["huetchen3"] = "leer";
    var wert = localStorage.getItem("huetchen2");
    localStorage.setItem("huetchen1", wert);
    wert = localStorage.getItem("huetchen3");
    localStorage["huetchen2"] = wert;
    var schluessel = "huetchen2";
    localStorage[schluessel] = "erbse";
    schluessel = "huetchen1";
    localStorage[schluessel] = "leer";
    schluessel = "huetchen3";
    localStorage[schluessel] = "leer";

    for (var i = 0; i < localStorage.length; i++) {
        var schluessel = localStorage.key(i);
        var wert = localStorage.getItem(schluessel);
        alert(schluessel + ": " + wert);
    }
}
```

Sie können den Code abtippen, um herauszufinden, unter welchem Hütchen sich die Erbse befindet.

Unter welchem Hütchen ist die Erbse? Schreiben Sie hier Ihre Antwort hin.

Schlüssel	Wert
huetchen1	
huetchen2	
huetchen3	

Sie sind hier ▶

Speichertechnologien im Gespräch

Kamingespräche

Heute Abend: **Cookie und Local Storage**

Heute Abend haben wir die amtierende Browserspeichertechnologie »Cookie« zusammen mit dem neuen Spitzenkandidaten »Local Storage« eingeladen.

Cookie:

Da ist er ja, unser Goldjunge Local Storage. Ich bin schon seit mehr als zehn Jahren in diesem Geschäft. Und du glaubst, du kannst einfach ankommen und so tun, als wüsstest du etwas. Noch ein bisschen feucht hinter den Ohren, oder?

Local Storage:

Klar, du magst es so sehen. Oder aber so, dass ich auf den Erfahrungen aufbaue, die aufgrund deiner Fehler gemacht wurden.

Hast du eine Ahnung, auf wie vielen Seiten ich verwendet werde? Hast du mal einen Blick auf deine Statistiken geworfen?

Warte ein paar Jahre und schau dann noch mal. Ich mache eine völlig neue Generation von Webanwendungen überhaupt erst möglich. Eine Menge der Seiten, von denen du sprichst, sind eben einfach *auch nur* Seiten.

Hey, ich bin allgegenwärtig, weit verbreitet und überall! Ich glaube, es gibt keinen Browser auf einem Desktop, einem mobilen oder einem sonstigen Gerät, gleich welchen Alters, wo ich nicht zu finden bin.

Ich hole schnell auf. Von allen HTML5-Technologien werde ich am besten unterstützt.

Wir werden sehen. Was hast du im Vergleich zu mir schon zu bieten? Mein Speicher funktioniert wunderbar.

Nun, ich weiß nicht, ob ich das in der Öffentlichkeit erwähnen soll – aber du hast ein Größenproblem.

Ich habe keine Ahnung, wovon du sprichst.

Hey, du hast damit angefangen, nicht ich. Du weißt ganz genau, dass du nur 4K Speicher hast. Ich habe über 1.200-mal so viel!

Cookie:

Genau, ich bin leicht, flink – man könnte sogar sagen, ich bin agil.

Komm schon. Ich bin ein offenes Buch – reiner Speicher, in den du hineintun kannst, was du willst.

Oh, und Schlüssel/Wert-Paare sind innovativ?

<Kicher>Genau – und speichern alles als String! Tolle Sache!</Kicher>

Ruf mich in zehn Jahren noch mal an. Dann werden wir sehen, ob du den Zahn der Zeit überstanden hast.

Wart's ab. Du wirst mich weinend anrufen, wenn alle über dich lachen: »Haha, fünf Megabyte – mehr hast du nicht?«

Local Storage:

Na toll! Hast du mal mit einem Webentwickler gesprochen? Du bist alles andere als flexibel. Klar führst du die Statistiken an. Aber hast du Statistiken über die Anzahl der Entwickler, die unzählige Stunden durch dumme Fehler und Missverständnisse mit Cookies verloren haben?

Du meinst wohl, dass du im Grunde überhaupt kein Datenformat hast und Entwickler deshalb ein neues Modell zum Speichern von Daten in Cookies erfinden müssen.

Wir brauchen keine große Speicherinnovation. Schlüssel/Wert-Paare funktionieren ausgezeichnet, sind einfach und passen zu vielen Computeranwendungen.

Mit Strings kommst du ganz schön weit. Und wenn du etwas Komplexeres brauchst, gibt es auch dafür Möglichkeiten.

Worauf du wetten kannst. Du warst doch von Anfang an zum Scheitern verurteilt. Mal ehrlich – wer nennt sein Kind schon »Cookie«?

Die Haftnotiz-App

Jetzt wird's ernst

Nachdem Sie jetzt ein bisschen mit Web Storage gespielt haben, geht es mit der Implementierung weiter. Wir machen eine Haftnotizanwendung, bei der Sie die Notizen sehen und neue hinzufügen können. Riskieren wir einen Blick darauf, was wir machen werden, bevor wir damit anfangen.

localStorage

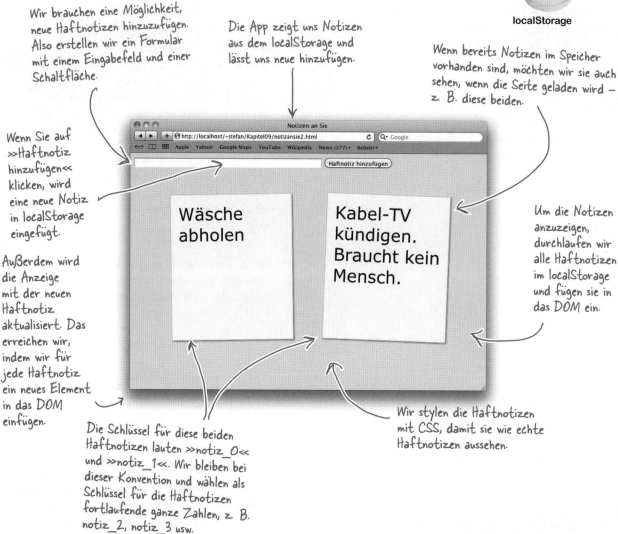

Wir brauchen eine Möglichkeit, neue Haftnotizen hinzuzufügen. Also erstellen wir ein Formular mit einem Eingabefeld und einer Schaltfläche.

Die App zeigt uns Notizen aus dem localStorage und lässt uns neue hinzufügen.

Wenn bereits Notizen im Speicher vorhanden sind, möchten wir sie auch sehen, wenn die Seite geladen wird – z. B. diese beiden.

Wenn Sie auf »Haftnotiz hinzufügen« klicken, wird eine neue Notiz in localStorage eingefügt.

Außerdem wird die Anzeige mit der neuen Haftnotiz aktualisiert. Das erreichen wir, indem wir für jede Haftnotiz ein neues Element in das DOM einfügen.

Um die Notizen anzuzeigen, durchlaufen wir alle Haftnotizen im localStorage und fügen sie in das DOM ein.

Die Schlüssel für diese beiden Haftnotizen lauten »notiz_0« und »notiz_1«. Wir bleiben bei dieser Konvention und wählen als Schlüssel für die Haftnotizen fortlaufende ganze Zahlen, z. B. notiz_2, notiz_3 usw.

Wir stylen die Haftnotizen mit CSS, damit sie wie echte Haftnotizen aussehen.

Die Benutzeroberfläche

Für den Anfang brauchen wir eine Möglichkeit, den Text für unsere Haftnotizen einzugeben, also ein Formular. Und es wäre toll, wenn wir die Notiz auf der Seite sehen könnten. Also brauchen wir außerdem ein Element als Container für die Notizen.

Wir beginnen mit dem HTML-Markup – nehmen Sie Ihre vorhandene HTML-Datei und fügen Sie ein `<form>`-Element, ein `<ul>`-Element und einen CSS-Link ein:

Unsere HTML-Datei.

```html
<!doctype html>
<html>
<head>
<title>Notizen an Sie</title>
<meta charset="utf-8">
<link rel="stylesheet" href="notizansie.css">
<script src="notizansie.js"></script>
</head>
<body>
    <form>
        <input type="text" id="notiz_text">
        <input type="button" id="button_hinzufuegen" value="Haftnotiz hinzufügen">
    </form>

    <ul id="haftnotizen">
    </ul>
</body>
</html>
```

Wir haben etwas CSS beigesteuert, damit das Ganze ein bisschen mehr wie echte Haftnotizen aussieht. In diesem Buch geht es nicht um CSS, aber Sie können sich den Code gerne ansehen!

Wir packen unseren gesamten JavaScript-Code in die Datei »notizansie.js«.

Wir haben ein form als Benutzeroberfläche für die Eingabe neuer Haftnotizen eingefügt.

Und wir brauchen einen Platz für unsere Haftnotizen in der Benutzeroberfläche – wir packen sie in eine ungeordnete Liste.

Das CSS kümmert sich darum, dass jedes Listenelement wie eine Haftnotiz aussieht.

Und nun das JavaScript

Jetzt haben wir alles auf der Seite, was wir brauchen – einschließlich einiger Haftnotizen im localStorage, die darauf warten, angezeigt zu werden. Zuerst lesen wir sie aus localStorage aus und schreiben sie dann in die neu erstellte ungeordnete Liste. Das geht so:

Sobald die Seite geladen ist, rufen wir die Funktion init auf ...

... die alle vorhandenen Haftnotizen aus localStorage liest und über das DOM in die <ul> einfügt.

```
window.onload = init;

function init() {
    for (var i = 0; i < localStorage.length; i++) {
        var schluessel = localStorage.key(i);
        if (schluessel.substring(0, 5) == "notiz") {
            var wert = localStorage.getItem(schluessel);
            notizInDomEinfuegen(wert);
        }
    }
}
```

Dazu durchlaufen wir alle Elemente im Speicher ....

... schnappen uns den Schlüssel ....

... und überprüfen, ob das Element auch eine Haftnotiz ist, indem wir testen, ob der Schlüssel mit »notiz« beginnt. Warum wir das tun? Nun, es könnten auch andere Elemente als Haftnotizen im localStorage liegen (mehr dazu in Kürze).

Wenn es eine Haftnotiz ist, rufen wir den Wert ab und fügen ihn in die Seite ein (über das DOM).

Jetzt schreiben wir die Funktion `notizInDomEinfuegen`, die die Notizen in das <ul>-Element einfügt:

Der Text der Haftnotiz wird übergeben. Daraus müssen wir ein Listenelement für die ungeordnete Liste erstellen und anschließend einfügen.

```
function notizInDomEinfuegen(wert) {
    var haftnotizen = document.getElementById("haftnotizen");
    var notiz = document.createElement("li");
    var span = document.createElement("span");
    span.setAttribute("class", "notiz");
    span.innerHTML = wert;
    notiz.appendChild(span);
    haftnotizen.appendChild(notiz);
}
```

Wir nehmen das Element »haftnotizen«.

Dann erstellen wir ein Listenelement und geben ihm den Klassennamen »notiz« (damit wir es stylen können).

Wir füllen das span mit dem Text der Haftnotiz ...

... und fügen das span zum <li> »notiz« hinzu, das wir wiederum der Liste »haftnotizen« hinzufügen.

Zeit für eine Probefahrt!

Packen Sie den Code in die JavaScript-Datei und laden Sie die Seite in Ihrem Browser.

So sieht die Seite in unserem Browser aus:

Benutzeroberfläche

Nun müssen wir noch das Formular aktivieren, damit wir auch neue Notizen hinzufügen können. Dazu richten wir einen Handler ein, der aufgerufen wird, wenn auf die Schaltfläche »Haftnotiz hinzufügen« geklickt wird. Dann fehlt nur noch der Code zum Erstellen einer neuen Notiz. Hier zunächst der Code für den Handler:

Fügen Sie diesen Code in Ihre init-Funktion ein:

```
function init() {
    var button = document.getElementById("button_hinzufuegen");
    button.onclick = notizErstellen;

    // for-Schleife
}
```

Wir schnappen uns eine Referenz auf die Schaltfläche »Haftnotiz hinzufügen«.

Wir fügen einen click-Handler hinzu und nennen ihn notizErstellen.

Der Rest des Codes bleibt gleich. Wir wiederholen ihn an dieser Stelle nicht, um den Wald zu schonen.

Haftnotizen per JavaScript erstellen

Hier kommt der Code für neue Haftnotizen:

```
function notizErstellen() {
    var wert = document.getElementById("notiz_text").value;
    var schluessel = "notiz_" + localStorage.length;
    localStorage.setItem(schluessel, wert);

    notizInDomEinfuegen(wert);
}
```

Bei einem Klick auf die Schaltfläche wird dieser Handler aufgerufen.

Zuerst lesen wir den Text aus dem Textfeld des Formulars aus.

Dann brauchen wir einen eindeutigen Schlüssel für die Notiz. Wir verwenden »notiz_« plus die length-Eigenschaft des gesamten Speichers. Sie wird ja automatisch erhöht.

Dann fügen wir mit unserem Schlüssel eine neue Haftnotiz in localStorage ein.

Zum Schluss fügen wir den Text in das DOM ein, um die Haftnotiz anzuzeigen.

Und noch eine Probefahrt!

Jetzt sind wir wirklich interaktiv! Laden Sie den neuen Code in Ihrem Browser, geben Sie eine neue »Notiz an Sie« ein und klicken bzw. tippen Sie auf die Schaltfläche »Haftnotiz hinzufügen«. Sie sollten sehen, wie eine neue Haftnotiz in der Liste auftaucht. So sieht das bei uns aus:

Sie können jetzt einen Trip auf die Fidschis machen, und wenn Sie zurückkommen, warten Ihre Haftnotizen immer noch auf Sie.

Der Schlüssel für diese Haftnotiz lautet »notiz_2« – »notiz_« plus die length-Eigenschaft des Speichers (bevor wir die Notiz hinzugefügt haben).

Das ist unser Probelauf. Sieht gut aus!

Schließen Sie Ihr Browserfenster und öffnen Sie die Datei erneut. Sehen Sie die Haftnotizen immer noch?

Lokal speichern

Es gibt keine Dummen Fragen

F: Warum testen wir, ob der Schlüssel jedes Elements mit dem String »notiz« beginnt?

A: Bedenken Sie, dass alle Seiten einer Domain wie z. B. apple.com auch die Elemente sehen können, die von anderen Seiten derselben Domain gespeichert wurden. Wenn wir also nicht vorsichtig mit den Namen unserer Schlüssel sind, könnte es zu Kollisionen mit einer anderen Seite kommen, die dieselben Schlüssel auf unterschiedliche Art und Weise verwendet. Deshalb überprüfen wir, ob das jeweilige Element auch eine Haftnotiz ist (und keine Bestellnummer oder ein Spielstand), bevor wir den Wert einer Haftnotiz weiterverwenden.

F: Was geschieht, wenn viele Elemente in localStorage liegen, darunter viele Elemente, die keine Haftnotizen sind? Ist es nicht uneffizient, alle Elemente einzeln zu durchsuchen?

A: Solange wir hier nicht von einer sehr großen Zahl von Elementen sprechen, ist es fraglich, ob Sie einen Unterschied feststellen würden. Natürlich ist das nicht effizient, und sicher gibt es bessere Möglichkeiten, Schlüssel zu verwalten (einige davon lernen Sie bald kennen).

F: Warum verwenden wir localStorage.length als Nummer für den Notizschlüssel:

```
"notiz_" + localStorage.length
```

A: Wir brauchen eine Möglichkeit, eindeutige Schlüssel zu erzeugen. Wir könnten auch die Uhrzeit oder einen Integer verwenden, den wir jedes Mal erhöhen. Oder wir verwenden eben die length-Eigenschaft des lokalen Speichers (die sich jedes Mal erhöht, wenn wir ein Element hinzufügen). Sollten Sie das für problematisch halten – auch darauf kommen wir zu sprechen. Und falls nicht, kommen wir dennoch darauf zu sprechen.

F: Ich habe mit Safari einige Haftnotizen erstellt und dann Chrome geöffnet. In Chrome sehe ich keine Haftnotizen. Warum?

A: Jeder Browser hat seinen eigenen lokalen Speicher. Wenn Sie also Haftnotizen in Safari anlegen, sehen Sie sie auch nur in Safari.

F: Ich habe gerade meine Seite neu geladen, und meine Haftnotizen haben eine andere Reihenfolge!

A: Wenn Sie eine neue Haftnotiz hinzufügen, wird diese in das Listenelement eingefügt, und deshalb wird sie immer am Ende der Liste angezeigt. Wenn Sie die Seite neu laden, werden die Notizen dagegen in der Reihenfolge angezeigt, in der sie im localStorage stehen (für die es wie gesagt keine Garantie gibt). Sie glauben vielleicht, dass die Reihenfolge dieselbe sein sollte, in der die Elemente dem Speicher hinzugefügt werden, jedoch können Sie sich darauf nicht verlassen. Warum? Ein Grund dafür ist, dass die Spezifikation keine Reihenfolge vorsieht, daher kann das jeder Browser anders handhaben. Falls Ihr Browser die Elemente in einer Reihenfolge zurückliefert, die Ihnen sinnvoll erscheint, können Sie sich glücklich schätzen, sollten sich aber nicht darauf verlassen – denn die Browser Ihrer Benutzer könnten es völlig anders machen.

F: Ich verwende häufig eine »for in«-Schleife. Funktioniert das auch in diesem Fall?

A: Klar, und zwar so:

So werden alle Schlüssel im localStorage durchlaufen. Äußerst praktisch!

```
for (var schluessel in localStorage) {
    var wert = localStorage[schluessel];
}
```

F: Was ist, wenn ich eine Notiz nicht mehr brauche? Kann ich die Haftnotizen und löschen?

A: Ja, wir können Elemente aus dem localStorage mit der Methode localStorage.removeItem entfernen. Außerdem können Sie auch Elemente aus dem localStorage direkt über die Browserkonsole löschen. Beide Varianten werden wir Ihnen in diesem Kapitel vorstellen.

KOPF-NUSS

So, wie die Haftnotizen implementiert sind, könnte es ein Problem mit unserem Namensschema geben, wenn ein Benutzer Notizen beliebig löschen kann. Wissen Sie, wo das Problem liegt?

Sie sind hier ▶ **433**

Planmäßige Wartungsarbeiten

Wäre es nicht toll, ein Tool zu haben, mit dem Sie die Elemente in Ihrem localStorage direkt anzeigen könnten? Oder sogar Elemente löschen bzw. das ganze Ding leeren und von vorne anfangen könnten, wenn Sie mit dem Debugging beginnen?

Nun, alle wichtigen Browser werden mit integrierten Entwicklertools ausgeliefert, mit denen Sie den lokalen Speicher direkt untersuchen können. Natürlich sind diese Tools von Browser zu Browser verschieden. Daher besprechen wir an dieser Stelle nicht alle, sondern geben Ihnen nur einen Schubs in die richtige Richtung, damit Sie die Einzelheiten für Ihren Lieblingsbrowser selbst herausfinden können. Sehen wir uns mal an, was Safari zu bieten hat:

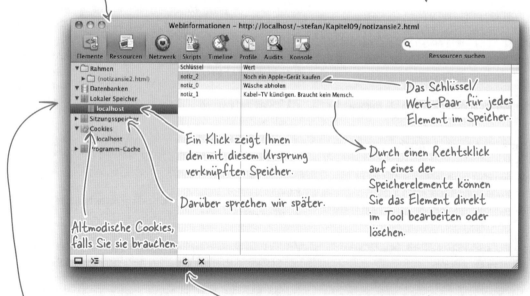

Die Entwicklertools lassen sich in jedem Browser anders aktivieren. Unter http://wickedlysmart.com/hfhtml5/devtools.html finden Sie Anleitungen für die verschiedenen Browser.

Do-it-yourself-Wartung

Es gibt eine weitere Möglichkeit, Ihre Elemente zu beseitigen (und sie auch einzeln zu löschen, wie wir gleich sehen werden). Dafür sind gewisse Wartungsarbeiten Ihrerseits direkt aus JavaScript erforderlich. Die localStorage-API stellt die praktische Methode `clear` zur Verfügung, die alle Elemente aus Ihrem lokalen Speicher (der jeweiligen Domain) löscht. Sehen wir uns das in einer neuen Datei mit dem Namen `maintenance.html` an. Erstellen Sie die neue Datei, und wir zeigen Ihnen, wie es funktioniert.

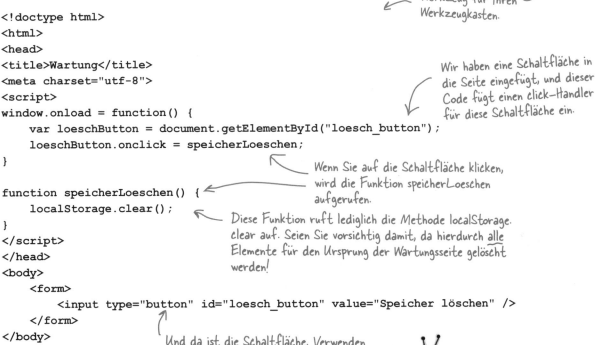

Ein gutes Werkzeug für Ihren Werkzeugkasten.

```
<!doctype html>
<html>
<head>
<title>Wartung</title>
<meta charset="utf-8">
<script>
window.onload = function() {
    var loeschButton = document.getElementById("loesch_button");
    loeschButton.onclick = speicherLoeschen;
}

function speicherLoeschen() {
    localStorage.clear();
}
</script>
</head>
<body>
    <form>
        <input type="button" id="loesch_button" value="Speicher löschen" />
    </form>
</body>
</html>
```

Wir haben eine Schaltfläche in die Seite eingefügt, und dieser Code fügt einen click-Handler für diese Schaltfläche ein.

Wenn Sie auf die Schaltfläche klicken, wird die Funktion speicherLoeschen aufgerufen.

Diese Funktion ruft lediglich die Methode localStorage.clear auf. Seien Sie vorsichtig damit, da hierdurch alle Elemente für den Ursprung der Wartungsseite gelöscht werden!

Und da ist die Schaltfläche. Verwenden Sie diese Seite immer, wenn Sie alles aus dem localStorage löschen möchten (gut für Tests).

Laden Sie die Seite in Ihrem Browser, nachdem Sie den Code eingetippt haben. Sie können bezüglich unserer Haftnotiz-App mit ruhigem Gewissen den localStorage löschen, versuchen Sie es! Werfen Sie davor einen Blick auf Ihre Entwicklertools, damit Sie die Änderung auch mitverfolgen können.

Aufgepasst

Alle Elemente Ihrer Domain werden gelöscht!

Wenn Sie äußerst wichtige lokale Daten für ein anderes Projekt auf derselben Domain gespeichert haben, gehen auch diese dadurch verloren. Nur ein Hinweis ...

Problem *mit den Haftnotizen*

Ich habe ein Problem. Parallel zu den Übungen in diesem Buch habe ich den neuen Einkaufswagen für unser Unternehmen programmiert. Meine Haftnotiz-App funktioniert nicht mehr. Wenn ich mir mit den Safari-Entwicklertools den localStorage anschaue, sehe ich, dass die Nummern der Haftnotizen völlig durcheinander sind: »notiz_0«, »notiz_1«, »notiz_4«, »notiz_8«, »notiz_15«, »notiz_16«, »notiz_23«, »notiz_42«.
Ich habe das Gefühl, das liegt daran, dass ich neben den Haftnotizen auch noch andere Elemente im localStorage erstelle. Was passiert da?

Sie haben einen entscheidenden Designfehler entdeckt.

Es ist Zeit, reinen Wein einzuschenken: Wir haben eine tolle App geschrieben, die für die nächsten Jahre wunderbar funktionieren sollte, *solange Sie keine anderen Elemente* in den localStorage schreiben (so wie Josef mit seinem Einkaufswagen). In diesem Fall funktioniert unser Nummernsystem für die Haftnotizen nicht mehr:

Wenn Sie damit leben können, ist alles gut. Ansonsten lesen Sie besser weiter.

Unsere Haftnotizen werden von null bis zur Gesamtzahl der Haftnotizen (minus 1) nummeriert:

Fünf Notizen, von 0 bis 4 nummeriert.

Für jede neue Notiz ermitteln wir die Anzahl der Elemente im lokalen Speicher und erzeugen mit dieser Zahl einen neuen Schlüssel:

```
var schluessel = "notiz_" + localStorage.length;
```

Um die Notizen anzuzeigen, durchlaufen wir in einer Schleife die Elemente von 0 bis zur Anzahl der Elemente im lokalen Speicher (minus 1):

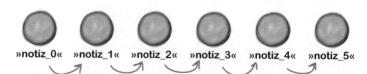

length ist jetzt 6, also durchlaufen wir alle Notizen von »notiz_0« bis »notiz_5«.

***Lokal** speichern*

Nun fügen wir Elemente aus Josefs Einkaufswagen in localStorage ein:

Das sind die Elemente, die Josef für seinen Einkaufswagen verwendet.

»notiz_0« »notiz_1« »notiz_2« »notiz_3« »notiz_4« »notiz_5« »Einkaufswagen-Element 1« »Einkaufswagen-Element 2« »Einkaufswagen-Element 3«

Jetzt haben Sie insgesamt neun Elemente in localStorage.

Wir erstellen eine neue Haftnotiz:

```
var schluessel = "notiz_" + localStorage.length;
```

»notiz_9«

Wenn wir jetzt eine neue Haftnotiz erstellen, ist die length-Eigenschaft gleich 9, also heißt unsere Notiz »notiz_9«. Hmm, das stimmt leider nicht.

Gehen wir nun die Haftnotizen durch, um sie anzuzeigen, haben wir ein Problem:

»notiz_0« »notiz_1« »notiz_2« »notiz_3« »notiz_4« »notiz_5« »notiz_9«

length ist jetzt 10 (wir haben gerade eine neue Notiz hinzugefügt), also durchlaufen wir in unserer Schleife die Werte von 0 bis 9 und zeigen »notiz_0« bis »notiz_9« an.

Oh, oh ... es gibt keine »notiz_6«, »notiz_7« oder »notiz_8«.

Spitzen Sie Ihren Bleistift

Machen Sie dort Häkchen, wo unsere derzeitige Implementierung Schwierigkeiten bereiten kann:

☐ Die Anzeige der Haftnotizen ist nicht effizient, wenn sich viele Elemente im localStorage befinden, die keine Haftnotizen sind.

☐ Haftnotizen könnten mit setItem überschrieben werden, wenn die Größe von localStorage schrumpft, weil andere Apps Elemente löschen.

☐ Es ist nicht möglich, schnell zu ermitteln, wie viele Haftnotizen es gibt. Sie müssen alle Elemente im localStorage durchlaufen, um alle Haftnotizen abzurufen.

☐ Wir verwenden Cookies, das ist immer noch einfacher!

Sie sind hier ▸

Arrays *speichern*

> Wenn ich nur ein Array in localStorage speichern könnte. Darin könnten wir alle Schlüssel für die Haftnotizen ablegen und wüssten immer die Anzahl der gespeicherten Notizen. Aber wir wissen ja, dass localStorage nur Strings speichert. Ein Array wäre toll, aber das ist wohl nur ein Traum …

Wir haben die Technologie ...

Wir haben nicht gelogen. Es stimmt, dass Sie bloß Strings als Werte für localStorage-Elemente speichern können. Allerdings ist das nur die halbe Wahrheit, weil wir jederzeit ein Array (oder ein Objekt) vor dem Speichern in einen String konvertieren können. Klar klingt das ein bisschen nach Schummeln. Aber es ist völlig legitim, auch andere Datentypen als Strings in localStorage abzulegen.

Wir wissen, dass Sie direkt zur Sache kommen und Arrays speichern möchten. Aber davor sehen wir uns noch an, inwiefern ein Array unsere (und Josefs) Probleme löst.

Spulen wir zurück und stellen wir uns vor, wir hätten sechs Haftnotizen in localStorage:

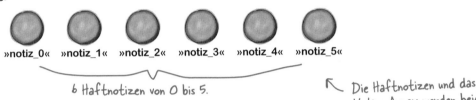

6 Haftnotizen von 0 bis 5.

Die Haftnotizen und das Notiz-Array werden beide in localStorage gespeichert.

Und wir haben ein Array in localStorage mit dem Namen notizArray:

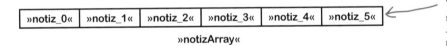

»notizArray«

Jedes Element des Notiz-Arrays ist ein Schlüssel für eine Haftnotiz in localStorage.

Wir fügen eine neue Notiz ein. Nennen wir sie »notiz_815«. Warum eine solche Zahl? Weil es uns nur noch darum geht, dass der Name eindeutig ist. Also fügen wir »notiz_815« in das Array ein und speichern anschließend wie gehabt ein Element für die Haftnotiz:

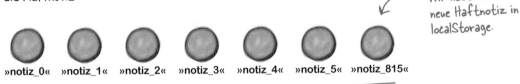

Wir haben eine neue Haftnotiz in localStorage.

7 Haftnotizen: Auf den Schlüssel kommt es nicht mehr an, er muss lediglich eindeutig sein.

Und wir haben das Array um einen Wert erweitert.

| »notiz_0« | »notiz_1« | »notiz_2« | »notiz_3« | »notiz_4« | »notiz_5« | »notiz_815« |

»notizArray«

Haftnotizen mit Array

Neue Version mit Array

Okay, wir wissen ungefähr, wie wir unsere Haftnotizen mit einem Array im Auge behalten. Gehen wir noch einen Schritt weiter und vergewissern wir uns, dass wir auch alle Haftnotizen durchlaufen und anzeigen können. Im aktuellen Code zeigen wir die Haftnotizen innerhalb der Funktion `init` am. Können wir den Code so umschreiben, dass er unser Array verwendet? Wir untersuchen zunächst den vorhandenen Code und schauen dann, wie er sich ändern wird (hoffentlich zum Guten). Tippen Sie den Code noch nicht ab. Wir beschäftigen uns zuerst mit den Änderungen und erst dann damit, den Code auch wasserdicht zu machen.

Vorher ...

```
function init() {
    // Schaltflächen-Code ...
    for (var i = 0; i < localStorage.length; i++) {
        var schluessel = localStorage.key(i);
        if (schluessel.substr(0, 5) == "notiz") {
            var wert = localStorage.getItem(schluessel);
            notizInDomEinfuegen(wert);
        }
    }
}
```

Das ist unser alter Code, der darauf angewiesen ist, dass unsere Notizen einem bestimmten Namensschema folgen, z. B. notiz_0, notiz_1 usw.

Wow, das ist ganz schön chaotisch.

Wir wissen, dass das problematisch ist. Wir können uns nicht darauf verlassen, dass alle Notizen vorhanden sind, wenn wir sie anhand der Anzahl der Elemente in localStorage benennen.

Neu und verbessert

```
function init() {
    // Schaltflächen-Code ...
    var notizArray = localStorage["notizArray"];
    if (!notizArray) {
        notizArray = [];
        localStorage.setItem("notizArray", notizArray);
    }
    for (var i = 0; i < notizArray.length; i++) {
        var schluessel = notizArray[i];
        var wert = localStorage[schluessel];
        notizInDomEinfuegen(wert);
    }
}
```

Wir beginnen damit, das notizArray aus localStorage abzurufen.

Wir müssen überprüfen, ob das Array im localStorage vorliegt. Falls nicht, erstellen wir ein leeres.

Wir gehen das Array in einer Schleife durch.

Jedes Array-Element ist der Schlüssel für eine Haftnotiz. Entsprechend verwenden wir es, um das jeweilige Element aus localStorage auszulesen.

Wir fügen diesen Wert wie zuvor in das DOM ein.

HINWEIS: Sie wissen noch immer nicht, wie Sie Arrays in localStorage lesen und schreiben können. Insofern können Sie das hier als Pseudocode behandeln, bis wir Ihnen zeigen, wie es geht. Dafür brauchen wir nur eine kleine Ergänzung.

Lokal speichern

Wir müssen herausfinden, wie wir ein Array in localStorage speichern.

Sie haben wahrscheinlich schon daran gedacht, dass wir mit JSON ein Array als String abbilden können. Wenn ja – Sie haben recht. Und diesen String können Sie in localStorage speichern.

Sie erinnern sich, dass es nur zwei Methoden in der JSON-API gibt: stringify und parse. Verwenden Sie diese beiden Methoden, um die init-Funktion fertigzustellen (überprüfen Sie die Lösung am Ende des Kapitels, bevor Sie weiterblättern):

```
function init() {
    // Schaltflächen-Code ...
    var notizArray = localStorage["notizArray"];
    if (!notizArray) {
        notizArray = [];
        localStorage.setItem("notizArray",            (notizArray));
    } else {
        notizArray =            (notizArray);
    }
    for (var i = 0; i < notizArray.length; i++) {
        var schluessel = notizArray[i];
        var wert = localStorage[schluessel];
        notizInDomEinfuegen(wert);
    }
}
```

Wir haben die else-Klausel eingefügt, weil Sie etwas tun müssen, wenn Sie das Array aus localStorage abrufen (weil es kein Array ist, sondern ein String).

notizErstellen auf ein Array umstellen

Wir sind fast fertig mit dieser App. Wir müssen lediglich die Funktion notizErstellen überarbeiten, die den Text für die Haftnotiz aus dem Formular ausliest, lokal speichert und anzeigt. Sehen wir uns zunächst die derzeitige Implementierung an, bevor wir sie ändern:

```
function notizErstellen() {
    var wert = document.getElementById("notiz_text").value;
    var schluessel = "notiz_" + localStorage.length;
    localStorage.setItem(schluessel, wert);

    notizInDomEinfuegen(wert);
}
```

Da es Probleme bereiten kann, localStorage.length für den Schlüssel zu verwenden, brauchen wir eine andere Möglichkeit, einen eindeutigen Schlüssel zu erstellen.

Außerdem müssen wir die Haftnotiz unserem Notiz-Array hinzufügen und das Array in localStorage speichern.

Sie sind hier ▸ **441**

Eine eindeutige ID

Was müssen wir ändern?

Wir müssen zwei Dinge in `notizErstellen` ändern. Zuerst brauchen wir eine neue Möglichkeit, einen eindeutigen Schlüssel für jede Notiz zu erzeugen. Außerdem müssen wir den Code so ändern, dass die Notiz im `notizArray` in localStorage gespeichert wird.

❶ Eindeutiger Schlüssel für die Haftnotiz

Es gibt viele Möglichkeiten, eindeutige Schlüssel zu erzeugen. Wir könnten Datum und Uhrzeit, 64-Bit-Zufallszahlen oder eine Atomzeit-API verwenden. Hmm, Datum und Uhrzeit klingen nett und einfach. JavaScript bietet ein Datumsobjekt, das die Zahl der Millisekunden seit 1970 liefert. Das sollte eindeutig genug sein (außer Sie erstellen Ihre Haftnotizen *wirklich schnell*):

Date-Objekt erstellen und aktuelle Zeit in Millisekunden abrufen.

```
var aktuellesDatum = new Date();
var zeit = aktuellesDatum.getTime();
var schluessel = "notiz_" + zeit;
```

Unser neuer Code für den eindeutigen Schlüssel.

Für den Schlüssel hängen wir die Millisekunden an den String »notiz_« an.

❷ Haftnotiz im Array speichern

Nachdem wir jetzt einen eindeutigen Schlüssel erstellen können, müssen wir den Text der Haftnotizen mit diesem Schlüssel speichern und den Schlüssel zum `notizArray` hinzufügen. Wir gehen diesen Teil Schritt für Schritt durch und stellen anschließend den Code zusammen:

Wir nehmen das Array.

```
var notizArray = notizArrayHolen();
localStorage.setItem(schluessel, wert);
notizArray.push(schluessel);
localStorage.setItem("notizArray",
                JSON.stringify(notizArray));
```

Wir konvertieren das Array in einen String und speichern es in localStorage.

Es gibt keine Dummen Fragen

F: Was sind die Millisekunden seit 1970?

A: Sie wissen wahrscheinlich, dass eine Millisekunde 1/1000 einer Sekunde ist und die `getTime`-Methode die Anzahl der Millisekunden seit 1970 zurückliefert. Warum 1970? Dieses Verhalten wurde aus dem Betriebssystem Unix übernommen, das Zeit auf diese Weise definiert hat. Das mag zwar nicht perfekt sein (weil beispielsweise die Zeit vor 1970 mit negativen Zahlen dargestellt wird), ist aber praktisch, wenn Sie eine eindeutige Zahl brauchen oder die abgelaufene Zeit in JavaScript-Code mitverfolgen möchten.

F: Sind parse und stringify nicht ziemlich ineffizient? Und ist es nicht ineffizient, ein ziemlich großes Array auf diese Weise zu speichern?

A: Theoretisch ist beides richtig. Aber bei typischen Programmieraufgaben für Webseiten ist das normalerweise kein Problem. Lediglich bei umfangreichen Anwendungen mit einem besonders großen Speicherhunger könnten Sie bei der JSON-Konvertierung Schwierigkeiten bekommen.

Statt den gesamten Code für das notizArray wie in der Funktion init (siehe vorherige Seite) zu wiederholen, erstellen wir eine neue Funktion, die das Array abruft und überprüft. Dazu kommen wir gleich.

Anschließend speichern wir Schlüssel und Wert wie gehabt (nur mit dem neuen Schlüssel).

Wir verwenden die Array-Methode push, die den Schlüssel am Ende des Notiz-Arrays einfügt.

Lokal speichern

> Super. Sobald das funktioniert, werde ich meinen Einkaufswagen auf die gleiche Weise ändern. Dann funktionieren beide Apps über den gleichen Ursprung ohne Probleme. Mir gefällt das mit dem Array. Dadurch kann ich viel leichter den Überblick behalten!

Alles zusammen

Zeit, den neuen Array-Code und die beiden Funktionen init und notizErstellen zusammenzuführen. Dazu werden wir den Code, den wir in beiden Funktionen brauchen, in eine eigene Funktion schreiben – jenen Code, der das Notiz-Array aus dem localStorage abruft. Sie haben ihn bereits in init gesehen, und wir brauchen ihn erneut in notizErstellen. Sehen wir uns diesen Codeblock nochmals an und schreiben wir ihn in eine Methode mit dem Namen notizArrayHolen. Er sollte Ihnen bekannt vorkommen, weil wir ja bereits daran gearbeitet haben:

```
function notizArrayHolen() {

    var notizArray = localStorage.getItem("notizArray");

    if (!notizArray) {

        notizArray = [];

        localStorage.setItem("notizArray", JSON.stringify(notizArray));

    } else {

        notizArray = JSON.parse(notizArray);

    }

    return notizArray;

}
```

Zuerst holen wir das Element »notizArray« aus dem localStorage.

Wenn wir diese App zum ersten Mal laden, gibt es unter Umständen noch kein Element »notizArray«.

In dem Fall erstellen wir ein leeres Array und speichern es im localStorage.

Denken Sie daran, es zuerst in einen String zu konvertieren!

Wenn wir das Array im localStorage finden, müssen wir es einlesen und in ein JavaScript-Array konvertieren.

In beiden Fällen geben wir ein Array zurück.

Sie sind hier ▶

Den Code zusammenführen

Fortsetzung: Alles vereint …

Nachdem `notizArrayHolen` fertig ist, sehen wir uns die vereinfachte endgültige Version der Funktionen `init` und `notizErstellen` an. Tippen Sie sie ab:

```
function init() {
    var button = document.getElementById("button_hinzufuegen");
    button.onclick = notizErstellen;

    var notizArray = notizArrayHolen();

    for (var i = 0; i < notizArray.length; i++) {
        var schluessel = notizArray[i];
        var wert = localStorage[schluessel];
        notizInDomEinfuegen(wert);
    }
}
```

Denken Sie daran, dass wir auch das Event für die Schaltfläche in der Methode init einrichten müssen.

Als Nächstes holen wir uns das Array mit den Schlüsseln für die Haftnotizen.

Nun durchlaufen wir das Array mit den Haftnotizen (nicht die Elemente in localStorage!).

Jedes Element im Array ist ein Schlüssel für eine Haftnotiz

Wir lesen den entsprechenden Wert aus localStorage …

… und fügen ihn wie gehabt in das DOM ein.

`init` ist fertig, bleibt also nur noch `notizErstellen`:

```
function notizErstellen() {
    var notizArray = notizArrayHolen();
    var aktuellesDatum = new Date();
    var schluessel = "notiz_" + aktuellesDatum.getTime();
    var wert = document.getElementById("notiz_text").value;
    localStorage.setItem(schluessel, wert);
    notizArray.push(schluessel);
    localStorage.setItem("notizArray", JSON.stringify(notizArray));
    notizInDomEinfuegen(wert);
}
```

Zuerst holen wir das Notiz-Array.

Dann erstellen wir den eindeutigen Schlüssel für unsere neue Notiz

Wir speichern Schlüssel und Wert der Notiz in localStorage …

… und fügen den neuen Schlüssel dem Notiz-Array hinzu.

Dann konvertieren wir das Array in einen String und schreiben es zurück in localStorage.

Zum Schluss aktualisieren wir die Seite, indem wir die neue Haftnotiz in das DOM einfügen.

Probefahrt!

Tippen Sie den gesamten Code ab und löschen Sie Ihren localStorage für einen sauberen Start. Laden Sie den Code, Sie sollten dasselbe Verhalten wie beim letzten Mal beobachten. Und: Ja, Josef, auch dein Code sollte jetzt richtig funktionieren!

Es gibt keine Dummen Fragen

F: Wir verwenden »notiz_« als Präfix für die Namen der Elemente im localStorage. Gibt es eine Namenskonvention für localStorage?

A: Nein, gibt es nicht. Wenn sich Ihre App auf einer kleinen Webseite befindet, über deren Domain Sie die alleinige Kontrolle haben, sollte es keine Schwierigkeiten mit den Namen geben. In diesem Fall kennen Sie alle Namen, die die verschiedenen Seiten der Webseite verwenden. Es ist sicher eine gute Idee, einen Namen zu verwenden, der die entsprechende Seite oder Web-App erkennen lässt. »notiz_« erinnert uns daran, dass diese Elemente mit der Haftnotiz-App zu tun haben.

F: Wenn meine Haftnotiz-App nur eine von vielen auf einer Domain ist, sollte ich mir also Gedanken über mögliche Konflikte machen?

A: Ja. In diesem Fall wäre es vorteilhaft, wenn Sie (oder die Person, die die Webseiten auf der Domain verwaltet) einen Plan für die Namensgebung solcher Elemente aufstellt.

F: Wenn ich viele Haftnotizen habe, wird mein notizArray ziemlich lang. Ist das ein Problem?

A: Solange Sie nicht Tausende von Haftnotizen erstellen, sollte es kein Problem sein (und sollten Sie doch Tausende von Haftnotizen erstellen, würden wir gern wissen, wie Sie so produktiv sein können!). JavaScript ist mittlerweile ziemlich schnell.

F: Nur zur Sicherheit: Können wir beliebige Objekte in localStorage speichern, indem wir sie zuvor mit JSON in Strings umwandeln?

A: Genau. JSON-Strings sind vereinfachte Versionen von JavaScript-Objekten. Und die meisten einfachen JavaScript-Objekte können mit JSON in Strings umgewandelt und in localStorage gespeichert werden. Dazu gehören Arrays (das wissen Sie bereits) sowie Objekte mit Eigenschaftsnamen und Werten (werden Sie bald sehen).

> **Wählen Sie ein Namensschema für Ihre localStorage-Elemente, das nicht mit denen anderer Anwendungen auf derselben Domain kollidiert.**

> **Wenn Sie Arrays oder Objekte in localStorage speichern, verwenden Sie JSON.stringify, um den Wert zu speichern, und JSON.parse, um ihn wieder abzurufen.**

Noch ein Änderungswunsch: *Löschen*

Vorsicht mit diesen scharfkantigen Objekten!

Haftnotizen löschen

Sie hat recht – diese App wird nicht sonderlich erfolgreich sein, wenn wir keine Möglichkeit haben, die Haftnotizen zu löschen. Wir haben die Methode `localStorage.removeItem` in diesem Kapitel bereits erwähnt, aber noch nicht damit gearbeitet. Die `removeItem`-Methode erwartet den Schlüssel eines Elements und entfernt dieses Element aus dem localStorage:

```
localStorage.removeItem(schluessel);
```

Diese Methode entfernt das Element mit dem entsprechenden Schlüssel aus dem localStorage.

removeItem erwartet einen Parameter: den Schlüssel des zu löschenden Elements.

Klingt ziemlich einfach, oder? Aber genau genommen gehört zum Löschen einer Haftnotiz mehr als nur der Aufruf der `removeItem`-Methode – wir müssen uns auch um das `notizArray` kümmern ...

Spitzen Sie Ihren Bleistift

Löschen Sie eine Notiz!

Hier sehen Sie den Inhalt von localStorage. Sie können beliebigen Code einschließlich der removeItem-Methode schreiben. Schnappen Sie sich einen Bleistift und skizzieren Sie, was Sie tun müssen, um `notiz_1304220006342` aus dem localStorage zu löschen. Schreiben Sie anschließend darunter den entsprechenden Pseudocode, um zu erläutern, wie Sie Ihren Code programmieren möchten.

»notiz_1304294652202« »notiz_1304220006342« »notiz_1304221683892« »notiz_1304221742310« »Einkaufswagen-Element 1« »Einkaufswagen-Element 2«

»notiz_1304294652202«	»notiz_1304220006342«	»notiz_1304221742310«	»notiz_1304221683892«

»notizArray«

Ihr Pseudocode kommt hierhin.

Lösung zur Übung

Löschen Sie eine Notiz!

Hier sehen Sie den Inhalt von localStorage. Sie können beliebigen Code einschließlich der removeItem-Methode schreiben. Schnappen Sie sich einen Bleistift und skizzieren Sie, was Sie tun müssen, um `notiz_1304220006342` aus dem localStorage zu löschen. Schreiben Sie anschließend darunter den entsprechenden Pseudocode, um zu erläutern, wie Sie Ihren Code programmieren möchten. So sieht unsere Lösung aus:

`localStorage.removeItem("notiz_1304220006342");`

»notiz_1304294652202« »notiz_1304220006342« »notiz_1304221683892« »notiz_1304221742310« »Einkaufswagen-Element 1« »Einkaufswagen-Element 2«

| »notiz_1304294652202« | »notiz_1304220006342« | »notiz_1304221742310« | »notiz_1304221683892« |

»notizArray«

(1) Haftnotiz mit dem Schlüssel »notiz_1304220006342« mit der Methode localStorage.removeItem aus dem localStorage löschen.

(2) notizArray abrufen.

(3) Element mit schluessel="notiz_1304220006342" aus dem notizArray löschen.

(4) notizArray in localStorage zurückschreiben (davor stringify).

(5) »notiz_1304220006342« im DOM finden und entfernen.

Die Funktion notizLoeschen

Nun haben Sie einen Schlachtplan zum Löschen der Haftnotizen. Machen wir uns also an die Arbeit an der Funktion `notizLoeschen`:

Zuerst entfernen wir die Haftnotiz mit removeItem aus dem localStorage, indem wir den Schlüssel der zu löschenden Notiz übergeben.

Wir nutzen die Funktion notizArrayHolen, um das notizArray aus dem localStorage abzurufen.

Wir überprüfen, ob wir ein notizArray haben (nur zur Sicherheit), und durchlaufen das Array, um den zu löschenden Schlüssel zu suchen.

```
function notizLoeschen(schluessel) {
    localStorage.removeItem(schluessel);
    var notizArray = notizArrayHolen();
    if (notizArray) {
        for (var i = 0; i < notizArray.length; i++) {
            if (schluessel == notizArray[i]) {
                notizArray.splice(i,1);
            }
        }

        localStorage.setItem("notizArray", JSON.stringify(notizArray));
    }
}
```

Wenn wir den richtigen Schlüssel finden, löschen wir ihn mit splice aus dem Array.

splice entfernt aus einem Array ab der im ersten Argument angegebenen Startposition (i) so viele Elemente, wie Sie im zweiten Argument angeben (1).

Zum Schluss speichern wir das notizArray (ohne den gelöschten Schlüssel) wieder im localStorage.

> Ich verstehe den Code, kann aber nicht erkennen, wie wir den Schlüssel an notizLoeschen übergeben können. Und wie soll der Benutzer überhaupt die zu löschende Notiz auswählen?

Haftnotizen auswählen mit HTML und JavaScript

Auswahl der zu löschenden Haftnotiz

Die Benutzer brauchen eine Möglichkeit, die zu löschende Haftnotiz auszuwählen. Wir könnten dafür ein schickes kleines Symbol auf jeder Notiz anbringen. Aber für diese App machen mir etwas viel Einfacheres: Wir löschen die Haftnotiz einfach, wenn der Benutzer darauf klickt. Das mag hinsichtlich der Usability nicht die beste Lösung sein, ist aber dafür unkompliziert.

Wenn wir auf eine Haftnotiz klicken, wird sie gelöscht.

Dazu müssen wir zunächst die Haftnotizen so ändern, dass wir ermitteln können, *wann* darauf geklickt wird, und auch `notizLoeschen` erkennen lassen können, auf *welche* Notiz geklickt wurde.

Einen Teil davon müssen wir in der Funktion `notizInDomEinfuegen` vorbereiten:

Überblick: Wir verwenden den Schlüssel der Haftnotiz (»notiz_« + Zeit), um die Notiz eindeutig zu kennzeichnen. Diesen Schlüssel übergeben wir bei jedem Aufruf von notizInDomEinfuegen.

```
function notizInDomEinfuegen(schluessel, wert) {
    var haftnotizen = document.getElementById("haftnotizen");
    var notiz = document.createElement("li");
    notiz.setAttribute("id", schluessel);
    var span = document.createElement("span");
    span.setAttribute("class", "notiz");
    span.innerHTML = wert;
    notiz.appendChild(span);
    haftnotizen.appendChild(notiz);
    notiz.onclick = notizLoeschen;
}
```

Wir fügen eine eindeutige id zum <li>-Element der Haftnotiz im DOM hinzu. So weiß notizLoeschen, auf welche Notiz Sie geklickt haben. Nachdem wir wissen, dass der Schlüssel der Haftnotiz eindeutig ist, verwenden wir ihn einfach als id.

Wir fügen einen click-Handler zu jeder Notiz hinzu. Wenn Sie auf eine Haftnotiz klicken, wird notizLoeschen aufgerufen.

ÜBUNG

Ihre Aufgabe ist es nun, den gesamten Code so zu aktualisieren, dass wir bei jedem Aufruf von notizInDomEinfuegen den Schlüssel zusammen mit dem Wert übergeben. Die entsprechenden Stellen sollten Sie leicht finden können. Wenn Sie damit fertig sind, überprüfen Sie Ihre Lösung am Ende des Kapitels.

Überspringen Sie diesen Schritt nicht. Ansonsten wird die Probefahrt nicht klappen!

Zu löschende Notiz ermitteln

Wir haben nun einen Event-Handler für jede Notiz, der auf Klicks wartet. Wenn Sie auf eine Haftnotiz klicken, wird die Funktion notizLoeschen aufgerufen und ein Event-Objekt mit Informationen zum Event an notizLoeschen übergeben. Beispielsweise können wir über event.target ermitteln, auf welche Haftnotiz geklickt wurde. Sehen wir uns genauer an, was passiert, wenn Sie auf eine Notiz klicken.

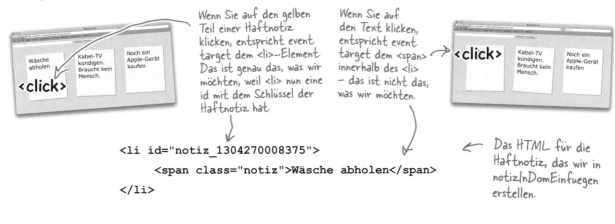

Wenn Sie auf den gelben Teil einer Haftnotiz klicken, entspricht event.target dem <li>-Element. Das ist genau das, was wir möchten, weil <li> nun eine id mit dem Schlüssel der Haftnotiz hat.

Wenn Sie auf den Text klicken, entspricht event.target dem <span> innerhalb des <li> – das ist nicht das, was wir möchten.

```
<li id="notiz_1304270008375">
    <span class="notiz">Wäsche abholen</span>
</li>
```

← Das HTML für die Haftnotiz, das wir in notizInDomEinfuegen erstellen.

Oder das ausgelöste Event wird so an notizLoeschen übergeben.

Unser »Ziel« ist das Element, auf das Sie geklickt haben und das das Event ausgelöst hat. Über die target-Eigenschaft können wir die id dieses Elements abrufen. Wenn das Ziel ein <li>-Element ist, sind wir schon fertig.

Ist das Ziel ein <span>, müssen wir die id des übergeordneten Elements ermitteln (parentNode), das <li>. Das <li>-Element enthält den Schlüssel, den wir brauchen.

```
function notizLoeschen(e) {
    var schluessel = e.target.id;
    if (e.target.tagName.toLowerCase() == "span") {
        schluessel = e.target.parentNode.id;
    }
    localStorage.removeItem(schluessel);
    var notizArray = notizArrayHolen();
    if (notizArray) {
        for (var i = 0; i < notizArray.length; i++) {
            if (schluessel == notizArray[i]) {
                notizArray.splice(i,1);
            }
        }
        localStorage.setItem("notizArray", JSON.stringify(notizArray));
        notizAusDomLoeschen(schluessel);
    }
}
```

Nun können wir das Element mit dem Schlüssel aus localStorage und dem notizArray entfernen.

Außerdem müssen wir das <li> mit der Notiz entfernen, damit sie aus dem DOM verschwindet, wenn Sie darauf klicken. Das kommt als Nächstes ...

Haftnotizen aus dem *DOM* **löschen**

Notizen auch aus dem DOM löschen

Zum Abschluss müssen wir noch die Funktion `notizAusDomLoeschen` implementieren. Sie haben bereits die Funktion `notizInDomEinfuegen` so überarbeitet, dass der Schlüssel der Haftnotiz als id des `<li>`-Elements mit der Notiz im DOM eingefügt wird. Also können wir die Haftnotiz mit `document.getElementById` im DOM finden. Wir suchen den Eltern-Knoten der Haftnotiz und entfernen die Notiz mit der Methode `removeChild`:

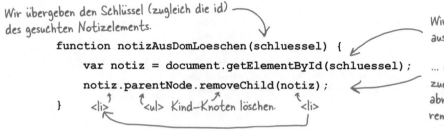

```
function notizAusDomLoeschen(schluessel) {
    var notiz = document.getElementById(schluessel);
    notiz.parentNode.removeChild(notiz);
}
```

Wir übergeben den Schlüssel (zugleich die id) des gesuchten Notizelements.

Wir rufen das `<li>`-Element aus dem DOM ab ...

... und entfernen es, indem wir zuerst den »parentNode« abrufen und anschließend removeChild aufrufen.

`<li>` `<ul>` Kind-Knoten löschen. `<li>`

Okay, testen Sie ...

Tippen Sie den ganzen Code ein, laden Sie die Seite, schreiben Sie Haftnotizen und löschen Sie einige davon. Beenden Sie Ihren Browser, laden Sie die Seite erneut und machen Sie einen echten Testlauf!

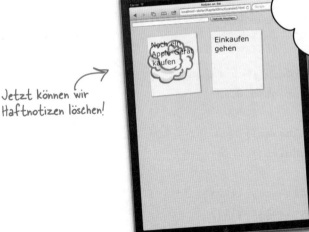

Jetzt können wir Haftnotizen löschen!

Gute Arbeit! Gibt es eine Möglichkeit, den Haftnotizen unterschiedliche Farben zu geben? Zum Beispiel Gelb für dringend, Blau für Ideen, Pink für weniger wichtig usw.?

Aber natürlich!

Mit Ihrer Erfahrung bekommen wir das doch hin! Wie? Wir erstellen ein Objekt, in dem wir den Text der Notiz zusammen mit der Farbe speichern, das wir wiederum als Wert des Notizelements speichern – nachdem wir es mit `JSON.stringify` in einen String konvertiert haben.

Benutzeroberfläche in Farbe

Bisher sind alle unsere Notizen gelb. Wäre es nicht toll, wenn wir eine kleine Farbpalette hätten?

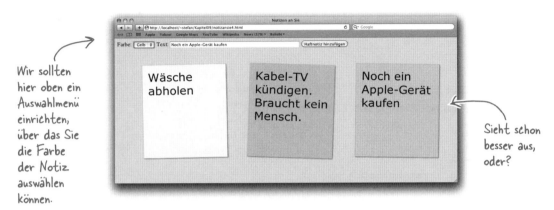

Wir sollten hier oben ein Auswahlmenü einrichten, über das Sie die Farbe der Notiz auswählen können.

Sieht schon besser aus, oder?

Fangen wir mit dem einfachen Teil an: Sie aktualisieren das HTML so, dass wir ein Auswahlmenü für die Farbe haben. Öffnen Sie die Datei `notizansie.html` und ändern Sie das Formular folgendermaßen:

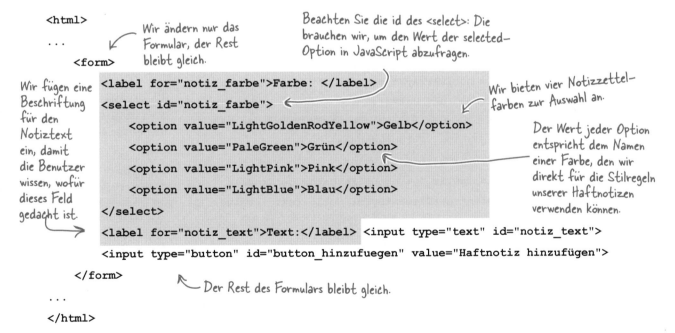

Wir haben die Standardfarbe der Notizen bisher mit CSS definiert. Jetzt möchten wir die Farbe zusammen mit der Notiz in localStorage abspeichern. Wie geht das?

Farben speichern mit JSON

JSON.stringify funktioniert nicht nur mit Arrays

Um die Farbe der Notiz zusammen mit dem Text abzuspeichern, können wir dieselbe Technik wie für das `notizArray` verwenden: Wie speichern ein Objekt, das den Text und die Farbe enthält, als Wert der Haftnotiz in localStorage.

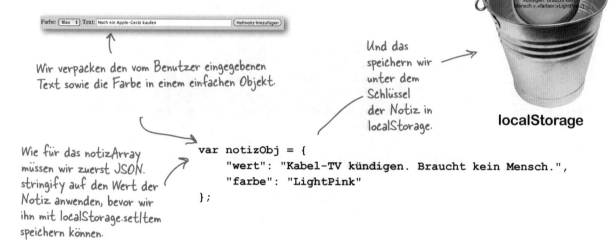

Wir verpacken den vom Benutzer eingegebenen Text sowie die Farbe in einem einfachen Objekt.

Und das speichern wir unter dem Schlüssel der Notiz in localStorage.

localStorage

Wie für das notizArray müssen wir zuerst JSON.stringify auf den Wert der Notiz anwenden, bevor wir ihn mit localStorage.setItem speichern können.

```
var notizObj = {
    "wert": "Kabel-TV kündigen. Braucht kein Mensch.",
    "farbe": "LightPink"
};
```

Schreiben wir die Funktion `notizErstellen` so um, dass sie die Farbe zusammen mit dem Text der Notiz abspeichert. Text und Farbe bilden wir dabei mit unserem praktischen Objekt ab:

```
function notizErstellen() {
    var notizArray = notizArrayHolen();
    var aktuellesDatum = new Date();
    var farbWahlObj = document.getElementById("notiz_farbe");
    var index = farbWahlObj.selectedIndex;
    var farbe = farbWahlObj[index].value;
    var schluessel = "notiz_" + aktuellesDatum.getTime();
    var wert = document.getElementById("notiz_text").value;
    var notizObj = {
        "wert": wert,
        "farbe": farbe
    };
    localStorage.setItem(schluessel, JSON.stringify(notizObj));
    notizArray.push(schluessel);
    localStorage.setItem("notizArray", JSON.stringify(notizArray));
    notizInDomEinfuegen(schluessel, notizObj);
}
```

Wie lesen wie gewohnt den Wert der ausgewählten Farboption aus.

Dann erstellen wir das notizObj: ein Objekt, das zwei Eigenschaften enthält – den Text der Haftnotiz und die vom Benutzer ausgewählte Farbe.

Und wir rufen JSON.stringify mit dem notizObj auf, bevor wir es in localStorage ablegen.

Jetzt übergeben wir das Objekt anstelle einer Zeichenfolge an notizInDomEinfuegen. Das bedeutet, dass wir auch notizInDomEinfuegen ändern müssen, oder?

Das neue notizObj

Nachdem wir jetzt das notizObj an `notizInDomEinfuegen` übergeben haben, müssen wir die Funktion so aktualisieren, dass sie mit dem Objekt statt mit dem String funktioniert und die Hintergrundfarbe der Notiz festlegt. Das ist eine relativ einfache Änderung:

```
function notizInDomEinfuegen(schluessel, notizObj) {
    var haftnotizen = document.getElementById("haftnotizen");
    var notiz = document.createElement("li");
    notiz.setAttribute("id", schluessel);
    notiz.style.backgroundColor = notizObj.farbe;
    var span = document.createElement("span");
    span.setAttribute("class", "notiz");
    span.innerHTML = notizObj.wert;
    notiz.appendChild(span);
    haftnotizen.appendChild(notiz);
    notiz.onclick = notizLoeschen;
}
```

Hier müssen wir den Parameter vom Textwert der Notiz in ein notizObj ändern.

Wir verwenden die Farbe aus dem übergebenen notizObj.

Beachten Sie, dass wir die Hintergrundfarbe in JavaScript mit backgroundColor angeben, NICHT wie in CSS als »background-color«.

HTML-Elementobjekte haben die style-Eigenschaft, über die Sie auf die Stilregeln dieses Elements zugreifen können.

Anschließend müssen wir den Text für die Haftnotiz aus dem Objekt auslesen.

Wir müssen Code noch an einer weiteren Stelle anpassen: in `init`, wo wir beim ersten Laden der Seite die Haftnotizen aus dem localStorage auslesen und an `notizInDomEinfuegen` übergeben.

```
function init() {
    var button = document.getElementById("button_hinzufuegen");
    button.onclick = notizErstellen;

    var stickiesAray = notizArrayHolen();

    for (var i = 0; i < notizArray.length; i++) {
        var schluessel = notizArray[i];
        var wert = JSON.parse(localStorage[schluessel]);
        notizInDomEinfuegen(schluessel, wert);
    }
}
```

Wenn wir jetzt den Wert der Haftnotiz aus localStorage auslesen, brauchen wir JSON.parse, weil es kein String mehr ist, sondern ein Objekt.

Dieses Objekt übergeben wir anstelle des bisherigen Strings an notizInDomEinfuegen (der Code sieht identisch aus, aber wir übergeben etwas anderes).

Test mit *farbigen Haftnotizen*

Probefahrt in Farbe

Bevor Sie unsere App ausführen, sollten Sie den localStorage leeren, weil die bisherige Version der Haftnotizen keine Farbe enthält und wir nun ein anderes Format für unsere Haftnotizen verwenden. Bisher haben wir Strings verwendet, jetzt sind es Objekte. Leeren Sie also Ihren localStorage, laden Sie die Seite neu und schreiben Sie neue Haftnotizen, jede in einer anderen Farbe. Hier sehen Sie unsere Version (wir sehen uns auch den localStorage an):

Sie können Ihren localStorage mit wartung.html oder der Browserkonsole löschen.

Wir haben unsere Haftnotizen in Gelb, Pink und Blau gestylt.

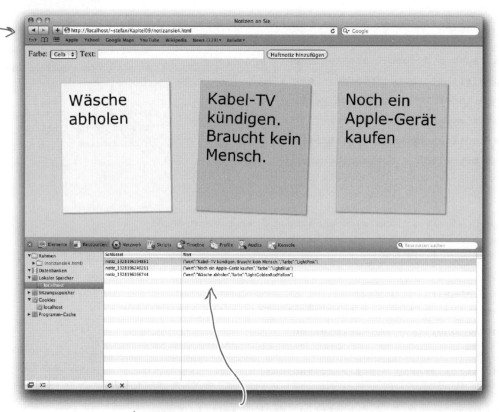

Jede Notiz ist jetzt ein (JSON-stringifiziertes) Objekt mit dem Text und der Farbe der Haftnotiz.

Lokal speichern

> Wenn wir Objekte und Arrays speichern können, warum speichern wir dann nicht alle Notizen im Array? Wozu all diese komplizierten Elemente, wenn wir einfach nur ein Element in localStorage speichern können?

In manchen Fällen ist das sehr sinnvoll.

Mit unserem jetzigen Wissen würden wir die Haftnotizen bestimmt als in ein Array eingebettete Objekte gestalten. Und im weiteren Verlauf entscheiden Sie sich vielleicht, genau das zu tun. Auch für Ihren Einkaufswagen wäre es sinnvoll. Der einzige Nachteil ist der, dass die beiden Methoden `JSON.stringify` und `JSON.parse` jedes Mal, wenn Sie eine Änderung vornehmen, eine Menge mehr zu tun haben – um beispielsweise eine Notiz hinzuzufügen, müssten wir alle Notizen einlesen, die Notiz hinzufügen, alle Notizen wieder in einen String konvertieren und anschließend in den Speicher zurückschreiben. Bei den Datenmengen für Haftnotizen sollte das im Allgemeinen kein Problem sein (trotzdem sollten Sie auch an mobile Geräte mit weniger leistungsstarken CPUs und an die Auswirkungen der CPU-Last auf die Akkulaufzeit denken).

Ob Sie also alles in ein Objekt oder Array in localStorage packen, hängt davon ab, wie viele Datenelemente Sie speichern möchten, wie groß diese sind und inwieweit Sie sie verarbeiten müssen.

Unsere Implementierung hier mag vielleicht ein bisschen übertrieben für eine begrenzte Anzahl von Haftnotizen sein. Wir hoffen aber, dass auch Ihrer Meinung nach uns diese App eine gute Möglichkeit geboten hat, uns Gedanken über localStorage und den Umgang mit den Elementen darin zu machen.

MACHEN SIE DAS ~~NICHT~~ ZU HAUSE
(WIE SIE IHRE 5 MEGABYTE PLATZEN LASSEN)

Wir haben Ihnen gesagt, dass Ihnen im Browser jedes Benutzers ganze fünf Megabyte zur Verfügung stehen. Das klingt zwar nach viel, allerdings werden auch Ihre gesamten Daten als String gespeichert und nicht in einem speichereffizienten Format. Eine lange Zahl – wie z. B. die Staatsverschuldung – braucht als Fließkommazahl nur sehr wenig Speicher, als String benötigt sie allerdings ein Vielfaches an Speicher. Diese fünf Megabyte können also schneller aufgebraucht sein, als Sie denken.

Was passiert, wenn die 5 Megabyte aufgebraucht sind? Leider ist dieses Verhalten nicht allzu gut in der HTML5-Spezifikation definiert. Die Browser können also die unterschiedlichsten Dinge tun, wenn Sie Ihr Limit überschreiten – es kann sein, dass der Browser Sie fragt, ob Sie mehr Speicher verwenden möchten, oder einfach die Exception QUOTA_EXCEEDED_ERR wirft, die Sie folgendermaßen abfangen können:

```
try {
    localStorage.setItem(schluessel, wert);
} catch(e) {
    if (e == QUOTA_EXCEEDED_ERR) {
        alert("Kein Speicher mehr!")
    }
}
```

try/catch fängt Ausnahmen ab, die innerhalb des try-Blocks ausgelöst werden.

Ein setItem-Aufruf inmitten eines try-Blocks. Wenn irgendetwas schiefgeht und setItem eine Exception wirft, wird der catch-Block aufgerufen.

Das ist ein JavaScript-Bereich, den wir noch nicht behandelt haben. Sie können ihn auf die Liste der Dinge setzen, die Sie recherchieren möchten.

Wir testen, ob ein QUOTA_EXCEEDED_ERR aufgetreten ist (und keine andere Exception). Wenn ja, zeigen wir eine alert-Box an. Wahrscheinlich möchten Sie hier etwas Sinnvolleres tun.

Derzeit lösen nicht alle Browser die Ausnahme QUOTA_EXCEEDED_ERR aus. Aber sie werfen dennoch eine Exception, wenn Sie die Grenze überschreiten. Insofern sollten Sie allgemein den Fall abfangen, dass beim Speichern eines Elements ein Fehler auftritt.

Wir sehen keinen Grund, warum wir nicht die Grenzen Ihres Browsers austesten sollten. Mal sehen, aus welchem Holz er geschnitzt ist, wie weit wir gehen können, wie er sich unter Druck verhält ... Schreiben wir ein bisschen Code, der die Speichergrenze Ihres Browsers überschreitet.

ACHTUNG
Explosive Übung

```
<html>
<head>
<script>

localStorage.setItem("zuender", "-");
while(true) {
    var zuender = localStorage.getItem("zuender");
    try {
        localStorage.setItem("zuender", zuender + zuender);
    } catch(e) {
        alert("Detonation bei " + zuender.length + " Byte. Exception: " + e);
        break;
    }
}
localStorage.removeItem("zuender");
</script>
</head>
<body>
</body>
</html>
```

Sie beginnen mit einem String mit einem einzigen Zeichen und dem Schlüssel »zuender«.

Und wir lassen ihn immer größer werden ...

... indem wir den String verdoppeln (ihn mit sich selbst verknüpfen).

Dann versuchen wir, den Wert in localStorage zurückzuschreiben.

Wenn die Blase platzt, sind wir fertig! Wir benachrichtigen den Benutzer und verlassen die Schleife.

Wir möchten kein Chaos hinterlassen, also entfernen wir das Element aus localStorage.

Tippen Sie den Code ab und aktivieren Sie den Zünder, indem Sie die Seite laden. Viel Spaß! Probieren Sie die Seite auf verschiedenen Browsern aus.

Wenn Sie den Mut haben, diesen Code auszuführen, schreiben Sie Ihre Ergebnisse hierhin.

....
....
....

Aufgepasst

Auf eigene Gefahr!

Dieser Code kann tatsächlich Ihren Browser abstürzen lassen, was wiederum dazu führen könnte, dass Ihr Betriebssystem unglücklich ist und Sie Ihre Arbeit verlieren. Verwendung auf eigene Gefahr!!!

Info über *Session Storage*

Ich habe Betatests mit meinem Einkaufswagen gemacht. Die Benutzer möchten nicht, dass der Einkaufswagen im Browser erhalten bleibt. Wie kann ich die Artikel aus dem Einkaufswagen entfernen, wenn die Benutzer den Browser schließen? Habe ich mich für die falsche Technologie entschieden?

Luke, da ist noch ein anderer Skywalker.

Wie sich herausstellt, hat localStorage eine Schwester mit dem Namen sessionStorage. Wenn Sie überall `sessionStorage` statt `localStorage` verwenden, werden Ihre Elemente nur für die Dauer der Browsersitzung gespeichert. Sobald die Sitzung vorbei ist (das Browserfenster geschlossen wird), werden die Elemente aus dem Speicher entfernt.

Das `sessionStorage`-Objekt unterstützt genau dieselbe API wie localStorage, Sie wissen also bereits alles darüber.

Probieren Sie's!

Lokal speichern

— WER MACHT WAS? —

Nun haben Sie die gesamte localStorage-API durch. Hier sehen Sie noch einmal alle Hauptdarsteller der API in Maskierung. Versuchen Sie, herauszufinden, wer was macht. Wir haben bereits eine Person für Sie enttarnt.

clear — Mit mir können Sie Elemente langfristig speichern.

sessionStorage — Ich nehme Schlüssel und Werte entgegen und schreibe sie in den localStorage. Beachten Sie, dass ich Sie nicht warne, wenn es bereits ein Element mit diesem Schlüssel im localStorage gibt. Das Element wird einfach überschrieben, also sollten Sie wissen, worum Sie mich bitten.

key — Wenn Sie die Gastfreundschaft in localStorage übermäßig in Anspruch nehmen und zu viel Platz verbrauchen, erhalten Sie eine Exception und werden von mir hören.

setItem — Müssen Sie ein Element loswerden? Ich werde den Job diskret erledigen.

removeItem — Geben Sie mir einfach einen Schlüssel, und ich werde das Element mit diesem Schlüssel finden und seinen Wert an Sie übergeben.

length — Ich bin eher der kurzfristige Typ. Ich speichere Ihr Zeug nur, solange der Browser geöffnet ist. Wird der Browser geschlossen, sind – puff! – Ihre Sachen weg.

getItem — Wenn Sie mit sämtlichen Elementen im localStorage fertig sind, entferne ich alle Elemente und werfe sie weg – und hinterlasse Ihnen einen frischen und sauberen localStorage (ich kann allerdings nur meinen eigenen Ursprung säubern).

localStorage — Müssen Sie wissen, wie viele Elemente sich in Ihrem localStorage befinden? Dann bin ich die richtige Wahl.

QUOTA_EXCEEDED_ERR — Geben Sie mir einen Index, und ich gebe Ihnen für diesen Index einen Schlüssel im localStorage.

Sie sind hier ▶

Verwendungsmöglichkeiten für Web Storage

Jetzt kennen Sie localStorage – was machen Sie damit?

Es gibt viele Verwendungsmöglichkeiten für localStorage. Bei den Haftnotizen konnten wir die Daten so ohne Server speichern. Aber auch mit einem Server kann localStorage ziemlich hilfreich sein. Hier lesen Sie, wie andere Entwickler den lokalen Speicher nutzen:

> In meinem neuen Twitter-Client verwende ich localStorage als Cache für Suchergebnisse, um die Twitter-Suche effizienter zu gestalten. Wenn die Benutzer eine Suche durchführen, überprüfe ich zuerst die lokalen Ergebnisse. Das kommt meinen mobilen Benutzern zugute.

> Ich speichere für meine Benutzer Wiedergabelisten mit Metadaten ab. So können sie ihre Lieblingsclips zusammen mit dem Timecode der Stelle abspeichern, die sie zuletzt angesehen haben.

> Ich verwende sessionStorage für den Einkaufswagen meiner neuen E-Commerce-Bibliothek. Wenn die Benutzer dem Browser schließen, soll der Einkaufswagen verschwinden.

Lokal speichern

Ich habe ein cooles Spiel, das in zwei verschiedenen Browserfenstern läuft. Ich verwende localStorage, um den Spielstand zu synchronisieren.

Ich speichere viele Daten lokal, um die Apps meiner Kunden auf ihren mobilen Geräten schneller zu machen. Ein großer Speicher auf dem Client ist ein gewaltiger Gewinn für mich.

Damit habe ich eine neue Möglichkeit, den Benutzerstatus abzuspeichern. Früher habe ich die Sitzung und die Backend-Daten serverseitig abgespeichert. Jetzt kann ich den Benutzerstatus einfach lokal speichern und muss serverseitigen Code nur bei Bedarf einsetzen.

Sie sind hier ▶ **463**

Überblick über Web Storage

Punkt für Punkt

- Web Storage ist ein lokaler Browserspeicher sowie eine API, mit der Sie Elemente in diesen Speicher ablegen und daraus auslesen können.
- Die meisten Browser bieten mindestens fünf Megabyte Speicher pro Ursprung.
- Web Storage besteht aus localStorage und sessionStorage.
- localStorage bleibt selbst dann erhalten, wenn Sie das Browserfenster schließen oder den Browser beenden.
- Die Elemente in sessionStorage werden gelöscht, wenn Sie das Browserfenster schließen oder den Browser beenden. sessionStorage ist nur für die vorübergehende Speicherung von Elementen geeignet.
- localStorage und sessionStorage nutzen exakt dieselbe API.
- Web Storage wird nach dem Ursprung strukturiert (nach Domains). Der Ursprung ist der Speicherort des Dokuments im Internet (z. B. oreilly.de).
- Jede Domain erhält einen eigenen Speicher. Die für einen Ursprung gespeicherten Elemente sind für Webseiten eines anderen Ursprungs nicht sichtbar.
- Mit localStorage.setItem(schluessel) können Sie einen Wert in diesem Speicher ablegen.
- Mit localStorage.getItem(schluessel) können Sie einen Wert aus dem Speicher auslesen.
- Sie können dieselbe Syntax wie für assoziative Arrays verwenden, um Elemente abzulegen und auszulesen: localStorage[schluessel].
- Mit localStorage.key() können Sie die Schlüssel in localStorage auflisten.
- localStorage.length liefert die Anzahl der Elemente in localStorage für den jeweiligen Ursprung.
- Mit der Browserkonsole können Sie die Elemente in localStorage anzeigen, bearbeiten und löschen.
- Sie können Elemente direkt aus dem localStorage löschen, indem Sie mit der rechten Maustaste darauf klicken und »Löschen« wählen.
- In JavaScript können Sie Elemente aus localStorage mit den Methoden removeItem(schluessel) und clear löschen. Die clear-Methode entfernt alle Elemente für den jeweiligen Ursprung aus localStorage.
- Schlüssel für die localStorage-Elemente sind eindeutig. Wenn Sie einem vorhandenen Schlüssel zum zweiten Mal einen Wert zuweisen, wird der vorhandene Wert überschrieben.
- Eine Möglichkeit, einen eindeutigen Schlüssel zu generieren, besteht darin, mit der getTime()-Methode des Date-Objekts die aktuelle Zeit in Millisekunden seit 1970 zu verwenden.
- Es ist wichtig, dass Sie ein Namensschema für Ihre Web-App entwickeln, das auch dann funktioniert, wenn Elemente aus dem Speicher gelöscht oder von einer anderen App Elemente erstellt werden.
- Web Storage unterstützt derzeit nur Strings als Wert für den jeweiligen Schlüssel.
- In localStorage als Strings gespeicherte Zahlen können Sie mit parseInt oder parseFloat zurückkonvertieren.
- Wenn Sie komplexere Daten speichern möchten, können Sie JavaScript-Objekte verwenden und mit JSON.stringify vor dem Speichern in Strings konvertieren. Solche Strings können Sie anschließend mit JSON.parse wieder zurückkonvertieren.
- localStorage kann insbesondere auf mobilen Geräten hilfreich sein, um den Bandbreitenbedarf zu reduzieren.
- sessionStorage funktioniert wie localStorage, jedoch bleiben die gespeicherten Elemente nicht erhalten, wenn Sie Tabs/Fenster oder den Browser schließen. sessionStorage ist nur für die kurzfristige Speicherung, z. B. beim Einkauf, geeignet.

Lokal speichern

HTML5-Kreuzworträtsel

Nehmen Sie sich Zeit, Ihren eigenen lokalen Speicher zu testen.

Waagerecht

1. Wir haben ein _____ verwendet, um Text und Farbe der Haftnotizen in einem localStorage-Element zu speichern.
5. Cookie hat ein Problem mit der _____.
9. Wenn Sie etwas im Browser speichern und nach _____ fliegen, sind die Daten immer noch da, wenn Sie zurückkommen.
10. Methode zum Speichern von Elementen in localStorage.
11. Als wir localStorage._____ für die Schlüsselnamen verwendet haben, gab es ein Problem.
12. _____ konvertiert einen String in einen Integer.
13. Die meisten Browser bieten _____ Megabyte Speicher pro Ursprung.
14. Wir dachten, es sei nur ein Traum, ein _____ in localStorage zu speichern, aber mit JSON geht das!

Senkrecht

2. Mit einem Blick auf event._____ haben wir ermittelt, auf welches Element die Benutzer geklickt haben.
3. Mit try/_____ können Sie ermitteln, ob das Speicherlimit in localStorage überschritten ist.
4. Die Schlüssel aller Haftnotizen haben wir in _____ abgelegt, damit wir sie in localStorage besser finden können.
6. Luke Skywalkers Schwester.
7. sessionStorage ist genau wie localStorage, die Daten bleiben jedoch nicht _____, wenn Sie das Browserfenster schließen.
8. localStorage speichert nur _____.
10. Wir müssen Objekte mit JSON._____ konvertieren, bevor wir sie in localStorage speichern können.

Sie sind hier ▶ **465**

Lösungen zu den *Übungen*

Das Hütchenspiel, Lösung

Bereit, Ihr Glück zu versuchen? Oder, besser gesagt, Ihre Fähigkeiten zu testen? Wir haben ein Spiel, mit dem Sie herausfinden können, inwieweit Sie localStorage beherrschen. Seien Sie auf der Hut! Nutzen Sie Ihr Wissen über das Lesen und Schreiben von Schlüssel/Wert-Paaren in localStorage, um die Erbse im Auge zu behalten, während sie von Hütchen zu Hütchen wandert. Hier ist unsere Lösung:

```
function huetchenSpiel() {
    localStorage.setItem("huetchen1", "erbse");
    localStorage.setItem("huetchen2", "leer");
    localStorage.setItem("huetchen3", "leer");
    localStorage["huetchen1"] = "leer";
    localStorage["huetchen2"] = "erbse";
    localStorage["huetchen3"] = "leer";
    var wert = localStorage.getItem("huetchen2");
    localStorage.setItem("huetchen1", wert);
    wert = localStorage.getItem("huetchen3");
    localStorage["huetchen2"] = wert;
    var schluessel = "huetchen2";
    localStorage[schluessel] = "erbse";
    schluessel = "huetchen1";
    localStorage[schluessel] = "leer";
    schluessel = "huetchen3";
    localStorage[schluessel] = "leer";

    for (var i = 0; i < localStorage.length; i++) {
        var schluessel = localStorage.key(i);
        var wert = localStorage.getItem(schluessel);
        alert(key + ": " + wert);
    }
}
```

Unter welchem Hütchen ist die Erbse?

Wert	Schlüssel
huetchen1	leer
huetchen2	erbse
huetchen3	leer

Die Erbse ist unter huetchen2.

LÖSUNG ZUR ÜBUNG

Sie sollten den Code so aktualisieren, dass in jedem Aufruf von notizInDomEinfuegen sowohl der Schlüssel als auch der Wert übergeben werden.

Die Aufrufe in `init` und `notizErstellen` sollten nun so aussehen:

```
notizInDomEinfuegen(schluessel, wert);
```

Spitzen Sie Ihren Bleistift
Lösung

Machen Sie dort Häkchen, wo unsere derzeitige Implementierung Schwierigkeiten bereiten kann:

- [x] Die Anzeige der Haftnotizen ist nicht effizient, wenn sich viele Elemente im localStorage befinden, die keine Haftnotizen sind.
- [x] Haftnotizen könnten mit setItem überschrieben werden, wenn die Größe von localStorage schrumpft, weil andere Apps Elemente löschen.
- [x] Es ist nicht möglich, schnell zu ermitteln, wie viele Haftnotizen es gibt. Sie müssen alle Elemente im localStorage durchlaufen, um alle Haftnotizen abzurufen.
- [ ] Wir verwenden Cookies, das ist einfacher!

LÖSUNG ZUR ÜBUNG

Wir müssen herausfinden, wie wir ein Array in localStorage speichern.

Sie haben wahrscheinlich schon daran gedacht, dass wir mit JSON ein Array als String abbilden können. Wenn ja – Sie haben recht. Und diesen String können Sie in localStorage speichern.

Sie erinnern sich, dass es nur zwei Methoden in der JSON-API gibt: stringify und parse. Verwenden Sie diese beiden Methoden, um die init-Funktion fertigzustellen:

Array aus localStorage holen.

Wenn es kein Array in localStorage gibt, erstellen wir ein leeres Array und weisen es der Variablen notizArray zu. Zu diesem Zeitpunkt ist die Variable notizArray ein String.

Wenn wir ein neues Array erstellen müssen, verwenden wir JSON.stringify, um es in einen String zu konvertieren, bevor wir es speichern.

```
function init() {
    // Schaltflächen-Code ...
    var notizArray = localStorage["notizArray"];
    if (!notizArray) {
        notizArray = [];
        localStorage.setItem("notizArray", JSON.stringify(notizArray));
    } else {
        notizArray = JSON.parse(notizArray);
    }
    for (var i = 0; i < notizArray.length; i++) {
        var schluessel = notizArray[i];
        var wert = localStorage[schluessel];
        notizInDomEinfuegen(wert);
    }
}
```

Wenn das Notiz-Array bereits (als String) in localStorage gespeichert ist, müssen wir es mit JSON.parse einlesen. Dann enthält die Variable notizArray ein Array mit den Schlüsseln.

Nur zur Klarstellung: Wir nehmen den String in notizArray, konvertieren ihn zu einem Array und weisen dieses Array wieder der Variablen notizArray zu.

Lösungen zu den Übungen

MACHEN SIE DAS NICHT ZU HAUSE
(WIE SIE IHRE 5 MEGABYTE PLATZEN LASSEN)

Wir haben Ihnen gesagt, dass Ihnen im Browser jedes Benutzers ganze fünf Megabyte zur Verfügung stehen. Das klingt zwar nach viel, allerdings werden auch Ihre gesamten Daten als String gespeichert und nicht in einem speichereffizienten Format. Eine lange Zahl – wie z. B. die Staatsverschuldung – braucht als Fließkommazahl nur sehr wenig Speicher, als String benötigt sie allerdings ein Vielfaches an Speicher. Diese fünf Megabyte können also schneller aufgebraucht sein, als Sie denken.

Was passiert, wenn die 5 Megabyte aufgebraucht sind? Leider ist dieses Verhalten nicht allzu gut in der HTML5-Spezifikation definiert. Die Browser können also die unterschiedlichsten Dinge tun, wenn Sie Ihr Limit überschreiten – es kann sein, dass der Browser Sie fragt, ob Sie mehr Speicher verwenden möchten, oder einfach die Exception QUOTA_EXCEEDED_ERR wirft, die Sie folgendermaßen abfangen können:

```
try {
    localStorage.setItem(schluessel, wert);
} catch(e) {
    if (e == QUOTA_EXCEEDED_ERR) {
        alert("Kein Speicher mehr!");
    }
}
```

try/catch fängt Ausnahmen ab, die innerhalb des try-Blocks ausgelöst werden.

Ein setItem-Aufruf inmitten eines try-Blocks. Wenn irgendetwas schief geht und setItem eine Exception wirft, wird der catch-Block aufgerufen.

Wir testen, ob ein QUOTA_EXCEEDED_ERR aufgetreten ist (und keine andere Exception). Wenn ja, zeigen wir eine alert-Box an. Wahrscheinlich möchten Sie hier etwas Sinnvolleres tun.

Derzeit lösen nicht alle Browser die Ausnahme QUOTA_EXCEEDED_ERR aus. Aber sie werfen dennoch eine Exception, wenn Sie die Grenze überschreiten. Insofern sollten Sie allgemein den Fall abfangen, dass beim Speichern eines Elements ein Fehler auftritt.

Lokal speichern

Wir sehen keinen Grund, warum wir nicht die Grenzen Ihres Browsers austesten sollten. Mal sehen, aus welchem Holz er geschnitzt ist, wie weit wir gehen können, wie er sich unter Druck verhält ... Schreiben wir ein bisschen Code, der die Speichergrenze Ihres Browsers überschreitet.

```
<html>
<head>
<script>

localStorage.setItem("zuender", "-");
while(true) {
    var zuender = localStorage.getItem("zuender");
    try {
        localStorage.setItem("zuender", zuender + zuender);
    } catch(e) {
        alert("Detonation bei " + zuender.length + " Byte. Exception: " + e);
        break;
    }
}
localStorage.removeItem("zuender");
</script>
</head>
<body>
</body>
</html>
```

Sie beginnen mit einem String mit einem einzigen Zeichen und dem Schlüssel »zuender«.

Und wir lassen ihn immer größer werden ...

... indem wir den String verdoppeln (ihn mit sich selbst verknüpfen).

Dann versuchen wir, den Wert in localStorage zurückzuschreiben.

Wenn die Blase platzt, sind wir fertig! Wir benachrichtigen den Benutzer und verlassen die Schleife.

Wir möchten kein Chaos hinterlassen, also entfernen wir das Element aus localStorage.

Tippen Sie den Code ab und aktivieren Sie den Zünder, indem Sie die Seite laden. Viel Spaß! Probieren Sie die Seite auf verschiedenen Browsern aus.

Unser Ergebnis mit Safari und Chrome.

http://localhost
Detonation bei 2097152 Byte. Exception: Error: QUOTA_EXCEEDED_ERR: DOM Exception 22
OK

Die Seite auf localhost says:
Detonation bei 2097152 Byte. Exception: Error: QUOTA_EXCEEDED_ERR: DOM Exception 22
OK

Sie sind hier ▶ **469**

Lösungen zu den *Übungen*

WER MACHT WAS? LÖSUNG

Nun haben Sie die gesamte localStorage-API durch. Hier sehen Sie noch einmal alle Hauptdarsteller der API in Maskierung. Versuchen Sie, herauszufinden, wer was macht. Hier ist die Lösung.

clear	Mit mir können Sie Elemente langfristig speichern.
sessionStorage	Ich nehme Schlüssel und Werte entgegen und schreibe sie in den localStorage. Beachten Sie, dass ich Sie nicht warne, wenn es bereits ein Element mit diesem Schlüssel im localStorage gibt. Das Element wird einfach überschrieben, also sollten Sie wissen, worum Sie mich bitten.
key	Wenn Sie die Gastfreundschaft in localStorage übermäßig in Anspruch nehmen und zu viel Platz verbrauchen, erhalten Sie eine Exception und werden von mir hören.
setItem	Müssen Sie ein Element loswerden? Ich werde den Job diskret erledigen.
removeItem	Geben Sie mir einfach einen Schlüssel, und ich werde das Element mit diesem Schlüssel finden und seinen Wert an Sie übergeben.
length	Ich bin eher der kurzfristige Typ. Ich speichere Ihr Zeug nur, solange der Browser geöffnet ist. Wird der Browser geschlossen, sind – puff! – Ihre Sachen weg.
getItem	Wenn Sie mit sämtlichen Elementen im localStorage fertig sind, entferne ich alle Elemente und werfe sie weg – und hinterlasse Ihnen einen frischen und sauberen localStorage (ich kann allerdings nur meinen eigenen Ursprung säubern).
localStorage	Müssen Sie wissen, wie viele Elemente sich in Ihrem localStorage befinden? Dann bin ich die richtige Wahl.
QUOTA_EXCEEDED_ERR	Geben Sie mir einen Index, und ich gebe Ihnen für diesen Index einen Schlüssel im localStorage.

HTML5-Kreuzworträtsel, Lösung

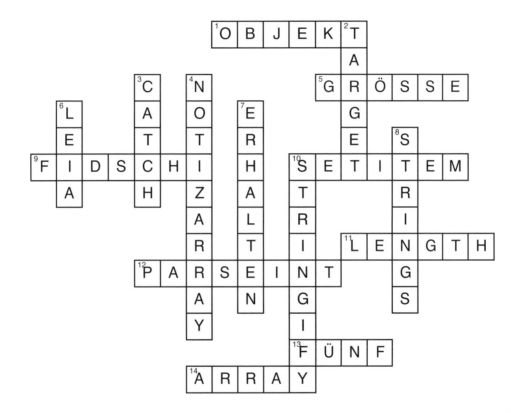

10 JavaScript zum Arbeiten bringen

Web Workers

Okay, ich kann nicht ALLES machen, dafür brauche ich Hilfe.

Wie wäre es mit ein bisschen Hilfe im Aufzugsschacht?

Langsames Skript – möchten Sie es weiter ausführen?

Wenn Sie genug Zeit mit JavaScript verbracht haben und damit, im Internet zu surfen, haben Sie wahrscheinlich die Meldung »Langsames Skript« schon einmal gesehen. Aber wie kann ein Skript mit all diesen Multikernprozessoren in Ihrem neuen Rechner *zu langsam* sein? Das liegt daran, dass JavaScript immer nur eine Sache gleichzeitig tun kann. Mit HTML5 und Web Workers wird jetzt aber *alles anders*. Nun können Sie *zusätzliche* »JavaScript-Arbeiter« einspannen, um mehr zu schaffen. Ob Sie eine reaktionsfreudigere App entwickeln oder einfach nur die Grenzen Ihrer CPU ausreizen möchten – die Web Workers sind zur Stelle! Setzen Sie Ihren JavaScript-Manager-Hut auf und lassen Sie die Workers tanzen!

Das gefürchtete langsame Skript

Ein Vorteil von JavaScript ist der, dass es immer nur eine Sache gleichzeitig macht. Das nennt man »single-threaded«. Was daran gut ist? Weil das die Programmierung vereinfacht. Wenn viele Threads gleichzeitig ausgeführt werden, kann es eine ziemliche Herausforderung sein, ein Programm zu schreiben, das korrekt funktioniert.

Der Nachteil einer Programmiersprache ohne Multi-Threading: Wenn Sie einem JavaScript-Programm zu viel zu tun geben, kann es überfordert sein – und Sie erhalten die Meldung »Langsames Skript« oder »Nicht antwortendes Skript«. Außerdem steht Ihnen mit nur einem Thread relativ wenig Rechenleistung für die Benutzeroberfläche zur Verfügung, wenn Ihr JavaScript-Code Schwerstarbeit leisten muss. In diesem Fall scheint Ihre App träge zu sein oder überhaupt nicht zu reagieren.

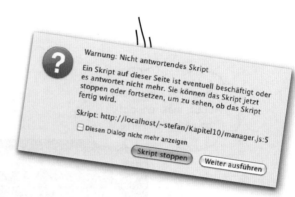

Womit JavaScript seine Zeit verbringt

Was bedeutet das alles? Sehen wir uns an, wie JavaScript die Aufgaben auf einer typischen Seite bewältigt:

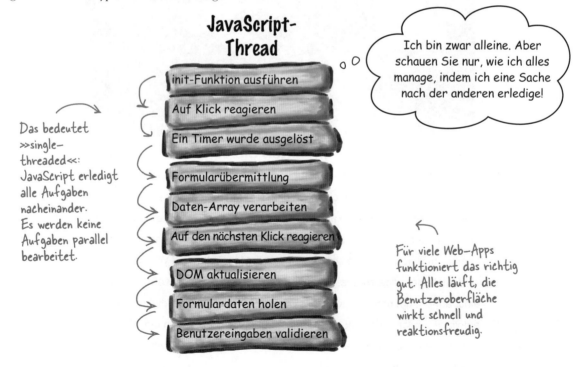

JavaScript *an die Arbeit*

Wenn ein Thread nicht reicht

Es stimmt – für viele Zwecke ist das Single-Thread-Modell von JavaScript wunderbar, und es vereinfacht auch die Programmierung. Aber wenn Sie rechenintensiven Code schreiben, kann es vorkommen, dass JavaScript nicht mehr alles erledigt bekommt und dieses Modell in die Knie geht.

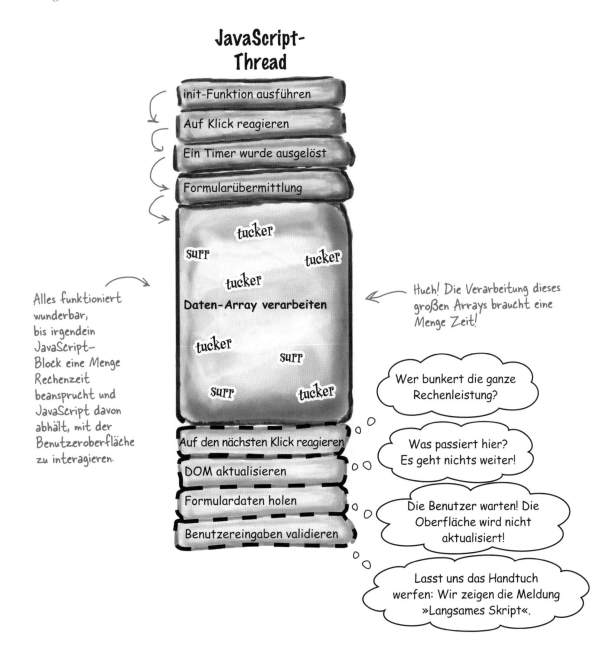

Sie sind hier ▸ **475**

Noch ein Thread zu Hilfe!

Vor HTML5 waren wir auf einen Thread pro Seite bzw. App beschränkt. Aber mit Web Workers können wir nun einen weiteren Thread zu Hilfe rufen. Wenn Sie also Code haben, der viel Zeit braucht, können Sie dafür einen Web Worker erstellen, der diese Aufgabe übernimmt, während der Haupt-Thread von JavaScript sich darum kümmert, dass mit dem Browser und dem Benutzer alles glatt läuft.

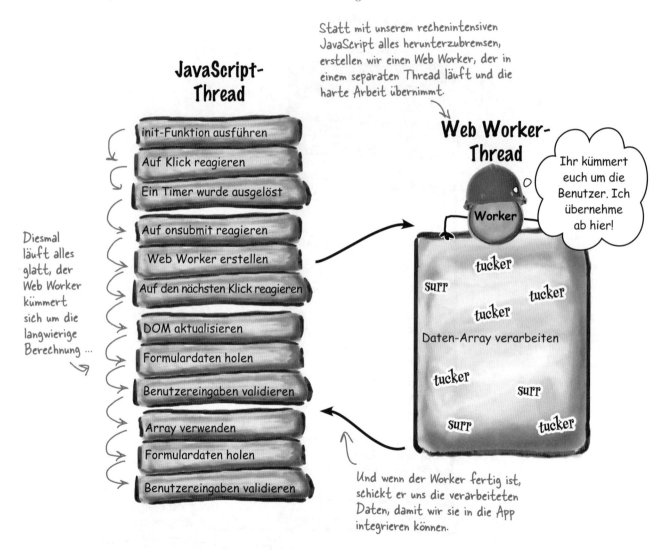

Wir haben gerade eben noch eine große Sache daraus gemacht, dass es einfacher ist, mit nur einem Thread zu programmieren. Und das stimmt auch. Aber Sie werden gleich sehen, dass die Web Workers so konzipiert wurden, dass es auch weiterhin einfach und sicher für den Programmierer bleibt ...

JavaScript an die Arbeit

JavaScript im Gespräch (wieder mal)
Interview der Woche:
Womit JavaScript seine Zeit verbringt.

Von Kopf bis Fuß: Herzlich willkommen, JavaScript. Schön, dass Sie wieder hier sind.

JavaScript: Ich freue mich auch – solange wir meinen Zeitplan einhalten! Ich habe viel zu tun.

Von Kopf bis Fuß: Ich würde vorschlagen, dass wir uns heute genau auf diesen Punkt konzentrieren. Sie sind supererfolgreich, kriegen so viel auf die Reihe – wie schaffen Sie das alles?

JavaScript: Meine Philosophie lautet: Ich mache immer nur eine Sache gleichzeitig – und die dafür richtig.

Von Kopf bis Fuß: Was meinen Sie mit nur einer Sache gleichzeitig? Für uns sieht es so aus, als würden Sie Daten abrufen, Seiten anzeigen, mit den Benutzern interagieren, Timer verwalten, alert-Boxen anzeigen usw.

JavaScript: Richtig. Ich mache alle diese Dinge. Aber was auch immer ich gerade mache, ich mache *nur* das. Wenn ich mich also um die Benutzer kümmere, mache ich nichts anderes, bis ich damit fertig bin.

Von Kopf bis Fuß: Aber wie kann das stimmen? Wenn ein Timer ausgelöst wird oder Daten über das Netzwerk ankommen, hören Sie dann nicht mit Ihrer aktuellen Aufgabe auf und kümmern sich darum?

JavaScript: Wenn Events ausgelöst werden, wie z. B. die, die Sie gerade genannt haben, kommen diese Events in eine Warteschlange. Ich würdige sie keines Blicks, bis ich mit dem fertig bin, woran ich gerade arbeite. Auf diese Weise erledige ich alle Aufgaben korrekt, sicher und effizient.

Von Kopf bis Fuß: Sind Sie nie zu spät dran mit den Aufgaben in der Warteschlange?

JavaScript: Oh, das kommt schon mal vor. Glücklicherweise bin ich die Technologie hinter den Browserseiten. Also kann es nicht so schlimm werden, wenn ich mich ein bisschen verspäte. Sie sollten sich mal mit den Typen unterhalten, die den Code für Raketentriebwerke oder die Steuerung von Atomkraftwerken ausführen. Die müssen nach anderen Regeln leben – deswegen machen sie auch das große Geld.

Von Kopf bis Fuß: Ich habe mich immer gefragt, was genau passiert, wenn ich die Meldung »Langsames Skript. Möchten Sie die Ausführung fortsetzen?«. lese. Machen Sie dann gerade Pause?

JavaScript: Von wegen Pause! Das passiert dann, wenn jemand eine Seite so aufbaut, dass ich dermaßen viel Arbeit habe, dass ich nicht mehr damit fertig werde. Wenn Sie JavaScript schreiben, das meine gesamte Zeit in Anspruch nimmt, leidet darunter die Interaktion mit den Benutzern. Ich kann nur ein bestimmtes Maß an Arbeit erledigen.

Von Kopf bis Fuß: Klingt so, als wenn Sie Hilfe brauchen könnten.

JavaScript: Dank HTML5 bekomme ich jetzt Hilfe durch die Web Workers. Wenn Sie wirklich rechenintensiven Code schreiben müssen, sollten Sie einen Teil der Arbeit an Web Workers abgeben. Auf diese Weise kann ich mich weiter auf meine Arbeit konzentrieren und einen Teil der Schwerstarbeit den Workers überlassen.

Von Kopf bis Fuß: Interessant. Darauf kommen wir gleich noch mal zurück. Nun zur nächsten Frage ... Oh, schon weg! Wahrscheinlich weiter zur nächsten Aufgabe. Ernsthafter Zeitgenosse, oder?

Sie sind hier ▸

Wie Web Workers arbeiten

Sehen wir uns einen Tag im Leben eines Web Worker an: wie er erstellt wird, woher er weiß, was er tun muss, und wie er diese Ergebnisse an den übergeordneten Code im Browser zurückliefert.

Um Web Workers zu verwenden, muss der Browser zunächst einen oder mehrere Workers erstellen, damit sie Aufgaben übernehmen können. Jeder Worker wird in einer eigenen JavaScript-Datei definiert, die den gesamten Code (oder Referenzen auf diesen Code) für die entsprechende Aufgabe enthält.

Workers werden in einer eigenen JavaScript-Datei definiert.

> Ich könnte Hilfe gebrauchen ... ein Worker wäre jetzt wirklich praktisch.

Browser → **Worker**

Workers leben in einer sehr begrenzten Welt. Im Gegensatz zum eigentlichen Browsercode haben sie auf viele Laufzeitobjekte, wie etwa das DOM oder die Variablen und Funktionen des Hauptcodes, keinen Zugriff.

> Oje. Ich habe keinen Zugriff auf das DOM und den Hauptcode!

> Gut. So fühle ich mich wesentlich sicherer. Du musst auch nicht auf das DOM zugreifen, das ist mein Job.

Browser — **Worker**

Ein Worker nimmt üblicherweise seine Arbeit auf, wenn der Browser ihm eine Nachricht schickt. Der Worker-Code empfängt die Nachricht, prüft, ob es irgendwelche besonderen Anweisungen gibt, und macht sich an die Arbeit.

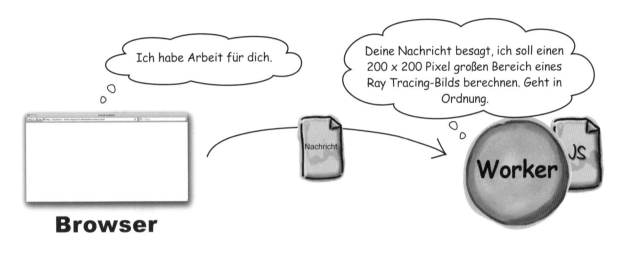

Wenn der Worker mit der Aufgabe fertig ist, sendet er wiederum eine Nachricht mit dem Ergebnis seiner Arbeit zurück an den Browser. Der Hauptcode kann dann diese Ergebnisse in der Seite verwenden.

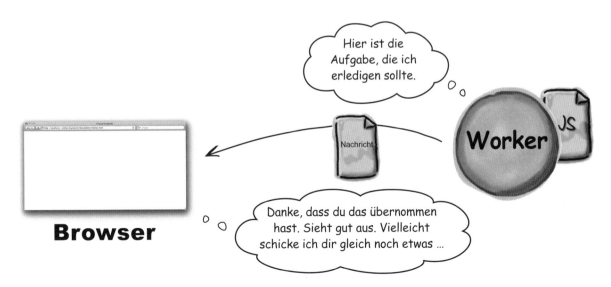

Zugriff auf das DOM

> Warum dürfen Workers nicht auf das DOM zugreifen? Es scheint mir ziemlich nervig, ständig Nachrichten hin- und herzuschicken, wo doch alle Workers im gleichen Browser laufen.

Eine Frage der Effizienz.

JavaScript und das DOM sind unter anderem so erfolgreich, weil wir DOM-Operationen in hohem Maße optimieren konnten, da immer nur ein Thread auf das Dokumentmodell zugreift. Wenn wir mehrere Threads gleichzeitig das DOM ändern lassen, wirkt sich das wesentlich auf die Leistung aus (und die Browserhersteller müssten einen großen Aufwand betreiben, dass solche Änderungen am DOM auch sicher sind). Werden mehrere Änderungen gleichzeitig am DOM vorgenommen, kann es leicht zu Situationen kommen, in denen das Dokumentmodell inkonsistent wird, und das ist nicht gut. Gar nicht gut.

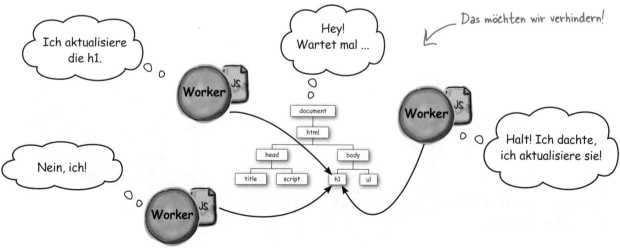

JavaScript **an die Arbeit**

Spitzen Sie Ihren Bleistift

Werfen Sie einen Blick auf die potenziellen Einsatzmöglichkeiten für Workers. Welche könnten sich positiv auf das Design und die Leistung einer App auswirken?

- ☐ Caching von Daten für Ihre Seiten.
- ☐ Verarbeitung großer Datenmengen in Arrays oder umfangreicher JSON-Antworten von Webservices.
- ☐ Verwalten von Datenbankverbindungen, Hinzufügen bzw. Entfernen von Datensätzen für die Hauptseite.
- ☐ Automatischer Bietagent für Rennen.
- ☐ Videoanalyse.
- ☐ ....
- ☐ ....
- ☐ ....

- ☐ Rechtschreibprüfung während der Benutzereingabe.
- ☐ Polling von Webservices und Benachrichtigung der Hauptseite, wenn etwas geschieht.
- ☐ Bildverarbeitung der Daten in einem Canvas.
- ☐ Syntaxhervorhebung für Code oder andere Sprachen.
- ☐ Vorladen von Daten auf Grundlage der Benutzeraktionen.
- ☐ Verwaltung von Werbung auf Ihrer Seite.
- ☐ ....
- ☐ ....
- ☐ ....

← Hier kommen Ihre Ideen hin!

Alle Antworten sind richtig. Über einige lässt sich allerdings streiten: Rechtschreibprüfung und Syntaxhervorhebung erfolgen besser im Code der Hauptseite. Und auf Wettrennen wetten Sie am besten gar nicht ;-)

Sie sind hier ▸ **481**

Aufgepasst bei der *Browserunterstützung*

Google Chrome hat zusätzliche Sicherheitsbeschränkungen, die verhindern, dass Sie Web Workers direkt aus einer Datei ausführen. Wenn Sie es trotzdem versuchen, wird Ihre Seite einfach nicht ausgeführt – ohne irgendwelche Fehlermeldungen.

Für diese Beispiele empfehlen wir Ihnen entweder einen anderen Browser oder einen eigenen Server, z. B. unter http://localhost. (Oder Sie nehmen einen gehosteten Server, wenn Sie darauf Zugriff haben.)

Sie können auch die Chrome-Laufzeitoption --allow-file-access-from-files nutzen. Wir raten aber davon ab, diese Option über den Test Ihres Codes hinaus zu verwenden.

Beinahe alle modernen Browser unterstützen Web Workers – bis auf einen: Internet Explorer 9. Die gute Nachricht ist, dass Sie ab IE10 und später auf Web Workers zählen können. Aber mit IE9 und allen früheren Versionen müssen Sie eine alternative Lösung bieten.

Statt sich jedoch besondere Gedanken zum Internet Explorer zu machen, können Sie ganz einfach überprüfen, ob ein Browser Web Workers unterstützt:

Wenn Workers unterstützt werden, ist die Eigenschaft »Worker« im globalen Geltungsbereich »window« definiert.

```
if (window["Worker"]) {
    var status = document.getElementById("status");
    status.innerHTML = "Mist, keine Web Workers";
}
```

Und wenn »Worker« nicht definiert ist, gibt es dafür keine Unterstützung

Mit dieser Situation müssen Sie Ihrer App entsprechend umgehen. In diesem Fall weisen wir die Benutzer lediglich über eine Nachricht im Element id="status" darauf hin.

Ihr erster Web Worker!

Legen wir gleich los und erstellen wir einen Worker, um herauszufinden, wie das funktioniert. Dafür brauchen wir eine einfache HTML5-Seite. Geben Sie Folgendes in die Datei `pingpong.html` ein:

> Ich habe einen Helm und bin auch bereit zu reisen. Geben Sie mir einfach eine JavaScript-Datei mit den Anweisungen.

Web Worker

```
<!doctype html>
<html lang="de">
   <head>
      <title>Ping Pong</title>
      <meta charset="utf-8">
      <script src="manager.js"></script>
   </head>
<body>
   <p id="ausgabe"></p>
</body>
</html>
```

↖ Dieser JavaScript-Code wird alle Workers erstellen und verwalten.

↖ Hierhin kommen die Ergebnisse der Workers.

Web Worker erstellen

Bevor wir mit der Implementierung von `manager.js` beginnen, sehen wir uns an, wie wir einen Web Worker erstellen:

Um einen neuen Worker zu erstellen, legen wir ein neues Worker-Objekt an.

```
var worker = new Worker("worker.js");
```

Wir weisen den neuen Worker einer JavaScript-Variablen mit dem Namen worker zu.

Die JavaScript-Datei »worker.js« enthält den Code für den Worker.

So erstellen Sie einen Worker. Aber natürlich müssen Sie sich nicht mit einem zufriedengeben. Sie können so viele Workers erstellen, wie Sie möchten:

```
var worker2 = new Worker("worker.js");
var worker3 = new Worker("worker.js");

var noch_ein_worker = new Worker("noch_ein_worker.js");
```

Wir können mehrere Workers erstellen, die denselben Code nutzen.

Oder wir können zusätzliche Workers auf Grundlage einer anderen JavaScript-Datei erstellen.

Wir werden uns gleich ansehen, wie Sie mehrere Workers gleichzeitig verwenden.

Sie sind hier ▶

manager.js schreiben

Nachdem Sie jetzt wissen, wie Sie einen Worker erstellen (und wie unkompliziert das ist), befassen wir uns mit dem Code für `manager.js`. Wir halten diesen Code so einfach wie möglich und erstellen zunächst nur einen Worker. Legen Sie eine Datei mit dem Namen `manager.js` an und fügen Sie den folgenden Code ein:

```
window.onload = function() {
    var worker = new Worker("worker.js");
}
```

← Wir warten, bis die Seite vollständig geladen ist.

← Und erstellen dann einen neuen Worker.

Das ist ein guter Anfang. Aber jetzt soll der Worker auch tatsächlich etwas für uns tun. Wie bereits gesagt, besteht eine Möglichkeit darin, dem Worker eine Nachricht zu schicken, damit er sich an die Arbeit macht. Dazu verwenden wir die `postMessage`-Methode des Worker-Objekts:

```
window.onload = function() {
    var worker = new Worker("worker.js");

    worker.postMessage("Ping");
}
```

← Wir verwenden die postMessage-Methode, um unserem Worker eine Nachricht zu schicken: den einfachen String »Ping«.

→ Möchten Sie kompliziertere Nachrichten schicken? Das geht so ...

↑ Die postMessage-Methode ist in der Web Worker-API definiert.

postMessage unter der Lupe

Sie können mehr als nur Strings mit `postMessage` versenden. Es gibt folgende Möglichkeiten:

```
worker.postMessage("Ping");
worker.postMessage([1, 2, 3, 5, 11]);
worker.postMessage({"meldung": "Ping", "count": 5});
```

← Sie können einen String schicken ...

← ... ein Array ...

← ... oder ein JSON-Objekt.

Aber Sie können **keine** Funktionen senden:

```
worker.postMessage(aktualisiereDOM);
```

← Sie dürfen keine Funktion schicken ... sie könnte unter Umständen eine Referenz auf das DOM enthalten, über die der Worker das DOM ändern könnte!

Nachrichten vom Worker empfangen

Wir sind noch nicht ganz fertig mit dem Code für manager.js – wir müssen auch in der Lage sein, eine Nachricht vom Worker zu empfangen, um die Früchte seiner harten Arbeit zu genießen. Dafür definieren wir einen Handler für die onmessage-Eigenschaft des Worker, der jedes Mal aufgerufen wird, wenn eine Nachricht vom Worker eintrifft. Das geht so:

```
window.onload = function() {
    var worker = new Worker("worker.js");

    worker.postMessage("Ping");

    worker.onmessage = function (event) {
        var meldung = "Worker sagt: " + event.data;
        document.getElementById("ausgabe").innerHTML = meldung;
    };
}
```

Hier definieren wir eine Funktion, die jedes Mal aufgerufen wird, wenn Sie eine Nachricht von diesem Worker erhalten. Die Nachricht des Worker wird in einem Event-Objekt verpackt.

Das übergebene Event-Objekt verfügt über die data-Eigenschaft, die die Meldung vom Worker enthält (das ist das, worauf es uns ankommt).

Wenn wir eine Meldung vom Worker erhalten, packen wir sie in ein <p>-Element in der HTML-Seite

onMessage unter der Lupe

Werfen wir einen schnellen Blick auf die Nachricht, die unser onmessage-Handler vom Worker erhält. Wie gesagt, ist diese Meldung ist in einem Event-Objekt verpackt, das zwei für uns interessante Eigenschaften hat: data und target.

Das ist das Objekt, das der Worker an den Code übergibt, wenn er eine Nachricht sendet.

```
worker.onmessage = function (event) {
    var meldung = event.data;
    var worker = event.target;
};
```

Die data-Eigenschaft enthält die Nachricht des Worker (z. B. »Pong«).

Und target verweist auf den Worker, der die Nachricht gesendet hat. Das ist sehr praktisch, wenn Sie ermitteln müssen, von welchem Worker die Nachricht stammt. Das wird sich weiter unten in diesem Kapitel noch als nützlich erweisen.

Ihr erster Worker

Jetzt schreiben wir den Worker

Zuerst müssen wir uns darum kümmern, dass der Worker auch die Nachrichten empfangen kann, die von `manager.js` geschickt werden. Denn so erhält der Worker seine Arbeitsaufträge. Dazu verwenden wir einen weiteren `onmessage`-Handler im Worker selbst. Jeder Worker ist in der Lage, Meldungen zu empfangen, Sie müssen ihm lediglich einen Handler übergeben, der diese verarbeitet. Das geht so (erstellen Sie die Datei `worker.js` und fügen Sie den folgenden Code ein):

Nachrichten-Handler für den Worker

Jetzt schreiben wir den Nachrichten-Handler `pingPong`. Für den Anfang machen wir's uns leicht. Wie Sie vielleicht schon am Namen `pingPong` erkennen können, überprüft der Worker, ob er eine Meldung mit dem String »Ping« erhalten hat. Falls ja, schicken wir eine Nachricht mit dem Inhalt »Pong« zurück. Die Aufgabe des Worker besteht also lediglich darin, ein »Ping« zu empfangen und mit einem »Pong« darauf zu antworten. Es geht uns vorerst nicht um komplizierte Berechnungen, sondern lediglich darum, dass Manager und Worker miteinander kommunizieren. Und wenn die Meldung einen anderen Inhalt als »Ping« hat, ignorieren wir sie einfach.

Fügen Sie den folgenden Code in `worker.js` ein:

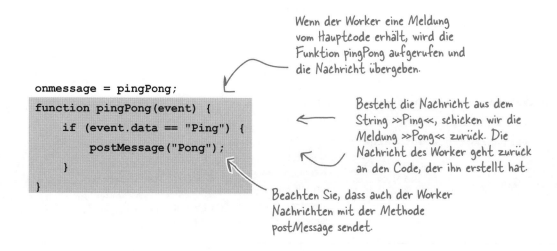

Aufschlag: Probefahrt!

Vergewissern Sie sich, dass Sie pingpong.html, manager.js und worker.js abgetippt und gespeichert haben. Lassen Sie die Dateien geöffnet, damit Sie verstehen können, wie sie funktionieren. Zuerst erstellt manager.js einen neuen Worker, weist diesem einen Nachrichten-Handler zu und schickt dem Worker die Meldung »Ping«. Der Worker kümmert sich seinerseits darum, dass pingPong als Nachrichten-Handler verwendet wird, und wartet. Irgendwann erhält der Worker eine Meldung vom Manager. In diesem Fall überprüft er, ob die Nachricht »Ping« lautet. Wenn ja, übernimmt der Worker die »schwierige« Aufgabe, die Nachricht »Pong« zurückzuschicken.

In diesem Moment erhält der Hauptcode des Browsers eine Nachricht vom Worker, die er an seinen Nachrichten-Handler übergibt. Der Handler seinerseits stellt der Nachricht einfach den String »Worker sagt: « voran und zeigt sie an.

Unseren Berechnungen zufolge sollte die Seite demnach »Worker sagt: Pong« anzeigen ... Okay, okay. Wir wissen, dass Sie die Spannung nicht mehr aushalten können ... Laden Sie ruhig die Seite!

> Moment mal! Wenn wir jemals mehr als einen Pong-Worker erstellen, werde ich wohl ins Schwitzen kommen.

SPIELEN Sie Browser

Zeit, so zu tun, als wären Sie der Browser, der das JavaScript auswertet. Spielen Sie für jeden der folgenden Codeblöcke Browser und schreiben Sie die jeweilige Ausgabe in die entsprechenden Zeilen. Gehen Sie davon aus, dass dieser Code die Datei worker.js verwendet, die wir gerade geschrieben haben:

← Sie können die Lösung am Ende des Kapitels überprüfen.

```
window.onload = function() {
    var worker = new Worker("worker.js");
    worker.onmessage = function(event) {
        alert("Worker sagt: " + event.data);
    }
    for (var i = 0; i < 5; i++) {
        worker.postMessage("Ping");
    }
}
```

....
....
....

....

```
window.onload = function() {
    var worker = new Worker("worker.js");
    worker.ommessage = function(event) {
        alert("Worker sagt: " + event.data);
    }
    for(var i = 5; i > 0; i--) {
        worker.postMessage("Pong");
    }
}
```

....
....
....
....

```
window.onload = function() {
    var worker = new Worker("worker.js");           .................................
    worker.onmessage = function(event) {            .................................
        alert("Worker sagt: " + event.data);        .................................
        worker.postMessage("Ping");
    }                                               .................................
    worker.postMessage("Ping");
}
```

Vorsicht: Wenn Sie diese Beispiele ausprobieren, müssen Sie unter Umständen den Browser beenden, um zu entkommen!

```
window.onload = function() {
    var worker = new Worker("worker.js");
    worker.onmessage = function(event) {            .................................
        alert("Worker sagt: " + event.data);
    }                                               .................................

    setInterval(pinger, 1000);                      .................................

    function pinger() {                             .................................
        worker.postMessage("Ping");
    }
}
```

Spitzen Sie Ihren Bleistift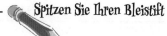

Workers erhalten ihren Auftrag üblicherweise über eine Nachricht, aber das muss nicht immer so sein. Sehen Sie sich diese prägnante Möglichkeit an, Arbeit an Workers zu delegieren. Finden Sie heraus, wie es funktioniert, und schreiben Sie unten Ihre Erklärung auf. Vergleichen Sie anschließend Ihre Antwort mit unserer Lösung am Ende des Kapitels.

zitate.html

```html
<!doctype html>
<html lang="de">
    <head>
        <title>Zitat</title>
        <meta charset="utf-8">
    </head>
<body>
    <p id="zitat"></p>
    <script>
        var worker = new Worker("zitate.js");
        worker.onmessage = function(event) {
            document.getElementById("zitat").innerHTML = event.data;
        }
    </script>
</body>
</html>
```

zitat.js

```js
var zitate = ["Ich hoffe, das Leben ist kein Witz - ich versteh's nämlich nicht.",
              "Es gibt ein Licht am Ende jedes Tunnels ... Hoffentlich ist es kein Zug!",
              "Glaubst du an Liebe auf den ersten Blick, oder soll ich wieder gehen?"];
var index = Math.floor(Math.random() * zitate.length);
postMessage(zitate[index]);
```

Tippen Sie den Code ab und führen Sie ihn aus

Hierhin kommt Ihre Beschreibung:

....
....
....

JavaScript an die Arbeit

Übung

Fügen wir noch ein paar Workers unserem pingPong-Spiel hinzu. Ihre Aufgabe besteht darin, die Lücken im folgenden Code so zu füllen, dass drei Pings an die Workers geschickt und drei Pongs von den Workers zurückgeschickt werden.

Schreiben Sie Ihren Code in die Lücken.

```
window.onload = function() {
    var anzWorkers = 3;           // Wir erstellen drei Workers und
    var workers = [];             // speichern sie im Array workers.
    for (var i = 0; i < .................. ; i++) {
        var worker = new .................. ("worker.js");
        worker. .................. = function(event) {
            alert(event.target + " sagt: "
                              + event. ..................);
        };
        workers.push(worker);     // Hier fügen wir den neuen Worker
    }                             // dem Array workers hinzu.
    for (var i = 0; i < .................. ; i++) {
        workers[i]. .................. ("Ping");
    }
}
```

Es gibt keine Dummen Fragen

F: Kann ich beim Erstellen eines Worker auch eine Funktion anstelle einer JavaScript-Datei übergeben? Das wäre einfacher und würde besser dazu passen, wie JavaScript üblicherweise solche Dinge handhabt.

A: Nein, das geht nicht. Wie Sie wissen, darf ein Worker keinen Zugriff auf das DOM (oder irgendeinen anderen Zustand des Haupt-Threads des Browsers) haben. Wenn Sie eine Funktion an den Worker-Konstruktor übergeben könnten, wäre es möglich, dass Ihre Funktion auch eine Referenz auf das DOM oder andere Teile des Hauptcodes enthielte, wodurch diese Vorgabe verletzt würde. Also haben sich die Designer der Web Workers dazu entschieden, dass Sie stattdessen eine JavaScript-URL übergeben müssen.

F: Kann ich ein Objekt mit meiner Hauptseite und dem Worker gemeinsam nutzen, wenn ich dieses Objekt in einer Nachricht an den Worker schicke?

A: Nein, wenn Sie ein Objekt einem Worker schicken, erhält dieser eine Kopie davon. Sämtliche Änderungen, die der Worker daran macht, haben keinerlei Auswirkung auf das Objekt in Ihrer Hauptseite. Der Worker wird in einer anderen Umgebung ausgeführt als Ihre Hauptseite, Sie haben also keinerlei Zugriff auf die Objekte dort. Dasselbe gilt für Objekte, die der Worker an Sie schickt: Sie erhalten eine Kopie davon.

F: Können Workers auf localStorage zugreifen und XMLHttpRequests absenden?

A: Ja, das können sie.

JavaScript-Code *in einen Worker importieren*

Lösung zur Übung

Fügen wir noch ein paar Workers unserem pingPong-Spiel hinzu. Ihre Aufgabe bestand darin, die Lücken im folgenden Code so zu füllen, dass drei Pings an die Workers geschickt und drei Pongs von den Workers zurückgeschickt werden. Hier ist unsere Lösung

Wir machen drei Durchgänge über anzWorkers und erstellen drei Workers (natürlich können Sie die Variable auch ändern, um mehr Workers zu starten).

Über die onmessage-Eigenschaft des Worker richten wir unsere Nachrichten-Handler für den Code der Hauptseite ein.

```javascript
window.onload = function() {
    var anzWorkers = 3;
    var workers = [];
    for (var i = 0; i < anzWorkers; i++) {
        var worker = new Worker("worker.js");
        worker.onmessage = function(event) {
            alert(event.target + " sagt "
                    + event.data);
        };
        workers.push(worker);
    }
    for (var i = 0; i < workers.length; i++) {
        workers[i].postMessage("Ping");
    }
}
```

Mit der data-Eigenschaft lesen wir den Inhalt der Meldung aus.

Wir schicken unser »Ping« mit postMessage.

Sie könnten hier auch anzWorkers verwenden.

Beachten Sie, dass wir keine Änderungen am Worker-Code machen müssen. Jeder Worker macht eigenständig sein Ding.

Diese alert-Box sehen Sie dreimal.

http://localhost
Worker sagt: Pong

OK

*JavaScript **an die Arbeit***

Ich habe mich gefragt, wie ich zusätzliche JavaScript-Dateien in meinen Worker einbinden kann. Ich habe einige Finanzbibliotheken, die ich gern verwenden würde. Und Kopieren und Einfügen würde meinen Worker riesig machen, das ist nicht sehr gut zu warten.

Versuchen Sie's mit importScripts.

Web Workers haben eine globale Funktion mit dem Namen `importScripts`. Damit können Sie eine oder mehrere JavaScript-Dateien in Ihren Worker einbinden. Sie übergeben `importScripts` lediglich eine durch Kommata getrennte Liste mit den Dateien oder URLs, die Sie importieren möchten:

```
importScripts("http://bigscience.org/nuclear.js",
              "http://nasa.gov/rocket.js",
              "meinelibs/atomsmasher.js");
```

In importScripts können Sie eine oder mehrere durch Kommata getrennte JavaScript-URLs angeben.

Beim Aufruf von `importScripts` wird jede JavaScript-URL ausgelesen und in der angegebenen Reihenfolge ausgeführt.

Beachten Sie, dass `importScripts` eine echte Funktion ist (im Gegensatz zu `import`-Anweisungen in anderen Sprachen) – Sie können auch während der Laufzeit entscheiden, was Sie importieren:

```
if (aufgabe == "songErkennen") {
    importScripts("audio.js");
}
```

Da importScripts eine Funktion ist, können Sie Code je nach Bedarf importieren.

Sie sind hier ▶ **493**

Die **Mandelbrot-Menge**

Virtueller Landraub

Die Erforscher der Mandelbrot-Menge haben bereits Gebiete der virtuellen Landschaft für sich beansprucht und ihnen hübsche Namen gegeben wie etwa »Tal der Seepferdchen«, »Regenbogeninseln« oder das gefürchtete »Schwarze Loch«. Angesichts der Preise für physikalischen Grundbesitz bleiben nur noch virtuelle Räume als Spielplatz. Also entwickeln wir einen Explorer für die Mandelbrot-Menge, um mitzumischen. Ehrlich gesagt, haben wir ihn bereits programmiert, aber er ist langsam – die Navigation durch die gesamte Mandelbrot-Menge könnte sehr lange dauern. Deshalb hoffen wir, dass wir mit vereinten Kräften unseren Explorer schneller machen können. Und wir haben so eine Vermutung, dass Web Workers die Lösung sein könnten.

Möchten Sie ein Strandgrundstück direkt am Himmelblauen Vortex?

Sehen Sie sich um

Los, starten Sie `http://examples.oreilly.de/german_examples/hfhtml5ger/ Kapitel10/Mandelbrot/fraktal.html`, und Sie werden eine Visualisierung der Mandelbrot-Menge am Horizont sehen. Klicken Sie auf eine beliebige Stelle, um diesen Bereich der Landschaft vergrößert anzuzeigen. Erforschen Sie verschiedene Gebiete per Mausklick oder laden Sie die Seite neu, um von vorne zu beginnen. Seien Sie vorsichtig bei Gebieten mit schwarzen Löchern – oder Sie werden hineingezogen! Wir wissen nicht, wie es Ihnen geht: Die Landschaft ist wunderschön, aber unsere Anzeige könnte ein bisschen schneller funktionieren … finden Sie nicht? Es wäre auch toll, genug Leistung zu haben, um das Browserfenster im Vollbildmodus darzustellen. All das können wir haben, indem wir unseren Fraktal Explorer um Web Workers erweitern.

JavaScript *an die Arbeit*

Mandel-was?

Falls Sie zufällig Mathematiker sind, kennen Sie die Gleichung der Mandelbrot-Menge:

$$z_n{+}1 = z_n^2 + c$$

– und wissen, dass sie von Benoit Mandelbrot entdeckt und erforscht wurde. Vielleicht wissen Sie auch, dass sie einfach eine Menge komplexer Zahlen ist (Zahlen mit einem realen und einem imaginären Teil), die durch diese Gleichung definiert wird.

Wenn Sie kein Mathematiker sind, stellen Sie sich die Mandelbrot-Menge am besten als ein unendlich komplexes fraktales Bild vor – also ein Bild, das Sie beliebig vergrößern können und das bei jeder Vergrößerungsstufe interessante Strukturen zeigt. Das können Sie finden, wenn Sie die Mandelbrot-Menge vergrößern:

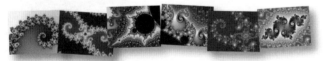

Warum uns das interessiert? Nun, die Menge hat eine Reihe interessanter Eigenschaften. Zum einen lässt sie sich durch eine sehr einfache Gleichung (siehe oben) berechnen, die Sie in wenigen Codezeilen formulieren können. Zweitens erfordert die Erzeugung der Mandelbrot-Menge eine stattliche Anzahl von Berechnungszyklen, was sie zu einem ausgezeichneten Beispiel für die Verwendung von Web Workers macht. Und außerdem ist die Mandelbrot-Menge ein echter Trip! Eine geniale App, um ein Buch abzuschließen, finden Sie nicht?

Ruhen Sie in Frieden, Benoit Mandelbrot. Der berühmte Mathematiker verstarb, während wir an diesem Buch schrieben. Wir hatten das Glück, Sie zu kennen!

Sie sind hier ▸

Fraktale berechnen

Mandelbrot-Mengen berechnen

Bevor wir die Workers einspannen, sehen wir uns an, wie wir den Code strukturieren, um eine Mandelbrot-Menge zu berechnen. Wir möchten uns nicht mit den Grundlagen dazu beschäftigen, wie die Pixelwerte der Mandelbrot-Menge berechnet werden. Um diesen Code haben wir uns bereits gekümmert, und Sie bekommen ihn auch in Kürze. Für den Augenblick sollen Sie nur im Großen und Ganzen verstehen, wie die Menge berechnet wird:

Unser Ziel besteht nicht darin, Sie zum Zahlenanalysten auszubilden (jemand, der Gleichungen mit komplexen Zahlen programmieren kann), sondern eine rechenintensive Anwendung so umzubauen, dass sie Web Workers verwendet. Falls Sie sich für die numerischen Aspekte der Mandelbrot-Menge interessieren, ist Wikipedia ein guter Einstieg.

Zur Berechnung der Mandelbrot-Menge durchlaufen wir die einzelnen Zeilen des Bilds.

```
for (i = 0; i < anzahlZeilen; i++) {
    var reihe = berechneZeile(i);
    zeichneZeile(reihe);
}
```

Und wir berechnen die Pixel für jede einzelne Zeile.

Anschließend zeichnen wir jede einzelne Zeile auf dem Bildschirm.

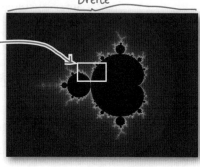

Dieser Code soll einfach nur simpler Pseudocode sein – wenn wir den Code tatsächlich schreiben, müssen wir uns noch um einige weitere Details kümmern. Beispielsweise müssen wir die Breite der Zeile, den Vergrößerungsfaktor, die numerische Auflösung, für die wir die Teile berechnen möchten, und noch einige weitere Einzelheiten kennen. Diese Details können wir in einem Aufgabenobjekt zusammenfassen:

Vergrößerungsfaktor.

Breite

```
for (i = 0; i < anzahlZeilen; i++) {
    var aufgabe = erstelleAufgabe(i);
    var reihe = berechneZeile(aufgabe);
    zeichneZeile(reihe);
}
```

Wir übergeben aufgabe an die Funktion berechneZeile, die die berechnete Zeile zurückliefert.

Das Objekt aufgabe enthält alle für die Berechnung einer Zeile erforderlichen Daten.

Zu berechnende Präzisionsstufe.

Der Trick besteht nun darin, die Berechnung auf eine Reihe von Workers aufzuteilen sowie Code zu schreiben, der die Aufgaben an die Workers verteilt und sich um die von den Workers gelieferten Ergebnisse kümmert.

JavaScript *an die Arbeit*

Verwendung mehrerer Workers

Sie wissen bereits, wie Sie neue Workers erstellen. Aber wie setzen Sie sie für kompliziertere Aufgaben ein, wie beispielsweise die Berechnung der Zeilen einer Mandelbrot-Menge? Oder um einen Photoshop-artigen Effekt auf ein Bild anzuwenden? Oder das Raytracing einer Filmszene? In diesen Fällen können wir die Aufgabe in kleinere Aufgaben zerlegen, die jeder Worker selbstständig erledigen kann. Für den Moment bleiben wir bei der Berechnung der Mandelbrot-Menge (das Muster, das wir verwenden, kann aber auf jedes der genannten Beispiele angewendet werden).

Erst mal erstellt der Browser eine Reihe von Workers (aber nicht zu viele – Workers können uns teuer zu stehen kommen, wenn wir zu viele verwenden – dazu später mehr). Für dieses Beispiel verwenden wir fünf Workers:

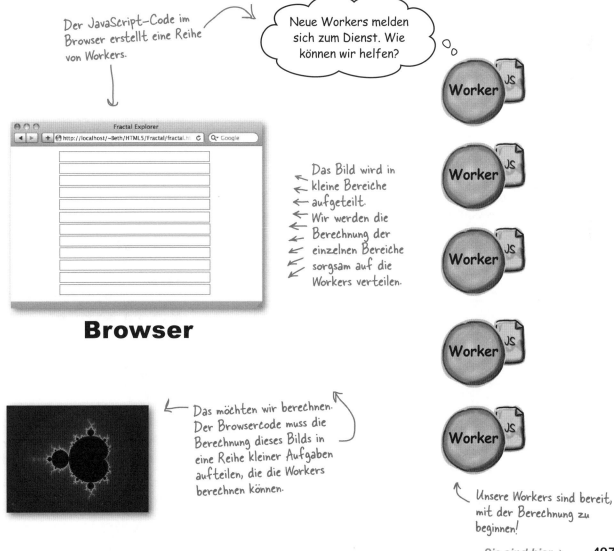

Der JavaScript-Code im Browser erstellt eine Reihe von Workers.

Neue Workers melden sich zum Dienst. Wie können wir helfen?

Das Bild wird in kleine Bereiche aufgeteilt. Wir werden die Berechnung der einzelnen Bereiche sorgsam auf die Workers verteilen.

Browser

Das möchten wir berechnen. Der Browsercode muss die Berechnung dieses Bilds in eine Reihe kleiner Aufgaben aufteilen, die die Workers berechnen können.

Unsere Workers sind bereit, mit der Berechnung zu beginnen!

Sie sind hier ▶

Berechnungen mit Workers

Als Nächstes verteilt der Browser die verschiedenen Teile des Bilds zur Berechnung an die einzelnen Workers:

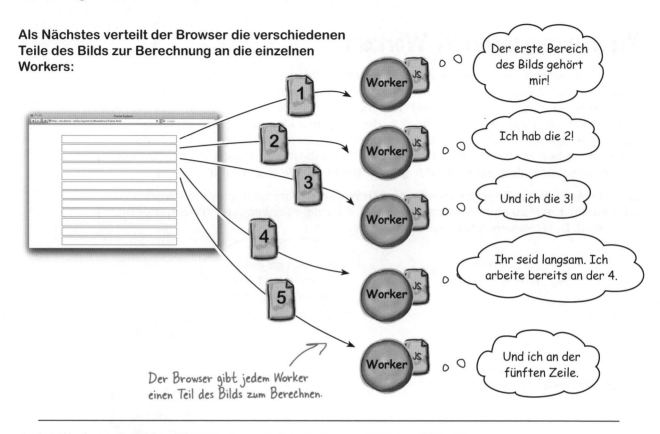

Der Browser gibt jedem Worker einen Teil des Bilds zum Berechnen.

Jeder Worker arbeitet selbstständig an seinem eigenen Teil des Bilds. Wenn er seine Aufgabe erledigt hat, verpackt er das Ergebnis und schickt es zurück.

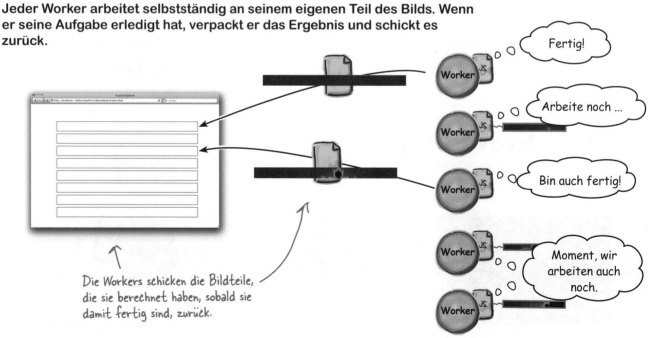

Die Workers schicken die Bildteile, die sie berechnet haben, sobald sie damit fertig sind, zurück.

Sobald die Bildteile von den Workers zurückkommen, werden sie im Browser zu einem Bild zusammengefasst. Wenn weitere Teile berechnet werden müssen, übergeben wir zusätzliche Aufgaben an die Workers, die gerade nichts zu tun haben.

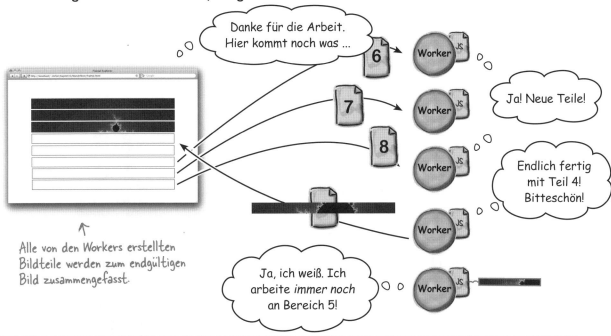

Ist der letzte Teil des Bilds berechnet, ist das Bild vollständig, und die Workers sitzen untätig herum, bis ein Benutzer auf einen Bereich klickt, um diesen zu vergrößern. Dann geht das Ganze wieder von vorne los ...

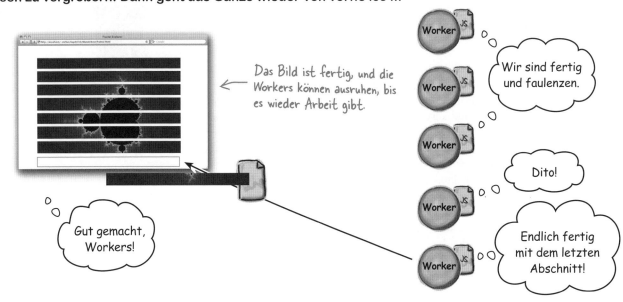

Wie Workers Anwendungen optimieren

> Was macht es für einen Unterschied, wenn ich die Aufgabe zerlege und an Workers verteile? Mein Computer hat doch immer noch dieselbe CPU, wie soll die Berechnung da schneller werden?

Sie kann in zweierlei Hinsicht schneller sein ...

Denken Sie beispielsweise an eine Anwendung, die viel zu berechnen hat und trotzdem für die Interaktion des Benutzers empfänglich sein soll. Wenn Ihre Anwendung eine Menge JavaScript-Power beansprucht, erleben Ihre Benutzer die Benutzeroberfläche als träge (weil JavaScript nur einen Thread hat). Wenn Sie eine solche App um Workers erweitern, fühlt sich die Anwendung sofort besser an für die Benutzer. Warum? Weil JavaScript zwischen den Ergebnissen der Workers weiter auf die Eingaben des Benutzers reagieren kann. Diese Möglichkeit besteht nicht, wenn alles im Haupt-Thread berechnet wird. Insofern ist die Benutzeroberfläche reaktionsfreudiger – und Ihre App *wirkt* schneller –, selbst wenn sie unterm Strich nicht schneller ausgeführt wird. Sie glauben uns nicht? Machen Sie die Probe aufs Exempel und setzen Sie echte Benutzer vor Ihre App. Fragen Sie sie nach ihrer Meinung.

Außerdem erfolgt die Berechnung *wirklich schneller*. Beinahe alle modernen Desktop- und mobilen Geräte werden heute mit Multikernprozessoren ausgeliefert (und vielleicht sogar mit mehreren Multikernprozessoren). »Multikern« bedeutet, dass der Prozessor mehrere Dinge gleichzeitig tun kann. Mit nur einem Thread kann JavaScript im Browser die zusätzlichen Kerne Ihrer zusätzlichen Prozessoren aber nicht nutzen – sie liegen brach. Web Workers laufen dagegen auf mehreren Kernen, und Sie können einen echten Geschwindigzuwachs beobachten, weil Ihnen tatsächlich mehr Prozessorleistung zur Verfügung steht. Warten Sie es ab! Wenn Sie einen Multikernrechner haben, werden Sie den Unterschied gleich sehen.

JavaScript *an die Arbeit*

Kann ich so viele Workers verwenden, wie ich möchte?

Theoretisch ja, praktisch nein.

Web Workers sind nicht dafür gedacht, in großen Zahlen eingesetzt werden. Die Erstellung eines Worker sieht zwar im Code einfach aus, nimmt aber zusätzlichen Speicher und einen Thread im Betriebssystem in Anspruch. Das kann Startzeit und Ressourcen kosten. Üblicherweise sollten Sie daher eine begrenzte Zahl von Workers nutzen, die Sie immer wieder verwenden.

Für unser Mandelbrot-Beispiel bedeutet das: Theoretisch könnten Sie für jedes einzelne Pixel einen Worker einsetzen. Für unseren Code wäre das wahrscheinlich wesentlich einfacher. Angesichts der Tatsache aber, dass Workers ordentlich Ressourcen in Anspruch nehmen, würden wir unsere App nie so entwerfen. Stattdessen verwenden eine Handvoll Workers und strukturieren unsere Berechnung so, dass sie die vorhandenen Workers sinnvoll einsetzt.

Wir steigen nochmals etwas tiefer in das Design unseres Fraktal Explorer ein. Anschließend experimentieren wir mit der Anzahl der Workers, um die Auswirkungen auf die Leistung besser zu verstehen.

Sie sind hier ▸ **501**

Gehirntraining durch Codedesign

Mittlerweile haben Sie ein solides Hintergrundwissen über die Entwicklung von Web Worker-Apps. Sie wissen, wie Sie Workers erstellen, und einsetzen sowie ein bisschen darüber, wie Sie umfangreiche Berechnungen in kleinere Aufgaben zerlegen und auf verschiedene Workers verteilen können. Sie haben sogar ein wenig darüber erfahren, wie Mandelbrot-Mengen berechnet werden. Versuchen Sie, das alles zu kombinieren, und überlegen Sie sich, wie Sie den folgenden Pseudocode für die Verwendung von Workers umschreiben würden. Zunächst können Sie davon ausgehen, dass Ihnen so viele Workers zur Verfügung stehen, wie Sie brauchen (beispielsweise einen Worker pro Zeile). Begrenzen Sie anschließend die Anzahl der Workers (weniger Workers als Zeilen).

```
for (i = 0; i < anzahlZeilen; i++) {
    var aufgabe = erstelleAufgabe(i);
    var reihe = berechneZeile(aufgabe);
    zeichneZeile(reihe);
}
```

So sieht unser Pseudocode bis jetzt aus. Was müssen Sie tun, um Web Workers zu verwenden?

Ihre Notizen:

JavaScript **an die Arbeit**

Wir schreiben die Fraktal Explorer-App

Das müssen wir tun:

- [ ] HTML-Seite für die Mandelbrot-App bauen.
- [ ] **Code-Fertiggericht** aktualisieren (oder herunterladen).
- [ ] Workers erstellen und für die Berechnung einrichten.
- [ ] Workers auf Aufgaben ansetzen.
- [ ] Worker-Code implementieren.
- [ ] Worker-Ergebnisse verarbeiten, wenn die Workers mit ihren Aufgaben fertig sind.
- [ ] Auf click- und resize-Events der Benutzeroberfläche reagieren.

Checkliste:
- [ ] HTML erstellen
- [ ] **Code-Fertiggericht**
- [ ] Workers erstellen
- [ ] Workers starten
- [ ] Workers implementieren
- [ ] Ergebnisse verarbeiten
- [ ] Code für Benutzerinteraktion

HTML-Markup für den Fraktal Explorer

Zuerst müssen wir eine HTML-Seite für unsere App schreiben. Erstellen Sie eine HTML-Datei mit dem Namen `fraktal.html`. und fügen Sie den folgenden Markup ein:

```html
<!doctype html>
<html lang="de">
    <head>
        <title>Fraktal Explorer</title>
        <meta charset="utf-8">
        <link rel="stylesheet" href="fraktal.css">
        <script src="mandel_bib.js"></script>
        <script src="mandelbrot.js"></script>
    </head>
    <body>
        <canvas id="fraktal" width="800" height="600"></canvas>
    </body>
</html>
```

Eine Standard-HTML5-Datei, wie gehabt.

Das ist das **Code-Fertiggericht** mit dem gesamten mathematischen Code sowie dem Grafikcode.

Hierhin kommt der JavaScript-Code, den wir schreiben werden ...

Sollten Sie sich fragen, wohin der Worker-Code kommt: Wir verlinken nicht direkt mit einer JavaScript-Datei für die Workers, sondern geben diese Datei an, wenn wir den Worker in JavaScript erstellen.

Schauen Sie nur! Unser Freund <canvas> ist zurück!!

Und der <body> enthält ein canvas-Element. Dafür wählen wir die Anfangsgröße 800 x 600. Wir werden uns aber ansehen, wie wir es mit JavaScript an die Breite und Höhe des Fensters anpassen können. Schließlich soll unser Mandelbrot so groß wie möglich werden!

Dieser Code kommt in fraktal.html.

Sie sind hier ▸ **503**

Fraktal-*Fertiggericht*

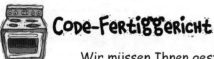

Code-Fertiggericht

Zur Erinnerung: Sie können den gesamten Code unter http://examples.oreilly.de/german_examples/hfhtml5ger/ herunterladen.

Wir müssen Ihnen gestehen, dass wir ein ganzes Kapitel zu den Wundern der Berechnung der Mandelbrot-Menge geplant hatten ... Wir hatten vor, Ihnen alles ganz genau zu erklären, einschließlich der Geschichte von Benoit Mandelbrot, wie er sie entdeckt hat, alle erstaunlichen Eigenschaften, Pixeloptimierungen, Farbkarten usw. Aber dann kam der Anruf von unserem Lektor – Sie wissen schon: DER ANRUF. Vermutlich waren wir ein bisschen spät dran mit unserem Buch. Es tut uns leid, aber aus diesem Grund müssen wir Ihnen ein Code-Fertiggericht für die grundlegende Berechnung der Mandelbrot-Grafiken servieren. Das Gute daran: Wir können uns auf die Web Workers konzentrieren, statt die nächsten Tage mit Mathematik und Grafik zu verbringen. Wir ermuntern Sie aber, diese Gebiete auf eigene Faust zu erforschen!

Auf jeden Fall brauchen wir zuerst den Code, um die Aufgaben zu verwalten und die Zeilen für die fraktalen Bilder zu zeichnen. Beginnen Sie damit, den folgenden Code in eine Datei mit dem Namen »mandel_bib.js« zu tippen:

```javascript
var canvas;          // Hier sind unser Canvas und der Kontext.
var ktx;


var i_max = 1.5;
var i_min = -1.5;
var r_min = -2.5;    // Das sind die globalen Variablen, über
var r_max = 1.5;     // die der Mandelbrot-Grafikcode die
                     // Menge berechnet und anzeigt.

var max_iter = 1024;
var escape = 1025;
var palette = [];

function erstelleAufgabe(reihe) {      // Diese Funktion verpackt alle
    var aufgabe = {                    // Daten in ein Objekt, die die
        zeile: zeile,                  // Workers benötigen, um eine Zeile
        breite: zeilenDaten.width,     // von Pixeln zu berechnen. Sie
        generation: generation,        // werden später sehen, wie wir
        r_min: r_min,                  // dieses Objekt an die Workers
        r_max: r_max,                  // übergeben.
        i: i_max + (i_min - i_max) * zeile / canvas.height,
        max_iter: max_iter,
        escape: escape
    };
    return aufgabe;                    // Dieser Code kommt in
}                                      // mandel_bib.js.
```

JavaScript an die Arbeit

Fortsetzung Code-Fertiggericht ...

- [x] HTML erstellen
- [ ] Code-Fertiggericht
- [ ] Workers erstellen
- [ ] Workers starten
- [ ] Workers implementieren
- [ ] Ergebnisse verarbeiten
- [ ] Code für Benutzerinteraktion

```javascript
function erstellePalette() {
    function verpacken(x) {
        x = ((x + 256) & 0x1ff) - 256;
        if (x < 0) x = -x;
        return x;
    }
    for (i = 0; i <= this.max_iter; i++) {
        palette.push([verpacken(7*i), verpacken(5*i), verpacken(11*i)]);
    }
}

function zeichneZeile(workerErgebnisse) {
    var werte = workerErgebnisse.werte;
    var pixelDaten = zeilenDaten.data;
    for (var i = 0; i < zeilenDaten.width; i++) {
        var rot = i * 4;
        var gruen = i * 4 + 1;
        var blau = i * 4 + 2;
        var alpha = i * 4 + 3;
        pixelDaten[alpha] = 255; // Alpha 100% deckend
        if (werte[i] < 0) {
            pixelDaten[rot] = pixelDaten[gruen] = pixelDaten[blau] = 0;
        } else {
            var farbe = this.palette[werte[i]];
            pixelDaten[rot] = farbe[0];
            pixelDaten[gruen] = farbe[1];
            pixelDaten[blau] = farbe[2];
        }
    }
    ktx.putImageData(this.zeilenDaten, 0, workerErgebnisse.zeile);
}
```

erstellePalette schreibt eine große Zahlenmenge in ein Array mit RGB-Farben. Wir verwenden diese Palette in zeichneZeile (unten), um den Wert, den wir von einem Worker zurückerhalten, in eine Farbe für die Grafikanzeige der Mandelbrot-Menge (das Fraktalbild) zu konvertieren.

zeichneZeile nimmt die Ergebnisse vom Worker entgegen und zeichnet sie in das Canvas.

Dazu dient die Variable zeilenDaten, ein ImageData-Objekt, das die Pixel für genau eine Zeile des Canvas enthält.

Hier verwenden wir die Palette, um dem Ergebnis des Worker (nur eine Zahl) eine Farbe zuzuordnen.

Und hier schreiben wir die Pixel in das ImageData-Objekt im Kontext des Canvas!

Dieser Code sollte Ihnen bekannt vorkommen – er ist ähnlich wie der Code, den wir in Kapitel 8 mit Video und Canvas geschrieben haben.

Dieser Code kommt in mandel_bib.js.

Sie sind hier ▸ **505**

Fraktal-Fertiggericht

 Fortsetzung Code-Fertiggericht ...

setupGrafik richtet die globalen Variablen für den Grafikcode und die Mandelbrot-Berechnung ein.

```javascript
function setupGrafik() {

    canvas = document.getElementById("fraktal");
    ktx = canvas.getContext("2d");

    canvas.width = window.innerWidth;
    canvas.height = window.innerHeight;

    var breite = ((i_max - i_min) * canvas.width / canvas.height);
    var r_mid = (r_max + r_min) / 2;
    r_min = r_mid - breite/2;
    r_max = r_mid + breite/2;

    zeilenDaten = ktx.createImageData(canvas.width, 1);

    erstellePalette();
}
```

Hier holen wir das Canvas und den Kontext und legen die Anfangsbreite und -höhe des Canvas fest.

Das sind die Variablen für die Berechnung der Mandelbrot-Menge.

Wir initialisieren die Variable zeilenDaten (zum Schreiben der Pixel auf das Canvas).

Hier initialisieren wir die Farbpalette, die wir zum Zeichnen der Menge als fraktales Bild verwenden.

Dieser Code kommt in mandel_bib.js.

JavaScript *an die Arbeit*

 Fortsetzung Code-Fertiggericht ...

Dieses **Code-Fertiggericht** verwenden die Workers für die mathematische Berechnung der Mandelbrot-Menge. Hier geschieht die wahre Zahlenmagie (wenn Sie die Mandelbrot-Menge weiter erforschen möchten, sollten Sie sich auf diesen Teil konzentrieren). Tippen Sie den folgenden Code in »worker_bib.js«:

```javascript
function berechneZeile(aufgabe) {
    var iter = 0;
    var c_i = aufgabe.i;
    var max_iter = aufgabe.max_iter;
    var escape = aufgabe.escape * aufgabe.escape;
    aufgabe.werte = [];
    for (var i = 0; i < aufgabe.width; i++) {
        var c_r = aufgabe.r_min + (aufgabe.r_max - aufgabe.r_min) * i / aufgabe.width;
        var z_r = 0, z_i = 0;

        for (iter = 0; z_r*z_r + z_i*z_i < escape && iter < max_iter; iter++) {
            // z -> z^2 + c
            var tmp = z_r*z_r - z_i*z_i + c_r;
            z_i = 2 * z_r * z_i + c_i;
            z_r = tmp;
        }
        if (iter == max_iter) {
            iter = -1;
        }
        aufgabe.werte.push(iter);
    }
    return aufgabe;
}
```

berechneZeile berechnet eine Datenzeile der Mandelbrot-Menge. Die Funktion erhält ein Objekt mit allen Werten, die sie für die Berechnung dieser Zeile braucht.

Beachten Sie, dass wir für jede Zeile zwei Schleifen durchlaufen: eine für jedes Pixel der Zeile ...

Da ist eine Menge zu rechnen. Recht so!

... und eine weitere Schleife, in der wir den richtigen Wert für dieses Pixel suchen. In dieser inneren Schleife verbirgt sich die komplexe Berechnung. Deshalb läuft dieser Code so viel schneller, wenn Ihr Computer über mehrere Kerne verfügt!

Das Endergebnis der ganzen Berechnung wird zu einem Array mit dem Namen werte hinzugefügt, das im Objekt aufgabe abgelegt wird, sodass der Worker das Ergebnis an den Hauptcode zurückschicken kann.

Diesen Teil sehen wir uns gleich noch mal genauer an.

Dieser Code kommt in worker_bib.js.

Sie sind hier ▸ **507**

Workers und Aufgaben *verwalten*

Workers erstellen und einteilen ...

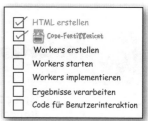

Nachdem wir das **Code-Fertiggericht** abgehakt haben, können wir nun damit beginnen, den Code zu schreiben, der die Workers erstellt und Ihnen Aufgaben zuweist. Er wird so funktionieren:

1 Wir erstellen ein Array mit Workers, die anfangs nichts zu tun haben. Und ein Bild, für das noch nichts berechnet wurde (naechsteZeile = 0).

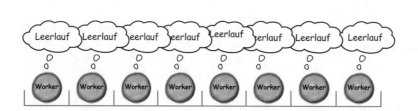

2 Wir durchlaufen das Array und erstellen für jeden Worker, der nichts zu tun hat, eine Aufgabe:

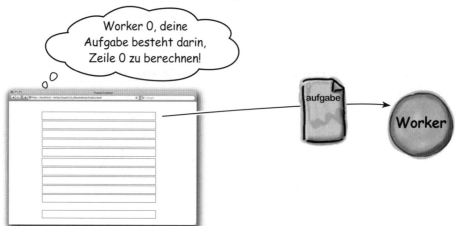

3 Wir suchen nach dem nächsten Worker im Leerlauf und geben ihm eine Aufgabe. Der nächste Auftrag lautet naechsteZeile = 1 usw.

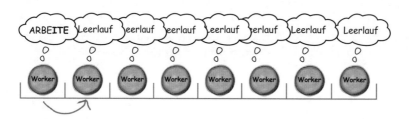

Den Code schreiben

Nachdem wir jetzt wissen, wie wir unsere Workers erstellen und verwalten, können wir den Code schreiben. Zunächst brauchen wir eine Initialisierungsfunktion. Also erstellen wir in mandelbrot.js eine Funktion mit dem Namen init – wir schreiben auch noch einige andere Dinge rein, um die App zum Laufen zu bringen (initialisieren z. B. die Grafik):

JavaScript an die Arbeit

- ☑ HTML erstellen
- ☑ Code-Fertiggericht
- ☐ Workers erstellen
- ☐ Workers starten
- ☐ Workers implementieren
- ☐ Ergebnisse verarbeiten
- ☐ Code für Benutzerinteraktion

Zuerst definieren wir eine Variable für die Anzahl der gewünschten Workers. Wir nehmen 8, Sie können aber gern mit dieser Zahl experimentieren, sobald die App funktioniert.

Warum 8? Wir haben zufällig einen Computer mit 8 Kernen. Insofern passt das gut zu unserer Rechenleistung. Aber auch wenn Sie keine acht Kerne haben, ist 8 ein guter Anfangswert.

```
var anzahlWorkers = 8;
var workers = [];

window.onload = init;

function init() {
    setupGrafik();

    for (var i = 0; i < anzahlWorkers; i++) {
        var worker = new Worker("worker.js");

        worker.onmessage = function(event) {
            verarbeiteErgebnis(event.target, event.data)
        }

        worker.leerlauf = true;

        workers.push(worker);
    }

    starteWorkers();
}
```

Das ist ein leeres Array für unsere Workers.

Wir richten einen onload-Handler ein, der init aufruft, wenn die Seite vollständig geladen wurde.

Diese Funktion ist im Code-Fertiggericht definiert und kümmert sich darum, den Kontext des Canvas abzurufen und das Canvas an die Browsergröße anzupassen, sowie um einige andere Grafikdetails.

Nun durchlaufen wir die Anzahl der Workers ...

... und erstellen je einen neuen Worker aus »worker.js«, das wir noch schreiben müssen.

Dann richten wir für jeden Worker einen Nachrichten-Handler ein, der die Funktion verarbeiteErgebnis aufruft, und übergeben ihm event.target (den Worker, der gerade fertig wurde) und event.data (seine Ergebnisse).

Noch etwas ... Erinnern Sie sich, dass wir wissen möchten, welche Workers gerade arbeiten und welche nicht? Dazu erweitern wir den Worker um die Eigenschaft »leerlauf«. Das ist unsere eigene Eigenschaft, kein Teil der Web Workers-API. Wir geben ihr den Wert true, da wir dem Worker bisher noch nichts zu tun gegeben haben.

Und wir fügen den Worker dem gerade erstellten Array für Workers hinzu.

Zum Schluss müssen wir die Workers auf ihre Arbeit ansetzen. Den Code dafür schreiben wie in eine Funktion mit dem Namen starteWorkers, die wir noch programmieren müssen.

Dieser Code kommt in mandelbrot.js.

Fraktal-Workers starten

Workers starten

Okay, wir müssen einige Dinge zum Laufen bekommen: Wir müssen die Workers starten, die Funktion schreiben, die die Ergebnisse der Workers verarbeitet, und den Code für die Workers selbst schreiben. Beginnen wir damit, die Workers zu starten:

> - [x] HTML erstellen
> - [x] Code-Fertiggericht
> - [x] Workers erstellen
> - [ ] Workers starten
> - [ ] Workers implementieren
> - [ ] Ergebnisse verarbeiten
> - [ ] Code für Benutzerinteraktion

Wir fügen zwei weitere globale Variablen in mandelbrot.js ein.

Die erste ist naechsteZeile, die im Auge behält, an welcher Zeile wir gerade arbeiten, während wir uns durch das gesamte Bild hindurcharbeiten.

Jedes Mal, wenn ein Benutzer einen Bereich des Mandelbrot-Bilds vergrößert, brauchen wir eine neue Bildberechnung. Die Variable generation verfolgt mit, wie oft wir das getan haben. Mehr dazu später.

```javascript
var naechsteZeile = 0;
var generation = 0;

function starteWorkers() {
    generation++;
    naechsteZeile = 0;

    for (var i = 0; i < workers.length; i++) {
        var worker = workers[i];

        if (worker.leerlauf) {

            var aufgabe = erstelleAufgabe(naechsteZeile);

            worker.leerlauf = false;
            worker.postMessage(aufgabe);

            naechsteZeile++;
        }
    }
}
```

Die Funktion starteWorkers startet die Workers beim ersten Bildaufbau und startet sie neu, wenn der Benutzer einen Bereich des Bilds vergrößert. Bei jedem Aufruf setzen wir naechsteZeile gleich 0 und erhöhen generation um 1.

Ihnen wird gleich klarer sein, wie wir diese Variablen verwenden ...

Wir durchlaufen alle Workers im Array workers in einer Schleife ...

... und sehen nach, ob sich der Worker im Leerlauf befindet.

Wenn ja, erstellen wir eine Aufgabe für diesen Worker, die darin besteht, eine Zeile der Mandelbrot-Menge zu berechnen. erstelleAufgabe ist in mandel_bib.js definiert und gibt ein aufgabe-Objekt zurück, das alle Daten enthält, die der Worker benötigt, um diese Zeile zu berechnen.

Nachdem der Worker jetzt etwas zu tun hat, geben wir der Eigenschaft leerlauf den Wert false (er ist beschäftigt).

Hier sagen wir dem Worker, dass er mit der Arbeit beginnen soll, indem wir ihm eine Nachricht mit der Aufgabe schicken. Der Worker legt sofort los, wenn er die Nachricht erhält.

Und wir erhöhen naechsteZeile um 1, damit ein anderer Worker an der nächsten Zeile arbeitet.

Dieser Code kommt in mandelbrot.js.

Implementierung des Worker

Nachdem nun der Code fertig ist, der jedem Worker eine Aufgabe sowie den Startschuss gibt, schreiben wir den Code für den Worker selbst. Dann müssen wir nur noch die Ergebnisse des Worker verarbeiten, sobald er seinen Teil des Fraktalbilds berechnet hat. Bevor wir den Code für den Worker schreiben, überlegen wir noch kurz, wie er funktionieren soll:

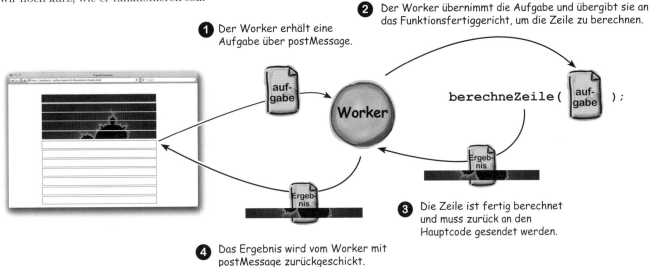

① Der Worker erhält eine Aufgabe über postMessage.

② Der Worker übernimmt die Aufgabe und übergibt sie an das Funktionsfertiggericht, um die Zeile zu berechnen.

③ Die Zeile ist fertig berechnet und muss zurück an den Hauptcode gesendet werden.

④ Das Ergebnis wird vom Worker mit postMessage zurückgeschickt.

An die Implementierung! Tippen Sie den folgenden Code in die Datei `worker.js` ein:

Wir importieren das Code-Fertiggericht worker_bib.js mit importScripts, damit der Worker die in dieser Bibliothek definierte Funktion berechneZeile aufrufen kann.

Der Worker richtet lediglich den onmessage-Handler ein. Sonst braucht er nichts zu tun, weil er nur auf Nachrichten von mandelbrot.js wartet, um mit der Arbeit zu beginnen!

```
importScripts("worker_bib.js");

onmessage = function (event) {

    var workerErgebnis = berechneZeile(event.data);

    postMessage(workerErgebnis);

}
```

Er liest die Daten aus der Aufgabe ein und übergibt sie an die Funktion berechneZeile, die den schwierigen Teil mit der Mandelbrot-Berechnung übernimmt.

Das Ergebnis der Berechnung wird in der Variablen workerErgebnis gespeichert und mit postMessage an das Haupt-JavaScript geliefert.

Dieser Code kommt in worker.js.

Fraktale Aufgaben unter der Lupe

Kleiner Boxenstopp ...

Das war eine Menge Code auf nur wenigen Seiten. Machen wir einen kurzen Boxenstopp, um unseren Tank und unsere Mägen zu füllen.

Außerdem dachten wir, dass Sie vielleicht einen kurzen Blick hinter die Kulissen werfen und sehen möchten, wie die Aufgaben und Ergebnisse der Workers aussehen (wie Sie herausfinden werden, sehen sie sich auffallend ähnlich). Schnappen Sie sich eine Cola und schauen Sie, während Sie sich entspannen ...

Aufgaben unter der Lupe

Die beiden Aufrufe von erstelleAufgabe und postMessage haben Sie bereits gesehen:

```
var aufgabe = erstelleAufgabe(naechsteZeile);
worker.postMessage(aufgabe);
```

Vielleicht haben Sie sich gefragt, wie aufgabe aussieht. Nun, es ist ein Objekt mit Eigenschaften und Werten:

```
aufgabe = {
    zeile: 1,
    breite: 1024,
    generation: 1,
    r_min: 2.074,
    r_max: -3.074,
    i: -0.252336,
    max_iter: 1024,
    escape: 1025
};
```

- zeile: Gibt die Zeile an, für die wir die Pixelwerte berechnen.
- breite: Breite der Zeile.
- generation: Gibt an, wie oft wir die Anzeige vergrößert haben. Wir sehen uns gleich an, wie das funktioniert.
- r_min, r_max, i: Definieren den Mandelbrot-Bereich, den wir berechnen.
- max_iter, escape: Diese Werte steuern die Präzision unserer Berechnung.

Die Aufgabe enthält alle Werte, die der Worker für die Berechnung braucht.

JavaScript *an die Arbeit*

Ergebnisse unter der Lupe

Und wie sehen die Ergebnisse aus, die der Worker für seine Zeile berechnet?

```
var workerErgebnis = berechneZeile(event.data);
postMessage(workerErgebnis);
```

Sie sehen der Aufgabe erstaunlich ähnlich:

```
workerErgebnis = {
    zeile: 1,
    width: 1024,
    generation: 1,
    r_min: 2.074,
    r_max: -3.074,
    i: -0.252336,
    max_iter: 1024,
    escape: 1025,
    werte: [3, 9, 56, ... -1, 22]
};
```

Der Worker nimmt die an ihn übergebene Aufgabe und erweitert sie um die Eigenschaft »werte«, die die zum Zeichnen der Zeile auf dem Canvas erforderlichen Daten enthält.

Das ist alles identisch mit der Aufgabe. Und das ist auch gut so, weil wir dann genau über die Aufgabe Bescheid wissen, wenn wir die Ergebnisse vom Worker zurückerhalten.

Ah, das ist neu. Das sind die Werte für jedes Pixel, die noch den entsprechenden Farben zugeordnet werden müssen (machen wir in zeichneZeile).

Zurück auf die Straße ...

Danke, dass Sie sich Zeit genommen haben, die Aufgaben und Ergebnisse anzusehen. Nehmen Sie einen letzten Schluck Cola – es geht weiter!

Sie sind hier ▸ **513**

Worker-Ergebnisse verarbeiten

Zurück zum Code: Worker-Ergebnisse verarbeiten

☑ HTML erstellen
☑ Code-Fertiggericht
☑ Workers erstellen
☑ Workers starten
☑ Workers implementieren
☐ Ergebnisse verarbeiten
☐ Code für Benutzerinteraktion

Nachdem Sie jetzt wissen, wie die Ergebnisse der Workers funktionieren, sehen wir uns an, was passiert, wenn wir sie vom jeweiligen Worker zurückbekommen. Wie Sie sich erinnern werden, haben wir unseren Workers bei der Erstellung einen Nachrichten-Handler zugewiesen, die Funktion `verarbeiteErgebnis`:

```
var worker = new Worker("worker.js");

worker.onmessage = function(event) {
    verarbeiteErgebnis(event.target, event.data);
}
```

Unser Nachrichten-Handler ruft verarbeiteErgebnis auf und übergibt die Daten vom Worker sowie event.target – eine Referenz auf den Worker, der die Daten geschickt hat.

`verarbeiteErgebnis` kümmert sich um die Ergebnisse des Worker. Wie Sie sehen, werden zwei Dinge übergeben: event.target – eine Referenz auf den Worker, der sie geschickt hat – und die Daten der Nachricht (das Aufgabenobjekt mit den Werten für die Bildzeile). Als Nächstes schreiben wir also die Funktion `verarbeiteErgebnis` (geben Sie folgenden Code in `mandelbrot.js` ein):

```
function verarbeiteErgebnis(worker, workerErgebnisse) {
    zeichneZeile(workerErgebnisse);
    beauftrageWorker(worker);
}
```

Wir übergeben das Ergebnis an zeichneZeile, um die Pixel auf das Canvas zu zeichnen.

Und unser Worker ist frei, also können wir ihm eine andere Aufgabe zuteilen. Dafür schreiben wir gleich die Funktion beauftrageWorker.

Wir sind fast fertig, also bauen wir gleich noch die Funktion `beauftrageWorker`. Sie funktioniert so: Wir überprüfen die zu berechnende Zeile anhand unserer globalen Variablen `naechsteZeile`. Solange es noch etwas zu berechnen gibt (das ermitteln wir anhand der Anzahl der Zeilen in unserem Canvas), erteilen wir dem Worker einen neuen Auftrag. Ansonsten setzen wir einfach die Leerlauf-Eigenschaft des Worker auf true. Geben Sie den folgenden Code in `mandelbrot.js` ein:

```
function beauftrageWorker(worker) {
    var zeile = naechsteZeile++;

    if (zeile >= canvas.height) {
        worker.leerlauf = true;
    } else {
        var aufgabe = erstelleAufgabe(zeile);
        worker.leerlauf = false;
        worker.postMessage(aufgabe);
    }
}
```

Wir setzen diese Workers auf die nächste zu berechnende Zeile an: Wir verwenden den Wert von naechsteZeile und erhöhen anschließend naechsteZeile um 1.

Wenn zeile größer oder gleich der Canvas-Höhe ist, sind wir fertig. Wir haben das gesamte Canvas mit den Ergebnissen der Mandelbrot-Workers gefüllt!

Canvas ist eine globale Variable, die wir über setupGrafik in der init-Funktion zugewiesen haben.

Wenn wir noch weitere Zeilen zu zeichnen haben, erstellen wir eine Aufgabe für die nächste Zeile, geben der Leerlauf-Eigenschaft des Worker den Wert false und schicken dem Worker eine Nachricht mit der neuen Aufgabe.

Dieser Code kommt in mandelbrot.js.

Psychedelische Probefahrt

Genug Code! Testen wir das Ding. Laden Sie
fraktal.html in Ihren Browser und schauen
Sie zu, wie sich die Workers an die Arbeit
machen. Je nach der Leistung Ihres Rechners
sollte unser Fraktal Explorer nun ein bisschen
schneller sein als zuvor.

Wir haben noch keinen Code geschrieben, um
die Grafik an die Größe des Browserfensters
anzupassen oder Teile des Fraktalbilds zu
vergrößern. Im Moment sehen Sie also nur das
Bild auf der rechten Seite.

Aber immerhin, oder?

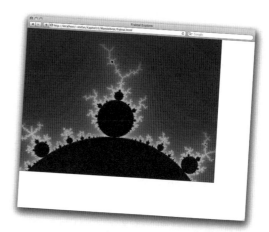

> Da ist es! Schade, dass wir noch keine Ausschnitte vergrößern können und nicht das gesamte Fenster gefüllt wird. Aber das kommt noch!

Auf click-Events reagieren

Unsere Workers machen sich an die Arbeit, um die Mandelbrot-Menge zu berechnen
und die Ergebnisse zurückzuliefern, damit wir sie auf das Canvas zeichnen können.
Aber was passiert, wenn Sie darauf klicken, um einen Abschnitt zu vergrößern? Da
wir Workers für die komplizierten Berechnungen im Hintergrund verwenden, sollte
die Benutzeroberfläche glücklicherweise flott auf Ihren Klick reagieren. Entsprechend
müssen wir ein bisschen Code schreiben, der auf die Klicks reagiert:

- ☑ HTML erstellen
- ☑ Code-Fertiggericht
- ☑ Workers erstellen
- ☑ Workers starten
- ☑ Workers implementieren
- ☑ Ergebnisse verarbeiten
- ☐ Code für Benutzerinteraktion

① Als Erstes müssen wir einen Handler einrichten, der auf Mausklicks reagiert.
Die Klicks finden auf unserem Canvas-Element statt. Entsprechend verwenden
wir einen Handler für die onclick-Eigenschaft des Canvas-Elements:

```
canvas.onclick = function(event) {
    clickHandler(event.clientX, event.clientY);
};
```

> Wenn auf das Canvas geklickt wird, rufen wir clickHandler mit der x- und der y-Position des Klicks auf.

Fügen Sie diesen Code unterhalb des Aufrufs von setupGrafik in die init-Funktion in
»mandelbrot.js« ein.

② Nun müssen wir die Funktion clickHandler schreiben. Denken wir noch mal kurz darüber
nach: Wenn ein Benutzer auf das Canvas klickt, bedeutet das, dass er den entsprechenden
Bereich vergrößern möchte (dieses Verhalten sehen Sie in der Single-Thread-Version
http://examples.oreilly.de/german_examples/hfhtml5ger/Kapitel10/
Mandelbrot/fraktal.html). Daher müssen wir die Koordinaten der gewünschten
Position ermitteln und die Workers darauf ansetzen, ein neues Bild zu berechnen.
Wir haben bereits eine Funktion, die freie Workers mit neuer Arbeit versorgt:
starteWorkers. Packen wir's an ...

Testen und verbessern

clickHandler wird aufgerufen, wenn der Benutzer auf das Canvas klickt, um einen Teil des Fraktals zu vergrößern.

Wir übergeben die x-/y-Position des Klicks, damit wir wissen, wohin der Benutzer auf dem Bildschirm geklickt hat.

```
function clickHandler(x, y) {
    var breite = r_max - r_min;
    var hoehe = i_min - i_max;
    var click_r = r_min + breite * x / canvas.width;
    var click_i = i_max + hoehe * y / canvas.height;

    var zoom = 8;

    r_min = click_r - breite/zoom;
    r_max = click_r + breite/zoom;
    i_max = click_i - hoehe/zoom;
    i_min = click_i + hoehe/zoom;

    starteWorkers();
}
```

Dieser Code bestimmt die neue Größe das Ausschnitts aus dem Fraktal, den wir berechnen, und verwendet die x-/y-Position als Mittelpunkt des neuen Bereichs. Außerdem sorgt dieser Code dafür, dass der neue Bereich dasselbe Seitenverhältnis wie der vorhandene hat.

Hier legen wir die globalen Variablen für die Erstellung der Worker-Aufgaben fest: zoom legt die Vergrößerung des Fraktal-Ausschnitts fest und damit, welche Werte der Mandelbrot-Menge berechnet werden.

Jetzt können wir die Workers neu starten.

Dieser Code kommt in mandelbrot.js.

Noch eine Probefahrt

Testen wir die Codeänderungen. Laden Sie `fraktal.html` in Ihrem Browser und klicken Sie auf eine beliebige Stelle im Canvas. Die Workers sollten sofort an dem vergrößerten Ausschnitt arbeiten.

Hey, Sie sollten jetzt damit beginnen können, die Landschaft zu erkunden! Wenn Sie ein bisschen herumgespielt haben, machen wir ein paar letzte Änderungen, um die Implementierung fertigzustellen.

Toll. Wir können vergrößern, müssen aber immer noch die Größe des Canvas anpassen, damit es das gesamte Fenster ausfüllt.

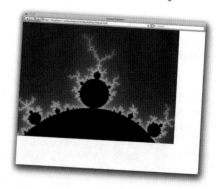

JavaScript *an die Arbeit*

Canvas an das Browserfenster anpassen

Wir möchten, dass das Fraktalbild das Browserfenster ausfüllt. Also müssen wir die Größe des Canvas anpassen, sobald sich die Größe des Fensters ändert. Und wenn sich die Größe des Canvas ändert, müssen wir auch neue Aufgaben für die Workers abschicken, damit sie das Fraktal in der richtigen Größe berechnen. Machen wir uns an den Code, der das Canvas an die Größe des Browserfensters anpasst. Und wenn wir schon dabei sind, starten wir gleich die Workers neu.

- ☑ HTML erstellen
- ☑ Code-Fertiggericht
- ☑ Workers erstellen
- ☑ Workers starten
- ☑ Ergebnisse verarbeiten
- ☑ Ergebnisse verarbeiten
- ☐ Code für Benutzerinteraktion

```
function anFensterAnpassen() {
    canvas.width = window.innerWidth;
    canvas.height = window.innerHeight;
    var breite = ((i_max - i_min) * canvas.width / canvas.height);
    var r_mid = (r_max + r_min) / 2;
    r_min = r_mid - breite/2;
    r_max = r_mid + breite/2;
    zeilenDaten = ktx.createImageData(canvas.width, 1);

    starteWorkers();
}
```

anFensterAnpassen kümmert sich darum, dass Breite und Höhe des Canvas zur Breite und Höhe des Fensters passen.

Außerdem aktualisiert die Funktion die der Berechnung der Workers zugrunde liegenden Werte den neuen Fenstermaßen entsprechend (wir sorgen dafür, dass das Fraktal immer in das Canvas passt und das Seitenverhältnis des Fensters erhalten bleibt).

Es gibt ein administratives Detail, über das wir noch nicht gesprochen haben: die globale Variable zeilenDaten. zeilenDaten ist das ImageData-Objekt, mit dem wir Pixel in eine Zeile des Canvas zeichnen. Wenn wir also die Größe des Canvas anpassen, müssen wir das zeilenDaten-Objekt neu erstellen, damit es dieselbe Breite hat wie das Canvas. Werfen Sie einen Blick auf die Funktion zeichneZeile in mandel_bib.js, um herauszufinden, wie wir mit zeilenDaten Pixel auf das Canvas zeichnen.

Und wieder einmal starten wir die Workers neu.

Nun bleibt nur noch eins: anFensterAnpassen als Handler für das resize-Event des Browsers zu installieren:

```
window.onresize = function() {
    anFensterAnpassen();
};
```

Schreiben Sie diesen Code in die init-Funktion in mandelbrot.js direkt unterhalb des Aufrufs von setupGrafik.

Dieser Code kommt in mandelbrot.js.

Fraktale Generationen verwalten

Der ordnungsbedürftige ~~Koch~~ Programmierer

Da ist noch eine Sache. Wir könnten darüber hinwegsehen, aber der Code ist so nicht ganz richtig. Noch einmal fürs Protokoll: Wir haben einen Haufen Workers, die glücklich an ihren Zeilen arbeiten, und plötzlich klickt der Benutzer auf den Bildschirm, um einen Abschnitt zu vergrößern. Das ist nicht so toll, weil die Workers harte Arbeit geleistet haben und der Benutzer plötzlich das Bild ändern will. Die ganze Arbeit war umsonst. Und – noch schlimmer – die Workers wissen nicht einmal, dass der Benutzer geklickt hat, und schicken ihre Ergebnisse so oder so zurück. Der Code der Hauptseite empfängt die Ergebnisse weiterhin und zeigt die jeweiligen Zeilen auch noch an! Wir möchten keine Weltuntergangsstimmung verbreiten, aber wir haben genau dasselbe Problem, wenn der Benutzer die Größe des Fensters verändert.

Hinweis an den Lektor: Entschuldigung für diesen Wortschwall, aber nach all diesen Seiten kann einem das wirklich an die Nieren gehen ...

Natürlich würden Sie das wahrscheinlich nie bemerken, weil es nicht so viele Workers gibt und die Workers auch ziemlich schnell dieselben Zeilen für das neue Bild berechnen und damit die vorherigen, falschen Zeilen überschreiben. Aber es fühlt sich einfach nicht gut an. Außerdem ist es so leicht zu ändern, dass wir das einfach müssen.

Eine kleine Beichte: Wir wussten, dass das passieren würde, und haben Ihnen deshalb eine kleine Variable mit dem Namen `generation` untergejubelt. Bei jedem Neustart der Workers erhöhen wir den Wert von `generation` um 1. Sie erinnern sich vielleicht, dass auch die Ergebnisobjekte, die die Workers zurückliefern, eine generation-Eigenschaft haben. Insofern können wir anhand dieser Eigenschaft erkennen, ob wir es mit einem Ergebnis von der aktuellen oder der vorherigen Visualisierung zu tun haben.

Sehen wir uns die Codeänderung zunächst an, dann können wir darüber sprechen, wie sie funktioniert. Fügen Sie diese beiden Zeilen in die Funktion `verarbeiteErgebnis` in `mandelbrot.js` ein:

```
function verarbeiteErgebnis(worker, workerErgebnisse) {
    if (workerErgebnisse.generation == generation) {
        zeichneZeile(workerErgebnisse);
    }
    beauftrageWorker(worker);
}
```

Wir prüfen, ob die Generation des Worker-Ergebnisses mit der aktuellen Generation übereinstimmt.

Wenn ja, zeichnen wir die Zeile. Andernfalls muss es sich um eine alte Zeile handeln, und wir ignorieren sie.

So oder so bekommt der Worker einen neuen Auftrag!

Wir überprüfen also lediglich, ob die aktuelle Generation mit der des vom Worker zurückgelieferten Ergebnisses übereinstimmt. Wenn ja – wunderbar, dann zeichnen wir diese Zeile. Anderenfalls bedeutet es, dass sie alt ist, und wir ignorieren sie einfach – schade, dass unser Worker seine Zeit darauf verschwendet hat, aber wir möchten keine alte Zeile vom vorherigen Bild auf dem Bildschirm darstellen.

Das war's schon, versprochen! Vergewissern Sie sich, dass Sie die obigen Änderungen eingetippt haben, und machen Sie sich bereit für eine ...

Letzte Probefahrt!

Geschafft! Ihr Code sollte fertig sein. Laden Sie die Datei `fraktal.html` in Ihren Browser und sehen Sie Ihren Workers bei der Arbeit zu. Diese Version sollte schneller sein und besser reagieren als die ursprüngliche Version mit nur einem Thread. Wenn Ihr Computer mehr als einen Kern hat, wird sie *deutlich* schneller sein.

Haben Sie Spaß … klicken Sie … erforschen Sie. Lassen Sie uns wissen, wenn Sie bisher unbekannte Gebiete in der Mandelbrot-Menge entdecken (tweeten Sie Ihre Screenshots an **#hfhtml5**, wenn Sie möchten!).

JavaScript an die Arbeit

- ☑ HTML erstellen
- ☑ Code-Fertigbericht
- ☑ Workers erstellen
- ☑ Workers starten
- ☑ Workers implementieren
- ☑ Ergebnisse verarbeiten
- ☑ Code für Benutzerinteraktion

Jetzt können Sie eine beliebige Fenstergröße wählen!

Klicken, vergrößern, erkunden!

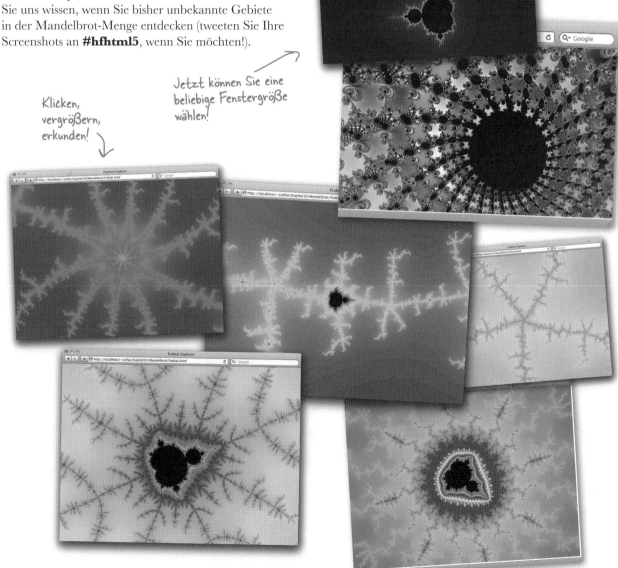

IM LABOR

Sollten Sie Hochleistungscode schreiben, können Sie damit experimentieren, wie sich die Anzahl der Workers auf die Laufzeit Ihrer App auswirkt.

Dazu können Sie die Aktivitätsanzeige von OS X oder den Task-Manager von Windows verwenden. Wenn Sie die ursprüngliche Version (mit nur einem Thread, `http://examples.oreilly.de/german_examples/hfhtml5ger/Kapitel10/Mandelbrot/fraktal.html`) aufrufen, sieht der Leistungsmonitor wie auf der rechten Abbildung aus.

Wir haben acht Kerne in unserem Rechner, daher wählen wir als Anzahl der Workers für den Fraktal Explorer mit Web Workers `anzahlWorkers = 8`. Wie Sie in unserer Aktivitätsanzeige sehen können, werden alle acht Kerne voll genutzt.

Unser Rechner mit acht Kernen. Ein Kern hat Volllast, die anderen tun gar nichts.

Was, glauben Sie, wird passieren, wenn wir 2, 4, 16 oder 32 Workers einspannen? Oder irgendetwas dazwischen?

Testen Sie Ihren Rechner und finden Sie heraus, was für Sie am besten funktioniert.

Jetzt arbeiten wirklich alle acht Kerne mit voller Leistung, und die Berechnung ist VIEL schneller.

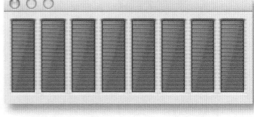

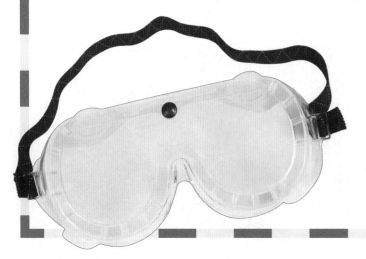

JavaScript *an die Arbeit*

SICHERN SIE SICH IHREN PLATZ!

Sie haben es geschafft! Sie haben einen voll funktionsfähigen Fraktal Explorer, der darauf wartet, mit Ihnen das Mandelbrot-Land zu erkunden. Worauf warten Sie noch – erforschen Sie und finden Sie Ihr eigenes kleines Stück vom virtuellen Universum. Sobald Sie es gefunden haben, drucken Sie es aus, kleben es hier ein und geben Ihrer neuen kleinen Heimstatt einen Namen.

Name des neuen Territoriums: _____

Weitere Funktionen der Workers-API

> Können Sie sich vorstellen, dass sogar noch mehr an den Web Workers dran ist? Lesen Sie die nächsten paar Seiten, um alles zu erfahren, was wir bisher nicht in diesem Kapitel behandelt haben.

Worker beenden

Sie haben Workers erstellt, um eine Aufgabe zu erledigen. Wenn die Aufgabe abgeschlossen ist, möchten Sie die Workers loswerden (sie belegen wertvollen Speicher im Browser). Vom Code Ihrer Hauptseite aus können Sie einen Worker folgendermaßen beenden:

```
worker.terminate();
```

Falls der Worker noch arbeitet, wird das Worker-Skript abgebrochen. Verwenden Sie diese Methode also mit Vorsicht. Sobald ein Worker beendet ist, können Sie ihn nicht noch mal verwenden. Sie müssen einen neuen erstellen.

Sie können einen Worker auch sich selbst beenden lassen, indem Sie die Methode `close()` aufrufen (innerhalb des Worker).

Fehlerbehandlung in Workers

Was passiert, wenn etwas total schiefläuft in einem Worker? Wie können Sie den Fehler finden? Mit dem onerror-Handler können Sie alle Fehler auffangen und sogar Debugging-Informationen abfragen:

```
worker.onerror = function(error) {
    document.getElementById("ausgabe").innerHTML =
        "Fehler in " + error.filename +
        " in Zeile " + error.lineno +
        ": " + error.meldung;
}
```

JavaScript *an die Arbeit*

JSONP-Requests mit importScripts

Sie können keine neuen `<script>`-Elemente einfügen, um von den Workers aus JSONP-Anfragen abzuschicken, aber Sie **können** JSONP-Requests mit importScripts machen:

```
function starteServerAnfrage() {
        importScripts("http://EinServer.com?callback=requestHandler");
}
function requestHandler(antwort) {
        postMessage(antwort);
}
starteServerAnfrage();
```

Erinnern Sie sich an JSONP? Sie geben in der URL die Callback-Funktion mit an. Beim Aufruf dieser Funktion werden die JSON-Ergebnisse im Parameter antwort übergeben.

setInterval in Workers

Vielleicht haben Sie es übersehen (wir haben das nur in einem Beispiel verwendet), aber Sie können setInterval (und setTimeout) in Ihren Workers verwenden, um dieselbe Aufgabe immer wieder zu erledigen. Beispielsweise könnten Sie den Zitate-Worker (zitate.js) verwenden, um alle drei Sekunden ein Zitat auszugeben:

```
var zitate = ["Ich hoffe, das Leben ist kein Witz - ich versteh's nämlich nicht.",
              "Es gibt ein Licht am Ende jedes Tunnels... Hoffentlich ist es kein Zug!",
              "Glaubst du an Liebe auf den ersten Blick, oder soll ich wieder gehen?"];
function zitatPosten() {
    var index = Math.floor(Math.random() * zitate.length);
    postMessage(zitate[index]);
}
zitatPosten();
setInterval(zitatPosten, 3000);
```

Verschieben Sie diese beiden Zeilen in die Funktion zitatPosten ...

... und rufen Sie zitatPosten auf, um sofort ein Zitat zu senden. Bestimmen Sie ein Intervall, das festlegt, wann die nächsten Zitate geschickt werden sollen – z. B. alle 3 Sekunden

Subworkers

Wenn Ihr Worker bei seiner Aufgabe Hilfe braucht, kann er seine eigenen Workers erstellen. Angenommen, Sie geben einem Worker Bildbereiche, an denen er arbeiten soll. Dann könnte der Worker, falls ein Bereich eine bestimmte Größe überschreitet, diesen Bereich auf mehrere Subworkers verteilen.

Ein Worker kann Subworkers genau so erstellen, wie der Hauptcode einen Worker erstellt:

```
var worker = new Worker("subworker.js");
```

Bedenken Sie, dass Subworkers genau wie Workers ziemlich schwergewichtig sind: Sie belegen Speicher und laufen in separaten Threads. Passen Sie also auf, dass Sie nicht zu viele Subworkers erstellen.

Sie sind hier ▸ **523**

Rückblick auf die Web Workers

Punkt für Punkt

- Ohne Web Workers läuft JavaScript in einem einzigen Thread und kann daher immer nur eine Sache gleichzeitig tun.

- Wenn Sie einem JavaScript-Programm zu viel Arbeit zumuten, erhalten Sie unter Umständen die Anzeige »Langsames Skript«.

- Web Workers verrichten ihre Arbeit in einem eigenen Thread, sodass der Hauptcode weiter ausgeführt wird und die Benutzeroberfläche weiterhin reagieren kann.

- Der Code für Web Workers befindet sich getrennt vom Hauptcode der Seite in einer eigenen Datei.

- Web Workers haben keinen Zugriff auf die Funktionen der Hauptseite und das DOM.

- Der Hauptcode einer Seite und die Web Workers kommunizieren über Nachrichten.

- Mit postMessage können Sie eine Nachricht an einen Worker schicken.

- Sie können Strings und Objekte mit postMessage versenden, aber keine Funktionen.

- Um Nachrichten vom Worker zu empfangen, belegen Sie die onmessage-Eigenschaft mit einer Handler-Funktion.

- Ein Worker kann Nachrichten vom Code in Ihrer Seite erhalten, indem Sie die onmessage-Eigenschaft mit einer Handler-Funktion belegen.

- Wenn ein Worker bereit ist, ein Ergebnis zurückzuschicken, ruft er postMessage auf und übergibt das Ergebnis als Argument.

- Worker-Ergebnisse werden in ein event-Objekt verpackt und über die data-Eigenschaft übergeben.

- Über die event.target-Eigenschaft können Sie herausfinden, welcher Worker die Nachricht gesendet hat.

- In Nachrichten übergebene Objekte werden kopiert und nicht vom Code der Hauptseite und dem Worker gemeinsam genutzt.

- Umfangreiche Berechnungen – z. B. fraktale Grafiken oder das Raytracing von Bildern – können Sie in mehrere Aufgaben zerlegen und auf mehrere Workers verteilen.

- Jeder Worker läuft in einem eigenen Thread. Wenn Ihr Prozessor über mehrere Kerne verfügt, werden die Workers parallel ausgeführt, und die Berechnung wird dadurch beschleunigt.

- Mit worker.terminate() können Sie einen Worker vom Code in Ihrer Seite aus beenden. Dadurch wird das Worker-Skript abgebrochen. Ein Worker kann sich auch selbst mit close() beenden.

- Workers verfügen über die onerror-Eigenschaft, die Sie mit einer Fehler-Handler-Funktion belegen können, die aufgerufen wird, wenn in Ihrem Worker ein Skriptfehler auftritt.

- Mit importScripts können Sie in Ihrer Worker-Datei JavaScript-Bibliotheken verwenden.

- Sie können importScripts auch mit JSONP nutzen. Implementieren Sie dazu den in der URL übergebenen Callback in der Worker-Datei.

- Workers haben zwar keinen Zugriff auf das DOM oder Funktionen im Hauptcode, können aber XMLHttpRequest und Local Storage nutzen.

JavaScript an die Arbeit

HTML5-Kreuzworträtsel

Wow, Kapitel 10 – Sie haben es geschafft. Lehnen Sie sich zurück, entspannen Sie sich und speichern Sie Ihr Wissen ab, indem Sie den Rest Ihres Gehirns ein bisschen trainieren. Hier kommt das Kreuzworträtsel für Kapitel 10.

Okay, das haben wir Ihnen nie gesagt – er heißt James Henstridge.

Waagerecht

3. Zum Importieren zusätzlicher Skripten in Workers.
4. Dieses Spiel kam in unserem ersten Beispiel vor.
6. Workers können nicht auf das _____ zugreifen.
9. Zum Beenden eines Workers.
10. Das berühmteste Fraktal.
11. Workers können XMLHttpRequest verwenden und auf _____ zugreifen.
12. Mit postMessage können Sie _____ an Workers übergeben.
13. Eine besonders schöne Ecke der Mandelbrot-Landschaft ist das Tal der _____.
15. Manager und Workers kommunizieren darüber.

Senkrecht

1. Autor des ersten Fraktal Explorer.
2. Ohne Workers läuft JavaScript mit nur einem _____.
5. Eigenschaft, mit der Sie einen Nachrichten-Handler registrieren können.
7. _____-Prozessoren können mehr als eine Sache gleichzeitig tun.
8. Mandelbrot verwendete _____ Zahlen.
14. Zum Erstellen eines Worker.

Sie sind hier ▶ **525**

Lösungen zu den Übungen

SPIELEN Sie Browser, Lösung

Zeit, so zu tun, als wären Sie der Browser, der das JavaScript auswertet.

```javascript
window.onload = function() {
    var worker = new Worker("worker.js");
    worker.onmessage = function(event) {
        alert("Worker sagt: " + event.data);
    }
    for (var i = 0; i < 5; i++) {
        worker.postMessage("Ping");
    }
}
```

Dadurch werden fünf »Pings« an den Worker geschickt, der darauf mit fünf »Pongs« antwortet. Entsprechend erhalten wir fünfmal die alert-Meldung »Worker sagt: Pong«.

```javascript
window.onload = function() {
    var worker = new Worker("worker.js");
    worker.ommessage = function(event) {
        alert("Worker sagt: " + event.data);
    }
    for(var i = 5; i > 0; i--) {
        worker.postMessage("Pong");
    }
}
```

Dadurch werden fünf »Pongs« an den Worker geschickt, der sie ignoriert, weil es keine »Pings« sind. Keine Ausgabe.

```javascript
window.onload = function() {
    var worker = new Worker("worker.js");
    worker.onmessage = function(event) {
        alert("Worker sagt: " + event.data);
        worker.postMessage("Ping");
    }
    worker.postMessage("Ping");
}
```

Sendet zunächst ein »Ping« und dann immer wieder eines, wenn ein »Pong« zurückkommt. Also erhalten wir eine Endlosschleife mit »Pong«-alerts.

```javascript
window.onload = function() {
    var worker = new Worker("worker.js");
    worker.onmessage = function(event) {
        alert("Worker sagt: " + event.data);
    }

    setInterval(pinger, 1000);

    function pinger() {
        worker.postMessage("Ping");
    }
}
```

Schickt jede Sekunde ein »Ping«. Für jedes »Ping« erhalten wir ein »Pong« zurück.

Spitzen Sie Ihren Bleistift
Lösung

Workers erhalten ihren Auftrag üblicherweise über eine Nachricht, aber das muss nicht immer so sein. Sehen Sie sich diese prägnante Möglichkeit an, Arbeit an Workers zu delegieren. Finden Sie heraus, wie es funktioniert, und schreiben Sie unten Ihre Erklärung auf.

zitate.html

```html
<!doctype html>
<html lang="de">
    <head>
        <title>Zitat</title>
        <meta charset="utf-8">
    </head>
<body>
    <p id="zitate"></p>
    <script>
        var worker = new Worker("zitate.js");
        worker.onmessage = function(event) {
            document.getElementById("zitate").innerHTML = event.data;
        }
    </script>
</body>
</html>
```

zitate.js

```js
var zitate = ["Ich hoffe, das Leben ist kein Witz - ich versteh's nämlich nicht.",
              "Es gibt ein Licht am Ende jedes Tunnels... Hoffentlich ist es kein Zug!",
              "Glaubst du an Liebe auf den ersten Blick, oder soll ich wieder gehen?"];
var index = Math.floor(Math.random() * zitate.length);

postMessage(zitate[index]);
```

Hierhin kommt Ihre Beschreibung:

Unser HTML enthält ein Skript, das einen Worker erstellt, der sofort ausgeführt wird. Der Worker sucht nach dem Zufallsprinzip ein Zitat aus dem Array zitate aus und sendet das Zitat mit postMessage an den Hauptcode. Der Hauptcode liest das Zitat aus event.data und fügt es in der Seite in das <p>-Element »zitate« ein.

Lösungen zu den Übungen

HTML5-Kreuzworträtsel, Lösung

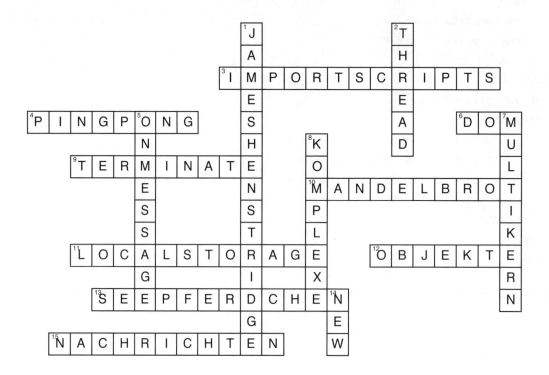

JavaScript *an die Arbeit*

> Wäre es nicht wundervoll, wenn das schon das Ende des Buchs wäre? Wenn es keine Aufzählungszeichen oder Kreuzworträtsel oder JavaScript-Programme mehr gäbe? Aber das ist wohl nur ein Wunschtraum ...

Gratulation!
Sie haben das Ende erreicht.

Natürlich gibt es noch einen Anhang.

Und den Index.

Und das Kolophon.

Dann gibt es da noch die Website ...

Also kein Entkommen.

Sie sind hier ▸

Anhang: Was übrig bleibt
Die Top Ten der Themen, die wir nicht behandelt haben

Wir haben eine Menge geschafft und sind fast fertig. Sie werden uns fehlen. Bevor wir Sie ziehen lassen, möchten wir Ihnen noch einige Dinge mit auf den Weg geben. Wir können nicht alles in dieses relativ kurze Kapitel packen, was Sie wissen müssen. In Wahrheit *hatten* wir ursprünglich alles in dieses Kapitel geschrieben, was Sie über HTML5 wissen müssen (und was nicht in den anderen Kapiteln steht), indem wir die Schriftgröße auf 0,00004 Punkt verkleinert hatten. Es passte alles rein, aber leider konnte es niemand lesen. Deswegen haben wir das meiste wieder gestrichen und nur die besten Teile für diesen Top Ten-Anhang behalten. Das ist *wirklich* das Ende des Buchs – bis auf den Index natürlich (ein Muss für alle Leser!).

Modernizr und Audio

#1 Modernizr

Eines ist Ihnen sicherlich aufgefallen an diesem Buch: Wenn Sie die Unterstützung für eine bestimmte API im Browser ermitteln möchten, gibt es dafür keine einheitliche Lösung. Fast jede API wird anders geprüft. Für Geolocation suchen wir beispielsweise nach dem Geolocation-Objekt als Eigenschaft des Navigator-Objekts. Für Web Storage überprüfen wir, ob localStorage im Window-Objekt definiert ist, für die Video-API sehen wir dagegen nach, ob wir ein Video-Element im DOM erstellen können usw. Dafür gibt es doch sicherlich eine bessere Möglichkeit!?

Modernizr ist eine Open Source-JavaScript-Bibliothek, die eine einheitliche Schnittstelle für die Ermittlung der Browserunterstützung bietet. Modernizr kümmert sich um die Einzelheiten bei der Bestimmung und berücksichtigt sogar alle Sonderfälle mit älteren Browsern. Die Homepage von Modernizr finden Sie unter http://www.modernizr.com/.

Modernizr findet die breite Unterstützung vieler Entwickler und ist im Internet weit verbreitet. Wir raten Ihnen eindeutig dazu!

Modernizr in Seiten einbinden

Damit Sie Modernizr verwenden können, müssen Sie die entsprechende JavaScript-Bibliothek in Ihrer Seite laden. Besuchen Sie zuvor die Modernizr-Webseite unter http://www.modernizr.com/download/, wo Sie genau die benutzerdefinierte Bibliothek zusammenstellen können, die nur den Code enthält, den Sie auch tatsächlich brauchen (Sie können natürlich auch alles herunterladen). Speichern Sie die Bibliothek anschließend in einer beliebigen Datei und laden Sie sie in Ihrer Seite (zusätzliche Anleitungen und die Dokumentation finden Sie auf der Modernizr-Webseite).

Unterstützung überprüfen

Sobald Sie Modernizr installiert haben, funktioniert die Überprüfung von HTML5-Elementen und JavaScript-APIs wesentlich einfacher und direkter:

Hier prüfen wir auf einheitliche Weise auf Geolocation, Web Storage und Video.

Hinweis: Modernizr kann weit mehr als nur APIs ermitteln, es unterstützt auch CSS-Funktionen, Video-Codecs und viele andere Dinge. Daher: unbedingt ansehen!

```
if (Modernizr.geolocation) {
    console.log("Sie haben Geo!");
}
if (Modernizr.localstorage) {
    console.log("Sie haben Web Storage!");
}
if (Modernizr.video) {
    console.log("Sie haben Video!");
}
```

#2 Audio

HTML5 bietet Ihnen standardisierte Möglichkeiten, mit dem `<audio>`-Element in Ihren Seiten Audio ohne Plug-ins wiederzugeben:

```
<audio src="song.mp3" id="boombox" controls>
    Keine Audiounterstützung in Ihrem Browser.
</audio>
```

Kommt Ihnen das bekannt vor? Audio funktioniert ähnlich wie Video (natürlich ohne Bild).

Zusätzlich zum `<audio>`-Element gibt es auch eine entsprechende Audio-API, die erwartungsgemäß die Methoden `play`, `pause` und `load` unterstützt. Das sollte Ihnen bekannt vorkommen, weil die Audio-API (soweit möglich) der Video-API sehr ähnlich ist. Audio unterstützt auch viele der Eigenschaften, die Sie von der Video-API kennen, z. B. `src`, `currentTime` und `volume`. Hier ein bisschen Audiocode, damit Sie ein Gefühl dafür entwickeln können, wie Sie die API in einer Seite verwenden können:

```
var audioElement =
    document.getElementById("boombox");
audioElement.volume = .5;
audioElement.play();
```

Referenz auf das Audio-Element holen, die Lautstärke auf 1/2 setzen und mit der Wiedergabe beginnen.

Wie bei Video implementiert jeder Browser eigene Steuerelemente für die Audiowiedergabe (üblicherweise bestehend aus einem Fortschrittsbalken sowie Steuerelementen für Wiedergabe, Pause und Lautstärke).

Trotz der einfachen Funktionalität bieten das Audio-Element und die API volle Kontrolle. Wie in unserem Video-Beispiel können Sie interessante Apps erstellen, indem Sie die Browsersteuerelemente ausblenden und die Audiowiedergabe selbst in Ihrem Code steuern. Mit HTML5 können Sie das nun auch, ohne einen Plug-in verwenden (und lernen) zu müssen.

Standard für Audiocodierung

Traurigerweise gibt es wie bei Video auch keine Standardcodierung für Audio. Drei Formate sind derzeit beliebt: MP3, WAV und Ogg Vorbis. Sie werden feststellen, dass die Unterstützung für diese Formate in der Browserlandschaft recht unterschiedlich ausfällt (als wir dieses Buch geschrieben haben, war Chrome der einzige Browser, der alle drei Formate unterstützt).

#3 jQuery

jQuery ist eine JavaScript-Bibliothek, die den JavaScript-Code sowie die Syntax für die Arbeit mit dem DOM, mit Ajax und den visuellen Effekten in Ihren Seiten reduziert und vereinfacht. jQuery ist extrem beliebt, wird häufig eingesetzt und ist durch sein Plug-in-Modell erweiterbar.

Erinnern Sie sich? Ajax ist nur ein Name für XMLHttpRequest, den wir in Kapitel 6 verwendet haben.

Es gibt nichts, was Sie mit jQuery tun können, was Sie nicht auch sonst mit JavaScript machen könnten (wie gesagt: jQuery ist lediglich eine JavaScript-Bibliothek). Allerdings können Sie dadurch die Menge Ihres Codes erheblich verringern.

Die Beliebtheit von jQuery spricht für sich, allerdings kann es anfangs ein bisschen dauern, bis Sie sich daran gewöhnt haben. Wir sehen uns an dieser Stelle einige Dinge an, die Sie mit jQuery tun können. Falls Sie der Meinung sind, dass jQuery das Richtige für Sie ist, sollten Sie sich damit näher beschäftigen.

Praktische jQuery-Kenntnisse sind heutzutage eine gute Qualifikation an der Arbeitsfront – und um den Code anderer Programmierer zu verstehen.

Erinnern Sie sich an die ganzen window.onload-Funktionen, die wir in diesem Buch geschrieben haben? Zum Beispiel:

```
window.onload = function() {
    alert("Seite wurde geladen!");
}
```

So sieht dasselbe mit jQuery aus:

```
$(document).ready(function() {
    alert("Seite wurde geladen!");
});
```

Wie auch bei unserer Version wird die Funktion aufgerufen, sobald das Dokument vollständig geladen ist.

Sie können den Code sogar noch weiter kürzen:

```
$(function() {
    alert("Seite wurde geladen!");
});
```

Das ist cool, aber wie gesagt ein bisschen gewöhnungsbedürftig. Keine Sorge, das geht Ihnen schnell in Fleisch und Blut über.

Aber wie können Sie Elemente aus dem DOM abrufen? An dieser Stelle beginnt jQuery wirklich zu glänzen. Angenommen, Sie haben einen Anker mit der ID »jetztkaufen« in Ihrer Seite und möchten ihm einen click-Handler für das click-Event dieses Elements zuweisen (wie wir das häufiger in diesem Buch getan haben). Mit jQuery geht das so:

Was passiert hier? Wir richten eine Funktion ein, die aufgerufen wird, wenn die Seite vollständig geladen wurde.

```
$(function() {
    $("#jetztkaufen").click(function() {
        alert("Ich will kaufen!");
    });
});
```

Als Nächstes schnappen wir uns den Anker mit der ID »jetztkaufen« (beachten Sie, dass jQuery für die Auswahl von Elementen die CSS-Syntax verwendet).

Und dann rufen wir mit dem Ergebnis die jQuery-Methode »click« auf, um den onclick-Handler festzulegen.

Was übrig bleibt

Das ist noch nicht alles. Wir können auch einen click-Handler für *alle Anker* auf der Seite festlegen:

```
$(function() {
    $("a").click(function() {
        alert("Ich will kaufen!");
    });
});
```

→ Dazu verwenden wir einfach nur den Tag-Namen.

← Vergleichen Sie das mit dem Code, den Sie mit JavaScript ohne jQuery schreiben müssten.

Sie können auch wesentlich kompliziertere Dinge tun:

```
$(function() {
    $("#playlist > li").addClass("favorit");
});
```

→ Beispielsweise alle <li>-Elemente finden, die Kind-Elemente des Elements mit der ID »playlist« sind.

→ Und die Klasse »favorit« hinzufügen.

↳ Und das ist nur eine Aufwärmübung – jQuery kann noch wesentlich raffiniertere Dinge tun!

jQuery hat auch eine andere Seite, mit der Sie interessante Transformationen mit den Elementen Ihrer Benutzeroberflächen vornehmen können:

```
$(function() {
    $("#sonderangebot").toggle(function() {
        $(this).animate({ backgroundColor: "yellow" }, 800);
    },function() {
        $(this).animate({ backgroundColor: "white" }, 300);
    });
});
```

← Dadurch wird das Element mit der ID »sonderangebot« abwechselnd gelb und 800 Pixel breit bzw. weiß und 300 Pixel breit dargestellt. Der Übergang zwischen diesen beiden Zuständen wird außerdem animiert.

Wie Sie sehen, können Sie eine Menge mit jQuery machen. Und wir haben noch nicht mal darüber gesprochen, wie jQuery mit Webservices kommuniziert – oder über die ganzen Plug-ins, die es für jQuery gibt. Am besten steuern Sie mit Ihrem Browser einfach http://jquery.com/ an und werfen dort mal einen Blick in die Anleitungen und in die Dokumentation.

↳ Und lesen Sie »jQuery von Kopf bis Fuß«!

#4 XHTML ist tot, lang lebe XHTML

Wir sind ziemlich hart mit XHTML in diesem Buch umgesprungen – erst die Diskussion »XHTML ist tot«, dann »JSON kontra XML«. Was XHTML angeht, gehört lediglich XHTML 2 und später der Vergangenheit an. Sie können auch HTML5 im Stil von XHTML schreiben, wenn Sie das möchten. Wozu? Vielleicht müssen Sie Ihre Dokumente als XML validieren oder transformieren. Oder Sie möchten XML-Technologien wie etwa SVG (siehe #5) unterstützen, die mit HTML zusammen funktionieren.

Wir sehen uns ein einfaches XHTML-Dokument an und gehen Schritt für Schritt die wichtigsten Punkte durch (wir könnten niemals auf alles eingehen, was zu diesem Thema wichtig ist – wie alles bei XML wird es schnell kompliziert).

```
<!DOCTYPE html>                                    ← Derselbe Doctype!
<html xmlns="http://www.w3.org/1999/xhtml">        ← Das ist XML, wir brauchen
   <head>                                            einen Namespace!
      <title>Sie sind toll!</title>
      <meta charset="UTF-8" />                    ← Alle Elemente müssen wohlgeformt sein.
   </head>                                           Beachten Sie das »/><«, mit dem wir dieses
   <body>                                            leere Element schließen.
      <p>Irgendwie mag ich XHTML!</p>
      <svg xmlns="http://www.w3.org/2000/svg">   ← Wir zeichnen ein Rechteck
         <rect stroke="black" fill="blue" x="45px" y="45px"    in unsere Seite mit SVG
               width="200px" height="100px" stroke-width="2" />  – mehr dazu unter #5
      </svg>                                                     (nächste Seite).
   </body>                   ← Wir können XML direkt in die
</html>                        Seite einbetten. Irgendwie cool.
```

Hier einige Dinge, die Sie für Ihre XHTML-Seiten berücksichtigen müssen:

Alle Elemente schließen, Anführungszeichen für Attributwerte, korrekte Verschachtelung aller Elemente usw.

- Die Seite muss wohlgeformtes XML sein.

- Ihre Seiten müssen mit dem MIME-Type `application/xhtml+xml` bereitgestellt werden. Dazu müssen Sie sicherstellen, dass Ihr Server diesen Typ liefert (bitte nachlesen oder Ihren Administrator ansprechen).

- Geben Sie den XHTML-Namespace im `<html>`-Element an (siehe oben).

Wie gesagt, Sie müssen noch eine ganze Menge mehr über XML wissen und dabei beachten. Wie immer bei XML – möge die Macht mit Ihnen sein!

#5 SVG

Scalable Vector Graphics – kurz SVG – ist neben Canvas eine weitere Möglichkeit, Grafiken nativ in Ihre Webseiten zu integrieren. SVG gibt es schon seit einiger Zeit (seit 1999 oder so) und wird in allen aktuellen Versionen aller gängigen Browser unterstützt – einschließlich IE9 und später.

Im Gegensatz zu Canvas, mit dem Sie – wie Sie bereits wissen – über JavaScript Pixel auf eine Bitmap-Zeichenoberfläche zeichnen können, werden SVG-Grafiken mit XML definiert. »XML?«, fragen Sie. Ja, XML! Sie erstellen Elemente, die Grafiken abbilden. Und diese Elemente können Sie in komplizierten Gebilden zusammensetzen, um Szenen aufzubauen. Hier ein sehr einfaches SVG-Beispiel:

```
<!DOCTYPE html>
<html xmlns="http://www.w3.org/1999/xhtml">
<head>
  <title>SVG</title>
  <meta charset="utf-8" />
</head>
<body>
  <div id="svg">
    <svg xmlns="http://www.w3.org/2000/svg">
      <circle id="circle"
              cx="50" cy="50" r="20"
              stroke="#373737" stroke-width="2"
              fill="#7d7d7d" />
    </svg>
  </div>
</body>
</html>
```

Wir verwenden XHTML-artiges HTML5, weil wir SVG nutzen, das XML-basiert ist.

Wir verwenden das <svg>-Element direkt in unserem HTML!

Unser SVG ist einfach: Es enthält lediglich einen Kreis an Position x = 50, y = 50 mit dem Radius 20 …

… sowie einer Strichstärke von 2 Pixel in dunkelgrauer Farbe …

… und einer mittelgrauen Füllung.

Sie können dieses circle-Element wie jedes andere Element aus dem DOM abrufen und alle möglichen Dinge damit anstellen, z. B. einen click-Handler hinzufügen und das fill-Attribut des Kreises in »red« ändern, wenn Benutzer darauf klicken.

SVG definiert eine Vielzahl grundlegender Formen wie z. B. Kreise, Rechtecke, Polygone, Linien usw. Wenn Sie kompliziertere Formen zeichnen möchten, können Sie mit SVG auch beliebige Pfade angeben – ab diesem Punkt wird natürlich alles etwas komplizierter (wie Sie bereits mit Pfaden in Canvas gesehen haben). Allerdings gibt es auch Grafikeditoren, mit denen Sie eine Szene zeichnen und als SVG exportieren können, um Ihnen das Kopfzerbrechen beim Erstellen der Pfade zu ersparen!

Was so toll ist an SVG? Nun, eine der schönen Seiten an SVG ist, dass Sie Ihre Grafiken so groß oder klein skalieren können, wie Sie möchten, ohne dass sie pixelig werden – im Gegensatz zu JPEG- oder PNG-Bildern. Dadurch lassen sich solche Grafiken in verschiedenen Szenarien einfach wiederverwenden. Und da SVG als Text angegeben wird, können SVG-Dateien gesucht, indiziert, programmiert und komprimiert werden.

Wir haben gerade mal an der Oberfläche von SVG gekratzt – also forschen Sie bei Interesse weiter in dieser Richtung!

Offline-Web-Apps und Web Sockets

#6 Offline-Web-Apps

Wenn Sie ein Smartphone oder ein Tablet haben, greifen Sie wahrscheinlich von unterwegs auf das Internet zu – mit Wi-Fi und Mobilfunk – und sind fast immer online. Aber was ist, wenn Sie nicht online sind? Wäre es nicht klasse, wenn Sie trotzdem diese tollen HTML5-Apps nutzen könnten, die Sie entwickelt haben?

Mittlerweile geht das! Offline-Webanwendungen werden von allen modernen Browsern für Desktop- und mobile Geräte unterstützt (einzige Ausnahme: IE).

Wie Sie Ihre Webanwendung offline zur Verfügung stellen können? Sie erstellen eine *Cache-Manifest*-Datei mit einer Liste aller Dateitypen, die Ihre App zum Funktionieren braucht. Der Browser lädt daraufhin alle diese Dateien herunter und greift auf die lokalen Dateien zu, wenn Ihr Gerät offline ist. Um Ihre Webseite auf die Manifest-Datei aufmerksam zu machen, fügen Sie einfach den Namen der Cache-Manifest-Datei in Ihr `<html>`-Tag ein:

```
<html manifest="notizansie.manifest">
```

Eine Offline-Web-App können Sie auch verwenden, wenn Sie nicht online sind!

Und das enthält die Datei *notizansie.manifest*:

```
CACHE MANIFEST
CACHE:
notizansie.html
notizansie.css
notizansie.js
```

← Jede Cache-Manifest-Datei muss so anfangen.

← Im Abschnitt CACHE geben Sie alle Dateien an, die im Cache abgelegt werden sollen: HTML, CSS, JavaScript, Bilder usw.

Diese Datei sagt: Wenn du die Webseite besuchst, die auf diese Datei verweist, lade alle Dateien herunter, die im Abschnitt `CACHE` aufgeführt sind. Außerdem können Sie zwei weitere Abschnitte in die Datei einfügen: `FALLBACK` und `NETWORK`. `FALLBACK` gibt an, welche Datei verwendet werden soll, wenn Sie auf eine Datei zugreifen, die sich nicht im Cache befindet. `NETWORK` gibt an, welche Dateien niemals im Cache zwischengespeichert werden sollen (z. B. Tracking-Ressourcen für Besucher).

Bevor Sie damit spielen können, müssen Sie noch zwei Dinge wissen: Erstens muss der Webserver auch den MIME-Type für Cache-Manifest-Dateien korrekt bereitstellen (wie z. B. Videodateien in Kapitel 8). Auf einem Apache-Server müssten Sie beispielsweise die folgende Zeile in die *.htaccess*-Datei im Wurzelverzeichnis Ihrer Webseite einfügen:

```
AddType text/cache-manifest .manifest
```

Außerdem müssen Sie wissen, dass das Testen von Offline-Webanwendungen verzwickt ist! Wir empfehlen Ihnen, eine gute Referenz zu diesem Thema zu studieren und die HTML5-Spezifikation über Offline-Webanwendungen zu lesen.

Sobald der Cache grundlegend funktioniert, können Sie sich in JavaScript über Cache-Events benachrichtigen lassen, wenn z. B. eine Cache-Manifest-Datei aktualisiert wurde oder sich der Status des Caches ändert. Dazu müssen Sie lediglich Event-Handler zum Objekt `window.applicationCache` hinzufügen:

```
window.applicationCache.addEventListener("error", fehlerHandler, false);
```

Implementieren Sie fehlerHandler, um über Cachefehler benachrichtigt zu werden.

538 Anhang

#7 Web Sockets

Wir haben uns in diesem Buch mit zwei Kommunikationsmöglichkeiten beschäftigt: XMLHttpRequest und JSONP. In beiden Fällen verwenden wir ein auf HTTP basierendes Request/Response-Modell: Der Browser fordert zunächst die Webseite, CSS und JavaScript an. Immer wenn wir zusätzlich etwas brauchen, machen wir mit XMLHttpRequest oder JSONP eine weitere Anfrage. Wir haben sogar manchmal Anfragen gestellt, wenn es gar keine neuen Daten für uns gab – z. B. bei Kaukugel & Co.

Web Sockets ist eine neue API, mit der Sie eine Verbindung mit einem Webservice offen halten können, sodass Ihnen der Service jederzeit neue Daten schicken kann, sobald sie verfügbar sind (Ihr Code kann darüber benachrichtigt werden). Das ist quasi wie eine bestehende Telefonverbindung zwischen Ihnen und dem Service.

Hier ein kurzer Überblick über Web Sockets. Zuerst erstellen wir mit dem WebSocket-Konstruktor einen neuen Web Socket:

```
var socket = new WebSocket("ws://ihredomain/ihrservice");
```

> Beachten Sie, dass diese URL das Protokoll ws statt http verwendet.

> Und denken Sie daran, dass entweder Sie oder jemand anderer den Servercode schreiben muss, damit Sie auch etwas zum Kommunizieren haben!

Sie können sich benachrichtigen lassen, sobald der Socket geöffnet wurde. Dazu können Sie dem open-Event einen Handler zuweisen:

```
socket.onopen = function(){
    alert("Socket zum Web Service geöffnet");
}
```

> Hier geben wir einen Handler an, der aufgerufen wird, wenn der Socket geöffnet wurde und zur Kommunikation bereitsteht.

Mit der postMessage-Nachricht können Sie eine Nachricht an den Webservice schicken:

```
socket.postMessage("Player nach rechts bewegt");
```

> Hier senden wir einen String an den Server. Binaries sind im Kommen, aber noch nicht weitreichend unterstützt.

Und um Nachrichten zu empfangen, registrieren Sie einen weiteren Handler:

```
socket.onmessage = function(event) {
    alert("Von Socket: " + event.data);
};
```

> Indem wir einen Handler registrieren, können wir Nachrichten empfangen. Diese stehen in der data-Eigenschaft des Events.

Natürlich hat es damit noch ein bisschen mehr auf sich, und Sie sollten einige Online-Anleitungen dazu lesen. Aber so viel umfangreicher ist die API nicht, sie hinkt in der Entwicklung ein bisschen hinter den anderen HTML5-APIs her. Insofern empfiehlt es sich, einen Blick auf den aktuellen Stand bezüglich der Browserkompatibilität zu werfen, bevor Sie sich auf ein größeres Projekt einlassen.

#8 Mehr zur Canvas-API

In Kapitel 7 hatten wir Spaß mit unserem TweetShirt-Start-up. Aber es gibt noch eine Menge anderer spaßige Dinge, die Sie mit dem Canvas tun können, und einige davon möchten wir hier streifen.

Wir haben am Rande erwähnt, dass Sie den Canvas-Kontext sichern und wiederherstellen können (mit `save` und `restore`). Wozu das Ganze? Angenommen, Sie haben einige Eigenschaften für den Kontext festgelegt, wie etwa `fillStyle`, `strokeStyle`, `lineWidth` usw. Eventuell möchten Sie einige dieser Werte vorübergehend ändern, um beispielsweise eine bestimmte Form zu zeichnen. Damit Sie danach nicht wieder alle Eigenschaftswerte zurücksetzen müssen, können Sie die Methoden `save` und `restore` nutzen:

```
kontext.fillStyle = "lightblue";       ← Wir legen eine Reihe von Eigenschaften
...                                      im Kontext fest und zeichnen etwas.
kontext.save();                        ← Nun speichern wir den Kontext. Alle Eigenschaften
kontext.fillStyle = "rgba(50, 50, 50, .5)";   werden gesichert. Also können wir sie ändern ...
kontext.fillRect(0, 0, 100, 100);
kontext.restore();                     ← ... und anschließend wieder auf den ursprünglichen Wert
...                                      zurücksetzen, indem wir einfach die restore-Methode aufrufen!
                                         Ab diesem Punkt haben alle Eigenschaften wieder den gleichen
                                         Wert wie vor dem Speichern.
```

Diese Methoden sind insbesondere dann praktisch, wenn Sie das Canvas *verrücken* oder *rotieren* lassen möchten, um etwas zu zeichnen und es anschließend wieder an die Standardposition zurückzusetzen. Was machen die Methoden `translate` und `rotate`? Mal sehen ...

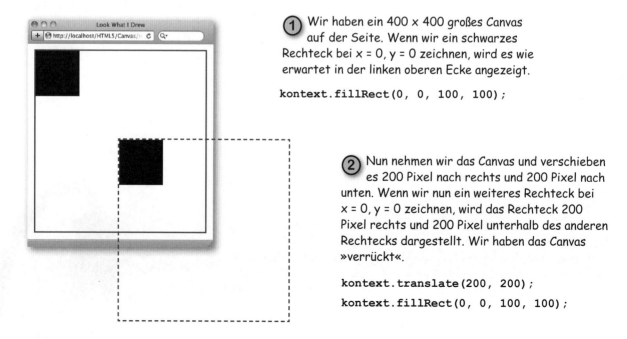

① Wir haben ein 400 x 400 großes Canvas auf der Seite. Wenn wir ein schwarzes Rechteck bei x = 0, y = 0 zeichnen, wird es wie erwartet in der linken oberen Ecke angezeigt.

```
kontext.fillRect(0, 0, 100, 100);
```

② Nun nehmen wir das Canvas und verschieben es 200 Pixel nach rechts und 200 Pixel nach unten. Wenn wir nun ein weiteres Rechteck bei x = 0, y = 0 zeichnen, wird das Rechteck 200 Pixel rechts und 200 Pixel unterhalb des anderen Rechtecks dargestellt. Wir haben das Canvas »verrückt«.

```
kontext.translate(200, 200);
kontext.fillRect(0, 0, 100, 100);
```

Was übrig bleibt

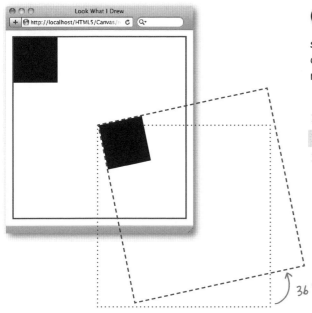

③ Was passiert, wenn wir das Canvas rotieren lassen, bevor wir das Rechteck zeichnen? Das Canvas rotiert standardmäßig an der linken oberen Ecke. Nachdem wir das Canvas an die Position 200, 200 verschoben haben, rotiert es also an dieser Stelle.

```
kontext.translate(200, 200);
kontext.rotate(gradInRadiant(36));
kontext.fillRect(0, 0, 100, 100);
```

Wenn Sie das Canvas verschieben oder rotieren lassen, wird es relativ zur linken oberen Ecke des Browserfensters positioniert. Haben Sie Ihr Canvas mit CSS positioniert, werden diese Werte berücksichtigt. Versuchen Sie's!

Jetzt alles zusammen! Sie können `translate` und `rotate` kombinieren und so interessante Effekte erzielen.

```
var canvas = document.getElementById("canvas");
var kontext = canvas.getContext("2d");
var grad = 36;

kontext.save();
kontext.translate(200, 200);
kontext.fillStyle = "rgba(50, 50, 50, .5)";

for (var i = 0; i < 360/grad; i++) {
  kontext.fillRect(0, 0, 100, 100);
  kontext.rotate(gradInRadiant(grad));
}
kontext.restore();
```

Wir speichern den Kontext an dieser Stelle, damit wir wieder zur ursprünglichen Rasterposition zurückkehren können, wenn wir fertig sind.

Wir verschieben unser Canvas um 200, 200.

Wir zeichnen 10 Rechtecke, wobei wir das Canvas bei jedem Schleifendurchlauf um 36° rotieren lassen und ein Rechteck an der Position 0, 0 zeichnen.

Jetzt befindet sich unser Canvas wieder an der ursprünglichen Position!

Hier das Ergebnis! Super!

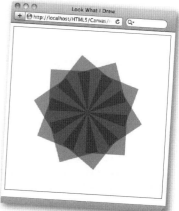

Verbinden Sie diese einfachen Transformationen mit noch leistungsfähigeren (und komplizierteren) Methoden, und Sie erhalten schier unbegrenzte Möglichkeiten, Grafiken mit dem Canvas zu kreieren.

Selectors-API und mehr

#9 Selectors-API

Sie wissen bereits, wie Sie mit `document.getElementById` Elemente aus dem DOM selektieren. Wir haben die Methode in diesem Buch immer wieder verwendet, um HTML und JavaScript zusammenarbeiten zu lassen. Sie haben auch gelernt, wie Sie `document.getElementsByTagName` verwenden (diese Methode liefert ein Array mit allen Elementen dieses Tags zurück), und es gibt sogar die Methode `getElementsByClassName` (die, wie Sie bereits vermuten werden, alle Elemente mit einer bestimmten Klasse zurückliefert).

Mit HTML5 gibt es nun aber auch eine neue Möglichkeit, Elemente aus dem DOM abzurufen – von jQuery inspiriert. Sie können mit denselben Selektoren, mit denen Sie in CSS Elemente stylen, Elemente über die Methode `document.querySelector` aus dem DOM auswählen.

Gehen wir von folgendem einfachen HTML aus:

```html
<!doctype html>
<html lang="de">
<head>
  <title>Selektoren</title>
  <meta charset="utf-8">
</head>
<body>
  <div class="inhalt">
    <p id="avatar" class="level5">Gorilla</p>
    <p id="farbe">Lila</p>
  </div>
</body>
</html>
```

← Sehen Sie sich die Struktur dieses HTML genau an. Wir werden mit der Selectors-API Elemente auf der Seite auswählen.

← Wir haben ein `<div>`-Element mit der Klasse »inhalt« und zwei `<p>`-Elemente mit unterschiedlichen IDs sowie eines mit der Klasse »level5«.

Nun bitten wir die Selectors-API um das `<p>`-Element »avatar«:

```
document.querySelector("#avatar");
```

Im Prinzip ist das dasselbe wie `document.getElementId("avatar")`.
Nun wählen wir das Element anhand seiner Klasse aus:

```
document.querySelector("p.level5");
```
← Hier verwenden wir den Tag-Namen und die Klasse.

Wie können auch ein `<p>`-Element auswählen, das ein Kind des `<div>`-Elements ist:

```
document.querySelector("div>p");
```

Oder sogar so:

```
document.querySelector(".inhalt>p");
```

← Hier wählen wir mit dem Kindselektor ein `<p>`-Element aus, das ein Kind Element des `<div>` ist. Standardmäßig wird das erste Element auf der Seite ausgewählt.

Und wenn wir wirklich *alle* `<p>`-Elemente im `<div>` auswählen möchten, können wir eine andere Methode der Selectors-API verwenden, `querySelectorAll`:

```
document.querySelectorAll("div>p");
```
← Nun erhalten wir alle `<p>`-Kind-Elemente des `<div>`!

`querySelectorAll` liefert genauso wie `getElementsByTagName` ein Array mit Elementen. Das war's! Das sind die einzigen beiden Methoden der API. Die Selectors-API ist klein, bietet aber leistungsfähige neue Funktionen zum Selektieren von Elementen.

Was übrig bleibt

#10 Es gibt noch mehr!

Okay, wir wollten es wirklich bei 10 Dingen belassen, die wir Ihnen noch nicht verraten haben. Anstatt Ihnen also noch lange den Weg zum Index zu versperren, verraten wir Ihnen gleich mehrere Dinge auf nur einer Seite (bedenken Sie, dass sich einige dieser Bereiche noch in der Entwicklung befinden, wir wissen aber, dass Sie sie zur späteren Verwendung kennen möchten).

Indexed Database-API und Web SQL

Wenn Sie nach einer professionelleren Möglichkeit zur lokalen Datenspeicherung suchen, als die Web Storage-API bietet, sollten Sie den Web Database-Bereich im Auge behalten. Derzeit gibt es zwei konkurrierende Visionen: Web SQL und IndexedDB. Ironischerweise ist Web SQL zwar weiter verbreitet, wurde aber von den Standardgremien für veraltet erklärt (Web SQL soll also nicht zum Standard erhoben werden, und Sie sollten nicht Ihr nächstes Start-up darauf aufbauen). IndexedDB ist weitgehend noch nicht implementiert, wird aber von Google und Firefox unterstützt. IndexedDB bietet schnellen Zugriff auf eine große Sammlung indizierter Daten, Web SQL ist eine kleine SQL-Engine, die im Browser läuft. Behalten Sie diese beiden Technologien im Auge – sie verändern sich schnell!

Drag and Drop

Webentwickler nutzen Drag and Drop seit einiger Zeit mit jQuery, doch jetzt ist diese Funktionalität nativer Bestandteil von HTML5. Mit der Drag and Drop-API können Sie in HTML5 festlegen, was gezogen und wo es abgelegt werden kann. JavaScript-Handler benachrichtigen Sie über die verschiedenen Events, die bei Drag and Drop auftreten. Um ein Element Drag and Drop-tauglich zu machen, müssen Sie lediglich für das `draggable`-Attribut den Wert true angeben. Beinahe jedes Element kann mit der Maus gezogen werden: Bilder, Listen, Absätze usw. Sie können das jeweilige Verhalten anpassen, indem Sie auf Events wie `dragstart` und `dragend` reagieren und sogar das Aussehen eines Elements während des Drag and Drop-Vorgangs anpassen. Mit der `dataTransfer`-Eigenschaft können Sie sogar eine kleine Menge an Daten zusammen mit dem Element übergeben, auf die Sie über das `event`-Objekts zugreifen können, wenn das Element z. B. verschoben oder kopiert wird. Wie Sie sehen, bietet Drag and Drop in HTML5 viele interaktive Möglichkeiten.

Cross-Document Messaging

In Kapitel 6 haben wir ein Kommunikationsmuster mit dem Namen JSONP angewendet, um die Cross-Domain-Kommunikationsprobleme von XMLHttpRequest zu umgehen. Es gibt noch eine weitere Möglichkeit, zwischen verschiedenen Dokumenten zu kommunizieren – sogar zwischen Dokumenten von verschiedenen Domains. Die Cross-Document Messaging-API sieht vor, dass Sie eine Nachricht an ein Dokument schicken können, das Sie mit einem `iframe`-Element geladen haben. Dieses Dokument kann sich sogar auf einer anderen Domain befinden. Natürlich würden Sie kein *x-beliebiges* Dokument in Ihr `iframe` laden, sondern nur von einer Domain, der Sie vertrauen und die auf Ihre Nachrichten reagiert. Als Ergebnis können Sie auf diese Weise Nachrichten zwischen zwei HTML-Dokumenten hin- und herschicken.

Wir könnten noch mehr schreiben ...

Das Spannende an HTML5 ist, dass so viele neue Funktionen mit einer solchen Geschwindigkeit entwickelt werden. Wir könnten noch mehr auf diese Seite schreiben, aber uns geht der Platz aus. Bleiben Sie unter `http://wickedlysmart.com` mit den neuesten HTML5-Entwicklungen auf dem Laufenden!

Was übrig bleibt

Der HTML5-Führer für neue Bauweisen

Hier in Webville haben wir vor Kurzem unsere Baurichtlinien erweitert und einen praktischen Leitfaden für Ihre nächsten Bauprojekte vorbereitet. Wir stellen insbesondere neue semantische Elemente vor, die Ihnen mehr Möglichkeiten für die Architektur Ihrer Seiten bieten. Unser Führer ist nicht erschöpfend. Unser Ziel besteht vielmehr darin, Sie als erfahrenen Entwickler mit den neuen HTML5-Elementen und CSS3-Eigenschaften vertraut zu machen, damit Sie sie in den Webanwendungen dieses Buchs verwenden können, wenn Sie dazu bereit sind. Sollten Sie eine kurze Anleitung zu den semantischen Neuerungen von HTML5 brauchen, nehmen Sie einen – die Führer sind KOSTENLOS (natürlich nur für kurze Zeit).

Semantische Elemente in HTML5

Webville-Führer für semantische HTML5-Elemente

Hier in Webville haben wir kürzlich Änderungen an unseren Bauvorschriften vorgenommen und einen praktischen Führer für neue Bauprojekte entwickelt. Wenn Sie bisher <div> für typische Bauelemente wie Header, Navigation, Fußzeilen und Blog-Artikel verwendeten, haben wir nun einige neue Bausteine für Sie. Halten Sie sich an die neuen Vorschriften!

`<section>`

Eine <section> ist ein »generisches Dokument«. Mit <section> können Sie beispielsweise das Markup für einen HTML-Führer schreiben oder das HTML für ein Spiel. <section> ist *kein* generischer Container – das ist die Aufgabe von <div>. Außerdem verwenden Sie weiterhin <div>, wenn Sie Elemente zum Stylen zusammenfassen.

`<article>`

Ein <article> ist ein eigenständiger Inhaltsblock, den Sie eventuell mit einer anderen Seite, Webseite (oder sogar Ihrem Hund) teilen können. Das perfekte Element für Blog-Beiträge und News-Artikel.

`<header>`

<header> dient als oberster Teil von Elementen wie <section> und <article>. Sie können <header> auch für den obersten Teil des Bodys als Hauptkopfzeile Ihrer Seite verwenden.

`<footer>`

<footer> ist für den Unterteil von Dingen wie <section>, <article> und <div> gedacht. Vielleicht glauben Sie, dass Sie nur einen pro Seite verwenden dürfen, aber Sie können ihn überall einsetzen, wo Sie eine Fußzeile für einen Seitenabschnitt brauchen (z. B. für eine Bibliografie oder Referenzen für einen Artikel).

`<hgroup>`

Das kann verzwickt sein. Im Gegensatz zum <header>-Element, das beliebige Elemente eines Headers enthalten kann, fasst <hgroup> ausschließlich Überschriften (<h1>...<h6>) innerhalb eines <header> zusammen. Gut für Gliederungen.

Was übrig bleibt

Webville-Führer für semantische HTML5-Elemente

<nav>

<nav> ist für Navigationen und Links gedacht. Aber nicht für irgendwelche Links: <nav> verwenden Sie für Gruppen von Links – für die Navigation Ihrer Webseite oder eine Blogroll –, nicht für einzelne Links in Absätzen.

<aside>

<aside> ist für alle möglichen Inhaltsblöcke außerhalb des Hauptflusses Ihrer Seite nützlich – wie etwa Seitenleisten, Textzitate oder nachträgliche Gedanken.

<time>

Endlich! Das wurde auch Zeit. Jetzt können Sie Zeitangaben mit <time> auszeichnen. Kein Grund zur Eile. Nehmen Sie sich Zeit und machen Sie es richtig. Sie müssen sich ein bisschen mit den gültigen Formaten für <time> vertraut machen.

<progress>

Fast fertig? Ja, wir machen Fortschritte mit diesen HTML5-Elementen ... <progress> zeigt an, wie weit Sie mit einer Aufgabe sind. Mit ein bisschen CSS und JavaScript können Sie hübsche Effekte erzielen.

<abbr>

Hallo Abk., verwenden Sie unbedingt eine Abkürzung für dieses lange Wort! Ausgezeichnet für Suchvorgänge, weil Suchmaschinen nicht immer so clever mit Abkürzungen umgehen wie wir.

<mark>

Mit <mark> können Sie Wörter markieren – um sie hervorzuheben oder zu bearbeiten. Praktisch für die Verwendung bei Suchmaschinenergebnissen.

Sie sind hier ▶ **547**

Neuer Stil für neue Bauten mit CSS3

Webville-Führer für CSS3-Eigenschaften

Nachdem Sie jetzt mit den neuen Bausteinen vertraut sind, wird es Zeit, sich Gedanken über die Innenausstattung zu machen. Schließlich soll Ihre neue Konstruktion doch auch gut aussehen, oder?

Neue Eigenschaften

Es gibt einige neue Eigenschaften in CSS3, von denen viele genau das tun, was Webseitenautoren jahrelang unter verschiedenen Verrenkungen mit HTML, Bildern und JavaScript getan haben:

```
opacity: 0.5;
```
← Macht ein Element zu 50% transparent.

```
border-radius: 6px;
```
← Rundet alle Ecken mit einer 6px-Krümmung ab.

```
box-shadow: 5px 5px 10px #373737;
```
← Ein Schatten: 5px lang, 5px hoch, 10px Weichzeichnung in Dunkelgrau.

Neue Layouts

Es gibt einige neue leistungsfähige Möglichkeiten, das Layout Ihrer Seiten mit CSS zu gestalten, die weit über die Positionierung hinausgehen und wesentlich einfacher sind. Beispiele:

```
display: table;
display: table-cell;
```
} Dadurch erhalten Sie ein Tabellenlayout ohne HTML-Tabellen.

```
display: flexbox;
flex-order: 1;
```
← Mit flexbox haben Sie mehr Kontrolle über den Fluss von Boxen auf der Seite, z. B. <div>.

Neue Animationen

Mit Animationen können Sie Übergänge zwischen Eigenschaftswerten animieren. So können Sie Elemente verschwinden lassen, indem Sie die Deckkraft von deckend nach transparent animieren:

```
transition: opacity 0.5s ease-in-out;
```
← Die transition-Eigenschaft gibt die gewünschte Eigenschaft für den Übergang an (in diesem Fall opacity), wie lange der Übergang dauern soll sowie die Art des Übergangs.

```
opacity: 0;
```
Indem wir opacity auf 0 setzen, z. B. bei einem hover-Event, können wir ein Element ein-/ausblenden.

Neue Selektoren

Es gibt eine Menge neuer Selektoren, darunter nth-child, mit dem Sie bestimmte Kind-Elemente eines Elements selektieren können. Endlich können Sie die Hintergrundfarbe von Tabellenzeilen abwechselnd gestalten, ohne wahnsinnig zu werden.

```
ul li:nth-child(2n) { color: gray; }
```
Das bedeutet: Gib jedem zweiten Listenelement einen grauen Hintergrund.

Index

Symbole

$ (Dollarzeichen)
    $( ) (jQuery-Funktion) 534
    JavaScript-Variablennamen beginnen mit 40, 42
2-D-Zeichenkontext, Canvas 292 *siehe auch* Canvas-API; Kontext, Canvas
    Definition 293
    abrufen 302
, (Komma), Objekteigenschaften trennen mit 132
{ } (geschweifte Klammern)
    Codeblöcke zusammenfassen 26
    Objekteigenschaften zusammenfassen 132
. (Punkt) Operator
    auf Objekteigenschaften zugreifen 133, 134
    Methoden aufrufen 151
// (Schrägstriche), Kommentare in JavaScript beginnen 39
+ (Pluszeichen)
    Additionsoperator oder Operator für String-Konkatenation 45
    Operator für String-Konkatenation 26
" " (doppelte Anführungszeichen)
    für codecs-Parameter des <source>-Elements 359
    für JavaScript-Eigenschaftswerte 133, 308
    für Leerstrings 26, 95, 108
    der Zeichenfolgen in JavaScript 39
; (Semikolon), JavaScript-Anweisungen abschließen 39
[ ] (eckige Klammern)
    Arrays erstellen und indizieren 67
    assoziative Arrays 424
    auf Objekteigenschaften zugreifen und auflisten 133, 160
    mit localStorage 424
_ (Unterstrich), JavaScript-Variablennamen beginnen mit 40, 42

A

AAC-Audio 357
<abbr>-Element 547
accuracy-Eigenschaft, coordinates-Objekt 190
accuracy, Standortinformationen 191
    enableHighAccuracy-Option 198
addEventListener-Methode 367
    Fehler-Handler aufrufen 406
    Listener für ended-Event (Video-Element) 386
    Play-Taste am Ende des Videos zurücksetzen 386
Additionsoperator (+) 45
addMarker-Funktion (Beispiel) 186
Adobe HTTP Dynamic Streaming 404
Adobe Premiere Elements 360
aktualisiereTweets, Callback-Funktion (Beispiel) 323
aktualisiereZahlen-Funktion (Beispiel) 230
als Wert übergeben 136
    Objektreferenz an Funktionen übergeben 136
altitude- und altitudeAccuracy-Eigenschaften, coordinates-Objekt 190, 197
anFensterAnpassen-Funktion (Beispiel) 517
Animationen, neue, in CSS3 548
anonyme Funktionen 128
    verwenden 129
Anweisungen 37
    beenden mit Semikolon 39
Apache
    auf Mac, PC und Linux 231
    Bereitstellung von Videodateien mit bestimmten Dateiendungen 371
APIs (Application Programming Interfaces) 15, 31
appendChild-Methode
    Element-Objekt 158
    in notizInDomEinfuegen-Funktion (Beispiel) 450
    ul-Objekt 101

Das ist der Index **549**

Apple HTTP Live Streaming 404

application/xhtml+xml, MIME-Type 536

arc-Methode, Canvas-Kontext 313
    Aufruf verstehen, Parameter auf Kreis dargestellt 317, 343
    Kreise zeichnen für T-Shirt-Design 319
    richtung, startWinkel und endWinkel 315
    x, y und radius (Parameter) 314
    zum Skizzieren eines bestimmten Pfads 316

Argumente, Funktion 120
    an Parameter übergeben 122, 162
    Objekte als 136

Arrays 67
    Anzahl der Elemente 68
    Elemente entfernen aus 73, 448
    Elemente hinzufügen 68
    erstellen und einer Variablen zuweisen 67
    Listenelemente füllen (Beispiel) 69
    localStorage-Objekt als assoziatives Array 424
    mit Objekten 134, 457
    mit Workers 508
    Probleme in localStorage lösen 439
    speichern in localStorage 440, 467
    Videowiedergabeliste 365
    Wert der Elemente abrufen 68, 303
    zum Speichern mehrerer Werte 75

<article>-Element 546

<aside>-Element 547

assoziative Arrays 424

Attribute, abrufen und festlegen 158
    eines Elements festlegen 379
    ID-Attribut der Haftnotizen 450

Audio 16, 533
    AAC und Vorbis (Codierung) 357
    Codecs 358
    Codierung von Videodateien 356
    Formate 357, 533
    Methoden und Eigenschaften der Audio-API 533

<audio>-Element 533

Aufgaben, Daten senden und empfangen mit Web-Workers (Fraktal Explorer-Beispiel) 512

Aufgepasst!
    alle Elemente aus lokalem Speicher löschen 435
    Browser ohne Unterstützung für onload-Eigenschaft von XMLHttpRequest 229
    Code-Fertiggericht funktioniert nicht in manchen Browsern 104
    Internet Explorer ohne Unterstützung für Web Workers vor IE10 482
    localStorage und Browserprobleme mit file:// 422
    QuickTime erforderlich für Wiedergabe von MP4-Video in Safari 371
    Schnappschuss von Canvas, Code ausführen über file:// 347
    schnelle Änderungen der Videounterstützung in Browsern 411
    Server erforderlich zum Testen des Geolocation-Codes auf mobilen Geräten 179
    Sicherheitsbeschränkungen in Chrome verhindern Ausführung von Web Workers aus Datei 482
    sicherstellen, dass Server Videodateien mit korrektem MIME-Type bereitstellt 371
    Speichergrenze für localStorage überschreiten 459
    Workaround für Browser ohne Unterstützung der onload-Eigenschaft von XMLHttpRequest 241
    Zugriff auf Seiten über file://, Sicherheitsbeschränkungen in Chrome 371

Auflisten der Eigenschaften eines Objekts 133

Aufrufen von Funktionen 116
    mit Argumenten 120

Ausdrücke 39, 43
    auswerten 44, 77
    Typkonvertierung 45

autoplay-Attribut, <video>-Element 353, 354

B

beauftrageWorker-Funktion (Beispiel) 514, 518

Bedingungen 37
    in while- und for-Schleifen 47
    while-Schleifen 46

beginPath-Methode, Canvas-Kontext 311, 319

beobachteStandort-Funktion (Beispiel) 194

beobachteStandort-Methode, Geolocation-Objekt 190, 192, 194, 207
    Standortaktualisierungen steuern 197
    zu viele Aufrufe von zeigeStandort 206

beobachtungsId, Variable (Beispiel) 194

berechneEntfernung-Funktion (Beispiel) 180

Bewegungen, mitverfolgen 192–198
    Formular zum Starten und Stoppen der Beobachtung 193
Bild vom T-Shirt-Design auf Canvas machen 347
»Bitmap«-Zeichnung auf Canvas 336
<body>-Element, <script>-Element einfügen 53
Boolesche 40
    Boolesche Ausdrücke 43
        Bedingungen in for- und while-Anweisungen 47, 49
        für Entscheidungen in JavaScript 49
    true und false (Werte) 39
border-radius-Eigenschaft 548
box-shadow-Eigenschaft 548

-Element 26
Browser
    Ausweichlösungen für Video 362
    Cache und wiederholte JSONP-Anfragen 272, 277
    Canvas an Fenster anpassen, Fraktal Explorer (Beispiel) 517
    Canvas-Unterstützung ermitteln 293
    Code ausführen, wenn Seite vollständig geladen ist 64
    Cross-Browser-Kompatibilität von HTML-Seiten 20
    Daten speichern in localStorage 104
    Daten speichern mit localStorage 108
    Entwicklertools für localStorage 434
    Geolocation-Unterstützung ermitteln 174
    Geschichte des Browserspeichers 414–416
    Hintergrundaufgaben 95
    HTML einlesen und DOM aufbauen 57, 81
    HTML-Dokumente laden und anzeigen 14
    localStorage funktioniert nicht über file:// 422
    localStorage-Kapazität 420
    localStorage-Kapazität überschritten 458
    Methoden zur Standortermittlung 170
    mobile Geräte, Canvas-Unterstützung 335
    ohne <canvas>-Unterstützung, darin enthaltenen Text anzeigen 295
    ohne HTML5-Funktionen, Alternativlösung für 19
    Sicherheitsrichtlinie 244
    Steuerelemente für HTML-Video 355
    unterstützte Videocodierungen 358
    unterstützte Videoformate für in JavaScript geladene Filme ermitteln 368
    Unterstützung ermitteln, Modernizr-Bibliothek 532
    Unterstützung für Audiocodierungen 533
    Unterstützung für HTML5 17
    Unterstützung für Offline-Web-Apps 538
    Unterstützung für Web Workers 482
    Unterstützung für XMLHttpRequest, onload-Eigenschaft 239
    Ursprungsrichtlinie für Video 408
    Videodateiformate 352
    Videounterstützung ermitteln 361, 411
    Web Storage-Unterstützung 422
    Workers erstellen 478
buttonClickHandler-Funktion (Beispiel) 90
    ausführen, wenn Benutzer die Schaltfläche klicken 93
    der onclick-Eigenschaft zuweisen 91
    <li>-Kind-Element erstellen und in DOM einfügen 101
    Songtitel abzufragen 94, 96
    überarbeiten, um den vom Benutzer eingegebenen clickHandler-Funktion (Beispiel) 515, 516
buttonsAnAus, Hilfsfunktion 376, 379, 384

C

Cache, Browser 272, 277
Cache-Manifest-Datei für Offline-Webanwendungen 538
Callbacks 254, 277
    Tweets von Twitter abrufen 322
CamelCase in Variablennamen mit mehreren Worten 42
canPlayType-Methode, Video-Objekt 368–374
    als Videoanzeige verwenden 408
    Aufruf der fillBackgroundColor-Funktion 307
    Browser ohne Unterstützung für Canvas 295
    <canvas>-Element für Fraktal Explorer (Beispiel) 503, 514
    <canvas>-Element in Seite einfügen 286
    <canvas>-Element vs. SVG-Grafiken 537
    Canvas an Browserfenster anpassen, Fraktal Explorer (Beispiel) 517
    Canvas sichtbar machen, mit Rahmen versehen mit CSS 288
    Canvas-API 16, 281–348, 540
    Canvas-Kontext speichern und wiederherstellen 540
    click-Handler für Canvas in Fraktal Explorer (Beispiel) 515
    Codemagneten 327, 345
    drawImage-Methode 333
    Es gibt keine Dummen Fragen 289, 293, 308, 335

fillStyle-Eigenschaft des Canvas-Kontext 308
Formular für Oberfläche der T-Shirt-App 298
Hintergrundfarbe des Canvas vor dem Zeichnen neuer Quadrate 306
Implementierung der T-Shirt-Design-App überprüfen 296
Kreuzworträtsel 340, 346
»maybe«, aber Wiedergabe funktioniert nicht 371
mittels Pfaden Linien zeichnen und Formen mit Farben füllen, Übung 312, 343
Pseudocode-Magneten, Übung 303, 342
Puffer implementieren 395–398
Smiley zeichnen 321, 344
SPIELEN Sie Browser
    Aufruf der arc-Methode 317, 343
Spitzen Sie Ihren Bleistift, Übung
    nur neue Quadrate in Vorschau anzeigen 306, 342
    zeichneText-Funktion 330
T-Shirt-Design-App 282
Text zeichnen 325–332, 345
Text-Methoden und -Eigenschaften 328
translate und rotate Canvas 540
Trennung von Darstellung und Inhalt 326
Videoformat für Browser ermitteln 369
Videoverarbeitung mit 392–394
zeichneVogel-Funktion, Übung 334, 346
zeichnen auf dem Canvas 290–294
    Kreise 309–317
    mit Pfaden Formen mit Linien zeichnen 311
    zeichneQuadrat-Funktion schreiben 304
    zufällige Kreise für T-Shirt-Design-App 318
Zusammenfassung wichtiger Punkte 338
<canvas>-Element
    Bürogespräch über das <canvas>-Element 285
    in Webseite einfügen 286
    Partnerschaft mit dem <video>-Element 339, 388
    Rahmen mit CSS 288
childElementCount-Eigenschaft, Elementobjekt 158
Chrome 20 *siehe auch* Browser
    HTML5-Unterstützung 18
    Ogg/Theora-Video 357
    Sicherheitsbeschränkungen für Video+Canvas 371
    Sicherheitsbeschränkungen für Web Workers 482
    .webm-Videodateien 352
    WebM/VP8-Video 357
class-Attribut, <anchor>-Element 379
clear-Methode, localStorage-Objekt 435

clearInterval-Methode 271
clearStorage-Funktion (Beispiel) 435
clearWatch-Methode 190
click-Events
    Handler einrichten in Canvas-Anwendung 302, 347
    Handler einrichten in Geolocation-Anwendung 194
    Handler für Haftnotiz-App einrichten 431, 435, 450
    Handler für Schaltfläche »Hinzufügen« 89
    Handler für Schaltflächen 108
    Handler für Video-App 376
    Handler mit jQuery einrichten 534
    Handler, der Benutzer auf Schaltflächenklicks hinweist 92
close()-Methode, Worker-Objekt 522, 524
closePath-Methode, Canvas-Kontext 312
Code wiederverwenden
    Funktionen 119
    Methoden 146
Codecs
    AAC-Audio 357
    codecs-Parameter des type-Attributs des <source>-Elements 359
    Definition 358
    H.264-Video 357
    Haupttypen 356
    Theora-Video 357
    Vorbis-Audio 357
    VP8-Video 357
Container 356
    Definition 358
    in src-Attribut des <source>-Elements 359
    MIME-Type für type-Attribut (<source>) 359
    MP4-Container 357
    Ogg-Container 357
    WebM-Container 357
Content Delivery Network (CDN), Codierungsservice 360
controls-Attribut, <video>-Element 354
Cookies 414–416
    Kamingespräch, Cookie und Local Storage 426
    problematische Gesichtspunkte 416
coordinates-Objekt 175, 207
    altitude- und altitudeAccuracy-Eigenschaften 197
    Eigenschaften 190
    latitude- und longitude-Eigenschaften 173, 175

coords-Eigenschaft, Positionsobjekt 190
coords-Objekt, latitude- und longitude-Eigenschaften 173
createElement-Methode, document-Objekt 99, 157, 335, 450
createTask-Funktion (Beispiel) 512
Cross-Document Messaging 543
Cross-Domain-Probleme mit XMLHttpRequest 243–252
CSS 31
    <canvas>-Element stylen, Rahmen hinzufügen 288
    Eigenschaftswerte 308
    für Haftnotizen 429
    neuer Standard für Styling 5
    Selektoren 542
    Video und Canvas positionieren mit 395
    Videokabine stylen 381
    width- und height-Attribut von <canvas> 289
CSS3 16, 28, 548
    Seiten stylen 14
currentTime-Eigenschaft, Audio-Objekt 533

D

Darstellung vom Inhalt trennen, Canvas 326
data-Eigenschaft, Event-Objekt 485, 524
dataTransfer-Eigenschaft, Event-Objekt 543
Date-Objekt, getTime-Methode 140, 272, 442
dateiEndung, Funktion (Beispiel) 369, 370
    in Code für Videokabine integrieren 383
Dateiendungen für Video 352, 369
datenHandler-Funktion (Beispiel) 265, 267, 272
    Parameter letzterbericht 275
Datentypen
    dynamische Typen in JavaScript 39
    Konvertierung in JavaScript 41, 45
    primitive Typen 40
    Variablen in JavaScript, kein Typenzwang 38
Definition von Funktionen, mit Parametern 120
Degradation, Graceful 19
<doctype>-Element 3
    Änderungen in HTML5 9, 31
    auslassen 9
    HTML 4.01 in HTML5 ändern 4

document-Objekt 56, 154
    createElement-Methode 99, 101, 335, 450
    Eigenschaften und Methoden 157
    getElementById-Methode 59, 157
    getElementsByTagName-Methode 270
    querySelectorAll-Methode 376, 542
    querySelector-Methode 542
    write-Methode 28
Dokumente, Cross-Document Messaging 543
Dollarzeichen ($)
    $( )-Funktion in jQuery 534
    JavaScript-Variablennamen beginnen mit 40, 42
DOM (Document Object Model) 14, 31, 54–65
    Element abrufen, erstellen, hinzufügen oder entfernen 66
    Elemente abrufen mit jQuery 534
    Elemente einfügen 100
    Elemente mit der Selectors-API auswählen 542
    Elemente nach Tag-Namen 270
    erstellen 55
    Es gibt keine Dummen Fragen 271
    für neue Songs der Wiedergabeliste aktualisieren 98, 110
    Haftnotizen aus localStorage einfügen 428, 430
    Haftnotizen entfernen 452
    HTML einlesen und DOM erstellen 81
    Interaktion mit JavaScript 54
    leeres <ul>-Element für <li>-Elemente mit den Songtiteln 97
    neue <script>-Elemente für kontinuierliche Datenaktualisierung erstellen 263, 267
    replaceChild-Methode 270
    <script>-Element für JSONP einfügen und ersetzen 268
    Spitzen Sie Ihren Bleistift, Übung 61
    Struktur und Inhalt 56
    Unmöglichkeit darauf zuzugreifen, bevor die Seite vollständig geladen ist 64
    Workers dürfen nicht darauf zugreifen 480
    Zusammenfassung wichtiger Punkte 108
domain-Eigenschaft, document-Objekt 157
Domains
    Cross-Origin-Probleme mit XMLHttpRequests 244–253
    localStorage pro Domain 422
    Ursprung, Verwaltung localStorage 422
doppelte Anführungszeichen *siehe* " ", unter Symbole

Drag and Drop-API 543
draggable-Attribut 543
drawImage-Methode, Canvas-Kontext 333
Dreiecke zeichnen auf Canvas 311
dynamische Typen in JavaScript 39

E

eckige Klammern ([ ])
    Arrays erstellen und indizieren 67
    auf Objekteigenschaften zugreifen 133
    mit localStorage 424
    und assoziative Arrays 424
Effekte 410
    auf Videos anwenden 389–391
    Auswahl, Videokabine 378
    mit den Methoden translate und rotate des Canvas-Kontexts 541
    Spezialeffekte für Video schreiben 399–404
effektFunktion
    für Videofilter aufrufen 397
    Variable für die Videofilter-Funktion 391
Eigenschaften 132
    Canvas-Kontext-Objekt 338
        fillStyle-Eigenschaft 308
        Texteigenschaften 328
    document-Objekt 154, 157
    Elementobjekt 158
    Geolocation-API 190
    jederzeit hinzufügen oder entfernen 135
    localStorage, length-Eigenschaft 424
    neu in CSS3 548
    Objekte als Sammlung von 131
    Video-Objekt 363
    Werte angeben in in JavaScript 308
    Window-Objekt 155
    zugreifen, Wert ändern, auflisten 133
Elemente
    abrufen mit getElementById 114, 157
    abrufen mit getElementByTagName 154
    abrufen mit getElementsByClassName 154
    abrufen mit getElementsByTagName 269
    Attribute festlegen mit setAttribute 267
    auswählen mit getElementById 59
    erstellen 99
    in DOM einfügen 100
Elementobjekte 158
    Ergebnis von getElementById-Methode 160
else-Klausel in if-Anweisungen 50
Eltern-Element
    im DOM 100
    Kind-Element einfügen 108
    Kind-Elemente hinzufügen mit appendChild 100, 101, 102
enableHighAccuracy-Option 198, 201
ended-Event, Video-Element 365
    Event-Listener für 386
    Handler für 367
endedHandler, Funktion (Beispiel) 386
Entfernung
    Berechnung 180
    Berechnung und Routenplanung 197
    Code für Berechnung schreiben 181
    Hinzufügen neuer Marker kontrollieren 209
Entwicklertools der Browser 434
Erfolgs-Handler, Geolocation-API 174, 175, 190
Ergebnisse von Workers
    Ergebnisse von Workers empfangen 485, 498
    in event.data-Eigenschaft gespeicherte 485
    in Fraktal Explorer verarbeiten (Beispiel) 514
    von Fraktal Explorer-Workers (Beispiel) 513
error-Eigenschaft, Video-Objekt 405
erzeugeBild-Funktion (Beispiel) 347
Es gibt keine Dummen Fragen
    Canvas 289, 293, 308
    Events und Handler 95
    Funktionen 121, 127
    Funktionen und Objekte 151
    Geolocation 166, 197
    HTML5 9, 20
    HTML5-Webanwendungen 284
    JavaScript 41, 47, 73
    JavaScript und HTML5-Technologien 28
    localStorage 422, 425, 433, 442, 445
    Mit dem Web sprechen 271
    Objekte 158
    Video 360, 371
    Web Workers 491

Event-Handler 89
- addEventListener-Methode, Event-Handler registrieren 367
- alert-Box, wenn auf eine Schaltfläche geklickt wurde 92
- buttonClickHandler überarbeiten, um den vom Benutzer eingegebenen Songtitel abzurufen 96
- clearWatch-Event-Handler 195
- datenHandler-Funktion 265
- Handler erstellen und der onclick-Eigenschaft einer Schaltfläche zuweisen 91
- Handler für ended-Event (Video) 386
- Handler für Schaltflächen der Videokabine 377
- Handler für Schnapschuss der Canvas-Zeichnung 347
- HTTP-Request-Handler 221
- onclick-Event-Handler
  - notizErstellen (Beispiel) 431
  - notizLoeschen (Beispiel) 450
- onclick-Event-Handler für Vergrößerung im Fraktal Explorer 515
- onload-Event-Handler für Kaukugel & Co. (Beispiel) 229
- onload-Event-Handler für Twitter-Vogel (Beispiel) 333
- onload-Handler als anonyme Funktion 156
- onmessage-Event-Handler für Web Sockets 539
- onmessage-Event-Handler für Worker 485
- onopen-Event-Handler für Web Sockets 539
- Schaltflächen: click-Handler 102
- Übersicht wichtiger Punkte 108
- von JavaScript behandelte Event-Typen 95
- vorschauHandler-Funktion (Beispiel) 302

Event-Objekt
- data- und target-Eigenschaft 485
- dataTransfer-Eigenschaft 543
- target-Eigenschaft 451

Events
- Cache, Benachrichtigung 538
- click-Event Anker 376
- click-Event Canvas 347, 383, 515
- click-Event Schaltfläche 90, 91, 92, 93
- dragstart und dragend 543
- Eigenschaften für Event-Handler in Objekten 154
- ended-Event Video 367, 386
- load-Event Bilder 333
- load-Event Request 221, 222, 229
- load-Event Window 64, 129, 155, 156, 158, 159
- Video 363

Exception, QUOTA_EXCEEDED_ERR 458, 468
extrahiereUhrzeit, Funktion (Beispiel) 140

F

false (Boolescher Wert) 39
Familie von Technologien 12, 29
- Funktion der Mitglieder 16, 33

Farben
- angeben in Canvas 338
- fillBackgroundColor-Funktion für Canvas-Kontext 307
- fillRect-Methode vs. fillStyle-Eigenschaft, Canvas-Kontext 308
- für fillStyle-Eigenschaft des Canvas-Kontext 304, 308
- für Haftnotizen 453–456
- Hintergrundfarbe für Zeilen in Listen abwechseln 548

Fehler-Handler
- für Cache-Fehler 538
- Geolocation-API 190, 207
  - für beobachteStandort 194
  - für getCurrentPosition 174, 177–179
- in Workers 522
- Videofehler 406

Fehler
- Browser übersieht kleine Fehler in HTML-Datei 9
- Fehlerbehandlung bei der Videowiedergabe 371
- Geolocation-API
  - Fehlertypen 178
  - timeout-Fehler 200
- JavaScript-Syntax 44
- kein XMLHttpRequest-Fehler, Antwortcode 200 239
- localStorage, Speicherlimit überschritten 458
- video-Fehler, Typen 405

Fenster
- Canvas an Browserfenster anpassen, Fraktal Explorer (Beispiel) 517
- Infofenster für Google Maps-Markup (Beispiel) 187

fill-Methode, Canvas-Kontext 312
fillBackgroundColor-Funktion 306, 342
- aufrufen 307
- Spitzen Sie Ihren Bleistift, Übung 306, 342

fillRect-Methode, Canvas-Kontext 292, 304
- Wirkung der fillStyle-Eigenschaft 308

fillStyle-Eigenschaft, Canvas-Kontext 304
    näher untersucht 308
fillText-Methode, Canvas-Kontext 325, 328
    für Tweet-Text (Beispiel) 331
Film Noir-Videofilter 374, 399
Film-App (Beispiel) 138
    Film-Objekt mit einer Methode zum Leben erwecken 143–145
    Film-Objekte erstellen 139
    Konstruktorfunktion für Filme 150, 152
    mit this-Schlüsselwort auf Film-Objekt verweisen 145
    naechsteVorstellung-Funktion 140
    neue Film-Objekte mit Konstruktor erstellen 153
Firefox *siehe auch* Browser
    HTML5-Unterstützung 18
    Ogg/Theora-Video 357
    .ogv-Videodateien 352
    WebM/VP8-Video 357
firstChild-Eigenschaft, Elementobjekte 158
Flash
    gegen Cross-Browser-Probleme 20
    HTML5 contra 284
Flash-Video 358
flexbox-Layout 548
Fließkommazahlen
    in localStorage speichern 423
    Konvertierung von Integer in 45
font-Eigenschaft, Canvas-Kontext 329
    Einstellung für Tweet-Text (Beispiel) 331
<footer>-Element 546
for-Schleifen 47
    auswerten (Beispiel) 48
    if/else-Anweisungen in 51
    Wahl zwischen while-Schleifen und 47
Formulare 16, 85–112
    Benutzeroberfläche T-Shirt-App 298
    clientseitig auf Werte zugreifen 296
    Haftnotiz-App 429
    HTML5-Dokument für Formular und Listenelement der Wiedergabeliste 87
    JavaScript für echte Interaktivität 23
    prüfen, ob Benutzer Text eingegeben hat 96
    Schaltflächen einfügen in 91
    Standort mitverfolgen 193

T-Shirt-Design in HTML-Seite einfügen 301
Text aus input-Element auslesen 94, 108
Tweets in <select>-Element in Formular einfügen 323
    um Farben erweitern 453
Wiedergabeliste auf HTML-Seite anzeigen 97
Wiedergabeliste-Anwendung 102
Fraktal Explorer-Anwendung, entwickeln (Beispiel) 494, 503
    Aufgaben 512
    Auswirkung der Anzahl der Workers auf Leistung 520
    Code schreiben 509
    Code-Fertiggericht für Mandelbrot-Menge 504–507
    fraktale Generationen im Auge behalten 518
    Handler für click-Events beim Vergrößern 515
    HTML-Seite für Fraktal Explorer erstellen 503
    Implementierung der Workers 511
    letzte Probefahrt 519
    Worker-Ergebnisse verarbeiten 514
    Workers erstellen und ihnen Aufgaben zuweisen 508
    Workers starten 510
Fraktalbild, Mandelbrot-Menge als 495
FTP-Programme 232
Funktionen 113–130, 160
    als Methoden 143
    als Werte 128
    Anatomie 121
    Argumente an Parameter übergeben 122, 162
    aufrufen 116
    Callbacks 254
    Definition 71
    Deklarationen, Platzierung 127
    dem Window-Objekt zuweisen, onload-Eigenschaft 75
    eigene erstellen 115
    Es gibt keine Dummen Fragen 121, 127
    Funktionen an Funktionen übergeben 175
    Gültigkeitsbereich lokaler und globaler Variablen 124
    integrierte 119
    Interview mit 119
    keine Übergabe an Worker-Konstruktor 491
    Konstruktor 147
    Kreuzworträtsel 161, 163
    Lebensspanne von Variablen 125
    Math-Bibliothek 75
    Methoden und 151

Namensgebung 121
Objekte übergeben an 134, 136
Objekte übergeben, auf Eigenschaften zugreifen 134
Parameter und Argumente 120
return-Anweisungen im Body 117
Spezialeffekte für Videos 391
Spitzen Sie Ihren Bleistift, Übung 122, 162
Variablendefinition in 123, 160
verwenden als Werte 129
wie sie funktionieren 116

G

Generation, Fraktal (Beispiel) 518
Geolocation 165–212
    andere Verwendungsmöglichkeiten für Google Maps 188
    Bewegungen mitverfolgen 192
        beobachteStandort-Handler 194
        beobachteStandort-Methode 192
        clearWatch-Handler 195
        mit Markern auf einer Karte 204
    Erfolgs-Handler für getCurrentPosition 174
    Es gibt keine Dummen Fragen 166, 197
    Fehler-Handler 177
    Genauigkeit des Standorts 191
    getCurrentPosition-Methode 175
    Google-Marker in Karte einfügen 186
    Karte auf einer Seite anzeigen 184
    Karte in Seite einfügen 183
    Kreuzworträtsel 208, 212
    Machen Sie das nicht zu Hause, Übung 202
    Optionen angeben 201
    Position auf Karte darstellen 182
    Server erforderlich, um Code auf mobilen Geräten zu testen 179
    Spitzen Sie Ihren Bleistift, Übung 171
    alternative Implementierung für zeigeStandort 197, 210
    timeout und maximumAge (Optionen) 199
    Wer macht was? Übung 200, 211
    wie getCurrentPosition funktioniert 176
    wie schnell Browser den Standort bestimmen können 202
    Zusammenfassung wichtiger Punkte 207
Geolocation-API 16 *siehe auch* Geolocation
    beobachteStandort-Methode 194

Bestandteile der 190
    getCurrentPosition-Methode 174, 177, 190, 207
    Interview mit 189
    Positionsoptionen 198
Geolocation-Eigenschaft, Navigator-Objekt 174
geschweifte Klammern ({ })
    Codeblöcke zusammenfassen 26
    Objekteigenschaften zusammenfassen 132
GET-Request (HTTP) 220
getAttribute-Methode, Elementobjekt 158, 379
getContext-Methode, Canvas-Objekt 292, 293
getCurrentPosition-Methode, Geolocation-Objekt 174, 190, 207
    Fehler-Handler für 177
    Funktionsweise 176
getElementById-Methode, document-Objekt 58, 72, 157
    Element finden und seinen Inhalt ändern 59, 60
getElementsByClassName-Methode, document-Objekt 157
getElementsByTagName-Methode, document-Objekt 157, 270
getItem-Methode, localStorage-Objekt 419, 421
getTime-Methode, Date-Objekt 140, 272, 442
globale Variablen 123, 160
    Gründe für sparsamen Einsatz 127
    Lebenszyklus 125
    Schattenvariablen 126
    übermäßige Verwendung in JavaScript 127
Google Chrome *siehe* Chrome
Google Maps 182
    andere Verwendungsmöglichkeiten für 188
    LatLong-Konstruktor 183
    Marker in Karte einfügen 186
GPS (Global Positioning System) 168
    Geräte ohne, Verwendung von Geolocation-API 189
Graceful Degradation 19
gradInRadiant-Funktion 180, 317, 319, 344
Grad
    Längen- und Breitengrad, Konvertierung in Dezimalwerte 167
    Winkel in 316
        Konvertierung in Radiant 317
Grafiken, SVG 537

Greenwich, England, 0. Längengrad 167
Groß-/Kleinschreibung in JavaScript 41
Gültigkeitsbereich von Variablen 124

H

H.264, Videoformat 352, 356, 357
Haftnotiz-App (Beispiel) 418, 428
    Array verwenden mit notizErstellen 441
    Array-Code integrieren 443
    Benutzeroberfläche erstellen 429
    Benutzeroberfläche für Farbwahl überarbeiten 453–456
    Designfehler 436
    Haftnotiz löschen aus DOM 452
    Haftnotizen löschen 446
    JavaScript-Code einfügen 430
    neu schreiben für Array 440
    Schaltfläche »Haftnotiz hinzufügen« 431
    zu löschende Haftnotiz auswählen 450
handleRequest-Funktion (Beispiel) 523
Handy-Triangulation 169
<head>-Element
    <link>- und <script>-Element im 5
    <script>-Element im 53
    <script>-Kindelement ersetzen 270
<header>-Element 546
heading-Eigenschaft, coordinates-Objekt 190, 197
<hgroup>-Element 546
Hintergrundaufgaben 95
Hintergrundfarbe
    backgroundColor-Eigenschaft für Haftnotiz 455
    Canvas, vor dem Zeichnen neuer Quadrate füllen 306, 342
    für Zeilen einer Liste abwechselnd festlegen 548
Hosting-Anbieter 230, 232
Hosting-Anbieter 230, 232
HTML-Entities in Tweets im Canvas 335
HTML5
    Browserunterstützung 18
    endgültige Empfehlung des Standards 20
    Es gibt keine Dummen Fragen 9, 20, 28, 284
    Familie von Technologien 12, 16, 33

    HTML4.01-Dokument konvertieren in 2–5
    Interview mit 11
    JavaScript als integraler Teil von 21, 118, 130
    JSON und JSONP 271
    Kaukugel & Co.-Anwendung (Beispiel) 218
    kontra Flash bzw. spezielle Anwendungen 284
    Kreuzworträtsel 32, 34
    Interaktion von HTML und JavaScript 109, 111
    Magneten-Übung »Was HTML5 wirklich ist« 30
    Markup, JavaScript-APIs und CSS 29
    neue Elemente, Referenz 545
    neue Möglichkeiten und Funktionen 12
    Seite für T-Shirt-Design-App 300
    Spitzen Sie Ihren Bleistift, Übung 3, 7
    Umgang mit älteren Browsern 19
    Verbesserungen im Markup 14
    Voraussetzungen für das Erlernen von 10
    was es ist 12
    was Sie mit HTML5 und JavaScript machen können 22
    Wer macht was? Übung 16, 33
    wie es wirklich funktioniert 14
    Zusammenfassung wichtiger Punkte 31
HTML
    Interaktion von JavaScript mit Markup 54
    lesen und DOM daraus erzeugen 57
HTTP mit XMLHttpRequest
    HTTP-Request 219, 220, 239
    HTTP-Response 219, 221, 239
    Zugriff auf übergebene Daten 222
    Server erforderlich für die Verwendung von 230
HTTP-basiertes Request-/Response-Modell 539
HTTP-basiertes Video-Streaming 404

I

ID-Attribut *siehe auch* getElementById-Methode, document-Objekt
    auf Element zugreifen nach 59
    <canvas>-Element 290
    erforderlich zum Löschen einer Haftnotiz (Beispiel) 450
    <script>-Element 267
    <video>-Element 353
IE *siehe* Internet Explorer
if-Anweisungen 49

if/else-Anweisungen 50
<iframe>-Element 543
IIS-Server, Konfiguration MIME-Types 371
Image-Objekte
    erstellen 333
    Image-Konstruktor 335
<img>-Element, <canvas> kontra 285
iMovie, Video codieren mit 360
importScripts, globale Funktion Web Workers 493, 511
    für JSONP-Requests 523
Indexed Database-API 543
Indizes, Array 75
infoFenster-Objekt 187
init-Funktion 64
    als anonyme Funktion 159
Inline-Code im HTML5-<script>-Element 5
innerHTML-Eigenschaft 60
    Elementobjekte 158
    Inhalte ändern 62
<input>-Element, value-Eigenschaft 94
    prüfen, ob Benutzer etwas eingegeben hat 96
insertBefore-Methode, Elementobjekt 158
Integer
    aus Strings konvertieren 423
    in localStorage als String speichern 423
    Konvertierung in Fließkommazahlen 45
Internet Explorer *siehe auch* Browser
    Canvas-Unterstützung, Version 9 und höher 294
    HTML5-Unterstützung 18
    keine Web Worker-Unterstützung vor IE10 482
    MP4/H.264-Video, Unterstützung in IE9 357
    Versionen 6 und 7 unterstützen localStorage nicht 104
    Videoformat 352
    XMLHttpRequest-Objekt und 240
Intervalltimer, stoppen 271
Interviews
    mit Function 119
    mit Geolocation 189
    mit HTML5 11
    mit JavaScript 24, 477
    mit Video 388
    mit XMLHttpRequest 225, 240

IP-Adresse, Standortinformationen auf Grundlage von 168
istGedrueckt Hilfsfunktion (Beispiel) 379, 384
Iteration von localStorage 424

J

JavaScript 31, 35–54
    APIs 15
    Arrays 67, 69, 71–73
        an Funktionen übergeben 122
        an Web Worker übergeben 484
        als Ergebnis von getElementsByTagName 270, 271
        als Ergebnis von querySelectorAll 376
        in localStorage speichern 439, 445
        und Objekte 133
        und Optionen für <select>-Element 303
    assoziative Arrays 424
    Ausdrücke 43
    Browsersicherheitsrichtlinie und 244–246
    Code in HTML-Seite testen 27
    Codemagneten 51, 80
        Canvas, zeichneText-Funktion 327
        Film-Konstruktor 150, 152
        zeigeStandort, Handler-Funktion 209
    dynamische HTML-Inhalte erstellen 28
    Eigenschaftswerte in 308
    Entscheidungen treffen mit Bedingungen 49
    Es gibt keine Dummen Fragen 28, 41, 47, 73
        Events und Handler 95
        Funktionen 121, 127
        Funktionen und Objekte 151
        Objekte 158
        Web Workers 491
    Event-Handler 89
        Übersicht wichtiger Punkte 108
    Funktionen 113–130, 162
        Zusammenfassung wichtiger Punkte 160
    Funktionsweise 36
    getElementById 58
    HTTP-Requests mit 220–225
    Image-Konstruktor 335
    in Webseiten einfügen 53
    Interaktion mit der Seite 54
    Interaktion mit der Seite über das DOM 15, 58
    Interview mit 24, 477

jQuery 534
    Kreuzworträtsel 76, 84
        Funktionen und Objekte 161, 163
        Interaktion mit HTML 109, 111
    mit Canvas und Video 388
    Modernizr-Bibliothek 532
    Objekte 113, 131–161
        Zusammenfassung wichtiger Punkte 160
    repetitive Aufgaben mit Schleifen 46–48
    reservierte Wörter 41
    schreiben 25
    Single-Thread-Modell 474, 477
    SPIELEN Sie Browser 48, 78, 81
    Spitzen Sie Ihren Bleistift, Übung
        Anweisungen 44, 77
        buttonClickHandler-Funktion überarbeiten 94
        Funktionen 122, 162
        Listenelemente aus einem Array füllen 69, 83
        setInterval in Webanwendungen 266
        Wiedergabelistenelemente mit einem Array füllen 65, 82
        zeigeStandort, Implementierung 197, 210
    Standardskriptsprache in HTML5 5
    Syntax 39
    und HTML5 21, 22, 118, 130
    Variablen deklarieren 38–40
    Verhalten einhauchen mit 35
    verwenden in HTML5 22
    Verwendung der HTML5-Technologien 24
    Vorschau-Schaltfläche in T-Shirt-Design-App 302
    wie es seine Aufgaben auf einer typischen Seite erledigt 474
    zeichnen auf Canvas 285
    zeilenweise Codeanalyse 26
    Zusammenfassung wichtiger Punkte 75
    zusätzliche Dateien in Worker einbinden 493
jQuery 534
    Online-Dokumentation und Anleitungen 535
JSON (JavaScript Object Notation) 226
    als Daten 249–251
    Es gibt keine Dummen Fragen 271
    Film-Objekt in JSON-Stringformat und zurück konvertieren (Beispiel) 227
    HTML5 und 271
    in Web-Anwendung verwenden 236
    Kaugummiverkaufszahlen Kaukugel & Co. (Beispiel) 233
    Kreuzworträtsel 278, 280
    Leistung bei der Konvertierung in und aus Strings 442
    String-Darstellung eines Arrays 441, 467
    Tweets von Twitter (Beispiel) 323
    und JSONP 252
    und XMLHttpRequest 225
    URL mit Zeitpunkt des letzten Berichts (Beispiel) 275
    XML und 226
JSON.parse-Methode 226
    für in localStorage gespeicherte Objekte 455
    JSON-String in Objekt konvertieren 227
    und Arrays und Objekte aus localStorage 443, 445
JSON.stringify-Methode 226
    Objekte in JSON-Stringformat konvertieren 227
    Objekte speichern in localStorage 454
    verwenden, um Arrays und Objekte in localStorage zu speichern 442, 445
JSONP (JSON with Padding) 240, 247
    Aufruf der JSONP-API von Kaukugel & Co. (Beispiel) 257
    Aufruf der JSONP-API von Twitter (Beispiel) 322
    Einführung in 252
    Es gibt keine Dummen Fragen 271
    HTML5 und 271
    JSONP dynamisch 264–271
    Kamingespräch mit XMLHttpRequest 260
    Kreuzworträtsel 278, 280
    P in JSONP, Definition 253
    Requests mit importScripts 523
    Sicherheit und 259
    Web-Anwendung aktualisieren mit 256–263
    Zusammenfassung wichtiger Punkte 277

K

Kamingespräche
    Cookie und Local Storage 426
    XMLHttpRequest und JSONP 260
kartenOptionen-Objekt 184
Karten
    auf Seite darstellen 184
    in Seite einfügen 183
    Kartendarstellung auf Seite testen 185
    Marker hinzufügen 186, 204
Kaukugel & Co.-Anwendung (Beispiel) 214–218
    Anzeige verbessern 235

Browser-Cache, Vorsicht mit dem 272
Code für JSON überarbeiten 236
Code für JSONP überarbeiten 256–263
doppelte Verkaufszahlen entfernen 273
JSON-URL mit Parameter letzterbericht 275
JSONP dynamisch 264–271
lokal testen 230, 234
Möglichkeiten, die Cross-Origin-Probleme des Requests zu umgehen 247–251
onload-Handler-Funktion schreiben 229
Spezifikationen 228
Umzug auf Live-Server 237–246
Verkaufszahlen anzeigen 230
key-Methode, localStorage-Objekt 424, 430
Kind-Element
in DOM-Baumstruktur 100
nth-child-Selektor 548
replaceChild-Methode 270
zu Eltern-Element im DOM hinzufügen 108
Klasse, Element auswählen nach 542
Komma (,), Objekteigenschaften trennen mit 132
Kommentare in JavaScript 39
Konkatenation von Strings *siehe auch* + (Pluszeichen), unter *Symbole*
Marketing-Slogans entwickeln (Beispiel) 72
Konstruktoren 146, 160
erstellen 147
Film-Konstruktor 150, 152
Film-Objekte mit dem Film-Konstruktor erstellen 153
integrierte 151
LatLong-Konstruktor von Google Maps 183
Map-Konstruktor von Google Maps 184
verwenden 148
WebSocket 539
Kontext, Canvas 292, 293, 504 *siehe auch* Canvas-API
abrufen 302
arc-Methode 313–317
beginPath-Methode 311, 312
closePath-Methode 312
drawImage-Methode 333
fillRect-Methode 292, 304
fillStyle-Eigenschaft 330, 331
fillText-Methode 328, 329, 330, 331
font-Eigenschaft 329, 330, 331
lineTo-Methode 311, 312, 329
moveTo-Methode 311, 312, 329

speichern und wiederherstellen 540
stroke-Methode 329
strokeText-Methode 328
textAlign-Eigenschaft 328, 330, 331
textBaseline-Eigenschaft 329
translate- und rotate-Methode 540
Koordinaten
Entfernung berechnen zwischen 180
Längen- und Breitengrad 167
Kreise, zeichnen auf Canvas 309–317, 338
arc-Methode 314
Pfade erstellen 311–313
Winkel von Grad in Radiant konvertieren 317

L

<label>-Element 453
»Langsames Skript«, Meldung 473
Längen- und Breitengrad 167
Genauigkeit von Standortinformationen 179
latitude- und longitude-Eigenschaft, coordinates-Objekt 184
Layouts, neue in CSS3 548
Leerraum in JavaScript-Code 39
Leerstrings
als Variablenwert zuweisen 26
testen auf 95
Variablen vergleichen mit 108
Leistungsanzeige unter OS X oder Windows 520
length-Eigenschaft
Arrays 68
localStorage-Objekt 424, 430, 432
Letterbox 354
letzterbericht, Abfrageparameter (Beispiel) 275
lineTo-Methode, Canvas-Kontext 311
lineWidth-Eigenschaft, Canvas-Kontext 312
Linien, Formen zeichnen auf Canvas 311
<link>-Element, im <head>-Element, Verweis auf CSS-Stylesheet 5
Linux
Apache, MIME-Types konfigurieren 371
Server einrichten 231

Listen
    alle <li>-Kind-Elemente des Elements mit der ID »playlist« mit jQuery suchen 535
    Elemente aus einem Array füllen (Beispiel) 69
    Haftnotiz-App (Beispiel)
        Haftnotizen aus localStorage in <ul>-Element einfügen 430
        <li>-Element für Haftnotiz erstellen 430
        <ul>-Element für Haftnotizen 429
    Hintergrundfarbe für Zeilen abwechselnd festlegen 548
    <li>-Element erstellen 99
    Songs zu Wiedergabeliste hinzufügen mit JavaScript (Beispiel) 65, 82
    Wiedergabelistenverwaltung (Beispiel)
        <li>-Element für Songtitel 97, 99
        <li>-Kind-Element zu <ul>-Eltern-Element hinzufügen 100, 110
        <ul>-Element für Wiedergabeliste 87, 97
load-Event
    und onload-Eigenschaft für Bilder 333
    und window.onload-Eigenschaft 64
load-Methode
    Audio-Objekt 533
    Video-Objekt 385
Local Files, Ursprung 422
localStorage 16, 108, 413–472
    5-Megabyte-Grenze und Domain 422
    andere Datentypen (keine Strings) speichern 439
    anstatt Cookies 23
    Array-Code, Integration in Haftnotiz-App 443
    Arrays speichern 440
    assoziative Arrays 424
    Browserprobleme mit file:// 422
    Browserspeicher, Geschichte des 414–416
    Browsertools zur Verwaltung 434
    Code zum Speichern der Wiedergabeliste 104
    Elemente löschen 446
    Es gibt keine Dummen Fragen 422, 425, 433, 442, 445
    Gestaltung Ihres Anwendungsspeichers 457
    Haftnotiz-App 418, 428
    Hütchenspiel Übung 425, 466
    IndexedDB und Web SQL 543
    Kamingespräch, Cookie und Local Storage 426
    Kapazitätsüberschreitung 458
    Kreuzworträtsel 465, 471
    Machen Sie das nicht zu Hause, Übung 458, 468
    Namensgebung für Schlüssel 433, 445
    Objekte speichern 454–457
    Probleme mit Schlüsseln und length 436
    sessionStorage-Objekt 460
    Spitzen Sie Ihren Bleistift, Übung
        Haftnotiz löschen 447, 448
        Schwierigkeiten bei der Implementierung der Haftnotizen 437, 467
    verwenden 462
    Wer macht was? Übung 461, 470
    wie die localStorage-API funktioniert 420
    wie HTML5 Web Storage funktioniert 417
    Zahlen speichern 423
    Zugriff für Workers 491
    Zusammenfassung wichtiger Punkte 464
localStorage-Eigenschaft, Window-Objekt 422
localStorage-Objekt 418
    als assoziatives Array behandeln 424
    clear-Methode 435
    getItem-Methode 419, 421
    key-Methode 424
    length-Eigenschaft 424
    removeItem-Methode 433, 446, 449
    setItem-Methode 418, 421
lokale Variablen 123, 160
    Lebenszyklus 125
    Schattenvariablen 126
loop-Attribut, <video>-Element 354
loop-Eigenschaft, Video-Objekt 385
löschen, Objekteigenschaften 135

M

Mac
    Apache-Server, MIME-Types konfigurieren 371
    Leistungsanzeige unter OS X 520
    Server einrichten 231
Mandelbrot-Menge *siehe auch* Fraktal Explorer-Anwendung, erstellen
    berechnen 496
    Code-Fertiggericht für Berechnung 504–507
    Explorer für 494
    Gleichung 495
    mehrere Workers für Berechnung verwenden 497–500

Mandelbrot, Benoit 495
<mark>-Element 547
Marker, zu Karte hinzufügen 186, 204
    Frequenz neuer Marker steuern 209
    Verwendung der Marke optimieren 206
Markup, neu 16, 533
Math-Bibliothek 73, 75
Math.floor-Funktion 70, 304, 319
Math.PI 317
Math.random-Funktion 70, 304, 319
    x, y und Breite der Quadrate auf Canvas 308
maximumAge-Option 199, 201
Messaging, Cross-Document 543
<meta>-Tags 31
    auslassen 9
    in HTML5 4
Methoden 142, 160
    Funktionen kontra 151
    Funktionen umwandeln in 143
    this-Schlüsselwort, Funktionsweise 149
    Wiederverwendung von Code und 146
Microsoft *siehe auch* Internet Explorer; Windows-Systeme
    Smooth Streaming 404
    Web Platform Installer 231
Millisekunden seit 1970 442
MIME-Types
    application/xhtml+xml 536
    überprüfen, dass Server Videodateien mit korrektem Typ bereitstellt 371
    von Videodateien 359, 369
mobile Browser 20
    HTML5-Unterstützung 18
mobile Geräte
    Browser Unterstützung für Offline-Webanwendungen 538
    Canvas auf 335
    Geolocation-Code testen 179
Modernizr-Bibliothek, JavaScript 532
moveTo-Methode, Canvas-Kontext 311
.mp3-Audio 533
MP4-Container 357

.mp4-Videodateien 352
MPEG-LA-Gruppe 357
Multikernprozessoren 500
muted-Eigenschaft, Video-Objekt 385

N

Nachrichten-Handler, für Worker 486
Nachrichten
    an Web Workers senden 484
    Daten, die gesendet werden können 484, 491
    mit Web Sockets senden und empfangen 539
    mit Web Workers empfangen 486
    von Web Workers empfangen 485
    von Web Workers versenden 486
naechstesVideo, Handler-Funktion 367
naechsteVorstellung, Funktion (Beispiel) 140
Namen
    Führer für Namensgebung von Variablen 42
    für Funktionen 121
    lokale und globale Variablen mit identischem Namen 126
    localStorage-Schlüssel 433, 445
    Variablen 40
Namespaces, XHTML 536
<nav>-Element 547
Navigator-Objekt, Geolocation-Eigenschaft 174
new-Schlüsselwort für Konstruktoren 148, 160
notizArrayHolen, Funktion (Beispiel) 443
notizAusDomLoeschen-Funktion (Beispiel) 452
notizErstellen-Funktion (Beispiel) 432
    für Verwendung eines Arrays umschreiben 441
    Haftnotiz-Anwendung, finale Version 444
    Speicherung der Farbe zusammen mit dem Text 454
notizInDomEinfuegen-Funktion (Beispiel) 430, 432, 440
    notizObj statt String verwenden 455
    Schlüssel und Wert bei jedem Aufruf übergeben 450
notizLoeschen-Funktion (Beispiel) 449
    Event-Objekt, event.target 451
nth-child-Selektor 548
numerische Ausdrücke 43

O

<object>-Element, innerhalb des <video>-Elements 362

Objekte 40, 113, 131–161
   an Funktionen übergeben 136
   Array 73
   Arrays mit 457
   Eigenschaften 132
   Eigenschaften jederzeit hinzufügen oder entfernen 135
   erstellen 132
      Film-Objekt (Beispiel) 138
      Konstruktoren verwenden 148, 153
   Es gibt keine Dummen Fragen 151, 158
   explizit oder mit Konstruktor erstellen 151
   im Browser 154
   in Canvas zeichnete Formen Speichern als 336
   in localStorage speichern 445, 454
   integrierte im Vergleich zu benutzerdefinierten 159
   Konstruktoren 147
   Konvertierung in und aus dem JSON-Stringformat 226, 227
   Kreuzworträtsel 161
   Methoden 142
   this-Schlüsselwort 144
   Verwendung 133
   Zusammenfassung wichtiger Punkte 160

Objektliterale 151

Offline-Webanwendungen 16, 538

Ogg-Containerformat 357

Ogg/Theora-Videocodierung 356, 357

Ogg/Vorbis-Audiocodierung 356, 357, 533

.ogv-Videodateien 357

onclick-Eigenschaft, button-Objekte 91, 154
   Event-Handler-Funktion 91, 450

onerror-Handler, für Workers 522

onload-Eigenschaft
   Image-Objekt 333
   Window-Objekt 156
      Funktion zuweisen 64, 75, 129, 156, 265
   XMLHttpRequest-Objekt 239
      Ausweichlösung für Browser ohne Unterstützung 241

onload-Handler-Funktion 64, 229
   schreiben mit jQuery 534
   um Seite vor dem Zugriff auf das DOM vollständig zu laden 64
   und anonyme Funktionen 129, 156

onmessage-Event-Handler 485

opacity-Eigenschaft 548

open-Event, Web Sockets 539

Opera *siehe auch* Browser
   HTML5-Unterstützung 18
   keine Unterstützung für XMLHttpRequest Level 1 241
   Ogg/Theora-Video 357
   .ogv-Videodateien 352
   WebM/VP8-Video 357

Operator für String-Konkatenation (+) 26, 45

<option>-Element, in Formular der Haftnotiz-App 453

Optionen, Geolocation-API 198, 201
   Wer macht was, Übung 200, 211
   Zusammenfassung 207

Overlays, Google Maps 188

P

<p> (Paragraph)-Element, mit JavaScript ändern 62

Palindrom 51

panTo-Methode, map-Objekt 204

Parameter, einer Funktion 120
   Argumente an Parameter übergeben 116, 122, 162
   Namen für 121

parse-Methode *siehe* JSON.parse-Methode

parseFloat-Funktion 423

parseInt-Funktion 423

pause-Methode
   Audio-Objekt 533
   Video-Objekt 385

PC, Server einrichten 231

Pfade und Bogen in Canvas 310, 338
   arc-Methode 313–315
   Smiley zeichnen 344
   verwenden arc-Methode, um einen Kreis zu zeichnen 316

verwenden arc-Methode, um einen Pfad zu zeichnen 316
verwenden arc-Methode und Pfad 343
verwenden Pfade, um Formen zu zeichnen 311
Phrasendrescher-Anwendung (Beispiel) 70
Pillarbox, Video 354
PingPong, Web Workers-Spiel (Beispiel) 484
    pingPong, Nachrichten-Handler für Worker 486
    SPIELEN Sie Browser 488, 526
    Workers hinzufügen 491, 492
Pixel
    als Darstellung, nicht als Inhalt 326
    beim Zeichnen von Bitmaps 336
    in Canvas-Puffer 394, 397
    in Video bearbeiten 392
    Videopixel verarbeiten und in Canvas anzeigen 396
    zeichnen auf Canvas 281, 306
play-Methode
    Audio-Objekt 533
    Video-Objekt 385
Play-Taste (Beispiel)
    am Ende des Videos herausspringen lassen 386
    Handler für Videokabine 377
Pluszeichen (+)
    Additions- oder Konkatenationsoperator für Strings 45
    Operator für String-Konkatenation 26
png-Bildformat 347
Position auf Karte darstellen 182
positionOptions, Geolocation-API 190, 198
Positionsobjekt 175, 207
    coords- und timestamp-Eigenschaft 190
poster-Attribut, <video>-Element 353, 354
poster-Eigenschaft, Video-Objekt 406
postMessage-Methode
    Web Sockets 539
    Worker-Objekt 484, 511, 512
preload-Attribut, <video>-Element 354
primitive Typen 40
programtheweb.com 271
<progress>-Element 547
progressiver Video-Download 403

pruefeStandort, Funktion (Beispiel) 172
Puffer, Videoverarbeitung mit 390, 393
    Implementierung eines Puffers mit Canvas 395–398
Punkt-Operator (.)
    auf Objekteigenschaften zugreifen 133, 134
    Methoden aufrufen 151
putImageData-Methode, Canvas-Kontext 397

Q

Quadrate, zeichnen auf Canvas 302
    Canvas mit Hintergrundfarbe füllen (vor dem Zeichnen neuer Quadrate) 306
    erstellen mit fillRect 290, 292, 304
    Pseudocode für zeichneQuadrat-Funktion 303
    zeichneQuadrat-Funktion schreiben 304
    zufällige Werte für x, y und Breite von Quadraten 308
querySelector-Methode, document-Objekt 542
querySelectorAll-Methode, document-Objekt 376, 542
Quicktime 371
QUOTA_EXCEEDED_ERR, Exception 458, 468

R

Radiant 316
    Grad konvertieren in 317
Radiotasten 380, 382
Radius, Parameter der arc-Methode 314
Rechtecke zeichnen in Canvas 338
    gefüllte Rechtecke zeichnen 292
Referenz eines Objekts 136
removeItem-Methode, localStorage-Objekt 433, 446
replaceChild-Methode 270
Request-/Response-Modell, HTTP-basiert 539
reservierte Wörter in JavaScript 41
responseText-Eigenschaft, Request-Objekt 222
restore-Methode, Canvas-Kontext 540
return-Anweisungen
    Funktionen ohne 119
    im Funktions-Body 117
RGB-Farbwerte für Pixel, Videoframe-Daten verarbeiten 397, 410

richtung-Parameter, arc-Methode 315
rotate-Methode, Canvas-Kontext 540

S

Safari 20 *siehe auch* Browser
    Entwicklertools für localStorage 434
    H.264, Videoformat 352
    HTML5-Unterstützung 18
    MP4/H.264-Video 357
    Quicktime-Player für MP4-Video 371
save- und restore-Methode, Canvas-Kontext 540
Scalable Vector Graphics (SVG) 537
Schaltflächen, die sich wie Schalter verhalten 380, 382
Schaltflächen
    button-Objekt, onclick-Eigenschaft 154
    click-Event behandeln 89, 92, 102, 108
    click-Handler für Videokabine, JavaScript-Code 377–379
    CSS für Videokabine 381
    Effekte steuern für Videokabine 390, 391
    Haftnotiz-App 431
    HTML für Schaltflächen der Videokabine 375
    implementieren für Videokabine 384–386
    localStorage löschen 435
    notizErstellen-Handler 432
    Position beobachten und Beobachtung beenden 193
    Schalter oder Radiotasten 380
    Vorschau-Button für T-Shirt-Design-App 302
    werksseitiger JavaScript-Code für Videokabine 376
    zwischen Testvideos umschalten 387
Schattenvariablen 126
Schlagschatten, in Canvas 335
Schleifen 37, 46–48
    Arrays mit Schleifen kombinieren 69, 75
    for-Schleifen 47
    Wahl zwischen while- und for-Schleifen 47
    while- und for-Schleifen auswerten (Beispiel) 48
    while-Schleifen 46
Schlüssel/Wert-Paare
    als String abrufen und in localStorage speichern 419, 421
    eindeutige Schlüssel erstellen 442
    eindeutige Schlüssel in localStorage 422
    Elemente aus localStorage und einem Array anhand des Schlüssels entfernen 451
    in einem Array speichern 439
    in localStorage 417
    Schlüssel in der Haftnotiz-Anwendung verwalten 433
    Schlüssel übergeben, wenn Haftnotiz in das DOM eingefügt wird 450
Schrägstriche (//), JavaScript-Kommentare beginnen 39
schwarz-weiß, Pixel konvertieren in 399
Sci-Fi-Effekt für Video 374, 400, 410
<script>-Element 27
    Daten abrufen mit 248–251, 257
    einfügen in HTML in <head> oder <body> 53
    erstellen und dynamisch einfügen 263, 267–269
    in HTML-Datei einfügen für Twitter JSONP-API 322
    in HTML5 5
    Script Injection 271
scrollKarteZuPosition-Funktion (Beispiel) 204
    in Anwendung einfügen 205
<section>-Element 546
<select>-Element 301, 453
selectedIndex-Eigenschaft, select-Element 302
    Funktionsweise 303
Selectors-API 542
Selektoren, neu in CSS3 548
Semikolon (;), JavaScript-Anweisungen abschließen 39
send-Methode, XMLHttpRequest-Objekt 221
Server 230
    eigenen Webserver einrichten 231
    Probleme beim Umzug auf Live-Server 242
    Umzug auf Live-Server 237
sessionStorage-Objekt 460
setAttribute-Methode, Elementobjekt 158, 274, 275
    class-Attribut festlegen mit 236, 257, 379, 430
    eindeutiger Schlüssel als ID der Haftnotizelemente 450
    id-Attribut festlegen mit 267, 269, 450
    src-Attribut festlegen mit 267, 269
setInterval-Methode, Window-Objekt 263, 265
    verwenden mit Web Workers 523
setItem-Methode, localStorage-Objekt 418, 421

setTimeout-Methode, Window-Objekt
    für Verarbeitung von Videoframe-Daten 397
    timeout-Parameter gleich 0 398
    verwenden mit Web Workers 523
setupGrafik-Funktion (Beispiel) 509
SGML 9
shadowBlur-Eigenschaft, Canvas-Kontext 335
shadowColor-Eigenschaft, Canvas-Kontext 335
shadowOffsetX und shadowOffsetY, Eigenschaften des Canvas-Kontext 335
Sicherheit, JSONP und 259
Sicherheitsrichtlinie, Browser 244
Single-Thread-Modell, JavaScript 474, 477
    geht in die Knie 475
<source>-Element
    innerhalb <video>-Element für jedes Videoformat 358
    src-Attribut 359
    type-Attribut 359
speed-Eigenschaft, coordinates-Objekt 190, 197
Spezialeffekte
    auf Videos anwenden 389–391
    Funktionen 399, 410
splice-Methode, Array-Objekt 449
SQL, Web 543
src-Attribut
    <script>-Element 53, 218, 249
    mit setAttribute aktualisieren 267
    <source>-Element 358, 359
    <video>-Element 353, 354
src-Eigenschaft
    Audio-Objekt 533
    Bild-Objekt 333
    Video-Objekt 370
Standortsensitivität 165
Standort
    Genauigkeit 191
    Geolocation-API in JavaScript 166
    wie ihn die Geolocation-API ermittelt 168
starteServerAnfrage-Funktion (Beispiel) 523
starteWorkers-Funktion (Beispiel) 509, 510

steuerungsHandler-Funktion (Beispiel) 377, 384
    Implementierung der restlichen Video-Steuerlemente 385
Streaming, Video 403
    Technologien 404
String-Ausdrücke 43
stringify-Methode *siehe* JSON.stringify-Methode
Strings
    als Index für assoziatives Array 424
    als Objekte 159
    an Web Workers versenden mit postMessage 484
    in Arrays 71
    Konvertierung in Fließkommazahlen mit parseFloat-Funktion 423
    Konvertierung in Integer mit parseInt-Funktion 423
    Konvertierung von Zahlen in Ausdrücken 45
    Objekte konvertieren in JSON-Stringformat 226
    Objekteigenschaften auslesen und auflisten 133
    primitive Typen in JavaScript 40
    Schlüssel/Wert-Paare in localStorage speichern 418
    String-Abbildung eines Arrays 441, 467
    von Web Workers mit onmessage in der event.data-Eigenschaft empfangen 485
stroke-Methode, Canvas-Kontext 312
strokeText-Methode, Canvas-Kontext 328
Struktur 35, 545
style-Eigenschaft 455
<style>-Element
    CSS als Styling-Standard 9, 31
    Rahmen für Canvas 288
Subworkers 523
SVG (Scalable Vector Graphics) 537
swcartoon, Videofilter 400, 410

T

T-Shirt 282 *siehe auch* TweetShirt-Web-App
table- und table-cell-Layouts 548
target-Eigenschaft, Event-Objekt 451, 485
terminate-Methode, Worker-Objekt 522
Text, zeichnen auf Canvas 325–332, 338
    auf Zeilen verteilen 335
    HTML-Entities darstellen 335

Methoden und Eigenschaften für Text in Canvas-API 328
    zeichneText-Funktion 345
textAlign-Eigenschaft, Canvas-Kontext 328
    Tweet-Text in T-Shirt-Design-App ausrichten (Beispiel) 331
textBaseline-Eigenschaft, Canvas-Kontext 329
Theora, Videoformat 357
this (Schlüsselwort) 144
    Fragen und Antworten 151
    im Film-Objekt (Beispiel) 145
    in Konstruktoren 147
    und Methodenaufrufe 149, 151
Threads *siehe auch* Web Workers
    Single-Thread-Modell, JavaScript 474
    und Web Workers 478, 524
    zusätzlichen Thread erstellen 476
timeout-Option 199, 201
timestamp-Eigenschaft, Positionsobjekt 190
timeupdate-Event 398
title-Eigenschaft, document-Objekt 157
toDataURL-Methode, Canvas-Objekt 347
Transformationen für Benutzeroberflächenelemente mit jQuery 535
transition-Eigenschaft 548
translate und rotate, Methoden des Canvas-Kontexts 540
Transparenz, Übergang von deckend zu transparent 548
true und false (Boolesche Werte) 39
try/catch-Anweisungen, Exceptions abfangen 458, 468
TweetShirt-Web-App (Beispiel) 282
    Anforderungen und Benutzeroberfläche 283
    Anwendungsdesign erstellen 297
    Bilder zeichnen 333
    Formular für Benutzeroberfläche 298
    Formular in HTML-Seite einfügen 301
    Implementierungsplan 296
    Kreise zeichnen 318
    mit Hintergrundfarbe füllen 306
    Quadrate zeichnen 304
    Schnappschuss des Designs zum Hochladen für T-Shirt-Druck 347
    Text zeichnen 324, 327, 330, 331

Tweets in <select>-Element in <form> einfügen 323
Tweets von Twitter abrufen 322
Twitter JSONP-API aufrufen 322
type-Attribut
    entfernen aus <link>- und <script>-Tags 5
    <source>-Element 359

U

Übungen
    SPIELEN Sie Browser 48, 78
        Aufruf der arc-Methode interpretieren 317, 343
        Benutzeroberfläche rendern 298
        ein DOM aufbauen 57, 81
        Web Workers 488, 526
        Werte von Benutzeroberflächenelementen 299, 341
    Cliffhanger, Umzug auf den Live-Server 239, 242
    Codemagneten 51, 80
        Canvas, zeichneText-Funktion 327, 345
        Film-Konstruktor 150, 152
        Geolocation 209
        Glück/Pech-Webservice 223, 224
        »Was HTML5 wirklich ist« 30
    Drücken Sie sich aus! (JavaScript) 44
    HTML5-Archäologie 20
    Hütchenspiel, localStorage 425, 466
    Kreuzworträtsel
        Canvas 340, 346
        Funktionen und Objekte 161, 163
        Geolocation 208, 212
        HTML5 32, 34
        Interaktion von HTML und JavaScript 109, 111
        JavaScript 76, 84
        localStorage 465, 471
        Video 409, 411
        Web-Apps sprechen mit dem Web 278, 280
        Web Workers 525, 528
    Machen Sie das nicht zu Hause
        localStorage, Speicherlimit überschritten 458, 468
        Wie schnell Browser den Standort bestimmen können 202
    Pseudocode-Magneten, zeichneQuadrat-Funktion 303, 342
    Spitzen Sie Ihren Bleistift, Übung
        Benutzereingabe in einem Formular überprüfen 94, 96

buttonClickHandler-Funktion überarbeiten 94, 96
Canvas, zeichneText-Funktion 330
Canvas, nur neue Quadrate in Vorschau anzeigen 306, 342
DOM mit geheimer Botschaft 61
Funktionen 122, 162
Geolocation 171, 197, 210
HTML5-Markup 3, 7, 8
JavaScript-Anweisungen 44, 77
Listenelemente aus einem Array füllen 69, 83
localStorage, Haftnotiz löschen 447, 448
localStorage, Schwierigkeiten bei der Implementierung der Haftnotizen 437, 467
Musiktitel zu Wiedergabeliste hinzufügen 65, 82
setInterval in Webanwendungen 266
Video: Western- und Sci-Fi-Effekt 400, 410
Videosteuerung, Schalter oder Radiotasten 380, 382
Videowiedergabeliste, Implementierung 364, 365
Web Workers 481, 490, 527
Wer macht was? Übung
   Geolocation-Optionen 200, 211
   HTML5: Familie von Technologien 16, 33
   localStorage-API 461, 470
ul.appendChild-Methode 101
undefined, Wert 73
   Rückgabewert von Funktionen ohne return-Anweisung 121
Unterstrich (_), Variablennamen beginnen mit 40, 42
URL-Eigenschaft, document-Objekt 157
URLs
   Callback-Parameter 254
   JSON-URL mit Zeitpunkt des letzten Berichts (Beispiel) 275
   JSONP-URL (Beispiel) 267
   Web Socket 539
   Workaround für Browser-Caching 272
UTF-8 9, 31

V

value-Attribut, <input>-Element 95
value-Eigenschaft, <input>-Element 94
   value-Attribut contra 95
var-Schlüsselwort 39

Variablen
   an Funktionen übergeben 121
   deklarieren und Wert zuweisen 26, 38
   Funktionen zuweisen 128
   Gültigkeitsbereich 124
   kurzes Leben von 125
   lokale und globale 123, 160
   Namensgebung 40, 42
   Objekte zuweisen 136
   Schattenvariablen 126
   Vergleich mit Leerstring 108
   Verkettung 39, 133, 141
Vektorgrafiken kontra Bitmap 336
Vektorschriften 329
verarbeiteErgebnis-Funktion (Beispiel) 514, 518
verarbeiteFrame-Funktion (Beispiel) 396
   erneut aufrufen 397
Verkettung
   Objekte und Eigenschaften, Film-Beispiel 141
   Objekte, Eigenschaften und Methoden, Geolocation 175
Video 16, 349–412
   Ausweichlösung mit unterstütztem Player 362
   Browserunterstützung beim Laden von Videos ermitteln 368
   Browserunterstützung ermitteln 361, 411
   canPlayType-Methode, Funktionsweise 369–375
   Codecs 357, 358
   error-Event, verwenden 406
   Es gibt keine Dummen Fragen 360, 371
   Fehler 405
   Formate 352, 356, 358
   und mögliche Standardisierung 360
   Formatinformationen im <source>-Element 359
   Funktionsweise <video>-Element 353
   Ideen für Weiterentwicklung 407
   JavaScript und HTML5 23
   Kreuzworträtsel 409, 411
   Spitzen Sie Ihren Bleistift, Übung
      Implementierung Wiedergabeliste 364, 365
      Schaltflächen, Schalter oder Radiotasten 380, 382
      Western und Sci-Fi, Effekte 400, 410
   Streaming 403
   unterschiedliche Videosteuerelemente in verschiedenen Browsern 355

Videokabine (Beispiel) 373
    Code für Videoverarbeitung 396
    Demogerät 374–376
    Demovideos vorbereiten 383
    Demovideos wechseln 387
    Hilfsfunktionen 379
    Implementierung Videosteuerung 384–386
    Spezialeffekte 389–391
    Spezialeffekte programmieren 399–404
    Überblick über Videoverarbeitung 392
    Videoverarbeitung mit Puffer 393
    waehleEffekt und waehleVideo, Handler 378
Videos aus dem Web 403
Webville TV (Beispiel) 350
    dateiEndung-Funktion integrieren 370
    dateiEndung-Funktion mit canPlayType 369
    Handler für ended-Event, nächstes Video 367
    HTML5-Seite 351
    Implementierung Funktion naechstesVideo 367
    Implementierung Videowiedergabeliste 366
    mit HTML5-Technologien 350
    Wiedergabeliste gestalten 365
    wichtige Warnungen 371
Zusammenfassung wichtiger Punkte 408
<video>-Element
    Attribute 354, 408
    Funktionsweise 353
    Interview mit 388
    Methoden, Eigenschaften und Events 363
    neues HTML5-Element und API 351
    <object>-Element im 362
    Partnerschaft mit <canvas>-Element 339, 388
    <source>-Element im 358
Video-Objekt
    canPlayType-Methode 368–374
    Eigenschaften, Methoden und Events 408
    error-Eigenschaft 406
    load-Methode 385
    loop-Eigenschaft 385
    Methoden, Eigenschaften und Events 363
    muted-Eigenschaft 385
    pause-Methode 385
    play-Methode 366, 385
    src-Eigenschaft 366, 387
    volume-Eigenschaft 360
    Zugriff auf Frame-Daten 396
Videoframe in Canvas-Puffer verarbeiten 397

Videos selbst codieren 360
Viewport 354
Vollbildwiedergabe von Videos 360
volume-Eigenschaft
    Audio-Objekt 533
    Video-Objekt 360
Vorbis, Audio-Codec 357
Vorschau in T-Shirt-Design-App, Probleme mit 306
vorschauHandler-Funktion (Beispiel) 302
    fillBackgroundColor-Funktion 307
    mit Aufruf von zeichneText-Funktion überarbeiten 330
VP8, Video-Codec 357

W

W3C 20
waehleEffekt, Handler-Funktion, Videokabine (Beispiel) 378, 391
waehleVideo, Handler-Funktion, Videokabine (Beispiel) 378, 387
WampServer 231
WAV, Audioformat 533
Web Platform Installer (Microsoft) 231
Web Sockets 539
Web SQL 543
Web Storage-API 108, 418 *siehe auch* localStorage;
localStorage-Objekt
    Unterstützung für 422
Web Workers 16, 473–530
    Anzahl der Workers
        begrenzen 501
        Wirkung auf Leistung 520
    Aufgaben für Fraktal Explorer-Workers 512
    beenden 522
    Browserunterstützung 482
    click-Event für Vergrößerung in Fraktal Explorer (Beispiel) 515
    Code-Fertiggericht für Berechnung der Mandelbrot-Menge durch Workers 504–507
    Datentypen, die an Workers geschickt werden können 484
    Ergebnisse der Workers 513

erstellen 483
erstellen und Aufgaben zuweisen 508
Es gibt keine Dummen Fragen 491
Explorer entwickeln für Mandelbrot-Menge 494
Fehler in Workers behandeln 522
Fraktal Explorer-Anwendung (Beispiel) 503, 509
fraktale Generationen in Fraktal Explorer 518
Funktionsweise 478
gestartete Workers in Fraktal Explorer-Anwendung abrufen 510
Implementierung in Fraktal Explorer 511
importScripts, globale Funktion 493
JSONP-Requests mit importScripts 523
Kreuzworträtsel 525, 528
mehrere Workers für Berechnung der Mandelbrot-Menge 497–500
Nachrichten an Workers schicken 484
Nachrichten von Workers empfangen 485
Nachrichten-Handler für Worker 486
Pseudocode für die Verwendung von Workers umschreiben 502
schnellere Apps mit Workers 500
SPIELEN Sie Browser 488, 526
Spitzen Sie Ihren Bleistift, Übung
 auf prägnante Weise starten 490, 527
 Einsatzmöglichkeiten für Workers 481
Subworkers 523
warum Workers nicht auf das DOM zugreifen können 480
Worker-Ergebnisse verarbeiten in Fraktal Explorer 514
Workers für PingPong-Spiel (Beispiel) 491, 492
Zusammenfassung wichtiger Punkte 524
zusätzlichen Thread erstellen 476
Webanwendungen
 APIs 15
 Beispiele 22
 offline 538
 und HTML5 6, 13
 und JavaScript 21, 24
 Was ist das? 28
Webfreigabe (Mac) 231
WebKit-basierte Browser 20 *siehe auch* Browser
 HTML5-Unterstützung 18
WebM/VP8-Video-Containerformat 357
.webm, Videodateiformat 352, 357
Webseiten kontra Webanwendungen 28

Webservices 213
 Callback-Funktion angeben für 254
 Funktionsweise, Kaukugel & Co. (Beispiel) 216
 Glück/Pech-Service 224
 JSON-Daten empfangen von 233
 JSON-Sicherheitsprobleme und 259
 JSONP verwenden mit 253
 unterstützte Parameter 271, 274
 Verbindung offenhalten mit Web Sockets 539
 XMLHttpRequest verwenden mit 220
 XMLHttpRequest, Cross-Domain-Sicherheitsprobleme mit 244
 Zugriff mit öffentlicher API 271
Werte
 Funktionen als 128, 129
 von Objekteigenschaften 132
 von Objekteigenschaften ändern 133
Western-Effekt für Video 374, 400, 410
while-Schleifen 46
 auswerten (Beispiel) 48
 Beispiel in JavaScript 26
 if/else-Anweisungen in 50
 Wahl zwischen for-Schleifen und 47
Wi-Fi, Standortermittlung mit 169
width- und height-Attribut
 <canvas>-Element 286
 in CSS festlegen 289
 <video>-Element 353, 354
Wiedergabelistenverwaltung, erstellen 86
 click-Events der Schaltfläche »Hinzufügen« 89
 Code zum Speichern der Wiedergabeliste 104, 105
 Code zum Speichern integrieren 106
 DOM nach dem Hinzufügen der Songtitel zur Wiedergabeliste 98, 110
 Eingabe eines Songs, Klick auf die Schaltfläche, Song zur Wiedergabeliste hinzufügen 102
 HTML5-Dokument für Formular und Listenelement für Wiedergabeliste 87
 Songtitel aus dem input-Element auslesen 94
 Wiedergabeliste auf HTML-Seite anzeigen 97
Wiedergabelisten
 Implementierung für Webville TV (Beispiel) 366
 mit Songtiteln aus Array füllen 65, 82
 Videowiedergabeliste erstellen 364
wiederholende Aufgaben 46
Window-Objekt 154

als globales Objekt 156, 158
document-Eigenschaft 155
Eigenschaften und Methoden 155
localStorage-Eigenschaft 422
location-Eigenschaft 347
onload-Eigenschaft 64, 156
onload-Event-Handler für 64, 75, 159
setInterval-Methode 155, 265
setTimeout-Methode 155, 397

Windows-Systeme
 sicherstellen, dass Server-Video mit korrektem MIME-Type bereitstellt 371
 Task-Manager 520
 Webserver installieren 231

Winkel
 in Grad gemessen, in Radiant konvertieren 317
 startWinkel und endWinkel, Parameter der arc-Methode 315

»Wohin Sie auch gehen, da sind Sie« (Geolocation-Beispiel) 192

Worker-Objekt *siehe auch* Web Workers
 close-Methode 522
 erstellen 483
 mehrere erstellen und verwenden 491, 492
 onerror-Eigenschaft 522
 onmessage-Eigenschaft 485
 postMessage-Methode 484
 Subworkers 523
 terminate-Methode 522

X

XHTML 9, 536
 Probleme mit 11
XML
 JSON contra 226, 271
 SVG 537
 XHTML als 536
XMLHttpRequest-Objekt 220, 239
 Anwendungsfälle 246, 277
 auf Text der Response zugreifen 222
 Cross-Domain-Requests, Sicherheitsprobleme mit 244, 277
 Interview mit 225, 240
 JSONP-Daten abrufen mit 233
 Kamingespräch with JSONP 260

Kreuzworträtsel 278, 280
Level 2 240
onload-Handler 229
Requests von Workers 491
Server erforderlich für Verwendung des 230
Workaround für Browser ohne Unterstützung für Level 2 241

Z

Zahlen
 in localStorage speichern 423
 Konvertierung in andere Typen 45
 primitive Typen in JavaScript 40
Zeichencodierung, UTF-8 9
Zeichenfolgen, Anführungszeichen in JavaScript 39
zeichneKreis-Funktion (Beispiel) 318
 schreiben 319
zeichnen auf dem Canvas 290–294, 338
 arc-Methode 314
 Pfade und Bögen 311–318
 zeichneVogel-Funktion (Beispiel) 334, 346
 zeichneSmiley-Funktion (Beispiel) 321, 344
 zeichneQuadrat-Funktion (Beispiel) 302, 342
  Pseudocode 303
  schreiben 304
 zeichneText-Funktion (Beispiel) 327, 330, 345
  vervollständigen 331
zeigeKarte-Funktion (Beispiel) 184
 Karte erstellen und Marker für Anfangsstandort anzeigen 205
 sicherstellen, dass nur einmal aufgerufen wird 195
zeigeStandort, Handler-Funktion 173, 175
 ändern, sodass Karte nur einmal gezeigt wird 195
 alternative Implementierung 197, 210
 Aufrufe von beobachteStandort kontrollieren 206
 nur alle 20 Meter neuen Marker anzeigen 209
Zeilenumbruch in HTML 26
Zeit
 Date-Objekt, getTime-Methode 442
 Millisekunden seit 1970 442
 <time>-Element 547
zitatPosten-Funktion (Beispiel) 523
Zoom in Fraktal Explorer (Beispiel) 515

Alle Layouts im Innenteil wurden von Eric Freeman und Elisabeth Robson gestaltet.
Kathy Sierra und Bert Bates haben den »Look and Feel« der amerikanischen Head First-Reihe entwickelt. Das Buch wurde mit Adobe InDesign CS und Adobe Photoshop CS hergestellt, und mit den Schriften Uncle Stinky, Mister Frisky (nein, das ist *kein* Witz), Ann Satellite, Baskerville, Comic Sans, Myriad Pro, Skippy Sharp, Savoye LET, Jokerman LET, Courier New und Woodrow gesetzt.

Das Buch wurde unter anderem geschrieben in: Bainbridge Island, Washington; Portland, Oregon; Las Vegas, Nevada; Port of Ness, Schottland; Seaside, Florida; Lexington, Kentucky; Tucson, Arizona und Anaheim, Kalifornien. Die langen Tage des Schreibens haben wir uns mit einer Ladung Koffein von Honest Tea und GTs Kombucha versüßt – und der Musik von Sia, Sigur Ros, Tom Waits, OMD, Phillip Glass, Muse, Eno, Krishna Das, Mike Oldfield, Audra Mae, Devo, Steve Roach, Beyman Brothers, Pogo, den Leuten von turntable.fm und mehr Musik aus den 80ern, als Sie wissen möchten.